Justiça Constitucional

Justiça Constitucional

2019 · 2ª Edição

Fernando Alves Correia
Professor Catedrático da Faculdade de Direito da Universidade de Coimbra
e Antigo Juiz do Tribunal Constitucional

JUSTIÇA CONSTITUCIONAL
AUTOR
Fernando Alves Correia
EDITOR
EDIÇÕES ALMEDINA, S.A.
Rua Fernandes Tomás, nºs 76-80
3000-167 Coimbra
Tel.: 239 851 904 · Fax: 239 851 901
www.almedina.net · editora@almedina.net
DESIGN DE CAPA
FBA.
PRÉ-IMPRESSÃO
João Jegundo
IMPRESSÃO E ACABAMENTO
ACD Print, S.A.
Janeiro, 2019
DEPÓSITO LEGAL
450428/18

Os dados e as opiniões inseridos na presente publicação são da exclusiva responsabilidade do(s) seu(s) autor(es).
Toda a reprodução desta obra, por fotocópia ou outro qualquer processo, sem prévia autorização escrita do Editor, é ilícita e passível de procedimento judicial contra o infrator.

 | GRUPOALMEDINA

BIBLIOTECA NACIONAL DE PORTUGAL – CATALOGAÇÃO NA PUBLICAÇÃO

CORREIA, Fernando Alves

Justiça constitucional. – 2ª ed. - (Manuais universitários)
ISBN 978-972-40-7741-3

CDU   342

*À Memória do Doutor António Barbosa de Melo,
Mestre, Amigo e Confidente de muitas horas.*

NOTA PRÉVIA À 2ª EDIÇÃO

Mantendo-se fiel à estrutura, objetivos e metodologia que presidiram à 1ª edição da *Justiça Constitucional*, a 2ª edição pretende dar conta de alguns desenvolvimentos legislativos, doutrinários e jurisprudenciais ocorridos no arco temporal de cerca de dois anos na vasta e complexa problemática da fiscalização jurisdicional da observância das regras e princípios constitucionais pelos órgãos detentores do poder normativo público – desenvolvimentos sempre assinalados com a preocupação de não ampliar excessivamente a dimensão do presente *Manual*.

Coimbra, 3 de dezembro de 2018

Fernando Alves Correia

NOTA PRÉVIA

Em meados de 2002, publicámos a obra "Direito Constitucional – A Justiça Constitucional". Nela se deu conta do *Programa, Conteúdos e Métodos de Ensino* de um Curso de Mestrado sobre *Justiça Constitucional*, por nós apresentado nas Provas de Agregação em Ciências Jurídico-Políticas na Faculdade de Direito da Universidade de Coimbra, que decorreram na Sala dos Capelos nos dias 28 e 29 de maio de 2002.

Passados alguns anos, decidimos voltar à problemática da *Justiça Constitucional*, elaborando um estudo que procura ir além de uma mera atualização e aprofundamento dos tópicos constantes daquela publicação e que, por isso, se apresenta, em múltiplos pontos, como uma "nova" obra, considerando as temáticas abordadas e o grau de desenvolvimento com que as mesmas são apresentadas. A razão determinante do regresso a tão importante tema de Direito Constitucional foi a incumbência pelo Conselho Científico da regência, no ano letivo de 2012-2013 (a qual mantivemos nos anos letivos subsequentes), da Unidade Curricular de Direito Constitucional do Mestrado Científico (no figurino pós-Bolonha) em Ciências Jurídico-Políticas, menção em Direito Constitucional. E tal como o tínhamos feito no âmbito do Mestrado pré-Bolonha, também, agora, entendemos compor o programa da referida Unidade Curricular com o estudo aprofundado da *Justiça Constitucional*, aproveitando a experiência adquirida no desempenho das funções de Juiz do Tribunal Constitucional, durante cerca de nove anos, e na lecionação daquela disciplina no Mestrado no período anterior à Reforma de Bolonha.

A presente publicação aborda a vasta e complexa matéria da *Justiça Constitucional* sob um ângulo ou ponto de vista idêntico ao adotado na obra de 2002. Um tal ponto de vista caracteriza-se por uma abordagem daquela problemática que engloba não apenas o estudo do conjunto dos órgãos, processos e técnicas de fiscalização da observância das regras e princípios constitucionais, isto é, de garantia da supremacia da Constituição, mas também a análise da jurisprudência do Tribunal Constitucional, que atesta as funções interpretativo-concretizadora, densificadora e conformadora das regras e princípios paramétricos da Constituição exercidas pelo nosso órgão supremo da justiça constitucional.

Embora a mencionada Unidade Curricular tenha a duração de dois Semestres, a matéria nela inserida corresponde somente ao 1º Semestre, no qual são expostas, em *regime de seminário* – método de ensino que, pressupondo uma preparação e uma experiência significativas por parte dos alunos, faz destes sujeitos ativos do ensino (que deve ser problemático e aberto) e procura estimular a sua autonomia, a sua iniciativa cultural e a sua capacidade crítica –, as linhas essenciais do sistema português de justiça constitucional, uma vez que o 2º Semestre é preenchido pela discussão e apreciação dos trabalhos apresentados pelos alunos, os quais podem incidir sobre qualquer tema de direito público, desde que sobre o mesmo tenha já incidido a jurisprudência do Tribunal Constitucional. O 2º Semestre tem, assim, como objetivo estimular os alunos para o desenvolvimento das suas capacidades de investigação, preparação e redação de trabalhos científicos na área do direito público, em geral, e do direito constitucional, em particular, dando nos mesmos ênfase às questões (cada vez mais variadas e complexas) que vêm sendo submetidas à apreciação do Tribunal Constitucional e à *retórica argumentativa* (em permanente evolução e aperfeiçoamento) expendida pelo nosso órgão supremo da justiça constitucional.

Ao longo da presente obra, não deixaremos de fazer algumas referências aos sistemas de justiça constitucional de outros países europeus, bem como aos dos Estados Unidos da América, do Brasil e de Angola. As razões pelas quais daremos especial atenção a estes dois importantes países lusófonos não são as mesmas. Quanto ao primeiro, a explicação encontra-se na elevada percentagem de alunos brasileiros que vêm frequentando, nos últimos anos, na nossa Faculdade, a Unidade Curricular de Direito Constitucional do Curso de Mestrado Científico, facto que nos tem permitido um contacto muito próximo com a justiça constitucional brasileira. No tocante ao segundo, a justificação radica na experiência colhida no Curso de Mestrado que lecionámos, durante uma semana, na Faculdade de Direito da Universidade Agostinho Neto, em Luanda, em junho de 2014, sobre a justiça constitucional em Portugal e em Angola.

Apesar de a presente publicação ter um cunho essencialmente didático e se destinar essencialmente aos alunos de Mestrado, esperamos que a mesma tenha utilidade para os cultores e aplicadores do direito constitucional, em geral, e da justiça constitucional, em particular.

Coimbra, junho de 2016

FERNANDO ALVES CORREIA

Capítulo I
Introdução

Pretendemos nestas linhas introdutórias da presente obra referir alguns *tópicos* reveladores do *conceito, pressupostos, sentido* e *valor* da *justiça constitucional*, na dupla dimensão que aqui seguimos, no constitucionalismo contemporâneo. Dupla dimensão que consiste numa abordagem da problemática da justiça constitucional que engloba não apenas o estudo do conjunto dos órgãos, processos e técnicas de fiscalização da observância das regras e princípios constitucionais pelos órgãos detentores do poder normativo público, *maxime* pelo legislador, isto é, de garantia da supremacia da Constituição, mas também a análise da jurisprudência do Tribunal Constitucional português, a qual evidencia as funções interpretativo-concretizadora, densificadora e conformadora das regras e princípios paramétricos da Constituição exercidas pelo nosso órgão supremo da justiça constitucional[1].

Quer isto significar que o nosso ângulo principal de análise é a justiça constitucional nacional, isto é, a justiça constitucional do nosso País. Mas, ao trilharmos este caminho, não ignoramos a abertura do direito constitucional português – e, por isso, também da justiça constitucional nacional – aos ventos do *direito constitucional europeu* (ou da denominada *teoria da interconstitucionalidade*), do *constitucionalismo global* e do *transconstitucionalismo*.

---

[1] Cfr. J. J. GOMES CANOTILHO, *Para uma Teoria Pluralística da Jurisdição Constitucional no Estado Constitucional Democrático Português*, in "Revista do Ministério Público", Ano 9º, nºs 33 e 34 (1988), p. 14 e 15; e G. ZAGREBELSKY, *La Giurisdizione Costituzionale*, in "Manuale di Diritto Publico", Vol. II, a cura di G. AMATO/ A. BARBERA, 5ª ed., Bologna, Il Mulino, 1997, p. 474.

A *teoria da interconstitucionalidade* está intimamente associada ao processo de construção da União Europeia e foi avançada, pela primeira vez entre nós, por F. LUCAS PIRES, que a define como uma articulação, interação e concertação entre Constituições nacionais e entre estas e a "Constituição europeia"[2/3]. A mesma "estuda as relações interconstitucionais de concorrência, convergência, justaposição e conflitos de vários poderes constituintes no mesmo espaço político"[4] e é composta por um conjunto de elementos básicos "amigos do pluralismo de ordenamentos e de normatividades"[5].

Do conjunto desses elementos básicos fazem parte a *interculturalidade constitucional* e a *intersemioticidade constitucional*[6]. A primeira tem o

---

[2] Cfr. *Introdução ao Direito Constitucional Europeu (Seu Sentido, Problemas e Limites)*, Coimbra, Almedina, 1997, sobretudo, p. 18-20 e 101 e segs..

[3] Sintetizando o pensamento de F. LUCAS PIRES vertido na obra citada na nota anterior, PAULO CASTRO RANGEL refere o seguinte: "A ideia é agora a de que mais do que uma constituição que garanta o pluralismo, existe uma verdadeira «rede de constituições». Aproveita-se a lógica da concorrência espacial de ordenamentos, aproveita-se a lógica da garantia do dinamismo interno das «vidas constitucionais» e abre-se um «espaço-tempo» de «interconstitucionalidade». A articulação entre constituições, a afirmação de «poderes constituintes» com fontes e legitimidades diversas passam a ser os novos problemas constitucionais. Mais: a circunstância de haver constituições em disputa, em justaposição, abre interstícios, abre espaços vagos, onde poderão «navegar» – em rede ou à margem dela – os ordenamentos paralelos. Dificilmente se conseguiria uma compreensão da fenomologia jurídica e política mais alternativamente «amiga» do pluralismo de ordenamentos e normatividades". Cfr. *Uma Teoria da "Interconstitucionalidade" (Pluralismo e Constituição no Pensamento de Francisco Lucas Pires)*, in "Themis", nº 2, Ano I, 2000, p. 127-151, em especial p. 151.

[4] Cfr. J. J. GOMES CANOTILHO, *"Brancosos" e Interconstitucionalidade – Itinerários dos Discursos sobre a Historicidade Constitucional*, 2ª ed., Coimbra, Almedina, 2008, p. 266. Cfr., também, PAULO RANGEL, *Uma Teoria da "Interconstitucionalidade" (Pluralismo e Constituição no Pensamento de Francisco Lucas Pires)*, cit., p. 127-151; SUZANA TAVARES DA SILVA, *Direitos Fundamentais na Arena Global*, 2ª ed., Coimbra, Imprensa da Universidade, 2014, p. 81-89; e ANA RAQUEL MONIZ, *O Administrative Constitutionalism: Resgatar a Constituição para a Administração Pública*, in "Boletim da Faculdade de Direito, STUDIA IURIDICA 105, AD HONOREM- 6, Estudos em Homenagem ao Prof. Doutor José Joaquim Gomes Canotilho", Vol. IV, Coimbra, Coimbra Editora, 2012, p. 387-389.

[5] Cfr. J. J. GOMES CANOTILHO, *"Brancosos" e Interconstitucionalidade*, cit., p. 268-279.

[6] Aos dois elementos indicados no texto somam-se, ainda, em primeiro lugar, o caráter *autodescritivo e autorreferente* dos textos constitucionais estaduais e a *manutenção do valor e função* das Constituições estaduais. De facto, estas Constituições, nas palavras de J. J.

sentido de que as ideias, os valores e as ações de indivíduos e de grupos entram nos processos de trocas entre as várias Constituições. A segunda pressupõe "a investigação e a descoberta de um conjunto de regras respeitantes à produção e interpretação dos textos constitucionais e dos respectivos discursos e práticas sociais com elas relacionados"[7]. Neste sentido, as Constituições nacionais dos países membros da União Europeia convertem-se em instrumentos relevantes de uma *hermenêutica europeia* que procura articular o reconhecimento de identidades nacionais com a formação de uma *identidade cultural europeia*.

Em suma, a *intersemioticidade* "implica articulação da busca de regras referentes à produção e interpretação dos textos constitucionais com a formulação de discursos e práticas sociais num contexto cultural pluralista", em que valores como os da dignidade da pessoa humana, da liberdade, da igualdade, da democracia e da sociabilidade se posicionam na base de uma interpretação aberta ao diálogo entre várias constituições em rede de conexão. A interconstitucionalidade e a interculturalidade oferecem os espaços para o *pluralismo* de intérpretes, *aberto e racionalmente crítico*[8].

Por sua vez, o *constitucionalismo global* é caraterizado, sobretudo, pela emergência de um *jus cogens* internacional materialmente informado por *valores*, *princípios* e *regras* universais progressivamente plasmados em declarações e documentos internacionais e pela tendencial elevação da *dignidade humana* a pressuposto inelimínavel de todos os constitucionalismos. Intimamente associados ao *constitucionalismo global* estão os fenómenos da *produção multinível do direito constitucional*, através da sua abertura a novos esquemas regulativos, tanto de natureza supranacional, como extra-estadual, bem como da *internacionalização do direito constitucional* e da *constitucionalização do direito internacional*. A primeira significa "a incorporação dos Tratados de direitos humanos na ordem

---

Gomes Canotilho, desceram do "castelo" para a "rede", mas não perderam as funções identificadoras pelo facto de estarem em ligação umas com as outras. E, em segundo lugar, a *intraorganizatividade*, a qual aponta para a necessidade autodescritiva da organização superior, *in casu*, da União Europeia. Cfr. J. J. Gomes Canotilho *"Brancosos" e Interconstitucionalidade*, cit., p. 268 e 269.

[7] Cfr. J. J. Gomes Canotilho *"Brancosos" e Interconstitucionalidade*, cit., p. 277.
[8] Cfr. J. J. Gomes Canotilho, *"Brancosos" e Interconstitucionalidade*, cit., p. 278 e 279.

interna dos Estados, reconhecendo, por vezes, a estes tratados valor superior ao das próprias leis constitucionais e eficácia jurídica diretamente vinculativa na ordem interna". Por sua vez, a *constitucionalização do direito internacional* é "uma outra dimensão deste processo político-moral de legitimação baseado na centralidade dos direitos humanos. Perante as dificuldades de dar operacionalidade prática aos deveres e obrigações internacionais de garantia, respeito e realização de direitos humanos, procura-se «transplantar» para a internormatividade internacional certos mecanismos de direito constitucional.

Desde logo, assiste-se à emergência de uma hierarquia normativa dentro do direito internacional a partir de conceitos como o de *jus cogens*, de efeitos *erga omnes*, de «cláusula de supremacia», de judicialização e jurisdicionalização dos direitos humanos. Não falta mesmo quem veja na imbricação da internacionalização do direito constitucional com a constitucionalização do direito internacional o início do «direito constitucional superestatal»"[9] e, inclusive, a existência de uma *verdadeira Constituição transnacional de vocação universal*[10], estabelecida na base de um *acordo hipotético* entre indivíduos livres e iguais, do qual derivam *princípios de justiça* racionalmente aceitáveis (*v.g.*, proteção dos direitos humanos, justiça distributiva global, democratização das instituições internacionais, dever de assistência e combate à pobreza), que, enquanto "princípios de justiça global"[11], heterovinculam os Estados, enquanto sujeitos de direito internacional[12].

Por último, o *transconstitucionalismo* aponta para a existência de "casos-problemas jurídico-constitucionais" cuja solução interessa, simultaneamente, a diversos tipos de ordens jurídicas envolvidas.

---

[9] Cfr. J. J GOMES CANOTILHO, *Prefácio* da Obra de FERNANDO GONÇALVES/MANUEL JOÃO ALVES/VÍTOR MANUEL FREITAS VIEIRA [*et al.*], *Convenções Internacionais e Direitos do Homem*, Lisboa, Rei dos Livros, 2014. Sobre os traços caracterizadores do constitucionalismo europeu e global, cfr. do mesmo autor *Direito Constitucional e Teoria da Constituição*, 7ª ed., Coimbra, Almedina, 2003, p. 1369-1376.

[10] Cfr. JAN KLABBERS/ANNE PETERS/GEIR ULFSTEIN, *The Constitutionalization of International Law*, Oxford University Press, 2010, p. 3-30.

[11] Cfr. JOHN RAWLS, *The Law of Peoples: With the Idea of Public Reason Revisited*, Harvard University Press, 2002, p. 4-13.

[12] Cfr. PAULO OTERO, *Instituições Políticas e Constitucionais*, Vol. I, Coimbra, Almedina, 2009, p. 366 e 367.

A mesma implica, segundo MARCELO NEVES – um dos mais lídimos representantes daquela teoria –, o reconhecimento de que as diversas ordens jurídicas entrelaçadas na solução de um caso-problema constitucional, em especial de direitos fundamentais ou humanos e de organização legítima do poder, que seja relevante para as mesmas, devem buscar formas transversais de articulação, cada uma delas observando a outra, para compreender os seus próprios limites e possibilidades de contribuir para a sua solução[13].

Assiste-se, de facto, nos nossos dias, a situações complexas que apontam para um "sistema jurídico mundial de níveis múltiplos", no qual ocorre um "transconstitucionalismo pluridimensional", que resulta da relevância simultânea de um mesmo problema jurídico-constitucional para uma diversidade de ordens jurídicas.

Neste contexto, são diversas as manifestações de *transconstitucionalismo* entre ordens jurídicas. Um primeiro exemplo encontra-se nas relações entre ordens jurídicas internacionais e ordens estatais, em que existe mais do que um tribunal para a solução do caso (por exemplo, as relações entre o Tribunal Europeu dos Direitos do Homem e os Tribunais Constitucionais dos Estados Europeus a ele vinculados ou as relações entre a Corte Interamericana de Direitos Humanos e o Supremo Tribunal Federal do Brasil). Um segundo exemplo pode ir buscar-se às relações entre direito supranacional e direito estatal (v.g., as relações entre o direito da União Europeia e o direito dos Estados Membros ou as relações entre o direito da Comunidade Andina e os direitos dos Estados Membros).

Um terceiro exemplo situa-se na "conversação" transconstitucional entre ordens jurídicas estatais, mediante referências recíprocas a decisões de tribunais de outros Estados. É, assim, que, por exemplo, no Tribunal Constitucional (e também em outros tribunais nacionais), é frequente o transconstitucionalismo com outras ordens jurídicas esta-

---

[13] Cfr. MARCELO NEVES, *Transconstitucionalismo*, São Paulo, Martins Fontes, 2013, p. 115-132, e *Transconstitucionalismo: Breves Considerações com Especial Referência à Experiência Latino-Americana*, in "Boletim da Faculdade de Direito, STUDIA JURIDICA 104, Estudos em Homenagem ao Prof. Doutor José Joaquim Gomes Canotilho", Vol. III, Universidade de Coimbra, Coimbra, Coimbra Editora, 2012, p. 615-652, em especial, p. 615 e 645. Cfr., ainda, SUZANA TAVARES DA SILVA, *Direitos Fundamentais na Arena Global*, cit., p. 86.

tais, através da invocação, sobretudo nas decisões de grande relevância, da jurisprudência constitucional estrangeira.

Um quarto exemplo pode ser detetado no transconstitucionalismo entre ordens jurídicas estatais e transnacionais, ou seja, no relacionamento das ordens jurídicas estatais com ordens normativas que são construídas primariamente não por Estados ou a partir de Estados, mas sim por atores ou organizações privados ou quase públicos. É o que podemos ver nos casos de transconstitucionalismo entre direito estatal e ordem transnacional no âmbito do desporto, espelhados nas relações entre o Tribunal Arbitral do Desporto português e o "The Court of Arbitration for Sport", com sede em Lausanne, bem como no domínio do comércio internacional, traduzidos nas relações entre os tribunais portugueses, incluindo o Tribunal Constitucional, e o "Sistema de Consultas e de Resoluções de Litígios" no âmbito da Organização Mundial de Comércio.

E um quinto exemplo de transconstitucionalismo encontra-se nas relações problemáticas entre ordens jurídicas estatais e ordens locais extra-estatais de coletividades nativas, cujos pressupostos antropológico-culturais não se compatibilizam com o modelo de constitucionalismo do Estado. A experiência latino-americana é úbere em problemas jurídico-constitucionais decorrentes do entrelaçamento entre ordens normativas nativas e ordens constitucionais dos Estados, especialmente no que tange aos direitos fundamentais[14/15].

---

[14] Um dos casos mais delicados surgiu na relação entre a ordem jurídica estatal brasileira e a ordem normativa dos Índios Suruahá, habitantes do Município de Tapauá, localizado no Estado do Amazonas, que permaneceram isolados voluntariamente até aos fins da década de 1970, e cujo direito consuetudinário impõe o homicídio dos recém-nascidos quando tenham alguma deficiência física ou de saúde em geral.
Outro caso é o da comunidade dos Indígenas Yawanawá, localizada no Estado do Acre, na fronteira entre o Brasil e o Peru, onde existe uma ordem normativa consuetudinária que determina que se tire a vida de um dos gémeos recém-nascidos. Sobre o modo como resolver as colisões da ordem jurídica estatal com estas ordens arcaicas, que não se enquadram no modelo reflexivo do constitucionalismo, cfr. MARCELO NEVES, *Transconstitucionalismo: Breves Considerações com Especial Referência à Experiência Latino-Americana*, cit., p. 625-630.

[15] Segundo MARCELO NEVES, para além das cinco formas de transconstitucionalismo indicadas no texto, "é possível vislumbrar o entrelaçamento de problemas constitucionais entre ordens internacionais, entre ordens transnacionais, entre uma desse tipo e

INTRODUÇÃO

A *teoria do transconstitucionalismo* tem, assim, como intuito mesclar várias ordens (transnacionais, supranacionais, internacionais, extra-estatais, nacionais e locais) e compartilhar experiências vividas pelas diferentes jurisdições constitucionais, através de uma racionalidade transversal e de um acoplamento estrutural sistémico, a fim de solucionar problemas de direitos fundamentais e de limitação do poder.

Esta *ambience* de interconstitucionalidade, de constitucionalismo global e de transconstitucionalismo conduz inexoravelmente ao diálogo, articulação e interação entre ordens jurídicas autónomas, especialmente no que respeita às questões dos direitos fundamentais. A globalização exigiu que os Estados Nacionais reconheçam a importância das redes normativas, das soluções coordenadas e do esforço de harmonização dos ordenamentos jurídicos sobrepostos[16].

A construção de consensos mínimos acerca dos problemas dos direitos fundamentais pelo mundo fora demanda, hodiernamente, mais do que imposição de poder, diálogo entre vários ramos de poder, em que todos possam ser ouvidos e compreendidos. Neste diálogo, assume particular relevo o *diálogo judicial (judicial dialogue)*, traduzido no recurso pelos tribunais, sobretudo pelos tribunais constitucionais e pelos tribunais supremos dos Estados, a precedentes jurisprudenciais de tribunais de outros Estados, de tribunais supranacionais ou de tribunais internacionais, como fundamento confirmativo ou coadjuvante das suas decisões[17].

No mundo globalizado da atualidade e na moderna sociedade de informação, de comunicação e de conhecimento, com troca quase instantânea de informações entre todas as extremidades do globo, o diálogo jurisprudencial entre os diversos órgãos judiciais do mundo

---

outra daquela espécie, entre ordem transnacional e local, entre ordens transnacionais e ordens supranacionais, entre ordens locais, entre ordem supranacional e local e, em perspetiva, entre ordens supranacionais em sentido estrito", o qual traduz um transconstitucionalismo num sistema jurídico mundial de níveis múltiplos. Cfr. MARCELO NEVES, *Transconstitucionalismo: Breves Considerações com Especial Referência à Experiência Latino-Americana*, cit., p. 616-637.

[16] Cfr. JOÃO CARLOS LOUREIRO, *Adeus ao Estado Social?*, Coimbra, Wolters Kluver/Coimbra Editora, 2010, p. 291.

[17] Cfr., para mais desenvolvimentos, SUZANA TAVARES DA SILVA, *Direitos Fundamentais na Arena Global*, cit., p. 136-156.

revela-se de particular importância. E tem crescido exponencialmente nos últimos anos. Com efeito, o acesso livre ao manancial de informações, oficiais e extraoficiais, disponíveis na rede mundial da *internet*, tem proporcionado aos juízes nacionais consultarem decisões tomadas pelos seus homólogos de tribunais de outros Estados, de tribunais supranacionais ou de tribunais internacionais, a fim de encontrarem a melhor solução possível para os casos que estão a decidir[18].

O diálogo judicial, no contexto da mundialização da justiça, representa, para além de um intercâmbio cultural, um salto no sentido da modernidade, posto a jurisprudência estrangeira e internacional, mormente a jurisprudência constitucional, servir como um "manancial de ideias", todas elas voltadas para a solução lógica e racional de problemas comuns compartilhados pelos diversos sistemas jurídicos autónomos. Mas esta virtuosa prática de intercâmbio de jurisprudências, sobretudo de jurisprudências constitucionais, depende, para ter sucesso, do grau de confiança estabelecido entre os vários ordenamentos jurídicos. Daí a necessidade de reconhecimento mútuo das ordens jurídicas autónomas e da sua abertura à troca de conhecimentos, experiências, alternativas e soluções[19].

Segundo pensamos, estas teorias ou dimensões do constitucionalismo não vieram *enfraquecer*, mas antes *fortalecer* as Constituições nacionais. É sabido que as Constituições dos Estados da segunda metade do

---

[18] A própria *Supreme Court* dos Estados Unidos da América tem uma tradição, de vários anos, de "mencionar" decisões de tribunais de países estrangeiros e de tribunais internacionais, indo ao ponto, por vezes, de se basear nelas para fundamentar os seus juízos [como sucedeu no caso *Lawrence v. Texas, 539 U. S. 558 (2003)*, onde foi citada uma decisão de 1981 do Tribunal Europeu dos Direitos do Homem].
Tais "citações" de decisões constitucionais de tribunais exteriores aos Estados Unidos da América estão na origem de uma forte crítica dos comentadores conservadores – que MARK TUSHNET considera grosseiramente exagerada e que rebate com veemência -, argumentando que elas pressagiam incursões na capacidade soberana do povo americano para se governar a si mesmo e procuram incorporar na Constituição dos Estados Unidos da América valores de uma elite cosmopolita que não poderia convencer o povo da América a adotá-los. Cfr. MARK TUSHNET, *Weak Courts, Strong Rigts*, Princeton, Princeton University Press, 2007, p. 3-5.
[19] Cfr. J. ALLARD/A. GARAPON, *Os Juízes na Mundialização. A Nova Revolução do Direito*, Lisboa, Instituto Piaget, 2005, p. 24 e 27.

Século XX perderam parte da sua força, por razões diversas, sendo as mais importantes a *globalização* e o consequente incremento das relações transterritoriais com implicações normativas fundamentais, mas também as exigências colocadas pela *crise económico-financeira* dos Estados, pela *crise do Estado social*, pela *crise demográfica*, pelo *desenvolvimento sustentável* e pelos desafios colocados pelos vários *fundamentalismos*.

Todavia, mesmo neste novo contexto, as Constituições nacionais mantêm o seu valor e a sua função e continuam a desempenhar um papel insubstituível, pois é nelas que se encontra o fundamento da *legitimação* e *controlo* dos poderes estadual e social, tendo como elementos concretos a *dignidade da pessoa humana*, a *democracia pluralista*, os *direitos fundamentais*, a *separação* e *interdependência dos poderes*, a *independência dos tribunais*, o *Estado de direito* e a *organização do poder político*[20]. Ora, é precisamente no âmbito destas relevantes tarefas "reservadas" às Constituições dos Estados que estas vão colher *ensinamentos* e *experiências* às "redes" do interconstitucionalismo, do constitucionalismo global e do transconstitucionalismo[21].

1. Conceito e pressupostos da justiça constitucional

Segundo J. RAWLS, "a justiça é a virtude primeira das instituições sociais, tal como a verdade o é para os sistemas de pensamento. Uma teoria, por mais elegante ou parcimoniosa que seja, deve ser rejeitada ou alterada se não for verdadeira; da mesma forma, as leis e as instituições, não obstante o serem eficazes e bem concebidas, devem ser

---

[20] Cfr. LUÍS ANTÓNIO M. MENESES DO VALE, *Breves Apontamentos Sobre o Direito Constitucional da República da Turquia, Contributo para uma Recompreensão Inter e Transcultural da Jusconstitucionalidade Contemporânea?* in "Boletim da Faculdade de Direito da Universidade de Coimbra", Vol. LXXXVIII, Tomo II (2013), p. 735-744.

[21] Nesta linha, MARCELO NEVES realça que a Constituição, enquanto critério básico de autocompreensão da ordem jurídica estatal, constitui um "nível inviolável" da ordem jurídica do Estado constitucional, mas, nas condições hodiernas da sociedade mundial, ela é apenas um dos diversos *loci* em cooperação e concorrência na busca do tratamento dos problemas constitucionais, em termos de se poder afirmar que "a integração sistémica cada vez maior da sociedade mundial levou à desterritorialização de problemas--caso jurídico-constitucionais, que, por assim dizer, emanciparam-se do Estado". Cfr. *Transconstitucionalismo: Breves Considerações com Especial Referência à Experiência Latino--Americana*, cit., p. 644 e 645.

reformadas ou abolidas se forem injustas"[22]. Estas palavras do eminente pensador americano caracterizam bem a *justiça constitucional*, enquanto expressão máxima da garantia da observância das regras e princípios constitucionais pelas leis e demais atos normativos do poder público, em suma como garantia do respeito da ordem de valores condensada na Lei Fundamental do Estado.

Por isso, o nosso Tribunal Constitucional, definido, no artigo 221º da Constituição, como "o tribunal ao qual compete especificamente administrar a justiça em matérias de natureza jurídico-constitucional"[23], *impede* que venham a fazer parte do ordenamento jurídico (no caso de fiscalização preventiva da constitucionalidade) ou *elimina* do mesmo ordenamento (na hipótese de fiscalização abstrata sucessiva) as normas jurídicas maculadas por uma forma particular de "injustiça", que é a da sua contradição com as regras ou princípios constitucionais.

Podemos, em face do que vem de ser dito, definir a *justiça constitucional* como a parte do direito constitucional[24] que tem como objeto o estudo do conjunto dos órgãos, processos e técnicas de fiscalização jurisdicional da observância das regras e princípios constitucionais pelos órgãos detentores do poder normativo público, em especial pelo legislador, isto é, de garantia da supremacia da Constituição, e a análise da jurisprudência do Tribunal Constitucional português, que expressa a insubstituível função interpretativo-concretizadora, densificadora e

---

[22] Cfr. *Uma Teoria da Justiça*, trad. port., Lisboa, Presença, 1993, p. 27.

[23] Em termos bastante próximos, estabelece o artigo 180º, nº 1, da Constituição da República de Angola, de 5 de fevereiro de 2010, que "ao Tribunal Constitucional compete, em geral, administrar a justiça em matérias de natureza jurídico-constitucional, nos termos da Constituição e da lei". As principais leis relativas à justiça constitucional deste país lusófono são, por um lado, a Lei Orgânica do Tribunal Constitucional, aprovada pela Lei nº 2/2008, de 17 de junho, alterada pela Lei nº 24/2010, de 3 de dezembro, e a Lei do Processo Constitucional, constante da Lei nº 3/2008, de 17 de junho, alterada pela Lei nº 25/2010, de 3 de dezembro. Por sua vez, o Regulamento Geral do Tribunal Constitucional de Angola foi aprovado pela Resolução deste Tribunal nº 21/2014, de 28 de julho.

[24] No sentido de que a Justiça Constitucional goza, no ensino universitário, de uma mera autonomia *didática*, e não *científica*, em face do direito constitucional, mas que é evidente que seria, hoje, inconcebível um "direito constitucional" sem uma "justiça constitucional", cfr. Antonio Ruggeri/Antonino Spadaro, *Lineamenti di Giustizia Costituzionale*, 5ª ed., Torino, Giappichelli, 2014, p. 5 e 6.

INTRODUÇÃO

criadora do nosso órgão supremo da justiça constitucional, em diálogo com a jurisprudência do Tribunal de Justiça da União Europeia[25], em aplicação das normas dos Tratados e da Carta dos Direitos Fundamentais da União Europeia[26], e, sobretudo, com a jurisprudência do Tribunal Europeu dos Direitos do Homem, em concretização da Convenção Europeia dos Direitos do Homem. De facto, a interação da Constituição Portuguesa em rede com aqueles "Textos Constitucionais Europeus", formal e materialmente entendidos, e o lastro jurisprudencial de interconstitucionalidade daqueles dois Tribunais são dados incontornáveis de uma abordagem séria da nossa justiça constitucional.

[25] No quadro das vias processuais previstas nos Tratados, o Tribunal de Justiça da União Europeia goza de competência obrigatória para dirimir conflitos entre Estados-Membros [artigo 259º do Tratado sobre o Funcionamento da União Europeia (TFUE)], entre a Comissão e os Estados-Membros (artigo 258º do TFUE), entre Instituições da União Europeia (artigos 253º e 265º do TFUE), entre Estados-Membros e Instituições da União (artigos 263º, 265º e 268º do TFUE) e entre particulares e Instituições da União Europeia (artigos 263º, 265º e 268º do TFUE). No âmbito destes últimos, contam-se o recurso de anulação, que, de harmonia com o artigo 263º, nº 4, do TFUE, passou a incluir, na sequência do Tratado de Lisboa, e dentro do espírito de garantia do acesso dos particulares aos tribunais da União, de acordo com o direito a uma tutela jurisdicional efetiva, não apenas os *recursos* interpostos por qualquer pessoa singular ou coletiva "contra os actos de que seja destinatária ou que lhe digam directa e individualmente respeito", mas também "contra os actos regulamentares que lhe digam directamente respeito e não necessitem de medidas de execução", o *recurso de omissão* (artigo 265º, nº 3, do TFUE), a *exceção de ilegalidade* (artigo 277º do TFUE) e a *ação de indemnização* (artigos 268º e 340º, nºs 2 e 3, do TFUE). Mas estão excluídos da jurisdição dos Tribunais da União Europeia (o Tribunal de Justiça da União Europeia, o Tribunal Geral e o Tribunal da Função Pública) os litígios que opõem os particulares aos Estados-Membros da União Europeia, que são dirimidos pelos tribunais nacionais. Sobre o tema, cfr., por todos, MARIA LUÍSA DUARTE, *União Europeia – Estática e Dinâmica da Ordem Jurídica Eurocomunitária*, Coimbra, Almedina, 2011, p. 234-256; e RUI MOURA RAMOS, *O Tribunal de Justiça e o Acesso dos Particulares à Jurisdição da União Após as Alterações Decorrentes do Tratado de Lisboa*, in "Revista de Legislação e de Jurisprudência", Ano 145º, nº 3996, p. 130-146.

[26] A mesma foi aprovada no Conselho Europeu de Nice, de dezembro de 2000, como proclamação política, e foi dotada de força jurídica vinculativa com o Tratado de Lisboa, de 2007, passando a ser o verdadeiro *"bill of rights"* da União Europeia. Cfr. VITAL MOREIRA, *Carta dos Direitos Fundamentais da União Europeia*, in "Tratado de Lisboa, Anotado e Comentado", coord. MANUEL PORTO/GONÇALO ANASTÁCIO, Coimbra, Almedina, 2012, p. 1395.

JUSTIÇA CONSTITUCIONAL

Subjacentes à ideia de justiça constitucional estão três princípios essenciais do constitucionalismo moderno[27] (e também do nosso cons-

[27] Segundo J. J. GOMES CANOTILHO, o *constitucionalismo moderno*, por oposição ao chamado *constitucionalismo antigo*, designa, numa aceção histórico-descritiva, o movimento político, social e cultural que, sobretudo a partir de meados do século XVIII, questiona, nos planos político, filosófico e jurídico, os esquemas tradicionais de *domínio político*, sugerindo, ao mesmo tempo, a invenção de uma nova forma de ordenação e fundamentação do poder político. Defendendo que não existe *um constitucionalismo*, mas *vários constitucionalismos* (o constitucionalismo inglês, o constitucionalismo americano, o constitucionalismo francês) e que é mais acertado falar em "diversos *movimentos constitucionais*, com corações nacionais, mas também com alguns momentos de aproximação entre si, fornecendo uma complexa tessitura histórico-cultural", aponta como noção básica de *constitucionalismo* a teoria (ou ideologia) que ergue um princípio de governo limitado indispensável à garantia dos direitos como dimensão estruturante da organização político-social de uma comunidade (cfr. *Direito Constitucional*, cit., p. 51 e 52).

As Constituições dos atuais Estados de direito democrático, de pendor social em transformação, em resultado da crise económico-financeira, da globalização e da crise demográfica, caracterizada pela diminuição da natalidade e pelo aumento da esperança média de vida – e estamos a pensar, sobretudo, nas Constituições escritas dos Estados europeus – mantêm-se fiéis aos axiomas fundamentais da ideologia liberal. De facto, são também suas as preocupações das Constituições que emergiram das revoluções liberais dos fins do século XVIII e da primeira metade do século XIX: de um lado, a *organização* e a *racionalização* do poder político, através da repartição do mesmo entre diferentes órgãos do Estado e da indicação das competências de cada um deles, de acordo com o princípio da *separação de poderes* – respondendo, assim, como sublinha ROGÉRIO E. SOARES, à interrogação sobre a identificação do titular do poder e sobre a sua legitimação (cfr. *Constituição*, in "Dicionário Jurídico da Administração Pública", Vol. II, Coimbra, Coimbra Editora, 1972, p. 661) ; e, do outro lado, a *limitação* e *controlo* do poder, fundamentalmente por meio da definição de um *catálogo de direitos fundamentais* do cidadão, invioláveis pelo poder executivo, com especial destaque para os direitos de liberdade e de propriedade, e da consagração do mencionado princípio da *separação de poderes* – limitação e controlo esses que, nas palavras de K. LOEWENSTEIN, devem ser considerados, num sentido ontológico, como o *telos* de toda e qualquer Constituição (Cfr. *Teoría de la Constitución*, 2ª ed., trad. espanhola, Barcelona, Ariel, 1976, p. 151).

Todavia, as atuais Constituições têm preocupações bem mais amplas. Estas traduzem-se, *inter alia*, no alargamento e no aprofundamento dos direitos e liberdades fundamentais do cidadão, com especial destaque para a consagração de um elenco generoso de direitos económicos, sociais e culturais dos cidadãos, na enunciação dos fins essenciais (nos domínios económico, social e cultural) do Estado e na consagração das *têtes de chapitre* (na expressão de PELLEGRINI ROSSI) dos vários ramos do direito, isto é, dos princípios fundamentais que os informam – princípios estes que "revestem um significado político, identificam-se com as concepções dominantes acerca da vida colectiva e consubstanciam uma ideia de Direito" (Cfr. JORGE MIRANDA, *Manual de Direito Constitucional*, Tomo I, 6ª ed., Coimbra, Coimbra Editora, 1997, p. 16). As Constituições passaram, assim, a incluir, além do direito político ou do direito do Estado (*Staatsrecht*), os princípios essenciais dos vários ramos infra-constitucionais do direito, não apenas do direito público – em particular, o direito administrativo cujas relações com o direito constitucional são muitíssimo estreitas (cfr. A. RODRIGUES QUEIRÓ, *Lições de Direito Administrativo*, Vol. I, Coimbra, 1976, p. 159-170 e 197-199; e VITAL MOREIRA, *Constituição e Direito Administrativo (A "Constituição Administrativa" Portuguesa)*, in "AB UNO AD OMNES – 75 Anos da Coimbra Editora 1920-1995", Coimbra, Coimbra Editora, 1998, p. 1141 e 1142) –, mas também do direito privado.

Graças a este alargamento dos horizontes da Constituição, ela é, hoje, entendida, nas palavras certeiras e rigorosas de J. J. GOMES CANOTILHO, como uma *ordem fundamental* (uma *ordem aberta* e uma *ordem-quadro*), seja porque se apresenta como uma *lei fundamental do Estado* e como uma *lei fundamental da sociedade* (já que a Constituição não apenas fixa uma *estadualidade juridicamente conformada*, como também estabelece *princípios relevantes para uma sociedade aberta bem ordenada*), seja porque a mesma constitui a pirâmide de um sistema normativo que nela encontra fundamento, aspirando, por isso, à natureza de *norma das normas*, já que é erigida como *parâmetro de validade* das restantes normas do ordenamento jurídico, como flui, por exemplo, do artigo 3º, nºs 2 e 3, da nossa Constituição (Cfr. *Direito Constitucional e Teoria da Constituição*, cit., p. 1436. Cfr. também os nossos artigos *A Fiscalização da Constitucionalidade das Normas do Ordenamento Jurídico de Macau À Luz da Recente Jurisprudência do Tribunal Constitucional*, in "Boletim da Faculdade de Direito da Universidade de Coimbra", Vol. 73 (1997), p. 61, e *A Justiça Constitucional em Portugal e em Espanha. Encontros e Divergências*, in "Revista de Legislação e de Jurisprudência", Ano 131º, nº 3983, p. 162 e 163).

Como salienta KONRAD HESSE, "a Constituição estabelece linhas fundamentais do ordenamento jurídico e não somente da vida estatal em sentido estrito. Positiva princípios e critérios para o estabelecimento e a aplicação das normas do ordenamento. Ordena todas as esferas da vida essenciais para a convivência, precisamente porque as referidas esferas são consubstanciais à vida do conjunto e encontram-se indissoluvelmente ligadas à ordem política". Segundo aquele constitucionalista alemão, a Constituição condensa os fundamentos do ordenamento jurídico, tais como os do direito de família, do direito de propriedade, do direito sucessório, do direito do ensino, do direito penal, da liberdade religiosa e do direito do trabalho. E em todos estes domínios, "a Constituição é o plano estrutural básico, orientado por determinados princípios dotadores de sentido, para a configuração jurídica de uma comunidade (*Rechtsgestalt eines Gemeinwesens*)" [Cfr. *Verfassung und Verfassungsrecht*, in BENDA/MAIHOFER/VOGEL/HESSE/HEYDE, *Handbuch des Verfassungsrechts der Bundesrepublik Deutschland*, 2ª Aufl., Berlin, New Iork, W. de Gruyter, 1994, p. 7 e 8]. Cfr., ainda, o nosso artigo *Constituição Administrativa*, in "Olhar o Constitucionalismo Português nos 40 Anos da Constituição de 1976", Instituto Jurídico, Faculdade de Direito da Universidade de Coimbra, Coimbra, 2017, p. 27-41, em especial, p. 28-30.

titucionalismo), os quais funcionam como *pressupostos* da justiça constitucional. O primeiro é a conceção *normativa* da Constituição e o seu entendimento como *lei suprema* ou como *lei maior* (*higher Law*) do Estado, como *norma das normas* (*norma normarum*), como estalão normativo superior de um ordenamento jurídico[28]. Este princípio do constitucionalismo moderno significa, expressando-nos com CHRISTIAN HILLGRUBER, que a Constituição está dotada de uma validade jurídica incondicional e irrestrita e prevalece sobre todo o restante direito, sendo, por isso, uma Constituição dotada "*da maior força jurídica formal*" ("*von höchster formeller Geltungskraft*")[29/30].

O segundo – intimamente ligado ao primeiro – é a elevação da Constituição a *parâmetro de validade* de todos os atos do poder público. Isto mesmo está consagrado no artigo 3º, nºs 2 e 3, da Constituição portuguesa, onde se determina que "o Estado subordina-se à Constituição" e que "a validade das leis e dos demais actos do Estado, das regiões autónomas, do poder local e de quaisquer outras entidades públicas depende da sua conformidade com a Constituição", bem como no artigo 277º, nº 1, também da Constituição, onde se estatui que "são inconstitucionais as normas que infrinjam o disposto na Constituição ou os princípios nela consignados"[31].

---

[28] A caracterização da Constituição como lei hierarquicamente superior a todas as leis é proclamada no artigo VI, Secção 2, da Constituição Federal dos Estados Unidos da América de 1787, ao referir que a mesma é "*The Supreme Law of the Land*".
[29] Cfr. CHRISTIAN HILLGRUBER, *Verfassungsinterpretation*, in "Verfassungstheorie", Herausg. von OTTO DEPENHEUER und CHRISTOPH GRABENWARTER, Tübingen, Mohr Siebeck, 2010, p. 508 e 509.
[30] Na mesma linha, escreve MANOEL GONÇALVES FERREIRA FILHO que o constitucionalismo moderno, inciado com as Constituições do final do século XVIII e que atingiu a plenitude da sua expansão nos anos 80 do século passado, "constrói-se em torno da ideia de uma *lei suprema*, estabelecida pelo povo num documento solene – escrito para ser conhecido de todos –, que é, ao mesmo tempo, *condição de validade* de todos os atos emanados do Estado e *cúpula da ordem jurídica*". Cfr. *O Paradoxo da Justiça Constitucional*, in "Revista da Faculdade de Direito da Universidade de Lisboa", Vol. LI, nºs 1 e 2, 2010, p. 17-24, em especial, p. 17.
[31] Cfr. os nossos artigos *A Justiça Constitucional em Portugal e em Espanha*, cit., p. 162 e 163, e *A Fiscalização da Constitucionalidade das Normas do Ordenamento Jurídico de Macau*, cit., p. 61; e J. J. GOMES CANOTILHO, *Direito Constitucional*, cit., p. 919 e 920.

INTRODUÇÃO

O terceiro é o de que a garantia da Constituição deve ser essencialmente uma *garantia judicial*, devendo a tarefa de "guarda da Constituição" (*Hüter der Verfassung*), de acordo com a sugestão de H. KELSEN, ser efetivamente confiada a um tribunal próprio e específico, situado fora da ordem ou das ordens judiciárias comuns, e integrado por juízes, não designados ordinariamente de entre os membros do corpo de magistrados de carreira, mas objeto de um processo de escolha especial, com participação preponderante de um órgão político (*in casu*, a Assembleia da República), e assim recebendo uma qualificada legitimação[32] (ainda que os diferentes tribunais não sejam de todo afastados da realização da justiça constitucional, já que lhes é reconhecida uma competência de *judicial review* ou de controlo *desconcentrado* ou *difuso*, baseado no seu

Em termos muito próximos, vejam-se os artigos 6º e 226º da Constituição da República de Angola. O primeiro consigna que "a Constituição é a Lei Suprema da República de Angola" (nº 1), que "o Estado subordina-se à Constituição (...)" (nº 2) e, bem assim, que "as leis, os tratados e os demais actos do Estado, dos órgãos do poder local e dos entes públicos em geral só são válidos se forem conformes à Constituição" (n.º 3). E o segundo estatui que "a validade das leis e dos demais actos do Estado, da administração pública e do poder local depende da sua conformidade com a Constituição" (nº 1) e que "são inconstitucionais as leis e os actos que violem os princípios e normas consagrados na presente Constituição" (nº 2).

[32] Cfr. JOSÉ MANUEL M. CARDOSO DA COSTA, *Algumas Reflexões Em Torno da Justiça Constitucional*, in "Boletim da Faculdade de Direito, STUDIA JURIDICA 41, Colloquia-3", Coimbra, Coimbra Editora, 1998, p. 117, e *Constituição e Justiça Constitucional*, in "Boletim da Faculdade de Direito, STUDIA JURIDICA 92, AD HONOREM – 3, Estudos em Homenagem ao Prof. Doutor António Castanheira Neves", Vol. III, Coimbra, Coimbra Editora, 2008, p. 165-175, em especial, p. 172-175; e P. PERNTHALER, *Allgemeine Staatslehre und Verfassungslehre*, 2. Aufl., Wien/New Iork, Springer, 1996, p. 240 e 241.

Sublinhe-se que a retórica avançada no texto vale para o modelo da justiça constitucional da Europa Continental, o qual é caracterizado pela existência de um tribunal específico – o Tribunal Constitucional -, cuja missão é a fiscalização da constitucionalidade dos atos do poder público, *maxime* dos atos normativos públicos. Existe, porém, como se sabe, um outro modelo, de inspiração norte-americana, que coloca nas mãos do órgão máximo da jurisdição comum – o Supremo Tribunal – aquela competência. É esse o modelo da justiça constitucional brasileira, onde cabe ao Supremo Tribunal Federal, enquanto órgão de cúpula do poder judiciário, ao lado de outras questões que processa e julga em última instância, a função precípua de "guarda da Constituição" (cfr. o artigo 102º da Constituição da República Federativa do Brasil de 1988). Sobre este tema, cfr., por todos, ALEXANDRE DE MORAES, *Jurisdição Constitucional e Tribunais Constitucionais*, 3ª ed., São Paulo, Atlas, 2013, p. 210 e segs..

poder-dever de não aplicar, nas questões submetidas ao seu julgamento, normas contrárias à Constituição).

A justiça constitucional, em geral, e o Tribunal Constitucional, em particular, desempenham, assim, uma função essencial do constitucionalismo, que é a de sujeitar a ação dos poderes públicos a regras jurídicas positivas, garantindo a supremacia da Constituição na dinâmica política[33].

2. Sentido e valor da justiça constitucional

2.1. À justiça constitucional – cuja generalizada instituição, na segunda metade do século XX, nos países democráticos europeus, significou, nas palavras de H. SIMON, "um passo tão revolucionário como a transição do absolutismo ao constitucionalismo"[34] – cabe uma importante tarefa de *concretização* e *desenvolvimento* do direito constitucional[35], contribuindo decisivamente para o enriquecimento e o aprofundamento da sua dogmática. Problemas como, por exemplo, os da interpretação da Constituição, seja das regras, seja dos princípios nela condensados[36], da

---

[33] Cfr. G. ZAGREBELSKY, ob. cit., p. 473.

[34] Cfr. *Verfassungsgerichtsbarkeit*, in "BENDA/MAIHOFER/VOGEL/HESSE/HEYDE, Handbuch des Verfassungsrechts der Bundesrepublik Deutschland", 2. Aufl., Berlin/New Iork, W. de Gruyter, 1994, p. 1639.

[35] Cfr. J. J. GOMES CANOTILHO, *Direito Constitucional*, cit., p. 891, e J. M. CARDOSO DA COSTA, *Algumas Reflexões*, cit., p. 119 e 120.

[36] Podemos dizer com A. CASTANHEIRA NEVES que a interpretação da Constituição, tal como toda a interpretação jurídica, sofreu uma radical mudança de perspetiva no atual contexto metodológico, deixando de conceber-se tão-só e estritamente como *interpretação da lei constitucional*, para se pensar como *actus* da *realização do direito constitucional*. Ainda segundo o mesmo autor, "é pela problemática autónoma e específica da realização do direito, e como momento metodológico-normativo, que se haverá de entender o que persista dizer-se interpretação da lei". Daqui decorre uma alteração do próprio conceito de interpretação jurídica, que de interpretação da lei se converte em interpretação do direito. Destarte, a interpretação jurídica é "o acto metodológico de determinação daquele sentido normativo--jurídico que, segundo a intenção do direito vigente, deva ter-se pelo critério também jurídico (o critério normativo *de direito*) no âmbito de uma problemática realização do direito e enquanto momento metodológico-normativo dessa realização". Assim se compreende que a interpretação da Constituição seja "sempre problematicamente intencionada", isto é, nunca possa deixar de pressupor um problema ou controvérsia jurídico-constitucional, donde dever entender-se a interpretação jurisdicional da Constituição como o paradigma da interpretação jurídico-constitucional (cfr. *O Actual*

INTRODUÇÃO

Problema Metodológico da Interpretação Jurídica- I, Coimbra, Coimbra Editora, 2003, p. 11-14, 37 e 38). E, também, que, nas palavras de FERNANDO BRONZE, o objeto da interpretação constitucional seja o critério do juízo de um caso jurídico-constitucionalmente relevante ou a norma-problema e não um mero enunciado linguístico ou a norma-texto, como tradicionalmente se defendia (cfr. *A Interpretação Jurídica e as Fontes do Direito – Nótula Proporcionada pelos 50 Anos do Código Civil*, in "Revista de Legislação e de Jurisprudência", Ano 146º, nº 4002, p. 197-207, em especial, p. 202 e 203).

Sobre a problemática da *interpretação constitucional*, cfr., por todos, JORGE MIRANDA, *Manual de Direito Constitucional, Constituição*, Tomo II, 7ª ed., Coimbra, Coimbra Editora, 2013, p. 311-339, e *Curso de Direito Constitucional (Estado e Constitucionalismo, Constituição, Direitos Fundamentais)*, Vol. I, Lisboa, Universidade Católica Editora, 2016, p. 206-213, J. J. GOMES CANOTILHO, *Direito Constitucional*, cit., p. 1195 e segs., CARLOS BLANCO DE MORAIS, *Curso de Direito Constitucional, Teoria da Constituição em Tempo de Crise do Estado Social*, Tomo II, Vol. 2, Coimbra, Coimbra Editora, 2014, p. 609 e segs., e MANUEL AFONSO VAZ, *Teoria da Constituição, O que é a Constituição, Hoje?*, Coimbra, Coimbra Editora, 2012, p. 115-122. CRISTINA QUEIROZ salienta que a questão essencial da interpretação constitucional consiste em "explicar como as normas criadas pelo poder constituinte se transformam em *direito judicial concretizado* pela intervenção dos tribunais de justiça constitucional" (cfr. *Interpretação Constitucional e Poder Judicial – Sobre a Epistemologia da Construção Constitucional*, Coimbra, Coimbra Editora, 2000, p. 9).

Os contributos da doutrina alemã no domínio da metódica da interpretação constitucional têm sido inestimáveis. As mais importantes posições metódicas sobre a interpretação constitucional fornecidas pela doutrina são as seguintes: o *método hermenêutico-clássico*, desenvolvido por E. FORSTHOFF, nos termos do qual a Constituição deve ser interpretada com base nos mesmos métodos de uma lei, como sejam os elementos gramatical, histórico, sistemático e teleológico; o *método tópico-orientado para a resolução de problemas*, defendido, com diferentes cambiantes, por SCHEUNER, EHMKE, KRIELE e HÄBERLE, que se alicerça na tópica e no pensamento problemático como genuíno método da interpretação constitucional; o *método da interpretação constitucional orientado para as ciências da realidade*, proposto por SMEND, segundo o qual é o sentido e a realidade da Constituição, não o teor literal e a abstração dogmática, que constituem o fundamento e o critério da sua interpretação; e o *método de interpretação hermenêutico-concretizador*, propugnado, com matizes deferenciadas, por K. HESSE e F. MÜLLER, que, sem questionar, em princípio, a abertura da interpretação proclamada pelo tópica e pelo pensamento problemático, recupera a vinculação à norma e a racionalidade controlável da interpretação (que tinham sido abandonados pelo método tópico-orientado para o problema) e coloca o acento tónico da interpretação constitucional no conceito de "concretização" e na questão dos elementos da "concretização". Para uma análise e crítica destes métodos da interpretação constitucional, cfr. E.-W. BÖCKENFÖRDE, *Die Methoden der Verfassungsinterpretation-Bestandsaufnahme und Kritik*, in "Neue Juristische Wochenschrift", 46 (1976), p. 2089-2099. Sobre a posição metódica da interpretação constitucional de K. HESSE, segundo a qual *"Verfassungsinterpretation ist Konkretisierung"*, cfr. *Grundzüge des Verfassungsrechts der Bun-*

29

eficácia das normas constitucionais, do sentido dos princípios expressos e implícitos da Constituição e do conteúdo e alcance dos direitos fundamentais[37] vêm beneficiando de um notável impulso das decisões dos órgãos da justiça constitucional, em particular dos tribunais constitucionais.

desrepublik Deutschland, 20. Aufl., Heidelberg, Müller, 1999, p. 24-29. Para uma síntese da teoria da interpretação da Constituição na doutrina norte-americana, cfr. A. BARAK, *Hermeneutics and Constitutional Interpretation*, in "Constitutionalism, Identity, Difference and Legitimacy (Theoretical Perpectives)", Durham/London, Duke University Press, 1994, p. 253-260. Segundo este autor, a interpretação constitucional é *"different from statutory, as well as other legal interpretation"*, devido ao *"special character of the constitutional text"*, cujos objetivos são *"to provide a solid foundation for national existence"*, *"to embody the basic aspirations of the people"*, *"to guide future generations by its basic choices"* e *"to control majorities and protect individual dignity and liberty"* (cfr. ob. cit., p. 258).

Importante operador hermenêutico é o *princípio contratualista* da Constituição, que, alicerçando-se em expoentes doutrinais como LOCKE, MONTESQUIEU, ROUSSEAU e KANT, concebe a Constituição como uma emanação de um acordo ou contrato fundamental hipoteticamente concluído entre os cidadãos ou, pelo menos, entre o conjunto dos cidadãos e os governantes ou, numa aceção mais moderna, como um "contrato social intergeracional" – princípio esse que oferece uma pauta de leitura indispensável à interpretação e aplicação de preceitos constitucionais, nacionais e internacionais, consagradores de direitos e liberdades fundamentais. Neste horizonte, sublinha A. CASTANHEIRA NEVES que a Constituição reflete "o pacto político-social fundamental e o estatuto político-jurídico da comunidade que através dela se define como comunidade política e se organiza em Estado – que tanto é dizer que pela constituição a comunidade se define a si mesma, seja em termos fundadores, refundadores ou revolucionários, na estrutura do poder político, nas instituições e valores político-jurídicos fundamentais e ainda no reconhecimento de direitos que tem por fundamentais" [cfr. *O Direito Interrogado pelo Tempo Presente na Perspectiva do Futuro*, in "Boletim da Faculdade de Direito da Universidade de Coimbra", Vol. 83 (2007), p. 52].

[37] A importância da jurisdição constitucional para a elaboração de uma *teoria estrutural dos direitos fundamentais* (*Strukturtheorie der Grundrechte*) – a qual constitui a primeira peça de uma *teoria integrativa* dos direitos fundamentais – é vincada por R. ALEXY, ao referir que o seu material mais importante é a jurisprudência do Tribunal Constitucional alemão. Tal teoria apresenta, segundo aquele constitucionalista, um caráter empírico-analítico, porque investiga estruturas como a dos conceitos dos direitos fundamentais, a da influência dos direitos fundamentais no sistema jurídico e a da justificação dos direitos fundamentais, tomando em consideração as tarefas práticas de uma teoria integrativa, e, bem assim, um caráter normativo-analítico, na medida em que é orientada pela pergunta acerca da decisão correta na perspetiva dos direitos fundamentais e da fundamentação racional dos mesmos direitos. Cfr. *Theorie der Grundrechte*, 2. Aufl., Frankfurt am Main, Suhrkamp, 1994, p. 32

INTRODUÇÃO

A ciência do direito constitucional é, assim, fortemente influenciada pela justiça constitucional. Podemos, por isso, afirmar que grande parte do atual "direito constitucional vivente" é fruto da atividade hermenêutica – frequentemente, uma interpretação evolutiva – dos tribunais constitucionais.[38]

2.2. Também a própria Constituição sofre um grande impacto da justiça constitucional. Um tal impacto verifica-se essencialmente por duas vias.

A primeira é a do efeito "conformador" das próprias normas constitucionais, decorrente da atividade interpretativo-concretizadora das normas da Constituição exercida pela justiça constitucional – o que leva alguns autores a falar do caráter "aporético" da jurisdição constitucional, traduzido, por um lado, na sujeição do Tribunal Constitucional a regras e princípios positivamente plasmados na Constituição e, por outro lado, na "conformação" das normas constitucionais através da atividade interpretativo-concretizadora das mesmas normas por parte daquele Tribunal[39].

---

[38] Cfr. ANTONIO RUGGERI/ANTONINO SPADARO, ob. cit., p. 9 e 10. Estes autores salientam que a jurisprudência constitucional "cria também normas e, por isso, direito «constitucional», ou, se se preferir, colmata «lacunas de construção» da própria Constituição". Os tribunais constitucionais, graças aos seus poderes hermenêuticos, são, ainda segundo os mesmos Autores, uma verdadeira e própria *longa manus* no tempo do poder constituinte. Tudo isto atribui um poder enorme aos tribunais constitucionais, que, compreensivelmente, suscita algumas apreensões, porquanto os mesmos podem ser perspetivados como "órgãos de fechamento" dos modernos ordenamentos liberais-democráticos.
  Acumulando os tribunais constitucionais ao mesmo tempo *auctoritas* e *potestas* e sendo *soberanos* na interpretação da Constituição, coloca-se a questão de saber *"quem controla o controlador" (quis custodiet custodes?)*. O perigo da existência de arbítrios por parte dos tribunais constitucionais é, assim, real e não pode ser negado com base no simples pressuposto de que "os próprios tribunais constitucionais estão sujeitos à Constituição". Bem vistas as coisas, estamos face a um conhecido e paradoxal círculo vicioso: *os órgãos que estão declaradamente sujeitos às regras são também os únicos intérpretes (no sentido prevalecente e vinculante) das próprias regras, de modo que, só por isso, não parecem efetivamente sujeitos a elas.* Cfr. ob. cit., p. 9-11.
[39] Cfr. J.J. GOMES CANOTILHO, *Para uma Teoria*, cit., p. 14 e 15. Para uma síntese das causas da interpretação criadora exercida pelas jurisdições constitucionais, cfr. J. ACOSTA

Como sublinha G. ZAGREBELSKY, o Tribunal Constitucional desempenha uma função *concretizadora* da Constituição, tendo um "papel importante no desenvolvimento daquilo que a Constituição é historicamente"[40]. Esta função interpretativo-concretizadora das normas da Constituição – na qual, como assinala a jurisprudência norte-americana, assumem um papel determinante os conceitos de *senso comum* (*common sense*) e de *razoável discernimento* (*reasonable judgement*)[41] – reveste-se de uma importância tal que "a Constituição é o que os juízes (constitucionais) dizem que ela é"[42], ou, como prefere dizer J. RAWLS,

SÁNCHEZ, *Formación de la Constitución y Jurisdicción Constitucional (Fundamentos de la Democracia Constitucional)*, Madrid, Tecnos, 1998, p. 376-378.
[40] Cfr. ob. cit., p. 474.
[41] Cfr. SEGUNDO V. LINARES QUINTANA, *Tratado de Interpretación Constitucional*, Buenos Aires, Abeledo – Perrot, 1998, p. 35-37.
[42] Trata-se da célebre frase de HUGHES, *Chief Justice of the Supreme Court*, segundo a qual "*we are under a Constitution, but the Constitution is what the judges say it is*". Cfr. a citação em E. S. CORWIN'S, *The Constitution and What It Means Today*, 14ª ed., rev. por HAROLD W. CHASE/CRAIG R. DUCAT, Princeton, Princeton University Press, 1978, p. XIII.

Este aforismo não pode ser entendido em sentido absoluto, ou seja, com o significado de que há um monopólio por parte dos juízes no acesso ao direito, em geral, e à Constituição, em especial, e, consequentemente, uma exclusividade dos tribunais na interpretação da Constituição. Deve ser, antes, compreendida com o alcance de que, apesar de haver um *pluralismo* de intérpretes da Constituição, uma "*offene Gesellschaft der Verfassungsinterpreten*" ("*sociedade aberta dos intérpretes da Constituição*"), na formulação de PETER HÄBERLE, ou uma "*interpretação constitucional policêntrica*", sendo todos os órgãos do Estado e mesmo os cidadãos sujeitos ativos dessa interpretação, aquela que prevalece, em caso de divergência, é a que é levada a cabo pelos tribunais e, em último termo, pelos tribunais constitucionais.

Como sublinha CHRISTIAN HILLGRUBER, ao Tribunal Constitucional Federal alemão cabe a "*interpretação autoritária da Constituição*" ("*autoritative Verfassungsinterpretation*"), com o sentido de que a interpretação que ele faz é vinculativa para todos os órgãos do Estado, encerrando, desse modo, o discurso interpretativo e proferindo a última interpretação constitucional vinculativa (cfr. ob. cit., p. 531 e 532). Na mesma linha, CHARLOTTE KREUTER – KIRCHOF salienta que o Tribunal Constitucional Federal alemão é o *último intérprete* (*Letzinterpret*), mas não o *único intérprete* da Constituição, porque todos os poderes do Estado estão vinculados à Constituição e devem exercer as suas competências no respeito da mesma. Os *primeiros intérpretes da Constituição* (*Erstinterpreten der Verfassung*) são o Legislativo, o Executivo e o Judicial, mas a última decisão vinculativa sobre a interpretação e sobre a aplicação da Constituição pertence ao Tribunal Constitucional Federal alemão.

INTRODUÇÃO

A Constituição necessita da interpretação e da aplicação dos *primeiros intérpretes*, para ser eficaz. Mas precisa também de uma interpretação vinculativa do *último intérprete*, para decidir com a sua última autoridade as divergências de interpretação e para criar uma unidade na interpretação da Constituição. Só através deste poder jurídico é possível ao Tribunal Constitucional Federal alemão, como *guardião da Constituição (Hüter der Verfassung)*, garantir no concerto dos intérpretes constitucionais a unidade da Constituição, solucionar vinculativamente os litígios constitucionais e, assim, fundar a paz jurídica e fortalecer a autoridade e a confiança da Constituição. Nestes termos, o Tribunal Constitucional Federal alemão é como "intérprete e guardião oficial da Constituição" uma *âncora de estabilidade da Constituição (ein Stabilitätsanker der Verfassung)*. Ele é, além disso, o verdadeiro *porta-voz* da Constituição *(Sprecher der Verfassung)*. Cfr. *Verfassungsgerichtsbarkeit im Dienst der Verfassung*, in "ISENSEE/KIRCHHOF (Hg.), Handbuch des Staatsrechts, Dritte Auflage, Band XII, Normativität un Schutz der Verfassung", Heidelberg/München, C. F. Müller, 2014, p. 686-688 e 690.

No contexto da referida *interpretação constitucional policêntrica*, assume especial relevo a interpretação (e aplicação) da Constituição pela Administração Pública. O grande relevo da importância da vivência da Constituição pelas autoridades administrativas vem sendo sublinhado pela doutrina norte-americana, que fala do *Administrative Constitutionalism*, ao qual atribui uma dupla dimensão: uma dimensão *negativa*, na aceção de que a Administração Pública tem o dever de respeitar a Constituição e de impedir a violação das normas constitucionais – vincando-se, inclusive, que as entidades administrativas estão numa posição privilegiada, face aos tribunais, para, dentro do espaço de discricionariedade (normativo-regulamentar ou decisória) que lhe for conferido, adotar as soluções que evitem a violação das regras e princípios constitucionais, dado que se encontra numa posição de, *ex ante*, escolher as soluções que não ofendam a Constituição, enquanto os tribunais se limitam a apreciar, *a posteriori*, a conformidade de certas medidas com a Constituição -, e numa *dimensão positiva* e, sobretudo, *ativa*, traduzida no dever que incide sobre a Administração Pública de ter em conta a Constituição no exercício da sua atividade, ou, noutros termos, na obrigação de implementar as opções constitucionais *(constitutional enforcement)*. Cfr., na doutrina norte-americana, por todos, CASS R. SUSTEIN, *Beyond Marbury: The Executive's Power to Say What the Law Is*, in "The Yale Law Journal", Vol. 115, 2006, p. 2580-2610, e GILLIAN E. METZER, *Ordinary Administrative Law as Constitutional Common Law*, in "Columbia Law Review", Vol. 110, 2010, p. 479-536, em especial, p. 497-505, e, na doutrina portuguesa, ANA RAQUEL MONIZ, *O Administrative Constitutionalism*, cit., p. 389-397, e *Os Direitos Fundamentais e a Sua Circunstância, Crise e Vinculação Axiológica Entre o Estado, a Sociedade e a Comunidade Global*, Coimbra, Imprensa da Universidade, 2017, p. 123-138..

Sobre o conceito de *"sociedade aberta de intérpretes"*, cujo significado é o de que "no processo de interpretação constitucional estão potencialmente vinculados todos os órgãos estatais, todas as entidades públicas, todos os cidadãos e grupos, não podendo estabelecer-se um elenco cerrado ou fechado com *numerus clausus* de intérpretes da Constituição", cfr. PETER HÄBERLE, *Hermenêutica Constitucional: A Sociedade Aberta dos Intérpretes da*

"o que o povo, ao agir constitucionalmente através dos outros poderes, acaba por permitir que a *Supreme Court* diga que ela é"[43].

A segunda é a da contribuição da justiça constitucional para as *modificações da Constituição*, quer as que resultam da *interpretação evolutiva* da Constituição exercida pela jurisdição constitucional, que se caracteriza pelo "ajustamento do sentido de certos preceitos constitucionais a novas realidades políticas, económicas e sociais que o respetivo enunciado não abarcava expressamente"[44], subsistindo, por isso, o texto normativo, mas com uma transformação material da sua relação de sentido – a qual está na base daquilo que a doutrina apelida de "revisão silenciosa" ou "revisão informal" da Lei Fundamental ou, ainda, de "mutação constitucional"[45]–, quer as decorrentes da *revisão formal* da Constituição

Constituição – Contribuição para a Interpretação Pluralista e Procedimental da Constituição, trad. port., Porto Alegre, 2002, p. 13; e PAULO OTERO, *Direito Constitucional Português, Identidade Constitucional*, Vol. I, Coimbra, Almedina, 2014, p. 189-191.

[43] Cfr. *Liberalismo Político*, trad. port., Lisboa, Presença, 1997, p. 231.

[44] Cfr. CARLOS BLANCO DE MORAIS, *Curso de Direito Constitucional*, Tomo II, Vol. 2, cit., p. 250-253.

[45] Segundo KARL LOEWENSTEIN, toda a Constituição é um organismo vivo, sempre em movimento, tal como a própria vida, e está sujeita à dinâmica da realidade, a qual jamais pode ser captada através de fórmulas rígidas. Nas palavras daquele autor, "estas inevitáveis acomodações do direito constitucional à realidade constitucional são realizadas apenas de duas maneiras, às quais a teoria geral do Estado deu o nome de *reforma constitucional* e *mutação constitucional*. O conceito de reforma constitucional tem um significado formal e material. Em sentido formal entende-se a técnica por meio da qual se modifica o texto, tal como existe no momento da realização da mudança da constituição. Neste sentido é – ou, pelo menos, deve ser – modificação do texto constitucional. A reforma constitucional em sentido material é, por outra banda, o resultado da emenda constitucional, isto é, o objeto ao qual o referido procedimento se refere ou se referiu. No processo de reforma constitucional participam de uma forma determinada os detentores do poder previstos na própria constituição para este caso.

Na mutação constitucional, por outro lado, produz-se uma transformação na realidade da configuração do poder político, da estrutura social ou do equilíbrio de interesses, sem que fique atualizada a referida transformação no documento constitucional: o texto da constituição permanece intacto. Este tipo de mutações constitucionais verifica-se em todos os Estados dotados de uma constituição escrita e são muito mais frequentes do que as reformas constitucionais formais (...)". Cfr. *Teoría de la Constitución*, trad. esp., 2ª ed., Barcelona, Ariel, 1976, p. 164 e 165.

Na perspetiva de ROGÉRIO E. SOARES, a *mutação constitucional* encontra a sua génese na influência da *realidade constitucional* no próprio quadro constitucional material. É o que

INTRODUÇÃO

se passa, segundo este Autor, quando o legislador constitucional entendeu remeter-se para conceitos gerais elásticos, que, desligados do conjunto de valores socialmente aceites, se apresentam como fórmulas vazias de sentido, e cuja concretização e atualização de sentido ou cujo preenchimento tem de efetuar-se com atenção aos valores vigentes numa determinada época na sociedade considerada. Em tais casos, a consideração de valores socialmente acatados obriga, muitas vezes, a uma radical mudança de sentido na interpretação constitucional. Para uma análise do impacto da realidade constitucional na Constituição, cfr. ROGÉRIO E. SOARES, *Direito Público e Sociedade Técnica*, Coimbra, Atlântida, 1969, p. 19-37.

Por sua vez, para DIRLEY DA CUNHA JÚNIOR, a *mutação constitucional* é "um processo informal de alteração de sentidos, significados e alcance dos enunciados normativos contidos no texto constitucional através de uma interpretação constitucional que se destina a adaptar, atualizar e manter a Constituição em contínua interação com sua realidade social", visando-se com ela não mudar o texto da Constituição, mas alterar-lhe o sentido, à luz e por necessidade do contexto em que ela se insere (cfr. *Curso de Direito Constitucional*, 3ª ed., Salvador, Jus Podium, 2009, p. 257).

Importa sublinhar que a admissibilidade de *mutações constitucionais* pela via da jurisdição constitucional pressupõe a negação do *originalismo* ou da *teoria originalista*, entendida como o método de interpretação constitucional que procura captar o texto da Constituição, tal como era entendido no momento em que foi aprovada ou de acordo com as intenções dos seus criadores.

Mas nem todas as *mutações constitucionais* realizadas pela justiça constitucional são legítimas, podendo estar-se perante *mutações inconstitucionais*. Como sublinha J. J. GOMES CANOTILHO, "uma coisa é admitirem-se alterações do âmbito ou esfera da norma que ainda se podem considerar susceptíveis de serem abrangidas pelo programa normativo (*Normprogramm*) e outra coisa é legitimarem-se alterações constitucionais que se traduzem na existência de uma *realidade constitucional inconstitucional*, ou seja, alterações manifestamente incomportáveis pelo programa da norma constitucional. Uma constituição pode ser flexível sem deixar de ser firme. A necessidade de uma permanente adequação dialéctica entre o programa normativo e a esfera normativa justificará a aceitação de transições constitucionais que, embora traduzindo a mudança de sentido de algumas normas provocada pelo impacto da evolução da realidade constitucional, não contrariam os princípios estruturais (políticos e jurídicos) da constituição. O reconhecimento destas *mutações constitucionais silenciosas* (*stille Verfassungswandlungen*) é ainda um acto legítimo de interpretação constitucional. Por outras palavras que colhemos em K. STERN: a mutação constitucional deve considerar-se admissível quando se reconduz a um problema *normativo-endogenético*, mas já não quando ela é resultado de uma evolução normativamente *exogenética*" (cfr. *Direito Constitucional e Teoria da Constituição*, cit., p. 1229).

O Tribunal Constitucional português vem realizando algumas interpretações de normas da Constituição que se traduzem em autênticas *mutações constitucionais*. Assim sucedeu, por exemplo, com o artigo 53º da Constituição, que consagra o princípio da *probição dos despedimentos sem justa causa*, no qual o Tribunal Constitucional veio a considerar que estão contempladas duas realidades: a *justa causa subjetiva (culposa e disciplinar)* e a *justa causa objetiva*, que, correspondendo a uma situação de inexigibilidade do prosseguimento da relação de trabalho, traduz uma conceção do despedimento como *ultima ratio* ou sem *alternativa viável*. Com efeito, o Tribunal Constitucional começou por entender, no Acórdão nº 107/88, que o conceito constitucional de "proibição de despedimentos sem justa causa" é um conceito pré-constitucional, que foi nela recebido com o sentido que tinha na lei ordinária, o qual era informado por dois princípios fundamentais: 1) uma conduta culposa do trabalhador; 2) cuja gravidade e consequências constituam infração disciplinar que não comporte a aplicação de outra sanção. Este mesmo aresto deixou, no entanto, em aberto a questão de saber "se à proibição constitucional do despedimento *sem justa causa* corresponde, necessariamente, a exclusiva legitimidade constitucional do despedimento *com justa causa*, ou se, pelo contrário, ainda seria igualmente lícita a previsão de despedimentos fundados em causas objectivas não imputáveis a culpa do empregador que, em cada caso concreto, tornem praticamente impossível a subsistência da relação do trabalho".

Ora, foi precisamente este ponto que foi analisado pelo Tribunal Constitucional, no seu Acórdão nº 64/91, a propósito da figura da *cessação do contrato por inadaptação do trabalhador*. Este aresto vincou, em determinado trecho, que o "Tribunal perfilha o entendimento de que não é constitucionalmente ilegítima esta nova figura de cessação de contrato de trabalho, nos precisos termos em que está regulada no Decreto em apreciação", desenvolvendo dois tipos de argumentação em cascata. Um primeiro tipo de argumentação encontra-se no entendimento de que "o conceito constitucional de *justa causa* é susceptível de cobrir *factos, situações ou circunstâncias objectivas,* não se limitando à noção de justa causa disciplinar que está aceite no nosso Direito do Trabalho desde 1976", sendo, assim, "possível defender que a Constituição não veda formas de despedimento do trabalhador com fundamento em *motivos objectivos*, «tais como o despedimento tecnológico ou por absolutas necessidades da empresa»", sem prejuízo de o despedimento por estes últimos motivos "dever obedecer a uma regulamentação específica, rodeada de adequadas garantias". Um segundo tipo de argumentação situa-se no entendimento de que, "ainda quando se não partilhe o ponto de vista acabado de referir, quanto ao preenchimento do conceito constitucional indeterminado de *justa causa*, continuar-se-á a sustentar que, "ao lado da «justa causa» (disciplinar), a Constituição não vedou em absoluto ao legislador ordinário a consagração de certas causas de rescisão unilateral do contrato de trabalho pela entidade patronal com base em motivos objectivos, desde que as mesmas não derivem de culpa do empregador ou do trabalhador *e que tornem praticamente impossível a subsistência do vínculo laboral*". Em tais casos, "há-de considerar-se que tem de verificar-se uma prática *impossibilidade objectiva* e que tais despedimentos hão-de ter uma regulamentação substantiva e processual distinta da dos despedimentos por *justa causa* (disciplinar), de tal forma que fiquem devidamente acauteladas as exigências decorrentes do princípio da proporcionalidade, não podendo através desse meio conseguir-se, em caso algum, uma «transfiguração» da regulamentação que redunde na possibilidade, mais ou menos encapotada, de despe-

dimentos *imotivados* ou *ad nutum* ou de despedimentos com base na mera conveniência da empresa".
Entendimento similar a este encontra-se no Acórdão do Tribunal Constitucional nº 602/2013.Vale a pena transcrever a seguinte passagem: "O despedimento por extinção de posto de trabalho – que foi introduzido no sistema jurídico português pelo Decreto--Lei nº 64-A/89, de 27 de fevereiro (artigo 26º e seguintes) – corresponde, assim, a um despedimento individual com fundamento em «justa causa objetiva», ou seja, é fundado em motivo de natureza não disciplinar. [...] Em ordem à verificação desta «impossibilidade objetiva», deve a regulamentação substantiva e processual destes despedimentos por justa causa objetiva ser distinta da dos despedimentos por justa causa disciplinar, de tal forma que fiquem devidamente acauteladas as exigências decorrentes do princípio da proporcionalidade, não podendo através desse meio conseguir-se, em caso algum, uma «transfiguração» da regulamentação que redunde na possibilidade, mais ou menos encapotada, de despedimentos *imotivados* ou *ad nutum* ou de despedimentos com base na mera conveniência da empresa (cfr., em sentido próximo, ainda, o Acórdão nº 550/2001). O entendimento que se extrai desta jurisprudência é o de que o conceito constitucional de «justa causa», vertido no artigo 53º da Constituição, contempla duas realidades: por um lado, a justa causa subjetiva (culposa e disciplinar) e, por outro lado, a justa causa objetiva que, correspondendo a uma situação de inexigibilidade do prosseguimento da relação de trabalho, traduz uma conceção do despedimento como *ultima ratio* ou *sem alternativa* [...]. No âmbito da modalidade de despedimento por justa causa objetiva, agora em apreço, impõe-se igualmente o cumprimento destes princípios, não se permitindo que o trabalhador inadaptado a um determinado posto de trabalho que sofreu modificações seja despedido quando haja outro posto de trabalho disponível e compatível com a sua qualificação e aptidão profissional. A revogação do preceito em análise é, em razão do exposto, inconstitucional, uma vez que viola a proibição de despedimentos sem justa causa consagrada no artigo 53º da Constituição. [...] Este despedimento por «inaptidão» apresenta, em todo o caso, uma diferença relativamente às demais modalidades de despedimento por justa causa objetiva, incluindo a da inadaptação *proprio sensu*.
Nestas, a justa causa objetiva (não dependente de atuação culposa do trabalhador ou do empregador) assenta em elementos que se referem à organização ou gestão da empresa, sendo em consequência destas que se verifica a necessidade, objetivamente fundamentada, de despedir um trabalhador. É manifestamente o caso dos regimes de despedimento coletivo, do despedimento por extinção de posto de trabalho, mas também da outra modalidade de despedimento por inadaptação (na qual os fundamentos do despedimento se referem simultaneamente à empresa e ao trabalhador, apresentando-se a situação de inadaptação, não culposa, do trabalhador como uma consequência de modificações introduzidas no posto de trabalho) [...]. Ou seja, nas demais modalidades de despedimento por justa causa objetiva, o despedimento do trabalhador é sempre consequência de factos referentes à própria empresa e é uma medida de *ultima ratio* (admissível apenas quando seja inexigível a subsistência do vínculo laboral), que é legitimada enquanto resultado de uma ponderação adequada entre direitos fundamentais em conflito (direito à segu-

rança no emprego, por um lado, e direito à livre iniciativa económica, por outro). [...] A conclusão inevitável é a de que a «modificação substancial» (leia-se, abaixamento significativo da qualidade) da prestação realizada pelo trabalhador só ganha espaço próprio de operatividade, como justa causa objetiva de despedimento, em especial no que concerne à redução de produtividade, se, paradoxalmente, utilizarmos um termo de comparação subjetivo, ou seja, a performance laborativa de que o mesmo trabalhador anteriormente se mostrara capaz. Ainda que a sua produtividade não esteja, no presente, abaixo da média, pode ser-lhe imputada inadaptação superveniente, se ele for substancialmente menos produtivo do que no passado".

O mesmo se passou com a interpretação que o Tribunal Constitucional deu ao conceito de *casamento*, condensado no artigo 36º da Constituição. Este preceito constitucional dispõe sobre família, casamento e filiação. Dúvidas inexistem de que o legislador constitucional, ao referir-se ao casamento, designadamente ao estatuir, no nº 1 do artigo 36º da Lei Fundamental, que "todos têm direito de constituir família e de contrair casamento em condições de plena igualdade", teve em vista o conceito sociológico, histórico, natural e pré-constitucional, constante do artigo 1577º do Código Civil de 1967, de "contrato celebrado entre pessoas de sexo diferente que pretendem constituir família mediante uma plena comunhão de vida". Todavia, o legislador português, através da Lei nº 9/2010, de 31 de maio, veio admitir o casamento entre pessoas do mesmo sexo (artigo 1º) e, além disso, alterar o conceito de casamento constante daquele artigo do Código Civil, passando a defini-lo como "o contrato celebrado entre duas pessoas que pretendem constituir família mediante uma plena comunhão de vida".

E o Tribunal Constitucional, através do seu Acórdão nº 121/2010, veio a entender que o *casamento entre pessoas do mesmo sexo* é compatível com o conceito de casamento, constante do artigo 36º da Constituição, operando uma interpretação desta norma que coenvolve uma verdadeira *alteração do seu sentido* ou uma *mutação constitucional*. Nele vincou, *inter alia*, o seguinte: "[...] O casamento entre pessoas do mesmo sexo apenas vai conduzir a que o espaço de realização interpessoal, coabitação, mútua assistência e contribuição para as necessidades comuns com vista à plena realização pessoal, em que a família consiste, assuma, também para elas, a veste jurídica que resulta da sua recíproca vinculação. [...]. Ora, sendo embora certo que, na perspectiva biológica, sociológica ou antropológica, constituem realidades diversas a união duradoura entre duas pessoas do mesmo sexo e duas pessoas de sexo diverso, no aspecto jurídico a equiparação de tratamento não é destituída de fundamento material. Na verdade, é razoável que o legislador possa privilegiar o efeito simbólico e optimizar o efeito social antidiscriminatório do tratamento normativo, estendendo à tutela dessas uniões o quadro unitário do casamento. [...] De todo o exposto resulta que devem ser julgadas improcedentes as dúvidas de constitucionalidade que justificam o presente pedido de fiscalização preventiva de inconstitucionalidade, não se considerando violado, por qualquer das normas sujeitas a apreciação, o nº 1 do artigo 36º da Constituição".

No que respeita ao ordenamento jurídico-constitucional brasileiro, um exemplo inequívoco de *mutação constitucional* realizada pelo Supremo Tribunal Federal é a interpretação dada ao artigo 226º, § 3º, da Constituição, que determina que, "para efeito da proteção

(revisão em sentido próprio), isto é, como salienta JORGE MIRANDA, da sua modificação expressa, parcial[46], de alcance geral e abstrato e, por natureza, a que traduz mais imediatamente um princípio de continuidade institucional[47].

do Estado, é reconhecida a união estável entre o homem e a mulher como entidade familiar, devendo a lei facilitar sua conversão em casamento". Com efeito, aquele Tribunal estendeu o conceito de *união estável* aos casais do mesmo sexo, através da decisão conjunta da Ação Declarativa de Inconstitucionalidade nº 4277 e da Ação de Descumprimento de Preceito Fundamental nº 132, operando, assim, uma verdadeira *mutação constitucional*. Aquela norma constitucional continua inalterada, mas o seu conteúdo, resultante da interpretação do Supremo Tribunal Federal, passou a ser diferente, passando a abranger não apenas uniões estáveis entre homens e mulheres, mas igualmente uniões estáveis entre pessoas do mesmo sexo. Para uma análise crítica da apontada decisão do Supremo Tribunal Federal, defendendo que, independentemente do seu mérito, se trata de uma decisão claramente *contra constitutionem*, pelo que a mudança do texto da Constituição, no sentido de algo que a sociedade brasileira aceitava como normal, só poderia ter sido feita pelo legislador constituinte, cfr. CARLOS HENRIQUE EYNG, *Mutação Constitucional (Estudos Sobre a Reforma Informal da Constituição)*, Tese Mest., polic., Coimbra, 2018, p. 91-97.

[46] A *revisão* da Constituição ou, na terminologia norte-americana e brasileira, a *emenda* à Constituição (cfr. o artigo V da Constituição Americana e o artigo 60º da Constituição da República Federativa do Brasil de 1988) – que consiste na renovação de certas disposições, através da *supressão, substituição* ou *aditamento* de normas – traduz-se sempre em *alterações parciais* da Constituição. Com efeito, como salientam JEAN GICQUEL/JEAN – ÉRIC GICQUEL, a *revisão* da Constituição é, em teoria, limitada na sua extensão, de modo a alcançar um equilíbrio entre a preocupação de adaptar a Constituição a novas realidades e a de preservar a sua identidade (cfr. *Droit Constitutionnel et Institutions Politiques*, 29ª ed., Paris, LGDJ, 2015, p. 219).
São, no entanto, concebíveis *revisões totais* da Constituição – as quais se cifram na substituição do texto da Constituição por um outro completamente novo –, estando tal possibilidade expressamente prevista em algumas Constituições, como as da Suíça e da Áustria. Todavia, nos ordenamentos jurídico-constitucionais em que não está expressamente prevista aquela possibilidade, entende-se que a *revisão total* é um *limite* da revisão parcial. Para mais desenvolvimentos sobre a diferença entre *revisão total* e *revisão parcial* da Constituição, cfr. J. J. GOMES CANOTILHO, *Direito Constitucional*, cit., p. 1072 e 1073; JORGE MIRANDA, *Manual de Direito Constitucional*, Tomo II, cit., p. 175 e 176; JORGE BACELAR DE GOUVEIA, *Manual de Direito Constitucional*, Vol. I, 6ª ed., Coimbra, Almedina, 2016, p. 703-707; e A. CERVATI, *La Revisione Costituzionale*, in «Garanzie Costituzionali e Diritti Fondamentali», a cura di L. LANFRANCHI, Roma, Istituto della Enciclopedia Italiana, 1997, p. 119-128.
[47] Cfr. *Manual de Direito Constitucional*, Tomo II, cit., p. 175, Revisão *Constitucional*, in "Dicionário Jurídico da Administração Pública", 2.º Suplemento, Lisboa, 2001, p. 502-536., e *Curso de Direito Constitucional*, Vol. I, cit., p. 158 e 159.

A revisão constitucional é, assim, a modificação da Constituição com um objetivo de autorregeneração e de autoconservação, ou seja, de eliminação das normas que perderam justificação sob o ponto de vista político, social ou jurídico, de introdução de elementos novos que a revitalizam ou, ainda, por vezes, de consagração no texto constitucional de normas preexistentes, designadamente do direito ordinário[48].

Como salienta a doutrina germânica, a *revisão da Constituição* (*Verfassungsrevision oder Verfassungsänderung*) define-se como uma possibilidade formal, prevista no texto constitucional, e sujeita a diferentes limites temporais, procedimentais, formais e materiais, de adaptar a Constituição a novas necessidades, realidades, experiências e compreensões, através de alterações, eliminações ou de adições de normas constitucionais. Trata-se de um poder instituído pela própria Constituição (*verfassungsändernde Gewalt*), um *poder constituído* e estritamente vinculado por ela, distinto do *poder constituinte* (*verfassunggebende Gewalt*), que é um poder originário e elementar e o único ato fundante de uma nova Constituição[49]. A mesma funda-se numa *abertura* da própria Constituição para se adaptar às "mudanças técnicas, económicas e sociais que o

---

[48] Cfr., sobre este ponto, JORGE MIRANDA/L. NUNES DE ALMEIDA/A. RIBEIRO MENDES, *Révision de la Constitution et Justice Constitutionnelle*, in «Annuaire International de Justice Constitutionnelle», X (1994), Paris, Economica, 1995, p. 196 e 197.

[49] Cfr. JOCHEN ROZEK, *Verfassungsrevision*, in "ISENSEE/KIRCHHOF (Hg.), Handbuch des Staatsrechts, Dritte Auflage, Band XII, Normativität un Schutz der Verfassung", Heidelberg/München, C. F. Müller, 2014, p. 108-112, e PETER BADURA, *Verfassunsänderung, Verfassungswandel, Verfassungsgewohnheitsrecht, ibidem*, p. 600 e 601.
Este último autor distingue entre revisão da Constituição, resultante do poder de revisão constitucional (*verfassungsändernde Gewalt*) ou do poder de emenda constitucional (*amending power*), evolução constitucional "não escrita" ("*ungeschriebene*" *Verfassungsentwicklung*), realizada pela interpretação constitucional, da responsabilidade, sobretudo, do Tribunal Constitucional Federal alemão, mormente no âmbito dos princípios constitucionais e dos direitos fundamentais, e *mutação constitucional* (*Verfassungswandel*) , que se forma através da praxe estatal (o autor fala mesmo em "mutação constitucional silenciosa" – "*still Verfassungswandel*"). Segundo PETER BADURA, o *conceito de direito constitucional não escrito*, como modo de desenvolvimento ou de "realização" da Constituição, não deixa praticamente qualquer espaço ao *costume constitucional*, seja ele "*secundum constitutionem*" ou "*praeter constitutionem*". Cfr. ob. cit., p. 595-599, 600 e 601.

processo político da comunidade venha a manifestar"[50] ou "para captar a dinamicidade da vida política e social"[51].

Ora, se é verdade que muitas revisões constitucionais são inspiradas e motivadas por fatores políticos, económicos e sociais, também é certo que a justiça constitucional induz frequentemente processos de revisão da Constituição[52]. Poderá mesmo dizer-se que a história das revisões da Constituição é também, em boa parte, a história das relações entre o juiz constitucional e o legislador.

Com efeito, muitas das modificações operadas no texto constitucional, através do processo da sua revisão, têm como finalidade confirmar ou infirmar as decisões jurisprudenciais do órgão supremo de controlo da constitucionalidade das normas jurídicas, em especial das leis. Outras vezes, o Tribunal Constitucional põe a descoberto, nos seus arestos, defeitos e imperfeições que caracterizam a redação da Constituição, os quais são, posteriormente, corrigidos pelo legislador constituinte. Foi tudo isso que sucedeu, entre nós, na Revisão Constitucional de 1982, que foi marcada, em vários pontos, pela jurisprudência da Comissão Constitucional[53], bem como nas Revisões Constitucionais de

---

[50] Cfr. ROGÉRIO E. SOARES, *O Conceito Ocidental de Constituição*, in "Revista de Legislação e de Jurisprudência, Ano 119º, nº 3744, p. 72, o qual sublinha que "cada Constituição deve prever aquela *abertura* que lhe garanta, sob o domínio dos princípios fundamentais que colheu na experiência histórica do povo, a possibilidade de se ir adaptando às mudanças técnicas, económicas e sociais que o processo político da comunidade venha a manifestar".

[51] Cfr. J. J. GOMES CANOTILHO, *Direito Constitucional e Teoria da Constituição*, cit., p. 1435, o qual, depois de salientar que a Constituição apresenta duas dimensões fundamentais (*a pretensão de estabilidade* e *a pretensão de dinamicidade*), realça que "*o futuro é uma tarefa indeclinável da Constituição, devendo, por isso, a lei constitucional fornecer aberturas para captar a dinamicidade da vida política e social*".

[52] Cfr. F. DELPÉRÉ/A. RASSON/M. VERDUSSEN, *Révision de la Constitution et Justice Constitutionnelle*, in «Annuaire International de Justice Constitutionnelle», cit., p. 34.

[53] De facto, a Revisão Constitucional de 1982 oferece-nos alguns exemplos de modificações da Constituição que foram contra a jurisprudência da Comissão Constitucional e outras, em maior número, que foram confirmativas da mesma jurisprudência.
No conjunto das primeiras, podemos citar a integração dos artigos 53º a 57º (segurança no emprego, comissões de trabalhadores e seus direitos, liberdade sindical, direitos das associações sindicais e contratação coletiva, direito à greve e proibição do *lock-out*) no Título II dos direitos fundamentais (direitos, liberdades e garantias dos trabalhadores),

1989[54], 1997[55] e 2004[56], que foram fortemente influenciadas pela jurisprudência do Tribunal Constitucional.

os quais passaram, de harmonia com o reformulado artigo 17º, a estar sujeitos ao regime dos direitos, liberdades e garantias (nos termos deste artigo, "o regime dos direitos, liberdades e garantias aplica-se aos enunciados no Título II e aos direitos fundamentais de natureza análoga"). Uma tal modificação destinou-se a infirmar o Parecer nº 18/78 da Comissão Constitucional, que, por cinco votos contra quatro, entendeu que o direito de negociação coletiva das associações sindicais (artigo 58º) não podia ser considerado como um direito fundamental dos trabalhadores e que, nesta medida, não podia gozar do regime dos direitos, liberdades e garantias, designadamente a reserva de competência legislativa da Assembleia da República.

No elenco das segundas, podemos indicar a alteração do artigo 268º, nº 3, da Constituição, que consagrou o direito ao recurso contencioso por parte dos interessados, com fundamento em ilegalidade, "contra os actos administrativos, independentemente da sua forma", a qual foi de encontro ao Parecer da Comissão Constitucional nº 3/78, que tinha decidido que a garantia do recurso contencioso aos interessados abrangia os atos administrativos contidos em atos formalmente legislativos. Ou, ainda, a nova alínea r) do nº 1 do artigo 168º da Constituição [correspondente ao atual artigo 165º, nº 1, alínea q)], que passou a incluir na reserva da competência legislativa da Assembleia da República em matéria de organização das autarquias locais "o regime das finanças locais", na sequência do Parecer da Comissão Constitucional nº 24/79, que ia naquele sentido. Cfr., para mais desenvolvimentos, JORGE MIRANDA/L. NUNES DE ALMEIDA/A. RIBEIRO MENDES, *Révision de la Constitution et Justice Constitutionnelle*, in "Annuaire International de Justice Constitutionnelle", 1994, Paris, Economica, 1995, p. 182-191.

[54] Na Revisão Constitucional de 1989, o legislador constituinte consagrou uma solução que infirmou uma orientação do Tribunal Constitucional. Com efeito, este Tribunal entendeu, nos seus Acórdãos nºs 326/86 e 190/87, que as Regiões Autónomas dos Açores e da Madeira não dispunham de competência legislativa para desenvolver as leis de bases nas matérias não reservadas ao poder legislativo da Assembleia da República e afirmou que as delegações de poder legislativo deviam estar previstas na Constituição de forma expressa e que o desenvolvimento das leis de bases deveria ser feito pelo Governo da República. No decurso da Revisão de 1989, uma nova alínea c) foi acrescentada ao artigo 229º, nº 1, acolhendo a posição dos juízes minoritários do Tribunal Constitucional: as regiões autónomas passaram a dispor do poder de "desenvolver, em função do interesse específico das regiões, as leis de bases em matérias não reservadas à competência da Assembleia da República, bem como as previstas nas alíneas f), g), n), v) e x) do nº 1 do artigo 168º".

São, além disso, várias as soluções que foram consagradas pelo legislador constituinte de 1989 na linha da jurisprudência do Tribunal Constitucional. Assim sucedeu com o artigo 64º, nº 2, alínea a), da Constituição, que determinava que "o direito à protecção da saúde é realizado pela criação de um serviço nacional de saúde universal, geral e gratuito [...]".

INTRODUÇÃO

Na sequência do Acórdão do Tribunal Constitucional nº 330/89, que considerou compatível com a garantia do serviço nacional de saúde universal, geral e gratuito a cobrança de "taxas moderadoras" nos hospitais e centros de saúde, foi aquela norma constitucional alterada, passando a dispor que o direito à proteção da saúde é realizado "através de um serviço nacional de saúde universal e geral e, tendo em conta as condições económicas e sociais dos cidadãos, tendencialmente gratuito". Ou, ainda, com o artigo 50º, nº 3, da Constituição, que estabelece que, "no acesso a cargos electivos a lei só pode estabelecer as inelegibilidades necessárias para garantir a liberdade de escolha dos eleitores e a isenção e independência do exercício dos respectivos cargos", o qual acolheu a jurisprudência reiterada do Tribunal Constitucional sobre a matéria, constante, entre outros, dos Acórdãos nºs 225/85, 230/85, 240/85 e 253/85. Cfr., para mais desenvolvimentos, JORGE MIRANDA/L. NUNES DE ALMEIDA/A. RIBEIRO MENDES, *Révision de la Constitution et Justice Constitutionnelle*, cit., p. 184, 185 e 189-191.

[55] Também a Revisão de 1997 apresenta marcas bem visíveis da jurisprudência do Tribunal Constitucional. Foi o que aconteceu, a título meramente exemplificativo, com o nº 4 do artigo 20º, que reconhece a todos os cidadãos o "direito a que uma causa em que intervenham seja objecto de decisão em prazo razoável e mediante processo equitativo", o qual consagra duas vertentes, salientadas em vários acórdãos do Tribunal Constitucional, do "direito de acesso aos tribunais" (cfr., por exemplo, os Acórdãos nºs 163/90 e 444/91); a alínea *g*) do nº3 do artigo 27º, que possibilita a "detenção de suspeitos, para efeitos de identificação, nos casos e pelo tempo estritamente necessários", o qual se baseou na jurisprudência do Tribunal Constitucional sobre a "obrigatoriedade do porte de documento de identificação" (cfr. o Acórdão nº 479/94); o artigo 33º, nº5, relativo à extradição por crimes a que corresponda, segundo o direito do Estado requisitante, pena ou medida de segurança privativa ou restritiva da liberdade com caráter perpétuo ou de duração indefinida, o qual foi inspirado pela jurisprudência respeitante a esta matéria, constante do Acórdão do Tribunal Constitucional nº 474/95 (a que corresponde, na sequência das Revisões Constitucionais de 2001 e de 2004, o artigo 33º, nº4, cujo texto é o seguinte: "Só é admitida a extradição por crimes a que corresponda, segundo o direito do Estado requisitante, pena ou medida de segurança privativa ou restritiva da liberdade com carácter perpétuo ou de duração indefinida, se, nesse domínio, o Estado requisitante for parte de convenção internacional a que Portugal esteja vinculado e oferecer garantias de que tal pena ou medida de segurança não será aplicada ou executada") ; o artigo 165º, nº1, alínea *i*), que inclui na reserva relativa de competência legislativa da Assembleia da República o "regime geral das taxas e demais contribuições financeiras a favor das entidades públicas", o qual consagrou a solução, respeitante às contribuições das entidades empregadoras para o regime geral da Segurança Social, constante do Acórdão nº 1203/96; o artigo 228º, que enumera, exemplificativamente, as matérias de *interesse específico* das regiões autónomas, procurando infirmar a jurisprudência, considerada restritiva, do Tribunal Constitucional sobre as matérias de interesse específico suscetíveis de ser objeto de decretos legislativos regionais (cfr., por exemplo, os Acórdãos nºs 42/85, 92/92, 328/92 e 235/94) – artigo esse que viria a ser profundamente alterado na sequência da

Assiste-se, deste modo, na generalidade dos países, a influências recíprocas entre o legislador constituinte e a justiça constitucional, mostrando-se aquele particularmente atento não só às decisões do Tribunal

Revisão Constitucional de 2004, nos termos que a seguir indicaremos; e o artigo 240º, nº 1, sobre as matérias suscetíveis de submissão a referendo local, que, alterando o nº3 do artigo 241º da versão decorrente da Revisão de 1989, procurou contrariar o sentido da jurisprudência do Tribunal Constitucional (cfr., por exemplo, os Acórdãos nºs 238/91, 242/91 e 498/94).

⁵⁶ De igual modo, podem detetar-se na Revisão Constitucional de 2004 manifestações expressivas da jurisprudência do Tribunal Constitucional. Assim sucedeu, desde logo, com o alargamento da competência legislativa das Assembleias Legislativas das regiões autónomas, a qual procurou também contrariar, de certo modo, quanto a esta matéria, a linha restritiva que vinha sendo seguida pelo Tribunal Constitucional (sobretudo quanto à *extensio* do conceito de "matérias de interesse específico" das regiões autónomas e, antes da Revisão de 1997, quanto ao conceito de "leis gerais da república", e, depois desta, quanto ao que devia entender-se por "princípios fundamentais das leis gerais da república").
De facto, na sequência da Lei Constitucional nº 1/2004, as Assembleias Legislativas das Regiões Autónomas dos Açores e da Madeira passaram a ter competência para legislar sobre as matérias enunciadas no respetivos estatutos político-administrativos que não estejam reservadas aos órgãos de soberania. Significa isto que a competência legislativa deixou de estar sujeita ao *limite positivo* da incidência sobre *matérias de interesse específico* para as regiões autónomas e ao respeito pelos *princípios fundamentais das leis gerais da República*, passando a ser balizada tão-só pelo *limite positivo*, mais genérico, da incidência sobre matérias enunciadas nos estatutos político-administrativos e pelo *limite negativo* das matérias de reserva legislativa absoluta e relativa da Assembleia da República e pela reserva de competência legislativa do Governo [cfr. os artigos 112º, nº 4, 227º, nº 1, alínea *a)*, e 228º da Constituição]. Em consequência destas modificações, a Constituição deixou de definir e elencar (exemplificativamente) as matérias de interesse específico das regiões autónomas [cfr. a alínea *g)* do artigo 228º da Constituição, na versão da Revisão de 1997].
Às Assembleias Legislativas das regiões autónomas (cfr. o artigo 232º, nº 1, da Constituição) foi ainda atribuída, na linha do que tinha sido estabelecido pela Revisão Constitucional de 1989, competência para legislar em matérias de reserva relativa da Assembleia da República, mediante autorização desta, com exceção das constantes das alíneas do nº 1 do artigo 165º da Constituição referidas na alínea *b)* do nº 1 do artigo 227º.
A competência legislativa daqueles órgãos de Governo próprio de cada região autónoma continua a abranger, na sequência da Revisão Constitucional de 1989, o desenvolvimento para o âmbito regional dos princípios ou das bases gerais dos regimes jurídicos contidos em lei que a eles se circunscrevam, de harmonia com o que dispõe a alínea *c)* do nº 1 do artigo 227.º da Constituição. E inclui, tal como já decorria da versão originária da Constituição, a regulamentação das leis emanadas dos órgãos de soberania que não reservem para estes o respetivo poder regulamentar.

Constitucional, mas também aos princípios doutrinários que emanam da sua fundamentação e, inclusive, dos seus *obiter dicta*[57/58].

2.3. Um outro domínio onde se manifesta impressivamente a importância da justiça constitucional é o da sua repercussão no direito ordinário, em particular no âmbito das normas jurídicas plasmadas em atos legislativos. A jurisdição constitucional tem também, ao nível do direito infraconstitucional, uma função *criadora*[59], desencadeando a sua pro-

---

[57] Cfr., ainda, o nosso artigo *Texto e Contexto da Constituição Portuguesa de 1976*, in "Nos 40 Anos da Constituição", org. JORGE MIRANDA, Lisboa, AAFDL, 2017, p. 35-51, em especial, p. 47-50.

[58] Entendemos que não se pode falar no nosso País, à semelhança do que vem propugnando alguma doutrina brasileira, de "desvio do poder constituinte derivado" ou de "atalhamento à Constituição", quando, em face de uma decisão do Tribunal Constitucional que declara uma determinada lei inconstitucional, o legislador constituinte, usando o poder reformador, elimina o parâmetro que serviu de fundamento à inconstitucionalidade para validar uma norma legal de igual teor. Segundo aquela corrente doutrinária brasileira, estar-se-ia, nestas situações, perante um artifício que visaria abreviar, dificultar, impedir ou até eliminar a ampla produção de efeitos de princípios constitucionais, por meio do poder constituinte reformador, o qual consubstanciaria uma espécie de *fraude* à Constituição. Doutrina esta que não se pode aplicar no nosso País, dado que o legislador constituinte derivado, ao aprovar uma lei de revisão constitucional, apenas está sujeito aos limites materiais constantes do artigo 288º da Constituição e não ao sentido da jurisprudência do Tribunal Constitucional. O que não significa que um tal comportamento do poder constituinte não deva deixar de ser considerado como excecional, na perspetiva das relações entre órgãos constitucionais, sendo, ao invés, normal o acolhimento pelo legislador constitucional das soluções decorrentes da jurisprudência dos tribunais constitucionais. Cfr., sobre esta problemática, no direito brasileiro, PEDRO LENZA, *Direito Constitucional Esquematizado*, 16ª ed., São Paulo, Saraiva, 2012, p. 318 e 319.

[59] A função *criadora* da jurisdição constitucional não pode desligar-se da atividade juridicamente criadora da jurisdição em geral, que é, segundo A. CASTANHEIRA NEVES, "uma situação evolutiva que nas sociedades modernas terá de ver-se como irreversível". Uma tal atividade deve ser exercida não segundo o modelo do *normativismo legalista* ou do *funcionalismo jurídico*, mas de acordo com o modelo do *jurisprudencialismo*, assente na "autonomia de uma validade normativa material que numa prática problemática e judicanda se realiza, e se orienta por uma perspetiva polarizada no homem-pessoa, que é o sujeito dessa prática" – modelo esse que significará, nas palavras do mesmo autor, "a reafirmação ou mesmo a recuperação do sentido da prática jurídica como *iurisprudentia*: *axiológico-normativa* nos fundamentos, *prático-normativa* na intencionalidade, *judicativa* no *modus* metodológico". Cfr. *Entre o «Legislador», a «Sociedade» e o «Juiz» ou entre «Sistema»,

funda *mudança* e *transformação* e contribuindo decisivamente para a sua *modernização*. É este um dos aspetos da denominada *constitucionalização do direito*[60], fenómeno que tem a sua origem não apenas na definição pelos textos constitucionais das bases ou dos princípios fundamentais das várias frações do ordenamento jurídico, mas também na já referida função interpretativo-concretizadora, densificadora e criadora da jurisdição constitucional.

A índole *criadora* da jurisdição constitucional, no campo do direito ordinário, exprime-se fundamentalmente em três níveis. O primeiro é o dos próprios efeitos das decisões que declaram, com eficácia *erga omnes*, a inconstitucionalidade de normas legais – decisões que não podem deixar de ser consideradas como *criadoras* de direito, na medida em que eliminam do ordenamento jurídico normas legais desconformes com a Lei Fundamental[61].

O segundo é o da influência das decisões positivas de inconstitucionalidade nas reformas legislativas que estabelecem a harmonia das normas legais censuradas com as regras e princípios que serviram de padrão do juízo de inconstitucionalidade. Essas reformas – normalmente inspiradas nos princípios decantados da fundamentação dos acórdãos do Tribunal Constitucional – traduzem-se, na generalidade dos casos, num aperfeiçoamento e numa modernização dos institutos e dos princípios fundamentais dos vários setores ou frações do direito infraconstitucional. Os exemplos que podiam ser aqui fornecidos são múltiplos. Pense-se, só para mencionarmos dois bem expressivos, no reforço das garantias do arguido em processo penal[62] e nas alterações

---

«*Função*» e «*Problema*» – *Os Modelos Actualmente Alternativos da Realização Jurisdicional do Direito*, in «Boletim da Faculdade de Direito da Universidade de Coimbra», Vol. 74 (1998), p. 1-44, em especial, p. 10 e 32.

[60] Cfr. L. FAVOREU, *La Constitutionnalisation du Droit*, in "L'Unité du Droit", Paris, Economica, 1996, p. 26-42; JOSÉ MANUEL M. CARDOSO DA COSTA, *Sobre a «Constitucionalização» do Direito Privado (Breve Reflexão)*, in "Estudos em Homenagem a António Barbosa de Melo", Coimbra, Almedina, 2013, p. 565-579; e a nossa obra *Manual de Direito do Urbanismo*, Vol. I, 4ª ed., Coimbra, Almedina, 2008, p. 115-136.

[61] Cfr., neste sentido, F. RUBIO LLORENTE, *La Forma del Poder (Estudios sobre la Constitución)*, Madrid, Centro de Estudios Constitucionales, 1993, p. 497 e segs..

[62] Veja-se, por exemplo, a redação do artigo 40º do Código de Processo Penal de 1987, introduzida pela Lei nº 59/98, de 25 de Agosto, relativamente ao impedimento de in-

no direito de família (um direito que é, no âmbito do direito privado, particularmente "permeável às modificações das estruturas políticas, sociais e económicas"[63] e, por isso, aos valores assumidos pela Constituição), designadamente em matéria de investigação da paternidade[64].

tervenção no julgamento do juiz que tiver aplicado e posteriormente mantido a prisão preventiva do arguido, que foi decisivamente influenciada pelo Acórdão do Tribunal Constitucional nº 935/96, que julgou, em processo de fiscalização concreta, a inconstitucionalidade daquela norma, na parte em que permitia a referida intervenção, bem como pelo Acórdão nº 186/98, que repetiu a doutrina expendida naquele primeiro aresto, e declarou a inconstitucionalidade, com força obrigatória geral, da mesma norma, na dimensão referida.

A atual versão do artigo 40º do Código de Processo Penal, introduzida pela Lei nº 48/2007, de 29 de agosto, alterada pela Lei nº 20/2013, de 21 de fevereiro, mantém, entre outros, o mesmo impedimento, ao preceituar que "nenhum juiz pode intervir em julgamento, recurso ou pedido de revisão relativos a processo em que tiver: a) Aplicado medida de coacção prevista nos artigos 200º a 202º; b) Presidido a debate instrutório; c) Participado em julgamento anterior; d) Proferido ou participado em decisão de recurso anterior que tenha conhecido, a final, do objeto do processo, de decisão instrutória ou de decisão a que se refere a alínea a), ou proferido ou participado em decisão de pedido de revisão anterior; e) Recusado o arquivamento em caso de dispensa de pena, a suspensão provisória ou a forma sumaríssima por discordar da sanção proposta".

[63] Cfr. F. Pereira Coelho/Guilherme de Oliveira, *Curso de Direito da Família*, Vol. I, 2ª ed., Coimbra, Coimbra Editora, 2001, p. 167.

[64] Atente-se, por exemplo, no Acórdão do Tribunal Constitucional nº 370/91, que incidiu sobre a questão da constitucionalidade da norma do artigo 1873º, com referência ao nº 4 do artigo 1817º, ambos do Código Civil (prazo de caducidade das ações de investigação da paternidade, com fundamento no tratamento como filho pelo pretenso pai), que inspirou as alterações introduzidas nos nºs 4 e 5 do artigo 1817º do Código Civil pela Lei nº 21/98, de 12 de maio, os quais passaram a distinguir os casos de cessação voluntária e não voluntária do tratamento como filho pelo pretenso pai (ou mãe). De facto, naquele aresto, o Tribunal Constitucional decidiu não julgar inconstitucional a norma constante do artigo 1873º, com referência ao nº 4 do artigo 1817º, ambos do Código Civil, desde que interpretada no sentido de que a cessação do tratamento como filho só ocorre quando, continuando a ser possível esse mesmo tratamento, o pretenso pai lhe ponha voluntariamente termo. Sublinhe-se que o referido aresto entendeu, na sequência do Acórdão nº 99/88, que os prazos definidos naqueles artigos para propositura das acões de investigação da paternidade não envolviam uma restrição inadmissível ao direito fundamental à identidade pessoal, no qual vai ínsito o direito a conhecer "o pai cujo é", para utilizarmos uma velha expressão da nossa tradição jurídica, mas tão-só um condicionamento legítimo ao exercício do mesmo.

Todavia, a partir do Acórdão nº 486/2004, "no contexto da rápida evolução jurídico-cultural, mas sobretudo científica e tecnológica desde então ocorrida, esta com imediatos refle-

O terceiro nível da função *criadora* da justiça constitucional, no âmbito do direito ordinário, manifesta-se nas *técnicas* ou *tipos de decisão* que escapam ao padrão de um puro e simples juízo de inconstitucionalidade ou não inconstitucionalidade, designadamente nas denominadas *decisões interpretativas*, que conduzem frequentemente a uma *interpretação conforme à Constituição*, nas *decisões de inconstitucionalidade parcial*, nas *decisões aditivas* e nas *decisões substitutivas*[65].

---

xos nas novas possibilidades de prova de paternidade" (cfr. JOSÉ MANUEL M. CARDOSO DA COSTA, *Sobre a "Constitucionalização" do Direito Privado*, cit., p. 573), o Tribunal Constitucional alterou a sua jurisprudência e passou a considerar inconstitucional não a existência em si mesma de prazos, mas a limitada extensão dos mesmos, tal como resultavam daqueles artigos do Código Civil. E o mesmo Tribunal, depois de ter confirmado, no Acórdão nº 11/2005, tirado em plenário, aquela jurisprudência, declarou, no Acórdão nº 23/2006, com força obrigatória geral, a inconstitucionalidade "da norma constante no nº 1 do artigo 1817º do CC, aplicável por força do artigo 1873º do mesmo Código, na medida em que prevê, para a caducidade do direito de investigar a paternidade, um prazo de dois anos a partir da maioridade do investigante, por violação das disposições conjugadas dos artigos 26º, nº 1, 36º, nº 1, e 18º, nº 2, da Constituição da República Portuguesa." Em consequência desta nova orientação jurisprudencial, o legislador ampliou aqueles prazos, dando nova redação aos artigos 1817º e 1842º do Código Civil, através da Lei nº 14/2009, de 1 de abril. E, já no domínio da nova redação dada ao nº 1 do artigo 1817º do Código Civil pela Lei nº 14/2009, o Tribunal Constitucional decidiu, no seu Acórdão nº 401/2011, ainda que por uma maioria tangencial dos juízes que o compõem, "não julgar inconstitucional a norma do artigo 1817º, nº 1, do Código Civil, na redação da Lei nº 14/2009, de 1 de abril, na parte em que, aplicando-se às ações de investigação de paternidade, por força do artigo 1873º do mesmo Código, prevê um prazo de dez anos para a propositura da ação, contado da maioridade ou emancipação do investigante" (cfr. também, entre outros, os Acórdãos do Tribunal Constitucional nºs 445/2011, 24/2012, 77/2012, 106/2012, 424/2016 e 151/2017, que aplicaram a conclusão a que chegou o Tribunal Constitucional no referido Acórdão nº 401/2011).

Refira-se, por último, que o Acórdão do Tribunal Europeu dos Direitos do Homem, de 3 de outubro de 2017 (*Silva e Mondim Correia v. Portugal*), considerou que o referido prazo de dez anos para a propositura da ação, contado da maioridade ou emancipação do investigante, constante do artigo 1817º, nº 1, do Código Civil Português, "não afeta de modo substancial o direito dos investigantes ao respeito pela sua vida privada e familiar plasmado no artigo 8º da Convenção".

[65] Para uma caracterização de cada um destes tipos de decisões, cfr. o nosso *Relatório Geral*, in "I Conferência da Justiça Constitucional da Ibero-América, Portugal e Espanha (Os Órgãos de Fiscalização da Constitucionalidade: Funções, Competências, Organização e Papel no Sistema Constitucional Perante os Demais Poderes do Estado)", Lisboa, Tribunal Constitucional, 1997, p. 90-94; F. RUBBIO LLORENTE, ob. cit., p. 515-523; T.

INTRODUÇÃO

A estas e outras *técnicas* ou *tipos de decisão* haveremos de voltar um pouco mais adiante, a propósito da análise das relações entre os órgãos de justiça constitucional e o poder legislativo e do problema da *tensão* entre a legitimidade, jurídico-constitucionalmente fundada, do poder dos tribunais constitucionais de controlo da constitucionalidade das leis e a liberdade constitutiva do legislador, também ela constitucionalmente garantida e democraticamente legitimada. Por agora, apenas importa adiantar que todas aquelas "técnicas decisórias" se traduzem numa mais ou menos intensa "reelaboração" pelo Tribunal Constitucional do sentido e alcance da norma analisada *sub specie constitutionis*.

2.4. O enorme relevo da justiça constitucional, nos nossos dias, fica igualmente patente com um rápido olhar sobre os seus grandes objetivos. Estes são, em geral, a garantia da observância dos equilíbrios constitucionais entre os diferentes poderes do Estado (censurando os desvios ao princípio da "separação de poderes"[66]) e da repartição de atribuições

---

MARTINES, *Diritto Costituzionale*, 9ª ed., Milano, Giuffrè, 1997, p. 633-641; CARLOS BLANCO DE MORAIS, *Justiça Constitucional*, Tomo II, 2ª ed., Coimbra, Coimbra Editora, 2011, p. 259-481; e MARIA BENEDITA URBANO, *Curso de Justiça Constitucional, Evolução Histórica e Modelos de Controlo da Constitucionalidade*, 2ª ed., Coimbra, Almedina, 2016, p. 107-116, e *Sentenças Intermédias: Para Além de Kelsen Mas Ainda Aquém de uma Nova Teoria da Separação dos Poderes*, in "Boletim da Faculdade de Direito, STUDIA IURIDICA 105, AD HONOREM – 6, Estudos em Homenagem ao Prof. Doutor José Joaquim Gomes Canotilho", Vol. II, Coimbra, Coimbra Editora, 2012, p. 691- 719.

[66] Em Portugal, a fiscalização da observância do princípio da *separação de poderes* pelo Tribunal Constitucional é realizada através da fiscalização da constitucionalidade de normas jurídicas, como teremos oportunidade de referir mais tarde. Vários ordenamentos jurídico-constitucionais preveem, no entanto, para além de um controlo de constitucionalidade de normas jurídicas, a resolução pelo tribunal constitucional ou similar de conflitos de competências entre órgãos supremos do Estado (*litígios constitucionais*). Assim, por exemplo, o Tribunal Constitucional de Angola tem competência, para, *inter alia*, "julgar conflitos de competência entre órgãos constitucionais e de soberania" [artigo 16º, alínea *o*), da Lei Orgânica do Tribunal Constitucional]. Cfr., por todos, ONOFRE DOS SANTOS, *Direito Constitucional*, in "Direito de Angola", Faculdade de Direito da Universidade Agostinho Neto, Luanda, 2014, p. 173-175; e o Acórdão do Tribunal Constitucional de Angola, nº 319/2013, de 9 de outubro, no qual aquele Tribunal declarou a inconstitucionalidade, com força obrigatória geral, de várias normas do Regimento da Assembleia Nacional que consagravam determinadas modalidades de controlo e fisca-

lização parlamentar do executivo, tais como a formulação de perguntas aos ministros e a realização de interpelações, audições, sindicâncias e inquéritos parlamentares tendo como objeto atos do executivo, com o fundamento de que tais normas violavam o princípio da *separação de poderes*, tal como está gizado na Constituição de 2010, caracterizado pela consagração de um sistema de governo presidencialista, com total independência do Poder Executivo, de que é titular o Presidente da República, em relação ao Poder Legislativo, não dependendo aquele politicamente de qualquer votação na Assembleia Nacional e estando-lhe vedada a dissolução da Assembleia Nacional (cfr. os artigos 105º, 108º, nºs 1 e 2, 134º, 161º e 162º da Constituição da República de Angola de 2010). Sobre o sistema de governo na Constituição da República de Angola de 2010, cfr. José de Melo Alexandrino, *O Novo Constitucionalismo Angolano*, e-book, Lisboa, Instituto de Ciências Jurídico-Políticas da Faculdade de Direito da Universidade de Lisboa, 2013, p. 20-24. De modo semelhante, na República Federal da Alemanha, o Tribunal Constitucional Federal tem competência para decidir sobre a interpretação da Lei Fundamental a respeito da extensão dos direitos e deveres de um órgão superior da Federação ou de outros interessados, dotados de direitos próprios pela Lei Fundamental ou pelo regulamento interno de um órgão federal superior (cfr. o artigo 93.1.1. da Lei Fundamental e os §§ 13.5 e 63 da Lei do Tribunal Constitucional Federal). Com base nestes preceitos, o Tribunal Constitucional Federal decide as controvérsias constitucionais entre o *Bundestag*, o *Bundesrat*, o Governo Federal e o Presidente Federal. Têm legitimidade para suscitar a intervenção do Tribunal Constitucional, através do denominado *Organstreitverfahren*, o Parlamento Federal, o Conselho Federal, o Governo Federal e as frações ou partes do Parlamento Federal e do Conselho Federal que, em virtude da Lei Fundamental ou dos próprios regimentos parlamentares, demonstrem a existência de direitos próprios. De sublinhar que o Tribunal Constitucional Federal tem aceite como "órgãos", para efeito de reconhecimento da sua competência, os deputados individualmente, os grupos parlamentares do Parlamento Federal e os partidos políticos. No caso de o Tribunal Constitucional Federal considerar que um determinado ato ou omissão de um "órgão" viola a Lei Fundamental, não anula, nem declara nulo esse ato, nem obriga o "órgão" a praticar um ato específico. No entanto, o órgão constitucional é obrigado a tomar em consideração a decisão do Tribunal Constitucional Federal e a executá-la se necessário (artigo 20. 3 da Lei Fundamental). Cfr. Charlotte Kreuter-Kirchhof, *Verfassungsgerichtsbarkeit im Dienst der Verfassung*, cit., p. 671, e Ulrich Battis, *Der Verfassungsverstoß und seine Rechtsfolgen*, in "Isensee/Kirchhof (Hg.), Handbuch des Staatsrechts, Dritte Auflage, Band XII, Normativität un Schutz der Verfassung", Heidelberg/München, C. F. Müller, 2014, p. 789; e Konrad Hesse, *El Tribunal Constitucional Federal en la Ley Fundamental*, cit., p. 145 e 146.

Em termos próximos, em Espanha, o Plenário do Tribunal Constitucional dispõe de competência para resolver conflitos ou controvérsias que podem surgir entre os órgãos constitucionais do Estado a propósito do alcance e limites dos seus poderes, de modo a salvaguardar a observância do *princípio da separação de poderes* ("conflitos de atribuições"). A tramitação do processo de resolução dos "conflitos de atribuições" entre órgãos cons-

INTRODUÇÃO

entre o Estado e os restantes entes públicos territoriais, sejam Estados Federados, regiões ou comunidades autónomas ou autarquias locais (no caso português, onde o Estado, nos termos do artigo 6º da Lei Fundamental, é unitário, mas respeita na sua organização e funcionamento a autonomia político-administrativa das Regiões Autónomas dos Açores e da Madeira e os princípios da subsidiariedade, da autonomia das autarquias locais e da descentralização democrática da administração pública, entre o Estado, as regiões autónomas e as autarquias locais[67])

tituicionais do Estado é regulada na Lei do Tribunal Constitucional espanhol, sendo conveniente destacar que um tal processo só pode ser iniciado pelo Governo, Congresso dos Deputados, Senado e Conselho Geral do Poder Judiciário. Colocado um "conflito de atribuições" perante o Tribunal Constitucional, este determina qual o órgão a que correspondem as atribuições objeto de discussão e, no caso de procedência, declara nulos os atos praticados por invasão de atribuições alheias. Foi o que aquele Tribunal fez na sua Sentença nº 45/1986. Cfr. o nosso *Relatório Geral*, cit., p. 89, bem como a bibliografia aí citada.

Importa acentuar que, se a justiça constitucional constitui um garante da observância do princípio da *separação de poderes* pelos diversos órgãos do Estado, também este princípio estruturante do Estado constitui um limite à jurisdição constitucional, no sentido de que os órgãos da jurisdição constitucional não podem invadir o *núcleo essencial* dos restantes poderes do Estado, designadamente entrar nos terrenos da chamada *liberdade de conformação do legislador* ou da denominada *discricionariedade legislativa*, baseada no princípio democrático da maioria, através da sobreposição das opções políticas dos juízes às legítimas opções políticas do legislador. Os tribunais constitucionais apenas podem antepor ao legislador as opções e os valores sedimentados na Constituição. Significa isto que rejeitamos as correntes *neoconstitucionalistas*, defensoras do *ativismo judiciário* ou do também designado *governo dos juízes*. Mas a este tema voltaremos mais adiante, ao tratarmos dos *limites funcionais* da justiça constitucional.

[67] No caso português, a competência do Tribunal Constitucional no que respeita à resolução dos conflitos de atribuições entre o Estado, as Regiões Autónomas dos Açores e da Madeira e as autarquias locais esgota-se no controlo da constitucionalidade (e, em certos casos que mais adiante serão esclarecidos, da legalidade – a chamada *ilegalidade qualificada*, de que falaremos mais à frente) das normas emanadas do Estado, das regiões autónomas e das autarquias locais. Mas, em outros Estados compostos, sejam eles Estados federais, regionais ou regionalizados, aparecem-nos competências específicas, para além do controlo de constitucionalidade de normas jurídicas, do Tribunal Constitucional ou Tribunal similar para resolver conflitos entre o "poder central" e os "poderes periféricos". Assim, ao Supremo Tribunal Federal brasileiro cabe, entre o mais, nos termos do artigo 102º, I, alínea *f*), da Constituição, processar e julgar, originariamente, "as causas e os conflitos entre a União e os Estados, a União e o Distrito Federal, ou entre uns e

51

outros, inclusive as respectivas entidades da administração indireta" (cfr. ALEXANDRE DE MORAES, ob. cit., p. 212 e 213).
Na República Federal da Alemanha, compete ao Tribunal Constitucional Federal decidir nos casos de divergências sobre direitos e deveres da Federação e dos Estados, especialmente a respeito da execução de leis federais pelos Estados e do exercício da fiscalização federal e, bem assim, em outras situações de controvérsias de direito público entre a Federação e os Estados (*Bund-Länder-Streitverfahren*), entre diversos Estados (*Zwischenländerstreit*) e dentro de um Estado, sempre que não exista outra via judicial (cfr. o artigo 93.3. e 4. da Lei Fundamental). Nestas hipóteses, têm legitimidade para acionar a intervenção do Tribunal Constitucional Federal, por parte da Federação, o Governo Federal e, por parte dos Estados, os respetivos Governos. Nos processos relativos a conflitos entre a Federação e os Estados, o Tribunal Constitucional Federal pode decidir que há uma violação da Lei Fundamental, mas sem obrigar o órgão infrator a praticar um ato específico. Todavia, os órgãos constitucionais são obrigados a tomar em consideração a decisão do Tribunal e a executá-la se necessário (artigo 20. 3. da Lei Fundamental). Mas nos processos respeitantes aos conflitos entre Estados, pode aquele Tribunal, no caso de considerar que houve uma violação da Lei Fundamental, obrigar o órgão constitucional a praticar ou a omitir um ato. Cfr. CHARLOTTE KREUTER-KIRCHHOF, *Verfassungsgerichtsbarkeit im Dienst der Verfassung*, cit., p. 671; ULRICH BATTIS, *Der Verfassungsverstoß und seine Rechtsfolgen*, cit., p. 788; e KONRAD HESSE, *El Tribunal Constitucional Federal en la Ley Fundamental*, cit., p. 143-145.
Por sua vez, na Espanha, a resolução dos "conflitos de competências" entre Estado e as Comunidades Autónomas ou entre estas é considerada uma "função natural" do Tribunal Constitucional [artigo 161º, nº 1, alínea c), da Constituição de Espanha]. Deve notar-se que o instrumento processual de "conflitos de competências" – cujo conhecimento cabe ao plenário do Tribunal Constitucional – só pode ser utilizado nos casos em que a controvérsia suscitada entre duas ou mais Comunidades Autónomas ou entre estas e o Estado surgir como consequência da aprovação de disposições ou da execução de atos sem valor de lei, pois, se o conflito gravitar em torno da titularidade de uma competência legislativa e se se questionar a validade de uma lei que põe em causa o sistema constitucional de distribuição de competências, a via adequada para a resolução do conflito é a do "recurso de constitucionalidade".
A Lei Orgânica do Tribunal Constitucional espanhol disciplina duas modalidades de conflitos de competências: os *conflitos positivos* e os *conflitos negativos* (sendo os primeiros mais importantes e frequentes do que os segundos). Os primeiros colocam-se perante atos ou disposições emanados de uma Comunidade Autónoma ou do Estado, os quais são considerados pelo órgão que promove a sua apreciação (o Governo do Estado ou da Comunidade Autónoma) como desrespeitadores da ordem de competências estabelecidas pelo "bloco de constitucionalidade" (Constituição, Estatutos de Autonomia e leis especiais de atribuição ou delimitação de competências). As sentenças que consideram existir um *conflito positivo* declaram, por um lado, a nulidade da disposição ou ato im-

– impedindo, desse modo, o "desequilíbrio" do sistema político –, o controlo do respeito pelo poder legislativo das regras e princípios constitucionais, a proteção das minorias (sejam elas políticas, como a oposição governamental, religiosas, étnicas ou raciais) e a garantia da observância dos direitos fundamentais, sobretudo num contexto de incerteza,

pugnado, expulsando-o do ordenamento jurídico, e, por outro, declaram a titularidade da competência controvertida. Os segundos – os *conflitos negativos* – verificam-se quando nenhuma Administração, de natureza estadual ou autonómica, se considera competente para conhecer de um pedido formulado por uma pessoa física ou jurídica. A doutrina classifica-os em *próprios* e *impróprios*. Nos primeiros, a pessoa afetada pela declaração de incompetência deverá, previamente, esgotar a via administrativa ordinária e, se aquela se mantiver, terá de dirigir-se à outra Administração que, por exclusão, deverá ser tida como competente. Esta última deverá aceitar ou declinar a sua competência no prazo de um mês. Esgotados estes trâmites, a pessoa interessada poderá formular o *conflito negativo*, no prazo de um mês, perante o Tribunal Constitucional. Os segundos abrangem aquelas situações em que o Governo do Estado requer ao Governo de uma Comunidade Autónoma que exerça uma competência que, no critério do Estado, é da sua titularidade. Se o requerimento não for atendido em prazo ou se o Governo da Comunidade Autónoma declarar expressamente a sua competência, pode o Governo do Estado formular o conflito perante o Tribunal Constitucional, que declarará a titularidade da competência controvertida e, sendo caso disso, ordenará à Comunidade Autónoma que atenda o requerimento formulado. De assinalar que os *conflitos negativos impróprios* são "unidirecionais", não podendo o requerimento de exercício de competência ser formulado por uma Comunidade Autónoma. Cfr. o nosso *Relatório Geral*, cit., p. 60 e 61 e, bem assim, a bibliografia aí citada.
Ainda no campo da resolução dos "conflitos de competências" entre o Estado e as Comunidades Autónomas, importa referir a previsão do artigo 161º, nº 2, da Constituição espanhola, nos termos da qual "o Governo poderá impugnar perante o Tribunal Constitucional as disposições e resoluções adotadas pelos órgãos das Comunidades Autónomas", produzindo a impugnação "a suspensão da disposição ou resolução recorrida, mas o Tribunal deverá, conforme os casos, ratificá-la ou anulá-la num prazo não superior a cinco meses". Constitui este um meio através do qual o Governo pode impugnar perante o Tribunal Constitucional, no prazo de dois meses a contar da data da sua publicação ou, na falta dela, da data do conhecimento das mesmas, as disposições normativas sem força de lei e as resoluções emanadas de qualquer órgão das Comunidades Autónomas. Esta impugnação desenvolve-se de acordo com o processo previsto para os *conflitos positivos de competência* entre o Estado e as Comunidades Autónomas. Cfr. ROBERTO BLANCO VALDÉS, *Il Tribunale Costituzionale Spagnolo: Disegno Giuridico e Pratica Politica*, in "Diritti Fondamentali e Giustizia Costituzionale, Esperienze Europee e Nord-Americana", a cura di SILVIO GAMBINO, Milano, Giuffrè, 2012, p. p. 291-317, em especial, p. 308.

como aquele em que vivemos[68], tanto nas relações entre os cidadãos e o poder público, como nas relações jurídico-privadas[69/70].

[68] Cfr. ANA RAQUEL MONIZ, *Os Direitos Fundamentais e a Sua Circunstância*, cit., p. 17-49.
[69] Cfr. o nosso artigo *A Justiça Constitucional em Portugal e em Espanha*, cit., in "Revista de Legislação e de Jurisprudência", Ano 131. º, nº 3893, p. 240.
[70] Um dos temas mais nobres da dogmática jurídica dos direitos fundamentais constitucionalmente protegidos, *maxime* dos "direitos, liberdades e garantias" e dos "direitos fundamentais da natureza análoga", diz respeito ao problema da sua influência cada vez mais decisiva nas relações jurídicas entre particulares (cf. J. J. GOMES CANOTILHO, *Estudos sobre Direitos Fundamentais*, 2ª ed., Coimbra, Coimbra Editora, 2008, p. 192). Estamos no domínio da *eficácia externa* ou da *eficácia dos direitos fundamentais perante terceiros* (*Drittwirkung der Grundrechte*), na expressão de H. PETER IPSEN, da *eficácia horizontal* (*Horizontalwirkung*) dos direitos fundamentais, em contraponto à eficácia vertical dos direitos fundamentais nas relações entre o Estado e os particulares, ou, numa formulação mais neutra, da *eficácia dos direitos fundamentais no direito privado* (*Grundrechte im Privatrecht*). A eficácia dos direitos fundamentais também nas relações entre particulares, pessoas singulares ou coletivas, pressupõe uma conceção dos direitos fundamentais incompatível com a tese liberal, que considerava estes direitos, exclusivamente, como *direitos subjetivos de defesa perante o Estado* e, consequentemente, com relevo apenas nas relações entre os particulares e o Estado. De facto, nas sociedades de hoje, os cidadãos não estão isoladamente contrapostos ao Estado, nem agem individualmente, antes surgem, na maioria das situações, integrados em organizações e grupos de interesse (partidos políticos, sindicatos, associações patronais, igrejas, grupos económicos, associações cívicas, profissionais, desportivas, etc.), pelo que, neste contexto, faz todo o sentido colocar o problema da validade e da eficácia dos direitos fundamentais nas relações entre os particulares. Acresce que, no atual Estado-Administração, assiste-se a uma multiplicidade de entidades privadas que exercem tarefas de interesse público e a um esbatimento da distinção entre entidades públicas e entidades privadas e entre direito público e direito privado, pelo que deixou de fazer sentido restringir a eficácia dos direitos fundamentais às relações entre os entes públicos e os particulares (Cfr. J. J. GOMES CANOTILHO/VITAL MOREIRA, *Constituição da República Portuguesa Anotada*, Vol. I, 4ª ed., Coimbra, Coimbra Editora, 2007, p. 384-387, e J. C. VIEIRA DE ANDRADE, *Os Direitos Fundamentais na Constituição Portuguesa de 1976*, 4ª ed., Coimbra, Almedina, 2012, p. 231-236).

O problema da validade e da eficácia dos direitos fundamentais nas relações entre particulares, para além de abrir um novo ciclo no reconhecimento e na proteção dos direitos fundamentais que ultrapassa os tradicionais limites estatais, reveste-se nos nossos dias de uma importância particular, tendo em vista a emergência, num contexto de globalização, de vultuosos centros de poder representados por organizações e empresas nacionais e multinacionais, que, em ritmo pujante, vêm dominando a estrutura produtiva da riqueza e constituem uma ameaça elevada de violação dos direitos fundamentais dos cidadãos. Noutros termos, é inegável que, nas sociedades hodiernas, marcadas, sobretudo, pela emergência de uma sociedade de informação, globalizada e entrelaçada territorial e económica e financeiramente, bem como por uma sensível redução da autoridade soberana do Estado, os grupos sociais fragmentados e as entidades privadas detêm na sociedade de massas uma parcela cada vez maior do poder social e económico, um poder real que se impõe aos indivíduos de várias maneiras e que é capaz de afetar zonas e aspetos relevantes da sua vida e da sua personalidade.

A questão da vinculação das entidades privadas pelos direitos fundamentais não pode, no entanto, deixar de ser objeto de uma justa ponderação, com vista à sua harmonização com o princípio da *autonomia privada*, que constitui um princípio fundamental regente das relações jurídico-privadas, e é um princípio com amparo constitucional, com ramificações nos princípios constitucionais do livre desenvolvimento da personalidade, da livre iniciativa económica privada, da liberdade negocial e da garantia da propriedade privada. Deve-se, sobretudo, à jurisprudência alemã a génese da tese da eficácia dos direitos fundamentais nas relações jurídicas privadas. As decisões jurisprudenciais pioneiras foram, por um lado, a decisão do Tribunal Federal do Trabalho Alemão (*Bundesarbeitsgericht*), de 3 de dezembro de 1954 (*BaGE* 1, 185), na qual se consignou que "uma série de importantes direitos fundamentais não garantem apenas a liberdade individual contra o poder do Estado; eles são, acima de tudo, princípios da vida social" tendo, por isso, uma aplicação direta "nas relações entre os cidadãos" (cfr. J. JOÃO ABRANTES, *Contrato de Trabalho e Direitos Fundamentais*, Coimbra, Coimbra Editora, 2005, p. 85), e, por outro lado, a decisão de 1957, na qual o mesmo Tribunal, analisando a licitude, ou não, da rescisão do contrato de trabalho, escudada em cláusula contratual que vedava a celebração de casamento por parte da empregada, e sob a invocação de que tal cláusula violava o direito fundamental à proteção da família e do casamento por parte do Estado (artigo 6, 1, da Lei Fundamental), bem como a dignidade da pessoa humana (artigo 1, 1, da Lei Básica) e o direito fundamental ao livre desenvolvimento da personalidade (artigo 2, 1, da Lei Fundamental), proclamou que as "disposições relacionadas com os direitos fundamentais devem ter aplicação direta nas relações privadas entre indivíduos", pelo que "os acordos de direito privado, os negócios e atos jurídicos não podem contrariar aquilo que se convencionou chamar ordem pública" do ordenamento jurídico, a qual corresponde aos princípios fundamentais da *Grundgesetz* (cfr. ANDRÉ RUFINO DO VALE, *Eficácia dos Direitos Fundamentais nas Relações Privadas*, Porto Alegre, Sérgio António Fabris Ed., 2004, p. 108).

Mas o verdadeiro *leading case* da jurisprudência constitucional alemã sobre a problemática da *Drittwirkung* dos direitos fundamentais foi o Acórdão do *Bundesverfassungsgericht*, de 15 de janeiro de 1958 (*BVerfGE*, 7, 198), conhecido como o Caso E. LÜTH. Analisando o recurso de "queixa constitucional" que E. LÜTH apresentou contra a sentença do tribunal de grande instância de Hamburgo que tinha determinado a cessação do boicote a que ele tinha apelado junto dos distribuidores e exibidores de filmes e do público em geral de um filme, produzido em 1950, de um certo realizador que, durante o regime nacional-socialista, fora autor de uma obra cinematográfica de propaganda anti-semita, e que, na opinião daquele, importava uma violação do seu direito fundamental de *liber-*

dade de expressão, o Tribunal Constitucional Federal alemão revogou a referida sentença, proclamando, categoricamente, que havia violação do direito fundamental de *liberdade de expressão*, o qual representa uma dimensão *princípiológica objetiva*, enquanto "ordem de valores" de todo o ordenamento jurídico, e, por conseguinte, funciona como causa superior e de justificação e interpretação do direito civil (cfr. J. MANUEL M. CARDOSO DA COSTA, *Sobre a "Constitucionalização" do Direito Privado*, cit., p. 575, nota 10).

Sobre a problemática da validade e eficácia dos direitos fundamentais nas relações jurídico-privadas, têm sido avançadas várias posições doutrinárias. Em primeiro lugar, a doutrina que *nega a aplicabilidade* dos direitos fundamentais nas relações privadas. Tendo, na Alemanha, como principal representante E. FORSTHOFF, para quem a Lei Fundamental não poderia ser um "supermercado para satisfação de todos os desejos" e a extensão da eficácia dos direitos fundamentais às relações privadas implicaria a própria "dissolução" da Constituição, aquela posição doutrinária tem especial aceitação nos Estados Unidos da América, com base na denominada *"State Action Doctrine"*. Segundo esta teoria, tanto a liberdade contratual, como o Pacto Federativo impediam a vinculação das relações jurídicas privadas pelos direitos fundamentais (este último, em especial, sob o prisma de que a eficácia dos direitos fundamentais nas relações entre particulares retiraria aos Estados Federados a sua plena autonomia em matéria de direito civil). A única exceção consubstar-se-ia na Emenda Constitucional nº 13, que proíbe a escravidão no território dos Estados Unidos da América, sendo, portanto, esta matéria a única em que os direitos fundamentais podem restringir a autonomia civil individual. Entretanto, devido às dificuldades da definição de fronteiras rígidas entre a esfera pública e privada e à existência, cada vez mais frequente, de uma *"gray zone"*, como resultado de múltiplas entidades que se situam nos limites entre o público e o privado, assiste-se, atualmente, a uma moderação na aplicação desta doutrina.

Neste sentido, a *Supreme Court* dos Estados Unidos da América resolveu mitigar, no segundo quartel do século XX, a *"State Action Doctrine"*, dando guarida aos argumentos estruturantes da *"public function theory"*, que admite um alargamento do conceito de ação ou poder estatal para fins de vinculação das entidades privadas aos direitos e liberdades fundamentais previstos na Constituição. Um tal alargamento abrange três situações fundamentais. O primeiro refere-se àqueles casos em que o ator, apesar de ser, indisfarçadamente, privado (*seemingly private actor*), se encontra revestido de uma função típica do aparato estatal (*power or public function*), estando, por esse facto, também submetido ao pálio das normas constitucionais normalmente dirigidas aos poderes públicos, como ocorre, por exemplo, com os partidos políticos, que, sendo embora entidades jurídico-privadas, organizam as eleições primárias, desempenhando, assim, uma função estatal. O segundo abrange as situações em que existe uma "relação de simbiose" (*"symbiotic relationship"*) ou de interdependência entre o poder público e os particulares, a partir de um vínculo mais consistente e para além de uma necessidade de licença ou regulamentação, como sucede na possibilidade de execução judicial (*judicial enforcement*) de um contrato discriminatório e, portanto, ofensivo dos direitos fundamentais previstos na Constituição. E o terceiro abarca os casos em que é evidente uma implicação estatal ou um "encorajamento" público à atividade privada *("state commandement or encouragement of private activities")*, como acontece, quando, por exemplo, o poder público arrenda um imóvel a um particular para exploração de atividades económicas lucrativas (cfr. J. E. NOWAK/R. D. ROTUNDA, *American Constitutional Law*, 5ª ed., St Paul, West Publishing Co, 1995, p. 474-478, e L. H. TRIBE, *American Constitutional Law*, 2ª ed., Mineola, The Foundation Press, 1978, p. 1691 e 1695-1709).

Em segundo lugar, a doutrina da *eficácia mediata ou indireta (mittelbare Drittwirkung)* dos direitos fundamentais nas relações jurídico-privadas. A elaboração teórica desta doutrina, também designada *dualista*, é apontada a G. DÜRIG. De acordo com a mesma, sendo necessário preservar a autonomia própria do direito privado (*Eigenständigkeit des Privatrechts*), caberia, exclusivamente, ao legislador do direito privado definir os termos e as condições de aplicação dos direitos fundamentais nas relações jurídicas privadas (cfr. J. GOMES CANOTILHO/VITAL MOREIRA, *Constituição da República Portuguesa Anotada*, Vol. I, cit., p. 385). De harmonia com aquela posição doutrinária, a força jurídica das normas constitucionais consagradoras dos direitos fundamentais em relação aos particulares não se afirmaria de modo imediato, mas tão-só *mediatamente*, através das normas e princípios próprios do direito privado. Quando muito, os preceitos constitucionais respeitantes aos direitos fundamentais serviriam como *princípios de interpretação* das cláusulas gerais e dos conceitos jurídicos indeterminados suscetíveis de interpretação, como, por exemplo, os "bons costumes" (*"guten Sitten"*), clarificando-os, acentuando ou desacentuando determinados aspetos do seu conteúdo, ou, em casos extremos, colmatando as suas lacunas, mas sempre dentro do "espírito" do direito privado (cfr. J. C. VIEIRA DE ANDRADE, *Os Direitos Fundamentais*, cit., p. 237).

Em terceiro lugar, a doutrina da *eficácia imediata* dos direitos fundamentais nas relações jurídicas privadas (*unmittelbare Drittwirkung*) ou da *vinculação direta* das entidades particulares. É a doutrina, também designada *monista*, desenvolvida na Alemanha no pós-Segunda Guerra Mundial, sobretudo por H. CARL NIPPERDEY e H. PETER IPSEN, a qual se baseia na premissa de que os direitos fundamentais assumem a feição de verdadeiros princípios norteadores de *todo* o ordenamento jurídico, pelo que, em face desta sua dimensão, os seus efeitos irradiam para todas as áreas do direito, incluindo o direito privado. Esta aplicação direta às relações jurídicas privadas e a vinculação *erga omnes* dos direitos fundamentais seriam uma consequência natural do princípio da *unidade da ordem jurídica*.

Tendo, desde logo, em conta o que dispõe o artigo 18º, nº 1, da Constituição da República Portuguesa, nos termos do qual "os preceitos constitucionais respeitantes aos direitos, liberdades e garantias são directamente aplicáveis e vinculam as entidades públicas e privadas", vem a maioria da doutrina portuguesa entendendo que os direitos fundamentais previstos naquele artigo "têm uma eficácia imediata perante as entidades privadas" e que aqueles direitos se aplicam "também às relações entre particulares e, em princípio, nos mesmos termos em que se aplicam às relações entre os particulares e o Estado" (cfr. J. GOMES CANOTILHO/VITAL MOREIRA, *Constituição da República Portuguesa Anotada*, Vol. I, cit., p. 385 e 386). A aplicação dos direitos, liberdades e garantias às relações entre particulares só não tem lugar no caso dos direitos que, expressamente ou pela sua própria natureza, apenas podem valer perante o Estado, como sucede, entre outros, com o direito de petição (note-se que idêntica posição deve ser defendida em relação ao direito angolano, haja em vista o artigo 28º, nº 1, da Constituição da República de Angola, cujo texto é idêntico ao do artigo 18º, nº 1, da Constituição da República Portuguesa).

No entanto, alguns autores portugueses de renome, sobretudo de raiz civilista, defendem que a aplicação das normas constitucionais a atividades privadas deve fazer-se *"em primeira linha com referência a instrumentos e regras próprios do direito civil"*, o que aponta para uma eficácia *meramente indireta* dos direitos fundamentais nas relações entre particulares. Nesta linha CARLOS MOTA PINTO sustenta que, "sem esta atenuação a vida jurídico--privada, para além das incertezas derivadas do carácter muito genérico dos preceitos constitucionais, conheceria uma extrema rigidez, inautenticidade e irrealismo, de todo o ponto indesejáveis (pense-se na pretensão inadmissível de um dever geral de igualdade de tratamento por um particular relativamente a todos os concidadãos a quem propusesse relações contratuais – pretensão inadmissível, salvo os limites impostos pela exigência do respeito pela dignidade humana)". Cfr. *Teoria Geral do Direito Civil*, 4ª ed. por ANTÓNIO PINTO MONTEIRO/PAULO MOTA PINTO, Coimbra, Coimbra Editora, 2005, p. 71-81).

No mesmo sentido, PAULO MOTA PINTO considera que "a aplicação à actividade de entidades privadas das normas que consagram direitos fundamentais deve ocorrer, *em primeira linha, através* de *normas de direito privado*, quer estas se limitem a *reproduzir* o teor das normas constitucionais, quer contenham *conceitos indeterminados* ou *cláusulas gerais*, a preencher e concretizar segundo valores constitucionalmente consagrados, e, em particular, numa actividade de «*interpretação conforme aos direitos fundamentais*»", normas essas que são "como que «portas de entrada» no domínio privatístico das valorações subjacentes aos direitos fundamentais, constituindo a forma precípua da sua efectivação, impendendo, aliás, logo sobre o legislador ordinário o dever de prever mecanismos legais protectores dos direitos fundamentais" (cfr. *A Influência dos Direitos Fundamentais Sobre o Direito Privado Português*, in "Direitos Fundamentais e Direito Privado: Uma Perspectiva de Direito Comparado", org. ANTÓNIO PINTO MONTEIRO/JÖRG NEUER/INGO SARLET, Coimbra, Almedina, 2007, p. 155, e *Direitos de Personalidade e Direitos Fundamentais, Estudos*, Coimbra, Gestlegal, 2018, p. 310).

A tese da eficácia direta ou imediata dos direitos fundamentais nas relações entre privados é claramente maioritária nas doutrinas espanhola, italiana e brasileira, três países cujas Constituições são omissas no que respeita à vinculação das entidades privadas aos direitos fundamentais. Assim, em Espanha, o entendimento predominante é o de que a redação do artigo 53º, nº 1, da Constituição espanhola, que determina que *"los derechos y libertades reconocidos en el Capítulo segundo del presente Título vinculan a todos los poderes públicos"*, não implica qualquer empecilho à eficácia direta dos direitos fundamenrtais nas relações entre privados (cfr. JUAN MARÍA BILBAO UBILLOS, *La Eficacia a Terceros de los Derechos Fundamentales en el Ordenamiento Español*, in "Direitos Fundamentais e Direito Privado: Uma Perspectiva de Direito Comparado", org. ANTÓNIO PINTO MONTEIRO/JÖRG NEUER/INGO SARLET, cit., p. 179-191, e RAFAEL NARANJO DE LA CRUZ, *Los Limites de los Derechos Fundamentales en las Relaciones entre Particulares*: La Buena Fe, Madrid, Centro de Estudios Constitucionales, 2000, p. 199 e segs.).

De igual modo, na Itália, a maioria da doutrina entende que da interpretação conjugada das normas do artigo 2º, que dispõe que "*la Repubblica riconosce e garantisce i diritti inviolabili dell`uomo, sia come singolo sia nelle formazioni sociali*", e do artigo 54º, que determina que "*tutti i cittadini hanno il dovere di essere fedeli alla Reppublica e di osservare la Costituzione e le leggi*", é possível concluir por uma eficácia direta dos direitos fundamentais nas relações privadas (cfr., por todos, PIETRO PERLINGERI, *Perfis de Direito Civil, Introdução ao Direito Civil Constitucional*, trad., Rio de Janeiro, Renovar, 2007, p. 11 e 12).

Também, no Brasil, a voz da esmagadora maioria da doutrina defende, apesar do silêncio do artigo 5º, § 1º, da Constituição sobre este tema, já que se limita a estatuir que "*as normas definidoras dos direitos e garantias fundamentais têm aplicação imediata*", a eficácia direta e imediata dos direitos fundamentais nas relações jurídicas privadas, com exceção daqueles direitos que, pela sua própria essência, têm o Estado como único destinatário, devido, desde logo, à "unidade e supremacia da Constituição Federal" (cfr., por todos, INGO WOLFGANG SARLET, *A Influência dos Direitos Fundamentais no Direito Privado: O Caso Brasileiro*, in "Direitos Fundamentais e Direito Privado: Uma Perspectiva de Direito Comparado", org. ANTÓNIO PINTO MONTEIRO/JÖRG NEUER/INGO SARLET, cit., p. 124-133; THIAGO LUÍS SANTOS SOMBRA, *Eficácia dos Direitos Fundamentais nas Relações Jurídico-Privadas: A Identificação do Contrato como Ponto de Encontro dos Direitos Fundamentais*, Porto Alegre, Sérgio António Fabris Ed., 2004, p. 202; e JOSÉ MÁRIO NETO, *Direitos Fundamentais e Sua Aplicação às Relações Privadas*, Tese Mest., polic., Coimbra, 2014, p. 77-79).

Em quarto lugar, as doutrinas portadoras de um conglomerado de *construções teóricas diferenciadoras* ou de *teorias alternativas*, com o intuito de encontrar as melhores soluções para o problema da eficácia dos direitos fundamentais nas relações jurídicas privadas. A primeira dessas teorias é a dos *deveres de proteção ou de tutela estadual perante terceiros*, de que é expoente máximo C.-W. CANARIS (cfr. *Direitos Fundamentais e Direito Privado*, trad. de INGO WOLFGANG STARLET/PAULO MOTA PINTO, Coimbra, Almedina, 2003, p. 56-75). De acordo com esta doutrina, os preceitos relativos aos direitos fundamentais dirigem-se, em primeira linha, às relações entre os particulares e os poderes públicos, mas estes, para além do dever de os respeitarem (designadamente, abstendo-se de os violar) e de criarem as condições necessárias para a sua realização, têm ainda o dever de os proteger contra quaisquer ameaças, incluindo as que resultam da atuação de outros particulares (cfr. J. C. VIEIRA DE ANDRADE, *Os Direitos Fundamentais na Constituição Portuguesa de 1976*, cit., p. 241).

A segunda dessas teorias, defendida por J. SCHWABE, vai mais longe do que a anterior, ultrapassando, em termos excessivos e dificilmente sustentáveis, a ideia de mero dever de proteção dos direitos fundamentais imputado ao Estado e extrai do monopólio estadual da autoridade a ideia de *responsabilidade pública* por qualquer violação, por privados, dos direitos fundamentais de uma pessoa, afirmando que uma tal ofensa é sempre *imputável* ao Estado, dado que ou foi *permitida por uma lei*, ou pela *ausência de uma lei*, ou, ainda, resultou da *falta de prevenção* ou *de repressão* do incumprimento da lei em vigor (J. C. VIEIRA DE ANDRADE, *Os Direitos Fundamentais na Constituição Portuguesa de 1976*, cit., p. 243). E a terceira teoria é a da *metódica da diferenciação* ou das *soluções diferenciadas*, proposta por J. J. GOMES CANOTILHO, segundo a qual, partindo do reconhecimento de que os direitos fundamentais possuem "multifuncionalidade" ou "pluralidade de funções", deve ser superada a clássica reducionista dicotomia existente entre eficácia imediata e eficácia mediata, em favor de soluções *diferenciadas e adequadas*, consoante o "referente" de direito fundamental que estiver em *causa* no *caso* concreto (cfr. *Direito Constitucional e Teoria da Constituição*, cit., p. 1289-1294). Teoria esta que parece ser adotada por J. SOUSA RIBEIRO, quando afirma que os limites que os particulares estão obrigados a respeitar em observância dos direitos fundamentais não são os mesmos que vinculam os poderes públicos e que "a diferenciação de situações justifica que o regime seja também diferenciado, o que leva a que a intensidade da tutela dos direitos não seja sempre a mesma, sem que com isso se alterem os valores que a inspiram", sendo que a mudança se verifica, simplesmente, no "campo da valoração" (cfr. *Constitucionalização do Direito Civil*, in "Boletim da Faculdade de Direito da Universidade de Coimbra", Vol. LXXIV, 1998, p. 729-755).

Na nossa perspetiva, dúvidas não pode haver quanto à *eficácia objetiva* dos direitos fundamentais nas relações jurídicas entre privados. Uma tal aplicação nas relações jurídicas privadas não poderá, no entanto, deixar de ser *ponderada* ou *harmonizada* com os princípios da *liberdade negocial* e da *autonomia privada*, que são princípios do direito privado constitucionalmente reconhecidos. Como sublinha J. C. VIEIRA DE ANDRADE, "afinal, a aplicação dos preceitos relativos aos direitos fundamentais, incluindo entre eles o princípio da igualdade, nas relações entre particulares («iguais») não levanta problemas específicos, observada a referida regra material de *harmonização*, própria das situações de conflito" (cfr. *Os Direitos Fundamentais na Constituição Portuguesa de 1976*, cit., p. 255). No que respeita especificamente aos direitos, liberdades e garantias, o artigo 18º, nº 1, da Constituição não deixa dúvidas quanto à sua *aplicabilidade direta* nas relações jurídicas privadas, considerando os mesmos como *valores objetivos* que impregnam a totalidade da ordem jurídica, seja pública ou privada.

Um breve percurso pela jurisprudência constitucional portuguesa e brasileira permite-nos concluir que a tanto o Tribunal Constitucional português, como o Supremo Tribunal Federal brasileiro reconhecem a eficácia vinculativa direta dos direitos fundamentais nas relações jurídicas privadas. Há que sublinhar, no entanto, que a eficácia jurídica direta e imediata dos direitos fundamentais nas relações jurídicas privadas é uma questão diferente da do controlo de constitucionalidade de normas jurídicas pelo Tribunal Constitucional português. Como veremos adiante, no sistema da justiça constitucional do nosso país, apenas estão sujeitas a fiscalização da constitucionalidade pelo Tribunal Constitucional as *normas jurídicas públicas*, o que significa que ficam fora do âmbito de fiscalização da constitucionalidade pelo Tribunal Constitucional as normas jurídicas privadas, designadamente as normas de um contrato privado. Quer isto dizer que das decisões dos tribunais que consideram nulas cláusulas contratuais por violação de direitos fundamentais não cabe recurso para o Tribunal Constitucional. Mas o certo é que

INTRODUÇÃO

da experiência portuguesa de utilização do controlo da constitucionalidade de normas jurídicas, desde logo pela via da vinculação aos direitos fundamentais do "legislador de direito privado" e da jurisdição, resulta clara a aplicabilidade direta dos direitos fundamentais nas relações entre particulares (cfr. PAULO MOTA PINTO, *A Influência dos Direitos Fundamentais Sobre o Direito Privado Português*, cit., p. 158-163, e *Direitos de Personalidade e Direitos Fundamentais*, cit., p. 313-319).
Referindo-nos à jurisprudência do nosso Tribunal Constitucional e citando apenas três exemplos, o mesmo consignou, no seu Acórdão nº 198/85, que, "[...] independentemente do preciso significado que deva atribuir-se em geral, ou no âmbito de outros direitos fundamentais, à extensão da vinculatividade de tais direitos também às entidades privadas, o que é dizer, às relações jurídico-privadas (artigo 18º, nº 1, da Constituição), afigura-se indiscutível que o direito ao sigilo da correspondência é um daqueles que, por sua natureza, não pode deixar de ter um alcance *erga omnes*, impondo-se não apenas ao poder público e aos seus agentes, mas igualmente no domínio das relações entre privados". No Acórdão nº 185/2003, o mesmo Tribunal, debruçando-se sobre a questão da aplicação, no âmbito dos partidos políticos, das garantias de audiência e defesa, previstas no artigo 32º, nº 10, da Constituição, tendo como destinatários os militantes dos partidos, sublinhou que, no que concerne à garantia dos direitos de participação dos militantes na vida interna dos partidos, a mesma "decorre da «eficácia horizontal dos direitos, liberdades e garantias»" (cfr., para mais exemplos, PAULO MOTA PINTO, *A Influência dos Direitos Fundamentais Sobre o Direito Privado Português,,* cit., p. 158-163). Finalmente, no Acórdão nº 544/2014, debruçando-se sobre a colisão entre dois direitos fundamentais no âmbito privado (eficácia horizontal de direitos fundamentais), concretamente entre a liberdade de organização empresarial e o direito à liberdade religiosa, interpretou as normas das alíneas alíneas a) e c) do artigo 14º da Lei da Liberdade Religiosa, constante da Lei nº 16/2001, de 22 de junho [artigo que regula a "dispensa do trabalho, de aulas e de provas por motivo religioso", impondo como condições para que os funcionários e agentes do Estado e demais entidades públicas, bem como os trabalhadores em regime de contrato de trabalho, tenham o direito de, a seu pedido, suspender o trabalho no dia de descanso semanal, nos dias das festividades e nos períodos horários que lhes sejam prescritos pela confissão que professam, trabalharem em regime de flexibilidade de horário [alínea a)], serem membros de igreja ou comunidade religiosa inscrita que enviou no ano anterior ao membro do Governo competente em razão da matéria a indicação dos referidos dias e períodos horários no ano em curso [alínea b)] e haver compensação integral do respetivo período de trabalho [alínea c)], interpretou, ao abrigo do artigo 80º, nº 3, da Lei do Tribunal Constitucional, e basaeando-se em diversas decisões proferidas por Tribunais Constitucionais de outros países e em acórdãos do Tribunal Europeu dos Direitos do Homem, aquelas duas normas no sentido de que incluem também o trabalho prestado em regime de turnos.
No que concerne ao Brasil, podemos citar, em primeiro lugar, o Recurso Extraordinário nº 158.215-4/RS, julgado em 07/06/1996, no qual o Supremo Tribunal Federal, analisando a ação proposta por indivíduos associados de uma cooperativa, sediada no Rio Grande

do Sul, os quais invocavam a aplicabilidade direta do princípio constitucional da ampla defesa e do contraditório (artigo 2º, LV, da Constituição) ao caso, porquanto haviam sido sumariamente expulsos por deliberação da Assembleia Geral, decidiu que aqueles direitos fundamentais vinculam diretamente aquela entidade privada, e, consequentemente, revogou a decisão do Tribunal de Justiça do Estado do Rio Grande do Sul. Em segundo lugar, a Decisão proferida no *Habeas Corpus* nº 71.373-4/RS, julgado em 10/11/1994, no qual o Supremo Tribunal Federal, reformando a decisão judicial da instância inferior, proibiu a condução compulsória e a submissão cogente do réu em processo de investigação de paternidade promovido por menor a exame de colheita de sangue para fins de determinação de paternidade, argumentando que tal procedimento, além de violar as exigências de proporcionalidade, também implicaria violação da dignidade pessoal do investigado. E, em terceiro lugar, o Recurso Extraordinário nº 161.243-6/DF, de 1996, no qual o Supremo Tribunal Federal decidiu em favor da necessária equiparação (para efeitos de regime de trabalho) entre trabalhadores estrangeiros de uma conhecida empresa multinacional (no caso, a *Air France*) e os trabalhadores brasileiros, sujeitos, de acordo com as normas internas da empresa, a condições laborais menos favoráveis, assim determinando a aplicação do princípio da igualdade às relações jurídicas privadas (cfr., para mais exemplos, INGO WOLFGANG SARLET, *A Influência dos Direitos Fundamentais no Direito Privado: O Caso Brasileiro*, cit., p. 134-142).

Por último, a propósito da tutela jurisdicional da eficácia dos direitos fundamentais nas relações jurídicas privadas, não se pode deixar de assinalar a que é levada a cabo no âmbito da *justiça transconstitucional*. Como dissemos anteriormente, o *transconstitucionalismo* aponta para a existência de "casos-problemas jurídico-constitucionais" cuja solução interessa, simultaneamente, a diversos tipos de ordens jurídicas envolvidas. Um exemplo de *transconstitucionalismo* encontra-se nas relações entre ordens jurídicas internacionais e ordens estatais, em que existe mais do que um tribunal para a solução do mesmo caso. Assim sucede com as relações entre o Tribunal Europeu dos Direitos do Homem e os Tribunais Constitucionais dos Estados Europeus a ele vinculados. Neste contexto, podemos citar um *case* – apenas um, para não sermos excessivamente longos – no qual o Tribunal Constitucional Federal Alemão e o Tribunal Europeu dos Direitos do Homem apreciaram um problema jurídico-constitucional de interesse para as duas ordens jurídicas conviventes e entrelaçadas. Referimo-nos ao Acórdão do Tribunal Europeu dos Direitos do Homem (Terceira Secção) *"Caroline von Hannover c. Alemanha, n°59320/00, de 24 de junho de 2004".*

Aquele aresto debruçou-se sobre uma queixa apresentada pela Princesa Carolina, filha do Príncipe Rainier III do Mónaco, contra a Alemanha, na qual ela buscou uma tutela perante entidades privadas (revistas alemãs) do seu direito fundamental à reserva da intimidade da vida privada. A Princesa Carolina, não tendo logrado êxito nas instâncias judiciais alemãs, dirigiu-se ao Tribunal Constitucional Federal Alemão, em diversos processos, para obter uma injunção de interdição de publicação no futuro de uma série de fotografias que tinham aparecido nas revistas alemãs *Bunte, Freizeit Revue* e *Neue Post*. A decisão do Tribunal Constitucional Alemão, de 15 de dezembro de 1999 (cfr. Cfr. BVerfGE

101, 361, e, ainda, SUZANA TAVARES DA SILVA, *Direitos Fundamentais na Arena Global*, cit., p. 123-125) foi no sentido de que, sendo a Princesa Carolina inegavelmente uma pessoa pública contemporânea, devia tolerar a publicação de fotografias, com exceção daquelas em que ela aparecia com os seus filhos ou um amigo, num espaço discreto de um restaurante. A publicação destas últimas violava os seus direitos de personalidade (artigo 2º, § 1º, da *Grundgesetz*), bem como a garantia da proteção familiar (artigo 6º da *Grundgesetz*). Ao invés, outras fotografias mostravam a Princesa Carolina fazendo equitação, compras, cicloturismo ou *ski*, caindo a publicação das mesmas no campo do direito da imprensa a informar o público sobre os acontecimentos e as pessoas públicas numa sociedade contemporânea, como, por exemplo, uma série de fotografias que mostravam a Princesa no *Monte Carlo Beach Club*.

Inconformada com o não acolhimento *in totum* da sua pretensão, apresentou a Princesa Carolina queixa no Tribunal Europeu dos Direitos do Homem contra a Alemanha, o qual, por Acórdão de 24 de junho de 2004, lhe deu razão. Nele foi consignado que as decisões dos tribunais alemães tinham infringido o seu direito ao respeito da sua vida privada, tal como é garantido pelo artigo 8º da Convenção Europeia dos Direitos do Homem. Aquele Tribunal reconheceu que "esta proteção da vida privada deve ser ponderada com a liberdade de expressão garantida pelo artigo 10º da Convenção", mas insistiu no facto de que "se trata da difusão não de «ideias», mas de imagens contendo «informações» muito pessoais, mesmo íntimas, sobre um indivíduo". Além disso, as fotografias publicadas são muitas vezes obtidas num clima de assédio contínuo, que dá à pessoa um sentimento muito forte de intrusão na sua vida privada, um sentimento mesmo de perseguição. Nestas circunstâncias, a prioridade deve ser dada ao respeito do direito à vida privada. De facto, o Tribunal Europeu dos Direitos do Homem sublinhou que "convém operar uma distinção fundamental entre uma reportagem que relata factos mesmo controversos suscetíveis de contribuir para um debate numa sociedade democrática respeitantes a personalidades políticas, no exercício das suas funções oficiais, por exemplo, e uma reportagem sobre pormenores da vida privada de uma pessoa que, além disso, como acontece no caso concreto, não exerce tais funções". Se, no primeiro caso, a imprensa exerce uma missão vital de "cão de guarda" da democracia, contribuindo para "comunicar ideias e informações sobre questões de interesse público", diferentemente se passam as coisas no segundo caso. Na tese do Tribunal Europeu dos Direitos do Homem, o único objetivo de uma tal publicação de fotografias era satisfazer a curiosidade de um conjunto particular de leitores sobre pormenores da vida privada da requerente. Nestas condições, a liberdade de expressão requer uma interpretação mais restritiva.

O mencionado Tribunal declarou igualmente que "uma vigilância acrescida quanto à proteção da vida privada impõe-se face aos progressos técnicos de armazenamento e de reprodução de dados pessoais do indivíduo [...]. O mesmo vale para a obtenção sistemática de determinadas fotografias e para a sua difusão pelo grande público". Na opinião do Tribunal Europeu dos Direitos do Homem, o simples facto de se classificar a requerente como uma personagem "absoluta" da sociedade contemporânea não é suficiente para justificar uma tal intrusão na sua vida privada. Aquele Tribunal considerou, por isso, que

Esta função de proteção dos direitos fundamentais da justiça constitucional, quer dos direitos, liberdades e garantias, quer dos direitos económicos, sociais e culturais[71/72], vem sendo destacada pela doutrina,

os critérios nos quais o Tribunal Constitucional Alemão tinha baseado a sua decisão não eram suficientes para assegurar a proteção efetiva da vida privada da requerente e que esta dispunha, nas circunstâncias do caso, de uma "expectativa legítima" de proteção e respeito da sua vida privada. Em face do exposto, o Tribunal Europeu dos Direitos do Homem decidiu, por unanimidade, que o Tribunal Constitucional Alemão não tinha restabelecido o justo equilíbrio entre os direitos em conflito e que tinha havido violação do artigo 8º da Convenção. Sobre a problemática versada nesta nota, cfr. também o nosso artigo *Direitos Fundamentais e Relações Jurídicas Privadas: Sinopse Doutrinária e Jurisprudencial*, in "Estudos em Homenagem ao Professor Doutor António Cândido de Oliveira", Coimbra, Almedina, 2017, p. 315-328, e EDNAN GALVÃO SANTOS, *A Salvaguarda Jurisdicional da Eficácia Horizontal e Vertical dos Direitos Humanos e Fundamentais à Luz do Transconstitucionalismo, Paradigma, Método e Teoria*, Tese de Mest., polic., Coimbra, 2018, p. 81-97.

[71] Como é sabido, a Constituição da República Portuguesa distingue claramente *duas categorias de direitos fundamentais*, com regimes próprios, a saber: de um lado, *os direitos, liberdades e garantias e os direitos de natureza análoga a estes direitos* (artigo 17º da Constituição) e, do outro lado, *os direitos económicos, sociais e culturais* (cfr. JORGE MIRANDA, *Manual de Direito Constitucional*, Tomo IV, Direitos Fundamentais, 3ª ed., Coimbra, Coimbra Editora, 2000, p. 137 e segs.; J. J. GOMES CANOTILHO/VITAL MOREIRA, *Constituição da República Portuguesa Anotada*, Vol. I, cit.„ p. 371-378, e *Fundamentos da Constituição*, Coimbra, Coimbra Editora, 1991, p. 120-132; J. C. VIEIRA DE ANDRADE, *Os Direitos Fundamentais na Constituição Portuguesa de 1976*, cit., p. 172-189; e MANUEL AFONSO VAZ/ RAQUEL CARVALHO/CATARINA SANTOS BOTELHO/INÊS FOLHADELA/ANA TERESA RIBEIRO, *Direito Constitucional, O Sistema Constitucional Português*, Coimbra, Coimbra Editora, 2012, p. 247-249). Os primeiros estão enunciados no Título II e os segundos no Título III da Parte I da Lei Fundamental. *Os direitos, liberdades e garantias* são, em geral, direitos de liberdade, ou seja, direitos à não ingerência do Estado na esfera da liberdade dos cidadãos, sendo, por isso, "direitos negativos", dado que implicam um direito à abstenção de proibições ou limitações por parte do Estado. O seu regime específico está condensado em vários preceitos da Constituição, em particular no artigo 18º, destacando-se a aplicabilidade direta, independentemente da eventual intervenção do legislador, a vinculação imediata dos poderes públicos e das entidades privadas, a exigência de autorização constitucional expressa para as leis restritivas, a sujeição das leis restritivas aos princípios da exigibilidade ou da necessidade, da adequação e da proporcionalidade, a exigência de generalidade e abstração para as leis restritivas, a proibição de efeitos retroativos destas leis, a salvaguarda da extensão do conteúdo essencial dos direitos, liberdades e garantias perante leis restritivas, a proibição constitucional de suspensão de direitos, liberdades e garantias, a não ser em casos de estado de sítio ou de estado de emergência, e a exigência

de especificação dos direitos, liberdades e garantias suspensos nos mesmos casos (artigo 19º, nºs 1 e 5), a legitimidade da autodefesa e do direito de resistência em caso de ofensa dos direitos, liberdades e garantias, quando não seja possível recorrer à autoridade pública (artigo 21º), a responsabilidade civil solidária do Estado e demais entidades públicas nos casos de violação desses direitos por parte dos titulares dos seus órgãos, funcionários ou agentes (artigo 22º), a reserva relativa de competência da Assembleia da República para legislar sobre a generalidade dos direitos, liberdades e garantias [artigo 165º, nº 1, alínea b), e mesmo reserva absoluta para legislar sobre alguns deles, como sucede nos casos das alíneas a), e), f), h), j), l), m), o) e q) do artigo 164º] e a irreversibilidade constitucional, isto é, a proibição constitucional de revisão do regime dos direitos, liberdades e garantias, se essa revisão se traduzir num retrocesso, diminuindo os "privilégios" constitucionalmente consagrados [artigo 288º, alíneas d), e) e i)] (cfr. J. J. Gomes Canotilho/Vital Moreira, *Constituição da República Portuguesa Anotada*, Vol. I, cit., p. 371, 372, 377 e 378).

Por sua vez, os *direitos económicos, sociais e culturais*, designados pela doutrina, numa fórmula mais curta, *direitos sociais*, são, por via de regra, direitos de natureza positiva (direitos a prestações), sem densidade bastante para alcançarem o nível de determinabilidade necessária para fruírem do regime dos direitos, liberdades e garantias. Mas isto não significa que estejam desprovidos de qualquer força jurídica. Para além de estarem sujeitos ao *regime geral* aplicável a todos os direitos fundamentais previsto na Constituição, nomeadamente o *princípio da universalidade*, o *princípio da igualdade*, o *princípio da interpretação e da integração* de acordo com a Declaração Universal dos Direitos do Homem, o da *tutela jurisdicional efetiva*, o da *responsabilidade das entidades públicas* e o da *tutela do Provedor de Justiça* (artigos 12º, 13º, 16º, 20º, 22º e 23º), dispõem de um *"conteúdo nuclear*, ao qual se há-de reconhecer uma especial força jurídica, pela sua referência imediata à dignidade da pessoa humana, fundamento de todo o catálogo dos direitos fundamentais" (cfr. J. C. Vieira de Andrade, *Os Direitos Fundamentais na Constituição Portuguesa de 1976*, cit., p. 359-391). Por outras palavras, todos os direitos fundamentais, sejam eles direitos, liberdades e garantias ou direitos económicos, sociais e culturais, beneficiam, de acordo com a atual dogmática da jusfundamentalidade, da *garantia do seu núcleo essencial*, não apenas contra medidas restritivas de direitos, mas também contra ausência de medidas conformadoras do conteúdo inviolável dos direitos sociais, ou seja, contra défices de proteção – garantia esta do "núcleo essencial" que não pressupõe, no entanto, qualquer ideia de fixismo ou de intemporalidade na definição concreta de cada direito fundamental (cfr. J. J. Gomes Canotilho, *Para Uma Revisão da Dogmática da Jusfundamentalidade*, in "Estudos em Homenagem a António Barbosa de Melo", Coimbra, Almedina, 2013, p. 533-554, em especial, p. 539- 541).

Contrariamente a esta posição maioritária da doutrina portuguesa da *dualidade* de regimes constitucionais dos direitos fundamentais, que encontra respaldo no texto constitucional e na jurisprudência do Tribunal Constitucional, existe uma outra corrente que defende uma *unidade* de regimes dos direitos fundamentais (cfr., como principal defensor desta posição doutrinária, Jorge Reis Novais, *As Restrições aos Direitos Fundamentais Não Expressamente Autorizadas pela Constituição*, 2ª ed., Coimbra, Wolters Kluwer/Coimbra

Editora, 2010, p. 125-153, e *Direitos Sociais – Teoria Jurídica dos Direitos Sociais Enquanto Direitos Fundamentais*, Coimbra, Wolters Kluwer/ Coimbra Editora, 2010, p. 36-86 e 251-331, e, para uma síntese dos argumentos defensores daquela tese, CARLOS BLANCO DE MORAIS, *Curso de Direito Constitucional*, cit., p. 555-562).

Também no Brasil, a tese da "indivisibilidade" de regime dos direitos fundamentais tem sido desenvolvida pelas correntes neoconstitucionalistas e acolhida na jurisprudência dos tribunais, *maxime* do Supremo Tribunal Federal. Para esta posição doutrinária, todos os direitos fundamentais, incluindo os direitos sociais, têm a mesma relevância jurídica, pois todos foram recebidos na Constituição, todos se baseiam na dignidade da pessoa humana e todos estão subordinados ao mesmo regime jurídico, previsto no artigo 5º, § 1, da Constituição, que lhes confere, sem exceção, aplicabilidade imediata. Todavia, esta tese, que tem como defensores, entre outros, INGO SARLET, LUÍS ROBERTO BARROSO e EROS GRAU, tem vindo, ultimamente, a ser moderada, assistindo-se a um recuo de alguns dos seus expoentes, passando estes a defender princípios como o da necessidade de "interposição do legislador", o da "reserva do possível" e o de que o artigo 5º, § 1, da Constituição deve ser interpretado como contendo "um critério de otimização" (cfr., para uma síntese dos principais argumentos avançados pelos defensores daquela tese e para algumas manifestações da "viragem doutrinária" na esfera da corrente defensora da indivisibilidade de regime dos direitos fundamentais, CARLOS BLANCO DE MORAIS, *Curso de Direito Constitucional*, cit., p. 588-601).

[72] O Tribunal Constitucional português tem exercido uma importante *função de concretização* dos direitos sociais fundamentais. Nessa tarefa, tem aquele Tribunal criado ou manejado vários *direitos* e *princípios constitucionais* como fundamento das suas decisões densificadoras e concretizadoras dos *direitos sociais* (cfr. o nosso artigo *A Concretização dos Direitos Sociais pelo Tribunal Constitucional*, in "Revista de Legislação e de Jurisprudência", Ano 137º, nº 3951, e in "Revista da Faculdade de Direito da Universidade do Porto", Ano VII - 2010, p. 35-43). Assim sucedeu com o *direito* ou *garantia* a um *mínimo de subsistência condigna*, com o *princípio da proibição da revogação das medidas legislativas realizadoras de direitos sociais*, aplicável somente nos casos de *ordens constitucionais de legislar*, suficientemente precisas e concretas (com a consequência da recusa pelo Tribunal Constitucional de um princípio geral da *proibição do retrocesso social* em matéria de direitos sociais), com o *princípio da proteção da confiança*, com o *princípio da igualdade* e com o *princípio do enraizamento* ou da *sedimentação* do direito social no seio da comunidade.

Começando por uma análise do modo como o nosso Tribunal Constitucional vem manejando estes "direitos" e "princípios" na sua azáfama de concretização dos direitos sociais, na fase anterior à chamada *jurisprudência constitucional da crise económico-financeira*, importa referir, quanto ao primeiro dos "direitos" assinalados, que o nosso órgão supremo da justiça constitucional criou o *direito* ou a *garantia* a um *mínimo de subsistência condigna*, o qual se retira do princípio do respeito da dignidade da pessoa humana, proclamado no artigo 1º da Constituição, e decorrente, igualmente, do princípio do Estado de direito democrático, consignado nos seus artigos 2º e 9º, alínea *b*), e ainda aflorado no artigo 63º, nºs 1 e 3, da Lei Fundamental, que garante a todos o direito à segurança social e comete ao

INTRODUÇÃO

sistema de segurança social a *proteção dos cidadãos em todas as situações de falta ou de diminuição de meios de subsistência ou de capacidade para o trabalho*. Depois de ter reconhecido a garantia do direito a uma *sobrevivência minimamente condigna* ou a um *mínimo de sobrevivência*, seja a propósito da atualização das pensões por acidentes de trabalho (Acórdão nº 232/91), seja a propósito da impenhorabilidade de certas prestações sociais, na parte em que estas não excedam um *rendimento mínimo de subsistência* ou o *mínimo adequado e necessário a uma sobrevivência condigna* (Acórdãos nºs 349/91, 411/93, 318/99, 62/2002 e 177/2002), e de considerar, consequentemente, que todas as pessoas têm o direito de não serem privadas do que se considera *essencial* à conservação de um rendimento indispensável a uma existência minimamente condigna (*dimensão negativa*), o Tribunal Constitucional deu mais um passo, no Acórdão nº 509/2002 (relativo à restrição legal da titularidade do rendimento mínimo de inserção), reconhecendo um direito de exigir do Estado esse *mínimo de existência condigna*, designadamente através de prestações sociais suficientes (*dimensão positiva*).

O nosso órgão supremo da justiça constitucional não deixou, porém, de ser cauteloso e prudente, ao acentuar que "[...] o legislador, «dada a diversidade dos meios possíveis para atingir esse fim» (cfr. Wolfgang Däubler, cit.), goza de uma larga margem de liberdade conformadora, podendo decidir «quanto aos instrumentos e ao montante do auxílio», sem prejuízo de dever assegurar sempre o «*mínimo indispensável*». Essa é uma decorrência do *princípio democrático*, que supõe a possibilidade de escolhas e opções que dê significado ao *pluralismo* e à *alternância democrática*, embora no quadro das balizas constitucionalmente fixadas, devendo aqui harmonizar-se os pilares em que, nos termos do artigo 1º da Constituição, se baseia a República Portuguesa: por um lado, a *dignidade da pessoa humana* e, por outro lado, a vontade popular expressa nas eleições. Significa isto que, nesta perspectiva, o legislador goza da margem de autonomia necessária para escolher os instrumentos adequados para garantir o *direito a um mínimo de existência condigna*, podendo modelá-los em função das circunstâncias e dos seus critérios políticos próprios [...]. Pressuposto é, porém, que as suas escolhas assegurem, com um mínimo de eficácia jurídica, a garantia do direito a um *mínimo de existência condigna*, para todos os casos".

No tocante ao segundo dos princípios referidos, é importante salientar que o Tribunal Constitucional elaborou, com o objetivo de proceder à necessária harmonização da estabilidade da concretização legislativa já alcançada no domínio dos *direitos sociais* com a *liberdade de conformação* do legislador, o princípio segundo o qual, a partir do momento em que o Estado cumpre (total ou parcialmente) as tarefas constitucionais impostas para realizar um direito social, o respeito constitucional deixa de consistir numa obrigação positiva, para se transformar ou passar também a ser uma obrigação negativa. Fê-lo no Acórdão nº 39/84 – que declarou, com força obrigatória geral, a inconstitucionalidade da norma do artigo 17º do Decreto-Lei nº 254/82, de 29 de janeiro, na parte em que revogou os artigos 18º a 61º, 64º e 65º da Lei nº 56/79, de 15 de setembro, assim extinguindo o Serviço Nacional de Saúde – e reafirmou-o no mencionado Acórdão nº 509/2002.

O Tribunal Constitucional teve, porém, a preocupação de sublinhar que um tal princípio tem o seu campo de aplicação circunscrito aos casos em que a Constituição contém uma *ordem de legislar*, suficientemente precisa e concreta, de tal sorte que seja possível determinar, com segurança, quais as medidas jurídicas necessárias para conferir exequibilidade ao direito social (Acórdão nº 474/2002), como sucede, por exemplo, com o *direito à saúde*, através da criação de um Serviço Nacional de Saúde, e não de um conjunto mais ou menos avulso de serviços (Acórdão nº 39/84). "A obrigação que impunha ao Estado a constituição do Serviço Nacional de Saúde – realça este último aresto – transmuta-se em *obrigação de o não extinguir*. Ao fazê-lo, o Estado viola, por ação, essa obrigação constitucional. Se uma lei, que veio dar execução a uma norma constitucional que a exigia, colmatando assim uma omissão constitucional, for revogada por outra, que, desse modo, repõe a anterior situação de inexecução da norma constitucional e de omissão constitucional, então a *revogação ofende directamente a Constituição e consubstancia uma inconstitucionalidade por acção"*. Já quanto ao *principio da proibição do retrocesso social* – que, segundo J. J. GOMES CANOTILHO, operará tão-só quando se pretenda atingir o *"núcleo essencial* da existência mínima inerente ao respeito pela dignidade da pessoa humana", isto é, quando, "sem a criação de outros esquemas alternativos ou compensatórios", se pretenda proceder a uma *"anulação, revogação* ou *aniquilação* pura e simples desse núcleo essencial" – , não se encontra na jurisprudência do Tribunal Constitucional uma *afirmação inequívoca* da sua aceitação como princípio autónomo densificador ou concretizador dos direitos sociais.

Na verdade, o Acórdão nº 509/2002, depois de afirmar que *"a proibição do retrocesso social* apenas pode funcionar em casos-limite, uma vez que, desde logo, o *princípio da alternância democrática*, sob pena de se lhe reconhecer uma subsistência meramente formal, inculca a revisibilidade das opções político-legislativas, ainda quando estas assumam o carácter de opções legislativas fundamentais", acabou por concluir que a apreciação da questão da *proibição do retrocesso* perderá interesse no caso de se chegar à conclusão, como se chegou, que o direito a um mínimo de existência condigna se encontra constitucionalmente garantido e que [...] não existem outros instrumentos que o possam assegurar, com um mínimo de eficácia jurídica", pois, "então, sempre existirá uma inconstitucionalidade por violação desse direito, independentemente do conteúdo da legislação anteriormente vigente". E já antes o Acórdão nº 101/92 tinha considerado que só ocorrerá *retrocesso social* constitucionalmente proibido quando sejam *diminuídos* ou *afetados* "direitos adquiridos" e isto "em termos de se gerar violação do *princípio da protecção da confiança e da segurança dos cidadãos no âmbito económico, social e cultural"*, tendo em conta uma prévia *subjetivação* desses mesmos direitos.

Parece, assim, resultar da jurisprudência do Tribunal Constitucional que o *princípio da proibição do retrocesso social* não é um *princípio autónomo*, porquanto só é violado quando o legislador introduz uma alteração redutora do direito, violadora do *princípio da proteção da confiança* ou quando a modificação legislativa colidir com o *conteúdo mínimo* do *direito* a um *mínimo de existência condigna*. Poderá mesmo dizer-se que, para além da não aceitação do *princípio da proibição do retrocesso social* como princípio autónomo densificador ou concretizador dos *direitos sociais*, o Tribunal Constitucional foi ao ponto de validar normas jurídicas, através da não declaração da sua inconstitucionalidade, que, numa visão substancial das coisas, retrocederam em matéria de direitos sociais. Foi o que sucedeu com a atualização das propinas (Acórdão nº 148/94), com a introdução de taxas moderadoras, tendo por finalidade a racionalização da utilização do Serviço Nacional de Saúde (Acórdãos nºs 330/89 e 731/95) e com a revogação dos regimes de crédito bonificado e crédito jovem bonificado, relativamente à contratação de novas operações de crédito, destinadas à aquisição, construção e realização de obras de conservação ordinária, extraordinária e de beneficiação de habitação própria permanente (Acórdão nº 590/2004).

No que respeita ao *princípio da proteção da confiança*, deve sublinhar-se que é também, como foi referido, um princípio muitas vezes utilizado pelo Tribunal Constitucional na densificação e concretização dos direitos sociais. De facto, segundo a jurisprudência reiterada e uniforme do Tribunal Constitucional (seguindo, neste ponto, as pistas traçadas pela Comissão Constitucional), o princípio do "Estado de direito democrático", condensado nos artigos 2º e 9º, alínea *b)*, da Lei Fundamental, leva postulada a ideia de *proteção da confiança* dos cidadãos e da comunidade na ordem jurídica e na atuação do Estado, o que implica um mínimo de *certeza* e *segurança* nos direitos das pessoas e nas suas expectativas juridicamente criadas e, consequentemente, a *confiança dos cidadãos e da comunidade na tutela jurídica*. No entanto, uma norma jurídica apenas violará o "princípio da proteção da confiança do cidadão", ínsito no princípio do Estado de direito, se ela postergar de forma *intolerável, arbitrária, opressiva* ou *demasiado acentuada* aquelas exigências de confiança, certeza e segurança que são dimensões essenciais do princípio do Estado de direito (Acórdãos nºs 287/90, 339/90, 232/91, 352/91 e 237/98). Num tal caso, com efeito, a confiança na situação jurídica preexistente, designadamente quando há uma *subjetivação* de um *direito social*, há-de prevalecer sobre a medida legislativa que veio agravar a posição do cidadão. E isso porque, tendo tal confiança, nesse caso, maior *peso* ou *relevo* constitucional do que o *interesse público subjacente* à alteração em causa, é justo que o conflito se resolva daquela maneira.

No que concerne ao *princípio da igualdade*, deve vincar-se que ele tem sido, seguramente, o princípio constitucional mais frequentemente utilizado pelo Tribunal Constitucional na densificação e concretização dos *direitos sociais*. E tem-no utilizado amiúde, nas suas três dimensões: *proibição do arbítrio (Willkürverbot), proibição de discriminação* e *obrigação de diferenciação* (Acórdãos nºs 186/90, 187/90, 188/90, 180/99, 412/2002 e 232/2003). Especial destaque merece esta última dimensão, a qual legitima (*rectius*, impõe) ao legislador a adoção de *discriminações positivas*, destinadas a *compensar desigualdades de oportunidades*.

No manejamento do *princípio da igualdade*, tem, inclusive, o Tribunal proferido decisões *integrativas* ou *aditivas*, as quais se traduzem num imediato ("auto-aplicável") alargamento do regime contido no preceito declarado ou julgado inconstitucional por efeito da inconstitucionalização de um preceito "na parte em que" estabelece uma "exceção" ou uma "condição" ou "não contempla" certa situação. É o que tem sucedido, quando o legislador (por exemplo, em matéria de segurança social) estabelece determinado tratamento a favor de uma certa categoria de cidadãos, omitindo outra que se encontra em idêntica situação. Em tais casos, a lei não é inconstitucional por aquilo que prevê, mas por aquilo que não prevê. O Tribunal Constitucional declara ou julga, então, a inconstitucionalidade da norma, na parte em que não prevê aquilo que devia prever e, desse modo, amplia ou estende o regime contido na norma.

JUSTIÇA CONSTITUCIONAL

Foi o que o Tribunal Constitucional fez nos Acórdãos nºs 181/87 e 449/87, que julgaram inconstitucional a norma da alínea *b)* do nº 1 da Base XIX da Lei nº 2127, de 3 de Agosto de 1965, na parte em que estabelecia pressupostos mais gravosos para o viúvo do que para a viúva na atribuição do direito à pensão devida aos familiares de sinistrados falecidos por acidentes de trabalho, assim estendendo aos viúvos a regulamentação mais favorável, bem como no Acórdão nº 12/88, o qual declarou, com força obrigatória geral, a inconstitucionalidade das normas do artigo 2º do Decreto-Lei nº 459/79, de 23 de novembro, na redação que lhe tinha sido dada pelo artigo único do Decreto-Lei nº 231/80, de 16 de julho, e do nº 1, alínea *b)*, parte final, do Despacho Normativo nº 180/81, de 21 de julho, na medida em que determinavam que certas pensões por acidentes de trabalho fossem atualizadas de harmonia com certas disposições legais, conforme tivessem sido fixadas antes ou depois de certa data – declaração de inconstitucionalidade essa que abrangeu a disposição menos favorável aplicável aos beneficiários antes da data limite, tendo, por isso, como efeito prático o aumento de certas pensões. Àquela espécie de decisões haveremos de voltar adiante, ao versarmos a questão da *tipologia* das decisões do Tribunal Constitucional.

Quanto ao princípio acima enumerado em último lugar, interessa salientar que a jurisprudência do Tribunal Constitucional tem, por último, utilizado e aceite o princípio, referido por J. C. VIEIRA DE ANDRADE (cfr. *Os Direitos Fundamentais na Constituição Portuguesa de 1976*, cit., p. 379-383), segundo o qual se está perante uma alteração legislativa inconstitucional, quando a mesma atinja o conteúdo de um *direito social*, cujos contornos se hajam iniludivelmente *enraizado* ou *sedimentado* no seio da sociedade. Fê-lo, desde logo, no mencionado Acórdão nº 509/2002, embora tenha concluído que, no caso da idade mínima de 18 anos, como requisito da titularidade do direito ao rendimento social de inserção, não se estaria perante um nível de concretização legislativa do direito que tivesse alcançado um tal *grau de sedimentação* na comunidade que revelasse um "valor materialmente constitucional".

Os referidos *direitos e princípios constitucionais* continuaram a ser manejados no domínio da chamada *jurisprudência constitucional da crise económico-financeira*, ainda que alguns deles com uma "nova roupagem". São expoentes mais relevantes desta fase jurisprudencial os Acórdãos do Tribunal Constitucional nºs 399/2010, 396/2011, 353/2012, 187/2013, 862/2013, 413/2014 (objeto de um pedido de aclaração, decidido pelo Acórdão nº 468/2014), 572/2014, 574/2014 e 575/2014. Nas linhas subsequentes, vamos analisar, em termos muito esquemáticos, os referidos arestos.

a) Assim, o Tribunal Constitucional sublinhou, entre o mais, no seu Acórdão nº 399/2010, que a Lei nº 11/2010, de 15 de junho, que criou um novo escalão do IRS, com caráter transitório, para valer nos anos de 2010 a 2013, bem como a Lei nº 12-A/2010, de 30 de junho, que aumentou o valor das taxas de todos os escalões do IRS, também para o mesmo período temporal, e, por isso, ambas aplicáveis a factos tributários ocorridos anteriormente ao início da sua vigência, não eram suscetíveis de afetar o *princípio da confiança*, ínsito no princípio do Estado de Direito, pois prosseguiam um fim constitucionalmente legítimo, que era a obtenção de receita fiscal para fins de equilíbrio das contas públicas, tinham

INTRODUÇÃO

caráter urgente e premente e, no contexto do anúncio das medidas conjunturais de combate ao défice e à dívida pública acumulada, não podia afirmar-se que afetavam de forma totalmente imprevisível e intolerável as expectativas dos contribuintes por elas atingidas.

b) Por sua vez, no Acórdão nº 396/2011, o mesmo Tribunal, debruçando-se, ao lado de outras, sobre a questão da constitucionalidade da norma que reduzia, para o ano de 2011, entre 3,5% e 10%, os valores totais das remunerações mensais superiores a 1.500 euros dos trabalhadores do setor público, consignou que as mesmas não violavam o *princípio da proteção da confiança*, porque, como o país atravessava uma conjuntura de absoluta excecionalidade do ponto de vista da gestão financeira dos recursos públicos, existia a necessidade de reduzir drasticamente as despesas públicas, incluindo as resultantes do pagamento de remunerações; e, por isso, a frustração das expectativas de manter o nível salarial já adquirido, que a redução das remunerações implicava, tinha a justificá-la a necessidade de salvaguardar aquele interesse público, que deve ser tido por prevalente sobre tais expectativas, pois tal redução era notoriamente necessária, adequada para atingir o fim em vista e não tinha nada de excessivo.

Ainda de acordo com a retórica argumentativa do Tribunal Constitucional, aquelas normas, apesar de apenas imporem reduções remuneratórias aos trabalhadores do setor público, e não também aos do setor privado, não violavam o *princípio da igualdade* (designadamente, a *igualdade perante os encargos públicos*), porque, de um lado, uns e outros não se encontram em posição de igualdade – e, por isso, o sacrifício adicional, que apenas se impõe àqueles, vinculado à prossecução do interesse público, não consubstanciava um tratamento injustificadamente desigual, pois não era irrazoável, nem arbitrário; e, do outro lado, porque a correção do desequilíbrio orçamental não tinha que ser, necessariamente, conseguida pela via tributária, pois o *princípio da igualdade dos cidadãos perante os encargos públicos* não tem que ser convertido num princípio impositivo de medidas tributárias em detrimento de soluções pelo lado da redução da despesa com o pagamento de remunerações.

c) No seu Acórdão nº 353/2012, o Tribunal Constitucional levou mais longe o confronto das normas legais com o *princípio constitucional da igualdade*, não se ficando pelo escrutínio da *proibição do arbítrio* legislativo ou das diferenciações de tratamento *sem fundamento razoável ou materialmente injustificadas*, e desenvolvendo o *princípio da igualdade proporcional*. No referido aresto, o Tribunal Constitucional declarou a inconstitucionalidade, com força obrigatória geral, das normas constantes dos artigos 21º e 25º da Lei nº 64-B/2011, de 30 de dezembro (Lei do Orçamento do Estado para 2012), que previam a suspensão do pagamento dos subsídios de férias e Natal ou quaisquer prestações correspondentes aos 13º e/ou 14º meses, durante os anos de 2012 a 2014, apenas para as pessoas que auferiam remunerações salariais de entidades públicas ou pensões de reforma ou aposentação através do sistema público de segurança social, deixando de fora todos aqueles que recebiam remunerações provenientes do trabalho no setor privado ou cooperativo e, bem assim, os que recebiam rendimentos de outras fontes, independentemente do seu montante, com fundamento na violação do *princípio da igualdade*, na *vertente da igualdade perante os sacrifícios públicos*. Salientou o Tribunal Constitucional, em abono da sua posição, que, apesar de a sustentabilidade das finanças públicas interessar a todos os cidadãos, as referidas normas, que visavam corrigir o défice público – o que constitui um inegável interesse público -, porque não tinham um caráter universal, não faziam uma repartição de sacrifícios entre todos os cidadãos, de forma proporcional à sua capacidade financeira, antes faziam recair esse esforço adicional apenas sobre alguns deles – aqueles que recebiam remunerações e pensões pagas por verbas públicas (com a agravante de a suspensão de pagamento daqueles subsídios acrescer às reduções de rendimento impostas pelos artigos 19º, 23º e 162º da Lei nº 55-A/2010, de 31 de dezembro (Lei do Orçamento do Estado para 2011) -, que, assim, suportavam, sozinhos, um esforço feito em prol de toda a comunidade, não podiam deixar de ofender o *princípio da igualdade proporcional*.

Ainda segundo o Acórdão nº 353/2012, a desigualdade de tratamento, justificada pela diferença de situações, não podia revelar-se excessiva, antes tinha que ser proporcionada às razões que justificavam esse tratamento desigual : proporcional, no caso, à eficácia imediata da suspensão de pagamento dos subsídios para a redução do défice público (considerando o Tribunal que, *in casu*, um maior nível de remunerações e uma maior segurança no emprego no setor público do que no setor privado, invocados pelo legislador, não podiam servir de fundamento à diferenciação de tratamento). Ora, adiantou o Tribunal, que a redução de rendimentos, que resultava das normas *sub judicio* e se acrescentava à anterior redução, atingia um valor percentual de tal modo elevado que tornava evidente que ultrapassava o limite de diferenciação justificado pela maior eficácia da suspensão de pagamento dos subsídios, constitucionalmente consentido. Ou seja: essa redução era de tal modo acentuada e significativa que as razões de eficácia da referida suspensão de pagamento dos subsídios, adotada para a prossecução da redução do défice público para os valores previstos nos memorandos de entendimento – que eram vinculativos para Portugal – não tinham valia suficiente para justificar a dimensão de tal diferença, tanto mais que podia configurar-se o recurso a medidas alternativas para redução do défice, quer do lado da despesa, quer do lado da receita. E concluiu o mencionado aresto que era, assim, evidente que o diferente tratamento imposto a quem auferia remunerações ou pensões pagas por verbas públicas ultrapassava os limites da proibição do excesso em termos de *igualdade proporcional*, existindo, consequentemente, uma repartição dos sacrifícios *excessivamente diferenciada*.

d) Porventura convicto de que atenuava a *desproporção* na violação do princípio da igualdade e que, assim, ia ao encontro da doutrina emanada do Acórdão do Tribunal Constitucional nº 353/2012, resolveu o legislador, nas normas dos artigos 29º e 77º da Lei nº 66-B/2012, de 31 de dezembro (Lei do Orçamento do Estado para 2013), suspender temporariamente (isto é, durante o período de vigência do Programa de Assistência Económica e Financeira) somente o pagamento do subsídio de férias aos trabalhadores do setor público cuja remuneração fosse superior a 1.100 euros mensais e parcialmente relativamente aos trabalhadores cuja remuneração se situasse entre 600 euros e 1.100 euros mensais, bem como o pagamento de 90% do subsídio de férias aos pensionistas cuja pensão fosse superior a 1.100 euros mensais. Mas o Tribunal Constitucional, no seu Acórdão nº 187/2013, declarou a inconstitucionalidade, com força obrigatória geral, daquelas normas, por violação do *princípio da igualdade*, porque, embora existisse razão para diferenciar os trabalhadores do setor público e do setor privado e, bem assim (tal como os pensionistas), daqueles que percebiam outro tipo de rendimentos, tais normas excediam a *justa medida*, uma vez que a diferença estabelecida, cumulada com as reduções salariais provenientes do exercício orçamental de 2011 e conjugada com o agravamento fiscal aplicável generalizadamente a todos os rendimentos, era *desproporcionada*. Entre o mais, o Tribunal Constitucional também declarou a inconstitucionalidade, com força obrigatória geral, da norma do artigo 117º, nº 1, da apontada lei, que estabelecia uma taxa sobre os subsídios de doença e de desemprego. Quanto a esta norma, o Tribunal afirmou que ela violava o *princípio da proporcionalidade*, ínsito no artigo 2º da Constituição, porque propiciava que, nalguns casos, o subsídio com que ficava o trabalhador ficasse abaixo do nível mínimo exigido pelo *direito a uma sobrevivência condigna*.

e) Por seu lado, no Acórdão nº 862/2013, o Tribunal Constitucional, analisando, em processo de fiscalização preventiva, a questão da constitucionalidade das normas das alíneas *a)*, *b)*, *c)* e *d)* do nº 1 do artigo 7º do Decreto da Assembleia da República nº 187/XII, que pretendiam promover a convergência das pensões de aposentação, de reforma, de invalidez e de sobrevivência atribuídas pela Caixa Geral de Aposentações com as pensões atribuídas pela Segurança Social, da qual resultava uma diminuição do primeiro grupo de pensões, mas com um limiar a partir do qual se previa a sua aplicação, que era o valor mensal ilíquido de 600 euros, pronunciou-se pela sua inconstitucionalidade, por violação do *princípio da proteção da confiança*, ínsito no princípio do Estado de Direito democrático. Segundo aquele aresto, da norma constitucional que impõe a contagem de todo o tempo de trabalho realizado para o cálculo do montante das prestações (artigo 63º, nº 4, da Constituição) – o que constitui um direito de natureza análoga aos direitos, liberdades e garantias – não decorre que o legislador ordinário esteja constitucionalmente vinculado a garantir ao pensionista uma pensão rigorosamente correspondente ao das remunerações registadas durante o período contributivo, pois, assentando o sistema previdencial em mecanismos de repartição, e não de capitalização, não se pode falar num "princípio da equivalência entre contribuições e montante da prestação". O princípio do Estado social ou da socialidade justifica, de facto, que o princípio da equivalência seja corrigido pelo princípio da solidariedade, não apenas na relação entre contribuição e prestação, mas também na articulação entre risco e prestação.

Sublinhou, ainda, o Tribunal Constitucional, no acórdão cujas linhas essenciais estamos a expor, que não pode, assim, afirmar-se a existência de um direito a uma determinada pensão: este só adquire conteúdo preciso através da legislação ordinária, pelo que, apenas a partir do momento em que o legislador fixa, com um elevado grau de precisão e de certeza, o conteúdo do direito exigível ao Estado, o direito à pensão adquire na ordem jurídica um "grau de definitividade e densidade". E nem isso significa uma absoluta intangibilidade do direito à pensão, mas apenas que tal direito passa a beneficiar de proteção específica, ficando protegido, nomeadamente pelos princípios estruturantes do Estado de Direito, como o da *proteção da confiança* e da *proporcionalidade*.

Portanto, o legislador não está proibido de alterar a forma como materializa o direito à pensão, podendo alterar ou, até mesmo, reduzir o seu montante, tendo em consideração a evolução das circunstâncias económicas ou sociais. Proibido está apenas de eliminar o instituto "pensão de reforma, aposentação, invalidez e sobrevivência" ou, ainda, o seu conteúdo essencial. Não existe, pois, de harmonia com o aresto que estamos a seguir, sem exceções, um princípio da intangibilidade no que toca ao *quantum* das pensões. E mesmo quanto aos direitos já consolidados, tal como foi referido no Acórdão nº 187/2013, o reconhecimento do direito à pensão e a tutela específica de que ele goza não afastam, à partida, a possibilidade de redução do montante concreto da pensão. O que está constitucionalmente garantido é o direito à pensão, não o direito a um certo montante, a título de pensão. Mas, embora possua liberdade para alterar as condições e requisitos de fruição e cálculo das pensões, mesmo que em sentido mais exigente, tem o legislador de respeitar vários limites constitucionalmente impostos, nomeadamente os que derivam do princípio do Estado de Direito.

Deste modo, as alterações que o legislador pretenda levar a cabo têm de se fundar em motivos justificados, designadamente a sustentabilidade financeira do sistema, e não podem afetar o mínimo social, nem os *princípios da igualdade* e da *dignidade da pessoa humana*, nem da *proteção da confiança*. Ora, no entendimento do Tribunal Constitucional, as normas postas em causa introduziam uma súbita e inesperada diminuição do valor das pensões numa situação jurídica que reclamava estabilidade. Por isso, mesmo que se admitisse que os interesses públicos visados pelas normas questionadas – a sustentabilidade financeira e o equilíbrio intergeracional – poderiam justificar a redução de pensões nos termos por elas impostos, as expectativas na manutenção daquela estabilidade imporiam que a transição fosse feita com moderação, para que os pensionistas tivessem tempo de ajustar os seus projetos de vida às novas regras. Quer dizer: mesmo medidas suscetíveis de satisfazer adequadamente os interesses públicos apontados exigiriam sempre, para uma justa conciliação com as expectativas dos afetados, soluções gradualistas que atenuassem o impacto das medidas sacrificiais, pois a sua aplicação abrupta, repentina e de forma inesperada, ultrapassa a medida de sacrifício que o valor jurídico da confiança pode tolerar. Acresce, seguindo ainda o mesmo aresto, que, no juízo de ponderação que é imposto pela proteção da confiança, onde se confronta e se valora a condição de pensionista (em princípio, impossibilitado de regressar a uma vida ativa que permita recuperar o que lhe é retirado) com os referidos interesses públicos, que podem ser satisfeitos no horizonte mais alargado, a solução justa, à luz do princípio da proporcionalidade, imporia também que a implementação da medida se fizesse de forma gradual e diferida no tempo. Aplicá-la de uma só vez seria ultrapassar, de forma excessiva, a medida de sacrifício que a natureza do direito à pensão poderá admitir. Assim, a violação das expectativas em causa – especialmente relevantes, atento o facto de assentarem em pensões já em pagamento e atento ainda o universo de pessoas abrangidas – só se justificaria eventualmente no contexto de uma reforma estrutural que integrasse de forma abrangente a ponderação de vários fatores. Finalmente, atalhou o Tribunal Constitucional, naquele aresto, que o questionamento dos direitos à pensão já constituídos, na ótica da sustentabilidade do sistema público de pensões no seu todo e da justiça intergeracional, não se opõe à redução das pensões. Tais interesses públicos poderão justificar uma revisão dos valores de pensões já atribuídas, visto que se conexionam com a alteração de circunstâncias – demográficas, económicas e financeiras – que transcendem as diferenças de regime entre os dois sistemas públicos de pensões existentes. Mas os critérios de revisão a observar terão de, efetivamente, visar recolocar num *plano de igualdade* todos os beneficiários dos dois sistemas, pois só desse modo se assegura o respeito pela *justiça intergeracional*. E tal só poderá ser feito no âmbito de uma reforma estrutural do sistema de pensões, nunca numa medida avulsa, visando apenas a convergência dos dois sistemas de pensões.

f) Na Lei nº 83-C/2013, de 31 de dezembro (Lei do Orçamento de Estado para o ano de 2014), o legislador, ciente de que não poderia insistir mais, por força da jurisprudência do Tribunal Constitucional, na suspensão de qualquer subsídio de férias ou do 14º mês aos trabalhadores do setor público, mas continuando pressionado pela necessidade de redução do défice orçamental, em consequência dos compromissos assumidos no âmbito do Memorando de Entendimento sobre as Condicionalidades de Política Económica, celebrado entre Portugal, o Fundo Monetário Internacional, a União Europeia e o Banco Central Europeu, prosseguiu os esforços de redução da despesa pública, através de várias medidas, de que são exemplo as constantes das normas dos artigos 33º e 117º, nºs 1 a 7, 10 e 15, daquela lei. Quanto às normas do artigo 33º, procurou o legislador seguir as pistas de redução temporária das remunerações dos trabalhadores do setor público abertas pelo Acórdão do Tribunal Constitucional nº 396/2011, embora indo mais além do que a solução iniciada na Lei do Orçamento do Estado para o ano de 2011 (Lei nº 55-A/2010, de 31 de dezembro). Mas o Tribunal Constitucional, através do seu Acórdão nº 413/2014, declarou a inconstitucionalidade, com força obrigatória geral, entre outras, das normas constantes daqueles artigos.

Em relação às normas do artigo 33º, nº 1, alíneas *a)* e *b)*, nos termos das quais os trabalhadores do setor público suportavam, durante o ano de 2014, uma redução da remuneração total ilíquida, no caso de valores de remunerações superiores a 675 euros e inferiores a 2000 euros, com base numa taxa progressiva que variava entre os 2,5 % e os 12 % sobre o valor total das remunerações, e com base numa taxa de 12 % sobre o valor total das remunerações superiores a 2000 euros, aquele Tribunal, mantendo os critérios definidos no seu Acórdão nº 187/2013, considerou que a medida da diferenciação que diretamente resultava dos novos valores das taxas de redução e da alteração da sua base de incidência, ainda que desacompanhada de qualquer afetação dos subsídios, não poderia deixar de se considerar excessiva, e por isso constitucionalmente ilícita, perante o princípio da justa repartição dos encargos públicos, sendo tal conclusão particularmente evidente em relação aos trabalhadores do setor público com remunerações mensais base de valor compreendido entre 675 euros e 1500 euros. E relativamente às normas constantes do artigo 117º, nºs 1 a 7, 10 e 15, que determinavam novas formas de cálculo e de redução de pensões de sobrevivência que cumulavam com o recebimento de outras pensões, o Tribunal Constitucional sustentou que a conformidade constitucional dessas normas com o princípio da igualdade levantava dificuldades no âmbito da relação interna, isto é, no círculo dos destinatários das normas tal como se encontrava legalmente delimitado, uma vez que pensionistas abrangidos pelo regime do artigo 117º, com o mesmo valor global mensal a título de pensão e a mesma taxa de formação da pensão de sobrevivência, poderiam ver a sua pensão de sobrevivência reduzida em montantes diferentes em função do peso que esta pensão tinha no valor acumulado de prestações, com reflexo no cômputo global que o titular acabava por auferir. Ainda segundo o Tribunal, uma vez que a medida era qualificada como uma condição de recursos ou, numa outra perspetiva, como medida restritiva de acumulação de pensões, devia entender-se, ainda, que não existia fundamento material para o tratamento diferenciado de posições jurídico – subjetivas que eram de idêntica natureza.

g) No Acórdão nº 572/2014, o Tribunal Constitucional não declarou a inconstitucionalidade, entre outras, das normas da alínea *a)* do nº 1 e das alíneas *a)* e *b)* do nº 2 do artigo 76º da Lei nº 83-C/2013, de 31 de dezembro (Lei do Orçamento do Estado para o ano de 2014), na redação que lhes foi dada pela Lei nº 13/2014, de 14 de março, que sujeitavam as pensões pagas a um único titular a uma contribuição extraordinária de solidariedade (CES), calculada em 3,5% sobre a totalidade das pensões de valor mensal entre 1000 euros e 1800 euros, e aplicavam às pensões de valor superior a 3750 euros, em acumulação com a taxa de 10%, as percentagens de 15% sobre o montante que excedesse 11 vezes o valor do indexante de apoios sociais (IAS), mas que não ultrapassasse 17 vezes aquele valor, e 40% sobre o montante que ultrapassasse 17 vezes o valor do IAS. Considerou, para chegar a tal conclusão, que a reconfiguração da CES resultante das alterações introduzidas pela Lei nº 13/2014, designadamente o alargamento do seu âmbito de incidência, que passava a abranger as contribuições superiores a 1000 euros, não constituía um *sacrifício particularmente excessivo* e *desrazoável*, que importasse violação do *princípio da proporcionalidade* constitucionalmente censurável, atendendo que a CES continuava a manter as características de *excecionalidade* e *transitoriedade*, que a nova configuração, através do alargamento da base de incidência e do aumento da taxa efetiva para as pensões mais elevadas, era apresentada como uma medida orçamental *compensadora* do acréscimo de despesa com as pensões da Caixa Geral de Aposentações (CGA.IP), decorrente da pronúncia de inconstitucionalidade das normas das alíneas *a), b), c)* e *d)* do Decreto da Assembleia da República nº 187/XII, que estabeleciam mecanismos de convergência de pensões entre o sistema geral de segurança social e o da proteção social dos funcionários da Administração Pública (cfr. o Acórdão nº 862/2013), e que os valores da contribuição a que ficavam sujeitas as pensões até então isentas não atingiam, em si mesmos e em montante absoluto, expressão muito elevada.

h) Em face da declaração de inconstitucionalidade das normas da Lei do Orçamento do Estado para 2014 relativas à redução temporária das remunerações mensais dos trabalhadores do setor público, recuperou o legislador a solução da diminuição temporária das remunerações, tal como resultava da Lei do Orçamento do Estado para 2011 e que se manteve até 2013, com uma reversão de 20% no ano de 2015, sendo fixada, no orçamento do Estado para 2016 e nos orçamentos subsequentes, a percentagem de reversão da redução remuneratória em função da disponibilidade orçamental, sendo que a reversão total da redução remuneratória ocorria no prazo máximo de quatro anos. O Tribunal Constitucional, através do seu Acórdão nº 574/2014, tirado em processo de fiscalização preventiva da constitucionalidade, não se pronunciou pela inconstitucionalidade das normas conjugadas dos artigos 2º e 4º, nº 1, do Decreto nº 264/XII da Assembleia da República, que estabeleciam reduções remuneratórias para os trabalhadores que auferiam por verbas públicas, iguais às que vigoraram até 2013, com uma reversão de 20% no ano de 2015, mas pronunciou-se pela inconstitucionalidade das normas conjugadas dos artigos 2º e 4º, nº 2 e 3, do mesmo Decreto, respeitantes ao modo e ao período de recuperação da redução salarial.

Para tanto, o Tribunal Constitucional considerou que, no ano de 2015, o cumprimento das obrigações internacionais do Estado, sobretudo no contexto da União Europeia, resultantes, em particular, do Pacto de Estabilidade e Crescimento e do Tratado de Estabilidade, Coordenação e Governação da União Económica e Monetária (Tratado Orçamental), de modo a evitar o procedimento contra Portugal por défice excessivo, pesava ainda, de forma muito relevante, sobre as opções orçamentais, pelo que, nas circunstâncias atuais e perante a indeterminação do quadro normativo, não era possível encontrar elementos suficientemente claros para suportar um juízo de inadmissibilidade constitucional, à luz do *princípio da proteção da confiança*, de medidas de redução remuneratória. Mas, por outro lado, entendeu, mesmo desconhecendo o quadro orçamental dos anos de 2016 a 2018 e a situação económica e financeira do país que lhe está subjacente, que a medida da diferenciação subjacente à fórmula adotada nos nº 2 e 3 do artigo 4º, possibilitando a subsistência, por mais três anos, de uma redução remuneratória que podia ser igual a 80% daquela que vinha vigorando desde 2011, ultrapassava os limites do sacrifício adicional exigível aos trabalhadores pagos por verbas públicas, nada havendo de comparável que afetasse outros tipos de rendimentos, não sendo possível, nesta medida, deixar de considerar que ofendia o *princípio da igualdade*.

i) Aproveitando a "porta" que foi aberta pelo Acórdão nº 862/2013, no sentido da admissibilidade constitucional de "uma reforma estrutural do sistema de pensões", aprovou o legislador, através do Decreto nº 262/XII da Assembleia da República, uma contribuição de sustentabilidade do sistema público de pensões, correspondente a 2% sobre a totalidade das pensões de valor mensal até € 2 000 (mas com a garantia de que, nos casos em que da aplicação da Contribuição de Solidariedade resultasse uma pensão mensal total ilíquida inferior a 1 000 euros, o valor da pensão em pagamento seria mantido), a 2% sobre o valor de 2 000 euros e 5,5 % sobre o remanescente das pensões de valor mensal até 3 500 euros, e a 3,5% sobre a totalidade das pensões de valor mensal superior a 3 500 euros. Todavia, o Tribunal Constitucional, no Acórdão nº 575/2014, prolatado em processo de fiscalização preventiva da constitucionalidade, entendeu que o interesse da sustentabilidade do sistema público de pensões, realizado através de uma mera medida de redução do valor da pensão, sem qualquer ponderação de outros fatores que sejam relevantes para mitigar a lesão das posições jurídicas subjetivas dos pensionistas – mormente no *plano da igualdade* e *equidade interna* e da *justiça intrageracional* e *intergeracional* –, e desacompanhado também de uma suficiente justificação que pudesse esbater as dúvidas quanto à *adequação* e *necessidade* da medida, não podia ser tido como um *interesse público prevalecente* face à intensidade do sacrifício que era imposto aos particulares. Na tese do Tribunal Constitucional, a contribuição de sustentabilidade, tal como foi gizada nas normas dos artigos 2º a 4º do Decreto nº 262/XII, era uma medida que afetava desproporcionadamente o princípio constitucional da proteção da confiança, ínsito no principio do Estado de Direito democrático, plasmado no artigo 2º da Constituição.

Não é este o local adequado para uma análise aprofundada sobre a referida *jurisprudência constitucional da crise económico-financeira*, em matéria de direitos sociais fundamentais. Deixaremos tão-só registadas algumas breves notas.

A primeira é a *omissão*, na jurisprudência do Tribunal Constitucional, de uma pronúncia sobre a eventual existência de um *direito constitucional da crise económica e financeira* ou de um *estado de emergência constitucional de caráter económico-financeiro*, de que poderia resultar uma *jurisprudência constitucional da crise*, a qual teria como consequência não a suspensão dos princípios constitucionais vulgarmente manejados na tarefa de concretização dos direitos sociais, mas uma *adequada interpretação* e *ponderação* dos mesmos em face da gravidade da situação económica e financeira do País [cfr., sobre este tema, e pronunciando-se negativamente sobre a existência de um estado de necessidade ou de exceção económico-financeira paralelo ao estado de sítio, ao estado de defesa ou ao estado de emergência, JORGE MIRANDA, *Estado Social, Crise Económica e Jurisdição Constutucional*, in "Revista da Faculdade de Direito da Universidade de Lisboa", Vol. LIII, nºs 1 e 2 (2012), p. 255-283, em especial, p. 265-268].

A segunda *omissão*, na mesma jurisprudência, mas que resulta da circunstância de a questão nunca ter sido colocada ao Tribunal Constitucional, é a da compatibilidade com a Constituição dos dois *Memorandos de Entendimento* assinados pelo Estado Português, um com o Fundo Monetário Internacional (FMI) e outro com a Comissão Europeia (CE) e o Banco Central Europeu (BCE), os quais corporizaram o *Programa de Assistência Económica e Financeira* (PAEF) – programa que implicou a satisfação de determinadas condições prévias por parte das autoridades portuguesas e era constituído por um conjunto de instrumentos jurídicos, os quais foram aprovados, por um lado, pelo Governo Português e, por outro lado, pelo Conselho Executivo do FMI, bem como pelo Governo Português e pela Comissão Europeia (em nome da União Europeia) e pelo Banco Central Europeu. Assim, entre o Governo Português e o FMI foram assinados, em 17 de maio de 2011, um *Memorando Técnico de Entendimento*, bem como um *Memorando de Políticas Económicas e Financeiras*, os quais estabeleceram as condições da ajuda financeira a Portugal por parte do FMI. Para esse efeito, foi enviada uma Carta de Intenções, assinada pelo Ministro das Finanças e pelo Governador do Banco de Portugal, em nome, respetivamente, do Estado português e do Banco de Portugal, com data de 17 de maio de 2011, dirigida ao Diretor do FMI, tendo a aceitação por esta Organização ocorrido no dia 20 de maio de 2011, com a aprovação do financiamento acordado. Além disso, entre o Governo Português e a União Europeia foi assinado o *Memorando de Entendimento Relativo às Condicionalidades Específicas de Política Económica*, adotado com referência ao Regulamento do Conselho (UE) nº 407/2010, de 11 de maio de 2010, que estabelece o Mecanismo Europeu de Estabilização,

INTRODUÇÃO

em especial o artigo 3º, nº 5, do mesmo, o qual descreve as condições gerais da política económica, tal como contidas na Decisão de Execução do Conselho nº 2011/344/UE, de 17 de maio de 2011, sobre a concessão de assistência financeira a Portugal. Também com este objetivo, foi endereçada uma Carta de Intenções, igualmente assinada pelo Ministro das Finanças e pelo Governador do Banco de Portugal, em nome, respetivamente, do Estado português e do Banco de Portugal, com data de 13 de maio de 2011, a vários órgãos da União Europeia (o Presidente do Euro Grupo, o Presidente do Conselho da União Europeia, na sua formação ECOFIN, e o Comissário Europeu dos Assuntos Económicos e Financeiros) e ao Presidente do BCE, tendo a aceitação daquele Memorando sido formalizada pela sua assinatura pelo Ministro das Finanças e pelo Governador do Banco de Portugal e pela CE, em 17 de maio de 2011, e pela decisão do Conselho da União Europeia, na formação ECOFIN, com a mesma data, que deliberou atribuir a assistência financeira a Portugal.
É manifesto que, para haver um tal juízo por parte do Tribunal Constitucional, emitido num processo de fiscalização preventiva da constitucionalidade dos mencionados *Memorandos de Entendimento*, teria sido necessário, desde logo, que os mesmos não tivessem sido aprovados, como efetivamente o foram, através da Resolução do Conselho de Ministros nº 8/2011, de 5 de maio, publicada no *Diário da República*, II Série, de 17 de maio de 2011, mas antes por meio de um tratado ou de um acordo internacional [sobre a *vexata quaestio* da *natureza jurídica* dos mencionados *Memorandos de Entendimento*, bem como sobre o problema do respeito, ou não, das normas constitucionais relativas à celebração de acordos que vinculam internacionalmente o Estado Português, cfr. CARLOS BLANCO DE MORAIS, *Curso de Direito Constitucional, Tomo II, Vol. 2*, Coimbra, Coimbra Editora, 2014, p. 723-725; EDUARDO CORREIA BATISTA, *Natureza Jurídica dos Memorandos com o FMI e com a União Europeia*, in "Revista da Ordem dos Advogados", 71 (2011), p. 477-488; JOSÉ DE MELO ALEXANDRINO, *Jurisprudência da Crise. Das Questões Prévias às Perplexidades*, in "O Tribunal Constitucional e a Crise, Ensaios Críticos", org. GONÇALO ALMEIDA RIBEIRO e LUÍS PEREIRA COUTINHO, Coimbra, Almedina, 2014, p. 51-68; e o nosso artigo *Os Memorandos de Entendimento entre Portugal, o Fundo Monetário Internacional, a Comissão Europeia e o Banco Central Europeu e a Reforma do Poder Local*, in "As Reformas do Sector Público (Perspectiva Ibérica no Contexto Pós-Crise)", coord. J. C. VIEIRA DE ANDRADE/SUZANA TAVARES DA SILVA, Coimbra, Instituto Jurídico da Faculdade de Direito da Universidade de Coimbra, 2015, p. 13-36, em especial, p. 13-15].
Seja como for, um tal juízo, a ter existido, poderia ter permitido criar uma pauta orientadora das medidas a adotar para cumprimento daqueles compromissos internacionais do Estado português.
A terceira nota tem a ver com uma certa *falta de clareza, de coerência* e *de previsibilidade* de algumas decisões adotadas pelo Tribunal Constitucional, ao longo do período de 2011 a 2014. Em consequência disso, foram várias as situações em que o legislador não sabia o caminho que deveria trilhar, tendo, inclusive, em alguns casos, sido induzido em erro pelas pistas traçadas pelos acórdãos do Tribunal Constitucional.
A quarta nota diz respeito ao entendimento de alguns princípios constitucionais, como o princípio da *igualdade proporcional* e o *princípio da proteção da confiança*. No primeiro caso, o

que a considera como um dos seus eixos fundamentais (a par da garantia da observância do princípio da separação de poderes, nas suas múltiplas e diversificadas manifestações), em termos de se poder afirmar que ela é, hoje, a vertente preponderante, sob os pontos de vista qualitativo e quantitativo, da jurisdição constitucional, apresentando-se esta, em

> Tribunal Constitucional poderá ter levado tão longe o seu controlo que poderá ter ultrapassado os *limites funcionais* dos seus poderes constitucionais e entrado no domínio das opções políticas, que cabem exclusivamente ao legislador, democraticamente legitimado, como poderá ter sucedido nos Acórdãos nºs 353/2012 e 187/2013, relativos à suspensão temporária do pagamento dos subsídios de férias e do 14º mês dos trabalhadores do setor público. No segundo caso, pensamos que o Tribunal Constitucional *terá isolado* o princípio da proteção da confiança e *não o terá harmonizado* ou *não o terá conciliado* devidamente com outros princípios constitucionais, como o princípio da *sustentabilidade financeira* do sistema público de pensões e com o princípio da *solidariedade intergeracional*, como terá acontecido nos Acórdão nºs 862/2013 e 575/2014. É este último princípio que legitima que os atuais pensionistas do sistema público de pensões contribuam, de acordo com os princípios da *proporcionalidade* e da *razoabilidade*, para que os futuros pensionistas, onde se integram muitos que estão relativamente próximos da aposentação, possam ter acesso a uma pensão de montante razoável e justo.
> E a quinta nota relaciona-se com o eventual *défice de ponderação* e de *relevância* da situação de emergência económica e financeira do País e do *interesse público* da correção do desequilíbrio das contas públicas e da diminuição da dívida pública na análise da questão da constitucionalidade de várias normas jurídicas. Para uma análise crítica da chamada *jurisprudência constitucional da crise*, cfr., entre outros, os vários artigos publicados na "e-pública, Revista Electrónica de Direito Público", Vol. 4, nº 1, maio de 2017, sobre *A Jurisprudência da Crise do Tribunal Constitucional Português*, bem como MARIA BENEDITA URBANO, *A Jurisprudência da Crise no Divã do Diagnóstico: Bipolaridade?*, in "O Tribunal Constitucional e a Crise, Ensaios Críticos", org. GONÇALO DE ALMEIDA RIBEIRO/ LUÍS PEREIRA COUTINHO, Coimbra, Almedina, 2014, p. 11-48, JOSÉ DE MELO ALEXANDRINO, *Jurisprudência da Crise. Das Questões Prévias às Perplexidades*, ibidem, p. 51-68, MIGUEL NOGUEIRA DE BRITO, *Medida e Intensidade do Controlo da Igualdade na Jurisprudência da Crise do Tribunal Constitucional*, ibidem, p. 107-131, PAULO MOTA PINTO, *A Proteção da Confiança na "Jurisprudência da Crise"*, ibidem, p. 135-181, e *Direitos de Personalidade e Direitos Fundamentais*, cit., p. 223-277, JOÃO CARLOS LOUREIRO, *Cortes, Pensões e Jurisprudência em Tempos de Crise: Entre o Transitório e o Permanente*, ibidem, p. 185-201, RUI MEDEIROS, *A Jurisprudência Constitucional Portuguesa Sobre a Crise: Entre a Ilusão de um Problema Conjuntural e a Tentação de um Novo Dirigismo Constitucional*, ibidem, p. 265-288, e CARLOS BLANCO DE MORAIS, *Curso de Direito Constitucional, Teoria da Constituição em Tempo de Crise do Estado Social*, Tomo II, cit., p. 709- 785. Para um aplauso da referida jurisprudência, cfr. JORGE REIS NOVAIS, *Em Defesa do Tribunal Constitucional. Resposta aos Críticos*, Coimbra, Almedina, 2014.

larga medida, como uma "jurisdição dos direitos fundamentais"[73]. Graças à justiça constitucional, os direitos fundamentais (entendidos estes, como salienta K. HESSE, como direitos subjetivos e como princípios objetivos da ordem constitucional) impregnam não só a vida pública, mas também o conjunto da vida jurídica[74].

A garantia do respeito dos direitos fundamentais como dimensão essencial da justiça constitucional, em particular do Tribunal Constitucional, assume um especial relevo nos ordenamentos jurídico-constitucionais que conhecem instrumentos processuais específicos de proteção dos direitos fundamentais, como sucede – e limitámo-nos, agora, a citar exemplos de países europeus – com o espanhol e o alemão, que consagram, respetivamente, as figuras do "recurso de amparo"[75] e da "queixa

---

[73] Cfr., por todos, JOSÉ MANUEL M. CARDOSO DA COSTA, *Protection des Droits Fondamentaux et Garantie de la Séparation des Pouvoirs dans la Juridiction Constitutionnelle Portugaise*, in «Mélanges PATRICE GÉLARD (Droit Constitutionnel)», Paris, Montchestien, 1999, p. 265-271, e *Algumas Reflexões*, cit., p. 123-125.
Sob o ponto de vista quantitativo, é enorme a desproporção que se verifica entre o recurso à jurisdição constitucional como *forma de tutela de direitos* e o recurso à mesma jurisdição *para outros fins*. Por exemplo, em Portugal, das decisões proferidas pelo Tribunal Constitucional, no período de 1983 a 2014, cerca de 90% disseram respeito à fiscalização concreta da constitucionalidade (recursos e reclamações), a qual se relaciona, na generalidade dos casos, com a tutela de direitos fundamentais. No ano de 2015, segundo o Relatório de Atividades do Tribunal Constitucional, a referida percentagem ainda foi mais elevada, porquanto, das 1510 decisões proferidas durante aquele ano, 1445 disseram respeito a processos de fiscalização concreta da constitucionalidade de normas jurídicas. De modo semelhante, no ano de 2017, das 1774 decisões proferidas pelo Tribunal Constitucional, 1557 foram-no âmbito da fiscalização concreta, repartidas entre 635 acórdãos e 922 decisões sumárias. Cfr. *Os Relatórios de Atividades do Tribunal Constitucional de 2014, 2015 e 2017*, publicados na respetiva página oficial. Cfr., ainda, os elementos estatísticos constantes do Anexo à obra de JOSÉ MANUEL M. CARDOSO DA COSTA, *A Jurisdição Constitucional em Portugal*, 3ª ed., Coimbra, Almedina, 2007, bem como o nosso artigo *A Justiça Constitucional em Portugal e em Espanha*, cit., in "Revista de Legislação e Jurisprudência", Ano 131.º, nº 3893, p. 240, nota 64, e a bibliografia aí citada.
[74] Cfr. *Bedeutung der Grundrechte*, in BENDA/MAIHOFER/VOGEL/HESSE/HEYDE, *Handbuch des Verfassungsrechts der Bundesrepublik Deutschland*, cit., p. 136, 137 e 158.
[75] O recurso de amparo referido no texto é o "recurso de amparo constitucional", também designado amparo "extraordinário", por ter lugar perante o Tribunal Constitucional, enquanto o amparo "ordinário" é interposto perante ordens jurisdicionais distintas da jurisdição constitucional. A diferenciação entre estes dois tipos de recurso de amparo resulta do artigo 53º, nº2, da Constituição espanhola, onde se afirma que qualquer ci-

dadão poderá pedir a tutela das liberdades e dos direitos a que se referem o artigo 14º e a Secção 1 do capitulo II "perante os tribunais ordinários mediante um procedimento baseado nos princípios de preferência e sumariedade e, quando for caso disso, através do recurso de amparo perante o Tribunal Constitucional" (recurso este que também é aplicável ao direito à objeção de consciência, condensado no artigo 30º da Constituição). Cfr. P. Cruz Villallón, *Sobre el Amparo*, in "Revista Española de Derecho Constitucional", Ano 14, nº 41 (1994), p. 11 e 12.

Procurando caracterizar sinteticamente o regime jurídico do "recurso de amparo constitucional" no ordenamento jurídico-constitucional espanhol, condensado nos artigos 41º a 58º da Lei Orgânica do Tribunal Constitucional espanhol, começar-se-á por referir, quanto ao respetivo *âmbito de aplicação*, que aquele abrange a violação ou lesão efetiva dos direitos fundamentais e das liberdades públicas anteriormente indicados por atos, disposições ou atuações de facto dos poderes públicos, quando aquela não tiver sido reparada pelos tribunais judiciais (a estes cabe, com efeito, a defesa, em primeira mão, daqueles direitos ou liberdades), ou quando essa lesão seja devida a um ato ou omissão dos órgãos judiciais.

No que toca aos *pressupostos* do "recurso de amparo constitucional", são eles essencialmente quatro: estar-se perante uma ·violação real e efetiva de um direito ou liberdade fundamental catalogado como suscetível de amparo ("caráter extraordinário" do amparo); a violação do direito ou liberdade fundamental não ter encontrado reparação através do sistema ordinário de garantias ("caráter excecional" do amparo), exigindo-se, por isso, em princípio, o recurso prévio aos tribunais ordinários e o esgotamento dos recursos jurisdicionais adequados (é a denominada *subsidiariedade* do recurso de amparo constitucional, que espelha a ideia de que este não é uma via alternativa, mas sucessiva de proteção de direitos fundamentais e liberdades públicas, a qual tem um conteúdo extrínseco ou estrutural, que consiste na exigência do recurso prévio aos órgãos da jurisdição ordinária, para que estes tenham a oportunidade de se pronunciar sobre a pretensão deduzida pelo solicitante do amparo, e um conteúdo interno, que se cifra na obrigação de os cidadãos formularem a mesma pretensão perante todas as instâncias jurisdicionais de proteção); estar-se perante uma violação de um direito ou liberdade fundamental com origem num ato, disposição (termo que abrange, de acordo com a jurisprudência do Tribunal Constitucional espanhol, apenas os denominados *regulamentos auto-aplicativos*) ou atuação de facto dos poderes públicos e não de sujeitos privados; e o conteúdo do recurso justificar uma decisão sobre o fundo por parte do Tribunal Constitucional em razão da sua *especial transcendência constitucional*, a qual é apreciada por aquele Tribunal atendendo à sua importância para a interpretação da Constituição, para a sua aplicação ou para a sua eficácia geral e para a determinação do conteúdo e alcance dos direitos fundamentais [artigos 49. 1 e 50.1, *b*), da Lei Orgânica do Tribunal Constitucional espanhol, na versão da Lei Orgânica 6/2007, de 24 de maio, e a que nos referiremos um pouco mais adiante].

Pelo que respeita à *legitimidade* para apresentar o recurso que estamos a caracterizar, o artigo 162º, nº 1, alínea *b*), da Constituição espanhola prescreve que podem interpor o recurso de amparo "qualquer pessoa natural ou jurídica que invoque um interesse legítimo, assim como o Defensor do Povo e o Ministério Público". Desta disposição constitucional vêm sendo extraídas as seguintes conclusões quanto à legitimidade ativa: podem interpor um "recurso de amparo" não só o titular do direito violado, mas também quem invoque um interesse legítimo; esse titular (do direito ou interesse legítimo) tanto pode ser uma pessoa física, como jurídica; aquele instrumento está aberto à utilização dos estrangeiros; e a legitimidade do "Defensor do Povo" e do Ministério Público reveste uma natureza específica, na medida em que são instituições implicadas, de modo particular, na defesa dos direitos fundamentais.

Quanto ao *prazo* para apresentação do recurso de amparo, o mesmo varia conforme as *vias processuais* utilizadas para aceder àquele recurso, as quais, de harmonia com o estatuído na Lei Orgânica do Tribunal Constitucional espanhol, são três: uma para os atos dos poderes públicos que não sejam o legislador, nem os órgãos jurisdicionais; outra para as violações de direitos ou liberdades imputáveis de forma direta e imediata a uma ação ou omissão de um órgão judicial; e uma terceira para decisões ou atos sem valor de lei, emanados das Cortes Gerais ou de qualquer dos seus órgãos, ou das Assembleias Legislativas das Comunidades Autónomas, ou dos seus órgãos, que violem direitos ou liberdades suscetíveis de amparo. Enquanto nos dois primeiros casos, o recurso deve ser interposto nos prazos, respetivamente, de vinte e de trinta dias após a notificação da decisão judicial (sendo, em ambos, necessário invocar previamente perante os órgãos judiciais o direito ou liberdade pretensamente lesionados e esgotar devidamente a via judicial), no terceiro, o recurso de amparo opera como um remédio jurisdicional exclusivo e excludente, de modo que não é exigível nem a prévia invocação da lesão suportada junto de um tribunal, nem, logicamente, o esgotamento da via judicial, devendo ser interposto diretamente no Tribunal Constitucional no prazo de três meses, contados do momento em que, de acordo com as normas internas das Câmaras ou Assembleias, as decisões ou atos referidos sejam definitivos.

No que concerne à *tramitação processual* do recurso de amparo constitucional, notar-se-á, em termos breves, que, apresentado o pedido – no qual devem ser relatados os factos, comprovar-se o preenchimento dos pressupostos processuais de admissão, identificar-se a lesão suportada e indicar-se os fundamentos jurídicos da concessão do amparo -, compete a uma das Secções do Tribunal Constitucional admiti-lo. O pedido de amparo pode ser liminarmente rejeitado, entre outras, nas seguintes condições: quando a apresentação do pedido for extemporânea; por falta de invocação da lesão do direito fundamental na via judicial prévia; por não esgotamento das vias de recurso; quando o pedido se refira a direitos não suscetíveis de amparo; quando o recurso careça manifestamente de conteúdo, isto é, quando se verifique falta de relevância constitucional da questão colocada; ou, finalmente, quando o Tribunal Constitucional já tiver conhecido de fundo, com negação da pretensão, um recurso ou questão de inconstitucionalidade ou um recurso de amparo num caso substancialmente similar.

A decisão de rejeição liminar tem de ser tomada por unanimidade dos três magistrados que compõem a Secção. Na ausência de unanimidade sobre a inadmissão do recurso de amparo, a questão da sua admissibilidade é decidida pela Sala, depois da fase de alegações do recorrente e do Ministério Público, sem possibilidade de recurso. O procedimento de admissão do recurso de amparo assume uma grande relevância no ordenamento jurídico espanhol, uma vez que, de acordo com as estatísticas do Tribunal Constitucional do país vizinho, cerca de 90% dos recursos de amparo não passam da fase de admissão. Admitido o pedido é oferecido às partes um prazo comum de vinte dias para apresentarem por escrito as suas alegações e, bem assim, ao Ministério Público. A sentença sobre o recurso de amparo é adotada pela Sala, podendo, no entanto, esta deferir a prolatação da mesma a uma das Secções, quando à solução sobre o fundo "seja aplicável doutrina consolidada do Tribunal Constitucional" (artigo 52.2 da Lei Orgânica do Tribunal Constitucional). O ato impugnado pode ser suspenso a pedido do requerente ou por decisão da Sala ou da Secção, "quando a execução seja suscetível de causar prejuízo que faça perder ao amparo a sua finalidade". A suspensão pode, no entanto, ser negada quando da mesma resulte "perturbação grave dos interesses gerais ou dos direitos fundamentais ou liberdades públicas de um terceiro". Além disso, a Sala ou a Secção poderá condicionar a suspensão à prestação de caução suficiente para a reparação dos eventuais danos que dela possam derivar. Finalmente, no que tange aos *efeitos* da decisão que concede o amparo, importa vincar que o ordenamento jurídico-constitucional espanhol (tal como outros ordenamentos jurídicos que conhecem institutos semelhantes) preocupa-se em atribuir à decisão que concede o amparo a maior *eficácia possível*, em termos de ela pôr termo à lesão do direito fundamental ou da liberdade pública e, sendo caso disso, reintegrar o cidadão no pleno gozo do seu direito ou liberdade. Assim, a decisão de concessão do amparo contém alguma ou algumas das seguintes pronúncias: declaração de nulidade da decisão, ato ou resolução impugnada e causadora da lesão suportada pelo recorrente; reconhecimento do direito ou liberdade pública, em conformidade com o seu conteúdo constitucionalmente garantido; e restabelecimento do recorrente na integridade do seu direito ou liberdade, com a adoção das medidas apropriadas para a sua conservação.

Entretanto, a Lei Orgânica nº 6/2007, de 24 de maio, que alterou a Lei Orgânica do Tribunal Constitucional, introduziu uma reforma profunda no regime jurídico-processual do recurso de amparo. Tal reforma, motivada, sobretudo, como se refere no ponto II da Exposição de Motivos, pela enorme quantidade de recursos de amparo, que ocupam quase todo o tempo e os meios pessoais e materiais do Tribunal Constitucional, com consequências nefastas na excessiva demora nas decisões do Tribunal Constitucional, tem a sua pedra de toque na *objetivação* do recurso de amparo, a qual se traduz em que apenas os recursos com "especial transcendência constitucional" podem ser admitidos. O recurso de amparo converte-se, deste modo, num recurso verdadeiramente extraordinário. Em consequência daquela reforma, foi abandonado o anterior sistema de causas de inadmissão tipificadas, passando a exigir-se ao recorrente que alegue e demonstre que o conteúdo do recurso justifica uma decisão sobre o fundo por parte do Tribunal Constitucional, em razão da sua "especial transcendência constitucional", fenómeno que conduz a uma inversão do juízo de admissibilidade, pois passa-se da comprovação da inexistência de causas de inadmissibilidade à verificação da existência de uma relevância constitucional do amparo formulado.

Como sublinha FRANCISCO FERNÁNDEZ SEGADO, a enorme mudança introduzida no instituto do amparo constitucional pode sintetizar-se na ideia de que, na sequência da

constitucional" (*Verfassungsbeschwerde*)⁷⁶. Mas também noutros ordenamentos, como o nosso, em que não existem instrumentos específicos

reforma introduzida pela Lei Orgânica nº 6/2007, "já não é suficiente a existência de uma lesão de direitos constitucionalmente protegidos por esta via. É exigível muito mais: a «especial transcendência constitucional» do recurso. O amparo deixa de ser assim, em rigor, um instrumento dirigido à reparação em sede constitucional das lesões de direitos sofridas pelos recorrentes para converter-se num mecanismo mais de defesa objetiva da constitucionalidade do sistema" (cfr. *La Justicia Constitucional: Una Visión de Derecho Comparado, Tomo III, La Justicia Constitucional en América Latina e en España*, Madrid, Dykinson-Constitucional, 2009, p. 802 e 803, e 893 e segs.). Cfr., ainda, sobre as características essenciais do "recurso de amparo" no ordenamento jurídico-constitucional espanhol, MARIA JOSÉ CARAZO LIÉBANA, *La Garanzia dei Diritti Fondamentali nella Costituzione Spagnola del 1978: Amparo Costituzionale e Amparo Giurisdizionale*, in "Diritti Fondamentali e Giustizia Costituzionale, Esperienza Europee e Nord – Americana", a cura di SILVIO GAMBINO, Milano, Giuffrè, 2012, p. 345-369, bem como o nosso *Relatório Geral*, cit., p. 101-110, e o nosso artigo *A Justiça Constitucional em Portugal e em Espanha*, cit., in "Revista de Legislação e de Jurisprudência", Ano 131º, nº 3893, p. 236 e 237, notas 53 e 54, e bibliografia aí citada.

⁷⁶ A *queixa constitucional* (*Verfassungsbeschwerde*) está prevista no artigo 93, nº 1.4.a, da Lei Fundamental alemã, que determina que compete ao Tribunal Constitucional Federal decidir sobre "os recursos de inconstitucionalidade, que podem ser interpostos por qualquer cidadão, com a alegação de ter sido prejudicado pelo poder público nos seus direitos fundamentais ou num dos seus direitos contidos nos artigos 20, nº 4, 33, 38, 101, 103 e 104". Objeto da queixa constitucional são, assim, ações ou omissões dos poderes públicos, provenham elas do legislativo, do executivo ou do judicial, violadoras dos direitos fundamentais, previstos nos artigos 1 a 19, ou dos *direitos de natureza análoga* aos direitos fundamentais, condensados nos artigos 20, nº 4, 33, 38, 101, 103 e 104, todos da Lei Fundamental.

Como pressupostos de admissibilidade da *queixa constitucional*, exige-se: que a violação seja atual e frontal e não uma mera ameaça virtual; que sejam interpostos não apenas por cidadãos nacionais, mas também estrangeiros, desde que não se trate de direitos fundamentais exclusivos dos cidadãos nacionais, e tanto por pessoas singulares como coletivas; que os recorrentes tenham capacidade processual geral, mas não é imposta a representação por advogado; que seja respeitado o prazo para apresentação da queixa constitucional, que é, em regra, de um mês a contar da violação do direito fundamental, salvo nas hipóteses em que ela tem por objeto uma lei ou um ato especial do poder público contra o qual não seja admitido o controlo judicial, caso em que o prazo será de um ano a contar da entrada em vigor da lei ou da emissão do ato, como resulta do artigo 93 da Lei do Tribunal Constitucional; que sejam esgotadas ou exauridas as vias judiciais ordinárias, o que torna a queixa constitucional *subsidiária* em relação aos outros remédios jurisdicionais de proteção dos direitos fundamentais; e que a queixa constitucional tenha uma *relevância constitucional fundamental* (*grundsätzliche verfassungsrechtliche Bedeutung*), ou seja, um meio necessário para a defesa dos direitos constitucionais do apresentante da queixa de proteção jurisdicional dos direitos fundamentais, da competência do Tribunal Constitucional, este desempenha uma importante função de defesa dos direitos fundamentais. Através do controlo abstrato, mas sobretudo através do recurso concreto de constitucionalidade de normas jurídicas – recurso este que tem, frequentes vezes, como objeto a questão da constitucionalidade da norma, *tal como foi interpretada* pela decisão recorrida ou na *dimensão interpretativa* constante da decisão jurisdicional impugnada, o que torna extraordinariamente difícil a distinção, quer no plano metodológico, quer para efeitos jurídico-processuais, entre a decisão jurisdicional concreta e a norma jurídica por ela aplicada –, aquele órgão jurisdicional tem oportunidade de aplicar as regras e princípios constitucionais relativos aos direitos fundamentais, assegurando, pela via da negação da eficácia às normas infraconstitucionais que contrariem os mesmos, o seu respeito e a sua efetivação.

O relevante papel de garantia e efetividade dos direitos fundamentais desempenhado pela justiça constitucional, *maxime* pelos tribunais constitucionais, manifesta-se na afirmação e consolidação dos direitos e liberdades dos cidadãos e, bem assim, no aprofundamento do seu conteúdo e alcance, dos quais se vão extraindo desenvolvimentos e implicações cada vez mais exigentes. Para expressar esta segunda vertente da justiça constitucional no campo dos direitos fundamentais, vem a doutrina germânica falando de um "refinamento" (*Verfeinerung*) dos direitos constitucionais e do estatuto jurídico-constitucional da pessoa e do cidadão exercido pelo Tribunal Constitucional[77].

A mesma ideia é realçada pela doutrina espanhola, que fala de uma "redefinição contínua" do conteúdo dos direitos fundamentais operada pelo Tribunal Constitucional, no "efeito educativo da jurisprudência constitucional", em matéria de direitos fundamentais, e nas "declarações constitucionais sobre os direitos fundamentais", proferidas pelo Tribunal Constitucional[78]. Iguais caminhos são trilhados pela doutrina

---

Cfr. E. BENDA/E. KLEIN, *Lehrbuch des Verfassungsprozessrechts*, Heidelberg, Müller, 1991, p. 129 e segs.; K. HESSE, ob. cit., p. 158 e 159; e H. SIMON, ob. cit., p. 1649 e 1650.
[77] Cfr. JOSÉ MANUEL M. CARDOSO DA COSTA, *Algumas Reflexões*, cit., p. 124 e 125.
[78] Cfr. J. A. DONCEL LUENGO, *El Recurso de Amparo ante ei Tribunal Constitucional, Medio Subsidiario de Protección de los Derechos Fundamentales*, polic., Centro de Estudios Constitucionales, Madrid, 1996, *passim*, em especial, p. 16, 17, 20 e 64.

INTRODUÇÃO

portuguesa, que vem sublinhando a "vinculação dos tribunais pelos direitos fundamentais através da *mediação* do Tribunal Constitucional", a "interpretação desses mesmos direitos feita por este Tribunal", a "concretização dos direitos fundamentais através do Tribunal Constitucional" e a legitimação deste Tribunal como "guardião dos direitos fundamentais", sobretudo dos direitos, liberdades e garantias[79].

Como foi referido, o sistema português de justiça constitucional não consagra modalidades e vias processuais específicas de proteção jurisdicional de direitos fundamentais, da competência do Tribunal Constitucional, tais como o *recurso de amparo*, com fundamento na violação de certos direitos ou liberdades fundamentais por atos, disposições ou atuações de facto dos poderes públicos, quando essa violação não tiver sido reparada pelos órgãos jurisdicionais, ou quando essa lesão tiver a sua origem direta e imediata num ato ou omissão dos tribunais (como sucede nos ordenamentos jurídico-constitucionais espanhol e de outros países latino-americanos, como a Guatemala, El Salvador, Colômbia, Equador, Venezuela, Chile e Costa Rica), a *queixa constitucional* (*Verfassungsbeschwerde*) do direito alemão, os diversos instrumentos processuais de proteção jurisdicional de direitos fundamentais do ordenamento jurídico-constitucional brasileiro, que possibilitam, em certos termos, a intervenção do Supremo Tribunal Federal, e que são o *habeas corpus*, o *mandado de segurança, individual* e *coletivo*, o *habeas data*, o *mandado de injunção*, a *ação popular* e a *ação civil pública*[80], e o *recurso extraordinário de inconstitucionalidade* do ordenamento jurídico-constitucional angolano[81].

---

[79] Cfr. J.J. GOMES CANOTILHO, *Tópicos de um Curso de Mestrado sobre Direitos Fundamentais, Procedimento, Processo e Organização*, in "Boletim da Faculdade de Direito da Universidade de Coimbra", Vol. 66 (1990), p. 199 e 200, e *Direito Constitucional e Teoria da Constituição*, cit., p. 680-682.

[80] No Brasil, a concretização dos direitos fundamentais é levada a cabo, em grande medida, pela jurisdição constitucional, designadamente por meio do controlo da constitucionalidade dos atos e omissões do poder público, exercido pelo Poder Judiciário. Assinale-se, desde logo, que, diversamente do que ocorre em Portugal, admite-se, por meio de recurso extraordinário, dirigido ao Supremo Tribunal Federal, o reexame da decisão judicial proferida no caso concreto com vício de inconstitucionalidade.

Para além do controlo difuso e concentrado de constitucionalidade, há, no ordenamento jurídico brasileiro, ações ou remédios constitucionais especificamente criados para a tutela dos direitos fundamentais. Os principais remédios (ou ações) constitucionais destinados a proteger judicialmente os direitos fundamentais são os seguintes: *habeas corpus, mandado de segurança, habeas data, mandado de injunção, ação popular* e *ação civil pública*. Esses remédios constitucionais são movidos individualmente (pelo titular do direito violado ou ameaçado) ou coletivamente (por entidades ou órgãos legitimados para atuarem). Interessante notar, desde logo, que tais remédios são, a um só tempo, instrumentos de garantia dos direitos fundamentais e também são, eles próprios, direitos fundamentais, razão pela qual não podem ser abolidos, na medida em que são cláusulas pétreas (artigo 60, § 4º, IV, da Constituição Federal).

Cumpre salientar que, de um modo geral, a competência para o conhecimento daqueles remédios constitucionais de proteção dos direitos fundamentais depende da posição do agente público alegadamente violador do direito fundamental, pertencendo, em alguns casos, ao Supremo Tribunal Federal. De qualquer modo, a questão poderá sempre chegar a este Tribunal pela via de recurso.

Quanto ao *habeas corpus*, estabelece o artigo 5º, LXVIII, da Constituição Federal Brasileira que "conceder-se-á *habeas corpus* sempre que alguém sofrer ou se achar ameaçado de sofrer violência ou coação em sua liberdade de locomoção, por ilegalidade ou abuso de poder". Por outro lado, o artigo 647º do Código de Processo Penal brasileiro determina que "dar-se-á *habeas corpus* sempre que alguém sofrer ou se achar na iminência de sofrer violência ou coação ilegal na sua liberdade de ir e vir, salvo nos casos de punição disciplinar".

Em face destes preceitos, percebe-se que o *habeas corpus* é um remédio constitucional que tem por finalidade evitar ou fazer cessar a violência ou coação à liberdade de locomoção (ir, vir, ficar, permanecer) decorrente de ilegalidade ou abuso de poder. Pode ser de duas espécies: liberatório (ou repressivo), quando destinado a afastar constrangimento ilegal já efetivado à liberdade de locomoção, mediante a expedição de um alvará judicial de soltura, ou preventivo, quando visa afastar uma ameaça à liberdade de ir e vir. Neste caso, se for deferido o pedido, o juiz expede um salvo-conduto a favor do cidadão ameaçado, o qual não poderá ser preso pelos factos especificamente relatados nos autos (cfr. o artigo 660, § 4º, do Código de Processo Penal brasileiro). O autor da ação pode ser o titular do direito violado ou qualquer outra pessoa e não é necessária a constituição de advogado. Da decisão proferida no processo de *habeas corpus* cabe recurso, podendo chegar, inclusive, ao Supremo Tribunal Federal.

Por sua vez, o *mandado de segurança*, previsto no artigo 5º, LXIX, da Constituição Federal Brasileira, e disciplinado pela Lei nº 12.016, de 7 de julho de 2009, é uma ação constitucional, de caráter sumário, posta à disposição de toda a pessoa física ou jurídica, para proteção de direito individual ou coletivo, líquido e certo, não amparado por *habeas corpus* ou *habeas data*, lesada ou ameaçada de lesão por ato ou omissão ilegal ou abusivo de autoridade pública ou agente de pessoa jurídica no exercício de atribuições do Poder Público. Segundo HELY LOPES MEIRELLES, direito líquido e certo "é o que se apresenta manifesto em sua existência, delimitado na sua extensão e apto a ser exercitado no momento da impetração. Por outras palavras, o direito invocado, para ser amparável por mandado de segurança, há-de vir expresso em norma legal e trazer em si todos os requisitos e condições de sua aplicação ao impetrante" (cfr. *Mandado de Segurança*, 31ª ed., São Paulo, Malheiros, 2008, p. 38).

INTRODUÇÃO

O mandado de segurança pode ser *individual* ou *coletivo*. O individual é ajuizado pelo titular do direito (impetrante). No coletivo, os legitimados ativos são as entidades ou órgãos legitimados para atuarem nos termos do artigo 5º, LXX, da Constituição Federal Brasileira, isto é, partidos políticos com representação no Congresso Nacional e organizações sindicais, entidades de classe ou associações legalmente constituídas e em funcionamento há mais de um ano, em defesa dos interesses dos seus membros ou associados. Nas duas modalidades, a pessoa e entidades com legitimidade dispõem de um prazo de cento e vinte dias para propor o mandado de segurança, sob pena de perda do direito de utilização desse instrumento (artigo 23º da Lei nº 12. 016/2009), o que não implica a extinção do próprio direito, que poderá ser exercido através das vias ordinárias. Por outro lado, o legitimado passivo (impetrado) é a autoridade coatora, e não a pessoa jurídica ou o órgão a que pertence.

O mandado de segurança pode ser *repressivo*, quando já tenha ocorrido a ilegalidade ou o abuso de poder, ou *preventivo*, caso haja uma ameaça concreta de lesão a um direito líquido e certo. Da sentença, denegando ou concedendo o mandado de segurança, cabe recurso de apelação voluntária. Porém, se o mandado de segurança for concedido, a sentença está sujeita obrigatoriamente ao duplo grau de jurisdição, devendo o juiz encaminhar os autos para Tribunal de recurso para reexame da questão. Em contrapartida, como regra, a sentença que conceder o mandado de segurança pode ser executada provisoriamente, não necessitando aguardar o trânsito em julgado (artigo 14, § 4º, da Lei nº 12.016/2009). Os processos de mandado de segurança, e os respetivos recursos, têm prioridade sobre todos os atos judiciais, salvo o *habeas corpus* (artigo 20º da mencionada lei).

No que respeita ao *habeas data*, é, segundo o artigo 5º, LXXII, da Constituição Federal do Brasil, um meio constitucional posto à disposição de pessoa física ou jurídica, para assegurar o conhecimento de informações relativas à pessoa do impetrante, constantes de registos ou bancos de dados de entidades governamentais ou de caráter público, bem como para a retificação desses dados pessoais, quando não se prefira fazê-lo por processo sigiloso, judicial ou administrativo, se for o caso. Tal instrumento constitucional foi regulamentado pela Lei nº 9.507, de 12 de novembro de 1997. Segundo o artigo 7º, III, desta lei, cabe ainda o *habeas data* "para a anotação nos assentamentos do interessado, de contestação ou explicação sobre dado verdadeiro, mas justificável e que esteja sob pendência judicial ou amigável".

A ação só pode ser apreciada com a prova da recusa do acesso às informações ou do decurso de mais de dez dias sem decisão, da recusa em fazer-se a retificação ou do decurso de mais de quinze dias, sem decisão ou da recusa em fazer-se a anotação ou do decurso de mais de quinze dias sem decisão (artigo 8º, parágrafo único, da Lei nº 9.507/1997). Caso seja julgado procedente o pedido, o juiz marcará data e horário para que o coator apresente ao impetrante as informações a seu respeito, constantes de registos ou bancos de dados, ou apresente em juízo a prova da retificação ou da anotação feita nos assentamentos do impetrante (artigo 13º da mesma lei). Da decisão que conceder o *habeas data* cabe recurso com efeito meramente devolutivo (artigo 15, parágrafo único, da Lei nº 9.507/1997). Nos termos do artigo 19º da Lei 12.016/2009, os processos de *habeas data* têm prioridade sobre todos os atos judiciais, exceto *habeas corpus* e *mandado de segurança*. Na instância superior, deverão ser levados a julgamento na primeira sessão que se seguir à data em que, feita a distribuição, forem conclusos ao relator.

Pelo que respeita ao *mandado de injunção*, saliente-se que se trata de uma ação constitucional que pode ser utilizada, tal como refere o artigo 5º, LXXI, da Constituição Federal, "sempre que a falta de norma regulamentadora torne inviável o exercício dos direitos e liberdades constitucionais e das prerrogativas inerentes à nacionalidade, à soberania e à cidadania". Trata-se de um remédio constitucional contra a inércia do poder legislativo e do poder executivo, quando essa inação inviabilize a fruição de algum direito fundamental (cfr. DIRLEY DA CUNHA JÚNIOR, *Controle de Constitucionalidade: Teoria e Prática*, 3ª ed., Salvador, Juspodivm, 2008, p. 119). Não existindo, até há pouco tempo, lei específica regulamentadora dos trâmites processuais do mandado de injunção, a jurisprudência vinha adotando as normas processuais da lei do *mandado de segurança*, as quais já estão previstas legalmente nos processos de competência do Supremo Tribunal Federal e do Superior Tribunal de Justiça (artigo 24, parágrafo único, da Lei nº 8.038/1990). Todavia, a recente Lei nº 13.300, de 23 de junho de 2016, veio disciplinar "o processo e o julgamento dos mandados de injunção individual e coletivo, nos termos do inciso LXXI do art. 5º da Constituição Federal" (artigo 1º daquela lei). Segundo o seu artigo 2º, conceder-se-á mandado de injunção "sempre que a falta total ou parcial de norma regulamentadora torne inviável o exercício dos direitos e liberdades constitucionais e das prerrogativas inerentes à nacionalidade, à soberania e à cidadania". De harmonia com o parágrafo único do artigo 2º, "considera-se parcial a regulamentação quando forem insuficientes as normas editadas pelo órgão legislativo competente". Os legitimados são, de acordo com o artigo 3º da mencionada lei, como impetrantes, as pessoas naturais ou jurídicas que se afirmam titulares dos direitos, das liberdades ou das prerrogativas inerentes à nacionalidade, à soberania e à cidadania e, como impetrado, o Poder, o órgão ou a autoridade com atribuição para editar a norma regulamentadora.

De acordo com o artigo 12º da Lei nº 13.300, o *mandado de injunção coletivo* pode ser promovido: pelo Ministério Público, quando a tutela requerida for especialmente relevante para a defesa da ordem jurídica, do regime democrático ou dos interesses sociais ou individuais indisponíveis; por partido político com representação no Congresso Nacional, para assegurar o exercício de direitos, liberdades e prerrogativas de seus integrantes ou relacionados com a finalidade partidária; por organização sindical, entidade de classe ou associação legalmente constituída e em funcionamento há pelo menos 1 (um) ano, para assegurar o exercício de direitos, liberdades e prerrogativas em favor da totalidade ou de parte dos seus membros ou associados na forma dos seus estatutos e desde que pertinentes às suas finalidades, dispensada, para tanto, autorização especial; e pela Defensoria Pública, quando a tutela requerida for especialmente relevante para a promoção dos direitos humanos e a defesa dos direitos individuais e coletivos dos necessitados, na forma do inciso LXXIV do artigo 5º da Constituição Federal. Refira-se, ainda, quanto ao *mandado de injunção coletivo*, que os direitos, as liberdades e as prerrogativas por ele protegidos são os pertencentes, indistintamente, a uma coletividade indeterminada de

pessoas ou determinada por grupo, classe ou categoria (parágrafo único do artigo 2º) e a sentença proferida no mesmo fará, em regra, *caso julgado* limitadamente às pessoas integrantes da coletividade, do grupo, da classe ou da categoria substituídos pelo impetrante (artigo 13º da citada lei).
O artigo 5º, LXXI, da Constituição Federal Brasileira, ao instituir o *mandado de injunção*, não previu consequências para o caso de ser constatada, judicialmente, a omissão do poder público. Em face disso, o Supremo Tribunal Federal entendeu, inicialmente, que a decisão do *mandado de injunção*, em caso de procedência, teria natureza meramente declaratória da omissão, na medida em que não poderia ter efeitos superiores à decisão prolatada na *ação direta de inconstitucionalidade por omissão*, no âmbito da qual, em caso de procedência do pedido, em razão do princípio da separação dos poderes, será apenas dado "ciência" ao poder legislativo para a adoção das medidas necessárias ou, em se tratando de órgão administrativo, para fazê-lo em trinta dias (artigo 103, § 2º, da Constituição Federal). Assim, para o Supremo Tribunal Federal, o objeto do mandado de injunção cingir-se-ia à declaração da existência ou não da mora legislativa para a edição da norma regulamentadora específica. Todavia, posteriormente, o Supremo Tribunal Federal alterou a sua jurisprudência. Com efeito, no caso dos mandados de injunção que tinham por objeto a ausência de regulamentação legislativa do direito de greve dos servidores públicos civis (artigo 37º, VII, da Constituição Federal), aquele Tribunal não apenas reconheceu o estado de mora do Congresso Nacional (falta de lei), mas decidiu também que, enquanto não for editada a lei reclamada pela Constituição, os funcionários públicos poderiam fazer a greve, valendo-se das regras previstas na Lei nº 7.783/1989, para os trabalhadores do setor privado. Por outro lado, no Mandado de Injunção nº 721, julgado em 30 de julho de 2007, o Supremo Tribunal Federal deixou claro que tal demanda consiste numa ação mandamental e não declaratória de omissão, razão pela qual garantiu ao impetrante, servidor público, o imediato exercício do direito à aposentadoria especial prevista no artigo 40º, § 4º, da Constituição Federal, utilizando, à falta da norma regulamentar específica, a regra prevista para trabalhadores em geral, prevista no artigo 57º, § 1º, da Lei nº 8.213/1991. Com isso, ficou consagrado que a função do *mandado de injunção* é garantir o exercício efetivo, no caso concreto, dos direitos fundamentais violados em razão da omissão do poder público, mesmo sem a regulamentação normativa exigida pela Constituição, interpretação essa que se harmoniza com o princípio da aplicabilidade direta e imediata dos direitos fundamentais (artigo 5º, § 1º, da Constituição Federal). Assim, o *mandado de injunção* distancia-se da *ação direta de inconstitucionalidade por omissão*, na medida em que aquele, ao contrário desta, não visa obter a norma regulamentadora e concretizadora do direito fundamental, antes se destina a obter uma pronúncia jurisdicional que substitua a atividade regulamentadora do poder público.
A recente Lei nº 13.300, de 23 de junho de 2016, parece ter acolhido estes últimos entendimentos da jurisprudência do Supremo Tribunal Federal. Com efeito, o artigo 8º daquela lei estabelece que, reconhecido o estado de mora legislativa, será deferida a injunção para "determinar prazo razoável para que o impetrado promova a edição da norma regulamentadora" e para "estabelecer as condições em que se dará o exercício dos

direitos, das liberdades ou das prerrogativas reclamados ou, se for caso disso, as condições em que poderá o interessado promover ação própria visando exercê-los, caso não seja suprida a mora legislativa no prazo determinado". Refira-se, por último, que o artigo 9º preceitua que a decisão terá eficácia subjetiva limitada às partes e produzirá efeitos até ao advento da norma regulamentadora, mas, segundo o § 1º daquele artigo, "poderá ser conferida eficácia *ultra partes* ou *erga omnes* à decisão, quando isso for inerente ou indispensável ao exercício do direito, da liberdade ou da prerrogativa objeto da impetração" e, bem assim, que, "transitada em julgado a decisão, seus efeitos poderão ser estendidos aos casos análogos por decisão monocrática do relator" (§ 2º do artigo 9º da citada lei).

No que tange à *ação popular*, está a mesma prevista no artigo 5º, LXXIII, da Constituição Federal. Segundo esta norma constitucional, "qualquer cidadão é parte legítima para propor ação popular que vise anular ato lesivo ao património público ou de entidade de que o Estado participe, à moralidade administrativa, ao meio ambiente e ao património histórico, ficando o autor, salvo comprovada má-fé, isento de custas e do ónus de sucumbência". A regulamentação da ação popular consta da Lei nº 4.717, de 29 de junho de 1965. Estamos, assim, perante um instrumento de defesa dos interesses, não do autor individualmente, mas da coletividade (interesses difusos), através do qual o povo pode intervir na Administração Pública, com o que a Constituição reconhece "que todo o cidadão tem o direito subjetivo ao governo honesto" (cfr. HELY LOPES MEIRELLES, ob. cit., p. 135). Nesse sentido, a coisa pública, defendida pelo cidadão, é "considerada um direito fundamental da coletividade (*ut universi*)" (cfr. DIRLEY DA CUNHA JÚNIOR, ob. cit., p. 104). Por força do artigo 2º, *caput*, da Lei nº 4.717/1965, são nulos os atos lesivos do património das entidades acima mencionadas, nos casos de incompetência, vício de forma, ilegalidade do objeto, inexistência de motivos e desvio de finalidade. A sentença que julgar procedente o pedido contido na ação popular deverá decretar a invalidade do ato impugnado e condenar ao pagamento de perdas e danos os responsáveis pela sua prática, sem prejuízo da ação de regresso contra os funcionários causadores de dano, quando incorrerem em culpa (artigo 11º da Lei nº 4.717/1965). Por outro lado, a sentença terá eficácia de caso julgado oponível *erga omnes*, exceto no caso de o pedido ser julgado improcedente por insuficiência de prova. Neste caso, qualquer cidadão poderá intentar outra ação com idêntico fundamento, valendo-se de nova prova.

Finalmente, a *ação civil pública* está prevista no artigo 129º, III, da Constituição Federal e é disciplinada pela Lei nº 7.347, de 24 de julho de 1985. De harmonia com aquele preceito constitucional, são funções institucionais do Ministério Público, *inter alia*, "prover o inquérito civil e a ação civil pública, para a proteção do património público e social, do meio ambiente e de outros interesses difusos e coletivos". Estamos, assim, face a um instrumento processual destinado a reprimir ou impedir danos ao património público e social, ao meio ambiente, ao consumidor, a bens e direitos de valor artístico, estético, histórico, turístico e paisagístico ou a qualquer outro interesse difuso ou coletivo. A *ação civil pública* tem, portanto, como objetivo tutelar direitos difusos e coletivos, que são direitos fundamentais de terceira geração. Os aspectos processuais da *ação civil pública* são regulados na referida Lei nº 7.347/1985.

De acordo com o seu artigo 3º, a *ação civil pública* poderá ter por objeto a condenação em dinheiro ou o cumprimento de obrigação de fazer ou não fazer. Segundo o artigo 5º daquela lei, têm legitimidade para propor a ação não somente o Ministério Público, mas também a Defensoria Pública, a União, os Estados, o Distrito Federal e os Municípios, as autarquias, empresas públicas, fundações ou sociedades de economia mista e, bem assim, as associações que, concomitantemente, estejam constituídas há pelo menos um ano nos termos da lei civil e incluam, entre suas finalidades institucionais, a proteção do património público e social, do meio ambiente, do consumidor, da ordem económica, da livre concorrência, dos direitos de grupos raciais, étnicos ou religiosos ou do património artístico, estético, histórico, turístico e paisagístico. A sentença proferida em *ação civil pública* faz caso julgado *erga omnes*, nos limites da competência territorial do órgão prolator, exceto se o pedido for julgado improcedente por insuficiência de provas, hipótese em que a pessoa detentora de legitimidade poderá intentar outra ação com idêntico fundamento, valendo-se de nova prova (artigo 16º da Lei nº 7.347/1985). Em razão do efeito *erga omnes*, ocorre uma extensão dos limites subjetivos do caso julgado, donde decorre que os titulares de direito individual que não fizeram parte do processo gozam do benefício de se valer da condenação genérica decorrente da *ação civil pública* para buscar a satisfação de seu direito individual, sem necessidade de propor nova ação (cfr. Dirley da Cunha Júnior, ob. cit., p. 108 e 109). A *ação civil pública* tem propiciado no Brasil uma ampla atuação judicial no que se refere à implementação de políticas públicas necessárias à efetivação dos direitos fundamentais, especialmente dos direitos sociais respeitantes à saúde, à educação, à previdência, à assistência e à cultura (cfr. Dirley da Cunha Júnior, ob. cit., p. 312 e 313).
Para a caracterização de cada um destes *instrumentos* ou *mecanismos* de proteção dos direitos fundamentais no ordenamento jurídico-constitucional brasileiro, cfr., ainda, o nosso *Relatório Geral*, cit., p. 110-115, e, por todos, Luís Roberto Barroso, *O Direito Constitucional e a Efetividade das suas Normas (Limites e Possibilidades da Constituição Brasileira)*, 4ª ed., Rio de Janeiro/São Paulo, Renovar, 2000, p. 177-265, e Alexandre de Moraes, *Direito Constitucional*, 21ª ed., São Paulo, Atlas, 2007, p. 112-175.

[81] O recurso *extraordinário de inconstitucionalidade* para o Tribunal Constitucional do direito angolano constitui uma modalidade de *recurso de amparo*. Tem o seu respaldo no artigo 180º, nº 2, alínea *a*), da Constituição da República de Angola, que estabelece que compete ao Tribunal Constitucional "apreciar a constitucionalidade de quaisquer normas e demais actos do Estado", e, bem assim, na alínea *c*) do mesmo número e artigo da Constituição, na parte em que determina que compete ao Tribunal Constitucional "exercer jurisdição sobre outras questões de natureza jurídico-constitucional". O mesmo tem como objeto "as sentenças dos demais tribunais que contenham fundamentos de direito e decisões que contrariem princípios, direitos, liberdades e garantias previstos na Constituição da República de Angola" [artigo 49º, alínea *a*), da Lei do Processo Constitucional] ou os "actos administrativos definitivos e executórios que contrariem princípios, direitos, liberdades e garantias previstos na Constituição da República de Angola" [artigo 49º, alínea *b*), da mesma Lei].

Em Portugal, como instrumento específico de proteção jurisdicional de direito fundamental, existe apenas o instituto do *habeas corpus*, previsto no artigo 31.º da Constituição, "contra o abuso de poder, por virtude de prisão ou detenção ilegal", podendo haver das decisões proferidas nos processos de *habeas corpus* recurso de constitucionalidade para o Tribunal Constitucional, nos termos gerais.

A ausência, no ordenamento jurídico-constitucional português, de instrumentos específicos de proteção jurisdicional dos direitos fundamentais, da competência do Tribunal Constitucional, significa que, em Portugal, aqueles direitos têm uma proteção jurisdicional mais fraca do que nos ordenamentos jurídicos que consagram aqueles mecanismos ou instrumentos?

Estamos profundamente convencidos que não. É importante, aliás, sublinhar que, no contexto da Revisão Constitucional de 1989, foi amplamente discutida, em Portugal, quer na Comissão Eventual constituída para o efeito, quer no Plenário da Assembleia da República, uma proposta de criação de uma "acção constitucional de defesa" perante o Tri-

---

Um tal recurso, segundo o § único do mesmo artigo da Lei do Processo Constitucional, só pode ser interposto após prévio esgotamento nos tribunais comuns e demais tribunais dos recursos legalmente previstos. Têm legitimidade para interpor recurso extraordinário de inconstitucionalidade para o Tribunal Constitucional das sentenças dos demais tribunais o Ministério Público e as pessoas que, de acordo com a lei reguladora do processo em que a sentença foi proferida, tenham legitimidade par dela interpor recurso ordinário [artigo 50º, alínea a), da Lei do Processo Constitucional]; e para interpor recurso extraordinário de inconstitucionalidade para o Tribunal Constitucional dos atos administrativos as pessoas que tenham legitimidade para os impugnar contenciosamente, nos termos da lei [artigo 50º, alínea b), da mesma Lei].

Quanto aos prazos, são estes de oito dias, contados da data da notificação da sentença, no primeiro caso, ou de sessenta dias, contados da data do conhecimento do ato objeto de impugnação, no segundo caso [artigo 51º, alíneas a) e b), da Lei do Processo Constitucional]. A competência para decidir os recursos extraordinários de inconstitucionalidade pertence, de harmonia com o que dispõe o artigo 53º da lei que estamos a citar, ao Plenário de Juízes do Tribunal Constitucional.

Pela via do *recurso extraordinário de inconstitucionalidade*, o Tribunal Constitucional de Angola vem desempenhando uma importante função de proteção dos direitos fundamentais, de que são exemplos os Acórdãos nºs 121/2010, 122/2010 e 326/2014. Cfr., sobre este tema, ONOFRE DOS SANTOS, ob. cit., p. 179 e 180, e JOSÉ DE MELO ALEXANDRINO, *O Novo Constitucionalismo Angolano*, cit., p. 106-110.

INTRODUÇÃO

bunal Constitucional contra atos ou omissões dos poderes públicos que lesem diretamente direitos, liberdades e garantias, quando não sejam suscetíveis de impugnação junto dos demais tribunais, e de um "recurso constitucional de defesa" contra atos ou omissões dos tribunais, de natureza processual, que, de forma autónoma, violem os mesmos direitos, liberdades e garantias, após esgotamento dos recursos ordinários. Mas a referida iniciativa – inspirada no "recurso de amparo" espanhol – não logrou a maioria de dois terços necessária para a sua aprovação.

Também no âmbito do processo de revisão constitucional que desembocou na publicação da Lei nº 1/97, de 20 de setembro, foram apresentados projetos com vista à introdução de uma "ação constitucional de defesa", de um "recurso de amparo" ou de um "recurso constitucional" no sistema português de justiça constitucional. Tais projetos não obtiveram, no entanto, o consenso necessário para a consagração de uma tal reforma.

Podemos afirmar que são essencialmente quatro as objeções fundamentais à introdução, em Portugal, do "recurso de amparo" ou de uma figura similar – objeções essas que estiveram presentes, em parte, no debate ocorrido na Comissão Eventual para a Revisão Constitucional e no Plenário da Assembleia da República, na Revisão Constitucional de 1989, bem como na Comissão Eventual para a Revisão Constitucional, na Revisão de 1997.

Em primeiro lugar, a *dificuldade de harmonização* do instituto do *recurso de amparo* ou figura similar com o sistema português de fiscalização da constitucionalidade de normas jurídicas, no qual o recurso concreto de constitucionalidade, sobretudo quando tem como base a suscitação pela parte, *durante o processo*, da questão da constitucionalidade da norma jurídica aplicável ao caso, desempenha um papel determinante na proteção dos direitos fundamentais dos cidadãos.

De facto, do poder de que goza o Tribunal Constitucional de conhecer da questão da constituconalidade da norma, *tal como foi interpretada pela decisão recorrida*, ou na *dimensão interpretativa* constante da decisão jurisdicional, e, bem assim, da competência referida no artigo 80º, nº 3, da Lei do Tribunal Constitucional (Lei nº 28/82, de 15 de novembro, alterada, sucessivamente, pelas Leis nºs 143/85, de 26 de novembro, 85/89, de 7 de setembro, 88/95, de 1 de setembro, e 13-A/98, de 26 de fevereiro, e pelas Leis Orgânicas nºs 1/2011, de 30 de novembro, 5/2015, de 10 de abril, 11/2015, de 28 de agosto, e 1/2018, de 19 de abril), que permite a este órgão jurisdicional emitir um juízo de constitucionalidade com base numa interpretação da norma diferente da que foi feita pelo Tribunal *a quo* e impor que a norma seja aplicada no processo em causa com a interpretação feita pelo Tribunal Constitucional, resulta que, múltiplas vezes, este Tribunal, ao qual compete especificamente administrar a justiça em matérias de natureza jurídico-constitucional, faz um *verdadeiro amparo de direitos fundamentais* que não obtiveram a devida tutela pelas decisões judiciais que lhe são submetidas a recurso.

É esta a razão pela qual, como já tivemos ensejo de sublinhar, sob o ponto de vista quantitativo, a percentagem das decisões proferidas pelo Tribunal Constitucional português no âmbito dos recursos concretos de constitucionalidade, no cômputo geral das decisões proferidas por aquele Tribunal, tem atingido, ao longo dos anos, um valor muito elevado, o que demonstra que é enorme a desproporção que se verifica entre o recurso à jurisdição constitucional como forma de tutela de direitos e o recurso à mesma jurisdição para outros fins[82]. Daí que qualquer iniciativa – da qual discordamos – de introdução no ordenamento jurídico-constitucional português da figura do "recurso de amparo", ou de outra similar, deveria pressupor sempre uma "reponderação" ou um "reexame" do sistema português de justiça constitucional.

Tal reponderação nunca poderia passar por uma mera adição de uma figura do tipo *recurso de amparo* às atuais modalidades de controlo da constitucionalidade de normas jurídicas, antes poderia passar, por exemplo, por uma *recomposição* do sistema português de fiscalização da constitucionalidade, na qual o recurso de constitucionalidade por iniciativa das partes fosse substituído pela *questão prejudicial de inconstitucionalidade*, ou seja, por meio do reenvio da questão da constitucionalidade pelo tribunal da causa ao Tribunal Constitucional (como

---

[82] Remetemos, a este propósito, para os elementos estatísticos referidos na nota 73, os quais mostram que, das decisões proferidas pelo Tribunal Constitucional, ao longo dos anos, cerca de 90% têm respeitado a recursos concretos de constitucionalidade. Incluem-se nesta percentagem as decisões do Tribunal Constitucional em matéria de reclamações dos despachos do juiz *a quo* de inadmissão do recurso de constitucionalidade para aquele Tribunal.

sucede nos ordenamentos jurídico-constitucionais alemão, italiano e espanhol), acompanhada pela consagração do *recurso de amparo* ou da *queixa constitucional*[83].

Em segundo lugar, o facto de a *justiça constitucional* não ser, no ordenamento jurídico-constitucional português, o único meio jurisdicional de defesa dos direitos fundamentais. A *garantia*, reconhecida a todas as pessoas, de *acesso aos tribunais*, para defesa dos seus direitos e interesses legalmente protegidos, condensada no artigo 20º, nº 1, da Lei Fundamental – a qual deve ser considerada, ela própria, como um direito fundamental de natureza análoga aos direitos liberdades e garantias (artigo 17º da Lei Fundamental) – constitui um relevante instrumento de proteção jurisdicional dos direitos fundamentais do cidadão.

Um tal direito-garantia implica o direito à informação e consulta jurídicas e ao patrocínio judiciário (nº 2 do artigo 20º) e inclui o direito a uma "decisão em prazo razoável e mediante processo equitativo" (nº 4 do mesmo artigo), ou seja, a uma proteção jurídica *efetiva* e em *tempo útil*. A Constituição portuguesa impõe, ainda, no nº 5 do artigo 20º, ao legislador que, para defesa dos direitos, liberdades e garantias pessoais, assegure aos cidadãos "procedimentos judiciais caracterizados pela celeridade e prioridade, de modo a obter tutela efectiva e em tempo útil contra ameaças ou violações desses direitos".

Os cidadãos que se julguem lesados nos seus direitos fundamentais podem invocar uma tal lesão em todos os tribunais, mas é sobretudo nos tribunais administrativos que a mesma deve ser, em princípio, suscitada, na medida em que são eles os competentes para conhecer da legalidade dos atos e omissões provenientes de autoridades públicas. Por isso, a Constituição portuguesa autonomiza o direito de acesso à justiça administrativa, consagrando, nos nºs 4 e 5 do artigo 268º, uma *garantia de tutela jurisdicional efetiva* dos direitos ou interesses legalmente protegidos dos particulares em face da Administração, incluindo, nomeadamente, o reconhecimento desses direitos ou interesses, a impugnação de quaisquer atos administrativos que os lesem, independentemente da sua forma, a determinação da prática de atos administrativos legal-

---

[83] Sobre esta tese, cfr. CARLOS BLANCO DE MORAIS, *Justiça Constitucional*, Tomo II, 2ª ed., Coimbra, Coimbra Editora, 2011, p. 1001-1069.

mente devidos, a adoção de medidas cautelares adequadas (entre as quais a "suspensão judicial da eficácia do ato administrativo") e o reconhecimento aos cidadãos do direito de impugnação contenciosa das normas administrativas com eficácia externa lesiva dos seus direitos ou interesses legalmente protegidos – a qual se traduz no reconhecimento aos particulares de uma *proteção jurisdicional sem lacunas* (princípio da plenitude da *garantia jurisdicional administrativa*).

Embora todas as referidas ações tenham por objeto pretensões dirigidas contra a Administração, com vista à garantia de direitos ou interesses primariamente decorrentes de normas jurídico – administrativas, desempenham as mesmas uma importante função de tutela de direitos fundamentais, na medida em que várias dessas normas jurídico--administrativas são uma expressão e uma concretização de direitos fundamentais dos cidadãos, sobretudo de "direitos económicos, sociais e culturais", que são *direitos a prestações ou direitos a pretensões jurídicas*[84].

Particularmente revelador da importância dos tribunais administrativos na tutela dos direitos fundamentais é o *meio processual* da "intimação para protecção de direitos, liberdades e garantias", disciplinado nos artigos 109º a 111º do Código do Processo nos Tribunais Administrativos (CPTA), aprovado pela Lei nº 15/2002, de 22 de fevereiro, alterada, por último, pelo Decreto-Lei nº 214-G/2015, de 2 de outubro, no uso da autorização legislativa concedida pela Lei nº 100/2015, de 19 de agosto, os quais dão cumprimento à imposição legiferante constante do artigo 20º, nº 5, da Constituição.

Estamos perante uma expressão da maior relevância de proteção dos direitos fundamentais pela via da justiça administrativa, não apenas dos direitos, liberdades e garantias dos cidadãos, mas também dos direitos subjetivos fundamentais análogos aos expressamente qualificados como tais pela Constituição. A proteção acrescida dos direitos fundamentais decorrente deste *meio processual* justifica-se, "na sua *substância*, pela especial ligação destes direitos à dignidade da pessoa humana, e, na sua *oportunidade*, pela consciência do perigo acrescido da respetiva

---

[84] Sobre a conceção dos direitos fundamentais sociais como posições jurídicas subjetivas, cfr. J. C. VIEIRA DE ANDRADE, *Os Direitos Fundamentais na Constituição Portuguesa de 1976*, cit., p. 361 e segs..

lesão, que, nas sociedades atuais, decorre sobretudo de o seu exercício depender, de modo cada vez mais intenso, de atuações administrativas não apenas negativas, mas também positivas", isto é, de intervenções de tipo autorizativo e não somente de proibições, imposições ou limitações[85].

Ora, a referida *garantia de tutela jurisdicional efetiva* dos direitos ou interesses legalmente protegidos dos cidadãos em face da Administração (onde se incluem, naturalmente, os direitos fundamentais), com as suas diferentes expressões, preenche uma boa parte dos fins que justificariam a adoção do "recurso de amparo".

Em terceiro lugar, o receio da *"inundação"* do Tribunal Constitucional português com um grande número de processos, comprometendo, desse modo, a sua operacionalidade e eficácia.

E, por último, o temor do surgimento de *dificuldades de relacionamento* entre o Tribunal Constitucional e os restantes tribunais, sobretudo os Supremos Tribunais, nos casos em que o "recurso de amparo" tivesse

---

[85] Cfr. J. C. VIEIRA DE ANDRADE, *A Justiça Administrativa, Lições*, 14ª ed., Coimbra, Almedina, 2015, p. 230 e 231. Adiante-se, quanto ao âmbito da intimação para a proteção de direitos, liberdades e garantias, que pode a mesma ser requerida quando a célere emissão de uma decisão de mérito que imponha à Administração a adoção de uma conduta positiva ou negativa se revele indispensável para assegurar o exercício, em tempo útil, de um direito, liberdade ou garantia, por não ser possível ou suficiente, nas circunstâncias do caso, o decretamento provisório de uma providência cautelar, segundo o disposto no artigo 131º do CPTA (artigo 109º, nº 1, do CPTA).
A mesma também pode ser dirigida contra particulares, designadamente concessionários, nomeadamente para suprir a omissão, por parte da Administração, das providências adequadas a prevenir ou reprimir condutas lesivas dos direitos, liberdades e garantias do interessado (artigo 109.º, nº 2, do CPTA). Quando esteja, porém, em causa a obtenção de um ato administrativo estritamente vinculado, designadamente de execução de um ato administrativo já praticado, o artigo 109.º, nº 3, do CPTA confere ao tribunal o poder de proceder à execução específica desse dever, emitindo sentença executiva e, por isso, o poder de substituir o ato ilegalmente recusado ou omitido.
O novo artigo 110º-A do CPTA, introduzido pela Decreto-Lei nº 214-G/2015, de 2 de outubro, regula a possibilidade da convolação dos processos de intimação para proteção de direitos, liberdades e garantias em processos cautelares, quando não se preencham os exigentes pressupostos de que depende a admissibilidade dos primeiros. Para mais desenvolvimentos, cfr., por todos, J. C. VIEIRA DE ANDRADE, *A Justiça Administrativa*, cit., p. 230-236.

como objeto a própria decisão judicial, por ser ela própria violadora de um direito fundamental[86/87].

[86] Cfr. os nossos artigos Os Direitos Fundamentais e a Sua Protecção Jurisdicional Efectiva, in "Boletim da Faculdade de Direito da Universidade de Coimbra", nº 79 (2003), p. 63-96, e A Justiça Constitucional em Portugal e em Espanha, cit., in "Revista de Legislação e de Jurisprudência", Ano 131.º, nº 3893, p. 238 e 239. Defendendo idêntica opinião, cfr. RUI MEDEIROS, A Decisão de Inconstitucionalidade (Os Autores, o Conteúdo e os Efeitos da Decisão de Inconstitucionalidade da Lei), Lisboa, Universidade Católica, 1999, p. 352-359.
Não ignoramos, no entanto, que alguns constitucionalistas portugueses defendem a criação, no nosso País, de uma figura similar ao recurso de amparo. Assim, MANUEL AFONSO VAZ/RAQUEL CARVALHO/CATARINA SANTOS BOTELHO/INÊS FOLHADELA/ANA TERESA RIBEIRO indicam as seguintes vantagens à consagração de um recurso de amparo no ordenamento jurídico-constitucional português: em primeiro lugar, teria como efeito a "democratização" da justiça constitucional, que alteraria significativamente o modo como os cidadãos perspetivam o Tribunal Constitucional, incutindo-lhes uma cultura democrática, com substrato na proteção efetiva dos direitos fundamentais dos particulares, e promoveria uma atitude de militância em defesa dos seus direitos; em segundo lugar, não deixaria os cidadãos tão profundamente reféns de uma atitude generosa da jurisdição constitucional e/ou do método técnico-jurídico do seu advogado, permitindo maior certeza e segurança jurídicas; em terceiro lugar, acarretaria um acréscimo de confiança no aparelho judicial, dado que permitiria aos cidadãos recorrer contra decisões judiciais lesivas de direitos, liberdades e garantias e de direitos fundamentais de natureza análoga; e, por fim, teria como consequência a atribuição ao Tribunal Constitucional de uma tarefa de unificação hermenêutica da interpretação sobre o conteúdo e alcance dos direitos fundamentais (cfr. ob. cit., p. 248 e 249).
Defendendo, também, a introdução em Portugal do recurso de amparo, cfr. JORGE MIRANDA, Ideias para uma Revisão Constitucional em 1996, Lisboa, Cosmos, 1996, p. 29; J. J. GOMES CANOTILHO, Constituição e Défice Procedimental, in "Estudos sobre Direitos Fundamentais", Coimbra, Coimbra Editora, 2004, p. 69-84; MANUEL AFONSO VAZ, Teoria da Constituição, cit., p. 159 e 160, e A Suave Força Normativa da Realidade Contitucional, in "Estudos em Homenagem a António Barbosa de Melo", Coimbra, Almedina, 2013, p. 589-591; JORGE REIS NOVAIS, Em Defesa do Recurso de Amparo Constitucional (Ou uma Avaliação Crítica do Sistema Português da Fiscalização Concreta da Constitucionalidade), in "Themis", VI (10), 2005, p. 91-117; MARIA LÚCIA AMARAL, Queixas Constitucionais e Recursos de Constitucionalidade (Uma Lição de Direito Público Comparado), in "Estudos Comemorativos dos 10 Anos da Faculdade de Direito da Universidade Nova de Lisboa", Vol. I, Coimbra, Almedina, 2008, p. 473-501; JOSÉ DE MELO ALEXANDRINO, Sim ou Não ao Recurso de Amparo?, in "Julgar", nº 11, 2010, p. 41-49; e CATARINA SANTOS BOTELHO, Haja uma Nova Jurisdição Constitucional – Pela Introdução de um Mecanismo de Acesso Directo dos Particulares ao Tribunal Constitucional, in "Revista da Ordem dos Advogados", Ano 70, Vol. I-IV, 2011, p. 591-623.
[87] Registe-se, por último, que a figura do "recurso de amparo" esteve consagrada no ordenamento jurídico de Macau, desde a entrada em vigor da Lei nº 112/91, de 29 de

INTRODUÇÃO

2.5. Uma última nota reveladora do sentido e valor da justiça constitucional tem a ver com a sua decisiva contribuição para a promoção, conservação e alargamento do *consenso constitucional*, considerado certeiramente como a seiva vivificadora dos regimes democráticos[88].

agosto, até 20 de dezembro de 1999 (data em que aquele Território deixou de estar sob Administração Portuguesa e passou a constituir uma Região Administrativa Especial da República Popular da China). De facto, no artigo 17º da Lei de Bases da Organização Judiciária de Macau, aprovada pela Lei nº 112/91, de 29 de agosto, alterada pela Lei nº 4-A/93, de de 26 de fevereiro, estava previsto um "recurso de amparo" contra as decisões proferidas por tribunal sediado no território ou contra atos administrativos ou simples atuações de facto dos poderes públicos, com fundamento na violação de direitos fundamentais garantidos pelo Estatuto Orgânico de Macau, sendo, no primeiro caso, interposto diretamente perante o plenário do Tribunal Superior de Justiça e, no segundo, perante os tribunais da jurisdição administrativa – recurso esse que era, em ambos os casos, restrito à questão da violação do direito fundamental e era caracterizado como um "um direito fundamental ao amparo para a defesa de direitos fundamentais". Cfr. J. J. GOMES CANOTILHO, *As Palavras e os Homens – Reflexões sobre a Declaração Conjunta Luso-Chinesa e a Institucionalização do Recurso de Amparo de Direitos e Liberdades na Ordem Jurídica de Macau*, in "Boletim da Faculdade de Direito da Universidade de Coimbra", Vol. LXX (1994), p. 124; e PAULO CARDINAL, *O Amparo de Direitos Fundamentais no Direito Comparado e no Ordenamento Jurídico de Macau*, in "Revista Jurídica de Macau", nº 1 (1996), p. 51-91. No atual ordenamento jurídico da Região Administrativa Especial de Macau, encimado pela respetiva Lei Básica, não está previsto o instituto do "recurso de amparo". Apesar de haver quem entenda que é possível defender, "com argumentos sólidos e convincentes", a manutenção/continuidade do "recurso de amparo", mesmo em face do seu desaparecimento dos textos legais, fazendo apelo a "princípios como os da continuidade do ordenamento jurídico, da sua manutenção basicamente inalterada, do indivíduo mais favorecido (exposto no PIDCP e no PIDESC), do amparo internacional, entre outros" (assim, PAULO CARDINAL, *O Instituto do Recurso de Amparo de Direitos Fundamentais e a Juslusofonia – Os Casos de Macau e Cabo Verde*, in "Estudos de Direitos Fundamentais no Contexto da JusMacau – Entre a Autonomia e a Continuidade", Macau, Fundação Rui Cunha, 2015, p. 199-247, em especial, p. 228-230), o certo é que o Tribunal de Última Instância de Macau, nos Acórdãos exarados nos Processos nºs 1/2000 e 2/2000, pronunciou-se pela não sobrevivência do amparo na ordem jurídica da Região Administrativa Especial de Macau, afirmando que deixou de haver o direito de impugnar decisões judiciais *inconstitucionais* e, bem assim, que "o ordenamento jurídico da Região Administrativa Especial de Macau não prevê (...) qualquer meio extraordinário de impugnação, nomeadamente o que se encontrava contemplado no artigo 17º, nº 1, da Lei nº 112/91, de 29 de Agosto".

[88] JOHN RAWLS considera o *consenso constitucional* como um elemento essencial das sociedades democráticas, pluralistas e de matriz liberal, construído em torno dos direitos fundamentais e formado à volta de valores políticos essenciais, o qual constitui a *primeira*

Como salienta H. SIMON, olhando retrospetivamente para a jurisprudência do Tribunal Constitucional Federal alemão, este tem ajudado a visualizar a Constituição e o seu valor existencial, reforçado e desenvolvido com o máximo cuidado o consenso constitucional e ativado a escala de valores que tem como nota a dignidade humana, evidenciando-se como agente de consolidação e integração do Estado democrático e social de direito[89]. Na mesma linha, afirma P. LUCAS VERDÚ que o Tribunal Constitucional é uma peça de importância capital para suscitar e difundir o sentimento constitucional e para promover a identificação dos cidadãos e dos seus grupos com os valores constitucionais[90].

etapa de um consenso mais profundo e com maior alcance, que ele designa como *"consenso de sobreposição"* (*"overlapping consensus"*) Na forma de *consenso constitucional*, a Constituição satisfaz certos princípios liberais de justiça política, mas "esses princípios são aceites simplesmente como princípios e não como radicados em determinadas ideias da sociedade e da pessoa de uma concepção política e ainda menos numa concepção política partilhada", pelo que "o consenso não é profundo". Além de não ser profundo, "o consenso constitucional também não é amplo: é limitado no alcance, uma vez que não inclui a estrutura básica, mas apenas os procedimentos políticos de um regime democrático". Já no que respeita ao *consenso de sobreposição*, "supõe um acordo suficientemente profundo para atingir ideias como as da sociedade como um sistema equitativo de cooperação e dos cidadãos como razoáveis e racionais, livres e iguais". Quanto ao seu alcance, "ele cobre os princípios e valores de uma concepção política (neste caso, os relativos à justiça como equidade) e aplica-se à estrutura básica como um todo".
A profundidade de um *consenso de sobreposição* "requer que os seus princípios e ideais políticos radiquem numa concepção política da justiça que utilize as ideias fundamentais da sociedade e da pessoa que a justiça como equidade ilustra". O seu alcance "vai além dos princípios políticos que instituem os procedimentos democráticos: inclui princípios que recobrem a estrutura básica como um todo" e nos quais estão estabelecidos "certos direitos substantivos, como as liberdades de consciência e de pensamento, bem como a igualdade equitativa de oportunidades e princípios referentes a determinadas necessidades essenciais". Cfr. *Liberalismo Político*, cit., p. 141-174, em especial, p. 154, 162 e 167.
Cfr. também o Acórdão do Tribunal Constitucional nº 617/2006, relativo à fiscalização preventiva da constitucionalidade e da legalidade da proposta de referendo, aprovada pela Resolução nº 54-A/2006 da Assembleia da República (publicada no *Diário da República*, I Série, de 20 de outubro de 2006), respeitante à realização de um referendo sobre a interrupção voluntária da gravidez realizada por opção da mulher nas primeiras 10 semanas.
[89] Cfr. ob. cit., p. 1675.
[90] Cfr. *Politica y Justicia Constitucionales. Consideraciones sobre la Naturaleza y Funciones del Tribunal Constitucional*, in "El Tribunal Constitucional", Vol II, Madrid, Instituto de Estudios Fiscales, 1981, p. 1550.

Elemento determinante da função de promoção e alargamento do consenso sobre a Constituição exercida pela justiça constitucional – e, em geral, da legitimidade da sua ação – é a *fundamentação* das decisões dos órgãos da jurisdição constitucional, em especial do Tribunal Constitucional. A necessidade de fundamentação das decisões dos órgãos incumbidos de administrar a justiça em matérias de natureza jurídico--constitucional é um reflexo do dever de fundamentação das decisões de todos os tribunais (que não sejam de mero expediente), plasmado no artigo 205º, nº1, da Constituição – fundamentação essa que "obedece a várias razões extraídas do princípio do Estado de direito, do princípio democrático e da teleologia jurídico-constitucional dos princípios processuais"[91].

Compreende-se, por isso, que a fundamentação das decisões dos órgãos de justiça constitucional cumpra também as duas funções que a jurisprudência reiterada e uniforme do Tribunal Constitucional assinala à fundamentação das decisões judiciais[92]: a função de *ordem endoprocessual*, que visa essencialmente impor ao juiz um momento de verificação e controlo crítico da lógica da decisão, e que permite às partes o recurso da decisão com perfeito conhecimento da situação e ainda colocar o tribunal de recurso em posição de exprimir, em termos mais seguros, um juízo concordante ou divergente; e a função de *ordem extraprocessual*, já não dirigida às partes e ao juiz *ad quem*, que procura, acima de tudo, tornar possível o controlo externo e geral sobre a fundamentação factual, lógica e jurídica da decisão – que procura, dir-se-á, por outras palavras, garantir a "transparência" do processo de decisão[93].

Mas, tendo em conta a função especialmente delicada de interpretação da Constituição exercida pela jurisdição constitucional – que se manifesta, sobretudo, na resolução de múltiplos "casos difíceis" ou "*hard cases*", ou seja, daqueles em relação aos quais a Constituição não contém uma regra clara, mas tão-só princípios, dos que provocam grandes divergências e controvérsias na sociedade ou confronto entre valores

---

[91] Cfr. J. J. GOMES CANOTILHO/VITAL MOREIRA, *Constituição da República Portuguesa Anotada*, Vol. II, 4ª ed., Coimbra, Coimbra Editora, 2010, p. 526 e 527.
[92] Cfr., *inter alia*, os Acórdãos nºs 55/85 e 310/94.
[93] Cfr. M. TARUFFO, *Notte sulla Garanzia Costituzionale della Motivazione*, in "Boletim da Faculdade de Direito da Universidade de Coimbra", Vol. 55 (1979), p. 29-38.

sociais e, bem assim, dos que coenvolvem colisões entre direitos fundamentais – e a natureza específica e a especial autoridade das decisões pela mesma proferidas, natural é que estas devam ser acompanhadas de uma fundamentação particularmente cuidada e rigorosa[94] – uma fundamentação demonstrativa da racionalidade da decisão, baseada não apenas em elementos técnico-jurídicos, mas também em contribuições de cunho transdisciplinar[95], e preocupada em apresentar "uma sucessão

[94] Cfr. P. CRUZ VILLALÓN, *Legitimidade da Justiça Constitucional e Princípio da Maioria*, in «Legitimidade e Legitimação da Justiça Constitucional (Colóquio no 10.º Aniversário do Tribunal Constitucional)», Coimbra, Coimbra Editora, 1995, p. 88; e W. PASTOR, *Essai sur la Motivation des Décisions de Justice (Pour une Lecture Simplifiée des Décisions des Cours Constitutionnelles)*, in «Annuaire International de Justice Constitutionnelle», XV (1999), p. 40.

[95] Contributo decisivo para a abertura das decisões dos Tribunais Constitucionais a uma pluralidade de contribuições de cunho interdisciplinar, com a consideração de subsídios técnicos, de elementos de repercussão económica e de valores metajurídicos (v. g., valores éticos, valores religiosos, etc.) tem sido dado pelo instituto do *amicus curiae*. É ele um importante instrumento de uma interpretação constitucional *mais plural* e, por isso, de aprofundamento da *legitimação democrática* da justiça constitucional, na medida em que estabelece um canal comunicativo entre os juízes constitucionais e a sociedade civil, dando corpo a uma "sociedade aberta de intérpretes da Constituição". E é, de igual modo, uma das vias de abertura das decisões dos Tribunais Constitucionais a influências heterorreferenciais, provenientes de subsistemas sociais, como a política, a economia, a moral e a ciência, ainda que sempre balizadas por critérios normativos autopoiéticos ou pela autorreferência a regras e princípios plasmados na Constituição. Sobre a problemática das possibilidades e dos limites de utilização de argumentos, razões e fundamentos políticos e económicos nas decisões dos Tribunais Constitucionais, cfr. MÁRIO HENRIQUE GEBRAN SCHIRMER, *Entre Hermes e Salomão: Heterorreferência e Decisão Jurídica – Os Limites dos Julgamentos Político e Económico nos Tribunais Constitucionais*, Tese Mest., polic., Coimbra, 2016, p. 62-110.

No ordenamento jurídico-constitucional brasileiro, está expressamente prevista a intervenção do *amicus curiae*, nas ações diretas de inconstitucionalidade e nas ações diretas de constitucionalidade (Lei 9. 868/99, de 10 de novembro de 1999, artigo 9º, § 1º e § 3º), bem como na arguição de descumprimento de preceito fundamental (Lei 9. 882/99, de 3 de dezembro de 1999, artigo 6º, § 1º), quer de maneira voluntária, quer a requisição do relator do processo. No caso de intervenção voluntária, deve o mesmo demonstrar a *relevância da matéria* e a *representatividade adequada*, por forma a que fique patente a utilidade da sua intervenção. Configura aquele instituto uma importante manifestação do princípio democrático, o qual não se resume ao direito ao voto e à iniciativa popular, estende-se também à "participação voluntária no processo jurisdicional de consolidação da ordem constitucional". A figura geral do *amicus curiae* está também prevista no artigo 138º do Código do Processo Civil Brasileiro, aprovado pela Lei nº 13. 105, de 16 de março

INTRODUÇÃO

de perguntas e respostas", em "dialogar com diferentes argumentos"[96] e em "exprimir diferentes conceções dos direitos e do direito consti-

de 2015, cujo conteúdo é o seguinte: "O juiz ou o relator, considerando a relevância da matéria, a especificidade do tema objeto da demanda ou a repercussão social da controvérsia, poderá, por decisão irrecorrível, de ofício ou a requerimento das partes ou de quem pretenda manifestar-se, solicitar ou admitir a participação de pessoa natural ou jurídica, órgão ou entidade especializada, com representatividade adequada, no prazo de 15 (quinze) dias de sua intimação. § 1º A intervenção de que trata o *caput* não implica alteração de competência nem autoriza a interposição de recursos, ressalvadas a oposição de embargos de declaração e a hipótese do § 3º. § 2º Caberá ao juiz ou ao relator, na decisão que solicitar ou admitir a intervenção, definir os poderes do amicus curiae. § 3º O amicus curiae pode recorrer da decisão que julgar o incidente de resolução de demandas repetitivas". Cfr. CARLOS GUSTAVO RODRIGUES DEL PRÁ, *Amicus Curiae. Instrumento de Participação Democrática e Aperfeiçoamento da Prestação Jurisdicional*, Curitiba, Juruá, 2007, p. 85. Cfr., ainda, as *Ações Diretas de Inconstitucionalidade nºs 3510 e 5022* e as *Arguições de Descumprimento de Preceito Fundamental nºs 54 e 101).*

Mas no ordenamento jurídico-constitucional português não existe a figura do *amicus curiae*, com o sentido de os cidadãos e entidades representativas de interesses *terem o direito* de colaborar ou auxiliar o Tribunal Constitucional, através da apresentação de opiniões, estudos ou pareceres técnicos, a encontrar a melhor decisão, sobretudo nos processos de fiscalização abstrata sucessiva da constitucionalidade. Existe, no entanto, uma manifestação desta ideia da abertura da interpretação constitucional a uma pluralidade de pontos de vista, no artigo 64º-A da Lei do Tribunal Constitucional português, ao preceituar que "o presidente do Tribunal, o relator ou o próprio Tribunal podem requisitar a quaisquer órgãos ou entidades os elementos que julguem necessários ou convenientes para a apreciação do pedido e a decisão do processo". É esta uma norma que consagra a figura do *amicus curiae*, mas somente, nas palavras dos Acórdãos do Tribunal Constitucional nºs 412/2000 e 582/2000, na veste de "um conselheiro imparcial" ou de alguém que manifesta "uma opinião desinteressada" e que apenas "visa o triunfo da justiça", e unicamente a requerimento do presidente do Tribunal Constitucional, do relator ou do próprio Tribunal Constitucional. É certo que, nos processos de fiscalização abstrata sucessiva da constitucionalidade de normas jurídicas pendentes no Tribunal Constitucional, são frequentes as situações em que entidades "interessadas" na decisão do Tribunal Constitucional lhe enviam *estudos* e *pareceres* por elas elaborados ou encomendados, como o Banco de Portugal, associações sindicais e patronais, associações de cidadãos, municípios, etc., a que se seguem, normalmente, decisões de junção aos autos de tais estudos e pareceres. Mas seria de toda a conveniência alargar a previsão do artigo 46º-A da Lei do Tribunal Constitucional, de modo a estender a figura do *amicus curiae* aos cidadãos e entidades que, por sua iniciativa, estejam interessadas em participar no debate constitucional, através de influxos argumentativos, contribuindo, desse modo, para o aprofundamento da legitimidade das decisões do Tribunal Constitucional.

[96] Cfr. CRISTINA QUEIROZ, ob. cit., p. 166-171.

tucional, através de opiniões concorrentes e dissidentes"[97] –, de modo a despertar a compreensão e a aceitação não só dos seus destinatários diretos, mas também da comunidade jurídica e dos principais atores da vida política.

Em suma, que tais decisões devam ser alicerçadas numa fundamentação através da qual o Tribunal Constitucional – a *Supreme Court*, nos Estados Unidos da América – se apresente, nas palavras de J. RAWLS, como "o paradigma institucional da razão pública", com o significado de que "é tarefa dos seus juízes procurar desenvolver e expressar nos seus juízos reflectidos a melhor interpretação possível da Constituição, utilizando para o efeito o seu conhecimento dos requisitos da Constituição e dos precedentes constitucionais", sendo a melhor interpretação possível "a que melhor se adequar ao corpo relevante desses materiais constitucionais e que o justifique em termos da concepção pública da justiça ou de uma sua variante razoável"[98].

A fundamentação das decisões da justiça constitucional apresenta-se, além disso, como um instrumento da eficácia da garantia jurisdicional

---

[97] A possibilidade de os tribunais exprimirem nas suas decisões diversos pontos de vista faz com que o juiz constitucional desempenhe um papel importante na formação da opinião pública e na salvaguarda da democracia. Cfr. MARILISA D`AMICO, *Riflessioni sul Ruolo della Motivazione nella Corte Suprema Statunitense*, in «La Motivazione delle Decisioni della Corte Costituzionale», a cura di A. RUGGERI, Torino, Giappichelli, 1994, p. 75 e 76.

[98] Para JOHN RAWLS, "a razão pública é característica de um povo democrático: é a razão dos seus cidadãos, daqueles que partilham o estatuto da igual cidadania". Como paradigma da razão pública, já que "é a única que a *Supreme Court* exerce", tem esta de "explicar e justificar as suas decisões, associando-as à sua interpretação da Constituição e das leis e precedentes relevantes", contribuindo, desse modo, para "atribuir vivacidade e vitalidade à razão pública no fórum público" e para "focalizar a atenção dos cidadãos nas questões constitucionais básicas", educando-os e dirigindo-os "para o uso da razão pública e para o respectivo valor de justiça política".

No empreendimento desta tarefa, acrescenta JOHN RAWLS, "espera-se que os juízes possam convocar, ou mesmo convoquem, os valores políticos da concepção pública sempre que a Constituição, explícita ou implicitamente, lhes aponte, como o faz, por exemplo, numa carta de direitos que garante o livre exercício da fé religiosa ou a igual protecção das leis. Neste contexto, o papel do Supremo Tribunal é parte da publicitação da razão e é um aspecto do papel amplo, ou educativo, da razão pública". Cfr. *Liberalismo Político*, cit., p. 209, 212 e 225-233. Cfr. também J. SOUSA E BRITO, *Razão Democrática e Direito*, in "Ética e o Futuro da Democracia", Lisboa, Colibri, 1998, p. 143-145.

da Constituição. Como acentua J. LUTHER, a autoridade da decisão da jurisdição constitucional depende da sua pretensão de ser considerada legítima por todos os intérpretes da Constituição. A fundamentação coloca em jogo não apenas a aceitação das decisões pelos outros poderes e pela comunidade dos constitucionalistas, mas também a integração social e política dos cidadãos como intérpretes da Constituição[99].

Uma tal fundamentação expressa o que R. ALEXY designa por *"representação argumentativa"*, que constitui o elemento essencial da legitimidade da jurisdição constitucional – *legitimidade discursiva* que pressupõe, em primeiro lugar, a utilização pela jurisdição constitucional de "argumentos válidos e correctos" e, em segundo lugar, "a existência, pelo menos a longo prazo, de um número suficiente de pessoas racionais, ou seja, de pessoas que sejam capazes de, e que pretendam, aceitar argumentos válidos e correctos, pela razão de serem válidos e correctos", pessoas essas que, segundo aquele juspublicista alemão, por analogia com o conceito de "pessoa liberal" de J. RAWLS, podem chamar-se "pessoas constitucionais"[100].

---

[99] Cfr. *La Motivazioni delle Sentenze Costituzionali in Germania*, in « La Motivazione delle Decisioni delle Corte Costituzionale », cit., p. 106.
[100] Cfr. ROBERT ALEXY, *Direitos Constitucionais e Fiscalização da Constitucionalidade*, in "Boletim da Faculdade de Direito", Vol. LXXXVIII, Tomo II, Coimbra, 2012, p. 511-526, em especial, p. 522-526.

Capítulo II
Origens, Antecedentes Históricos, Jurídicos e Políticos e Legitimidade da Justiça Constitucional

3. A supremacia normativa da Constituição e a necessidade da criação de mecanismos de garantia de observância das suas disposições

A explanação das linhas gerais do sistema português de justiça constitucional começa, naturalmente, pela análise de um conjunto de *questões*, suscetíveis de fornecerem aos alunos alguns esclarecimentos preliminares e de proporcionarem um adequado enquadramento das matérias a abordar subsequentemente.

A primeira dessas questões – já referenciada na *Introdução* – é a conceção da Constituição como *norma suprema* do Estado, isto é, como um conjunto de normas que contêm direito vinculativo para todos os restantes poderes do Estado, em particular o poder legislativo[101]. Daqui deriva a necessidade de criação de mecanismos de garantia da observância das suas disposições em todos os atos do poder público, em especial nas leis, porque, como proclamava A. DE TOCQUEVILLE, «sans une garantie, la Constitution se réduirait à une *oeuvre morte*»[102]. No mesmo sentido, realçava H. KELSEN que "uma Constituição à qual falte a garantia da

---

[101] Cfr. CRHISTIAN STARCK, *Maximen der Verfassunfsauslegung*, in "ISENSEE/KIRCHHOF (Hg.), Handbuch des Staatsrechts, Dritte Auflage, Band XII, Normativität un Schutz der Verfassung", Heidelberg/München, C. F. Müller, 2014, p. 614-622. Neste sentido, afirmava EMMANUEL-JOSEPH SIÉYÈS que «*une Constitution est un corps de lois obligatoires, ou ce n'est rien*». Cfr. citação em JEAN GICQUEL/JEAN ÉRIC-GICQUEL, ob. cit., p. 224.

[102] Cfr. citação em JEAN GICQUEL/JEAN ÉRIC-GICQUEL, ob. cit., p. 224.

anulabilidade dos atos inconstitucionais não é plenamente obrigatória, em sentido técnico"[103].

Ora, a justiça constitucional surge precisamente com a finalidade de fornecer uma *garantia efetiva* da Constituição. Garantia para a qual concorrem não apenas os sistemas de fiscalização da constitucionalidade, cujos contornos são definidos por cada um dos ordenamentos jurídico--constitucionais, mas também o regime jurídico da desvalorização das condutas inconstitucionais, espelhado na inaptidão das mesmas para produzirem cabalmente os exatos efeitos jurídicos que, em termos normais, lhes corresponderiam[104].

A experiência histórica demonstra que para garantir o respeito da Constituição pelo legislador, designadamente pelo legislador parlamentar, não basta o estabelecimento no texto constitucional de um procedimento mais exigente e a imposição de uma maioria qualificada para a aprovação de leis de revisão da Constituição, isto é, a instituição de uma Constituição *rígida*, de modo a impedir a sua manipulação a favor dos grupos dominantes[105]. Torna-se imperioso, ainda, obstaculizar a violação das regras e princípios constitucionais no *iter* formativo e no conteúdo das leis ordinárias[106/107]. O *autocontrolo* do Parlamento não é

---

[103] Cfr. HANS KELSEN, *La Garantie Juridictionnelle de la Constitution (La Justice Constitutionnelle)*, in "Revue du Droit Public et de la Science Politique en France et à l'Étranger", Tomo XLV, nº 2, Ano XXXV, 1928, p. 197-257, em especial, p. 250.

[104] Cfr. MARCELO REBELO DE SOUSA, *O Valor Jurídico do Acto Inconstitucional*, I, Lisboa, 1988, p. 11-31. Segundo este Autor, o efeito nuclear da inconstitrucionalidade é a depreciação da conduta desconforme à Constituição, ou seja, "o que visa impedir que condutas inconstitucionais sejam aceites num certo ordenamento como se constitucionais fossem, dotadas da plenitude das suas virtualidades jurídicas". Mas existem outros efeitos secundários da inconstitucionalidade, que poderão ser, de acordo com os ordenamentos jurídicos positivos, sanções dirigidas aos titulares dos órgãos ou agentes do poder político do Estado e às entidades privadas autores ou omissivos da conduta desconforme à Constituição (cfr. ob. cit., p. 19 e 26). Um desses efeitos secundários da inconstitucionalidade – que analisaremos mais adiante – é a responsabilidade civil extracontratual do Estado e demais entidades públicas.

[105] Cfr. GUSTAVO ZAGREBELSKY, *La Giustizia Costituzionale*, Bologna, Il Mulino, 1977, p. 317 e 318.

[106] De facto, como acentua J. PÉREZ ROYO, o estabelecimento pela Constituição de um procedimento de reforma constitucional distinto do procedimento legislativo ordinário traduz-se numa importante *garantia* da Constituição, na medida em que esta não fica à

suficiente para satisfazer este escopo, sendo imprescindível a criação de um *heterocontrolo*, a cargo de um órgão de índole diversa dos órgãos de representação política[108]. É neste contexto que emergiu a justiça constitucional, como garante dos regimes democráticos, assentes no respeito das minorias e dos direitos fundamentais, e limitadora dos poderes das maiorias parlamentares, em nome dos valores condensados na Constituição.

A garantia jurisdicional da Constituição, embora seja seguramente a mais fiável e a mais eficaz, não é, porém, a única nos Estados contemporâneos. Ao lado daquela, existem os *mecanismos políticos de garantia da Constituição*, que se baseiam nos *controlos interorgânicos* e *intraorgânicos* dos órgãos de soberania, decorrentes do princípio da *separação* e *interdependência* de poderes, condensado nos artigos 2º e 111º, nº 1, da Lei Fundamental[109/110]. De facto, os esquemas previstos

disposição do legislador. Tal garantia é, porém, uma garantia *extraordinária* da Constituição, a garantia "dos domingos" ou "dos dias de festa", uma vez que a Constituição não é reformada todos os dias, mas apenas de vez em quando. É, por isso, imprescindível completar a referida garantia com uma garantia *ordinária*, "dos dias de trabalho" ou "de todos os dias", que permita afirmar a presença da Constituição como norma cimeira do ordenamento jurídico. Essa garantia é o controlo da constitucionalidade das leis. Cfr. *Curso de Derecho Constitucional*, 5ª, ed., Madrid/Barcelona, Pons, 1998, p. 146 e 147.

[107] J. J. GOMES CANOTILHO/VITAL MOREIRA sublinham que existe "uma conexão material entre a fiscalização da constitucionalidade e a revisão constitucional", já que ambas "são *modos de garantia e de preservação da Constituição*". A primeira "garante-a e preserva-a contra os actos ou omissões do Estado que a infrinjam"; a segunda "compatibiliza a sua modificabilidade com a sua estabilidade e resguarda-a de alterações desfiguradoras das suas características essenciais". Enfim, "através da fiscalização da constitucionalidade e do sistema de revisão, afirma-se a fundamental supremacia da Constituição *como lei fundamental da ordem jurídica*, impondo-se a toda a actividade do Estado (incluindo a de produção normativa) e definindo e demarcando os limites da sua própria alteração". Cfr. *Constituição da República Portuguesa Anotada*, Vol. II, 4.ª ed., Coimbra, Coimbra Editora, 2010, p. 879 e 880.

[108] Cfr. LIVIO PALADIN, *Diritto Costituzionale*, 3ª ed., Padova, Cedam, 1998, p. 697 e 698; LUIGI ARCIDIACONO/ANTONIO CARULLO/GIOVANNI RIZZA, *Istituzioni di Diritto Pubblico*, 2ª ed., Bologna, Monduzzi, 1997, p. 489 e 490; ALJS VIGNUDELLI, *Diritto Costituzionale*, Torino, Giappichelli, 1997, p. 178; e FRANCESCO TERESI, *Lezioni sulle Garanzie Costituzionali*, Padova, Cedam, 1999, p. 1-13.

[109] O princípio da separação e interdependência de poderes, enquanto princípio estrutural do Estado de direito, constitui também um *limite material* da revisão constitucional, como resulta do artigo 288º, alínea *j*), da Constituição Portuguesa, do artigo 60º, § 4, III, da Constituição

na Constituição de *responsabilidade* e *controlo* entre os vários órgãos de soberania e, bem assim, os instrumentos de *autocontrolo* da constitucionalidade das decisões dos órgãos de soberania[111] transformam-se também em fatores de *garantia de observância* da Constituição[112]. É esta,

---

da República Federativa do Brasil e do artigo 236º, alínea *j*), da Constituição da República de Angola. Ainda sobre este princípio, vejam-se o artigo 2º da Constituição Federal Brasileira, nos termos do qual "são Poderes da União, independentes e harmónicos entre si, o Legislativo, o Executivo e o Judiciário", o artigo 2º da Constituição de Angola, que proclama que " a República de Angola é um Estado democrático de direito que tem como fundamento a soberania popular, o primado da Constituição e da lei, a separação de poderes e interdependência de funções, a unidade nacional, o pluralismo de expressão e de organização política e a democracia representativa e participativa", bem como o artigo 105º, nº 3, desta última Constituição, que determina que "os órgãos de soberania devem respeitar a separação e interdependência de funções estabelecidas na Constituição".

[110] Segundo KARL LÖWENSTEIN, as técnicas de controlo têm como finalidade impedir a concentração do poder absoluto nas mãos de um único detentor, sendo, estruturalmente, de dois tipos. Quando as instituições de controlo operam dentro da organização de um só detentor do poder, são designadas controlos *intraorgânicos*. Quando, ao invés, funcionam entre diversos detentores do poder que cooperam na gestão estatal, são apelidadas de controlos *interorgânicos*. Cfr. *Teoría de la Constitución*, 2ª ed., trad. esp., Barcelona, Ariel, 1976, p. 232 e segs..

[111] Vejam-se, por exemplo, os artigos 120º, nº 1, alínea *a*), 129º, nº 1, e 131º, nºs 1 e 2, alínea a), do Regimento da Assembleia da República nº 1/2007, de 20 de agosto, com as alterações introduzidas pelo Regimento da Assembleia da República nº 1/2010, de 14 de outubro, 1/2017, de 21 de abril, e 1/2018, de 22 de janeiro, respeitantes ao controlo da admissibilidade, à luz da Constituição e dos princípios nela consignados, dos projetos e propostas de lei.

Estatui o artigo 120º, nº 1, alínea a), que "não são admitidos projetos e propostas de lei que infrinjam a Constituição ou os princípios nela consignados". O artigo 129º, nº 1, estabelece que, "admitido qualquer projeto ou proposta de lei, o Presidente da Assembleia envia o seu texto à comissão parlamentar competente para apreciação e emissão de parecer". Finalmente, o artigo 131º, nºs 1 e 2, alínea a), determinam que "os serviços da Assembleia elaboram uma nota técnica para cada um dos projetos e propostas de lei" e, bem assim, que, "sempre que possível, a nota técnica deve conter, designadamente, uma análise da conformidade dos requisitos formais, constitucionais e regimentais previstos".

[112] No ordenamento jurídico-constitucional brasileiro, assumem várias formas os controlos *intraorgânicos* e *interorgânicos de controlo político preventivo da constitucionalidade* de atos normativos. Com efeito, podemos encontrar um *controlo político* da competência do Poder Legislativo (controlo político interno) e um *controlo político* feito pelo Poder Executivo (controlo político externo).

O primeiro é exercido pelo Congresso Nacional, composto pela Câmara dos Deputados e pelo Senado Federal. Num primeiro nível, um tal controlo é feito pelos próprios

Deputados Federais e pelos Senadores, os quais não podem deixar de ser considerados como guardiões da Constituição, devendo, para tanto, abster-se de apresentar projetos legislativos que contrariem a Constituição. Este primeiro patamar de controlo político preventivo da constitucionalidade é designado *controlo autoral*. O segundo nível é constituído pelo denominado *controlo presidencial*, isto é, o que é realizado pelos Presidentes da Câmara dos Deputados e do Senado Federal, que têm o poder de impedir a tramitação de qualquer projeto normativo que, de acordo com o seu juízo, seja manifestamente inconstitucional, cabendo dessa decisão recurso para o Plenário da Câmara dos Deputados ou do Senado Federal, conforme os casos (artigos 137º, § 1º, II, "b", e § 2º, do Regimento Interno da Câmara dos Deputados, aprovado pela Resolução nº 17, de 1989, com alterações posteriores, e 48º, XI, do Regimento Interno do Senado Federal, aprovado pela Resolução nº 93, de 1970, com alterações posteriores).

Superado o juízo do Presidente da Câmara dos Deputados ou do Senado Federal, conforme os casos, o projeto de ato normativo é apreciado, no que respeita à sua conformidade com a Constituição Federal, pela Comissão de Constituição e Justiça (CCJ), que tem o seu amparo constitucional no artigo 58º da Constituição Federal, e que constitui o designado *controlo comissional*. Na Câmara dos Deputados, a Comissão de Constituição e Justiça está prevista no artigo 32º, IV, do Regimento Interno da Câmara dos Deputados e a ela compete analisar a constitucionalidade de todos os projetos de atos normativos em tramitação. O seu parecer no sentido da inconstitucionalidade é definitivo, só podendo ser ultrapassado mediante recurso para o Plenário da Câmara dos Deputados, interposto por, no mínimo, um décimo dos Deputados Federais (artigos 132, § 2º, e 164º, § 2º, do Regimento Interno da Câmara dos Deputados; e artigo 58º, § 2º, I, da Constituição Federal). No Senado Federal, por força do artigo 101, § 1º, do Regimento Interno do Senado Federal, o parecer no sentido da inconstitucionalidade da Comissão de Constituição e Justiça também é definitivo, ocasionando a rejeição o arquivamento definitivo do projeto de ato normativo. Se a decisão tiver sido unânime, não cabe qualquer recurso. Porém, se a mesma tiver sido adotada por maioria, é possível o recurso para o plenário do Senado, também interposto por, no mínimo, um décimo dos Senadores (artigo 254º do Regulamento Interno do Senado Federal e artigo 58, § 2º, I, da Constituição Federal).

Se o projeto de ato normativo sobreviver a todos esses filtros, ainda há outro exame de constitucionalidade no âmbito do Poder Legislativo, que é o denominado *controlo plenário separado*. Na verdade, o projeto legislativo, ao ser submetido, separadamente, à votação nos plenários do Senado Federal e da Câmara dos Deputados, pode ser rejeitado pelos respetivos membros, no caso de o considerarem inconstitucional. Destaque-se que, em razão do sistema bicameralista do Poder Legislativo brasileiro, o projeto de lei aprovado em uma "Casa" legislativa deverá ser revisto pela outra (artigo 65º da Constituição Federal). Ou seja, toda a peregrinação do projeto de ato normativo, acima descrita, ocorre duas vezes, primeiro na "Casa" iniciadora (em regra, a Câmara dos Deputados, artigos 61º, § 2º, e 64º, ambos da Constituição Federal) e depois, na "Casa" revisora (geralmente, o Senado Federal), aumentando consideravelmente as oportunidades de exame da constitucionalidade dos projetos de atos normativos.

ao cabo e ao resto, uma *proteção política*, distinta da *proteção jurídica* ou *jurisdicional* da Constituição[113].

4. As conceções de HANS KELSEN e de CARL SCHMITT sobre "quem deve ser o guarda da Constituição"

A segunda questão que achamos por bem inserir no núcleo de esclarecimentos preliminares do sistema português de justiça constitucio-

Para além do *controlo político interno* cujas modalidades vêm de ser referidas, há também um *controlo político externo* dos projetos legislativos, feito pelo Presidente da República, que, tal como os parlamentares, ao tomar posse de seu cargo, compromete-se a manter, defender e cumprir a Constituição, o que o torna também um importante guardião da Carta Magna (artigo 78º da Constituição Federal). Por isso, por força do artigo 66º, *caput* e parágrafos, da Constituição Federal, o Chefe do Executivo, no prazo de 15 dias após o recebimento do projeto de lei, poderá sancioná-lo, no caso de aquiescência, ou vetá-lo, na hipótese de discordância (artigo 66º da Constituição Federal). O veto pode ser jurídico ou político. Será jurídico, quando o Chefe do Executivo o considerar inconstitucional, e político, quando o julgar contrário ao interesse público (artigo 66º, § 1º, da Constituição Federal).

Quando se tratar de Proposta de Emenda Constitucional (PEC), o controlo preventivo é exclusivo do Congresso Nacional, não tendo o Presidente da República o poder de veto ou sanção, pois a Constituição Federal não permite qualquer fiscalização prévia externa dessa espécie normativa, a qual, após aprovação pelo Congresso Nacional, será promulgada diretamente pelas Mesas da Câmara dos Deputados e do Senado Federal (artigo 60º, §§ 2º e 3º, da Constituição Federal).

No caso de o Presidente da República vetar juridicamente o projeto legislativo, ele exerce o controlo preventivo de constitucionalidade, evitando que o projeto legislativo, alegadamente inconstitucional, venha a tornar-se lei. É este o chamado *controlo executivo*. O veto jurídico não é, contudo, absoluto. O Congresso Nacional poderá, em sessão conjunta e dentro de trinta dias a contar do recebimento do veto, rejeitá-lo pelo voto da maioria absoluta dos Deputados e Senadores, por considerar que o projeto de lei é compatível com a Constituição (artigo 66º, § 4º, da Constituição Federal). Eis a última forma de fiscalização preventiva de natureza política, denominada *controlo plenário conjunto* (cfr., sobre este tema, por todos, HÉLIO PINHEIRO PINTO, *A Expansão do Supremo Tribunal Federal Através da Judicialização da Política e do Ativismo Judicial: Da Aplicação da Constituição à Assunção de Poderes Constituintes*, Tese de Mest., polic., Coimbra, 2015, p. 105-108).

Como se observa, são vários os momentos em que a Constituição Federal brasileira autoriza o exercício do controlo preventivo de constitucionalidade no âmbito político (Legislativo e Executivo). Apesar disso, de acordo com a jurisprudência do Supremo Tribunal Federal, ainda é possível a fiscalização preventiva de constitucionalidade pela via jurisdicional. Mas este assunto será versado mais adiante.

[113] Cfr. JEAN GICQUEL/JEAN ÉRIC-GICQUEL, ob. cit., p. 224 – 234.

nal diz respeito ao debate travado, nos anos de 1929-1931, entre Hans Kelsen e Carl Schmitt sobre quem "deve ser o garante da Constituição" (*Wer soll der Hüter der Verfassung sein*). O destaque do debate histórico entre estas duas personalidades que integram indubitavelmente a galeria dos grandes vultos da ciência do direito do século XX não é motivado por uma mera curiosidade sobre a arqueologia da ciência do direito constitucional. É, antes, justificado pela circunstância de a controvérsia entre o constitucionalista austríaco e o constitucionalista alemão pôr a descoberto um problema nuclear, e bem atual, da justiça constitucional, que é o da sua *legitimidade*. Concordamos, por isso, com G. Lombardi, quando afirma que retomar e estudar a polémica daqueles dois expoentes do direito público do século passado "representa uma etapa ineludível no itinerário espiritual de qualquer juspublicista"[114].

Defensor, como se sabe, de uma conceção "normativa" da Constituição (esta é o escalão mais elevado da ordem jurídica estadual)[115], Hans Kelsen entendia que devia ser confiada a um tribunal próprio a tarefa

[114] Cfr. Giorgio Lombardi, *Estudio Preliminar, La Querella Schmitt/Kelsen: Consideraciones Sobre lo Vivo y lo Muerto en la Gran Polémica Sobre la Justicia Constitucional del Siglo XX*, in "La Polémica Schmitt/Kelsen Sobre la Justicia Constitucional: El Defensor de la Constitución Versus Quién Debe Ser el Defensor de la Constitución?", Madrid, Tecnos, 2009, p. IX e X.

[115] Arquiteto da "teoria gradualista do Direito" (*Stufentheorie*), Hans Kelsen considera que "o fundamento de validade de uma norma apenas pode ser a validade de uma outra norma". Segundo o mesmo Autor, o escalão de *direito positivo* mais elevado da ordem jurídica estadual é a Constituição, mas acima desta existe uma última e ainda mais elevada norma, não *posta* por uma autoridade, mas *pressuposta* como a mais elevada, designada *norma fundamental* (*Grundnorm*). "A ordem jurídica – escreve Hans Kelsen – não é um sistema de normas jurídicas ordenadas no mesmo plano, situadas umas ao lado das outras, mas é uma construção escalonada de diferentes camadas ou níveis de normas jurídicas. A sua unidade é produto da conexão de dependência que resulta do facto de a validade de uma norma, que foi produzida de acordo com outra norma, se apoiar sobre essa outra norma, cuja produção, por seu turno, é determinada por outra; e assim por diante, até abicar finalmente na norma fundamental – pressuposta. A norma fundamental – hipotética, nestes termos – é, portanto, o fundamento de validade último que constitui a unidade desta interconexão criadora". Cfr. Hans Kelsen, *Teoria Pura do Direito*, trad. port., 2ª ed., Vol II, Coimbra, Arménio Amado, 1962, p. 1-4, 64 e 65.

Referindo-se à noção de Constituição, salienta Hans Kelsen que, "através das múltiplas transformações que ela sofreu, a noção de Constituição conservou um núcleo permanente: a ideia de um princípio supremo que determina a ordem estatal no seu todo e a

de apreciar as questões jurídico-constitucionais e, em particular, a de verificar a conformidade das leis com a Constituição, funcionando esse tribunal como um "legislador negativo", quando declarasse a inconstitucionalidade dessas mesmas leis[116]. Segundo HANS KELSEN, a criação de um Tribunal Constitucional com essa finalidade encontra a sua justificação na função política da Constituição, que é a de estabelecer limites jurídicos ao exercício do poder do Estado, e a função de guarda significa garantir que os limites impostos não sejam ultrapassados. Uma tal competência de guarda da Constituição deveria ser realizada pelo Tribunal Constitucional, pois este não participaria do exercício do poder legislativo e do poder executivo, nem teria uma posição de antagonismo perante o Parlamento e o Governo.

Na opinião do mesmo Autor, sendo o princípio da separação de poderes um instrumento não apenas de impedimento da "concentração de um poder excessivo nas mãos de um só órgão – concentração que seria perigosa para a democracia -, mas também de garantia da regularidade do funcionamento dos diferentes órgãos", então, "a instituição da justiça constitucional não está de modo algum em contradição com o princípio da separação de poderes, antes é, ao invés, uma afirmação do mesmo"[117]. A ideia de HANS KELSEN da criação de uma "autónoma justiça constitucional" foi, como é do conhecimento geral, acolhida na Constituição austríaca de 1920, que instituiu um Tribunal Constitucional.

Em contraposição à tese que vem de ser sucintamente indicada, CARL SCHMITT, baseado numa conceção "decisionista-unitária" da Constituição, defendia que o conceito de "justiça constitucional" encerrava em si algo de contraditório, na medida em que seria atribuir a um órgão jurisdicional uma atividade de natureza "política". Partindo de uma noção estrita de "justiça", nos termos da qual esta é uma função

---

essência da comunidade constituída por esta ordem". Cfr. *La Garantie Juridictionnelle de la Constitution (La Justice Constitutionnelle)*, cit., p. 197-257, em especial, p. 204.

[116] Cfr. WOLFGANG SCHILD, *Das Problem eines Hüters der Verfassung, Philosophische Anmerkungen zu einem juristischen Topos*, in «Hüter der Verfassung oder Lenker der Politik? – Das Bundesverfassungsgericht im Widerstreit», herausg. B. GUGGENBERGER/T. WÜRTENBERGER, Baden-Baden, Nomos, 1998, p. 39.

[117] Cfr. *La Garantie Juridictionnelle de la Constitution (La Justice Constitutionnelle)*, cit., p. 197-257, em especial, p. 225.

exercida por um órgão independente, que se traduz na decisão de uma concreta situação da vida com base numa lei (*Justiz ist Entscheidung eines Falles auf Grund eines Gesetzes)*[118], concluía CARL SCHMITT que a tarefa atribuída a um Tribunal Constitucional não se podia reconduzir ao conceito de justiça e cifrava-se, no fundo, numa atividade de índole política[119].

Respondendo a TRIPEL, ANSCHÜTZ e GNEIST, que recomendavam a criação de um tribunal para decidir todos os litígios sobre a interpretação e a aplicação da Constituição, como exigência do Estado de direito, dizia CARL SCHMITT que esse tribunal, com a missão de decidir todos os litígios de interpretação das leis, seria, na realidade, "uma alta instância política", dado que separar, nessa situação, as questões jurídicas das políticas e acreditar que um assunto jurídico-político podia ser despolitizado seria pura ficção. Descrente em que um Tribunal Constitucional pudesse decidir apenas questões jurídicas, em contraponto às questões políticas, sustentava CARL SCHMITT que, "em lugar de um Tribunal com roupagem de formas judiciais, decide com mais dignidade uma instância política, algo como um «Senado», a exemplo das Constituições napoleónicas, que previam um denominado «*Sénat conservateur*» para defesa da Constituição"[120].

Um tal órgão político, ao qual, de acordo com CARL SCHMITT, se devia confiar a missão de "defesa existencial da Constituição", deveria ser um *poder neutro* atribuído ao *Presidente do Reich (Reichspräsident)*, como Chefe de Estado[121], o qual, como poder soberano e como resultado de uma decisão política do poder constituinte que antecede qualquer lei e até mesmo a Constituição, representava a unidade política do povo alemão e o Estado como um todo em contraposição ao pluralismo do Parlamento[122]. Além disso, o Presidente do Reich deveria estar dotado

---

[118] Cfr. WOLFGANG SCHILD, ob. cit., p. 32.
[119] Cfr. JOSÉ MANUEL M. CARDOSO DA COSTA, *Algumas Reflexões*, cit., p. 115.
[120] Cfr. CARL SCHMITT, *Teoría de la Constitución*, trad. esp., Madrid, Alianza, 1983, p. 131 e 132.
[121] Cfr. GIORGIO LOMBARDI, ob. cit., p. XXXVII.
[122] Vale a pena reproduzir as seguintes palavras de CARL SCHMITT: "Em vez de instituir um Tribunal para questões e conflitos de alta política, como defensor da Constituição, em vez de sacrificar e pôr em perigo a Justiça com estas contaminações políticas, melhor

seria recordar, antes de tudo, o conteúdo positivo da Constituição de Weimar e do seu sistema de normas. Segundo o conteúdo efetivo da Constituição de Weimar, existe já um defensor da Constituição, a saber: o Presidente do *Reich*. Tanto a sua estabilidade e permanência relativa (mandato de sete anos, dificuldade da sua destituição, independência em relação a mutáveis maiorias parlamentares), como ainda o género das suas atribuições (...) têm por objeto criar, na ordem política, como consequência da sua relação imediata com o conjunto do Estado, uma instituição neutral que como tal seja defensora e garante do sistema constitucional e do funcionamento adequado das instâncias supremas do *Reich*, instituição que, além disso, está dotada, para o caso de necessidade, com atribuições eficazes que lhe permitam realizar uma defesa ativa da Constituição". Cfr. CARL SCHMITT, *El Defensor de la Constitución*, in "La Polémica Schmitt/Kelsen Sobre la Justicia Constitucional: El Defensor de la Constitución Versus Quién Debe Ser el Defensor de la Constitución?", Madrid, Tecnos, 2009, p. 1-287, em especial, p. 285.

A estas ideias contrapõe HANS KELSEN, entre o mais, o seguinte: "Não há nada, simplesmente nada, que possa justificar *opor* o Presidente do *Reich*, como «defensor da Constituição», a um Tribunal Constitucional que controle também esse «defensor», quer dizer, nada que permita negar ao tribunal constitucional a possibilidade de ser «defensor da Constituição» pelo facto de se atribuir tal tarefa ao Presidente do *Reich como se se tratasse da mesma função*, para a qual se procura e se encontra no Chefe de Estado um titular melhor, como o faz Carl Schmitt, quando formula os resultados da sua investigação (...). Se o Presidente do *Reich* é concebido pela Constituição como «contrapeso do Parlamento» – o qual, por certo, não pode ser negado –, então não se deve caracterizar esta função como «defesa da Constituição», dado que a garantia da Constituição é realizada mediante um Tribunal Constitucional com a mesma denominação. Isto não é uma mera precisão terminológica, pois Carl Schmitt retira deste inadmissível equívoco um dos principais argumentos contra a instituição de um Tribunal para controlo da Constituição. E esta argumentação possibilita-lhe, também, não só *sobrevalorizar* a competência da função do Presidente, um dos titulares da Constituição, mas também *desvalorizar* a competência do outro, o Parlamento. Se o Parlamento, tal como se expressa Carl Schmitt, é o «cenário do sistema pluralista» (...), porque é o lugar onde as contraposições de interesses realmente existentes se expressam como tais na luta dos grupos de interesses organizados em partidos políticos com o fim de influenciar a vontade política do Estado", então este é um processo que não pode ser caracterizado como anticonstitucional, apesar de todos os perigos que possam estar ligados a uma frutífera conformação da vontade política do Estado. A Constituição de Weimar consagra precisamente não só o Presidente do *Reich*, «eleito por todo o povo», mas também – em primeiro lugar – o Parlamento, eleito pelo mesmo povo, e com isso esse sistema político que Carl Schmitt caracteriza como «pluralista». Se a Constituição consagra o Presidente do *Reich* como «contrapeso» do *Parlamento*, é precisamente porque coloca *este* e, consequentemente, o sistema «pluralista» ligado a ele, necessária e essencialmente, como «peso» que gravita no jogo das forças políticas". Cfr. HANS KELSEN, *Quién Debe Ser el Defensor de la Constitución?*, in "La Polémica Schmitt/Kelsen Sobre la Justicia Constitucional: El Defensor de la Constitución Versus

de plenos poderes, como aqueles que resultam do artigo 48º da Constituição de Weimar, e deveria ter capacidade para, nas eventuais situações de crise, assegurar a unidade do Estado expressa numa determinada Constituição, ou seja, para garantir uma concreta e determinada "decisão constituinte"[123].

5. O problema da legitimidade da justiça constitucional

A terceira *questão* – que queremos somente enunciar, e não desenvolver, no conjunto dos esclarecimentos preliminares do sistema português de justiça constitucional – diz respeito à *legitimidade* da garantia jurisdicional da Constituição. É esta uma questão já velha de algumas décadas do constitucionalismo, mas que vem ocupando recorrentemente as "primeiras páginas" dos últimos estudos de direito constitucional. Ela coloca-se em três níveis ou patamares diferentes.

O primeiro consiste em perguntar se tem cabimento uma garantia jurisdicional da Constituição, isto é, se se justifica entregar à jurisdição, ou a "uma" jurisdição em particular, a missão de garantir a efetividade da Constituição contra os restantes poderes do Estado, democraticamente legitimados, incluindo o legislador, ou se, por essa via, não se está a atribuir uma função "política" a órgãos jurisdicionais, que não podem, nem devem fazer "política".

O segundo traduz-se em indagar se, aceitando-se que há lugar a uma garantia contenciosa da Constituição, esta tarefa deve ser cometida aos tribunais comuns ou, ao invés, a um tribunal próprio e específico, situado fora da ordem ou das ordens judiciais comuns e integrado

---

Quién Debe Ser el Defensor de la Constitución?", Madrid, Tecnos, 2009, p. 289-366, em especial, p. 354 e 355.

[123] Sínteses dos contornos da contenda entre HANS KELSEN e CARL SCHMITT sobre "o guarda" da Constituição podem ver-se em JOSÉ MANUEL M. CARDOSO DA COSTA, *Algumas Reflexões*, cit., p. 114-117, MARIA BENEDITA DIAS URBANO, *Curso de Direito Constitucional, Evolução Histórica e Modelos do Controlo da Constitucionalidade*, 2ª ed., Coimbra, Almedina, 2016, p. 67-71, em GIORGIO LOMBARDI, *Estudio Preliminar, La Querella Schmitt/Kelsen: Consideraciones Sobre lo Vivo y lo Muerto en la Gran Polémica Sobre la Justicia Constitucional del Siglo XX, in* "La Polémica Schmitt/Kelsen Sobre la Justicia Constitucional: El Defensor de la Constitución Versus Quién Debe Ser el Defensor de la Constitución?", cit., p. IX – LXXII, e em WOLFGANG SCHILD, ob. cit., p. 31-43.

por juízes sujeitos a um processo especial de designação, capaz de lhes conferir uma qualificada legitimação política.

O terceiro, finalmente, dando por resolvido o problema da legitimidade da existência de uma jurisdição constitucional, cifra-se em questionar a sua natureza, o seu sentido e os seus limites, num quadro constitucional assente no princípio da separação de poderes, ou, noutros termos, em questionar os limites "funcionais" da justiça constitucional (já não a questão "estrutural" ou "institucional" da sua existência), procurando saber até onde pode e deve ela ir, sem invadir e "usurpar" o domínio próprio de outros poderes do Estado, igualmente legitimados para o desempenho das suas funções específicas[124]

Neste terceiro nível, o que está em discussão, como salienta R. ALEXY (referindo-se à intervenção do Tribunal Constitucional, para garantia dos direitos fundamentais, em face do poder legislativo), "não é *se* o Tribunal Constitucional possui competências de controlo no âmbito da legislação, mas apenas o *alcance* que as mesmas apresentam"[125].

Relativamente à questão da *legitimidade* da justiça constitucional, importa, desde já, sublinhar a consagração e a generalização, em vagas sucessivas[126], no espaço europeu, ao longo dos últimos cinquenta anos do século passado, da justiça constitucional, através da instituição, de acordo com a conceção de HANS KELSEN, de órgãos jurisdicionais próprios e específicos (os tribunais constitucionais), incumbidos de exercer primordialmente a justiça em matérias de natureza jurídico-constitucional.

Tal movimento de consagração e de difusão da justiça constitucional – que poderemos considerar, com L. FAVOREU, como *"l'événement le plus marquant du droit constitutionnel européen de la seconde moitié du XX siècle"*[127] – começou, logo após o termo da 2ª Grande Guerra, com o restabelecimento pela Lei Fundamental austríaca, de 12 de outubro de 1945, da Constituição de 1920 e do Tribunal Constitucional, que tinham sido suprimidos em 1938, e a aprovação da Constituição italiana, de 27 de

---

[124] Sobre os níveis em que pode colocar-se a questão da legitimidade da justiça constitucional, cfr. JOSÉ MANUEL M. CARDOSO DA COSTA, *Algumas Reflexões*, cit., p. 116-123.
[125] Cfr. *Theorie der Grundrechte*, cit., p. 496.
[126] Cfr. MARC VERDUSSEN, *Justice Constitutionnelle*, Bruxelles, Larcier, 2012, p. 52-59.
[127] Cfr. *Les Cours Constitutionnelles*, 3ª ed., Paris, PUF, Que sais-je?, 1996, p. 3.

dezembro de 1947, e da Lei Fundamental alemã, de 23 de maio de 1949; continuou, mais tarde, com a criação do *Conseil Constitutionnel* francês, em 1958, mas, sobretudo, com o alargamento da sua capacidade de intervenção, num primeiro momento, a partir da Revisão Constitucional de 29 de outubro de 1974[128], e, num segundo momento, a partir da Revisão Constitucional de 23 de julho de 2008[129]; prosseguiu, nos anos 70 do

---

[128] A referida revisão constitucional, alterando o artigo 61º, parágrafo segundo, da Constituição francesa de 1958, alargou a legitimidade para solicitar ao Conselho Constitucional a apreciação da constitucionalidade das leis, antes da sua promulgação, a sessenta Deputados ou sessenta Senadores (que vieram juntar-se ao Presidente da República, Primeiro-Ministro, Presidente da Assembleia Nacional e Presidente do Senado).
A fiscalização da constitrucionalidade das leis, antes da sua promulgação, é, no ordenamento jurídico francês, em princípio, facultativa, mas, de harmonia com o artigo 61º, parágrafo primeiro, da Constituição francesa, *"les lois organiques, avant leur promulgation, les propositions de loi mentionnées à l'article 11 avant qu'elles ne soient soumises au référendum, et les règlements des assemblées parlementaires, avant leur mise en application, doivent être soumis au Conseil constitutionnel qui se prononce sur leur conformité à la Constitution"*. A submissão ao Conselho Constitucional, em fiscalização preventiva, daqueles diplomas suspende o prazo de promulgação e, no caso de declaração de inconstitucionalidade, não podem os mesmos ser promulgados, nem aplicados (artigos 61º, parágrafo quarto, e 62º, parágrafo primeiro, da Constituição francesa).
Apesar de, com aquela reforma, se manter, em França, a natureza exclusivamente *preventiva* do controlo da constitucionalidade de normas jurídicas, teve a mesma um profundo significado, já que permitiu à minoria parlamentar desempenhar um importante papel de vigilância do respeito da Constituição, retirando à maioria governamental o monopólio de guardião da mesma. Cfr., para mais desenvolvimentos, CHARLES CADOUX, *Droit Constitutionnel et Institutions Politiques (Théorie Générale des Institutions Politiques)*, 4ª ed., Paris, Cujas, 1995, p. 200; YVES GUCHET/JEAN CATSIAPIS, *Droit Constitutionnel*, Paris, Ellipses, 1996, p. 180-184; DENIS TOURET, *Droit Public Constitutionnel*, Paris, Litec, 1998, p. 203 e 204 ; e DOMINIQUE ROUSSEAU, ob. cit., p. 66-69.

[129] A Lei de Revisão Constitucional de 23 de julho de 2008 aditou à Constituição francesa de 1958 o artigo 61º-1, para aí prever a *"question prioritaire de constitutionnalité"*, a qual entrou em vigor a partir de 1 de março de 2010, e foi considerada como "uma revolução jurídica" ao serviço dos direitos e liberdades fundamentais. Com base nesta alteração constitucional, o sistema francês de controlo da constitucionalidade de leis deixou de ser exclusivamente um controlo preventivo ou *a priori*, para ser também um controlo sucessivo ou *a posteriori*.
De harmonia com aquele preceito constitucional, "quando, no decurso de um processo perante uma jurisdição, for sustentado que uma disposição legislativa atenta contra os direitos e liberdades que a Constituição garante, o Conselho Constitucional pode ser confrontado com esta questão com base no reenvio pelo Conselho de Estado ou pela Cour

século transato, com as novas Constituições portuguesa, de 2 de abril de 1976, na versão da Lei de Revisão Constitucional de 30 de setembro de 1982, e espanhola, de 27 de dezembro de 1978, e, em 1980, com a criação da *Cour d'Arbitrage* belga (que passou a designar-se, a partir da Revisão Constitucional de maio de 2007, *Tribunal Constitucional*, nome mais consentâneo com as suas competências atuais); e, terminou, na última década do século XX, com a emergência, nos países da Europa de leste, após a queda dos regimes comunistas, de tribunais constitucionais, cuja função precípua é a fiscalização da constitucionalidade das leis e de outras normas jurídicas[130].

---

de Cassation, que se pronuncia num prazo determinado". As normas disciplinadoras da referida questão prévia de inconstitucionalidade ou de exceção de inconstitucionalidade constam da Lei Orgânica de 10 de dezembro de 2009. De registar que a *"question prioritaire de constitutionnalité"* não possibilita aos juízes um acesso direto ao Conselho Constitucional, com base numa suscitação da questão de inconstitucionalidade pelas partes do processo judicial. Eles têm de apresentar a referida questão num *"écrit distinct et motivé"* ao Conseil d'État ou à Cour de Cassation, que devem decidir num determinado prazo se dão ou não seguimento ao pedido apresentado pelas instâncias inferiores.

Fazendo um balanço da *"question prioritaire de constitutionnalité"*, verifica-se que, desde 2010 a 2014, a taxa de reenvios ao Conseil Constitutionnel foi, *grosso modo*, de 20%, tendo 54,3% das suas decisões sido decisões de conformidade, 11,7% de conformidade sob reserva, 8,6% de não-conformidade parcial e 19,4% de não-conformidade total. O prazo médio de julgamento da questão prioritária de constitucionalidade foi de setenta dias. Para mais desenvolvimentos, cfr., por todos, DOMINIQUE ROUSSEAU/PIERRE-YVES GAHDOUN/JULIEN BONNET, *Droit du Contentieux Constitutionnel*, 11ª ed., Paris, LGDJ, 2016, p. 169-227, JEAN GICQUEL/JEAN ÉRIC-GICQUEL, ob. cit., p. 776-782, AGNÈS ROBLOT-TRIZIER, *La Question Prioritaire de Constitutionnalité Devant les Juridictions Ordinaires : Entre Méfiance et Prudence*, in « L'Actualité Juridique- Droit Administratif », nº 2/2010, p. 80-87, e MICHEL VERPEAUX, *Le Conseil Constitutionnel Juge de la Question Prioritaire de Constitutionnalité, ibidem*, p. 88-93.

[130] Para além dos Países citados, foram instituídas jurisdições constitucionais em outros Estados Europeus: o Tribunal Constitucional do Liechtenstein, o Tribunal Constitucional da Turquia, o Tribunal Constitucional de Andorra e o Tribunal Constitucional do Grão-Ducado do Luxemburgo. Sobre as etapas do desenvolvimento da justiça constitucional na Europa ocidental e sobre a emergência de uma justiça constitucional na Europa central, cfr. DOMINIQUE ROUSSEAU, *La Justice Constitutionnelle en Europe*, 2ª ed., Paris, Montchrestien, 1992, p. 23-32, MARC VERDUSSEN, *Justice Constitutionnelle*, cit., p. 52-59, e MICHEL FROMONT, *Justice Constitutionnelle Comparée*, Paris, Dalloz, 2013, p. 43-51. Para uma caracterização da justiça constitucional em alguns países da Europa central, tais como Bulgária, Hungria, Polónia, Roménia, Eslováquia e República Checa, cfr. *La*

A generalização da justiça constitucional, no pós-guerra, no quadro das democracias ocidentais, como antídoto à degenerescência totalitária que nalgumas delas se tinha verificado antes da 2ª Grande Guerra, e a nova vaga da instituição de jurisdições constitucionais nos Estados pós-comunistas da Europa central, como sustentáculos dos jovens regimes democráticos, são um testemunho vivo do largo consenso que percorre a enorme "casa europeia" sobre a justiça constitucional. Um tal consenso não significou, no entanto, o esquecimento ou o abandono da discussão sobre a legitimidade da justiça constitucional – discussão essa que não visa já, no entanto, pôr em causa a ideia básica de uma garantia contenciosa da Constituição, nem a atribuição da correspondente competência a um tribunal próprio, especificamente instituído e legitimado para o efeito.

Ela visa, antes, por um lado, responder à interrogação da compatibilidade da justiça constitucional com o "princípio democrático" (que tem a sua principal expressão no "princípio da maioria"), no qual assenta a legitimação dos órgãos legislativos, procurando esclarecer o problema da compaginação do poder do juiz constitucional de "desautorizar" o legislador com aquele princípio, e, por outro lado, definir os "limites funcionais" da justiça constitucional em face do "poder de conformação" (ou de "invenção") do legislador e discutir a legitimidade de certas "práticas" ou "técnicas" de decisão dos tribunais constitucionais que poderão invadir aquele espaço de reserva do legislador.

No que respeita à primeira vertente assinalada, têm sido abundantes as posições doutrinárias sobre a compatibilidade da justiça constitucional com o princípio democrático da maioria. Vale a pena indicar, muito esquematicamente, algumas delas: a posição de R. DWORKIN, que distingue entre *"questões de princípio"*, isto é, entre matérias que se baseiam em *argumentos de princípio (arguments of principle)*, que são proposições que descrevem direitos, e para cuja solução os tribunais, em especial os tribunais constitucionais, tratando-se de direitos fundamentais, estão melhor preparados, e *"questões políticas"*, ou seja, matérias que se alicerçam em *argumentos políticos (arguments of policy)*, que se

Justice Constitutionnelle en Europe Centrale, direc. MARC VERDUSSEN, Bruxelles/Paris, Bruylant/L. G. D. J., 1997, p. 1 e segs..

propõem estabelecer um objetivo coletivo da comunidade como um todo, e para cuja resolução os órgãos políticos (poder legislativo e poder executivo) têm maior aptidão[131/132]; a que, alicerçando-se nos fundamentos da decisão do Juiz JOHN MARSHALL, em 1803, no caso *Marbury v. Madison*, defende que é na ideia de "um governo limitado" (*"limited and balanced government"*), ou seja, na ideia de que a Constituição outorga "poderes limitados" aos órgãos políticos, que assenta a legitimidade da justiça constitucional (a quem cabe o poder de decidir quando são transgredidos esses limites)[133]; a tese que radica a legitimidade da justiça constitucional no (direto ou indireto) fundamento democrático da escolha dos juízes que compõem os tribunais constitucionais[134]; a posição que, baseando-se igualmente no fundamento que inspirou o

---

[131] Cfr. *Taking Rights Seriously*, Cambridge/Massachusetts, Harvard University Press, 1977, p. 82-100, em especial, p. 82-84, 86 e 90. Nesta ordem de ideias, RONALD DWORKIN escreve que a *Supreme Court* "deve tomar decisões de princípio, não de política – decisões sobre que direitos as pessoas têm sob o nosso sistema constitucional, não decisões sobre como se promove melhor o bem-estar geral – e que deve tomar essas decisões elaborando e aplicando a teoria substantiva da representação, extraída do princípio básico de que o governo deve tratar as pessoas como iguais" (cfr. *A Matter of Principle*, Oxford, Oxford University Press, 1996, p. 69).
A tese exposta de RONALD DWORKIN é seguida, entre nós, por JOSÉ SOUSA E BRITO, ao sublinhar que a legitimidade da jurisdição constitucional apoia-se no argumento de que "os juízes constitucionais são mais qualificados para resolver questões de princípio, ou insensíveis à escolha, enquanto os parlamentos e os governos são mais qualificados para escolher" (cfr. *Jurisdição Constitucional e Princípio Democrático*, in «Legitimidade e Legitimação da Justiça Constitucional», cit., p. 43).
[132] A distinção entre *argumentos de princípio* e *argumentos políticos* não significa, segundo RONALD DWORKIN, que os juízes não baseiem e devam basear os seus julgamentos de casos controvertidos em *argumentos de princípio político* (*arguments of political principle*), que apelam aos direitos políticos de cidadãos individuais, mas não já em *argumentos de ação política* (*arguments of political policy*), os quais exigem que uma determinada decisão contribua para promover uma certa conceção do bem-estar geral ou do interesse público (cfr. *A Matter of Principle*, cit., p. 9-11).
[133] Cfr. RONALD DWORKIN, *Law's Empire*, Oxford, Hart Publishing, 1998, p. 355, e MARIA DA ASSUNÇÃO ESTEVES, *Legitimação da Justiça Constitucional e Princípio Maioritário*, in «Legitimidade e Legitimação da Justiça Constitucional», cit., p. 127 e segs..
[134] Cfr. PIERRE BON, *La Légitimité du Conseil Constitutionnel Français*, in «Legitimidade e Legitimação da Justiça Constitucional», cit., p. 149-151; e LOUIS FAVOREU, *La Légitimité de la Justice Constitutionnelle et la Composition des Juridictions Constitutionnelles*, ibidem, p. 230 e segs..

Juiz JOHN MARSHALL no caso *Marbury* v. *Madison*, considera que é na "representação teórica de uma primazia da Constituição associada à vontade do poder constituinte de garantir efetivamente esta primazia por meio da jurisdição constitucional" que se encontra a legitimidade da justiça constitucional[135]; a tese que vai buscar à exigência de *fundamentação* das decisões da justiça constitucional – uma fundamentação baseada em argumentos racionais e coerentes, capazes de convencer o "auditório" e de ser objeto do seu controlo – o elemento essencial da legitimidade da justiça constitucional[136]; a tese de R. ALEXY, que, considerando embora importante, para a legitimidade da justiça constitucional, pelo menos uma ligação eleitoral indireta entre o povo e o Tribunal Constitucional, como sucede, por exemplo, através da designação dos seus membros por parte de representantes do povo diretamente eleitos, e, além e acima disso, uma tomada de decisões pelo Tribunal Constitucional com base num procedimento maioritário – aspetos estes que traduzem a dimensão volitiva ou decisionista da representação do povo

---

[135] Cfr. CHRISTIAN STARCK, La *Légitimité de la Justice Constitutionnelle et le Principe Démocratique de Majorité*, in «Legitimidade e Legitimação da Justiça Constitucional», cit., p. 59 e segs. Esta posição entronca na tese de JOHN MARSHALL, segundo a qual o poder e o dever do Supremo Tribunal Federal de fazer cumprir a Constituição provêm da própria declaração deste documento, que constitui a *lei* suprema dos Estados Unidos da América. Cfr., sobre este ponto, RONALD DWORKIN, *Law's Empire*, cit., p. 356.

[136] Cfr. JÖRG LUTHER, ob. e loc. cits. O dever de *fundamentação* constitui, segundo MASSIMO LUCIANI, não apenas a fonte de legitimidade da justiça constitucional, mas também da jurisdição em geral (embora a primeira, devido à sua natureza específica, coloque particulares exigências no que concerne ao dever de fundamentação). Neste sentido, sublinha aquele autor que "as decisões judiciais que criam maior escândalo não são tanto as que parecem erradas, mas as que – qualquer que seja o seu conteúdo – não são fundamentadas". Cfr. *Giurisdizione e Legittimazione nello Stato Costituzionale di Diritto (Ovvero: Di Un Aspetto Spesso Dimenticato del Rapporto fra Giurisdizione e Democrazia)*, in «Politica del Diritto», Ano XXIX, nº 3 (1998), p. 365 e segs., em especial, p. 376 e 377. No mesmo sentido, PEDRO CRUZ VILLALÓN distingue uma *legitimidade da função* ou *legitimidade objetiva* (a qual se encontra na legitimidade da própria Constituição), uma *legitimidade de origem* (que deriva do modo de designação dos juízes do Tribunal Constitucional) e uma *legitimidade de exercício* da justiça constitucional, que é a *fundamentação* das decisões (a decisão fundamentada, argumentada e racionalizada, a qual se reveste de particulares exigências "nessa função tão delicada que se chama interpretação da Constituição". Cfr. *Legitimidade da Justiça Constitucional e Princípio da Maioria*, in «Legitimidade e Legitimação da Justiça Constitucional», cit., p. 87-89.

pelo Tribunal Constitucional -, entende que o *punctum saliens* da legitimidade da fiscalização da constitucionalidade se encontra na *argumentação* ou na *representação argumentativa*, a qual não constitui apenas uma segunda dimensão, designada dimensão ideal, ao lado da dimensão decisionista, da representação do povo pelo Tribunal Constitucional, mas a dimensão essencial da fiscalização da constitucionalidade e o verdadeiro fundamento da sua legitimidade; e, por último, a posição de Ernst-Wolfgang Böckenförde, que considera que o problema da legitimidade da justiça constitucional deve ser resolvido com base na consideração de uma pluralidade de elementos: a efetiva legitimação democrática dos juízes, o método da sua escolha (que deve ter como preocupação a garantia da sua independência, de modo particular em face dos partidos políticos), a elevada qualificação dos juízes e o caráter jurisdicional da sua atividade (*die Richterlichkeit ihrer Amtsführung*), bem como a própria duração do mandato dos juízes[137].

Não é esta, naturalmente, a altura, nem este o lugar para analisar as posições doutrinárias que vêm de ser referidas. Acrescentaremos, por isso, tão-só que todas elas apresentam importantes subsídios para o esclarecimento do problema nuclear da *legitimidade* da justiça constitucional, na vertente assinalada.

No que concerne à segunda dimensão referida da *legitimidade* da justiça constitucional – isto é, a dos seus "limites funcionais" em face do "poder de conformação" do legislador –, referiremos, por agora, unicamente, que devem os tribunais constitucionais resistir à tentação de "substituírem pelas suas próprias «valorações» as que a Constituição deixa em aberto ao legislador" e "limitarem-se ao escrutínio das normas *sub judicio* à luz daquelas que são indiscutíveis «valorações constitucionais»"[138].

Como já tivemos ensejo de realçar, se a justiça constitucional constitui um garante da observância do princípio da *separação de poderes* pelos diversos órgãos do Estado, também este princípio estruturante

---

[137] Cfr. Ernst-Wolfgang Böckenförde, *Staat, Nation, Europa: Studien zur Staatslehre, Verfassungstheorie und Rechtsphilosophie*, 2. Aufl., Frankfurt am Main, Suhrkamp, 2000, p. 176-182, em especial, p. 177.
[138] Cfr. José Manuel M. Cardoso da Costa, *Algumas Reflexões*, cit., p. 121.

do Estado constitui um limite à jurisdição constitucional, no sentido de que os órgãos da jurisdição constitucional não podem invadir o *núcleo essencial* dos restantes poderes do Estado, designadamente entrar nos terrenos da chamada *liberdade de conformação do legislador* ou da denominada *discricionariedade legislativa*, baseada no princípio democrático da maioria, através da sobreposição das opções políticas dos juízes às legítimas opções políticas do legislador. Os tribunais constitucionais apenas podem antepor ao legislador as opções e os valores sedimentados na Constituição.

Quer isto dizer que rejeitamos as correntes *neoconstitucionalistas*, defensoras do *ativismo judiciário* ou do também designado *governo dos juízes*, que teve o seu início nos Estados Unidos da América[139] e que tem

---

[139] De facto, a expressão "ativismo judicial" (*judicial activism*) foi utilizada, pela primeira vez, não por um jurista, nem num artigo de uma revista jurídica, mas por um não-jurista, num artigo de uma revista popular, destinado ao grande público, escrito pelo cidadão norte-americano ARTHUR SCHLESINGER JR. Em janeiro de 1947, publicou um artigo na revista *Fortune*, no qual identificou na *Supreme Court* dos Estados Unidos da América juízes ativistas e juízes defensores da autocontenção, além de um grupo moderado. O artigo foi escrito num contexto de forte embate entre a *Supreme Court* e o Presidente FRANKLIN ROOSEVELT, em torno do *New Deal*, cujas leis, de carácter social e económico, eram declaradas sistematicamente inconstitucionais por aquele Tribunal.
Debruçando-se sobre a polémica, SCHLESINGER analisou o perfil dos magistrados, taxando de *ativistas* (*Judicial Activists*) os Juízes HUGO L. BLACK, WILLIAM O. DOUGLAS, FRANK MURPHY e WILEY RUTLEDGE, por entender que eles substituíam a vontade do legislador pelas suas, por acreditarem que deveriam atuar ativamente na defesa das liberdades civis e na promoção dos direitos sociais. Por outro lado, definiu como sendo *campeões da autocontenção* (*Champions of Self Restraint*) os Juízes FELIX FRANKFURTER, ROBERT H. JACKSON e HAROLD BURTON, que, numa atitude de maior respeito pela vontade do legislador, discordavam daquele posicionamento, argumentando que não deviam intervir no campo político. Entre estes dois pontos opostos, SCHLESINGER acomodou o Juiz STANLEY REED e o *Chief Justice* VINSON como integrantes do grupo moderado.
SCHLESINGER defendia, como regra geral, a autocontenção judicial, advogando que, no interesse da democracia, a *Supreme Court* devia retrair-se e não se expandir, deixando o poder de decisão para instituições diretamente sujeitas ao controlo popular, só sendo aceitável o ativismo judicial no caso de ameaça à própria liberdade de participação política dos cidadãos.
Fortemente ligado às preferências político-ideológicas dos Juízes da *Supreme Court* dos Estados Unidos da América e à projeção das mesmas nas decisões judiciais, o "ativismo judicial" pode ser dividido em duas fases: a *conservadora* e a *liberal*. O ativismo judicial conservador caracteriza-se por uma leitura substantiva da cláusula constitucional do

encontrado, nos últimos anos, um terreno fértil de aplicação na América Latina, e em especial no Brasil. Cientes da natureza polissémica, ou não monolítica, e até equívoca[140], daquelas expressões, entendemos o "ativismo judicial" como uma atitude, uma vontade, um comportamento, ou uma "espécie de behaviorismo cognitivo-interpretativo", claramente inconstitucional, que se traduz, por um lado, numa *expansão* ou numa *ampliação*, da autoria do próprio juiz constitucional, da sua própria competência (*ativismo competencial*) ou dos efeitos das suas decisões (*ativismo eficacial*), em termos de atingir, em violação do princípio da *separação de poderes*, o *núcleo essencial* de outros poderes do Estado, seja o poder legislativo, seja o poder dos restantes tribunais, e, por outro lado, numa *atuação* com base em *critérios, motivações* ou *raciocínios políticos*, com desrespeito pelas opções políticas adotadas pelos órgãos constitucional e democraticamente legitimidados para o efeito[141].

---

due process of law, que desembocou na prevalência do princípio da liberdade contratual sobre os outros direitos. Foi o que se verificou, por exemplo, na jurisprudência favorável à segregação racial (*Dred Scott v. Sandford, 1857*). O ativismo judicial de feição mais *liberal* surgiu na presidência do Juiz WARREN (1953-1969) e nos primeiros anos da BURGER Court (até 1973), voltado para a proteção dos direitos fundamentais. Exemplo máximo é o caso *Brown v. Board of Education* (1954), no qual a *Supreme Court* julgou inconstitucional a segregação racial no ensino público, suplantando a doutrina do *"separated but equal"*, ao entender que a segregação violava a *"equal protection clause"* (XIV Emenda). Nos tempos mais recentes, fundamentalmente a partir da ROBERTS *Court* (2005), há uma tendência de retorno a uma linha acentuadamente conservadora da maioria dos Juízes da *Supreme Court*.
Estas modalidades clássicas do ativismo judicial (conservador e liberal) são importantes pelo esclarecimento sobre a origem histórica da expressão, mas não nos fornecem um critério sobre até onde é constitucionalmente admissível o protagonismo dos juízes constitucionais, sobretudo nas questões politicamente sensíveis. Cfr., sobre este tema, KEENAN D. KMIEC, *The Origin and Current Meanings of "Judicial Activism"*, in "California Law Review", Vol. 92, out./2004, n° 5, p. 1441-1477; MARIA BENEDITA URBANO, *Curso de Justiça Constitucional*, cit., p. 131-159, em especial, p. 131-140; e HÉLIO PINHEIRO PINTO, *A Expansão do Supremo Tribunal Federal*, cit., p. 47-50.

[140] Sobre a inexistência de um consenso sobre o sentido da expressão "ativismo judicial", cfr. KEENAN D. KMIEC, *The Origin and Current Meanings of "Judicial Activism"*, cit., p. 1441-1477, em especial, p. 1463-1476, e HÉLIO PINHEIRO PINTO, *A Expansão do Supremo Tribunal Federal*, cit., p. 50-54.

[141] Alguns autores apresentam uma definição restrita e formal de "ativismo judicial", dizendo que o mesmo deve restringir-se ao primeiro grupo de atitudes referidas no texto, de modo a desligá-lo do conteúdo das decisões, mesmo injustas ou erradas, evitando-se,

O mesmo está associado a uma ampla atuação do poder judicial, sobretudo dos tribunais constitucionais, na tarefa de concretização dos anseios constitucionais, arrogando-se a posse de competências que a Constituição claramente não lhe reconhece e interferindo e invadindo o espaço de ação dos outros poderes do Estado, em especial do legislador, a qual significa uma disfunção da atividade jurisdicional, em detrimento sobretudo da função legislativa, e protagoniza uma ofensa à Constituição por parte do poder judicial, em especial pelos tribunais constitucionais, tanto mais grave, quanto é certo que é a ele que cabe a guarda da mesma[142].

Como exemplos impressivos de "decisões ativistas" do Supremo Tribunal Federal brasileiro, na modalidade de "ativismo competencial", através das quais aquele Tribunal se arroga competências não previs-

---

assim, que se considere "ativista" uma "decisão da qual se discorda" ou prolatada por um "juiz de que não se gosta". Neste sentido, HÉLIO PINHEIRO PINTO define "ativismo judicial" como a "postura expansiva do juiz que, por meio da função jurisdicional, amplia os limites de sua própria competência (ativismo competencial) e/ou alarga a eficácia de suas decisões (ativismo eficacial), mesmo que com pretexto sincero de concretizar direitos". Acrescenta que, para se falar em ativismo do Poder Judiciário, é necessário que a expansão decorra de forças endógenas, isto é, quando imposta pelo próprio Poder Judiciário (*autoexpansão*).

E, quanto aos efeitos perversos do autoalargamento pelo Supremo Tribunal Federal da sua competência e/ou da eficácia das suas decisões, são eles a "compressão da jurisdição constitucional dos órgãos inferiores do próprio Judiciário, por meio da asfixia da fiscalização difusa da constitucionalidade (ativismo interno)" e a "assunção de parte da competência normativa do Poder Legislativo (ativismo externo)". Segundo o mesmo Autor, do "ativismo judicial", constitucionalmente censurável, deve distinguir-se o fenómeno, constitucionalmente legítimo, da "judicialização da política", que pode ser definido como "o fenómeno pelo qual questões políticas são juridificadas (em nível constitucional), tornando-se questões de direito passíveis de serem judicializadas, e, se assim forem, passam a ser decididas, em caráter final, pelos juízes constitucionais, e não pelos representantes eleitos do povo". Cfr. *A Expansão do Supremo Tribunal Federal*, cit., p. 54-63.

[142] Cfr., sobre esta problemática, CARLOS BLANCO DE MORAIS, *Curso de Direito Constitucional*, Tomo II, Vol. II, cit., p. 368-378; MARIA BENEDITA URBANO, *Curso de Justiça Constitucional*, cit., p. 131-159; e LUÍS ALBERTO BARROSO, o qual define o ativismo judicial como a "escolha de um modo específico e proativo de interpretar a Constituição, expandindo o seu sentido e alcance" (cfr. *Judicialização, Ativismo Judicial e Legitimidade Democrática*, in "Revista de Direito do Estado", Rio de Janeiro, nº 13, janeiro/março de 2009, p. 76).

tas na Constituição, costumam ser indicadas as relativas à utilização do instrumento jurídico do *mandado de segurança* como mecanismo de *fiscalização jurisdicional preventiva* de constitucionalidade de projeto de lei, com fundamento em *vícios formais* e *procedimentais* da atuação legislativa (vício de origem ou irregularidades no processo legislativo) ou de proposta de emenda constitucional, com fundamento na violação dos *limites formais, circunstanciais* e *materiais*, previstos no artigo 60º da Constituição Federal[143], bem como as respeitantes "à perda de mandato

---

[143] Uma decisão importante do Supremo Tribunal Federal respeitante ao controlo preventivo da constitucionalidade foi a proferida no julgamento do Mandado de Segurança nº 32. 033, concluído em 20 de junho de 2013, cujo Sumário é o seguinte: "CONSTITUCIONAL. MANDADO DE SEGURANÇA. CONTROLE PREVENTIVO DE CONSTITUCIONALIDADE MATERIAL DE PROJETO DE LEI. INVIABILIDADE.
1. Não se admite, no sistema brasileiro, o controle jurisdicional de constitucionalidade material de projetos de lei (controle preventivo de normas em curso de formação). O que a jurisprudência do STF tem admitido, como exceção, é a legitimidade do parlamentar – e somente do parlamentar – para impetrar mandado de segurança com a finalidade de coibir atos praticados no processo de aprovação de lei ou emenda constitucional incompatíveis com disposições constitucionais que disciplinam o processo legislativo (MS 24.667, Pleno, Min. Carlos Velloso, DJ de 23.04.04). Nessas excepcionais situações, em que o vício de inconstitucionalidade está diretamente relacionado a aspectos formais e procedimentais da atuação legislativa, a impetração de segurança é admissível, segundo a jurisprudência do STF, porque visa a corrigir vício já efetivamente concretizado no próprio curso do processo de formação da norma, antes mesmo e independentemente de sua final aprovação ou não.
2. Sendo inadmissível o controle preventivo da constitucionalidade material das normas em curso de formação, não cabe atribuir a parlamentar, a quem a Constituição nega habilitação para provocar o controle abstrato repressivo, a prerrogativa, sob todos os aspectos mais abrangente e mais eficiente, de provocar esse mesmo controle antecipadamente, por via de mandado de segurança.
3. A prematura intervenção do Judiciário em domínio jurídico e político de formação dos atos normativos em curso no Parlamento, além de universalizar um sistema de controle preventivo não admitido pela Constituição, subtrairia dos outros Poderes da República, sem justificação plausível, a prerrogativa constitucional que detêm de debater e aperfeiçoar os projetos, inclusive para sanar seus eventuais vícios de inconstitucionalidade. Quanto mais evidente e grotesca possa ser a inconstitucionalidade material de projetos de leis, menos ainda se deverá duvidar do exercício responsável do papel do Legislativo, de negar-lhe aprovação, e do Executivo, de apor-lhe veto, se for o caso. Partir da suposição contrária significaria menosprezar a seriedade e o senso de responsabilidade desses dois Poderes do Estado. E se, eventualmente, um projeto assim se transformar em lei, sempre

parlamentar por infedilidade partidária", nas quais o Supremo Tribunal Federal vem considerando, à revelia do elenco de causas de perda de mandato parlamentar indicadas no artigo 55º da Constituição Federal, que a desfiliação do Deputado Federal do partido pelo qual foi eleito implica a perda do mandato parlamentar[144].

E como exemplos de "decisões ativistas", na modalidade de "ativismo eficacial", são apontadas as decisões do Supremo Tribunal Federal do Brasil, que, através do instrumento do *mandado de injunção*, e em face da omissão legislativa do Congresso Nacional, se traduziram no exercício de funções legislativas ativas, autorizando a greve dos servidores públicos, mesmo sem aprovação da lei exigida pela Constituição Federal (artigo 37º, VII)[145], e, bem assim, a tentativa de "abstratização" do controlo difuso de constitucionalidade, constante de algumas decisões do Supremo Tribunal Federal, com fundamento numa pretensa *mutação constitucional* do artigo 52º, X, da Constituição Federal[146].

---

haverá a possibilidade de provocar o controle repressivo pelo Judiciário, para negar-lhe validade, retirando-a do ordenamento jurídico.
4. Mandado de segurança indeferido".
Sobre esta problemática, refere MARCELO NOVELINO que "os parlamentares têm direito público subjetivo à observância do devido processo legislativo constitucional. Por isso, apenas eles, e nunca terceiros estranhos à atividade parlamentar, têm legitimidade para impetrar o mandado de segurança nessa hipótese. A iniciativa somente poderá ser tomada por membros do órgão parlamentar perante o qual se achem em curso o projeto de lei ou a proposta de emenda. Trata-se de um controle concreto, uma vez que a impetração do *mandamus* surge a partir da suposta violação de um direito (ao devido processo legislativo)". Cfr. *Manual de Direito Constitucional*, 9ª ed. revista e atualizada, São Paulo, Método, 2014, p. 972. Sobre a problemática do controlo judicial preventivo de constitucionalidade, cfr., ainda, ALEXANDRE DE MORAES, ob. cit., p. 216-219, e HÉLIO PINHEIRO PINTO, A *Expansão do Supremo Tribunal Federal*, cit., p. 105-130.
[144] Cfr., sobre esta problemática, com referências críticas à jurisprudência do Supremo Tribunal Federal, HÉLIO PINHEIRO PINTO, A *Expansão do Supremo Tribunal Federal*, cit., p. 84-97.
[145] Cfr., sobre esta problemática, com referências críticas à jurisprudência do Supremo Tribunal Federal, HÉLIO PINHEIRO PINTO, A *Expansão do Supremo Tribunal Federal*, cit., p. 58, sobretudo, nota 143.
[146] O artigo 52º, X, da Constituição Federal brasileira estatui que compete privativamente ao Senado Federal "suspender a execução, no todo ou em parte, de lei declarada inconstitucional por decisão definitiva do Supremo Tribunal Federal". Este preceito constitucional, cuja origem se encontra na Constituição de 1934, prevê a possibilidade

Por outro lado, quanto à questão da justificação e admissibilidade de determinadas "técnicas" que não se limitam ao puro e simples juízo de inconstitucionalidade ou não inconstitucionalidade – "técnicas" essas que serão apresentadas um pouco mais adiante –, estamos perante algo que permanece em aberto, devido à sua grande complexidade e melin-

de o Supremo Tribunal Federal, nos casos de decisões definitivas nas quais declara a inconstitucionalidade de uma norma de maneira incidental, remeter ao Senado Federal uma comunicação dessa decisão, para que, no exercício da sua *competência discricionária*, suspenda, se assim o entender, a execução da lei, total ou parcialmente. Por esta via, torna-se possível conferir eficácia geral às decisões adotadas em controlo difuso de constitucionalidade, transformando, portanto, os efeitos *inter partes* em *erga omnes*.

Constitui este um meio de evitar demandas repetidas em relação à constitucionalidade de uma mesma norma. Mas resulta claramente da letra e do espírito da mencionada norma constitucional que, caso o Senado opte por não suspender a lei, a mesma deverá continuar a produzir os seus efeitos, salvo relativamente às partes no processo difuso de constitucionalidade. Se o Senado Federal optar pela suspensão da execução da lei, ainda que parcialmente, deve fazê-lo por meio de resolução suspensiva irrevogável. É importante destacar que a Constituição não estipulou qualquer prazo para tal atuação do Senado Federal, que poderá agir quando achar conveniente, ou, como se referiu, poderá não agir, sem que haja qualquer tipo de sanção, uma vez que se trata de uma atividade discricionária (no sentido de que estamos perante uma competência discricionária, e não vinculada, do Senado Federal, cfr. ALEXANDRE DE MORAES, ob. cit., p. 247-249).

Sucede, porém, que o Supremo Tribunal Federal vem extraindo, em algumas decisões, do artigo 52º, X, da Constituição Federal um sentido totalmente novo, dando ao controlo difuso os mesmos contornos do controlo concentrado, e, por conta disso, atribuindo – ele mesmo – a eficácia *erga omnes* às suas decisões concretas. Esse sentido completamente inovatório consiste no seguinte: a partir do momento que comunica ao Senado a decisão de inconstitucionalidade, caberá a este apenas torná-la pública, por meio de publicação no Diário Oficial (exemplo típico deste entendimento é a decisão do Supremo Tribunal Federal relativa à Reclamação 4. 335/AC). Parece evidente que, com esta interpretação, o Supremo Tribunal Federal brasileiro está a realizar uma ilegítima *mutação constitucional*, a colocar-se no papel de reformador da Constituição e a usurpar a competência privativa do Senado Federal, clara e inequivocamente definida na Constituição. São, por isso, vários os autores que criticam vivamente esta postura ativista do Supremo Tribunal Federal, que desrespeita claramente o princípio da separação dos poderes, afronta ostensivamente as competências atribuídas pela Constituição ao Senado Federal e briga frontalmente com os contornos constitucionais do controlo difuso de constitucionalidade de normas jurídicas. Defendendo esta postura do Supremo Tribunal Federal, cfr. GILMAR FERREIRA MENDES, *Direitos Fundamentais e Controle de Constitucionalidade: Estudos de Direito Constitucional*, 4ª ed., São Paulo, Saraiva, 2012, p. 761 e 762. Criticando esta atitude, cfr. HÉLIO PINHEIRO PINTO, *A Expansão do Supremo Tribunal Federal*, cit., p. 58, em especial, nota 144.

dre, não sendo de todo elimináveis, segundo pensamos, as dúvidas que, pelo menos em relação a algumas delas, se vêm colocando.

6. Os dois grandes modelos de garantia contenciosa da Constituição e a natureza mista do sistema português de justiça constitucional

Referindo-nos, agora, à caracterização do sistema português de justiça constitucional, começaremos por salientar que, no campo da justiça constitucional, existem dois grandes *modelos* de controlo jurisdicional da constitucionalidade de normas jurídicas: o modelo norte-americano da *judicial review* ou do controlo *desconcentrado* ou *difuso*, baseado no poder-dever que os diferentes tribunais têm de não aplicar nas questões submetidas ao seu julgamento normas contrárias à Constituição; e o modelo austríaco ou kelseniano da fiscalização *concentrada* (numa instância única e especializada) da constitucionalidade dos atos normativos do poder público[147].

Ambos os modelos correspondem a sistemas de *soberania judicial* (*strong-form judicial review*), nos quais a última palavra sobre a interpretação da Constituição pertence a um órgão jurisdicional, podendo essa interpretação ser alterada apenas através de revisão ou emenda constitucional ou através da modificação do pensamento da própria *Supreme Court* ou do próprio Tribunal Constitucional. Ao sistema de *soberania judicial* opõe-se o sistema de *soberania parlamentar*, no qual a última palavra sobre o que é direito da nação é deixada a cargo do Parlamento[148].

---

[147] As notas características destes dois modelos podem ver-se em JORGE MIRANDA, *Manual de Direito Constitucional, Inconstitucionalidade e Garantia da Constituição*, Tomo VI, 4ª ed., Coimbra, Coimbra Editora, 2013, p. 124-133; MARIA BENEDITA DIAS URBANO, *Curso de Justiça Constitucional*, cit., p. 30-35 e 53-85; FAUSTO CUOCOLO, *Istituzioni di Diritto Pubblico*, 9ª ed., Milano, Giuffrè, 1996, p. 916-918; FRANCISCO FERNÁNDEZ SEGADO, *El Sistema Constitucional Español*, Madrid, Dykinson, 1992, p. 1046-1048; ANTONIO TORRES DEL MORAL, *Principios de Derecho Constitucional Español*, Vol. II, 3ª ed., Madrid, Servicio de Publicaciones de la Facultad de Derecho, 1992, p. 383 e 384; PAOLO CARETTI/UGO DE SIERVO, *Istituzioni di Diritto Pubblico*, 3ª ed., Torino, Giappichelli, 1996, p. 493-496; PATRICK GAÏA [et al.], *Droit Constitutionnel*, 2.º ed., coord. LOUIS FAVOREU, Paris, Dalloz, 1999, p. 215 e segs.; DOMINIQUE ROUSSEAU, *La Justice Constitutionnelle*, cit., p. 13-23 ; e JAVIER PÉREZ ROYO, ob. cit., p. 151, 152, 156 e 157.

[148] A doutrina da soberania parlamentar encontra, de um modo geral, o seu fundamento na consideração de que a mesma facilita a adoção de decisões democráticas e a aprovação

Entretanto, entre 1982 e 2001, três países da Comunidade Britânica (Reino Unido, Canadá e Nova Zelândia) introduziram nos seus ordenamentos jurídicos importantes modificações, que os afastaram do sistema clássico e puro de soberania parlamentar até então vigente, mas não os conduziram para uma solução semelhante ao *design* constitucional norte-americano ou germano-austríaco. Tais modificações deram origem a um *sistema híbrido*, que vem sendo designado como *weak-form judicial review*. Diferentemente do sistema de *controlo de constitucionalidade forte*, na *weak-form judicial review* existem mecanismos que permitem ao legislador ordinário, não obstante a pronúncia do Poder Judiciário, afastar a decisão judicial que declarou a inconstitucionalidade da lei, designadamente por estar em conflito com um direito fundamental, e manter ativa a norma impugnada, mediante um procedimento simplificado e através de um caminho curto.

Embora as soluções adotadas pelos ordenamentos jurídicos do Reino Unido, do Canadá e da Nova Zelândia não sejam coincidentes, os três apresentam as seguintes características comuns: controlo de constitucionalidade da legislação realizada por um Tribunal; possibilidade de manifestação judicial quanto à inconstitucionalidade de uma lei, sem, contudo, esta decisão ser necessariamente a palavra final, visto que poderá ser revista, em certas circunstâncias, pelo poder legislativo;

de leis razoavelmente justas, bem como na ideia de que, devendo os direitos individuais ser sempre ponderados com outros direitos e interesses contrapostos, o Parlamento está, regra geral, mais apto do que os tribunais para reunir factos relevantes, ouvir as partes afetadas e chegar a um aceitável balanceamento dos interesses contrapostos. E defende-se que as injustiças ocasionais são o preço que deve ser pago pela democracia.
Todavia, alguns autores, entre os quais T. R. S. ALLAN, entendem que esta posição é inaceitável e que existem limites constitucionais à soberania parlamentar, que decorrem, desde logo, da circunstância de a interpretação, e mesmo a validade, da lei ser uma tarefa dos tribunais e que estes têm o poder de rejeição das leis que violam o princípio da igualdade e o princípio do devido processo legal, isto é, os princípios do Estado de direito (*the rule of law*). Os tribunais não podem, além disso, renunciar à sua responsabilidade de manutenção do Estado de direito. Tudo isto leva aquele autor a afirmar que os tribunais do Reino Unido, embora reconhecendo a soberania do Parlamento, aplicam princípios do constitucionalismo de modo pouco diferente do que existe nos países em que o poder do legislativo está expressamente limitado por um documento constitucional. Cfr., para mais desenvolvimentos, T. R. S. ALLAN, *Constitutional Justice, A Liberal Theory of The Rule of Law*, Oxford, Oxford University Press, 2001, p. 201-242.

existência de um procedimento não muito complexo para a superação legislativa do entendimento judicial; e respeito pelos princípios básicos do constitucionalismo contemporâneo[149].

Relativamente ao modelo norte-americano da *judicial review*, importa realçar que o controlo da constitucionalidade das leis não foi inscrito na Constituição dos Estados Unidos da América de 1787. Mas aquilo que os pais da Constituição não ousaram fazer veio a ser feito por JOHN MARSHALL, numa decisão de 1803. Então Presidente da *Supreme Court*, federalista convicto, nomeado por um Presidente dos Estados Unidos, ele próprio federalista (JOHN ADAMS), foi confrontado com o seguinte problema: depois da vitória do antifederalista THOMAS JEFFERSON, em 1800, ADAMS aproveitou os últimos momentos da sua presidência para nomear como juízes, inamovíveis, homens conhecidos pelas suas convicções federalistas. A precipitação foi tal que a decisão de nomeação de WILLIAM MARBURY não foi a tempo de ser enviada ao seu destinatário. Em face da recusa do novo Ministro da Justiça MADISON a dar seguimento àquela decisão, MARBURY requereu à *Supreme Court* um *writ of mandamus*, de modo a obter uma ordem judicial para forçar MADISON a atribuir-lhe o cargo para que tinha sido nomeado pelo anterior Presidente, baseando-se para tal na competência que a Lei Judiciária de 1789 atribuía à *Supreme Court*.

Perante uma situação de conflito direto entre o novo Presidente dos Estados Unidos e o Supremo Tribunal, JOHN MARSHALL encontrou uma saída particularmente hábil e astuciosa. Na sua decisão, declarou que a Lei de 1789, que conferia ao Supremo Tribunal o direito de impor a nomeação de juízes federais, era contrária à Constituição (com o fundamento de que o Congresso tinha ultrapassado os seus poderes, ao alargar a competência daquela Alta Instância Judicial) e que o Tribunal não podia, consequentemente, examinar o pedido de MARBURY.

Tratou-se de uma decisão política, na qual o Supremo Tribunal cedeu, habilmente, ao Presidente JEFFERSON, não impondo a nomeação do

---

[149] Cfr. MARK TUSHNET, *Weak Courts, Strong Rights: Judicial Review and Social Welfare Rights in Comparative Constitutional Law*, Pinceton, NJ, Princeton University Press, 2008, p. 24. Para uma síntese desta problemática, cfr. ANDERSON SANTOS DOS PASSOS, *Controle de Constitucionalidade, Soberania e Diálogo: Um Breve Estudo Sobre a "Weak-Form Judicial Review" no Canadá, na Nova Zelândia e no Reino Unido*, polic., Coimbra, 2015.

federalista MARBURY, mas, em contrapartida, afirmou o princípio do controlo judicial da constitucionalidade das leis, por ele considerado como um instrumento indispensável à consolidação do poder federal. Esta decisão – que é o verdadeiro momento auroral do sistema americano de justiça constitucional – baseou-se no seguinte silogismo: 1. A Constituição é superior a qualquer outra norma. 2. A Lei sobre a Organização Judiciária de 1789 é contrária à Constituição. 3. A lei deve ser, desde então, declarada inválida, por inconstitucionalidade. E foi rematada com a seguinte conclusão: "A linguagem da Constituição dos Estados Unidos confirma e reforça o princípio considerado como essencial de toda a Constituição escrita, que uma lei contrária à Constituição é nula e que os tribunais, assim como os outros poderes, estão vinculados a um tal instrumento"[150].

Na lógica do modelo norte-americano da *judicial review*, o efeito típico da decisão de controlo difuso de constitucionalidade é a declaração de nulidade e não apenas de anulabilidade do ato normativo (decisão essa que, sendo adotada pela *Supreme Court*, de acordo com o princípio da *stare decisis* do sistema da *common law*, vincula os juízes e tribunais inferiores). A lei é contrária à Constituição desde a sua entrada em vigor, motivo pelo qual a eficácia invalidante deveria tornar-se extensiva a todos os atos praticados à sombra da lei inconstitucional. Daí o seu efeito *ex tunc*[151].

Verifica-se, assim, a presença de um efeito declaratório, uma vez que a nulidade é preexistente, e as decisões judiciais prolatadas no controlo difuso limitam-se a declarar a nulidade absoluta da norma, cujo vício existe desde a sua origem. Por outras palavras, a lei inconstitucional, porque contrária a uma norma superior, é considerada absolutamente nula (*"null and void"*), pelo que o juiz, que exerce o poder de controlo, não anula, mas, meramente, *declara uma (preexistente) nulidade* da lei inconstitucional.

Completamente diferentes são as premissas teórico-jurídicas do modelo de HANS KELSEN do *controlo concentrado* da constitucionali-

---

[150] Cfr., para mais desenvolvimentos, MARIA BENEDITA DIAS URBANO, *Curso de Direito Constitucional*, cit., p. 59-64; JOSÉ ACOSTA SÁNCHEZ, ob. cit., p. 115-123; PATRICK GAÏA [*et al.*], ob. cit., p. 217 e 218; e DOMINIQUE ROUSSEAU, *La Justice Constitutionnele*, cit., p. 14-16.
[151] Cfr. J. J. GOMES CANOTILHO, *Direito Constitucional*, cit., p. 904.

dade das leis. Enquanto um Tribunal Constitucional não tiver declarado inconstitucional uma lei, este ato normativo é válido e vinculante para os juízes e os outros aplicadores do direito. Assim, a decisão de inconstitucionalidade, no modelo austríaco, é *constitutiva* e reconhece a *anulabilidade* do ato normativo, com efeitos *erga omnes*, e vale apenas a partir da prolação da decisão, ou seja, tem apenas eficácia *ex nunc*. No modelo austríaco, o Tribunal Constitucional não declara propriamente uma *nulidade*, antes *anula*, *cassa* uma lei, que, até à publicação da decisão de inconstitucionalidade, era válida e eficaz. É a decisão judicial que desconstitui a validade da norma jurídica, preservando-se até então os efeitos decorrentes da aplicação da mesma (eficácia *ex nunc*)[152/153].

Pode dizer-se, muito genericamente, que estes dois *modelos* influenciaram, em maior ou menor medida, os sistemas de justiça constitucional de vários países europeus e de diferentes países ibero-americanos[154]. Por isso, muitos deles conhecem sistemas *mistos* de controlo da constitucionalidade de normas jurídicas, que procuram conjugar as notas típicas daqueles dois *modelos* de justiça constitucional. É, neste contexto, que alguns autores salientam o fenómeno, ocorrido em vários países europeus, da "evolução convergente" dos dois modelos ou mesmo da "progressiva fusão" do controlo difuso e concentrado[155].

---

[152] Segundo HANS KELSEN, "a decisão do Tribunal Constitucional, quando der razão ao pedido, deve pronunciar a anulação do ato contestado, de modo que ela apareça como a consequência da própria decisão". Além disso, "para a anulação das normas que somente entram em vigor com a sua publicação, o ato de anulação, ou seja, a decisão do Tribunal Constitucional, deveria ser, ele também, publicado e do mesmo modo que a norma anulada o tinha sido". Uma tal "anulação apenas entraria em vigor com a publicação", mas o Tribunal Constitucional "deveria poder decidir que a anulação, especialmente das leis e dos tratados internacionais, somente entrará em vigor após o decurso de um certo prazo a contar da publicação, para dar ao Parlamento a oportunidade de substituir a lei inconstitucional por uma lei conforme à Constituição, sem que a matéria regulada pela lei anulada fique sem regulamentação durante um tempo relativamente longo". Cfr. *La Garantie Juridictionnelle de la Constitution (La Justice Constitutionnelle)*, cit., p. 197-257, em especial, p. 249.

[153] J. J. GOMES CANOTILHO, *Direito Constitucional*, cit., p. 904 e 905.

[154] Cfr. o nosso *Relatório Geral*, cit., p. 44 e segs..

[155] Cfr. ANTONIO TORRES DEL MORAL, ob. cit., p. 384 e 385; e FRANCISCO FERNÁNDEZ SEGADO, ob. cit., p. 1048 e 1049.

Também o sistema português de justiça constitucional tem uma natureza *mista* (uma natureza *mista complexa*, tendo em conta a pluralidade de modalidades de fiscalização da constitucionalidade de normas jurídicas, como veremos mais adiante)[156]. Esta resulta da circunstância de ele incluir, simultaneamente, um controlo concreto ou incidental da constitucionalidade de normas jurídicas, a cargo de todos os tribunais, o qual ocorre a propósito da aplicação dessas normas aos casos que houverem de decidir, e um controlo abstrato, direto, por via principal ou por via de ação da conformidade com a Constituição de normas jurídicas, da competência exclusiva do Tribunal Constitucional, o qual se caracteriza por ter lugar independentemente da aplicação de uma norma jurídica a um caso concreto.

Nos ordenamentos jurídico-constitucionais dos dois países de língua oficial portuguesa que temos referido várias vezes, encontramos, de igual modo, *sistemas mistos* de controlo de constitucionalidade.

Assim, no Brasil (e deixando, agora, de lado o caso excecional de controlo preventivo judicial de constitucionalidade antes referido), o controlo abstrato sucessivo concentrado, a cargo originariamente do Supremo Tribunal Federal, abrange a *ação direta de inconstitucionalidade de lei ou de ato normativo federal ou estadual* e a *ação declaratória de constitucionalidade de lei ou ato normativo federal*[157], a requerimento do Presidente da República, da Mesa do Senado Federal, da Mesa da Câmara dos Deputados, da Mesa da Assembleia Legislativa ou da Câmara Legislativa do Distrito Federal, do Governador de Estado ou do Distrito Federal, do Procurador-Geral da República, do Conselho Federal da Ordem dos Advogados do Brasil, de partido político com representação no Congresso Nacional e de confederação sindical ou entidade de classe de

---

[156] Cfr. J. J. GOMES CANOTILHO, *Direito Constitucional*, cit., p. 917-919.

[157] A ação declaratória de constitucionalidade, disciplinada na Lei nº 9.869/1999, permite que o Supremo Tribunal Federal aprecie a constitucionalidade da lei ou do ato normativo federal em sede de controlo concentrado, ou seja, com efeitos *erga omnes*, colocando um ponto final na controvérsia judicial acerca da validade constitucional da norma jurídica e, consequentemente, na insegurança jurídica. Segundo ALEXANDRE DE MORAES, a finalidade precípua da ação declaratória de constitucionalidade é "transformar a presunção relativa de constitucionalidade em presunção absoluta, em virtude de seus efeitos vinculantes". Cfr. ob. cit., p. 236.

âmbito nacional [artigos 102º, I, alínea *a*), e 103º, I a IX, da Constituição Federal], *o pedido de medida cautelar das ações diretas de inconstitucionalidade* [artigo 102º, I, alínea *p*), da Constituição Federal], a *ação direta de inconstitucionalidade por omissão* (prevista no artigo 103º, § 2º, como subespécie da ação direta de inconstitucionalidade genérica), a *arguição de descumprimento de preceito fundamental* [prevista no artigo 102º, § 1º, da Constituição Federal como um instrumento subsidiário de garantia da observância das regras e princípios constitucionais, que é utilizada quando os outros meios não se revelam adequados e que visa evitar ou reparar lesão a preceito fundamental resultante de ato do Poder Público (União, Estados, Distrito Federal e Municípios), incluídos os atos anteriores à promulgação da Constituição] e a *ação direta de inconstitucionalidade interventiva*, que tem como finalidade a declaração da inconstitucionalidade formal ou material de lei ou ato normativo estadual (finalidade jurídica) e o decretamento de intervenção federal da União no Estado Federado ou no Distrito Federal (finalidade política), nos casos em que os Estados ou o Distrito Federal violem os chamados *princípios sensíveis*, quais sejam a forma republicana, o sistema representativo e o regime democrático, os direitos da pessoa humana, a autonomia municipal, a prestação de contas da administração pública, direta e indireta, e a aplicação do mínimo exigido da receita resultante de impostos estaduais, compreendida a proveniente de transferências, na manutenção e desenvolvimento do ensino e nas ações e serviços públicos de saúde (artigo 34º, VII, da Constituição Federal).

No que concerne ao controlo *concreto* ou *difuso* de constitucionalidade, também no ordenamento jurídico brasileiro todo e qualquer juiz ou tribunal pode analisar, num caso concreto, a compatibilidade de uma norma jurídica com a Constituição Federal. Pelo que respeita ao Supremo Tribunal Federal, este realiza o controlo *difuso* de constitucionalidade tanto nas ações da sua competência originária, como em via de recurso ordinário ou de recurso extraordinário. Este último é o mais frequentemente utilizado. Com efeito, nos termos do artigo 102º, III, da Constituição Federal, compete ao Supremo Tribunal Federal *julgar, mediante recurso extraordinário, as causas decididas em única ou última instância, quando a decisão recorrida contrariar dispositivo da Constituição, declarar a inconstitucionalidade de tratado ou lei federal ou julgar válida lei ou ato de governo local contestado em face da Constituição*[158/159].

[158] Cfr., sobre esta matéria, para mais desenvolvimentos, por todos, ALEXANDRE DE MORAES, ob. cit., p. 220-249.

[159] Importa sublinhar que se assiste, atualmente, no Brasil, a um fenómeno de *abstratização* do controlo concreto ou difuso da constitucionalidade, através da *súmula vinculante*, prevista no artigo 103-A da Constituição Federal, e da faculdade de *suspensão da execução*, no todo ou em parte, pelo Senado Federal de lei declarada inconstitucional por decisão definitiva do Supremo Tribunal Federal, condensada no artigo 52º, X, da mesma Lei Fundamental, a que fizemos referência na nota 146 e para a qual remetemos.

Relativamente ao primeiro instituto, refira-se que aquele artigo da Constituição Federal – preceito aditado pela Emenda Constitucional nº 45, de 2004, e regulamentado pela Lei nº 11 417, de 19 de dezembro de 2006 – determina que "o Supremo Tribunal Federal poderá, de ofício ou por provocação, mediante decisão de dois terços dos seus membros, após reiteradas decisões sobre matéria constitucional, aprovar súmula que, a partir da sua publicação na imprensa oficial, terá efeito vinculante em relação aos demais órgãos do Poder Judiciário e à administração pública direta e indireta, nas esferas federal, estadual e municipal, bem como proceder à sua revisão ou cancelamento, na forma estabelecida em lei".

Adiante-se que, com base nesta disposição constitucional, aquela alta instância jurisdicional adquire a capacidade de, em sede de controlo incidental da constitucionalidade, após reiteradas decisões sobre a mesma matéria constitucional, uniformizar a jurisprudência, vinculando tanto a Administração Pública, como os tribunais, que deverão respeitar a jurisprudência fixada.

Destarte, não obstante as decisões advenham de recursos provenientes de casos concretos – por se tratar de controlo difuso –, o Supremo cria um enunciado vinculante que *abstratiza* aquela decisão, para que ela saia do âmbito do processo subjetivo e possa produzir efeitos *erga omnes*. O objetivo deste instituto é, tratando-se de matérias cuja repercussão geral seja provada, garantir a segurança jurídica e, assim, reduzir os recursos dirigidos ao Supremo Tribunal Federal, relativamente ao mesmo objeto, já que todos os tribunais adotam a mesma decisão que adotaria aquele Supremo Tribunal em caso de recurso para ele da mesma questão de constitucionalidade. Segundo o artigo 3º, da Lei nº 11. 417, de 19 de dezembro de 2006, o Supremo Tribunal Federal poderá, com votos de dois terços dos seus membros, editar, rever ou cancelar o conteúdo de uma súmula vinculante, com base em pedido apresentado pelos mesmos legitimados ativos que previu o artigo 103º da Constituição Federal para propor a *Ação Direta de Inconstitucionalidade*, para além do Defensor Público-Geral da União, bem como dos Tribunais Superiores, dos Tribunais de Justiça de Estados ou do Distrito Federal e Territórios, dos Tribunais Regionais Federais, dos Tribunais Regionais do Trabalho, dos Tribunais Regionais Eleitorais e dos Tribunais Militares e do Município, neste último caso, nos processos em que seja parte. Cfr. PALHARES MOREIRA REIS, *Súmula Vinculante do Supremo Tribunal Federal*, Brasília, Consulex, 2009, p. 169 e 170.

No que concerne ao ordenamento jurídico-constitucional de Angola, encontramos do mesmo modo um *sitema misto* de fiscalização da constitucionalidade. O mesmo compreende, de harmonia com o que dispõem os artigos 180º, nº 2, alíneas *a)*, *b)*, *d)* e *e)*, e 226º a 232º da Constituição da República de Angola, uma fiscalização abstrata, tendo por objeto a apreciação da constitucionalidade de normas jurídicas, a fiscalização concreta, que tem como objeto a apreciação da constitucionalidade de uma norma jurídica desaplicada ou aplicada por qualquer tribunal, não obstante a suscitação da sua inconstitucionalidade durante o processo, o recurso extraordinário de inconstitucionalidade, tendo por objeto um ato, judicial ou administrativo (ficando excluídos os atos legislativos e os atos políticos), e a fiscalização da inconstitucionalidade por omissão, tendo por objeto uma omissão de medidas legislativas (leis ou atos legislativos)[160].

7. A criação de uma verdadeira e própria jurisdição constitucional em Portugal

No que toca especificamente às origens e antecedentes históricos, jurídicos e políticos da justiça constitucional, pode afirmar-se que a criação, no nosso País, de uma verdadeira e própria jurisdição constitucional autónoma deve-se à Lei de Revisão Constitucional de 1982, que, alterando a Constituição de 1976, instituiu um Tribunal Constitucional, com competência específica para administrar a justiça em matérias de natureza jurídico-constitucional. Na configuração do sistema português de controlo da constitucionalidade de normas jurídicas, não deixou o legislador constituinte de se inspirar nas experiências das Constituições de 1911 e 1933, que previam um sistema "difuso" ou "não concentrado" de fiscalização da constitucionalidade das leis, confiado à generalidade dos tribunais ordinários no quadro dos casos concretos que houvessem de decidir.

---

[160] Cfr. ONOFRE DOS SANTOS, ob. cit., p. 177-189; JORGE BACELAR DE GOUVEIA, *Direito Constitucional de Angola*, Lisboa, Instituto de Direito de Língua Portuguesa, 2014, p. 597-623; e JÓNATAS E. M. MACHADO/PAULO NOGUEIRA DA COSTA/ESTEVES CARLOS HILÁRIO, *Direito Constitucional Angolano*, 3ª ed., Coimbra, Coimbra Editora, 2014, p. 404-429.

De facto, a Constituição Portuguesa de 1911 foi a primeira Constituição europeia a prever expressamente a competência dos tribunais para apreciar a constitucionalidade das normas jurídicas, segundo o modelo da *judicial review* norte-americana. De acordo com o seu artigo 63º, "o Poder Judicial, desde que, nos feitos submetidos a julgamento, qualquer das partes impugnar a validade da lei ou dos diplomas emanados do Poder Executivo ou das corporações com autoridade pública, que tiverem sido invocados, apreciará a sua legitimidade ou conformidade com a Constituição e princípios nela consagrados". Este preceito constitucional, embora tendo sido motivado por razões específicas do nosso País (desde logo, a reação contra os decretos ditatoriais de antes da instauração da República), foi claramente inspirado no artigo 59º, III, § 1, alínea *b*), da Constituição Brasileira de 1891[161].

A Constituição de 1933 recebeu também, no seu artigo 123º, o controlo judicial difuso. Este era, porém, excluído, quando se tratasse de inconstitucionalidades orgânicas ou formais de diplomas carecidos de promulgação pelo Chefe de Estado (leis da Assembleia Nacional e decretos do Governo), tendo a fiscalização abstrata sucessiva concentrada surgido apenas com a Revisão de 1971, que a confiou à Assembleia Nacional[162].

E não deixou igualmente de tomar em consideração o modelo "misto" de controlo da constitucionalidade de normas jurídicas gizado na versão originária da Constituição de 1976, substituindo o órgão político de controlo concentrado da constitucionalidade de normas jurídi-

---

[161] Cfr., por todos, JORGE MIRANDA, *O Constitucionalismo Liberal Luso-Brasileiro*, Lisboa, Comissão Nacional para as Comemorações dos Descobrimentos Portugueses, 2001, p. 50, 54, 196 e 290; JOSÉ AFONSO DA SILVA, *Curso de Direito Constitucional Positivo*, 9ª ed., São Paulo, Malheiros, 1992, p. 51; e o nosso *Relatório Geral*, cit., p. 42 e 44.

[162] A experiência da fiscalização concreta de constitucionalidade, quer na Constituição de 1911, quer na de 1933, foi dececionante, pois raras vezes os tribunais exerceram o seu direito de acesso direto à Constituição. As causas foram, na Constituição de 1911, a instabilidade política e a falta de enraizamento do instituto da fiscalização concreta da constitucionalidade de normas jurídicas e, na Constituição de 1933, o caráter autoritário do regime, que não oferecia aos tribunais as condições para apreciarem a conformidade das normas jurídicas com a Constituição. Cfr. J. J. GOMES CANOTILHO, *Direito Constitucional*, cit., p. 915.

cas (o Conselho da Revolução) por um órgão jurisdicional (o Tribunal Constitucional). Na versão originária da Constituição (1976-1982), a fiscalização da constitucionalidade assentava, com efeito, num claro dualismo: a fiscalização abstrata, a cargo de um órgão político *sui generis* – o Conselho da Revolução –, que a exercia auxiliado por um órgão de caráter técnico-jurídico, a Comissão Constitucional, à qual tinha de solicitar parecer, que, todavia, não estava obrigado a seguir; e a fiscalização concreta, da competência de todos os tribunais, com recurso para a Comissão Constitucional, no caso de eles desaplicarem por inconstitucionalidade normas legais ou equiparadas ou aplicarem normas por aquela anteriormente julgadas inconstitucionais[163]/[164].

Verifica-se, assim, que o aparecimento em Portugal (tal como, de resto, em outros países, como sucedeu em vários países da Europa ocidental, no pós-guerra, e em múltiplos países da Europa de leste, após a queda dos regimes comunistas) do Tribunal Constitucional teve de aguardar a restauração e a consolidação do regime democrático. Isto comprova que só em democracia é possível a existência de um Tribunal Constitucional ou mesmo uma jurisdição constitucional que tenha como objeto o controlo da constitucionalidade das leis. Como sublinha F. LUCAS PIRES, "só na relação funcional e moral com o regime democrático, um Tribunal Constitucional tem sentido", estando-lhe

---

[163] Cfr., por todos, A. RIBEIRO MENDES, *Relatório de Portugal*, in «I Conferência da Justiça Constitucional da Ibero-América, Portugal e Espanha (Os Órgãos de Fiscalização da Constitucionalidade: Funções, Competências, Organização e Papel no Sistema Constitucional Perante os Demais Poderes do Estado)», cit., p. 691-696; e JORGE MIRANDA, *Fiscalização da Constitucionalidade*, Coimbra, Almedina, 2017, p. 166-170.

[164] As soluções consagradas na versão originária da Constituição de 1976 inspiraram-se na *Segunda Plataforma de Acordo Constitucional Entre o Movimento das Forças Armadas (MFA) e os Partidos Políticos*, assinada em 26 de fevereiro de 1976. Para mais desenvolvimentos, cfr. MIGUEL GALVÃO TELES, *A Segunda Plataforma de Acordo Constitucional Entre o Movimento das Forças Armadas e os Partidos Políticos*, in "Escritos Jurídicos", Vol. I, Coimbra, Almedina, 2013, p. 183-202, em especial, p. 200 e 201; JORGE MIRANDA, *Manual de Direito Constitucional*, Tomo VI, 4ª ed., cit., p. 162-170, e *Da Revolução à Constituição, Memórias da Assembleia Constituinte*, Lisboa, Principia, 2015, p. 327-337; J. J. GOMES CANOTILHO, *Direito Constitucional*, cit., p. 913-917; e JOSÉ MANUEL M. CARDOSO DA COSTA, *A Jurisdição Constitucional em Portugal*, 3ª ed., Coimbra, Almedina, 2007, p. 11-15.

mesmo reservado um relevante papel de "garante e ordenador da democracia"[165/166].

8. Órgãos da justiça constitucional: o Tribunal Constitucional e a generalidade dos tribunais

No sistema português, são órgãos da justiça constitucional o Tribunal Constitucional – que constitui a pedra angular de todo o sistema – e os restantes tribunais.

A fiscalização abstrata da constitucionalidade (preventiva e sucessiva) está *concentrada* no Tribunal Constitucional, de acordo com o modelo austríaco da *Verfassungsgerichtsbarkeit*. Mas na fiscalização concreta da constitucionalidade, todos os tribunais *têm acesso direto* à Constituição (segundo o artigo 204º da Lei Fundamental, "nos feitos submetidos a julgamento não podem os tribunais aplicar normas que infrinjam o disposto na Constituição ou os princípios nela consignados"[167]), havendo

---

[165] Cfr. *Legitimidade da Justiça Constitucional e Princípio da Maioria*, in «Legitimidade e Legitimação da Justiça Constitucional», cit., p. 169. Cfr., na mesma linha, Joaquim de Sousa Ribeiro, *A Justiça Constitucional em Sociedade Democrática*, in "Julgar", nº 34, 2018, p. 101-109.

[166] A estreita ligação entre o regime democrático, em clima de normalidade constitucional e de paz, é bem vincada no exórdio da Lei Orgânica do Tribunal Constitucional de Angola (Lei nº 2/2008, de 17 de junho, alterada pela Lei Orgânica nº 24/2010, de 3 de dezembro). Com efeito, depois de se referir aí que "o Tribunal Constitucional (...) assume um papel importante na construção e consolidação do Estado democrático e de direito, na defesa da Constituição da República de Angola e na preservação da integridade da ordem jurídica", sublinha-se que "a conquista da paz, a estabilização da vida política e a normalidade constitucional criaram as condições necessárias à instituição do Tribunal Constitucional, cujas funções vinham sendo transitoriamente assumidas pelo Tribunal Supremo à luz do disposto no artigo 6º da Lei nº 23/92, de 16 de Setembro – Lei de Revisão Constitucional".

[167] Importa sublinhar que o artigo 204º da Constituição (a que correspondia o artigo 207º, antes da Revisão Constitucional de 1997) tem como destinatários todos os tribunais, incluindo o próprio Tribunal Constitucional, que tem o dever de recusar a aplicação de norma (em regra, normas de carácter processual), com fundamento na sua inconstitucionalidade. Um exemplo paradigmático de recusa de aplicação de normas, com fundamento em inconstitucionalidade, pelo próprio Tribunal Constitucional consta do Acórdão nº 553/94.
Neste aresto, o Tribunal Constitucional decidiu "recusar a aplicação, com fundamento na violação dos artigos 6º, nº 1, 237º, nº 2, 239º e 240º da Constituição, das normas con-

recurso das suas decisões para o Tribunal Constitucional, restrito à matéria de constitucionalidade.

jugadas dos artigos 37º e 42º, alínea *a*), do Código de Processo Tributário, na parte em que determinam que, nos processos judiciais tributários que tenham a ver com receitas lançadas e liquidadas pelas câmaras municipais, estas sejam representadas obrigatoriamente por um representante da Fazenda Pública pertencente à administração tributária do Estado", e, "em consequência, ordenar o prosseguimento dos autos". Vale a pena transcrever o seguinte trecho daquele aresto:
"Ora, se as taxas municipais têm como pressuposto da sua criação actividades de que resultam benefícios para os particulares desenvolvidas pelos municípios (v.g., realização de infra-estruturas urbanísticas, concessão de licenças de loteamento, de execução de obras particulares, de ocupação da via pública por motivo de obras e de utilização de edifícios, prestação de serviços ao público por parte das repartições ou dos funcionários municipais, etc. – cfr. o artigo 11º da Lei das Finanças Locais), se o respectivo regime jurídico é definido pelas assembleias municipais, sob proposta das câmaras municipais [artigo 39º, nº 2, alínea *l*), do Decreto-Lei nº 100/84, de 29 de Março], se a sua liquidação e cobrança são da competência dos órgãos executivos daqueles entes públicos territoriais, em suma, se o sujeito activo da relação jurídica tributária, no caso das taxas municipais, é o município e não Estado, então tem de concluir-se, à luz dos preceitos constitucionais respeitantes à autonomia administrativa e financeira das autarquias locais e da descentralização administrativa, que, nos processos jurisdicionais relacionados com aqueles actos tributários, deve o município ser representado directamente pela câmara municipal ou por uma entidade por si nomeada e não por um representante da Fazenda Pública que actue como representante da administração fiscal do Estado, o qual não tem interesse directo em demandar ou contradizer, já que da procedência ou improcedência da acção não resulta para si qualquer utilidade ou prejuízo (cfr. o artigo 26º do Código de Processo Civil).
Resultando inequivocamente das normas conjugadas dos artigos 37º e 42º, alínea *a*), do Código de Processo Tributário que, nos processos judiciais tributários que tenham a ver com receitas lançadas e liquidadas pelas câmaras municipais, estas não podem aí actuar por si, como seria seu direito, antes cabendo a sua *representação obrigatória* ao representante da Fazenda Pública, e pertencendo, na generalidade dos casos – as excepções são apenas as contempladas no artigo 73º, alínea *d*), do ETAF –, a representação da Fazenda Pública a entidades inseridas na administração fiscal do Estado, vocacionadas por definição para defender os interesses tributários deste ente público, é forçoso concluir-se que aquelas normas são, na parte em que estabelecem aquela representação obrigatória a cargo de representantes da Fazenda Pública pertencentes à Direcção-Geral das Contribuições e Impostos, inexoravelmente inconstitucionais, por violação dos artigos 6º, nº 1, 237º, nº 2, 239º e 240º da Lei Fundamental. Há, assim, que recusar a sua aplicação no presente processo, nos termos do artigo 207º da Constituição – preceito este que tem como destinatários todos os tribunais, incluindo o Tribunal Constitucional".

Verifica-se, assim, que, na fiscalização concreta da constitucionalidade de normas jurídicas, o sistema de controlo é *difuso na base* e *concentrado no topo*. *Difuso na base*, porque todos os juízes têm o poder-dever de fiscalizar a constitucionalidade das normas jurídicas convocáveis pelos casos que tiverem de decidir, na esteira da tradição do constitucionalismo português, iniciada com a Constituição de 1911. *Concentrado no topo*, porque a "palavra final" em matéria de constitucionalidade cabe (*rectius*, pode vir a caber) ao Tribunal Constitucional. Mas quando a última palavra couber ao Tribunal Constitucional no controlo concreto ou difuso de constitucionalidade, com base em recurso para ele interposto das decisões positivas ou negativas de inconstitucionalidade proferidas por qualquer tribunal, a decisão do Tribunal Constitucional apenas vincula o tribunal *a quo*, e não todos os tribunais, porque inexiste, no nosso país, o instituto do *stare decisis*, ou dos precedentes jurisdicionais vinculativos para os restantes tribunais, próprio do sistema da *common law*.

Esta pluralidade de órgãos da justiça constitucional aparece-nos também nos dois ordenamentos jurídico-constitucionais dos dois países de língua oficial portuguesa que vimos considerando neste trabalho. Assim, como vimos, a fiscalização abstrata sucessiva está concentrada no Supremo Tribunal Federal do Brasil, seja na forma de ação direta de inconstitucionalidade de lei ou ato normativo federal ou estadual, de ação declaratória de constitucionalidade de lei ou ato normativo federal [artigo 102º, I, alínea *a*), da Constituição Federal] ou de ação direta de inconstitucionalidade por omissão de medida para tornar efetiva norma constitucional (artigo 103º, § 2º, da Constituição Federal). Mas todos os tribunais têm acesso direto à Constituição Federal, cabendo ao Supremo Tribunal Federal julgar, mediante recurso extraordinário, as causas decididas em única ou última instância (o que pressupõe, quando o Supremo Tribunal não conhece em única instância, o esgotamento dos recursos ordinários), quando a decisão recorrida contrariar a Constituição Federal, declarar a inconstitucionalidade de tratado ou lei federal ou julgar válida lei ou ato de governo local contestado em face da Constituição federal [artigo 102º, III, alíneas *a*), *b*) e *c*), da Constituição Federal][168].

---

[168] Cfr., por todos, ALEXANDRE DE MORAES, ob. cit., p. 220-263.

Por sua vez, em Angola, como também já referimos, a fiscalização abstrata da constitucionalidade por ação (preventiva e sucessiva) e por omissão está concentrada no Tribunal Constitucional [artigos 180º, nº 2, alíneas *a)* e *b)*, e 228º a 232º da Constituição da República de Angola], mas todos os tribunais têm acesso direto à Constituição, cabendo recurso para o Tribunal Constitucional das decisões dos tribunais que recusem a aplicação de qualquer norma com fundamento na sua inconstitucionalidade ou que apliquem normas cuja constitucionalidade haja sido suscitada durante o processo [artigo 180º, nº 2, alíneas *d)* e *e)*, da Constituição de Angola][169].

[169] Cfr., por todos, ONOFRE DOS SANTOS, ob. cit., p. 177-189.

Capítulo III
Caracterização do Tribunal Constitucional

9. Composição, modo de designação e requisitos de designação dos juízes

Relativamente à *composição* do Tribunal Constitucional português, importa referir que ele é constituído por treze juízes.

Quanto ao *modo de designação*, em Portugal, apenas o poder legislativo intervém na designação dos treze juízes do Tribunal Constitucional. Com efeito, dez juízes são eleitos pela Assembleia da República, por maioria de dois terços dos deputados presentes, desde que superior à maioria absoluta dos deputados em efetividade de funções, sendo os restantes três cooptados por aqueles [artigo 222º, nºs 1 e 2, da Constituição e artigos 12º e seguintes da Lei sobre Organização, Funcionamento e Processo do Tribunal Constitucional, doravante designada, numa fórmula mais curta, Lei do Tribunal Constitucional (Lei nº 28/82, de 15 de novembro, alterada, sucessivamente, pelas Leis nºs 143/85, de 26 de novembro, 85/89, de 7 de setembro, 88/95, de 1 de setembro, e 13-A/98, de 26 de fevereiro, e pelas Leis Orgânicas nºs 1/2011, de 30 de novembro, 5/2015, de 10 de abril, 11/2015, de 28 de agosto, e 1/2018, de 19 de abril]][170].

---

[170] A Lei nº 13-A/98, de 26 de fevereiro, alterou o *método* de eleição dos juízes pela Assembleia da República, dando nova redação aos artigos 14º e 16º da Lei do Tribunal Constitucional. Enquanto, anteriormente, a eleição dos juízes era feita *nominalmente* – o que possibilitava uma apreciação dos méritos individuais dos candidatos à eleição –, após a entrada em vigor da Lei nº13-A/98, a eleição processa-se por *lista*, a qual deve integrar os nomes de todos os candidatos, por ordem alfabética, com identificação dos que são juízes dos restantes tribunais.

Este *método de designação* dos juízes do Tribunal Constitucional português afasta-se dos modelos adotados por outros países europeus, quer daqueles que fazem intervir na designação dos juízes constitucionais os três clássicos poderes do Estado, ou seja, o poder legislativo, o poder executivo e o poder judicial (como sucede, claramente, em Espanha[171] e, em termos algo próximos, na Itália[172]), quer daqueles que fazem inter-

---

[171] O Tribunal Constitucional espanhol é composto por *doze* membros nomeados pelo Rei (nomeação esta que é um ato devido, de conteúdo basicamente simbólico-institucional), nos seguintes termos: *quatro* sob proposta do Congresso dos Deputados, aprovada por maioria de três quintos dos seus membros; *quatro* sob proposta do Senado, aprovada por idêntica maioria, devendo a mesma realizar-se, de acordo com o artigo 16º da Lei Orgânica do Tribunal Constitucional de Espanha, de *"entre candidatos apresentados pelas Assembleias Legislativas das Comunidades Autónomas"*, uma vez que o Senado é, nos termos do artigo 69º, nº 1, da Constituição Espanhola, uma *"Câmara de representação territorial"*; *dois* sob proposta do Governo; e *dois* sob proposta do Conselho Geral do Poder Judicial (artigo 159º, nº 1, da Constituição Espanhola de 1978).
Segundo Francisco Fernández Segado, o número de doze Magistrados, com origem nos três órgãos tradicionais do Estado, embora com predomínio das duas Câmaras do poder legislativo, apresenta-se equilibrado, está em linha com o número de juízes de outros órgãos similares de países europeus (nove em França, onze na Grécia, treze em Portugal, catorze na Áustria, acrescidos de seis suplentes, quinze na Turquia, acrescidos de cinco suplentes, quinze na Itália e dezasseis na Alemanha) e está em sintonia com a opinião de Hans Kelsen, segundo a qual "o número dos seus membros não deverá ser demasiado elevado, tendo em conta que é sobre questões de direito que é chamado essencialmente a pronunciar-se e que deve exercer uma missão puramente jurídica de interpretação da Constituição". Critica, no entanto, o número par de membros do Tribunal Constitucional, dizendo que um número ímpar de membros evitaria o recurso frequente ao voto de qualidade do Presidente do Tribunal. Cfr. *La Justicia Constitucional*, cit., p. 621-653. Cfr. também Pablo Pérez Tremps, *Sistema de Justicia Constitucional*, 2ª ed., Pamplona, Civitas/Thomson Reuters, 2016, p. 43-51, e o nosso artigo *A Justiça Constitucional em Portugal e em Espanha*, cit., in «Revista de Legislação e Jurisprudência», Ano 131º, nº 3892, p. 198.
[172] Em Itália, são várias as fontes normativas que regulam o Tribunal Constitucional. Para além dos artigos 134º a 137º da Constituição, são múltiplas as leis constitucionais, as leis ordinárias e os regulamentos elaborados pelo próprio Tribunal Constitucional, no exercício da sua competência *autonormativa*, que contêm aspetos relevantes da justiça constitucional, as quais nem sempre estão harmonizadas e que criam, por isso, uma grande confusão e um sentimento de desânimo ao intérprete (cfr. Antonio Ruggeri/ Antonino Spadaro, ob. cit., p. 35-38).
De harmonia com o artigo 135º, I, da Constituição italiana, o Tribunal Constitucional é composto por *quinze* juízes, designados do seguinte modo: um terço pelo Presidente da República; um terço pelo Parlamento, em sessão conjunta da Câmara dos Deputados e

vir somente dois poderes do Estado, isto é, o poder legislativo e o poder executivo (como acontece na França, onde o poder judicial não participa na designação dos membros do Conselho Constitucional) [173]. Mas

do Senado da República; e um terço pelas supremas magistraturas ordinária e administrativa (artigo 135º, nº 1, da Constituição). Nos termos do artigo 3º da Lei Constitucional nº 2, de 22 de novembro de 1967, os juízes do Tribunal Constitucional designados pelo Parlamento são eleitos em sessão conjunta das duas Câmaras, por escrutínio secreto e por uma maioria de dois terços dos membros da Assembleia, sendo suficiente, nos escrutínios subsequentes, a maioria de três quintos dos componentes da Assembleia. Dos juízes designados pelas magistraturas superiores, três são eleitos pelos magistrados da *Corte di Cassazione*, um pelos magistrados do Conselho de Estado e um pelos magistrados do Tribunal de Contas. O mandato dos juízes constitucionais é de nove anos contados a partir da data do juramento e cessa sem *prorrogatio*, isto é, não se prolonga até à substituição do juiz, antes cessa com a queda do prazo de duração do mandato. Não pode, além disso, haver renovação do mandato (artigo 135º, nºs 3 e 4, da Constituição). Cfr. ELENA MALFATTI/SAULLE PANIZZA/ROBERTO ROMBOU, *Giustizia Costituzionale*, 5ª ed., Torino, Giappichelli, 2016, p. 45-48, AUGUSTO CERRI, *Corso di Giustizia Costituzionale Plurale*, Milano, Giuffrè, 2012, p. 54-66, e AUGUSTO BARBERA/CARLO FUSARO, *Corso di Diritto Pubblico*, 3ª ed., Bologna, Il Mulino, 2001, p. 367 e 368.

Para a formação do Tribunal Constitucional italiano concorrem, assim, o Chefe de Estado, o Parlamento e a Magistratura Judicial. Trata-se de uma composição *equilibrada* do "órgão de equilíbrio" do sistema político, sendo, na opinião de ANTONIO RUGGERI/ ANTONINO SPADARO, uma solução "mais prudente" do que outras que colocam nas mãos de um único órgão a designação de todos os juízes do Tribunal Constitucional, como na Alemanha, onde todos os juízes do *Bundesverfassungsgerichtshof* são designados pelo Parlamento, e nos Estados Unidos da América, onde todos os juízes da *Supreme Court* são nomeados pelo Presidente (cfr. ob. cit., p. 41-45).

Já antes, HANS KELSEN, depois de afirmar, como se referiu anteriormente, que o número dos membros do Tribunal Constitucional, "não deverá ser demasiado elevado, considerando que é sobre questões de direito que ele é chamado essencialmente a pronunciar-se e que deve exercer uma missão puramente jurídica de interpretação da Constituição", sublinhava que, no conjunto dos modos típicos de recrutamento dos juízes, não podia deixar de formular reservas à simples eleição pelo Parlamento ou à nomeação exclusiva pelo Chefe de Estado ou pelo Governo, vendo com melhores olhos uma combinação destes modos de designação. Cfr. *La Garantie Juridictionnelle de la Constitution (La Justice Constitutionnelle)*, cit., p. 197-257, em especial, p. 249.

[173] O Conselho Constitucional francês é composto por *nove* membros, os quais são designados, de harmonia com o disposto no artigo 56º da Constituição francesa, na versão decorrente da Revisão Constitucional de 2008, à razão de três cada um, pelo Presidente da República, pelo Presidente do Senado e pelo Presidente da Assembleia Nacional (havendo, por isso, não uma participação tripartida dos três clássicos poderes do Estado, mas tão-só uma participação bipartida, ou seja, do poder legislativo e do poder executivo).

aproxima-se do modelo de designação dos juízes do Tribunal Constitucional Federal alemão, onde apenas é chamado a designar os juízes o poder legislativo[174/175].

Na designação dos membros do Conselho Constitucional francês deve ser observado o procedimento previsto no artigo 13º da Constituição, o que significa que devem ser ouvidas as comissões parlamentares competentes, podendo estas opor o seu *veto*, por uma maioria de três quintos dos seus membros. Para além destes nove membros, fazem ainda parte do Conselho Constitucional francês, como membros natos, os antigos Presidentes da República. Segundo o mencionado artigo 56º da Constituição francesa, o Presidente do Conselho Constitucional é nomeado por uma decisão distinta do Presidente da República. Cfr., por todos, JEAN GICQUEL/JEAN ÉRIC GICQUEL, ob. cit., p. 761 e 762, e DOMINIQUE ROUSSEAU/PIERRE-YVES GAHDOUN/JULIEN BONNET, ob. cit., p. 73-84.

[174] Na Alemanha, a *Grundgesetz* guarda silêncio sobre o número de juízes do Tribunal Constitucional Federal. Relativamente à composição deste, a Lei Fundamental alemã determina, no artigo 94, que "o Tribunal Constitucional Federal compõe-se de juízes federais e outros membros", que "os membros do Tribunal Constitucional Federal serão eleitos em partes iguais pelo Parlamento Federal e pelo Conselho Federal" e, bem assim, que "eles não poderão pertencer ao Parlamento Federal, ao Conselho Federal ou a órgãos correspondentes de um Estado".
A resposta à questão do número dos juízes encontra-se no § 2, 1, 2 e 3, da *Lei do Tribunal Constitucional Federal (Bundesverfassungsgerichtsgesetz – BverfGG)*. Aí se estatui que o Tribunal Constitucional Federal alemão é composto por *dezasseis* membros, divididos em dois Senados, com oito membros cada um, e que três dos juízes de cada Senado deverão ser escolhidos de entre juízes dos tribunais supremos da Federação, que exerçam o cargo há pelo menos três anos. Quanto ao método de eleição, o § 6, 1 a 5, da Lei do Tribunal Constitucional Federal prescreve que os juízes do Tribunal Constitucional designados pelo *Bundestag* são eleitos mediante eleição indireta. O *Bundestag* elege um colégio eleitoral de doze membros, que, por sua vez, elege os juízes do *Bundesverfassungsgericht*, requerendo-se, para o juiz ser eleito, pelo menos, oito votos dos membros do colégio eleitoral, isto é, dois terços dos votos. Quanto aos juízes eleitos pelo *Bundesrat*, o método da eleição é direto e são exigidos, de acordo com o § 7 da Lei do Tribunal Constitucional Federal alemão, dois terços dos membros do Conselho Federal. O Presidente do Tribunal Constitucional Federal alemão e o Vice-Presidente são eleitos, alternadamente, pelo *Bundestag* e pelo *Bundesrat*, devendo o Vice-Presidente ser eleito daquele Senado ao qual não pertence o Presidente (§ 9, 1, da Lei do Tribunal Constitucional Federal). Um dos Senados é presidido pelo Presidente e outro Senado pelo Vice-Presidente. Cfr., por todos, KONRAD HESSE, *El Tribunal Constitucional Federal en la Ley Fundamental*, in «Anuario Iberoamericano de Justicia Constitucional», nº 9, Madrid (2005), p. 141-151, em especial, p. 141 e 142; e CHARLOTTE KREUTER-KIRCHOF, ob. cit., p. 670-682.

[175] Quanto aos dois países de expressão portuguesa que vimos referindo, sublinhe-se que, no Brasil, o Supremo Tribunal Federal é composto por *onze* membros, divididos

No processo de Revisão Constitucional que culminou com a publicação da Lei Constitucional nº 1/97, de 20 de Setembro, foram apresentados projetos que propunham alterações ao *modo de designação* dos juízes do Tribunal Constitucional[176], os quais, todavia, não mereceram aprovação, mantendo-se, por isso, a solução introduzida pela Revisão Constitucional de 1982 relativa ao modo de designação dos juízes do Tribunal Constitucional português.

Aquando da Revisão Constitucional de 1982, ouviram-se críticas ao modo de composição do Tribunal Constitucional, devido, sobretudo, à ausência de elementos designados pelo Presidente da República e pelo Poder Judicial (através do Conselho Superior da Magistratura ou dos

em duas Turmas, com cinco membros cada uma, tendo em conta que o Presidente do Tribunal Federal participa apenas nas sessões plenárias. É a própria Constituição Federal que fixa, no seu artigo 101º, o número de Ministros do Supremo Tribunal Federal ("o Supremo Tribunal Federal compõe-se de onze Ministros, escolhidos dentre cidadãos com mais de trinta e cinco e menos de sessenta e cinco anos de idade, de notável saber jurídico e reputação ilibada"). Relativamente ao modo de designação, o § único daquele artigo estabelece que "os Ministros do Supremo Tribunal Federal serão nomeados pelo Presidente da República, depois de aprovada a escolha pela maioria absoluta do Senado Federal". São, assim, dois os poderes do Estado que participam na designação dos membros do Supremo Tribunal Federal (o poder executivo e o poder legislativo). Cfr., por todos, ALEXANDRE DE MORAES, ob. cit., p. 205 e 206.

Pelo que respeita ao Tribunal Constitucional de Angola, é composto por *onze* juízes, designados de entre juristas e magistrados, do seguinte modo: quatro juízes indicados pelo Presidente da República, incluindo o Presidente do Tribunal; quatro juízes eleitos pela Assembleia Nacional, por maioria de dois terços dos Deputados em efetividade de funções, incluindo o Vice-Presidente do Tribunal; dois juízes eleitos pelo Conselho Superior da Magistratura Judicial; e um juiz selecionado por concurso público curricular, nos termos da lei (artigo 180º, nº 3, da Constituição da República de Angola e artigo 11º da Lei Orgânica do Tribunal Constitucional). Verifica-se, deste modo, que, em Angola, foi consagrado um modelo tripartido de designação dos juízes do Tribunal Constitucional.

[176] Desses projetos uns apontavam para que os treze juízes do Tribunal Constitucional passassem a ser eleitos pela Assembleia da República [projetos do Partido Social Democrata (PSD) e dos Deputados da Juventude Social Democrata (JSD)], enquanto outros sugeriam que na designação dos membros daquele órgão participasse também o Presidente da República [projeto apresentado por JORGE MIRANDA, que propunha a designação de dois juízes (obrigatoriamente de entre juízes dos demais tribunais) pelo Presidente da República]. Cfr. o *Diário da Assembleia da República*, II Série-A, nº 27, de 7 de março de 1996, e JORGE MIRANDA, *Ideias para uma Revisão Constitucional em 1996*, Lisboa, Cosmos, 1996.

Supremos Tribunais). Essas vozes críticas diminuíram, no entanto, com o tempo, podendo, hoje, afirmar-se que a grande maioria dos constitucionalistas e dos políticos defende que o modo de designação que hoje temos em Portugal – o qual se baseia na existência de um consenso entre a maioria e a oposição – constitui uma solução correta e adequada, na sua globalidade, às finalidades próprias do sistema de jurisdição constitucional de um Estado moderno[177].

No tocante aos *requisitos de designação* dos juízes do Tribunal Constitucional, é exigida a cidadania portuguesa, bem como a qualidade de jurista (devendo ser doutores, mestres ou licenciados em Direito ou juízes dos restantes tribunais). Impõe-se, além disso, que todos os juízes estejam no pleno gozo dos seus direitos civis e políticos e que seis dos juízes eleitos ou cooptados sejam juízes dos restantes tribunais (artigo 222º, nº 2, da Constituição e artigo 13º da Lei do Tribunal Constitucional)[178].

---

[177] Cfr., sobre esta problemática, LUÍS NUNES DE ALMEIDA, *Da Politização à Independência (Algumas Reflexões sobre a Composição do Tribunal Constitucional)*, in «Legitimidade e Legitimação da Justiça Constitucional», cit., p. 248-254.

[178] Em todos os ordenamentos jurídico-constitucionais que vimos referindo encontramos especiais *requisitos de designação* dos juízes dos Tribunais Constitucionais. Assim, também em Espanha, encontramos as exigências da cidadania espanhola e a qualidade de jurista. Mas, de acordo com os artigos 159º, nº 2, da Constituição e 18º da Lei Orgânica do Tribunal Constitucional, adita-se a estes requisitos a qualidade de jurista de reconhecida competência com mais de quinze anos de exercício da profissão (como magistrado judicial ou do Ministério Público, professor universitário, ·funcionário público ou advogado). Cfr. PABLO PÉREZ TREMPS, ob. cit., p. 43-46. Na Itália, de harmonia com o que prescreve o artigo 135º, II, da Constituição, os juízes do Tribunal Constitucional são escolhidos de entre magistrados das jurisdições superiores, ordinárias ou administrativas, independentemente de estarem no ativo ou jubilados, professores ordinários de Universidade em matérias jurídicas e advogados com mais de vinte anos de exercício profissional. Estas categorias profissionais exigidas aos juízes do Tribunal Constitucional asseguram uma componente técnico-jurídica muito qualificada. Segundo GUSTAVO ZAGREBELSKY, pretende-se com o modo de designação e com os requisitos de designação dos juízes do Tribunal Constitucional encontrar um equilíbrio entre as exigências de tecnicidade e de imunidade às influências políticas contingentes dos órgãos políticos e a necessidade de os mesmos estarem dotados de uma sensibilidade latamente política (cfr. *La Giustizia Costituzionale*, cit., p. 291; cfr. também AUGUSTO BARBERA/CARLO FUSARO, ob. cit., p. 368). Pode afirmar-se que enquanto a "tecnicidade" está garantida pelas qualifica-

ções requeridas para o acesso ao cargo de juiz do Tribunal Constitucional, a eleição dos juízes por órgãos basicamente políticos (dez em quinze) é a via através da qual se pretende assegurar que aqueles que ascendem àquele cargo estejam dotados da "sensibilidade política" também necessária para um correto exercício daquelas funções (cfr. ANTONIO RUGGERI/ANTONINO SPADARO, ob. cit., p. 42, o qual nos adianta, relativamente à qualidade *técnico-jurídica* dos membros do Tribunal Constitucional italiano, que, de 1956 a 2014, cerca de metade dos juízes eram professores ordinários da Universidade, 40% membros da magistratura e pouco mais de 10% advogados). Por seu lado, ELENA MALFATTI/SAULLE PANIZZA/ROBERTO ROMBOLI (cfr. ob. cit., p. 48-50) apresentam os seguintes dados estatísticos, relativamente à origem profissional dos Juízes do Tribunal Constitucional italiano, no período de 1956 a 2015: professores universitários (50%), magistrados judiciais (38%) e advogados (12%).

Na Alemanha, a Lei Fundamental nada refere sobre as qualificações necessárias para se poder ser eleito como juiz do Tribunal Constitucional Federal. Como dissemos anteriormente, apenas encontramos uma referência, no artigo 94º, a uma distinção entre dois tipos de membros: juízes federais e outros membros. Uma resposta àquela questão é dada, porém, pelo § 3, nºs 1 e 2, da *Bundesverfassungsgerichtsgesetz*. São quatro, segundo estas disposições, os requisitos exigidos para o acesso às funções de juiz do Tribunal Constitucional Federal: ter quarenta anos (mas os juízes só podem exercer a sua atividade até aos sessenta e oito anos, nos termos do § 4, nº 3, da *Bundesverfassungsgerichtsgesetz*); ser elegível para o *Bundestag*; ter dado por escrito o seu consentimento para ser membro do Tribunal Constitucional; e possuir a capacitação para o cargo de juiz segundo a *Lei Alemã de Juízes (Deutsches Richtergesetz)*. Acrescente-se que, de acordo com o artigo 5º desta lei, uma tal aptidão adquire-se mediante dois exames, o primeiro precedido de três anos e meio de estudos universitários de direito, devendo haver entre este e o segundo um período de, pelo menos, outros três anos e meio de serviço em tribunais, cartórios notariais, serviços da administração fiscal, etc.

No Brasil, são requisitos especiais para se ascender a Ministro do Supremo Tribunal Federal ser brasileiro nato (artigo 12º, § 3º, IV, da Constituição Federal), estar no gozo dos direitos políticos, possuir notável saber jurídico e reputação ilibada e ter mais de trinta e cinco e menos de sessenta e cinco anos de idade (artigo 101º da Constituição Federal). Não se exige, contrariamente ao que se passa em Portugal e na Alemanha, um número mínimo de magistrados de outros tribunais.

Finalmente, em Angola, para aceder ao cargo de juiz do Tribunal Constitucional, é necessário ser cidadão angolano com idade não inferior a trinta e cinco anos de idade, possuir licenciatura em direito legalmente reconhecida há pelo menos quinze anos, possuir idoneidade moral, estar no pleno gozo dos direitos civis e políticos e não ter sido condenado por crime doloso punível com pena de prisão maior (artigo 12º da Lei Orgânica do Tribunal Constitucional).

10. Estatuto dos juízes do Tribunal Constitucional

O *estatuto* dos juízes do Tribunal que tem como função primordial o controlo da constitucionalidade de normas jurídicas é composto por um núcleo de *direitos* e de *regalias*, mas também por um leque rigoroso de *incompatibilidades*.

Assim, com vista ao desempenho imparcial das funções de juiz constitucional, o ordenamento jurídico português reconhece aos magistrados uma série de *garantias*. Elas são, em geral, a *independência*, pessoal e funcional, em relação aos restantes órgãos do Estado, designadamente em relação àquele que procedeu à sua designação, a *inamovibilidade*, a *imparcialidade* e a *irresponsabilidade* pelas suas decisões ou opiniões (artigos 222º, nº 5, da Constituição e 22º e 24º da Lei do Tribunal Constitucional). O estatuto dos juízes do Tribunal Constitucional inclui ainda um acervo de *direitos* e de *regalias*, designadamente no domínio dos vencimentos e dos regimes de previdência e aposentação, disciplinar e de responsabilidade civil e criminal (artigos 23º-A, 25º, 26º, 30º, 30º-A e 31º a 35º da Lei do Tribunal Constitucional).

Como contrapartida ao elenco de *direitos* e de *garantias*, o nosso ordenamento jurídico prevê uma malha apertada de *incompatibilidades* (em regra, idênticas às dos juízes dos restantes tribunais), que apontam para um regime tendencialmente *exclusivo* do exercício das funções de juiz do Tribunal Constitucional (o artigo 27º, nº 1, da Lei do Tribunal Constitucional prescreve que "é incompatível com o desempenho do cargo de juiz do Tribunal Constitucional o exercício de funções em órgãos de soberania, das regiões autónomas ou do poder local, bem como o exercício de qualquer outro cargo ou função de natureza pública ou privada").

Especialmente vedado é o exercício de funções em órgãos de partidos políticos, de associações políticas ou de fundações com eles conexas, bem como o desenvolvimento de atividades político-partidárias de caráter público (artigos 222º, nº 5, e 216º, nº 3, da Constituição e artigo 28º, nº 1, da Lei do Tribunal Constitucional). A Constituição e a lei excluem, no entanto, do elenco de incompatibilidades o exercício de funções docentes ou de investigação científica de natureza jurídica, impondo, porém, que tais atividades não sejam remuneradas (artigos 216º, nº 3, da Constituição e 27º, nº 2, da Lei do Tribunal Constitucional)[179].

---

[179] Cr. José Manuel M. Cardoso da Costa, *A Jurisdição Constitucional em Portugal*, cit., p. 20 a 22.

No que concerne à *duração do mandato* dos juízes do Tribunal Constitucional, a Lei de Revisão Constitucional nº 1/97, de 20 de setembro, trouxe importantes novidades. Se, antes desta, a Constituição fixava a duração do mandato em seis anos, sem qualquer limite à possibilidade da sua renovação, na sequência da Revisão de 1997, os juízes do Tribunal Constitucional passaram a ter um mandato com a duração de nove anos, não renovável (artigo 222º, nº 3, da Constituição e artigo 21º da Lei do Tribunal Constitucional)[180].

Costuma avançar-se como argumento a favor da proibição da renovação do mandato o reforço da independência dos juízes do Tribunal Constitucional, mas deve evitar-se uma substituição em bloco, findo o período do mandato dos juízes, por razões de *continuidade* da jurisprudência do Tribunal Constitucional[181]. O artigo 196º da Lei Constitucional nº 1/97 pretendeu impedir um tal resultado, ao estatuir que "a lei de organização, funcionamento e processo do Tribunal Constitucional poderá estabelecer regime transitório aplicável à primeira eleição e cooptação de juízes, destinado a garantir que o termo do mandato

---

[180] A solução adotada pela Constituição portuguesa, a partir da Revisão de 1997, quanto à duração do mandato dos juízes do Tribunal Constitucional (nove anos, não renováveis) apresenta-se equilibrada e está na linha das opções consagradas por outros ordenamentos jurídico-constitucionais, tais como o francês, espanhol, italiano, romeno, eslovaco, búlgaro e polaco (desde 1997). É mais razoável do que outras soluções que vão no sentido de mandatos demasiado longos (por exemplo, doze anos, como na Alemanha e na Hungria) ou excessivamente curtos (como, por exemplo, cinco anos, no Perú).
E é uma solução *razoável* e *equilibrada*, porque possibilita a formação de uma jurisprudência relativamente constante e consolidada e evita os riscos da "cristalização" da jurisprudência constitucional, conexos a uma duração *indefinida e infinita* dos mandatos dos juízes constitucionais (como na Suíça, onde o costume vai no sentido de os juízes serem constantemente reeleitos) ou a uma duração *praticamente vitalícia* (como na Turquia, até aos 65 anos, na Áustria e na Bélgica, até aos 70 anos, no Brasil, até aos 75 anos, bem como como na Irlanda e nos Estados Unidos da América). A este propósito, diz-se, neste último país, com alguma graça, que "um membro da *Supreme Court* nunca se demite e raramente morre". Cfr., sobre esta problemática, ANTONIO RUGGERI/ANTONINO SPADARO, ob. cit., p. 46 e 47.

[181] Preocupação que tem também expressão em vários ordenamentos jurídico-constitucionais que temos referido, através de uma renovação parcial do Tribunal, ao fim de um certo período do mandato, como sucede no Conselho Constitucional francês e no Tribunal Constitucional espanhol.

desses juízes não ocorra simultaneamente quanto a todos eles, não se aplicando àqueles cujo mandato seja reduzido a limitação constante da parte final do nº 3 do artigo 222º da Constituição", isto é, a proibição de eleição ou cooptação para um novo mandato.

Esse regime transitório consta do artigo 5º da Lei nº 13-A/98, de 26 de fevereiro (que introduziu alterações à Lei do Tribunal Constitucional), e consiste na cessação do mandato de quatro dos juízes eleitos e de um dos juízes cooptados no fim da primeira metade do mandato dos juízes designados para o Tribunal Constitucional na primeira eleição e na primeira cooptação realizadas após a entrada em vigor da Lei Constitucional nº 1/97. A determinação dos juízes abrangidos pelo encurtamento do mandato é feita por sorteio, sendo, no entanto, o número dos juízes a sortear diminuído do número de juízes de qualquer dos grupos acima referidos cujo mandato haja entretanto cessado ou que, até à realização do sorteio, apresentem declaração de renúncia, a qual poderá conter a menção de que apenas produzirá efeito na data da posse do juiz que vier a ser designado para substituir o renunciante.

Uma vez que o mandato de nove anos de cada juiz do Tribunal Constitucional se inicia com a respetiva posse, após aquele regime transitório, os termos dos mandatos dos juízes do Tribunal Constitucional deixaram de coincidir em relação a todos eles.

Entendeu o legislador constituinte português, seguindo a opinião de alguns constitucionalistas portugueses[182] e, sobretudo, os ensinamentos do direito comparado (é esta, como vimos, com exceção dos casos de vitaliciedade dos juízes constitucionais, a solução adotada pelos vários ordenamentos jurídico-constitucionais que temos mencionado), que a eliminação da possibilidade de renovação dos mandatos (que poderia ser vista como um ato recompensatório ou punitivo sobre certos juízes) é uma solução que promove e facilita a independência objetiva dos juízes do Tribunal Constitucional[183].

---

[182] Cfr., por todos, MARCELO REBELO DE SOUSA, *Legitimação da Justiça Constitucional e Composição dos Tribunais Constitucionais*, in «Legitimidade e Legitimação da Justiça Constitucional», cit., p. 227, e LUÍS NUNES DE ALMEIDA, ob. cit., p. 254.

[183] Os vários ordenamentos jurídico-constitucionais a que temos feito referência manifestam especiais preocupações em garantir a *independência*, a *inamovibilidade* e a *imparcialidade* dos juízes constitucionais, fixando um naipe de normas estatutárias que visam

promover tais objetivos. É certo que, como refere FRANCISCO FERNÁNDEZ SEGADO, a independência dos juízes é algo que deve estar radicado na consciência dos juízes, mas o legislador não pode deixar de prever um conjunto de obstáculos que dificultem influências condicionadoras ou limitadoras da independência dos mesmos (cfr. *La Justicia Constitucional*, cit., p. 653).

Começando pela Espanha, o artigo 159º, nº 5, da Constituição estabelece que os membros do Tribunal Constitucional serão *independentes* e *inamovíveis* no exercício do seu mandato. Aquele mesmo autor enumera *seis* mecanismos legais que promovem a independência dos Magistrados do Tribunal Constitucional. Em primeiro lugar, a exigência de uma maioria qualificada para as propostas do Congresso e do Senado, que a Constituição fixa em três quintos dos membros de cada Câmara (artigo 159º, nº 1), e que o artigo 127º, nº 2, da Lei Orgânica 6/1985, de 1 de julho, do Poder Judicial tornou extensiva aos Magistrados cuja proposta de nomeação pertence ao Conselho Geral do Poder Judicial. Em segundo lugar, a determinação de um amplo período de tempo (nove anos) para o desempenho do cargo de Magistrado do Tribunal Constitucional, prazo esse que não coincide com o da legislatura das Câmaras, sendo muito superior a este último (artigo 159º, nº 3, da Constituição). Em terceiro lugar, a fixação de um procedimento de renovação parcial do Tribunal (segundo o artigo 159º, nº 3, da Constituição, de três em três anos ocorre a renovação de um terço dos membros do Tribunal Constitucional).

Em quarto lugar, a previsão, no artigo 16º, nº 2, da Lei Orgânica do Tribunal Constitucional, da impossibilidade de reeleição imediata dos membros do Tribunal Constitucional (determina este artigo, apesar de a Constituição nada dizer a este respeito, que "nenhum Magistrado poderá ser proposto ao Rei para outro período imediato, salvo se tiver ocupado o cargo por um prazo não superior a três anos"). Em quinto lugar, a exigência de uma certa qualificação técnico-jurídica para poder aceder ao Tribunal Constitucional (artigo 159º, nº 2, da Constituição). E em sexto lugar, a previsão de um estatuto jurídico similar ao dos membros da jurisdição ordinária e no qual tem um peso específico o regime de incompatibilidades que afeta os Magistrados do Tribunal Constitucional (o artigo 159º, nº 4, da Constituição determina que a condição de membro do Tribunal Constitucional é incompatível: com qualquer mandato representativo; com os cargos políticos ou administrativos; com o desempenho de funções diretivas num partido político ou num sindicato ou com o emprego ao serviço dos mesmos; e com o exercício das carreiras judicial ou fiscal e com qualquer atividade profissional ou comercial. E nas demais, os membros do Tribunal Constitucional terão as incompatibilidades próprias dos membros do poder judicial). Cfr. *La Justicia Constitucional*, cit., p. 653- 720 e 734-746. Cfr., também, PABLO PÉREZ TREMPS, ob. cit., p. 46-48.

Na França, os membros do Conselho Constitucional gozam de estatuto pessoal que garante a sua *independência* e a sua *imparcialidade*. As funções de membro do Conselho Constitucional são *incompatíveis* com as de ministro ou de membro do Parlamento (artigo 57º da Constituição). Para além destas, há outras incompatibilidades definidas em lei orgânica. Assim sucede, por exemplo, com a *incompatibilidade* entre o exercício das funções de membro do Conselho Constitucional e o exercício de qualquer função pública ou de qualquer atividade profissional ou assalariada (artigo 4º da Ordonnance de 7 de novembro de 1958, na redação da Lei Orgânica de 11 de outubro de 2013). Os membros do Conselho Constitucional não vitalícios (têm, como vimos, este estatuto os antigos Presidentes da República, que permanecem no cargo até à sua renúncia, aposentação ou morte, sendo, por isso, membros *"de droit et à vie"*) são designados, nos termos do artigo 56º da Constituição, para um mandato de *nove* anos, sendo vedada a sua recondução para um mandato imediato. O Conselho é, além disso, segundo o mesmo artigo, renovado por um terço, a cada três anos. Cfr. JEAN GICQUEL/JEAN- ÉRIC GICQUEL, ob cit., p. 764 e 765, e DOMINIQUE ROUSSEAU/PIERRE-YVES GAHDOUN/JULIEN BONNET, ob. cit., p. 84-87.

Na Alemanha, os juízes do Tribunal Constitucional Federal são, de acordo com o artigo 97º da Lei Fundamental, *independentes* e *subordinados apenas à lei*, não podendo ser *destituídos* antes do fim dos seus mandatos ou *suspensos* dos seus cargos, salvo por decisão judicial. Quanto às *incompatibilidades*, não poderão pertencer nem ao Parlamento Federal, nem ao Conselho Federal, nem ao Governo Federal, nem a órgãos correspondentes de um Estado. A função de juiz do Tribunal Constitucional Federal é, ademais, incompatível com o exercício de qualquer atividade profissional, exceto a de professor de direito em universidades alemãs. A duração do mandato é de *doze* anos, sendo vedada a reeleição para um mandato subsequente ou mesmo qualquer nova eleição (§ 4º, nº 2, da *Bundesverfassungsgerichtsgesetz*).

Na Itália, os juízes do Tribunal Constitucional gozam, de igual modo, das prerrogativas de *independência* e de *imparcialidade*, as quais estão contempladas no artigo 3º da Lei Constitucional de 9 de fevereiro de 1948, nº 1, nos artigos 5º e 7º da Lei Constitucional de 11 de março de 1953, nº 1, no artigo 9º da Lei de 11 de março de 1953, nº 87, e nos artigos 15º e 16º do Regulamento Geral do Tribunal Constitucional, de 20 de janeiro de 1966 (atualizado pela Deliberação do Tribunal Constitucional, de 14 de julho de 2009). De acordo com estes preceitos, os juízes do Tribunal Constitucional não podem ser removidos, nem suspensos das suas funções, a não ser com base em decisão adotada pelo Tribunal Constitucional, por uma maioria de dois terços dos que participam na decisão, com fundamento em superveniente incapacidade física ou civil ou em falta grave no exercício das suas funções, gozam, enquanto exercem as suas funções, das imunidades, previstas no artigo 68º da Constituição para os membros das duas Câmaras, e não são "sindicáveis", nem podem ser perseguidos pelas opiniões expressas e pelos votos emitidos no exercício das suas funções. Além disso, de harmonia com o artigo 135º, VI, da Constituição, o exercício das funções de juiz constitucional é *incompatível* com os cargos de membro do Parlamento e de conselheiro regional, com o exercício das funções de advogado e com o desempenho de qualquer outro cargo ou função indicados na lei.

Acresce que, de harmonia com o que preceitua o artigo 7º da Lei de 11 de março de 1953, nº 87, os juízes do Tribunal Constitucional "não podem assumir ou conservar outros cargos ou empregos públicos ou privados, nem exercer atividades profissionais, comerciais ou industriais, funções de administrador ou de gerente em sociedades

com fim lucrativo". Durante o período em que ocupam os seus cargos no Tribunal Constitucional, os juízes que sejam magistrados ou professores universitários não poderão continuar no exercício das suas funções. Não podem, ainda, fazer parte de júris de concursos, ocupar cargos universitários, ser candidatos em eleições administrativas ou políticas e "não podem desenvolver atividades inerentes a uma associação ou partido político". O mandato dos juízes do Tribunal Constitucional tem, como já dissemos, a duração de nove anos, não sendo possível a renovação do mesmo (cfr. ANTONIO RUGGERI/ANTONINO SPADARO, ob. cit., p. 49-52, ELENA MALFATTI/SAULLE PANIZZA/ROBERTO ROMBOLI, ob. cit., p. 50-55, e AUGUSTO CERRI, ob. cit., p. 66-77). No Brasil, os ministros do Supremo Tribunal Federal gozam das mesmas garantias dos demais membros do Poder Judiciário, previstas na Constituição Federal. Nos termos do artigo 95º, I, II e III, desta Lei Básica, os ministros do Supremo Tribunal Federal beneficiam das garantias de *vitaliciedade, inamovibilidade* e *irredutibilidade de subsídio*. O facto de os membros do Supremo Tribunal Federal serem *vitalícios* permite-lhes uma grande *independência* no exercício das suas funções, não apenas em relação ao poder político, mas também em face da opinião pública. A *inamovibilidade* consiste na garantia de, uma vez provido no cargo, não poder ser dele removido ou suspenso, a não ser "por motivo de interesse público", nos termos estritos dos artigos 93º, VIII, e 95º, II, da Constituição Federal. A *irredutibilidade de subsídio* significa que não pode haver redução de remuneração dos membros do Supremo Tribunal Federal, como forma de pressão sobre os juízes, garantindo-se, assim, o livre exercício das suas competências.
Quanto às *incompatibilidades*, rege o artigo 95º, § único, I a V, da Constituição Federal, sendo vedado aos magistrados do Supremo Tribunal Federal "exercer, ainda que em disponibilidade, outro cargo ou função, salvo uma de magistério", "receber, a qualquer título ou pretexto, custas ou participação em processo", "dedicar-se à atividade político-partidária", "receber, a qualquer título ou pretexto, auxílios ou contribuições de pessoas físicas, entidades públicas ou privadas, ressalvadas as exceções previstas na lei" e "exercer a advocacia no juízo ou tribunal do qual se afastou, antes de decorridos três anos do afastamento do cargo por aposentadoria ou exoneração" (de realçar, no entanto, que o Presidente do Supremo Tribunal Federal poderá, excecionalmente e de forma transitória, exercer outro cargo em outro poder do Estado, como sucede, nos termos do artigo 80º da Constituição, com a possibilidade de ser chamado à linha sucessória à Presidência da República, em caso de impedimento do Presidente e do Vice-Presidente, ou vacatura dos respetivos cargos, a seguir ao Presidente da Câmara dos Deputados e do Presidente do Senado, e, bem assim, conforme preceitua o artigo 52º, § único, da Constituição, com o exercício da Presidência do Senado Federal, durante o julgamento do Presidente da República por crime de responsabilidade). Quanto à *duração do cargo* de Ministro do Supremo Tribunal Federal, este é, como dissemos, vitalício, podendo os juízes nele permanecer até aos setenta e cinco anos, idade de aposentação compulsória. Cfr. ALEXANDRE DE MORAES, ob. cit., p. 204-210.

11. Funcionamento do Tribunal Constitucional

O *funcionamento* do Tribunal Constitucional é marcado pela circunstância de ele reunir em *Plenário* (que concentra, *grosso modo*, a competência no domínio da fiscalização abstrata, de caráter preventivo e sucessivo, da constitucionalidade de normas jurídicas) e, a partir da nova redação dada ao artigo 41º, nº 1, da Lei do Tribunal Constitucional pelo artigo 1º da Lei nº 13-A/98, de 26 de fevereiro, em *três Secções* não especializadas, cada uma delas constituída pelo Presidente ou pelo Vice-Presidente[184] e

Finalmente, em Angola, os juízes do Tribunal Constitucional gozam também das prerrogativas de *independência, inamovibilidade* e *irresponsabilidade*, as quais estão contempladas no artigo 180º, nº 4, da Constituição e nos artigos 33º a 35º da Lei Orgânica do Tribunal Constitucional. Esta lei estabelece, de igual modo, no seu artigo 36º, uma apertada malha de *incompatibilidades*. Assim, é incompatível com o desempenho do cargo de juiz do Tribunal Constitucional o exercício de funções em órgãos de soberania, ou do poder local, bem como o exercício de qualquer outro cargo ou função de natureza pública, salvo a docência ou a investigação jurídica. Não podem, ademais, os juízes do Tribunal Constitucional manter filiação, nem exercer quaisquer funções em órgãos de partidos, de associações políticas ou de fundações com eles conexas, nem desenvolver atividades político-partidárias. E é-lhes vedado, ainda, o desempenho de funções de natureza privada que impliquem qualquer vínculo laboral ou de subordinação a terceiros. A estas incompatibilidades correspondem a definição de alguns *direitos* e *regalias* e a previsão de algumas *imunidades* em matéria penal e de *reserva do exercício do poder disciplinar* sobre os juízes ao Tribunal Constitucional (artigos 38º, 39º e 43º da Lei do Tribunal Constitucional).

Quanto à *duração do mandato*, o artigo 180º, nº 4, da Constituição da República de Angola determina que os juízes do Tribunal Constitucional são designados para um mandato de *sete* anos não renovável. Mas o artigo 243º da Constituição preocupa-se em evitar a substituição simultânea de todos os juízes do Tribunal Constitucional (não só destes), com vista a assegurar uma continuidade e uma previsibilidade da jurisprudência constitucional, preceituando que "a designação dos Juízes dos Tribunais superiores deve ser feita de modo a evitar a sua total renovação simultânea".

[184] Nos termos do disposto no artigo 37º, nº 1, da Lei do Tribunal Constitucional, o Presidente e o Vice-Presidente são eleitos de entre os juízes do Tribunal Constitucional, sendo o mandato do Presidente e do Vice-Presidente de metade do mandato dos juízes (isto é, quatro anos e meio), podendo haver recondução. Antes desta solução – introduzida pela Lei nº 13-A/98, de 26 de fevereiro –, o Presidente e o Vice-Presidente eram eleitos, por dois anos judiciais, com possibilidade de recondução.

A solução de o Presidente emergir da eleição dos juízes do Tribunal Constitucional – autodeterminação do Presidente pelo Tribunal Constitucional – é mais consentânea com a natureza de órgão jurisdicional do Tribunal Constitucional, sendo mais adequada do

por mais quatro juízes (a elas cabe, fundamentalmente, o conhecimento dos recursos no domínio do controlo concreto da constitucionalidade de normas jurídicas).

Antes das alterações à Lei do Tribunal Constitucional introduzidas pela Lei nº 13-A/98, o Tribunal Constitucional desdobrava-se apenas em duas Secções não especializadas, constituída cada uma delas pelo Presidente e por mais seis juízes (deve realçar-se ainda que a referida Lei nº 13-A/98, dando uma nova redação aos artigos 77º, 78º-A e 78º-B daquela Lei Orgânica, criou, com a finalidade de aumentar a operacionalidade e a eficácia do Tribunal Constitucional, dentro de cada Secção, *Conferências*, constituídas pelo Presidente ou pelo Vice-Presidente, pelo relator e por outro juiz da respetiva Secção, indicado pelo pleno da Secção em cada ano judicial[185], às quais compete decidir das reclamações dos despachos que indefiram o requerimento de interposição do recurso concreto de constitucionalidade para o Tribunal Constitucional ou que retenham a sua subida, das reclamações das decisões sumárias proferidas pelos relatores, quando entendam que não pode

que a solução de nomeação do Presidente por um órgão exterior ao Tribunal Constitucional – heterodeterminação do Presidente do Tribunal Constitucional –, como sucede, no conjunto dos ordenamentos jurídico-constitucionais a que temos feito referência, com o alemão, com o francês e angolano.
A competência do Presidente e do Vice-Presidente é definida no artigo 39º da Lei do Tribunal Constitucional. Os poderes do primeiro são suscetíveis de ser arrumados em três grupos: a representação oficial do Tribunal e a manutenção das relações entre este e os restantes órgãos e autoridades públicas; a convocação e a presidência das sessões do Tribunal e a direção dos respetivos trabalhos, bem como o apuramento das votações, e, de um modo geral, a dinamização do trabalho jurisdicional daquele órgão; e a superintendência na gestão e administração do Tribunal. Ao Vice-Presidente compete, por sua vez, substituir o Presidente nas suas faltas e impedimentos, coadjuvá-lo no exercício das suas funções, nomeadamente presidindo a uma das Secções a que não pertença, e praticar os atos respeitantes ao exercício das competências que por aquele lhe forem delegadas.
[185] O artigo 41º, nº 2, da Lei do Tribunal Constitucional determina que a distribuição dos juízes, incluindo o Vice-Presidente, pelas Secções e a determinação da Secção normalmente presidida pelo Vice-Presidente serão feitas pelo Tribunal no início de cada ano judicial. Por sua vez, segundo o artigo 78º-A, nº 3, da mesma lei, a conferência é constituída pelo Presidente ou pelo Vice-Presidente, pelo relator e por outro juiz da respetiva Secção, indicado pelo pleno da Secção em cada ano judicial. A composição das Secções – e, também, das Conferências – tem-se, porém, mantido estável, não havendo exemplos de juízes que tenham mudado de Secção durante o respetivo mandato.

conhecer-se do objeto do recurso, por faltar algum dos seus pressupostos, ou que a questão a decidir é simples, e, bem assim, das reclamações de todas as decisões da competência dos relatores – sendo a decisão proferida pela Conferência definitiva, quando houver unanimidade dos juízes intervenientes, mas cabendo essa decisão ao pleno da Secção quando não haja unanimidade)[186].

Ainda no domínio do *funcionamento* do Tribunal Constitucional, importa registar breves notas sobre o *quorum* de *funcionamento*, que tem a ver com o número de membros que devem estar presentes para que seja possível deliberar, e sobre o *quorum deliberativo*, que se relaciona com o número de membros necessários para que a deliberação seja adotada,

---

[186] O funcionamento em plenário de todos os juízes que compõem o Tribunal Constitucional e em formações mais pequenas aparece-nos também em alguns dos Tribunais que vimos referindo.

Assim, na Alemanha, o Tribunal Constitucional Federal compõe-se de dezasseis membros, que funciona em Plenário e em dois Senados, que se encontram no mesmo plano hierárquico, com oito membros cada um (sendo um presidido pelo Presidente do Tribunal Federal e outro pelo Vice-Presidente). Além disso, a *Bundesverfassungsgerichtsgesetz* prevê a existência, em cada Senado, de Câmaras compostas por três juízes, para a realização do controlo prévio da admissibilidade dos recursos de constitucionalidade (§2, 1 e 2, e §15a, 1). Cfr. ROLAND FLEURY, *Verfassungsprozessrecht*, 10ª ed., München, Vahlen, 2015, p. 4.

Em Espanha, o Tribunal Constitucional funciona em Plenário (a quem compete, *inter alia*, conhecer dos «recursos» e das «questões» de inconstitucionalidade promovidos contra normas com valor de lei, resolver os conflitos de competências de natureza interterritorial entre o Estado e as Comunidades Autónomas e entre estas e conhecer dos conflitos entre órgãos constitucionais do Estado) e em duas Salas, compostas por seis magistrados cada uma (às quais compete, fundamentalmente, conhecer dos «recursos de amparo»), constituindo-se, dentro de cada Sala, duas Secções, formadas cada uma delas por três magistrados (que assumem o despacho ordinário dos assuntos que entram no Tribunal e decidem sobre a admissão ou inadmissão dos recursos). Cfr. PABLO PÉREZ TREMPS, ob. cit., p. 48-51.

No Brasil, o Supremo Tribunal Federal funciona em Plenário, composto pelos seus onze membros, e em duas Turmas, compostas por cinco Ministros cada uma, uma vez que o Presidente apenas participa nas reuniões do Plenário (cfr. ALEXANDRE DE MORAES, ob. cit., p. 205).

Finalmente, em Angola, de acordo com os artigos 44º a 52º da Lei Orgânica do Tribunal Constitucional, este órgão jurisdicional funciona em Plenário, que integra todos os onze juízes, e por Câmaras, cujo número e competência são fixados no Regulamento do Tribunal Constitucional.

sobre o *processo de formação* das decisões do Tribunal e sobre a formulação de *votos de vencido*.

Quanto ao primeiro aspeto, o artigo 42º, nº 1, da Lei do Tribunal Constitucional determina que este só pode funcionar, em Plenário ou em Secção, estando presente a maioria dos respetivos membros em efetividade de funções, incluindo o Presidente ou o Vice-Presidente. No que ao segundo diz respeito, as deliberações são tomadas com base na maioria dos votos dos juízes presentes (dispondo cada juiz de um voto e tendo o Presidente, ou o Vice-Presidente quando o substitua, voto de qualidade[187]) – artigo 42º, nºs 2 e 3, da Lei do Tribunal Constitucional.

No que tange ao *processo de formação* das decisões, são estas precedidas de uma discussão em que intervêm todos os juízes, que incide sobre o "memorando" ou "projeto de acórdão" apresentado previamente pelo juiz relator do processo, que é determinado por sorteio. Nos processos de fiscalização abstrata sucessiva, o memorando é, no entanto, elabo-

---

[187] É vulgar, no conjunto dos ordenamentos jurídicos que temos visitado nesta obra, a atribuição aos Presidentes dos Tribunais Constitucionais, ou aos Vice-Presidentes em sua substituição, de voto de qualidade, em caso de empate. Assim sucede, no conjunto dos Tribunais que temos vindo a citar, no Tribunal Constitucional de Espanha (neste País, com uma frequência maior, devido ao número par de juízes), no Conselho Constitucional francês (com previsão na própria Constituição), no Tribunal Constitucional de Itália, no Supremo Tribunal Federal do Brasil (artigo 13º, IX, do respetivo Regimento Interno) e no Tribunal Constitucional de Angola (artigo 47º, nº 3, da sua Lei Orgânica).
Alguns autores criticam a atribuição ao Presidente do Tribunal Constitucional de voto de qualidade, não só porque o seu voto sempre terá um peso relevante, devido ao facto de, segundo a *praxis*, ele votar após todos os outros juízes (o que lhe possibilita orientar o seu voto, em face dos votos expressos pelos outros juízes), mas também, e sobretudo, porque entendem que uma tal solução põe em causa o princípio da *par conditio* dos juízes e o princípio segundo o qual o Presidente não é mais do que o *primus inter pares*. Advogam, assim, o fim do voto de qualidade do Presidente, ou através da exigência de uma *maioria qualificada* de votos para ser adotada uma decisão de inconstitucionalidade, ou através da consagração de uma solução idêntica à prevista no § 15, 4, *in fine*, da *Bundesverfassungsgerichtsgesetz*, segundo a qual "em caso de empate, não se poderá declarar a existência de infração à Lei Fundamental ou a outras normas do ordenamento federal". Solução esta que leva o princípio da presunção da constitucionalidade das normas jurídicas às suas últimas consequências jurídicas e respeita o princípio segundo o qual o Presidente do Tribunal Constitucional Federal é um *primus inter pares*, cujo voto tem um valor idêntico ao dos outros juízes. Cfr. FRANCISCO FERNÁNDEZ SEGADO, ob. cit., p. 625-630, e ANTONIO RUGGERI/ANTONINO SPADARO, ob. cit., p. 52-57.

rado pelo Presidente do Tribunal (artigo 63º, nº 1, da Lei do Tribunal Constitucional).

Finda a discussão, procede-se à votação das diversas questões sobre as quais o Tribunal se deva pronunciar, utilizando o método da chamada *votação escalonada (Stufenabstimmung)*, isto é, compartimentando as diversas questões colocadas no âmbito de cada processo e formando, em relação a cada uma delas, a respetiva maioria de votação[188].

Embora o artigo 42º da Lei do Tribunal Constitucional não o estabeleça expressamente, o Tribunal tem entendido que, para se formar uma decisão positiva de inconstitucionalidade, mas já não nos casos de decisões negativas de inconstitucionalidade, é necessária uma maioria não apenas quanto à decisão, mas também quanto à *fundamentação*[189].

---

[188] Para uma análise detalhada do método de *votação escalonada*, cfr. o Acórdão do Tribunal Constitucional nº 58/95, prolatado na sequência da arguição de nulidade do Acórdão nº 13/95, tirado em processo de fiscalização preventiva da constitucionalidade. Nele se afirmou, em determinado trecho, "que era perfeitamente lícito ou, mesmo, imposto ao Tribunal – porque equacionou diversos possíveis fundamentos de inconstitucionalidade – compartimentar cada uma dessas questões, autonomizando-as e, em consequência, tomando, relativamente a cada uma, a sua decisão (cfr. a norma do § 27 da BVerfGG -*Bundesverfassungsgerichtsgesetz*). Sendo a fundamentação essencial ao conteúdo da decisão, agiu o Tribunal correctamente ao se pronunciar, como se pronunciou na alínea *e)*, uma vez que, quanto ao eventual vício de inconstitucionalidade material aí em análise [e já que, por recurso ao método de votação escalonada (*Stufenabstimmung*), decidido estava antecedentemente, por maioria de votos, não se pronunciar pela ocorrência de um eventual vício de inconstitucionalidade procedimental de que padecessem as normas do Decreto nº 183/VI], não alcançou uma maioria de votos no sentido de esse concreto vício se ter por assente".

[189] Cfr., a este propósito, o Acórdão do Tribunal Constitucional nº 405/2010, o qual, conhecendo da arguição de nulidade do Acórdão nº 19/2010, com o fundamento de ter sido lavrado sem o necessário vencimento, realçou "que, sendo efectivamente exigível uma maioria de votos conformes quanto à decisão e seus fundamentos para as decisões que se pronunciem pela inconstitucionalidade, igual exigência não se aplica quando, como é o caso, o Tribunal Constitucional se pronuncia pela não inconstitucionalidade" e, bem assim, que "não competindo ao Tribunal Constitucional, como é sabido, formular juízos positivos sobre a conformação constitucional das normas jurídicas e sendo destituída de quaisquer efeitos jurídicos a pronúncia de não inconstitucionalidade, naturalmente que não relevam, por inócuas, eventuais divergências sobre as razões por que se decidiu pela não inconstitucionalidade da norma ou interpretação normativa que constitui objecto do recurso (cf., neste sentido, o Acórdão nº 58/95 do Tribunal Constitucional, disponível em www.tribunalconstitucional.pt)".

Com o objetivo de alcançar uma maioria de votos quanto à *decisão* e quanto à *fundamentação*, nos casos de decisões positivas de inconstitucionalidade, seja em fiscalização abstrata, preventiva e sucessiva, seja em fiscalização concreta, recorre o Tribunal Constitucional, frequentes vezes, a uma fundamentação em *cascata* ou utiliza uma fundamentação *alternativa*, que seja suscetível de ser subscrita por uma maioria de juízes ou mesmo pelo maior número possível deles[190].

Todavia, para que tal seja possível, tem de se tratar de argumentos ou fundamentos *somáveis*, e não fundamentos ou argumentos *contraditórios*, que proporcionem ao autor da norma jurídica uma bússola orientadora para a correção da inconstitucionalidade. Neste sentido, dando um exemplo, o argumento da inconstitucionalidade de uma norma jurídica por violação do *princípio da separação de poderes*, concretamente porque atributiva de uma competência à Administração Pública que deveria pertencer aos tribunais, não é *adicionável* ao argumento de que essa norma é inconstitucional porque viola o princípio constitucional da *autonomia das autarquias locais*, precisamente porque este argumento pressupõe que uma matéria sobre a qual ela incide cabe no âmbito do poder administrativo.

Tal como em outros ordenamentos jurídicos, é reconhecido pelo artigo 42º, nº 4, da Lei do Tribunal Constitucional aos juízes o direito de lavrarem *votos de vencido (dissenting opinions)* e *declarações de voto* quanto à fundamentação (*concurring opinions*), os quais constituem parte integrante do acórdão e são publicados juntamente com este[191]. Apontam-se como argumentos a favor da admissibilidade e da publicidade das

---

[190] Cfr., sobre este ponto, ANTÓNIO ARAÚJO/JOSÉ CASALTA NABAIS/JOSÉ MANUEL VILALONGA, *Relatório de Portugal para a II Conferencia de la Justicia Constitucional de Iberoamérica, Portugal y España*, in «Anuario Iberoamericano de Justicia Constitucional», Madrid, Centro de Estudios Políticos y Constitucionales, 1998, p. 382.

[191] O instituto das *dissenting opinions* tem a sua origem no ordenamento jurídico norte-americano, pertencendo a primeira *dissenting opinion* ao Chief Justice JOHN MARSHALL. No ordenamento jurídico-constitucional espanhol, o artigo 164º, nº 1, da Constituição determina que "as sentenças do Tribunal Constitucional são publicadas no Boletim Oficial do Estado com os votos particulares, se os houver". Por sua vez, o artigo 90º, nº 2, da Lei Orgânica do Tribunal Constitucional espanhol prescreve que "o Presidente e os Magistrados do Tribunal poderão refletir num voto particular a sua opinião discrepante defendida na deliberação, tanto no que se refere à decisão, como à fundamentação.

dissenting opinions o favorecimento da evolução da jurisprudência constitucional[192], através da abertura de novos horizontes jurisprudenciais, a responsabilização dos juízes individualmente considerados, a melhoria da argumentação jurídica e da clareza argumentativa das decisões e o contributo positivo para a formação da opinião pública e para a sensibilização dos cidadãos sobre os processos em que intervém o juiz constitucional[193].

Os votos particulares incorporar-se-ão na resolução e, quando se tratar de sentenças ou de declarações, publicar-se-ão com estas no «Boletim Oficial do Estado»".
Diversamente, no ordenamento jurídico alemão, não se encontra no texto da *Grundgesetz* qualquer referência aos votos dissidentes. O mesmo sucedeu com a versão originária da *Bundesverfassungsgerichtsgesetz* de 1951. Houve que esperar a reforma desta lei, em dezembro de 1970, para se ver consagrados legalmente *os votos dissidentes (Sondervotum)*. Todavia, aquela reforma não fez mais do que legalizar uma prática que surgiu de modo natural no seio do Tribunal Constitucional Federal, que era a de publicar as diversas argumentações dos juízes, tanto as favoráveis à decisão, mas divergentes na fundamentação, como as divergentes (veja-se, agora, o § 30, 2, da Lei do Tribunal Constitucional Federal Alemão). No ordenamento jurídico brasileiro, os Ministros do Supremo Tribunal Federal têm, de igual modo, direito de lavrarem *dissenting opinons*, sendo as mesmas publicadas com a decisão de que fazem parte.
O mesmo se passa no ordenamento jurídico-constitucional de Angola, onde o artigo 47º, nº 4, da Lei Orgânica do Tribunal Constitucional estabelece que "os juízes do Tribunal Constitucional têm o direito de lavrar voto de vencido".
Diversamente, no ordenamento jurídico-constitucional italiano, não são admissíveis votos dissidentes nas decisões do Tribunal Constitucional. De facto, as sentenças deste Tribunal são publicadas com indicação dos juízes que nelas participaram, com a assinatura do Presidente e do juiz redator e sem indicação de qualquer *dissenting* ou *concurring opinions*. Cfr., sobre esta problemática, Francisco Fernández Segado, *La Justicia Constitucional*, cit., p. 687-691, Antonio Ruggeri/Antonino Spadaro, ob. cit., p. 70-72, Elena Malfatti/Saulle Panizza/Roberto Romboli, ob. cit., p. 76-80, e Augusto Cerri, ob. cit., p. 80-83.

[192] Muitas mudanças de orientações jurisprudenciais do Tribunal Constitucional são inspiradas em precedentes opiniões minoritárias.
Nesta linha, Felix Frankfurter/James M. Landis, depois de afirmarem que *"the expression of dissents began with the first opinion of the Court (Georgia v. Braislford, U.S.1792), and its practice may well be characterized as one of the settled traditions of the Court"*, sublinham que *"dissenting opinions have been among the most important influences in the development of our constitutional law"*. Cfr. The Supreme Court Under the Judiciary Act of 1925, in "Harvard Law Review", Vol. XLII, nº 1, November, 1928, p. 1-29, em especial, p. 15.
[193] Neste sentido, cfr. Francisco Fernández Segado, *La Justicia Constitucional*, cit., p. 687-691.

Mas são avançados em seu desabono a "perda de força" das sentenças constitucionais e uma certa "deslegitimação" do Tribunal Constitucional, bem como a exposição dos juízes individualmente a possíveis atentados à sua independência[194/195].

12. Natureza do Tribunal Constitucional

A *natureza* do Tribunal Constitucional pode ser surpreendida num conjunto de notas[196].

Primo, é um órgão de *caráter jurisdicional*, mas que apresenta importantes especificidades relativamente aos restantes tribunais. O caráter jurisdicional do Tribunal Constitucional resulta essencialmente do seu estatuto, do processo de formação das suas decisões e da natureza da sua atividade. Aliás, a natureza jurisdicional do Tribunal Constitucional é expressamente referida no artigo 221º da Constituição, que o define como "o tribunal ao qual compete especificamente administrar a justiça em matérias de natureza jurídico-constitucional"[197].

---

[194] Sobre este tema, cfr. ANTONIO RUGGERI/ANTONINO SPADARO, ob. cit., p. 70-72. Cfr., ainda, sobre a discussão a propósito das vantagens e as desvantagens da admissibilidade das *dissenting* e *concurring opinions*, ELENA MALFATTI/SAULLE PANIZZA/ROBERTO ROMBOLI, ob. cit., p. 77 e 78.

[195] Ainda sobre o funcionamento do Tribunal Constitucional, deve referir-se que compete ao Tribunal Constitucional, através do Plenário dos seus juízes, elaborar os regulamentos internos necessários ao seu bom funcionamento [artigo 36º, alínea *b)*, da Lei do Tribunal Constitucional].

No exercício desta competência, foram aprovados vários regulamentos relativos ao funcionamento do Plenário e das Secções, às notificações de decisões, à publicação de decisões, à biblioteca e arquivo bibliográfico e jurisprudencial, etc. Além disso, compete ao Tribunal Constitucional fixar, por deliberação interna, no início de cada ano judicial, os dias e horas em que se realizam as sessões ordinárias [artigo 36º, alínea *d)*, da Lei do Tribunal Constitucional].

[196] Cfr., sobre este ponto, JOSÉ MANUEL M. CARDOSO DA COSTA, *A Jurisdição Constitucional em Portugal*, cit., p. 22-28.

[197] O carátcr jurisdicional constitui também uma nota peculiar do Supremo Tribunal Federal brasileiro e do Tribunal Constitucional de Angola. Quanto ao primeiro, refere o artigo 102º, *caput*, da Constituição Federal que "compete ao Supremo Tribunal Federal, precipuamente, a guarda da Constituição (...)". E, no tocante ao segundo, estabelece o artigo 180º, nº 1, da Constituição de Angola que "ao Tribunal Constitucional compete, em geral, administrar a justiça em matérias de natureza jurídico-constitucional, nos termos da Constituição e da lei".

Secundo, é um órgão situado no topo da hierarquia dos tribunais, uma vez que as suas decisões são irrecorríveis para qualquer outro tribunal. A nossa Constituição autonomizou, no entanto, o Tribunal Constitucional dos restantes tribunais, através da inclusão das disposições que lhes dizem respeito num Título diferente (o Título VI) do Título (o Título V) reservado aos tribunais que integram o poder judicial. Ele não se encontra, por isso, integrado na *estrutura* do poder judicial. Todavia, na medida em que das decisões dos tribunais que compõem o poder judicial, incluindo os supremos tribunais, cabe recurso para o Tribunal Constitucional, no âmbito das matérias da sua competência, e das decisões deste não há recurso para qualquer outro tribunal, o Tribunal Constitucional há-de ser considerado, ao menos sob o ponto de vista *funcional*, como situado no topo da hierarquia dos tribunais[198].

Tertio, é, sob o ponto de vista organizatório, um *órgão constitucional*, concebido pela nossa Constituição não apenas e simplesmente como uma outra ordem de jurisdição, ao lado ou em paralelo com as restantes, mas também como um *órgão de soberania*, a par, ou para além, dos classicamente enunciados (o Presidente da República, a Assembleia da República, o Governo e os Tribunais), em suma, como um dos «poderes» do Estado"[199/200].

Quarto, é o *órgão superior da justiça constitucional* – e, por isso, o *intérprete supremo* da Constituição, ao qual é reservada a "última palavra" sobre a interpretação das normas constitucionais[201]. "Última palavra", mas não

---

[198] Segundo José Manuel M. Cardoso da Costa, o Tribunal Constitucional representa, sob o ponto de vista *funcional*, o órgão de cúpula do poder judiciário. Cfr. *A Jurisdição Constitucional em Portugal*, cit., p. 23).
Diferentemente, o Supremo Tribunal Federal brasileiro foi colocado no topo da hierarquia do poder judiciário, como resulta, inequivocamente, do artigo 92º da Constituição Federal, o mesmo se passando com o Tribunal Constitucional de Angola, como flui do artigo 176º, nº 1, da Constituição angolana.

[199] Cfr. José Manuel M. Cardoso da Costa, *A Jurisdição Constitucional em Portugal*, cit., p. 23.

[200] A caracterização do Tribunal Constitucional Federal alemão como *órgão jurisdicional* e como *órgão constitucional* é apontada pela generalidade da doutrina. Cfr. Christian Hillgruber/Christoph Goos, *Verfassungsprozessrecht*, 4ª ed., Heidelberg, Müller, 2015, p. 1-5, e Roland Fleury, ob. cit., p. 1 e 2.

[201] Esta "última palavra" é manifestada, no caso português, nas decisões positivas ou negativas de inconstitucionalidade, nas diferentes modalidades de fiscalização da cons-

a "única palavra", uma vez que, como já tivemos ocasião de sublinhar, o Tribunal Constitucional não tem o *monopólio da interpretação da Constituição*, não se apresentando, por isso, como *dono* da mesma[202].

13. Competências do Tribunal Constitucional

As *competências* do Tribunal Constitucional estão, no que respeita ao seu *núcleo essencial*, tipificadas na Constituição. A tipificação constitucional das competências do Tribunal Constitucional é algo que não carece de justificação: sendo a missão essencial do Tribunal Constitucional garantir a observância das regras e princípios constitucionais pelos diversos órgãos do Estado, é natural que o cerne das suas competências esteja tipificado na Constituição. É isso o que faz o artigo 223º da nossa Constituição. E o mesmo acontece com as Constituições dos países que vimos referenciando ao longo deste estudo.

Algumas das competências estão também contempladas na mencionada Lei do Tribunal Constitucional – uma *lei orgânica* (artigo 166º, nº 2, da Constituição), isto é, uma espécie de lei de valor reforçado (artigo 112º, nº 3, da Constituição), que cabe na *reserva absoluta* de competência legislativa da Assembleia da República [artigo 164º, alínea *c*), da Constituição], que carece de aprovação, na votação final global, por maioria absoluta dos deputados em efetividade de funções (artigo 168º, nº 5, da Lei Fundamental), e que está sujeita a um regime especial de fis-

---

titucionalidade de normas jurídicas. Mas alguns tribunais constitucionais exercem a função de *intérprete supremo* da Constituição, através de outros mecanismos, designadamente através do exercício de uma *função consultiva* sobre o sentido e alcance de normas constitucionais.

É o que sucede, por exemplo, com o Conselho Constitucional francês, que tem competências consultivas no quadro dos poderes de crise (artigo 16º da Constituição), e, bem assim, em matéria eleitoral e referendária e no domínio da sua organização e das suas competências (cfr. JEAN-GICQUEL/JEAN-ÉRIC GICQUEL, ob. cit., p. 783 e 784), bem como com o Tribunal Constitucional de Angola, ao qual compete também pronunciar-se, por solicitação do Presidente da República, da Assembleia Nacional e do Conselho de Ministros "sobre uma questão jurídico-constitucional concreta" ou "sobre a interpretação e aplicação de normas da Constituição da República de Angola" [artigos 16º, alínea *n*), e 20º da Lei Orgânica do Tribunal Constitucional e 3º, alínea *l*), e 69º a 71º da Lei do Processo Constitucional].

[202] Cfr. CHRISTIAN HILLGRUBER/CHRISTOPH GOOS, ob. cit., p. 5-9.

calização preventiva da constitucionalidade, quanto às entidades que a podem requerer (além do Presidente da República, o Primeiro-Ministro ou um quinto dos Deputados à Assembleia da República em efetividade de funções: artigo 278º, nºs 4 a 7, da Constituição), e a um regime mais exigente em caso de veto político do Presidente da República, uma vez que a confirmação parlamentar tem de ser feita pela maioria de dois terços dos deputados presentes, desde que superior à maioria absoluta dos deputados em efetividade de funções (artigo 136º, nº 3, da Constituição).

A possibilidade de a lei desenvolver e ampliar as competências do Tribunal Constitucional está prevista no nº 3 do artigo 223º da Constituição, exigindo-se, porém, que a atribuição de novas competências seja feita por *lei orgânica*, como flui dos artigos 164º, alínea *c)*, e 166º, nº 2, da Constituição[203/204].

Vejamos, agora, em termos sucintos, quais são as competências do Tribunal Constitucional. Vamos arrumá-las em dois grupos: as *competências nucleares* e as *outras competências* (ou *competências complementares*[205]).

13.1. No acervo das *competências nucleares*, inclui-se, em primeiro lugar, a competência para fiscalizar a constitucionalidade de normas jurídicas de *forma abstrata* (a título preventivo ou a título sucessivo) e de *forma concreta* – através de recursos para si interpostos das decisões dos outros tribunais que recusem a aplicação de qualquer norma, com fundamento em inconstitucionalidade, ou que apliquem norma cuja

---

[203] Também no ordenamento jurídico-constitucional angolano as competências do Tribunal Constitucional abrangem "as demais funções que lhe sejam atribuídas pela Constituição e pela lei", exigindo-se, porém, que essa lei assuma as vestes de "lei orgânica" [artigos 164º, alínea *d)*, e 166º, nº 2, alínea *b)*, da Constituição e 16º, alínea *p)*, da Lei Orgânica do Tribunal Constitucional].

[204] Tem ido neste sentido a jurisprudência reiterada e constante do Tribunal Constitucional [veja-se, por último, o Acórdão do Tribunal Constitucional nº 801/2014, onde se afirmou, *inter alia*, que, "sendo uma norma definidora de uma competência do Tribunal Constitucional, independentemente da discussão que se possa travar sobre o seu eventual caráter inovador e da consequente desconformidade da qualificação efetuada pelo legislador, ela só podia ser emitida sob a forma e obedecendo aos requisitos procedimentais de uma lei orgânica, por força do disposto nos artigos 166º, nº 2, e 164º, *c)*, da Constituição"].

[205] Cfr. MARIA LÚCIA AMARAL, *Competências Complementares do Tribunal Constitucional Português*, in «Estudos em Homenagem ao Prof. Doutor José Joaquim Gomes Canotilho», Vol. II, cit., p. 43-55.

inconstitucionalidade haja sido suscitada durante o processo ou norma que já tenha sido julgada inconstitucional pelo Tribunal Constitucional [artigos 278º, 281º, nºs 1, alínea *a*), 2 e 3, e 280º, nºs 1, alíneas *a*) e *b*), 3, 4 e 5, da Constituição].

Em segundo lugar, a competência para apreciar e verificar o não cumprimento da Constituição "por omissão das medidas legislativas necessárias para tornar exequíveis as normas constitucionais" (*inconstitucionalidade por omissão*) – artigo 283.º da Constituição.

E, em terceiro lugar, a competência para fiscalizar, por *via abstrata* ou por *via concreta* ou *incidental*, certas formas de ilegalidade (a denominada "ilegalidade qualificada") de normas jurídicas: a ilegalidade de norma constante de ato legislativo, com fundamento em violação de lei com valor reforçado; a ilegalidade de norma constante de diploma regional, com fundamento em violação do estatuto da região autónoma[206]; e a ile-

---

[206] Antes da Revisão Constitucional de 2004, competia também ao Tribunal Constitucional a fiscalização abstrata e concreta da ilegalidade das normas constantes de diploma regional, por violação de lei geral da República (até à Revisão Constitucional de 1997) ou por violação dos *princípios fundamentais* de lei geral da República (após a Revisão de 1997). As leis gerais da República eram definidas no artigo 112º, nº 5, da Constituição (versão da Lei Constitucional nº 1/97) como "as leis e os decretos-leis cuja razão de ser envolva a sua aplicação a todo o território nacional e assim o decretem". Elas constituíam um limite ao poder legislativo das regiões autónomas, não podendo os decretos legislativos das Assembleias Legislativas das Regiões Autónomas dos Açores e da Madeira desrespeitar ou dispor contra os seus *princípios fundamentais* (a não ser quando o poder legislativo fosse alicerçado em lei de autorização legislativa da Assembleia da República). Os outros limites ao poder legislativo das regiões autónomas eram os seguintes: as matérias a tratar tinham de ser de *interesse específico* para a região, isto é, haviam de abranger alguma ou algumas das matérias enumeradas, a título exemplificativo, no artigo 228º da Constituição ou "outras matérias que respeitem exclusivamente à respectiva região ou que nela assumam particular configuração" [alínea *o*) do mesmo artigo] – o chamado *limite positivo*; e tais matérias não podiam estar reservadas à competência legislativa da Assembleia da República ou do Governo – o denominado *limite negativo* [artigos 112º, nºs 4 e 5, 227º, nº 1, alíneas *a*), *b*) e *c*), 228º e 232º, nº 1, todos da Constituição portuguesa]. Para uma síntese da jurisprudência constitucional portuguesa sobre os poderes legislativos das Regiões Autónomas, antes da Revisão Constitucional de 1997, cfr., por todos, MÁRIO DE BRITO, *Competência Legislativa das Regiões Autónomas*, in «Scientia Juridica», Tomo XLIII (1994), nºs 247- 249, p. 15-32. Para uma análise do conceito de *lei geral da República* e dos limites ao poder legislativo das regiões autónomas na versão da Constituição resultante da revisão de 1997, cfr. JORGE MIRANDA, *Manual de Direito Constitucional*, Tomo V, 2ª

galidade de norma constante de diploma emanado de órgão de soberania, com fundamento em violação dos direitos de uma região autónoma consagrados no seu estatuto [artigos 281º, nºs 1, alíneas *b)*, *c)* e *d)*, 2 e 3, e 280º, nºs 2, 3, 4 e 5, da Constituição][207].

ed., Coimbra, Coimbra Editora, 2000, p. 383-411, bem como os Acórdãos do Tribunal Constitucional nºs 711/97, 630/99 e 631/99.

[207] A somar às competências de controlo normativo indicadas no texto, deve ainda referir-se a competência, mencionada no artigo 70º, nº 1, alínea *i)*, da Lei do Tribunal Constitucional, para conhecer dos recursos das decisões dos tribunais "que recusem a aplicação de norma constante de acto legislativo com fundamento na sua contrariedade com uma convenção internacional, ou a apliquem em desconformidade com o anteriormente decidido sobre a questão pelo Tribunal Constitucional" – recurso este que, nos termos do nº 2 do artigo 71º da mesma lei, "é restrito às questões de natureza jurídico-constitucional e jurídico-internacional implicadas na decisão recorrida".
O reconhecimento desta competência ao Tribunal Constitucional – que surgiu por efeito da alteração à Lei do Tribunal Constitucional introduzida pela Lei nº 85/89, de 9 de setembro – visou resolver a divergência entre as então duas Secções do Tribunal Constitucional quanto à questão de saber se, vigorando, entre nós, o princípio da primazia do direito internacional convencional recebido *in foro domestico* sobre a lei, constante do artigo 8º, nº 2, da Constituição, a contrariedade de uma lei posterior com um tratado coloca, ou não, um problema de "inconstitucionalidade" que compete ao Tribunal Constitucional conhecer. Por outras palavras, saber se aquela questão é uma "inconstitucionalidade direta", porque a lei viola diretamente o citado artigo 8º, nº 2, da Constituição, sendo, assim, o Tribunal Constitucional competente para dela conhecer, ou se, ao invés, configura tão-só uma "inconstitucionalidade indireta", porquanto a lei viola diretamente a convenção internacional e só indiretamente aquela norma constitucional, não cabendo, nesse caso, ao Tribunal Constitucional conhecer de tal questão. A primeira Secção do Tribunal Constitucional decidia no primeiro sentido, de que são exemplo os Acórdãos nºs 27/84, 62/84 e 203/87, ao passo que a 2ª Secção abraçava a segunda posição citada, como ressalta, entre outros, dos Acórdãos nºs 47/84, 88/84 e 60/87.
Todavia, a norma do artigo 70º, nº 1, alínea *i)*, da Lei do Tribunal Constitucional tem um âmbito de previsão limitado, porquanto não só abrange apenas o controlo concreto, como ainda se circunscreve aos casos de desaplicação da lei interna pelos tribunais, com fundamento na sua contrariedade com uma convenção internacional, e de decisão dos tribunais contrária à orientação anterior do Tribunal Constitucional. Ademais, os poderes de jurisdição do Tribunal Constitucional estão circunscritos, nos termos do artigo 71º, nº 2, da Lei do Tribunal Constitucional, "às questões de natureza jurídico-constitucional implicadas na decisão recorrida", ou seja, à questão de saber se o direito convencional recebido *in foro domestico* tem primazia sobre a lei interna, bem como "às questões de natureza jurídico-internacional" na mesma implicadas, qual seja a questão da vigência e validade da convenção como instrumento jurídico-internacionalmente vinculante do

13.2. No grupo das *outras competências*, inserimos o vasto elenco das competências do Tribunal Constitucional que vão para além dos poderes de controlo da constitucionalidade – e das formas de "ilegalidade qualificada" antes referidas – de normas jurídicas. Essas competências podem ser catalogadas do seguinte modo:

a) Competências relativas ao mandato do Presidente da República [artigo 223º, nº 2, alíneas *a)* e *b)*, da Constituição e artigos 7º e 86º a 91º da Lei do Tribunal Constitucional], que se traduzem em verificar a morte do Presidente da República, declarar a sua incapacidade física permanente, verificar o impedimento temporário para o exercício das suas funções (e, naturalmente, a cessação de tal impedimento)[208] ou verificar a perda do cargo de Presidente da República, nos casos previstos nos artigos 129º, nº 3, da Constituição (casos de ausência do território nacional sem o assentimento da Assembleia da República ou da sua Comissão Permanente, se aquela não estiver em funcionamento) e 130º, nº 3, da mesma Lei Básica (situações de condenação pelo Supremo Tribunal de Justiça por crimes praticados no exercício das suas funções).

b) Competências relativas a processos e atos eleitorais, que se traduzem, genericamente, em "julgar em última instância a regularidade e a validade dos actos de processo eleitoral, nos termos da lei" [artigo 223º, nº 2, alínea *c)*, da Constituição].
Para além desta competência contenciosa eleitoral, são ainda cometidas ao Tribunal Constitucional várias outras competências no domínio de certos procedimentos eleitorais. Assim, nos termos do artigo 8º da Lei do Tribunal Constitucional, compete-lhe: receber e admitir as candidaturas para Presidente da República (artigo 124º, nº 2, da Constituição); verificar a morte e declarar a incapacidade para o exercício da função presidencial de qualquer candidato a Presidente da Repú-

Estado português. Cfr., por todos, JOSÉ MANUEL M. CARDOSO DA COSTA, *A Jurisdição Constitucional em Portugal*, cit., p. 38 e 39, notas 40 e 41.

[208] O Tribunal Constitucional já exerceu, por uma vez, as competências de verificação do impedimento temporário do Presidente da República para o exercício das suas funções e de verificação de cessação de tal impedimento, através, respetivamente, dos Acórdãos nºs 976/96 e 980/96 (ambos inéditos).

blica, para efeitos de reabertura do respetivo processo eleitoral [artigos 124º, nº 3, e 223º, nº 2, alínea *d*), da Constituição]; julgar os recursos interpostos de decisões sobre reclamações e protestos apresentados nos atos de apuramento parcial, distrital e geral da eleição do Presidente da República, nos termos da respetiva lei eleitoral; julgar os recursos em matéria de contencioso de apresentação de candidaturas e de contencioso eleitoral relativamente às eleições para o Presidente da República, Assembleia da República, Assembleias Legislativas das regiões autónomas e órgãos do poder local; receber e admitir as candidaturas relativas à eleição dos Deputados ao Parlamento Europeu e julgar os correspondentes recursos e, bem assim, julgar os recursos em matéria de contencioso eleitoral referente à mesma eleição; e julgar os recursos interpostos de atos administrativos praticados pela Comissão Nacional de Eleições ou por outros órgãos da administração eleitoral.

Do exposto conclui-se que se encontra concentrada no Tribunal Constitucional português toda a competência em matéria de *contencioso eleitoral* relativo a eleições por sufrágio direto para órgãos políticos, assumindo as funções de um verdadeiro *tribunal superior eleitoral*.

c) Competência respeitante a referendos nacionais, regionais e locais [artigos 223º, alínea *f*), 115º, 134º, alínea *c*), 164º, alínea *b*), 167º, 232º, nº 2, 240º e 256º da Constituição e artigos 11º e 105º da Lei do Tribunal Constitucional, Lei Orgânica nº 15-A/98, de 3 de abril, alterada pelas Leis Orgânicas nºs 4/2005, de 8 de setembro, 3/2010, 15 de dezembro, 1/2011, de 30 de novembro, 1/2016, de 1 de agosto, e 3/2017, de 18 de julho, e, ainda, pela Lei nº 72-A/2015, de 23 de julho, que aprova o regime jurídico do referendo de âmbito nacional, Lei Orgânica nº 4/2000, de 24 de agosto, com as alterações introduzidas pelas Leis Orgânicas nºs 3/2010, de 15 de dezembro, 1/2011, de 30 de novembro, e 3/2018, de 17 de agosto, que aprova o regime jurídico do referendo local, e Lei Orgânica nº 2/2015, de 12 de fevereiro, que aprova o regime jurídico do referendo regional na Região Autónoma dos Açores]. A referida competência abrange, desde logo, o contencioso da votação e do apuramento, em tudo semelhante ao cometido ao Tribunal Constitucional em matéria eleitoral, sendo também junto deste Tribunal que se constitui e funciona a assembleia de apuramento geral dos resultados dos referendos nacionais.

Mas a mais expressiva competência do Tribunal Constitucional em matéria de referendos é a *fiscalização preventiva obrigatória da constitucionalidade e da legalidade* das propostas de referendo nacional, regional e local, nela se incluindo a apreciação dos requisitos relativos ao respetivo universo eleitoral. Uma tal competência abrange, em cada caso, todos os aspetos, de caráter substantivo e processual, relativos à conformidade do referendo com a Constituição e a lei, sendo certo que o juízo não negativo do Tribunal Constitucional sobre tais aspetos é condição necessária da realização do referendo[209].

d) Competências no domínio do recenseamento eleitoral (artigos 26º, nº 4, e 61º, nº 4, da Lei do Regime Jurídico do Recenseamento Eleitoral, aprovado pela Lei nº 13/99, de 22 de março, alterada pela Lei nº 3/2002, de 8 de janeiro, pelas Leis Orgânicas nºs 4/2005 e 5/2005, de 8 de setembro, pela Lei nº 47/2008, de 27 de agosto, e pela Lei nº 47/2018, de 13 de agosto), que abrangem a competência para controlar, em recurso contencioso, as decisões administrativas "finais" relativas à criação ou extinção de postos de recenseamento e, bem assim, a competência para conhecer dos recursos das decisões dos tribunais de comarca relativas a omissões ou inscrições indevidas nos cadernos de recenseamento.

e) Competências respeitantes ao contencioso parlamentar [artigo 223º, nº 2, alínea *g*), da Constituição e artigos 7º-A, 8º, alínea *g*), 91º-A, 91º-B e 102º-D da Lei do Tribunal Constitucional], destinadas a julgar, a requerimento do Deputado lesado, de qualquer grupo parlamentar ou de um mínimo de dez Deputados no exercício efetivo de funções, nos termos da lei, os recursos das deliberações da Assembleia da República ou das Assembleias Legislativas das regiões autónomas que declarem a perda de mandato de Deputado, bem como os recursos relativos às eleições realizadas na Assembleia da República e nas Assembleias Legislativas das regiões autónomas.

---

[209] Cfr. José Manuel M. Cardoso da Costa, *A Jurisdição Constitucional em Portugal*, cit., p. 49-51.

f) Competências relativas a partidos políticos, coligações e frentes [artigo 223º, nº 2, alíneas *e)* e *h)*, da Constituição, artigos 9º, 103º a 103º-F da Lei do Tribunal Constitucional e Lei Orgânica nº 2/2003, de 22 de agosto, alterada pelas Leis Orgânicas nºs 2/2008, de 14 de maio, e 1/2018, de 19 de abril (Lei dos Partidos Políticos)], consistentes em aceitar a inscrição de partidos políticos em registo próprio existente no Tribunal; apreciar a legalidade das denominações, siglas e símbolos dos partidos políticos e das coligações e frentes de partidos, ainda que constituídas apenas para fins eleitorais, bem como apreciar a sua identidade ou semelhança com as de outros partidos, coligações ou frentes; proceder às anotações referentes a partidos políticos, coligações ou frentes de partidos exigidas por lei; julgar as ações de impugnação de eleições e de deliberações de órgãos de partidos políticos que, nos termos da lei, sejam recorríveis; apreciar a regularidade e a legalidade das contas dos partidos políticos, nelas incluindo as dos grupos parlamentares, de Deputado único representante de um partido e de Deputados não inscritos em grupo parlamentar ou de Deputados independentes na Assembleia da República e nas Assembleias Legislativas das regiões autónomas, e das campanhas eleitorais, nos termos da lei, e aplicar as respetivas sanções[210/211]; e ordenar a extinção de partidos e de coligações de partidos nos termos da lei.

---

[210] Registe-se que, nos termos da alínea *e)* do artigo 9º da Lei do Tribunal Constitucional, na redação da Lei Orgânica nº 1/2018, de 19 de abril, compete ao Tribunal Constitucional apreciar, em sede de recurso de plena jurisdição, em plenário, as decisões da *Entidade das Contas e Financiamentos Políticos (ECFP)* em matéria de regularidade e legalidade das contas dos partidos políticos, nelas incluindo as dos grupos parlamentares, de deputado único representante de um partido e de deputados não inscritos em grupo parlamentar ou de deputados independentes, na Assembleia da República e nas Assembleias Legislativas das Regiões Autónomas, e das campanhas eleitorais, nos termos da lei, incluindo as decisões de aplicação de coimas.

[211] Sublinhe-se que a competência do Tribunal Constitucional para julgar as contas anuais dos partidos políticos e das contas de cada campanha eleitoral tem a sua extensão e alcance definidos na *Lei do Financiamento dos Partidos Políticos e das Campanhas Eleitorais*, constante da Lei nº 19/2003, de 20 junho, com as alterações introduzidas pelo Decreto--Lei nº 287/2003, de 12 de novembro, pela Lei nº 64-A/2008, de 31 de dezembro, pela Lei nº 55/2010, de 24 de dezembro, pela Lei nº 1/2013, de 3 de janeiro, pela Lei Orgânica nº 5/2005, de 10 de abril, pela Lei nº 4/2017, de 16 de janeiro, e pela Lei Orgânica nº 1/2018, de 19 de abril, bem como na Lei Orgânica nº 2/2005, de 10 de abril, alterada pela Lei Orgânica nº 1/2018, de 19 de abril, que disciplina a organização e funcionamento da

g) *Competência relativa a declarações de titulares de cargos políticos* (artigos 11º-A e 106º a 113º da Lei do Tribunal Constitucional), que consiste em receber as declarações de património e rendimentos, bem como as declarações de incompatibilidades e impedimentos dos titulares de cargos políticos, e tomar as decisões sobre essas matérias que se encontrem previstas nas respetivas leis.

É a Lei nº 4/83, de 3 de abril, com as alterações introduzidas pelas Leis nºs 38/83, de 25 de outubro, 25/95, de 18 de agosto, 19/2008, de 21 de abril, 30/2008, de 10 de julho, e 38/2010, de 2 de outubro, que disciplina o controlo público do património e rendimentos dos titulares de cargos políticos, definindo os cargos políticos por ela abrangidos. De harmonia com o disposto no artigo 106º da Lei do Tribunal Constitucional, as declarações de rendimentos e património são apresentadas na Secretaria do Tribunal Constitucional e aí arquivadas e têm caráter público, definindo o artigo 108º da mesma lei o modo de acesso, mas podendo o Tribunal Constitucional, conforme preceitua o artigo 107º da Lei do Tribunal Constitucional, quando o apresentante da declaração invocar a sua oposição à divulgação integral ou parcial do conteúdo da mesma, reconhecer a ocorrência de motivo relevante suscetível de justificar a oposição e determinar a proibição da divulgação ou condicionar os termos e prazos em que ela pode ser efetuada.

O *controlo* do cumprimento do dever de entrega da declaração ocorre no âmbito do Tribunal Constitucional, como flui do nº 1 do artigo 109º da Lei do Tribunal Constitucional, estando-lhe também adstrita a competência para, em caso de dúvida, decidir sobre a existência, ou não, do dever de apresentação da declaração (artigo 109º, nºs 2 e 3, da Lei do Tribunal Constitucional). Mas não lhe cabe a tarefa de averiguar da veracidade das declarações, que seria uma tarefa investigatória, uma função de "polícia dos políticos", que o Tribunal Constitucional sempre rejeitou com veemência (recebida neste Tribunal qualquer comunicação ou denúncia relativa a esta matéria, deve simplesmente o Presidente do

Entidade das Contas e Financiamentos Políticos, enquanto *órgão independente* que funciona junto do Tribunal Constitucional e que tem como atribuição a apreciação e fiscalização das contas dos partidos políticos e das campanhas eleitorais para Presidente da República, para a Assembleia da República, para o Parlamento Europeu, para as Assembleias Legislativas das Regiões Autónomas e para as autarquias locais.

Tribunal Constitucional encaminhá-la para o Ministério Público, como prescreve o artigo 6º-A da Lei nº 4/83, na redação da Lei nº 25/95)[212].

No que respeita às declarações de inexistência de incompatibilidades ou impedimentos para o exercício de cargos políticos, rege a Lei nº 64/93, de 26 de agosto, alterada pelas Leis nºs 39-B/94, de 27 de dezembro, 28/95, de 18 de agosto, 12/96, de 18 de abril, 42/96, de 31 de agosto, e 12/98, de 24 de fevereiro, pelo Decreto-Lei nº 71/2007, de 27 de março, pela Lei nº 30/2008, de 10 de julho, e pela Lei Orgânica nº 1/2011, de 30 de novembro (lei que encerra igualmente o regime de incompatibilidades e de impedimentos dos titulares de altos cargos públicos).

Tais declarações devem ser apresentadas na Secretaria do Tribunal Constitucional, cabendo a esta a análise, fiscalização e sancionamento das mesmas (artigo 10º da Lei nº 64/83). Mas tal apenas ocorrerá sob promoção do Ministério Público junto do Tribunal Constitucional, quando entender que houve incumprimento da lei, quer por ocorrência de uma incompatibilidade ou impedimento, quer por falta de apresentação da declaração. No caso de o Tribunal Constitucional julgar verificado o incumprimento da lei, decretará a correspondente sanção (a perda do mandato ou a destituição) ou, se considerar fundada a existência de dúvida sobre a ocorrência de uma situação de incompatibilidade, limitar-se-á a ordenar a sua cessação, fixando prazo para o efeito (artigos 112º e 113º da Lei do Tribunal Constitucional).

h) Competência relativa a organizações que perfilhem a ideologia fascista (artigos 10º e 104º da Lei do Tribunal Constitucional), que se cifra em declarar, nos termos e para os efeitos da Lei nº 64/78, de 6 de outubro, que uma organização perfilha a ideologia fascista e decretar a respetiva extinção[213].

---

[212] Cfr. JOSÉ MANUEL M. CARDOSO DA COSTA, *A Jurisdição Constitucional em Portugal*, cit., p. 50 e 51.

[213] Esta competência já foi exercida uma vez pelo Tribunal Constitucional, no Acórdão nº 17/94, tirado em plenário do Tribunal Constitucional, tendo o mesmo indeferido o pedido de declaração de extinção da organização "Movimento de Acção Nacional – M.A.N", por se tratar de uma "organização que perfilha a ideologia fascista", com fundamento em falta de objeto, ou seja, por ter concluído que a organização em causa já havia sido dissolvida, antes da sua decisão.

Importa acentuar que é esta uma competência que se aproxima, ainda que em termos limitados, porque abrange não todas as "organizações antidemocráticas" ou "anticonstitucionais" (artigo 46º, nº 4, da Constituição), mas somente "as organizações que perfilhem a ideologia fascista", da competência do Tribunal Constitucional Federal alemão, prevista no artigo 21º, nº 2, da Lei Fundamental para "declarar a inconstitucionalidade" dos partidos políticos que, "pelos seus objetivos ou pelas atitudes dos seus adeptos, tentarem prejudicar ou eliminar a ordem fundamental livre e democrática ou pôr em perigo a existência da República Federal da Alemanha" (das Parteienverbot).

Tendo em conta que a declaração de inconstitucionalidade de um partido político – cujo processo se inicia, nos termos do § 43, 1, da *Bundesverfassungsgerichtsgesetz*, com um requerimento do Parlamento Federal, do Conselho Federal ou do Governo Federal – constitui uma entorse aos princípios constitucionais da liberdade de constituição de partidos políticos e de garantia da sua existência e manutenção, consagrados no nº 1 do artigo 22º da Lei Fundamental, o *Bundesverfassungsgericht* alemão tem sido especialmente rigoroso nas suas decisões relativamente a esta matéria, exigindo não só uma rejeição dos mais altos princípios de uma ordem fundamental democrática e livre, mas também uma "atitude ativamente combativa e agressiva" ("*aktiv kämpferische, agressive Haltung*") contra a ordem fundamental democrática e livre, com a qual o partido pretende "perturbar de forma planeada o funcionamento desta ordem e eliminar o curso posterior da própria ordem"[214].

Verifica-se do elenco das competências do Tribunal Constitucional português que este não possui duas competências típicas da jurisdição constitucional de outros países: a garantia de proteção dos direitos fundamentais, através de *instrumentos* ou *mecanismos jurisdicionais específicos*, para além da via da fiscalização abstrata e concreta de constitu-

---

[214] Para mais desenvolvimentos sobre a *Parteienverbot*, prevista no artigo 22º, nº 2, da Lei Fundamental alemã, cfr. UTZ SCHLIESKY, *Die wehrhafte Demokratie des Grundgesetzes*, in "ISENSEE/KIRCHHOF (Hg.), Handbuch des Staatsrechts, Dritte Auflage, Band XII, Normativität un Schutz der Verfassung", Heidelberg/München, C. F. Müller, 2014, p. 866-871, CHRISTIAN HILLGRUBER/CHRISTOPH GOOS, ob. cit., p. 281-303, e ROLAND FLEURY, ob. cit., p. 92 e 93.

cionalidade de normas jurídicas[215]; e a arbitragem de *conflitos de poderes* entre órgãos supremos do Estado (*litígios constitucionais*), bem como a resolução de *conflitos de atribuições* entre o Estado e outros entes públicos territoriais, sejam eles Estados Federados, as Regiões ou as Autarquias Locais[216/217].

---

[215] Instrumentos ou mecanismos jurisdicionais específicos, que existem, como referimos, nos ordenamentos jurídico-constitucionais de outros países, tais como o *recurso de amparo*, com fundamento na violação de certos direitos ou liberdades fundamentais por atos, disposições ou atuações de facto dos poderes públicos, quando essa violação não tiver sido reparada pelos órgãos jurisdicionais, ou quando essa lesão tiver a sua origem direta e imediata num ato ou omissão dos tribunais (como sucede nos ordenamentos jurídico--constitucionais espanhol e de outros países latino-americanos, como a Guatemala, El Salvador, Colômbia, Equador, Venezuela, Chile e Costa Rica), a *queixa constitucional* (*Verfassungsbeschwerde*) do direito alemão, os diversos instrumentos processuais de proteção jurisdicional de direitos fundamentais do ordenamento jurídico-constitucional brasileiro, que possibilitam, em certos termos, a intervenção do Supremo Tribunal Federal, e que são o *habeas corpus*, o *mandado de segurança*, *individual* e *coletivo*, o *habeas data*, o *mandado de injunção*, a *ação popular* e a *ação civil pública*, e o *recurso extraordinário de inconstitucionalidade* do ordenamento jurídico-constitucional angolano.

[216] Para além das competências sobre estas matérias, anteriormente referidas, do Tribunal Constitucional espanhol, do Tribunal Constitucional Federal alemão, do Tribunal Constitucional de Angola e do Supremo Tribunal Federal brasileiro, importa aditar a competência do Tribunal Constitucional italiano para julgar "sobre os conflitos de atribuições entre os poderes do Estado, entre as atribuições do Estado e das Regiões e entre as atribuições das Regiões" (artigo 134º da Constituição). Os conflitos de atribuições entre o Estado e as Regiões e entre as Regiões assumem a natureza de um *conflito intersubjetivo*, ao passo que os conflitos de atribuições entre os poderes do Estado revestem a categoria de um *conflito interorgânico*. De acordo com a jurisprudência do Tribunal Constitucional italiano, são "poderes do Estado" os órgãos dotados das seguintes quatro características: serem, pelo menos, mencionados na Constituição e, por isso, terem relevância constitucional; gozarem de uma, embora parcial, esfera de atribuições constitucionais; serem capazes de praticar atos em posição de autonomia e independência; e os atos que praticarem serem imputáveis ao Estado. Quanto aos conflitos de atribuições entre o Estado e as Regiões e entre as Regiões, são requisitos dos mesmos: estar-se perante a emanação de um ato; e que esse ato invada uma competência definida por normas constitucionais. Para mais desenvolvimentos, cfr. ANTONIO RUGGERI/ANTONINO SPADARO, ob. cit., p. 273-321, ELENA MALFATTI/SAULLE PANIZZA/ROBERTO ROMBOLI, ob. cit., p. 197-269, e AUGUSTO CERRI, ob. cit., p. 349- 459.

[217] Cfr., sobre este ponto, no que respeita ao ordenamento jurídico espanhol, o nosso artigo *A Justiça Constitucional em Portugal e em Espanha*, cit., in "Revista de Legislação e de Jurisprudência", Ano 131º, nº 3892, p. 199 e 200, bem como o nosso *Relatório Geral*,

Mas, em contrapartida, as atribuições cometidas ao Tribunal Constitucional português, não só no domínio das modalidades de controlo da constitucionalidade e de legalidade de normas jurídicas, mas também no âmbito das matérias há pouco assinaladas, são muito mais vastas do que aquelas que, de um modo geral, estão reservadas a órgãos jurisdicionais similares[218]. O volumoso naipe de competências do Tribunal Constitucional é claramente excessivo e suscetível de prejudicar

cit., p. 58-61 (este último relativamente aos ordenamentos jurídicos espanhol e de outros países ibero-americanos).
O facto de o Tribunal Constitucional português não dispor de competência específica para arbitrar *conflitos de poderes* entre órgãos de soberania, mas apenas para apreciar as questões de constitucionalidade e, em certos casos, de legalidade de normas jurídicas, não significa que, por esta via, não desempenhe um papel de garante da observância do princípio da separação de poderes, tal como é consagrado na Constituição. Daí que exista um grande número de acórdãos do Tribunal Constitucional sobre as fronteiras entre as competências legislativas da Assembleia da República e do Governo (cfr., entre uma multiplicidade deles, os Acórdãos nºs 373/91, 368/92 e 148/96), entre a função legislativa e a função administrativa (reserva da administração – cfr., a título exemplificativo, os Acórdãos nºs 1/97 e 24/98, o primeiro publicado na "Revista de Legislação e de Jurisprudência", Ano 130º, nºs 3875 e 3876, p. 48 e segs., com uma *Anotação* de J. J. GOMES CANOTILHO), entre a função administrativa e a função judicial (reserva do juiz – cfr., entre muitos, os Acórdãos nºs 182/90 e 452/95) e, inclusive, entre a função judicial e a função exercida pelas comissões parlamentares de inquérito (cfr., sobre este último ponto, o Acórdão nº 195/94, publicado na "Revista de Legislação e de Jurisprudência", Ano 127º, nº 3845, p. 238 e segs., com uma *Anotação* de J. J. GOMES CANOTILHO).
[218] Os tribunais constitucionais dos países que temos vindo a referir exercem também outras competências, para além das relacionadas com a apreciação da constitucionalidade de normas jurídicas e com a arbitragem de *conflitos de poderes* entre órgãos supremos do Estado (*litígios constitucionais*), bem como a resolução de *conflitos de atribuições* entre o Estado e outros entes públicos territoriais. Mas o catálogo dessas outras competências é muito mais limitado do que o do Tribunal Constitucional português.
Sem a pretensão de sermos exaustivos, realce-se que o Conselho Constitucional francês zela pela regularidade da eleição do Presidente da República, examina as reclamações e proclama os resultados do escrutínio (artigo 58º da Constituição); decide, em caso de contestação, sobre a regularidade da eleição dos deputados e dos senadores (artigo 59º da Constituição), com exclusão dos deputados ao Parlamento Europeu, cujo contencioso é confiado ao *Conseil d'État* (artigo 25º da Lei de 7 de julho de 1977); zela pela regularidade das operações de referendo e proclama os respetivos resultados (artigo 60º da Constituição); e exerce algumas competências consultivas, nos termos apontados anteriormente. Cfr. JEAN GICQUEL/JEAN – ÉRIC GICQUEL, ob. cit., p. 782-784, e DOMINIQUE ROUSSEAU/PIERRE-YVES GAHDOUN/JULIEN BONNET, ob. cit., p. 463-498.

No que concerne ao Tribunal Constitucional italiano, cabe-lhe também, nos termos do artigo 134º da Constituição, julgar as acusações de atentado à Constituição e de alta traição dirigidas ao Presidente da República (e a outros em concerto com ele), depois de as mesmas acusações terem sido votadas pelo Parlamento em sessão conjunta por uma maioria absoluta dos seus membros. No desempenho desta competência, o Tribunal Constitucional age, nas palavras de ANTONIO RUGGERI/ANTONINO SPADARO, na veste de juiz "especial" e num quadro geral que costuma definir-se como "justiça política" (cfr. ob. cit., p. 339-366). Compete, ainda, ao Tribunal Constitucional italiano, em adição ao elenco de competências previsto no artigo 134º da Constituição, operada pelo artigo 2º da Lei Constitucional nº 1/1953, julgar a admissibilidade constitucional das propostas de *referendum* (cfr. a Lei nº 352/1970, que contém normas sobre os referendos previstos na Constituição). Sobre este tema, cfr. ANTONIO RUGGERI/ANTONINO SPADARO, ob. cit., p. 323-337, ELENA MALFATTI/SAULLE PANIZZA/ROBERTO ROMBOLI, ob. cit., p. 307-321 e 271-305, e AUGUSTO CERRI, ob. cit., p. 503-539 e 461-501.

No que respeita ao Tribunal Constitucional Federal Alemão, para além das competências assinaladas (processos de controlo abstracto de normas, processos de controlo concreto de normas, processos de queixa constitucional, processos de litígios entre órgãos do Estado, processos de litígios entre a Federação e os Estados Federados e entre estes e processos de proibição de partidos políticos), possui também competências em matéria eleitoral, sobre a acusação contra o Presidente Federal por parte do *Bundestag* ou do *Bundesrat* e sobre acusações contra juízes. Relativamente à primeira, cabe-lhe, por um lado, decidir as queixas apresentadas por grupos de indivíduos contra o seu não reconhecimento como partido político para concorrer às eleições para o Parlamento Federal (artigo 93, 1, 4c, da *Grundgesetz* e §§ 96a e segs. da *Bundesverfassungsgerichtsgesetz*). Por outro lado, compete-lhe decidir as queixas contra as decisões do *Bundestag* respeitantes à validade das eleições ou à perda do mandato de Membro do Parlamento (artigo 41, 2, da *Grundgesetz* e § 48 da *Bundesverfassungsgerichtsgesetz*).

No tocante à segunda, o artigo 61, 1, da *Lei Fundamental Alemã* estabelece que o Parlamento Federal ou o Conselho Federal podem acusar o Presidente Federal perante o Tribunal Constitucional Federal por violação intencional da Lei Fundamental ou de uma outra lei federal. O requerimento de acusação deverá ser proposto, no mínimo, pela quarta parte dos membros do Parlamento Federal ou por um quarto dos votos do Conselho Federal. A aprovação do requerimento de acusação necessita da maioria de dois terços dos membros do Parlamento Federal ou de dois terços dos votos do Conselho Federal. Se o Tribunal Constitucional Federal constatar que o Presidente Federal violou intencionalmente a Lei Fundamental ou outra lei federal, poderá declarar a sua destituição do cargo (artigo 61, 2, da *Grundgesetz* e §§ 13, 4, e 49 e segs. da *Bundesverfassungsgerichtsgesetz*).

Finalmente, quanto à indicada em terceiro lugar, o artigo 98, 2, da Lei Fundamental alemã prescreve que, quando um juiz federal, dentro ou fora da sua função, infringir os princípios da Lei Fundamental ou a ordem constitucional de um Estado, o Tribunal Constitucional Federal poderá ordenar com uma maioria de dois terços, por solicitação do Parlamento Federal, que o juiz seja transferido para outro cargo ou aposentado. No caso de

ou perturbar o normal desempenho da sua missão principal, que é a do controlo da constitucionalidade de normas jurídicas[219]. Estamos a pen-

infração dolosa, pode ser ordenada a sua demissão. E, de harmonia com o nº 5 do mesmo artigo, os Estados podem estabelecer uma regulamentação idêntica para os juízes estaduais, cabendo, nesse caso, a decisão sobre uma acusação a um juiz ao Tribunal Constitucional Federal (cfr., ainda, os §§ 13, 9, e 58 e segs. da *Bundesverfassungsgerichtsgesetz*). Cfr. ULRICH BATTIS, *Der Verfassungsverstoß und seine Rechtsfolgen*, in "ISENSEE/KIRCHHOF (Hg.), Handbuch des Staatsrechts, Dritte Auflage, Band XII, Normativität un Schutz der Verfassung", Heidelberg/München, C. F. Müller, 2014, p. 788, KONRAD HESSE, *El Tribunal Constitucional Federal en la Ley Fundamental de Bonn*, cit., p. 150 e 151, CHRISTIAN HILLGRUBER/CHRISTOPH GOOS, ob. cit., p. 304-323, e ROLAND FLEURY, ob. cit., p. 46-48.

No tocante ao Tribunal Constitucional de Angola, para além das competências de fiscalização da constitucionalidade de normas jurídicas, de pronúncia, por solicitação do Presidente da República e da Assembleia Nacional, sobre a interpretação e aplicação de normas constitucionais (veja-se, por exemplo, o Acórdão do Tribunal Constitucional de Angola nº 105/2009, que se pronunciou, a requerimento do Presidente da República, sobre a interpretação da alínea *f)* do artigo 76º da Lei Constitucional, relativamente à reprentação das Coligações de Partidos Políticos no Conselho da República, publicado em *"Jurisprudência do Tribunal Constitucional, Colectânea de Acórdãos 2008/2009 e Legislação Fundamental"*, Vol. I, Luanda, EDIJURIS, 2009, p. 513-519) e de julgamento dos conflitos de competências entre órgãos constitucionais e de soberania, que já tivemos ensejo de assinalar, exerce o mesmo várias competências relativas a eleições, referendos, recenseamento eleitoral e partidos políticos.

Assim, cabe-lhe: apreciar, em última instância, a regularidade e a validade das eleições, julgando os recursos interpostos de eventuais irregularidades da votação ou do apuramento dos votos, nos termos da Lei Eleitoral; apreciar a constitucionalidade dos referendos; julgar, em última instância, a requerimento de deputado e nos termos da respetiva lei, os recursos relativos à perda, à substituição, à suspensão e à renúncia do mandato na Assembleia Nacional; verificar a legalidade na formação de partidos políticos e de coligações de partidos políticos, bem como declarar a sua extinção, nos termos da Lei dos Partidos Políticos; julgar as ações de impugnação de eleições e de deliberações de órgãos de partidos políticos que, nos termos da lei, sejam recorríveis; verificar e declarar a elegibilidade dos candidatos a Presidente da República e a Deputados à Assembleia Nacional, nos termos da Lei Eleitoral; e julgar, em última instância, os recursos interpostos dos atos do registo eleitoral, nos termos da respetiva lei [artigos 227º, alínea *d)*, da Constituição, 16º, alíneas *f)* a *l)*, e 22º a 32º da Lei Orgânica do Tribunal Constitucional e 54º a 68º da Lei do Processo Constitucional].

[219] Cfr., no mesmo sentido, MARIA LÚCIA AMARAL, que entende que as *competências complementares* do Tribunal Constitucional, apesar de terem um sentido de unidade, que é o de atribuir ao Tribunal Constitucional uma função de *defensor rei publicae e de garante da regularidade dos procedimentos democráticos*, têm prejudicado o exercício da sua *competência nuclear*, devido à sua grande dimensão, que vem crescendo exponencialmente nas

sar – e falamos por experiência própria –, por exemplo, nos recursos em matéria de contencioso de apresentação de candidaturas e de contencioso eleitoral relativamente às eleições para os órgãos do poder local, que, devido ao seu elevado número e à sua concentração num período determinado, preenchem uma fatia muito significativa do trabalho do Tribunal Constitucional, durante cerca de dois meses.

Entendemos, por isso, na linha da afirmação de MARCELO REBELO DE SOUSA, que algumas das competências que detém o Tribunal Constitucional português não se ajustam à composição e à estrutura de um órgão cuja vocação primordial é o controlo da constitucionalidade das normas jurídicas[220].

14. Regime administrativo e financeiro do Tribunal Constitucional

O Tribunal Constitucional goza de autonomia administrativa e financeira, como garantia da sua independência em relação aos restantes poderes do Estado, como resulta claramente, desde logo, do artigo 5º da Lei do Tribunal Constitucional[221].

últimas décadas (cfr. *Competências Complementares do Tribunal Constitucional Português*, cit., p. 54 e 55).
[220] Cfr. *Orgânica Judicial, Responsabilidade dos Juízes e Tribunal Constitucional*, Lisboa, Associação Académica da Faculdade de Direito de Lisboa, 1992, p. 35-41. Outros autores, ao invés, propugnam pela adição de novas competências às atualmente detidas pelo Tribunal Constitucional.
Assim, JORGE MIRANDA, apesar de propor a eliminação da competência do Tribunal Constitucional no domínio dos recursos relativos a eleições para os órgãos do poder local (os quais, em certas épocas, se revelam muito absorventes dos juízes constitucionais), entende que aquele Tribunal deve estender a sua intervenção ao controlo da constitucionalidade de certos atos políticos e às ações sobre responsabilidade civil do Estado por atos da função legislativa (cfr. *Nos Dez Anos de Funcionamento do Tribunal Constitucional*, in «Legitimidade e Legitimação da Justiça Constitucional», cit., p. 101-103).
Também VITAL MOREIRA defende um alargamento do âmbito da justiça constitucional, de modo a abranger o controlo de constitucionalidade dos atos do Estado, "qualquer que seja a sua natureza, normativa ou não, *desde que afetem quaisquer dos interesses ou posições constitucionalmente garantidas*, a saber, os direitos da oposição, das regiões e dos municípios, das demais colectividades e instituições constitucionalmente protegidas e das minorias culturais" (cfr. *Princípio da Maioria e Princípio da Constitucionalidade: Legitimidade e Limites da Justiça Constitucional*, in «Legitimidade e Legitimação da Justiça Constitucional», cit., p. 187-189).
[221] Cfr., sobre esta temática, JOSÉ MANUEL M. CARDOSO DA COSTA, *A Jurisdição Constitucional em Portugal*, cit., p. 25-28.

A primeira traduz-se essencialmente na competência do Presidente para superintender na gestão e administração do Tribunal e na secretaria e serviços de apoio, bem como para proceder ao provimento dos respetivos funcionários e exercer sobre eles o poder disciplinar [artigos 39º, nº 1, alíneas *j*) e *l*), e 47º da Lei do Tribunal Constitucional] e na competência do Tribunal Constitucional para elaborar regulamentos internos [artigo 36º, alínea *b*), da Lei do Tribunal Constitucional].

A segunda tem a sua expressão num especial *regime financeiro*, cujas traves jurídicas constam dos artigos 47º-A a 47º-F da Lei do Tribunal Constitucional[222]. São notas essenciais desse *regime financeiro*: a disposição pelo Tribunal Constitucional de orçamento próprio, que integra um capítulo específico dos "Encargos Gerais do Estado" do Orçamento Geral do Estado (artigo 5º da Lei do Tribunal Constitucional); a competência para o Tribunal elaborar a respetiva proposta de orçamento [artigo 36º, alínea *c*), da Lei do Tribunal Constitucional]; a disponibilidade de receitas próprias (cujo montante e aplicação são orçamentados

---

[222] Sublinhe-se que a autonomia administrativa e financeira dos Tribunais Constitucionais é considerada, no direito comparado, como um elemento essencial de garantia da sua independência face aos demais órgãos do Estado. Assim, relativamente a Espanha, salienta a doutrina que, em coerência com o caráter de órgão constitucional e independente que possui o Tribunal Constitucional, este dispõe de uma grande margem de autonomia organizativa, que lhe outorga amplas competências de governo interno, destacando-se entre estas a elaboração e aprovação dos seus regulamentos de funcionamento interno, a preparação do seu orçamento, e que deve ser aprovado pelas Cortes no seio do Orçamento Geral do Estado, e o gozo de uma ampla discricionariedade na sua organização interna (cfr. Pablo Pérez Tremps, ob. cit., p. 48); no tocante à Itália, vinca-se que a *Corte Costituzionale* goza de *autonomia regulamentar*, com a qual disciplina, entre o mais, o estatuto jurídico e económico do pessoal próprio e, dentro de certos limites, os procedimentos da sua competência, de *autonomia financeira*, no sentido de que autogere as verbas colocadas à sua disposição anualmente pelo Estado, em orçamento próprio, e de *autonomia administrativa*, no sentido de que pratica todos os atos necessários à sua própria organização e funcionamento, em aplicação dos regulamentos por si elaborados (cfr. Elena Malfatti/Saulle Panizza/Roberto Romboli, ob. cit., p. 54, e Augusto Cerri, ob. cit., p.75-77); no concernente ao Brasil, a autonomia administrativa e financeira do Poder Judiciário está expressamente prevista nos artigos 98º, § 2º, 99º e 96º, I e II, da Constituição Federal; e no que respeita ao Tribunal Constitucional de Angola, os artigos 51º e 52º da Lei Orgânica do Tribunal Constitucional consagram um regime claro de autonomia administrativa, enquanto os artigos 53º a 55º estabelecem um acentuado regime de autonomia financeira do Tribunal Constitucional.

pelo próprio Tribunal); e a ampla autonomia na gestão do seu orçamento e na elaboração da conta de gestão.

O Tribunal Constitucional dispõe também de serviços e pessoal próprios (artigos 45º a 47º da Lei do Tribunal Constitucional). A organização, composição e funcionamento da secretaria e serviços de apoio do Tribunal Constitucional, bem como os direitos, deveres e regalias do pessoal do Tribunal Constitucional são regulados, atualmente, no Decreto-Lei nº 545/99, de 14 de dezembro, alterado pelo Decreto-Lei nº 197/2015, de 16 de setembro – diploma emitido com base nas remissões constantes dos artigos 45º e 46º, nº 2, da Lei do Tribunal Constitucional. Não podemos, como se compreende, expor, *hic et nunc*, os diversos aspetos do regime jurídico dos serviços e do pessoal daquele *órgão constitucional*[223]. Deixamos, por isso, tão-só a seguinte ideia muito genérica sobre a organização dos serviços do Tribunal Constitucional: ela compreende o Secretário-Geral, a Secretaria Judicial (que engloba uma secção central e quatro secções de processos), o Departamento Administrativo e Financeiro, o Núcleo de Apoio Documental e Informação Jurídica, o Centro de Informática, o Gabinete de Relações Externas e os Gabinetes de Apoio ao Presidente, Vice-Presidente, Juízes e Ministério Público.

---

[223] Sobre a caracterização do Tribunal Constitucional como *órgão constitucional*, cfr. JOSÉ MANUEL M. CARDOSO DA COSTA, *A Jurisdição Constitucional em Portugal*, cit., p. 28.

Capítulo IV
Âmbito, Objeto e Padrões de Fiscalização da Constitucionalidade

15. Âmbito e objeto do controlo de constitucionalidade
15.1. Atos normativos objeto de controlo: leis e outros atos normativos do poder público

Objeto de fiscalização da constitucionalidade são, desde logo, os atos legislativos, isto é, as leis, os decretos-leis e os decretos legislativos regionais (artigo 112º, nº 1, da Lei Fundamental). Mas caem também no *âmbito* do controlo da constitucionalidade os restantes atos normativos do poder público, designadamente os atos de natureza regulamentar, desde que dotados de *eficácia externa*, isto é, desde que não esgotem o seu âmbito de aplicação nas relações que se processam no interior de uma pessoa coletiva, provenham eles do Estado, de entes públicos territoriais distintos do Estado, como sejam as regiões autónomas e as autarquias locais (em especial, os municípios), de entidades intermunicipais (áreas metropolitanas de Lisboa e Porto, comunidades intermunicipais e associações de municípios e freguesias de fins específicos), de associações públicas, de institutos públicos e de entidades jurídico--privadas no exercício de poderes públicos.

Os atos normativos do poder público objeto de fiscalização da constitucionalidade são, em princípio, atos *perfeitos* e *eficazes*, isto é, aqueles que atingiram o termo do procedimento da sua formação, incluindo a sua publicação. Não, assim, porém, no caso de fiscalização preventiva da constitucionalidade de diplomas com valor legislativo ou equiparado (tratados e acordos internacionais, leis, decretos-leis e decretos legislativos regionais), ainda imperfeitos, por falta de ratificação, promulgação ou assinatura, conforme os casos, ou pelo Presidente da República ou pelos Representantes da República nas Regiões Autónomas dos Açores e da Madeira. Estamos perante normas jurídicas em formação, que a Constituição e o Tribunal Constitucional consideram como normas, para o efeito específico de controlo preventivo da constitucionalidade.

Problemática é a questão de saber se as *leis de revisão constitucional* estão sujeitas a fiscalização de constitucionalidade e, no caso de a resposta ser positiva, em que modalidades. É inquestionável que as leis de revisão constitucional se alicerçam num poder constituído, num poder fundado na Constituição ou num poder constitucionalmente atribuído e regulado. Não se encontram no mesmo nível do poder constituinte originário, não são uma repetição ou uma renovação deste. Os limites das leis de revisão constitucional estão definidos na Constituição (limites procedimentais, materiais, circunstanciais e formais), pelo que, no caso da violação dos mesmos, são as mesmas inconstitucionais.

Mas problema diferente é o do controlo da constitucionalidade das leis de revisão. Quanto à fiscalização preventiva da constitucionalidade das leis de revisão constitucional, a mesma parece excluída, em razão do preceituado no artigo 286º, nº 3, da Constituição, segundo o qual "o Presidente da República não pode recusar a promulgação da lei de revisão"[224]. Quer dizer que a Constituição proíbe o *veto* por parte do

---

[224] De acordo com o artigo 242º da Lei Orgânica do Regime do Referendo de Âmbito Nacional (Lei nº 15-A/98, de 3 de abril, alterada pelas Leis Orgânicas nºs 4/2005, de 8 de setembro, 3/2010, de 15 de dezembro, 1/2011, de 30 de novembro, 1/2016, de 1 de agosto, e 3/2017, de 18 de julho, e, ainda, pela Lei nº 72-A/2015, de 23 de julho), sob a epígrafe "limitações ao poder de recusa de ratificação, de assinatura ou de veto", "o Presidente da República não pode recusar a ratificação de tratado internacional, a assinatura de acto que aprove um acordo internacional ou a promulgação de acto legislativo por discordância com o sentido apurado em referendo com eficácia vinculativa".

Como refere JORGE MIRANDA, é esta uma consequência necessária da própria razão de ser do instituto do referendo, até porque há uma fiscalização preventiva obrigatória, tendo por objeto cada proposta de referendo. O mesmo deve valer para os Representantes da República quanto a decretos legislativos regionais conexos com referendos regionais (artigo 232º, nº 2, da Constituição). Segundo aquele Autor, a regra constante daquele preceito "só vale para a inconstitucionalidade material e apenas no âmbito da lei correspondente a esse objeto", não valendo, "logicamente, para a inconstitucionalidade orgânica

Presidente da República da lei de revisão constitucional, devendo entender-se que nessa proíbição está abrangido tanto o *veto político*, como o *veto de inconstitucionalidade*[225]. Ficaria, por isso, sem qualquer sentido útil qualquer eventual pronúncia de inconstitucionalidade pelo Tribunal Constitucional em processo de fiscalização preventiva da constitucionalidade de uma lei de revisão constitucional[226/227].

Pelo que respeita à fiscalização abstrata sucessiva, a requerimento das entidades referidas no artigo 281º, nº 1, da Constituição, parece não haver obstáculos à sua praticabilidade, ainda que sejam questionáveis os efeitos de uma tal declaração de inconstitucionalidade. Finalmente, no tocante à fiscalização concreta da constitucionalidade das leis de revisão constitucional a cargo dos restantes tribunais, é a mesma dificilmente concebível, pois não se vê como uma lei de revisão constitucional possa ser uma norma convocável pelos tribunais para a resolução dos casos que têm de decidir.

15.2. Noção de norma para o efeito de controlo da constitucionalidade

Na problemática da definição do *objeto* de controlo, assume particular relevo o conceito de *norma*, para efeitos de fiscalização de constituciona-

---

e formal e para qualquer norma do ato em causa que esteja para além da pergunta ou perguntas submetidas a decisão popular". Cfr. *Manual de Direito Constitucional*, Tomo VI, 4ª ed., Coimbra, Coimbra Editora, 2013, p. 310 e 311.

[225] Neste sentido, cfr. J. J. GOMES CANOTILHO/VITAL MOREIRA, *Constituição da República Portuguesa Anotada*, Vol. II, cit., p. 1002-1005. Opinião diferente tem JORGE MIRANDA, para quem as leis de revisão constitucional, quer "quanto à apreciação dos requisitos de qualificação em caso de dúvida grave do Presidente da República e sem sujeição a confirmação nos termos do artigo 279º, nº 2, na hipótese de o Tribunal Constitucional se pronunciar positivamente", quer "quanto aos limites materiais", estão também sujeitas a fiscalização preventiva da constitucionalidade. Cfr. *Manual de Direito Constitucional*, Tomo VI, 4ª ed., cit., p. 308-310.

[226] Cfr. CARLOS BLANCO DE MORAIS, *Justiça Constitucional*, Tomo II, cit., p. 58 e 59.

[227] Os ordenamentos jurídico-constitucionais do Brasil e de Angola oferecem-nos soluções diferentes no que diz respeito à submissão a controlo preventivo da constitucionalidade das *leis de revisão constitucional*. Como veremos *infra* (cfr. nota 305), em Angola, os *projetos de lei de revisão constitucional* estão sujeitos a fiscalização preventiva obrigatória da constitucionalidade, ao passo que, no Brasil, o Supremo Tribunal Federal tem-se arrogado a competência para fiscalizar, em certos termos, a constitucionalidade das *propostas de emenda constitucional*, apesar de a Constituição não contemplar essa possibilidade.

lidade. É um conceito que tem sido densificado na jurisprudência do Tribunal Constitucional. Segundo a jurisprudência uniforme e constante do nosso órgão supremo da justiça constitucional, a noção de norma jurídica abrange qualquer ato do poder público que contiver uma "regra de conduta" para os particulares ou para a Administração, um "critério de decisão" para esta última ou para o juiz ou, em geral, um "padrão de valoração de comportamento". Trata-se de um conceito simultaneamente *formal* e *funcional*[228] de norma, que não abrange somente os preceitos de natureza *geral* e *abstrata*, antes inclui quaisquer normas públicas, de eficácia externa, independentemente do seu caráter geral e abstrato ou individual e concreto e, bem assim, de possuírem, neste último caso, eficácia consuntiva (isto é, quando seja dispensável um ato de aplicação). Necessário e suficiente, segundo a jurisprudência do Tribunal Constitucional, é que se esteja perante um preceito de um ato normativo público (*maxime*, lei ou regulamento), e não perante um ato administrativo propriamente dito, um ato político ou uma decisão judicial[229].

A aplicação desta doutrina – que suscita, por vezes, dificuldades face às diversas situações concretas – tem levado o Tribunal Constitucional a considerar suscetíveis de controlo de constitucionalidade leis-medida (também designadas leis-providência) e leis individuais e concretas, tratados-contrato internacionais (Acórdão nº 168/88), resoluções da Assembleia da República que possuam carácter normativo ou produzam efeitos normativos, como, por exemplo, as que suspendem a vigência de

---

[228] Falar em conceito *funcional* de norma jurídica é falar num conceito "funcionalmente adequado ao sistema de fiscalização da constitucionalidade instituído na Constituição" (Acórdão do Tribunal Constitucional nº 130/2006) ou, como refere José Manuel M. Cardoso da Costa, de "um conceito que toma como critério ou ponto de vista determinante a natureza e o sentido da função que ao Tribunal Constitucional se quis atribuir, a saber, a de controlo da conformidade constitucional do ordenamento jurídico objectivo do Estado, *lato sensu*". Cfr. *A Jurisdição Constitucional em Portugal*, cit., p. 34-36.

[229] De entre os múltiplos arestos do Tribunal Constitucional que densificam o conceito de "norma jurídica" para efeitos de controlo da constitucionalidade, podem citar-se os Acórdãos nºs 26/85, 150/86, 255/92, 172/93, 730/95 e 224/2005. Na doutrina, cfr. Licínio Lopes Martins, *O Conceito de Norma na Jurisprudência do Tribunal Constitucional*, in "Boletim da Faculdade de Direito da Universidade de Coimbra", Vol. 75 (1999), p. 599 e segs., e J. C. Vieira de Andrade, *A Fiscalização de "Normas Privadas" pelo Tribunal Constitucional*, in "Revista de Legislação e de Jurisprudência", Ano 133º, nº 3921, p. 357-363.

decretos-leis (Acórdão nº 405/87) ou as que aprovam o Regimento da Assembleia da República (Acórdão nº 63/91), e resoluções do Conselho de Ministros ou dos Governos Regionais, na parte em que tenham efeitos normativos (Acórdãos nºs 42/85 e 130/2006).

15.3. Norma e preceito normativo

De harmonia com a jurisprudência reiterada e uniforme do Tribunal Constitucional, objeto de controlo de constitucionalidade são as normas jurídicas e não os preceitos normativos que as contêm. Estamos face a dois conceitos que não coincidem. De facto, uma norma sujeita a controlo de constitucionalidade pode resultar da conjugação de vários preceitos ou reportar-se apenas a parte de um preceito ou mesmo a um seu segmento ideal e um mesmo preceito pode conter várias normas.

De qualquer modo, o controlo de normas há-de sempre incidir sobre um "texto" ou um "preceito" (legal ou regulamentar) que lhe sirva de suporte ou, por outras palavras, o pedido de fiscalização de constitucionalidade tem sempre por objeto normas vertidas ou concretizadas em preceitos legais ou regulamentares (em determinados suportes formais). Na verdade, apesar da autonomia dos conceitos de norma e de preceito, a identificação da norma que se pretende submeter ao juízo do Tribunal Constitucional sempre terá de ser feita por referência aos preceitos que a suportam.

Daqui resulta que não se pode prescindir da imputação da norma ao seu suporte normativo e da referência ou da indicação da norma e do respetivo preceito. Neste contexto, o Tribunal Constitucional sempre entendeu que, ao suscitar-se qualquer questão de inconstitucionalidade de uma norma, deverá sempre ser indicado o preceito ou preceitos de que ela se extrai, sem o que essa norma não estará devidamente identificada.

Verifica-se, assim, que esta relação simbiótica entre norma jurídica e preceito normativo tem importância quer em sede do preenchimento dos pressupostos do recurso de constitucionalidade, quer em sede de definição ou delimitação do objeto do recurso[230].

---

[230] A íntima relação entre norma e preceito normativo tem sido vincada em vários arestos do Tribunal Constitucional, em especial no Acórdão nº 57/95. Cfr., ainda, os Acórdãos do Tribunal Constitucional nºs 302/94, 530/2003, 270/2006, 488/2006, 530/2006 e 51/2007.

Todavia, em relação às normas consuetudinárias – as quais podem ser objeto de fiscalização de constitucionalidade, no ordenamento jurídico português, na medida e nos domínios em que são admitidas como fonte de direito interno (artigos 3º, nº 1, e 348º do Código Civil) –, não tem aplicação a noção de preceito normativo, que pressupõe uma fonte escrita de direito[231/232/233].

[231] O artigo 3º, nº 1, do Código Civil prescreve que "os usos que não forem contrários aos princípios da boa fé são juridicamente atendíveis quando a lei o determine". Por sua vez, o artigo 348º do mesmo Código estabelece o seguinte: "1. Àquele que invocar direito consuetudinário, local, ou estrangeiro compete fazer a prova da sua existência e conteúdo; mas o tribunal deve procurar, oficiosamente, obter o respectivo conhecimento. 2. O conhecimento oficioso incumbe também ao tribunal, sempre que este tenha de decidir com base no direito consuetudinário, local, ou estrangeiro e nenhuma das partes o tenha invocado, ou a parte contrária tenha reconhecido a sua existência e conteúdo ou não haja deduzido oposição. 3. Na impossibilidade de determinar o conteúdo do direito aplicável, o tribunal recorrerá às regras do direito comum português".

[232] A ideia de que as normas consuetudinárias, desde que se verifiquem os requisitos exigidos para a sua vinculatividade, estão sujeitas a fiscalização da constitucionalidade parece estar implícita no Acórdão do Tribunal Constitucional nº 93/2000, no qual o mesmo decidiu não ter por verificada a legalidade das perguntas constantes da proposta de consulta direta aos cidadãos eleitores, aprovada pela Deliberação de 7 de janeiro de 2000 da Assembleia Municipal de Barrancos, relativa às "touradas com sorte de morte". Isso parece resultar do seguinte trecho daquele aresto, que vale a pena transcrever: "[...] À míngua de elementos concretos, não poderá o Tribunal, de forma inequívoca, asseverar que a realização de «touradas» com «sorte de morte» no concelho de Barrancos representa um nítido costume local constitutivo de fonte de direito vinculativo para as autoridades (cfr. nota 59 da página 130 da *Introdução ao Estudo do Direito*, vol. I, 1999, de Inocêncio Galvão Telles), costume esse que implicaria a revogação ou derrogação, naquela comunidade local, da proibição de tais eventos (e isto, obviamente, sem qualquer aprofundamento da difícil questão de saber se os usos e costumes poderão, e mais a mais quando se não está perante qualquer lacuna legal, constituir fonte de direito, nomeadamente para efeitos de revogação de legislação de índole criminal e se, face ao artigo 3º da Constituição, poderia este Tribunal dar atendimento a um tal costume como forma de fonte normativa).
É que, não só se não demonstra a «*clara consciência da respectiva população*» quanto à legitimidade e juridicidade da aludida realização, como ainda se não pode omitir que as autoridades estaduais não têm, de todo, assumido, ao menos sistematicamente, uma postura de tolerância quanto à realização, no concelho de Barrancos, das «touradas» com «sorte de morte», o que é ilustrado, como é sabido, pela insistência de actuações de natureza policial e jurisdicional, designadamente a instauração de processos-crime na comarca cuja competência abarca o concelho de Barrancos".

15.4. Direito internacional e direito da União Europeia

A questão de saber em que termos as normas do direito internacional recebidas *in foro domestico* e as normas de direito supranacional (*in casu*, do direito da União Europeia)[234] estão sujeitas a fiscalização da constitucionalidade e com que amplitude é que esse controlo pode ser feito pelo Tribunal Constitucional apresenta-se bastante complexa.

Começamos por referir que o artigo 8º da Constituição estabelece um conjunto de regras e princípios respeitantes à receção, no direito interno, das normas de outros domínios jurídicos. O nº 1 daquele artigo determina que "as normas e princípios de direito internacional geral ou comum fazem parte integrante do direito português". Consagra este preceito, quanto ao *direito internacional geral ou comum*, uma cláusula de receção plena no direito interno.

Por sua vez, o nº 2 do mesmo artigo determina que "as normas constantes de convenções internacionais regularmente ratificadas ou aprovadas vigoram na ordem jurídica interna após a sua publicação oficial

---

Sobre o conceito de "tradição" e sobre a questão de saber em que medida esta podia fundar uma competência legislativa das Assembleias Legislativas das regiões autónomas, por se estar perante uma matéria do seu "interesse específico", veja-se o Acórdão do Tribunal Constitucional nº 473/2002, no qual se considerou que, "não se elevando a prática da «sorte de varas» na Região Autónoma dos Açores a este patamar de antiguidade e de continuidade, como, aliás, é reconhecido pelo legislador regional, não se pode invocar uma especial configuração daquela matéria na Região".

[233] Nos termos do artigo 7º da Constituição da República de Angola, "é reconhecida a validade e a força jurídica do costume que não seja contrário à Constituição nem atente contra a dignidade da pessoa humana". Tendo o Tribunal Constitucional como competência "apreciar a constitucionalidade de quaisquer normas" [artigo 180º, nº 2, alínea *a*), da Constituição] e apreciar e declarar, com força obrigatória geral, a inconstitucionalidade de "qualquer norma" (artigo 230º, nº 1, da Constituição), terá de concluir-se que as normas consuetudinárias também estão sujeitas no ordenamento jurídico-constitucional angolano a fiscalização da constitucionalidade, desde logo, para verificar a sua compatibilidade com a Constituição.

[234] Segundo FAUSTO DE QUADROS, o direito comunitário "é um estádio superior do Direito Internacional Público" e caracteriza-se pelos seguintes quatro principais traços estruturais: o primado do direito comunitário sobre o direito interno; a aplicabilidade do direito comunitário na ordem interna dos Estados; a interpretação teleológica da norma comunitária; e a competência do Tribunal das Comunidades. Cfr. *Direito das Comunidades Europeias e Direito Internacional Público (Contributo para o Estudo da Natureza Jurídica do Direito Comunitário Europeu)*, Coimbra, Almedina, 1991, p. 403 e segs. e 409 e segs..

e enquanto vincularem internacionalmente o Estado português". Estabelece este preceito, quanto ao *direito internacional convencional*, uma cláusula de receção automática, embora condicionada, já que a Constituição impõe, para que vigorem na ordem interna, que os tratados e acordos internacionais hajam sido regularmente ratificados ou aprovados, de acordo com as regras constitucionais, que os mesmos tenham sido oficialmente publicados no *Diário da República* e que continuem a vincular externamente o Estado português[235].

[235] Uma vez recebidas no direito interno português, as normas jurídicas do direito internacional convencional têm um valor infraconstitucional, mas supralegal, mesmo tratando-se de lei posterior. A propósito deste valor do direito internacional convencional na hierarquia das normas jurídicas, é conveniente recordar a norma da alínea *i*) do nº 1 do artigo 70º da Lei do Tribunal Constitucional, que determina que este é competente para conhecer dos recursos das decisões dos tribunais "que recusem a aplicação de norma constante de acto legislativo com fundamento na sua contrariedade com uma convenção internacional, ou a apliquem em desconformidade com o anteriormente decidido sobre a questão pelo Tribunal Constitucional" – recurso este que, nos termos do nº 2 do artigo 71º da mesma lei, "é restrito às questões de natureza jurídico-constitucional e jurídico-internacional implicadas na decisão recorrida".
O reconhecimento desta competência ao Tribunal Constitucional – que surgiu por efeito da alteração à Lei do Tribunal Constitucional introduzida pela Lei nº 85/89, de 9 de setembro – visou, como referimos *supra*, resolver a divergência entre as então duas Secções do Tribunal Constitucional quanto à questão de saber se, vigorando, entre nós, o princípio da primazia do direito internacional convencional recebido *in foro domestico* sobre a lei, constante do artigo 8º, nº 2, da Constituição, a contrariedade de uma lei posterior com um tratado coloca, ou não, um problema de "inconstitucionalidade" que compete ao Tribunal Constitucional conhecer. Por outras palavras, saber se aquela questão é uma "inconstitucionalidade direta", porque a lei viola diretamente o citado artigo 8º, nº 2, da Constituição, sendo, assim, o Tribunal Constitucional competente para dela conhecer, ou se, ao invés, configura tão-só uma "inconstitucionalidade indireta", porquanto a lei viola diretamente a convenção internacional e só indiretamente aquela norma constitucional, não cabendo, nesse caso, ao Tribunal Constitucional conhecer de tal questão. A primeira Secção do Tribunal Constitucional decidia no primeiro sentido, de que são exemplo os Acórdãos nºs 27/84, 62/84 e 203/87, ao passo que a 2ª Secção abraçava a segunda posição citada, como ressalta, entre outros, dos Acórdãos nºs 47/84, 88/84 e 60/87.
Todavia, a norma do artigo 70º, nº 1, alínea *i*), da Lei do Tribunal Constitucional tem um âmbito de previsão limitado, porquanto não só abrange apenas o controlo concreto, como ainda se circunscreve aos casos de desaplicação da lei interna pelos tribunais, com fundamento na sua contrariedade com uma convenção internacional, e de decisão dos tribunais contrária à orientação anterior do Tribunal Constitucional. Ademais, os poderes

ÂMBITO, OBJETO E PADRÕES DE FISCALIZAÇÃO DA CONSTITUCIONALIDADE

Por seu lado, o nº 3 do mesmo artigo estatui que "as normas emanadas dos órgãos competentes das organizações de que Portugal seja parte vigoram directamente na ordem interna, desde que tal se encontre estabelecido nos respectivos tratados constitutivos". É esta uma norma que, sem o dizer expressamente, se reporta ao direito da União Europeia e que transpõe para o direito constitucional português a regra do "efeito direto" de que beneficiam as normas do direito derivado da União Europeia[236].

Às referidas normas há que acrescentar, desde a Revisão Constitucional de 1992, a norma do nº 6 do artigo 7º da Constituição – introduzida antes da aprovação parlamentar e da ratificação do Tratado de Maastricht e com vista a tornar esta aprovação e ratificação possíveis, mas alterada pela Revisão Constitucional de 2004 –, segundo a qual o nosso País "[...] pode, em condições de reciprocidade, com respeito pelos princípios fundamentais do Estado de direito democrático e pelo princípio da subsidiariedade e tendo em vista a realização da coesão económica, social e territorial, de um espaço de liberdade, segurança e

---

de jurisdição do Tribunal Constitucional estão circunscritos, nos termos do artigo 71º, nº 2, da Lei do Tribunal Constitucional, "às questões de natureza jurídico-constitucional implicadas na decisão recorrida", ou seja, à questão de saber se o direito convencional recebido *in foro domestico* tem primazia sobre a lei interna, bem como "às questões de natureza jurídico-internacional" na mesma implicadas, qual seja a questão da vigência e validade da convenção como instrumento jurídico-internacionalmente vinculante do Estado português. Cfr., por todos, JOSÉ MANUEL M. CARDOSO DA COSTA, *A Jurisdição Constitucional em Portugal*, cit., p. 38 e 39, notas 40 e 41.

[236] ANDRÉ GONÇALVES PEREIRA/FAUSTO DE QUADROS criticam o artigo 8º, nº 3, da Constituição, essencialmente por três razões. Primeiro, porque aquele preceito – que não engloba o direito comunitário originário, pois este está contemplado no nº 2 do artigo 8º – não consagra, como deveria, o primado supraconstitucional do direito comunitário, pois só se *todo* o direito comunitário prevalecer sobre *todo* o direito interno é que se respeita a natureza própria do direito comunitário. Segundo, porque o mencionado artigo, em rigor, *só atribui primado na ordem interna portuguesa ao regulamento*, e não a todo o direito comunitário, facto que ainda mais amputa e subverte o princípio do primado da ordem jurídica comunitária sobre o direito português. Terceiro, porque o lugar do direito comunitário na hierarquia das fontes do direito português só se encontra consagrado na referida norma constitucional de modo indireto, em termos pouco claros e, sobretudo, em condições de não fácil interpretação no contexto geral da Constituição. Cfr. *Manual de Direito Internacional Público*, 3ª ed., Coimbra, Almedina, 1993, p. 132-138.

justiça e a definição e execução de uma política externa, de segurança e de defesa comuns, convencionar o exercício, em comum, em cooperação ou pelas instituições da União, dos poderes necessários à construção e aprofundamento da união europeia".

E, desde a Revisão de 2004, a norma do nº 4 do artigo 8º – aditada com o objetivo de permitir a aprovação e ratificação da projetada Constituição Europeia –, nos termos da qual "as disposições dos tratados que regem a União Europeia e as normas emanadas das suas instituições, no exercício das respectivas competências, são aplicáveis na ordem interna, nos termos definidos pelo direito da União, com respeito pelos princípios fundamentais do Estado de direito democrático".

Tendo em conta que, nos termos do artigo 277º, nº 1, da Constituição, "são inconstitucionais as normas que infrinjam o disposto na Constituição ou os princípios nela consignados", todas as normas aplicáveis no quadro da ordem jurídica portuguesa, seja qual for a sua origem, e, por isso, também as que provêm da "receção" de normas de direito internacional, estão sujeitas, em princípio, a controlo de constitucionalidade[237].

Existe, no entanto, relativamente aos tratados internacionais, uma limitação da relevância de certos "vícios", para efeitos de julgamento ou declaração de inconstitucionalidade com força obrigatória geral. Segundo o nº 2 do artigo 277º da Constituição, "a inconstitucionalidade orgânica ou formal de tratados internacionais regularmente ratificados não impede a aplicação das suas normas na ordem jurídica portuguesa, desde que tais normas sejam aplicadas na ordem jurídica da outra parte, salvo se tal inconstitucionalidade resultar da violação de uma disposição fundamental"[238]. A razão desta norma constitucional "está em não

---

[237] Cfr. JOSÉ MANUEL M. CARDOSO DA COSTA, *Le Tribunal Constitutionnel Portugais et les Juridictions Européennes*, in «Protection des Droits de l'Homme: la Perspective Européenne», Mélanges à la Mémoire de Rolv Ryssdall, Köln/Berlin/Bonn/München, Carl Heymanns, 2000, p. 198 e 199, e o *Tribunal Constitucional Português e o Tribunal de Justiça das Comunidades Europeias*, in «AB UNO AD OMNES – 75 Anos da Coimbra Editora 1920-1995», Coimbra, Coimbra Editora, 1998, p. 1367 e 1368.

[238] Sobre a problemática do sentido e alcance deste preceito constitucional, cfr. MARCELO REBELO DE SOUSA, *O Valor Jurídico do Acto Inconstitucional*, cit., p. 271-275; JORGE MIRANDA, *Manual de Direito Constitucional*, Tomo VI, 4ª ed., cit., p. 207-210; ANTÓNIO DE ARAÚJO, *Relações entre o Direito Internacional e o Direito Interno – Limitação dos Efeitos do Juízo de Constitucionalidade (A Norma do Artigo 277º, nº 2, da CRP)*, in "Estudos de Jurispru-

invalidar na ordem jurídica interna normas de direito internacional jurídico-internacionalmente válido só por causa da violação de regras secundárias internas relativas à competência, à forma ou ao procedimento da celebração ou aprovação de tratados"[239].

Aquele preceito constitucional configura um caso de "irregularidade de um ato inconstitucional", e não de "invalidade de um ato inconstitucional", que abrange somente vícios que dizem respeito à competência ou à forma do ato, desde que os mesmos não se reportem "à violação de uma disposição fundamental, considerada esta como a que repercute na competência ou na forma do acto princípios essenciais da Constituição material" e tem como justificação o interesse público da "não afectação da contratação internacional, que supõe a boa fé das partes contratantes, boa fé essa que pode ser lesada se um tratado internacional celebrado por Portugal for inválido, apesar de estar a ser aplicado na ordem ou nas ordens jurídicas da ou das outras partes, só porque violou uma disposição secundária da Constituição portuguesa"[240].

Do anteriormente exposto podemos extrair que, relativamente ao *direito internacional convencional* – e apenas referimos este, porquanto é improvável qualquer desconformidade do direito internacional geral ou comum com a nossa Constituição -, salvo a limitação constante do artigo 277º, nº 2, da Constituição, não há qualquer restrição à possibilidade de ele ser objeto de controlo de constitucionalidade.

Quanto ao direito da União Europeia, quer o direito primário, isto é, o direito dos "Tratados" [o Tratado da União Europeia (TUE) e o Tratado sobre o Funcionamento da União Europeia (TFUE)], quer o direito derivado, ou seja, o que é constituído pelos atos jurídicos vinculativos (regulamentos, diretivas e decisões) emanados das instituições da União Europeia (artigo 288º do TFUE), que podem ser adotados, na sequência do Tratado de Lisboa, enquanto *atos legislativos* (artigo

dência do Tribunal Constitucional", Lisboa, Aequitas/ Editorial Notícias, 1993, p. 18-35; e FRANCISCO FERREIRA DE ALMEIDA, *Direito Internacional Público*, 2ª ed., Coimbra, Almedina, 2003, p. 256 e segs..
[239] Cfr. J.J. GOMES CANOTILHO/VITAL MOREIRA, *Constituição da República Portuguesa Anotada*, Vol. II, 4ª ed., Coimbra, Coimbra Editora, 2010, p. 918-920.
[240] Cfr. MARCELO REBELO DE SOUSA, *O Valor Jurídico do Acto Inconstitucional*, cit., p. 273 e 274.

289º do TFUE), *atos delegados* (artigo 290º do TFUE) e *atos de execução* (artigo 291º do TFUE)[241], são várias as restrições ou as condicionantes à sua sujeição a controlo da constitucionalidade pelo Tribunal Constitucional português.

Em primeiro lugar, deve ter-se em conta que a aprovação e a ratificação pelo Estado Português dos vários tratados instituidores e reformadores da União Europeia foram sempre precedidas de revisões constitucionais, pelo que, relativamente ao direito primário da União Europeia, será muito difícil, se não mesmo impossível, encontrar qualquer conflito entre os "Tratados" e a nossa Constituição.

Em segundo lugar, há que dar o devido realce à noma do artigo 7º, nº 6, profundamente alterada pela Revisão Constitucional de 2004, com vista a "legitimar" a "comunitarização" dos pilares da liberdade, segurança e justiça e da política externa, de segurança e de defesa, e, de modo particular, à norma do artigo 8º, nº 4, da Constituição, introduzida pela Revisão Constitucional de 2004, com a finalidade de explicitar a hierarquia das fontes de direito da União Europeia.

Esta última norma constitucional inspirou-se no artigo I, 6º, do "Projeto de Constituição Europeia" – o qual não veio a ser aprovado, em consequência dos resultados negativos dos referendos ocorridos em França e na Holanda –, cujo conteúdo era o seguinte: "A Constituição e o direito adotado pelas instituições da União, no exercício das competências que lhe são atribuídas, prevalecem sobre o direito dos Estados – Membros".

O objetivo deste preceito do Projeto de Constituição Europeia era consagrar a orientação uniforme e constante do Tribunal de Justiça da União Europeia da supremacia do direito europeu sobre todo o direito dos Estados-Membros, incluindo as respetivas Constituições, em particular em matéria de direitos fundamentais, e, assim, vencer as resistências dos tribunais constitucionais de alguns Estados da União Europeia,

---

[241] Para mais desenvolvimentos, cfr. JOÃO NUNO CALVÃO DA SILVA, *Agências de Regulação da União Europeia*, Coimbra, GESTLEGAL, 2017, p. 157-163; MIGUEL GORJÃO--HENRIQUES, *Anotação aos artigos 288º e 289º do Tratado de Funcionamento da União Europeia*, in "Tratado de Lisboa Anotado e Comentado", coord. MANUEL PORTO/GONÇALO ANASTÁCIO, Coimbra, Coimbra Editora, 2012, p. 1027-1038; MÁRIO PAULO TENREIRO/ MIGUEL FRANÇA, *Anotação ao artigo 290º do Tratado de Funcionamento da União Europeia*, ibidem, p. 1039-1043; e MARGARIDA SALEMA D'OLIVEIRA MARTINS, *Anotação ao artigo 291º do Tratado de Funcionamento da União Europeia*, ibidem, p. 1044 e 1045.

sobretudo o alemão, nas célebres decisões *"Solange I"* e *"Solange II"* (1974 e 1986), que se julgou competente para apreciar a constitucionalidade de normas europeias sempre que o sistema comunitário de proteção dos direitos fundamentais se revelasse menos garantístico do que aquele que se encontra consagrado na Lei Fundamental alemã[242].

Este novo artigo 8º, nº 4, da Constituição é, nas palavras de J. J. GOMES CANOTILHO/VITAL MOREIRA, "uma das mais importantes alterações alguma vez introduzidas no sistema das fontes de direito do ordenamento jurídico-constitucional português e, mesmo, uma das mais importantes alterações constitucionais desde a origem da CRP" e significa que "as normas dos tratados, bem como as normas emanadas pelas instituições europeias, *prevalecem sobre as normas de direito interno*, incluindo as normas da própria Constituição (pois a norma de direito constitucional não distingue e a referida jurisprudência comunitária sempre se pronunciou nesse sentido)"[243].

A prevalência do direito da União Europeia sobre a totalidade do direito interno português, segundo aquele artigo da Constituição, tem somente como limite "os princípios fundamentais do Estado de direito democrático", isto é, os "princípios e regras estruturantes da Constituição material da República portuguesa"[244] ou o *"seu núcleo essencial ou irredutível"*[245]. Será este o âmbito restrito de competência do Tribu-

---

[242] Cfr., sobre este tema, RUI MOURA RAMOS, *A Carta dos Direitos Fundamentais da União Europeia e a Protecção dos Direitos Fundamentais*, in "Estudos em Homenagem ao Prof. Doutor Rogério Soares", Boletim da Faculdade de Direito, STUDIA JURIDICA. 61. Ad Honorem – 1", Coimbra, Coimbra Editora, 2001, p. 963-989, e *O Tratado Que Estabelece Uma Constituição para a Europa e a Posição dos Tribunais Constitucionais dos Estados-Membros no Sistema Jurídico e Jurisdicional da União Europeia*, in "Estudos em Homenagem ao Conselheiro José Manuel Cardoso da Costa", Vol. II, Coimbra, Coimbra Editora, 2005, p. 373-384; e CARLOS BLANCO DE MORAIS, *A Sindicabilidade do Direito da União Europeia pelo Tribunal Constitucional Português*, in "Estudos em Homenagem ao Prof. Doutor Sérvulo Correia", Coimbra, Coimbra Editora, 2010, p. 231-241.
[243] Cfr. *Constituição da República Portuguesa Anotada*, Vol. I, 4ª ed., Coimbra, Coimbra Editora, 2007, p. 264 e 265.
[244] Cfr. CARLOS BLANCO DE MORAIS, *A Sindicabilidade do Direito da União Europeia pelo Tribunal Constitucional Poruguês*, cit., p. 238 e 239.
[245] MIGUEL GALVÃO TELES sublinha que, no artigo 8º, nº 4, da Constituição, podemos encontrar não somente um, mas dois *contra-limites* à aplicabilidade do direito da União Europeia e das Comunidades na ordem interna portuguesa: *o respeito dos princípios do*

nal Constitucional português para apreciar uma eventual, mas muito improvável, questão de constitucionalidade das normas de direito primário e derivado da União Europeia. Fora deste domínio circunscrito, a primazia do direito da União Europeia traduz-se numa *imunidade* face ao nosso sistema constitucional de fiscalização da constitucionalidade.

A norma do artigo 8º, nº 4, da Constituição implica, assim, uma derrogação das normas de garantia da Constituição em relação ao direito da União Europeia, não valendo para este a norma do artigo 277º, nº 1, da Constituição, segundo a qual "são inconstitucionais as normas que infrinjam o disposto na Constituição ou os princípios nela consignados"[246].

Como referimos, a norma do artigo 8º, nº 4, da Constituição foi perspetivada com vista à aprovação e ratificação do "Projeto de Constituição Europeia", devendo ser interpretada em conjugação com o seu artigo I, 6º. Ora, tendo sido abandonado o "Tratado que Estabelecia uma Consti-

---

Estado de direito democrático; e que, na produção normativa, tenha sido respeitado o âmbito das competências dos órgãos da União e das Comunidades, limite este que abrange apenas o direito derivado ou secundário, e que se encontra na locução constante daquele nº 4 do artigo 8º *"no exercício das respectivas competências".* Referindo-se a este segundo limite, adianta que "aquilo que a Constituição portuguesa fez, no essencial, foi adoptar o critério do Tribunal Constitucional alemão na decisão sobre Maastricht: *o respeito pelos órgãos da União e das Comunidades Europeias das competências (normativas) que lhe foram atribuídas pelos Estados é requisito de eficácia do direito derivado da União e das Comunidades na ordem interna".* Ainda de acordo com o mesmo Autor, as normas que não caibam nas competências atribuídas à União e às Comunidades não possuem sequer, perante o nº 4 do artigo 8º, *título* para produzirem efeito na ordem interna portuguesa. A questão não é de inconstitucionalidade. Esta, para ser suscitada, pressupõe que haja *título* para aplicabilidade na ordem interna. Tudo isto significa que a apreciação da competência da União e das Comunidades, para os fins do nº 4 do artigo 8º da Constituição, pertence apenas aos tribunais comuns, sem que seja aberto recurso para o Tribunal Constitucional. Diferentemente, no que tange aos princípios fundamentais do Estado de direito democrático, dado que funcionam *a posteriori* como padrões normativos mínimos do direito da União, na sua aplicabilidade interna, a violação dos mesmos representará inconstitucionalidade material de normas do direito da União Europeia com título de eficácia, pelo que das decisões dos tribunais comuns a esse respeito caberá recurso, nos termos gerais, para o Tribunal Constitucional. Cfr. *Constituições dos Estados e Eficácia Interna do Direito da União e das Comunidades Europeias – Em Particular Sobre o Artigo 8º, Nº 4, da Constituição Portuguesa*, in "Estudos Jurídicos", Vol. I, Coimbra, Almedina, 2013, p. 371-411, em especial, p. 391-404.
[246] Cfr. J. J. GOMES CANOTILHO/VITAL MOREIRA, *Constituição da República Portuguesa Anotada*, Vol. I, cit., p. 270.

tuição para a Europa", na sequência do resultado negativo dos referendos realizados na França e na Holanda em 2005, pode questionar-se se o sentido acima extraído da norma do artigo 8º, nº 4, da Constituição deve persistir ou ser reformulado.

Não obstante haver quem defenda que "a substituição do Tratado Constitucional por um outro Tratado de conteúdo similar, mas diferente, não pode deixar de ter importantes consequências no regime de prevalência do direito da União sobre o direito interno e a Constituição da República", na medida em que "o Tratado Reformador, para além de eliminar a simbologia constitucional e federal do Tratado pré-existente que não chegou a vigorar, absteve-se de consagrar uma cláusula de supremacia do direito da União, como a que constava do artigo 6º (I) da Constituição Europeia"[247], entendemos que o abandono do "Projeto de Constituição Europeia" e a entrada em vigor do Tratado de Lisboa não vieram alterar substancialmente as coisas, no que à primazia do direito da União Europeia sobre todo o direito interno português, nele incluído o direito constitucional, diz respeito.

Por um lado, o princípio da prevalência do direito da União Europeia sobre o direito dos Estados-Membros foi criado e consolidado pela jurisprudência do Tribunal de Justiça, devendo ser considerado "direito" da União, para o efeito do artigo 8º, nº 4, da Constituição. Por outro lado, o regime do efeito direto e do primado (ou prevalência aplicativa) dos regulamentos, das diretivas e das decisões está condensado no artigo 288º do TFUE, decorrente do Tratado de Lisboa, devendo entender-se que é para ele que remete agora o artigo 8º, nº 4, da Constituição. Finalmente, a Declaração nº 17 Anexada à Ata Final da Conferência Intergovernamental que adotou a Tratado de Lisboa, assinado em 13 de dezembro de 2007, "lembra que, em conformidade com a jurisprudência constante do Tribunal de Justiça da União Europeia, os Tratados e o direito adoptado pela União com base nos Tratados primam sobre o direito dos Estados-Membros, nas condições estabelecidas pela referida jurisprudência"[248].

[247] Cfr. CARLOS BLANCO DE MORAIS, *A Sindicabilidade do Direito da União Europeia pelo Tribunal Constitucional Poruguês*, cit., p. 243 e 244.
[248] Além disso, a mencionada Conferência decidiu, ainda, anexar à Ata Final o Parecer do Serviço Jurídico do Conselho sobre o primado do direito comunitário constante do documento 11197/07 (JUR 260): "Parecer Jurídico do Conselho de 22 de junho de 2007:

JUSTIÇA CONSTITUCIONAL

Podemos, então, concluir, quanto ao direito da União Europeia, seja primário ou derivado[249], que, devido à existência de normas constitu-

Decorre da jurisprudência do Tribunal de Justiça que o primado do direito comunitário é um princípio fundamental desse mesmo direito. Segundo o Tribunal, este princípio é inerente à natureza específica da Comunidade Europeia. Quando foi proferido o primeiro acórdão desta jurisprudência constante (acórdão de 15 de julho de 1964 no processo 6/64, Costa contra ENEL), o Tratado não fazia referência ao primado. Assim continua a ser actualmente. O facto de o princípio do primado não ser inscrito no futuro Tratado em nada prejudica a existência do princípio nem a actual jurisprudência do Tribunal de Justiça".

[249] A "primazia" do direito comunitário derivado em relação ao direito interno ordinário, mesmo tratando-se de direito posterior, é geralmente aceite pela doutrina e pela jurisprudência, incluindo a do Tribunal Constitucional. A garantia dessa "supremacia" não é, porém, "reservada" ao Tribunal Constitucional, já que a questão da incompatibilidade de uma norma de direito interno com o direito comunitário não é uma questão de inconstitucionalidade que ao Tribunal Constitucional caiba apreciar (cfr., neste sentido, os Acórdãos deste Tribunal nºs 326/98, 621/98, 93/2001 e 164/2001).
Com efeito, como realça JOSÉ MANUEL M. CARDOSO DA COSTA, "diferentemente (ou para além) do que sucede na recepção interna do direito internacional convencional em geral, a recepção do direito comunitário envolve (ou envolveu) também a dos mecanismos institucionais que visam especificamente garantir a sua aplicação. Ora, compreendendo a ordem jurídica comunitária – recebida nesses termos «compreensivos» e globais pelo direito português, logo por via de uma cláusula da própria Constituição – uma instância jurisdicional precipuamente vocacionada para a sua mesma tutela (e não só no plano das relações interestaduais ou intergovernamentais), e concentrando ela nessa instância a competência para velar pela aplicação uniforme e pela prevalência das suas normas, seria algo incongruente que se fizesse intervir para o mesmo efeito, e no plano interno, uma outra instância do mesmo ou semelhante tipo (como seria o Tribunal Constitucional)".
O confronto entre normas de direito interno e normas comunitárias – sublinhou o segundo Acórdão do Tribunal Constitucional atrás mencionado – dispõe de um mecanismo específico, que é o processo de questões prejudiciais, habitualmente designado "reenvio prejudicial" (cfr. o artigo 177º do anterior Tratado da Comunidade Europeia e o artigo 267º do atual TFUE), da competência do Tribunal da Justiça das Comunidades. De facto, a necessidade de interpretação e aplicação uniforme do direito comunitário levou à construção desse importante instrumento de colaboração entre a ordem jurisdicional interna e as instâncias jurisdicionais comunitárias e reservou ao Tribunal das Comunidades o papel de intérprete último da vontade das instituições comunitárias, vertida nas normas de direito derivado. Sobre os contornos desta questão, cfr. JOSÉ MANUEL M. CARDOSO DA COSTA, *Le Tribunal Constitutionnel*, cit., p. 197-202, e *O Tribunal Constitucional Português*, cit., p. 1368-1373; e MARIA HELENA BRITO, *Relações entre a Ordem Jurídica Comunitária e a Ordem Jurídica Nacional: Desenvolvimentos Recentes em Direito Português*, in "Estudos em Homenagem ao Conselheiro José Manuel Cardoso da Costa", Tribunal Constitucional, Lisboa, Coimbra Editora, 2003, p. 310-312.

cionais específicas (acima indicadas), bem como ao valor ou ao interesse da unidade de aplicação do direito da União Europeia, o controlo de constitucionalidade pelo Tribunal Constitucional português (como, de resto, por outro qualquer tribunal congénere dos Estados-Membros da União Europeia) deve restringir-se à averiguação da compatibilidade do mesmo com os princípios informadores e estruturantes fundamentais do Estado de direito democrático plasmados na Constituição portuguesa.

Questão que, no entanto, o Tribunal Constitucional português nunca foi chamado a apreciar e muito dificilmente algum dia será chamado a fazê-lo, porquanto existe uma grande permeabilidade da nossa Constituição material aos princípios axiológicos do direito da União Europeia, condensados no artigo 2º do Tratado da União Europeia. De facto, este preceito determina que a União Europeia "funda-se nos valores do respeito pela dignidade humana, da liberdade, da democracia, da igualdade, do Estado de direito e do respeito pelos direitos do Homem, incluindo os direitos das pessoas pertencentes a minorias" e proclama que "estes valores são comuns aos Estados-Membros, numa sociedade caracterizada pelo pluralismo, a não discriminação, a tolerância, a justiça, a solidariedade e a igualdade entre homens e mulheres".

Ao Tribunal Constitucional caberá, pois, desempenhar, em relação ao direito da União Europeia, conforme resulta da parte final do artigo 8º, nº 4, da Constituição, uma missão de garante do "núcleo essencial", "núcleo duro", "núcleo infungível" ou "núcleo identitário" da Constituição portuguesa. Mas, ao exercer esta tarefa, não deverá o Tribunal Constitucional avançar para a emissão de um eventual juízo de desconformidade "constitucional" de normas do ordenamento jurídico da União Europeia, sem antes submeter a questão da "interpretação" e mesmo, eventualmente, da "validade" delas ao Tribunal de Justiça da União Europeia, utilizando para tanto o mecanismo do "reenvio prejudicial" – um instrumento que fomenta a cooperação e o diálogo entre o intérprete máximo do ordenamento jurídico da União Europeia (o Tribunal de Justiça) e o intérprete máximo do ordenamento jurídico-constitucional dos Estados-Membros (os Tribunais Constitucionais ou similares), com o objetivo de garantir a correta aplicação e a interpretação uniforme do direito da União no conjunto dos

Estados-Membros[250]. Submissão que, no entanto, não será exigida naqueles casos em que o sentido das normas do direito da União Europeia revista já, na terminologia do Acórdão *Cilfit* do Tribunal de Justiça da União Europeia, de 6 de outubro de 1982, a natureza de um *"ato clarificado"*.

Só depois de percorrido este caminho, e na hipótese, muito improvável, de através dele se não chegar a um resultado satisfatório, é que o Tribunal Constitucional deverá exercer, como *ultima ratio*, o seu irrenun-

---

[250] Cfr. OLIVIER B. DORD, *Contrôle de Constitutionnalité et Droit Communautaire Dérivé: De la Nécessité d`un Dialogue entre les Juridictions Suprêmes de l`Union Européenne*, in «Les Cahiers du Conseil Constitutionnel», nº 4, 1998, p. 98-104, em especial, p. 104. Cfr., ainda, MARIA LUÍSA DUARTE, *O Tratado de Lisboa e o Teste da "Identidade Constitucional" dos Estados-Membros – Uma Leitura Prospectiva da Decisão do Tribunal Constitucional Alemão de 30 de Junho de 2009*, in "Estudos em Homenagem ao Prof. Doutor Sérvulo Correia", Coimbra, Coimbra Editora, 2010, p. 687-706, em especial, p. 703.
Para além das funções de cooperação e de diálogo entre os tribunais nacionais e o Tribunal de Justiça da União Europeia e de garante da "aplicação uniforme na (União) de todas as disposições que fazem parte da (sua) ordem jurídica", o "reenvio prejudicial", previsto no artigo 267º (3) do TFUE, funciona também como mecanismo de proteção dos direitos atribuídos pela ordem jurídica da União Europeia aos particulares. Tal deve-se ao facto de uma decisão prejudicial do Tribunal de Justiça ter como objetivo clarificar a validade e o sentido das normas de direito da União Europeia e permitir ao tribunal nacional aplicá-las corretamente no julgamento da causa. Como sublinhou o Acórdão *"Köbler"*, é "para evitar que os direitos conferidos aos particulares pelo direito (da União) sejam violados que, por força do artigo 267º (3) do TFUE, um órgão jurisdicional cujas decisões não sejam suscetíveis de recurso previsto no direito interno é obrigado a submeter (um)a questão ao Tribunal de Justiça". Apesar de o artigo 267º (3) do TFUE não se destinar a conferir direitos aos particulares e, nomeadamente, um direito à colocação de uma "questão prejudicial" – direito sempre negado em nome da natureza de "processo entre juízes" -, é inegável que a mesma constitui um instrumento importante para a salvaguarda da tutela jurisdicional efetiva dos direitos que são atribuídos aos particulares pelo ordenamento jurídico da União Europeia, permitindo ultrapassar os obstáculos convencionais que limitam o acesso direto dos particulares ao Tribunal de Justiça perante imcumprimentos estaduais do direito da União ou face a atos normativos inválidos das Instituições da União Europeia. Cfr., sobre este tema, FRANCISCO PEREIRA COUTINHO, *Os Juízes Portugueses e o Reenvio Prejudicial*, in "20 Anos de Jurisprudência da União sobre Casos Portugueses – O que Fica do Diálogo entre os Juízes Portugueses e o Tribunal de Justiça da União Europeia", Coord. MARIA LUÍSA DUARTE/LUÍS FERNANDES/FRANCISCO PEREIRA COUTINHO, Lisboa, Instituto Diplomático – Ministério dos Negócios Estrangeiros, 2011, p. 13-52, em especial, p. 15-21.

ciável poder de controlo, para impor, no âmbito da ordem jurídica portuguesa, a primazia desse radical básico de princípios fundamentais[251].

Sublinhe-se, por último, que a posição antes defendida de que o Tribunal Constitucional português tem competência para exercer, como

---

[251] Cfr. José Manuel M. Cardoso da Costa, *Le Tribunal Constitutionnel*, cit., p. 203 e 204, *O Tribunal Constitucional Português*, cit., p. 1376 e 1377, e *A Jurisdição Constitucional em Portugal*, cit., p. 32-34, nota 34; e Maria Helena Brito, ob. cit., p. 315-317.

Note-se, a propósito, que o Tribunal Constitucional reconheceu, no Acórdão nº 163/90, que a obrigação do "reenvio prejudicial" perante o Tribunal de Justiça das Comunidades da "questão prévia" correspondente vale também para si próprio, quando se coloca a questão da interpretação (ou da validade) e, por conseguinte, da eficácia de uma norma de direito comunitário. Cfr., sobre este ponto, J. L. Cruz Vilaça/Luís Pais Antunes/Nuno Piçarra, *Droit Constitutionnel et Droit Communautaire, Le Cas Portugais*, in "Rivista di Diritto Europeo", Ano XXXI (1991), nº 2, p. 308-310.

É deveras útil, relativamente à questão do "reenvio prejudicial", mencionar o Acórdão do Tribunal Constitucional nº 328/2018, que julgou inconstitucional a norma contida no artigo 2º, nº 8, do Decreto-Lei nº 59/2015, de 21 de abril (Novo Regime do Fundo de Garantia Salarial), na interpretação segundo a qual o prazo de um ano para requerer o pagamento dos créditos laborais, certificados com a declaração de insolvência, cominado naquele preceito legal é de caducidade e insuscetível de qualquer interrupção ou suspensão, por violação do artigo 59º, nº 3, da Constituição, que estabelece que *"os salários gozam de garantias especiais, nos termos da lei"*. Nele se consignou que este entendimento da referida norma de direito interno, mostrando-se totalmente em linha com a jurisprudência constante do Tribunal de Justiça da União Europeia (TJUE), quanto ao condicionamento por prazos da obrigação de proteção aos créditos salariais, decorrente da Diretiva 80/987/CEE e, substituindo esta, da Diretiva 2008/94/CE, é conforme ao Direito da União, nos termos em que este foi interpretativamente esclarecido, de modo inequívoco, pelo TJUE, assumindo esse entendimento, pois, na terminologia do Acórdão *Cilfit*, de 6 de outubro de 1982 (respetivo ponto 14.), a natureza de *"ato clarificado"*. Se acrescentou que, nestes casos (referindo-se à interpretação da norma de direito interno na sua relação com o Direito da União a um *"ato clarificado"*), nos termos do citado Acórdão *Cilfit*, ocorre dispensa da obrigação de reenvio interpretativo, decorrente do terceiro parágrafo do artigo 267º do Tratado sobre o Funcionamento da União Europeia: obrigação de reenvio impendente sobre os órgãos jurisdicionais que (como sucede com o Tribunal Constitucional) julguem sem hipótese de recurso jurisdicional previsto no direito interno. E se concluiu que esta opção – a não realização, nestes casos, do reenvio – traduz a aplicação na ordem interna do Direito da União, nos exatos termos definidos por este, como impõe o trecho inicial do nº 4 do artigo 8º da Constituição: *"[a]s disposições dos tratados que regem a União Europeia e as normas emanadas das suas instituições, no exercício das respetivas competências, são aplicáveis na ordem interna, nos termos definidos pelo Direito da União [...]"*.

ultima ratio, um controlo da compatibilidade do direito da União Europeia com *os princípios estruturantes do Estado de direito português* encontra conforto no Acórdão do Tribunal Constitucional Federal alemão de 30 de junho de 2009 sobre a compatibilidade do Tratado de Lisboa com a *Grundgesetz*.

Neste importante aresto, o Tribunal Constitucional alemão começou por considerar a União Europeia como uma *"associação de Estados soberanos"* (*"Staatenverbund"*), cujas regras fundamentais estão na disponibilidade exclusiva dos Estados-Membros e sendo os povos, ou seja, os cidadãos, dos Estados-Membros os sujeitos que lhe conferem a legitimidade democrática. De seguida, vincou que a Lei Fundamental alemã proíbe a transferência da competência para a União decidir sobre a sua própria competência (*Kompetenz-Kompetenz*) e entendeu que o princípio fixado no artigo 5, alíneas 1 e 2, do Tratado de Lisboa (segundo o qual as competências da União não são originárias e dependem de um ato de atribuição pelos Estados-Membros) é um princípio de direito europeu que inclui os princípios constitucionais dos Estados-Membros, fundando-se, por isso, a autoridade da União Europeia no direito constitucional destes Estados.

E, por fim, consignou que é competente para verificar se, no respeito do princípio da subsidiariedade, princípio do direito da União Europeia, constante do artigo 5, alínea 3, do Tratado da União Europeia, na versão do Tratado de Lisboa, "os atos jurídicos dos órgãos ou das instituições europeias respeitam os limites dos direitos de soberania atribuídos a estes no quadro do princípio da atribuição" e, bem assim, para verificar se "o núcleo duro intangível da identidade constitucional da Lei Fundamental, segundo o artigo 23º, alínea 1, frase 3, combinado com o artigo 79º, alínea 3, da GG, não é atingido", adiantando que esta competência de controlo extraído da Lei Fundamental "respeita o princípio da abertura da Lei Fundamental em relação ao direito europeu e, por esta razão, ela não é contrária ao princípio da cooperação leal (artigo 4º, alínea 3, do Tratado da União Europeia, na versão do Tratado de Lisboa)" e, ainda, que, "no quadro do avanço de uma integração cada vez mais aprofundada, seria impossível assegurar de outro modo o respeito das estruturas fundamentais políticas e constitucionais dos Estados-Membros, respeito garantido pelo artigo

4º, alínea 2, frase 1, do Tratado da União Europeia, na versão do Tratado de Lisboa"²⁵².

15.5. Omissões legislativas

Objeto de controlo da constitucionalidade são também certas *omissões legislativas*. Como já vimos, de harmonia com o artigo 283º da Constituição, "a requerimento do Presidente da República, do Provedor de Justiça ou, com fundamento em violação de direitos das regiões autónomas, dos presidentes das assembleias legislativas regionais, o Tribunal Constitucional aprecia e verifica o não cumprimento da Constituição por omissão de medidas legislativas necessárias para tornar exequíveis as normas constitucionais".

No caso de aquele tribunal verificar a existência de inconstitucionalidade por omissão, dará disso *conhecimento* ao órgão legislativo competente – medida que, embora menos forte do que a *recomendação*, por se entender que esta poderia ser incompatível com o respeito pela autonomia do poder legislativo e com a separação de poderes, se apresenta com uma "forma intencionada de sublinhar perante o órgão competente a ilicitude da omissão constitucional em que está incurso e o seu dever constitucional de lhe pôr cobro"²⁵³/²⁵⁴.

---

²⁵² Cfr. as *Considerações Principais (Leitsätze)*, bem como os Parágrafos 233, 234, 241, 249, 261, 262, 274, 331, 338 e 340 dos *Fundamentos (Gründe)* do Acórdão do Segundo Senado do Tribunal Constitucional Federal alemão de 30 de junho de 2009, em http://www.bverfg.de/e/es20090630_2bve000208.html, acesso em 26 de dezembro de 2015. Cfr., ainda, MARIA LUÍSA DUARTE, *O Tratado de Lisboa e o Teste da "Identidade Nacional" dos Estados-Membros*, cit., p. 692-698 e 704-706, para quem aquela Decisão do Tribunal Constitucional Federal alemão demonstra que a Constituição nacional "não se esgotou, nem está reduzida a uma dimensão intermédia de legitimação do fenómeno político na União Europeia" e aponta, justamente, "no sentido de uma revalorização do papel garantístico das Constituições dos Estados-Membros". Ainda segundo a mesma Autora, no estádio atual de evolução da União Europeia, "a Constituição nacional mantém uma dupla e primordial função: por um lado, fundamenta e legitima o próprio processo de integração europeia em que está empenhado cada Estado-Membro e, por outro lado, inspira a formação de um lastro comum de regras e princípios subordinados pela ideia de Direito que condiciona o funcionamento do Estado de Direito e, em última análise, programa o devir da União Europeia como entidade política com aspiração constitucional".
²⁵³ Cfr. J. J. GOMES CANOTILHO/VITAL MOREIRA, *Constituição da República Portuguesa Anotada*, Vol. II, cit., p. 992 e 993.

A existência de inconstitucionalidade por omissão pressupõe que haja um dever jurídico-constitucional de legislar e só se verifica quando o legislador não cumprir as imposições constitucionais legiferantes. Como se sublinhou no Acórdão do Tribunal Constitucional nº 276/89 e se repetiu em outros arestos posteriores, nas situações de inconstitucionalidade por omissão, a intervenção do legislador não se reconduz ao "«dever» que impende sobre o órgão ou órgãos de soberania para tanto competentes de acudir às necessidades «gerais» da legislação que se façam sentir na comunidade jurídica (isto é, não se reconduz ao «dever geral» de legislar), mas é antes algo que deriva de uma *específica e concreta* incumbência ou encargo constitucional *(Verfassungsauftrag).* Por outro lado, trata-se de uma incumbência ou «imposição» não só claramente definida quanto ao seu sentido e alcance, sem deixar

---

[254] Os ordenamentos jurídico-constitucionais dos dois países lusófonos que temos referido também consideram objeto de fiscalização da constitucionalidade as *omissões legislativas*. E em ambos se denota um especial cuidado na determinação dos efeitos da verificação da existência da inconstitucionalidade por omissão, de modo a não ser ferida a autonomia do poder legislativo e violentado o princípio da separação de poderes.
Assim, no direito brasileiro, embora a figura da inconstitucionalidade por omissão seja mais ampla, dado que abrange não apenas a omissão de medidas legislativas, mas também a omissão de medidas regulamentares, determina-se que, declarada a inconstitucionalidade por omissão de uma medida legislativa para tornar efetiva norma constitucional, "será dada ciência ao Poder competente para adoção das providências necessárias" e, tratando-se de uma medida regulamentar, da competência de um órgão administrativo, ser-lhe-á comunicado "para fazê-lo em trinta dias" (artigo 103º, § 2º, da Constituição Federal). Cfr. ALEXANDRE DE MORAES, ob. cit., p. 232-234.
No direito angolano, segundo o artigo 232º, nº 2, da Constituição, "verificada a existência de inconstitucionalidade por omissão, o Tribunal Constitucional dá conhecimento desse facto ao órgão legislativo competente, para supressão da lacuna", donde resulta que, tal como no nosso País, apenas podem ser objeto desta modalidade de inconstitucionalidade a omissão de medidas legislativas. Podem requerer ao Tribunal Constitucional a "declaração de inconstitucionalidade por omissão" o Presidente da República, um quinto dos Deputados em efetividade de funções e o Procurador-Geral da República (artigo 232º, nº 1, da Constituição). O artigo 35º da Lei do Processo Constitucional foi mais além desta norma constitucional, determinando, em termos que suscitam muitas dúvidas de constitucionalidade, que, "verificada a existência de inconstitucionalidade por omissão, o Tribunal Constitucional dá conhecimento desse facto ao órgão ou órgãos competentes, indicando-lhes um prazo razoável para supressão da lacuna ou inacção". Cfr. ONOFRE DOS SANTOS, ob. cit., p. 182.

ao legislador qualquer margem de liberdade quanto à sua própria decisão de intervir (isto é, quanto ao *an* da legislação) – em tais termos que bem se pode falar, na hipótese, de uma verdadeira «ordem de legislar» – como o seu cumprimento fica satisfeito logo que por uma vez emitidas (assim pode dizer-se) as correspondentes normas".

Refira-se, ainda, que *existe omissão legislativa* não só quando faltarem em absoluto as medidas legislativas impostas pela Constituição, mas também quando essas medidas forem incompletas, inadequadas ou inexequíveis em si mesmas.

Têm sido raras as questões de inconstitucionalidade por omissão colocadas pelo Tribunal Constitucional português, o que denota a escassa eficácia prática desta modalidade de fiscalização da constitucionalidade. A razão para este facto reside no especial melindre desta competência do Tribunal Constitucional e na dificuldade do convívio da figura da *inconstitucionalidade por omissão* com o princípio da *separação de poderes*.

Acresce que o Tribunal Constitucional não tem sido especialmente rígido na apreciação dos requisitos da inconstitucionalidade por omissão, não exigindo unicamente a existência de norma legislativa no momento em que toma a decisão para afastar a verificação da existência da inconstitucionalidade por omissão, antes valorando, como o fez no Acórdão 36/90, factos concretos do *iter* procedimental legislativo, como, por exemplo, a apresentação de propostas ou projetos de lei ou, pelo menos, a aprovação dos mesmos na generalidade.

Desde 1983 – ano em que o Tribunal Constitucional iniciou as suas funções –, apenas oito processos lhe foram dirigidos. Em cinco deles, o Tribunal Constitucional entendeu que não existia *omissão legislativa* [falta de lei sobre crimes de responsabilidade de titulares de cargos políticos (Acórdão nº 276/89), ausência de lei sobre referendos ou consultas diretas dos cidadãos a nível local (Acórdão nº 36/90), "omissão de uma medida legislativa que expressamente determine que as normas dos nºs 2, 3 e 4 do artigo 1110º do Código Civil são aplicáveis, com as necessárias adaptações, às uniões de facto nos casos em que há filhos menores" (Acórdão nº 359/91), falta de lei sobre o direito de ação popular (Acórdão nº 638/95) e ausência de lei de medidas legislativas necessárias para tornar exequível o artigo 239º, nº 4, da Constituição, relativo ao direito de grupos de cidadãos eleitores apresentarem candidaturas para as eleições dos órgãos autarquias locais (Acórdão nº 424/2001]. Em dois deles, considerou o Tribunal Constitucional que se verificava essa *omissão* [omissão da medida legislativa prevista no nº 4 do artigo 35º da Constituição, necessária para tornar exequível a garantia constante do nº 2 do mesmo artigo, isto é, carência de lei sobre garantias dos cidadãos perante a utilização da informática (Acórdão nº 182/89), e omissão das medidas legislativas necessárias para tornar exequível o direito previsto na alínea *e)* do nº 1 do seu artigo 59º (subsídio de desemprego), relativamente a trabalhadores da Administração Pública (Acórdão nº 474/2002)]. Quanto ao outro processo, não chegou o Tribunal a pronunciar-se sobre o pedido (Acórdão nº 9/83)[255].

Das *omissões legislativas propriamente ditas* há que distinguir as *omissões relativas*, isto é, as resultantes de uma "ação incompleta do legislador", traduzida na omissão parcial da norma que, excluindo uma determinada categoria, infringe o princípio constitucional da igualdade. Estas *omissões relativas*, que respeitam a um certo regime ou preceito legal e decorrem basicamente da sua "incompletude", podem dar origem a uma "inconstitucionalidade por ação", por violação do princípio da igualdade, e não a uma "inconstitucionalidade por omissão", como sucede nas *omissões legislativas em sentido próprio*[256].

15.6. Propostas de referendo nacional, regional e local

Objeto de fiscalização da constitucionalidade são, por último, como já referimos, as *propostas de referendo* nacional, regional e local. Estamos

---

[255] Para uma análise do instituto da *inconstitucionalidade por omissão* em Portugal, cfr., por todos, J. J. GOMES CANOTILHO, *Constituição Dirigente e Vinculação do Legislador: Contributo para a Compreensão das Normas Constitucionais Programáticas*, Coimbra, Coimbra Editora, 1982, p. 325 e segs., e *Direito Constitucional e Teoria da Constituição*, cit., p. 1033-1039; JORGE MIRANDA, *Manual de Direito Constitucional*, Tomo VI, 4ª ed., cit., p. 360-39, e *Fiscalização da Constitucionalidade*, cit., p. 353-389; e J. J. FERNÁNDEZ RODRÍGUEZ, *La Inconstitucionalidad por Omisión en Portugal*, in "Revista de Direito e de Estudos Sociais", Ano XXXVII, 2ª Série (1995), nºs 1, 2 e 3, p. 265 e segs., e *La Inconstitucionalid por Omision (Teoria General, Derecho Comparado, El Caso Español)*, Madrid, Civitas, 1998, p. 247-272.
[256] Cfr., sobre este ponto, o nosso artigo *A Justiça Constitucional em Portugal e em Espanha*, cit., in «Revista de Legislação e de Jurisprudência», Ano 131º, nº 3892, p. 201 e 202, e o nosso *Relatório Geral*, cit., p. 73.

aqui não em face de *normas* ou de *fontes normativas*, mas perante *decisões políticas* que irão conduzir à aprovação de novas normas jurídicas ou à revogação de normas jurídicas existentes[257]. Trata-se, de qualquer modo, de uma *fiscalização preventiva obrigatória* da constitucionalidade (e também, como sabemos, da legalidade), com a finalidade de verificar previamente se a proposta de referendo está de acordo com as regras e os princípios constitucionais (e, bem assim, com as normas legais, desde logo com as Leis Orgânicas dos Referendos). São as disposições conjugadas dos artigos 115º, nº 8, e 223º, nº 2, alínea *f)*, da Constituição e do artigo 11º da Lei do Tribunal Constitucional que estabelecem a obrigatoriedade da prévia verificação da constitucionalidade e legalidade da proposta de referendo, incluindo a apreciação dos requisitos relativos ao respetivo universo eleitoral.

Limitando-nos, agora, às propostas de referendo nacional e somente à questão da *fiscalização preventiva obrigatória da sua constitucionalidade*, importa assinalar que o Tribunal Constitucional analisa: se a proposta do referendo foi aprovada pelo órgão competente para o efeito, nos termos do disposto no artigo 115º, nº 1, da Constituição; se o referendo tem por objeto questões de relevante interesse nacional que devam ser decididas pela Assembleia da República ou pelo Governo através da aprovação de convenção internacional ou de ato legislativo, de harmonia com o que preceitua o artigo 115º, nº 3, da Lei Fundamental; se a matéria da pergunta referendária se encontra entre aquelas sobre as quais, nos termos constitucionais, não pode recair um referendo (artigo 115º, nºs 4 e 5, da Constituição); se são respeitados os requisitos estabelecidos no artigo 115º, nº 6, da Constituição (incidência do referendo sobre uma só matéria, perguntas formuladas com objetividade, clareza e precisão e para uma resposta de "sim" ou "não", segundo uma lógica, como referiu o Tribunal Constitucional nos seus Acórdãos nºs 360/91 e 288/98, "que é necessariamente dilemática, bipolar, ou binária, ou seja: que pressupõe uma definição maioritariamente unívoca da vontade popular, num ou noutro dos sentidos possíveis de resposta à questão cuja resolução é devolvida directamente aos cidadãos"); se não há violação do artigo

---

[257] Cfr. J. J. GOMES CANOTILHO/VITAL MOREIRA, *Constituição da República Portuguesa Anotada*, Vol. II, cit., p. 101 e 102.

115º, nº 12, quanto à participação dos cidadãos residentes no estrangeiro; e, finalmente, se a pergunta formulada não coloca os eleitores perante uma questão dilemática em que um dos respetivos termos aponta para uma solução jurídica incompatível com a Constituição.

Pode dizer-se que a análise da conformidade material do objeto do referendo constitui o *punctum saliens* da competência do Tribunal Constitucional. A principal função do Tribunal Constitucional na fiscalização preventiva obrigatória da constitucionalidade das propostas de referendo é, assim, apreciar se o objeto da pergunta é inconstitucional – *rectius*, se qualquer das duas eventuais respostas que lhe venham a ser dadas determina a adoção de normas legais desconformes com a Constituição[258/259].

---

[258] Para mais desenvolvimentos, cfr. J. J. GOMES CANOTILHO/VITAL MOREIRA, *Constituição da República Portuguesa Anotada*, Vol. II, cit., p. 98-111; J. J. GOMES CANOTILHO, *Direito Constitucional e Teoria da Constituição*, cit., p. 1047-1049; e MARIA BENEDITA URBANO, *O Referendo – Perfil Histórico-Evolutivo do Instituto. Configuração Jurídica do Referendo em Portugal*, Boletim da Faculdade de Direito, STUDIA JURIDICA 30, Universidade de Coimbra, Coimbra, Coimbra Editora, 1998, p. 230-236.

[259] Realce-se que, no ordenamento jurídico-constitucional angolano, o *referendo nacional* também é objeto de fiscalização da constitucionalidade, a par dos *atos normativos*, dos *tratados, convenções* e *acordos internacionais* e da *revisão constitucional* [artigos 227º, alíneas *a), b), c)* e *d)*, da Constituição, 16º, alínea *g)*, da Lei Orgânica do Tribunal Constitucional e 20º, nº 2, alínea *a)*, e 59º da Lei do Processo Constitucional]. Embora a Constituição de Angola não o refira expressamente, a fiscalização da constitucionalidade dos referendos apenas faz sentido se for uma fiscalização preventiva, podendo esta ser requerida ao Tribunal Constitucional pelo Presidente da República ou por um décimo dos deputados à Assembleia Nacional em efetividade de funções [cfr. o artigo 20º, nº 2, alínea *a)*, da Lei do Processo Constitucional, que determina que "são sujeitos à fiscalização preventiva necessária os projectos de lei submetidos a referendo"]. O processo de fiscalização da constitucionalidade de referendos é, segundo o artigo 59º da Lei do Processo Constitucional, regulado por lei própria que disciplina o respetivo regime. A iniciativa de referendo pode ser exercida pelo Presidente da República, por um quinto dos deputados em efetividade de funções e pelos grupos parlamentares, devendo as propostas de referendo ser aprovadas por maioria qualificada de dois terços dos deputados em efetividade de funções, sendo proibida a realização de referendos constitucionais (artigos 168º, nºs 1 e 3, e 169º, nº 1, da Constituição). Compete ao Presidente da República convocar referendos, nos termos da Constituição e da lei [artigo 119º, alínea *l)*, da Constituição].

15.7. Exclusão dos atos políticos, dos atos administrativos, das decisões jurisdicionais e dos atos jurídico-privados

Do âmbito da fiscalização da constitucionalidade estão excluídos os atos políticos, os atos administrativos, as decisões jurisdicionais e os atos jurídico-privados. Interessa registar umas breves notas sobre este grupo de atos arredados do controlo de constitucionalidade.

Os *atos políticos* – entendidos, como refere o Acórdão do Tribunal nº 195/94, seguindo a doutrina de A. RODRIGUES QUEIRÓ[260], como volições primárias (e, por isso, situadas ao mesmo nível dos atos legislativos), provenientes de um órgão de soberania ou de um "órgão supremo do Estado", de natureza individual e concreta (sendo, ao nível do seu conteúdo, semelhantes aos atos administrativos), as quais representam o exercício de faculdades diretamente conferidas pela Constituição, sem sujeição à lei ordinária, fora, portanto, de qualquer propósito de traduzir, no que respeita ao seu conteúdo, uma atuação concreta, uma volição prévia do legislador ordinário[261] – não estão sujeitos ao controlo da constitucionalidade arquitetado para as normas jurídicas.

São exemplos de *atos políticos* não sujeitos a fiscalização da constitucionalidade pelo Tribunal Constitucional os denominados "atos auxiliares de direito constitucional", que põem a Constituição em marcha, no quadro das relações entre órgãos de soberania (v.g., nomeação e demissão do Governo, dissolução da Assembleia da República, marcação das eleições legislativas e presidenciais, referenda ministerial dos atos do Presidente da República, promulgação de diplomas, aprovação de moções de rejeição do programa do Governo, bem como de moções de confiança ou de censura ao Governo, etc.) ou, ainda, certos atos dos

---

[260] Cfr. A. RODRIGUES QUEIRÓ, *A Função Administrativa*, Separata da Revista de Direito e de Estudos Sociais, Ano XXIV, nºs 1, 2 e 3, p. 41-48, e *Lições de Direito Administrativo*, Vol. I, cit., p. 72 e segs..

[261] Diferentemente, o Supremo Tribunal Administrativo vem adotando um critério mais estrito, que atende à importância primacial do conteúdo dos atos, considerando que "a função política corresponde à prática de actos que exprimem *opções fundamentais sobre a definição e prossecução dos interesses ou fins essenciais da colectividade*" (cfr. o Acórdão de 6 de março de 2007, Proc. nº 1143/06) ou que configura uma "actividade de ordem superior, que tem por conteúdo a *direcção suprema e geral do Estado*, tendo por objectivos a definição dos fins últimos da comunidade e a coordenação das outras funções, à luz desses fins" (cfr. o Acórdão de 20 de maio de 2010, Proc. nº 0390/09).

órgãos de governo das Regiões Autónomas, no âmbito da competência política regional, em aplicação direta da Constituição ou dos respetivos Estatutos Regionais.

Todos os *atos políticos* se caracterizam por uma atividade primária, de natureza individual e concreta, que se desenvolve em aplicação direta da Constituição, tendo em vista a realização de interesses fundamentais da comunidade política[262].

A insindicabilidade pelo Tribunal Constitucional dos atos políticos, ainda que sejam contrários à Constituição[263], vem sendo criticada por alguns autores, que veem nela uma entorse à garantia da observância do princípio da constitucionalidade dos atos do Estado, proclamado no nº 3 do artigo 3º da Lei Fundamental. Por isso, há quem recomende o alargamento do controlo da constitucionalidade a todos os atos, mesmo os não normativos, que executem diretamente a Constituição[264], neles incluindo certos tipos de atos, ainda que de natureza política, mas para a formação dos quais a Constituição estabelece um procedimento próprio[265].

De igual modo, estão imunes às modalidades e vias processuais de fiscalização da constitucionalidade pensadas para as normas jurídicas os *atos administrativos* de carácter não normativo, os quais são definidos pelo artigo 148º do Código do Procedimento Administrativo como "as decisões que, no exercício de poderes jurídico-administrativos, visem produzir efeitos jurídicos externos numa situação individual e concreta"[266]. Deve sublinhar-se, no entanto, que, no nosso ordenamento jurídico-constitucional, é pacificamente admitida a suscetibi-

---

[262] Cfr. J. C. VIEIRA DE ANDRADE, *Lições de Direito Administrativo*, 5ª ed., Coimbra, Imprensa da Universidade de Coimbra, 2017, p. 32 e 33.

[263] Sobre a insindicabilidade pelo Tribunal Constitucional dos atos políticos, cfr., por todos, o mencionado Acórdão do Tribunal Constitucional nº 195/94, bem como a *Anotação* que sobre o mesmo incidiu de J. J. GOMES CANOTILHO, in "Revista de Legislação e Jurisprudência", Ano 127º, nº 3845, cit., p. 238 e segs..

[264] Cfr. J. J. GOMES CANOTILHO/VITAL MOREIRA, *Fundamentos da Constituição*, Coimbra, Coimbra Editora, 1991, p. 258.

[265] Cfr. LICÍNIO LOPES MARTINS, ob. cit., p. 612-614. Cfr. também JORGE MIRANDA, *Nos Dez Anos*, cit., p. 101-103, e VITAL MOREIRA, *Princípio da Maioria*, cit., p. 187-189.

[266] Trata-se de um conceito operativo de ato administrativo, para efeitos do Código do Procedimento Administrativo.

lidade de as leis que encerram atos administrativos serem objeto de fiscalização da constitucionalidade, tendo em conta o conceito *formal* e *funcional* de norma adotado na jurisprudência do Tribunal Constitucional, nos termos acima referidos. Mas, nestes casos, *objeto* de fiscalização de constitucionalidade não são os atos administrativos contidos na lei, pois, em tais situações, tais atos administrativos são impugnáveis, não obstante estarem contidos em diploma legal, perante os tribunais administrativos (artigos 268º, nº 4, da Constituição, e 52º, nº 1, do Código de Processo nos Tribunais Administrativos), mas antes a lei que contém os atos administrativos[267].

Em anterior escrito, definimos o *ato administrativo*, baseando-nos na doutrina mais representativa, como "a declaração unilateral e autoritária, relativa a um caso concreto, dimanada de um órgão da Administração, no exercício da função administrativa, com vista à produção de efeitos jurídicos externos positivos ou negativos". Sobre os elementos essenciais deste conceito, cfr. o nosso artigo *Acto Administrativo*, in "Alguns Conceitos de Direito Administrativo", 2ª ed., Coimbra, Almedina, 2001, p. 9-11.

[267] Veja-se, a este propósito, e entre vários exemplos de arestos que poderíamos mencionar, o Acórdão do Tribunal Constitucional nº 255/92, no qual foi apreciada, em processo de fiscalização preventiva, a questão da constitucionalidade da norma do artigo 2º, alínea *c*), do Decreto aprovado pelo Conselho de Ministros, em 4 de junho de 1992, que extinguiu a empresa pública que geria o Teatro Nacional de São Carlos, e que determinava que a extinção da empresa pública que geria o Teatro Nacional de São Carlos produzia o efeito da cessação dos vínculos laborais dos trabalhadores submetidos a instrumento contratual privado.
Nele foi salientado o seguinte: "[...] A disposição da alínea *c*) do artigo 2º do Decreto ora em apreciação, ainda que seja entendida como um acto administrativo em sentido material, ou antes como um mero acto de execução do comando individual e concreto contido no artigo 1º de extinção da empresa pública que gere o Teatro Nacional de S. Carlos e, por isso, desprovido de qualquer estatuição própria, preenche seguramente o conceito *funcionalmente adequado* de «norma», para efeitos da sua subordinação à fiscalização da constitucionalidade, inclusive a preventiva, já que é parte integrante de um decreto-lei, isto é, de uma das formas dos actos legislativos previstas no artigo 115º, nº 1, da Lei Fundamental. Na verdade, constitui jurisprudência reiterada e uniforme deste Tribunal, tal como já antes sucedia com a adoptada pela Comissão Constitucional, que o conceito de «norma», para o efeito de fiscalização da constitucionalidade, não abrange apenas os preceitos gerais e abstractos, mas inclui todo e qualquer preceito contido num diploma legal, ainda que se trate de um preceito de carácter individual e concreto e ainda que, neste caso, ele se revista de eficácia consumptiva – isto é, ainda que incorpore materialmente um acto administrativo [cfr., *inter alia*, os Pareceres da Comissão Constitucional nºs 3/78, 6/78 e 13/82 (in *Pareceres da Comissão Constitucional*, vol. IV, pp. 221 e segs., e

As *decisões jurisdicionais* em si mesmas não podem ser objeto de controlo da constitucionalidade pelo Tribunal Constitucional. Tal deve-se à circunstância de o ordenamento jurídico-constitucional português desconhecer, como já tivemos ensejo de sublinhar, um recurso do tipo "recurso de amparo" ou "queixa constitucional". Tal afirmação aplica-se também aos acórdãos do pleno das secções cíveis do Supremo Tribunal de Justiça, previstos nos artigos 686º e 687º do vigente Código de Processo Civil (correspondentes aos artigos 732º-A e 732º-B do Código de Processo Civil, na versão da reforma introduzida pelo Decreto-Lei nº 329-A/95, de 12 de dezembro), que visam a uniformização de jurisprudência, bem como aos "assentos" de pretérito, uma vez que uns e outros não contêm uma orientação vinculante para os tribunais da mesma ordem judicial[268/269].

pp. 303 e segs., e vol. XIX, pp. 149 e segs.) e os Acórdãos do Tribunal Constitucional nºs 26/85 e 146/92, o primeiro publicado no *Diário da República*, II Série, nº 96, de 26 de Abril de 1985, e o segundo ainda inédito].
Como se escreveu no mencionado Acórdão nº 26/85, «onde ... um acto do poder público ... contiver uma regra de conduta para os particulares ou para a Administração, ou um critério de decisão para esta última ou para o juiz, aí estaremos perante um acto 'normativo', cujas injunções ficam sujeitas ao controle da constitucionalidade. Ora isto é o que justamente acontece com os preceitos legais de conteúdo individual e concreto, ainda mesmo quando possuam eficácia consumptiva. Podem eles, na verdade, conter ou esgotar a sua própria execução: nem por isso, no entanto, deixam de credenciá-la normativamente (legalmente) e de fornecer o critério para a sua apreciação *sub specie juris*. E isto ainda quando representem uma aparente desnecessidade normativa, atenta a existência de preceito geral anterior eventualmente aplicável: é que este outro preceito, em toda a medida em que por eles for 'coberto' e 'substituído', passa então a ser irrelevante para o caso. Ao fim e ao cabo, o que sucede é que também os preceitos com a natureza agora considerada têm como parâmetro de validade imediato não a lei ('outra' lei), mas a Constituição. Nada justifica, por consequência, que o seu exame escape ao controle específico da constitucionalidade – é dizer, à jurisdição e à competência deste Tribunal»".
[268] O Tribunal Constitucional, no seu Acórdão nº 743/96, declarou a inconstitucionalidade, com força obrigatória geral, da norma do artigo 2º do Código Civil, "na parte em que atribui aos tribunais competência para fixar doutrina com força obrigatória geral, por violação do disposto no artigo 115º, nº 5, da Constituição" (a que corresponde o artigo 112º, nº 6, na versão da Revisão de 1997).
Esta declaração de inconstitucionalidade, com força obrigatória geral, surgiu na sequência de anteriores pronúncias do mesmo Tribunal nesse sentido, iniciadas com o Acórdão nº 810/93.

No seguimento desta jurisprudência, o legislador veio, no artigo 3º do Decreto-Lei nº 329-A/95, de 12 de dezembro, revogar os artigos que regulavam o recurso para o pleno do Supremo Tribunal de Justiça (concretamente, os artigos 763º a 770º do Código de Processo Civil). Concomitantemente, regulou, nos artigos 732º-A e 732º-B do mesmo Código, o "julgamento ampliado da revista", com o objetivo de "assegurar a uniformidade da jurisprudência", o qual está previsto, atualmente, nos artigos 686º e 687º do Código de Processo Civil. A revogação daqueles artigos 763º a 770º do Código de Processo Civil ocorreu em paralelo com a revogação do artigo 2º do Código Civil, que o artigo 4º, nº 2, do mesmo Decreto-Lei nº 329-A/95 determinou. Ou seja: ocorreu a par da revogação dos assentos, enquanto instrumentos dotados de força vinculativa – força vinculativa esta que, após a prolação do citado Acórdão nº 743/96, obrigava apenas os tribunais judiciais de 1ª e de 2ª instâncias, na qualidade de tribunais que se integram numa hierarquia que tem na cúpula o Supremo Tribunal de Justiça. Tais assentos, com efeito, já então não constituíam "doutrina com força obrigatória geral", isto é, já não eram fontes de direito, mas apenas diretivas interpretativas genéricas, embora dotadas de força vinculativa interna.

Os acórdãos previstos nos anteriores artigos 732º-A e 732º-B e nos vigentes artigos 686º e 687º, que visam a uniformidade da jurisprudência, passaram a ser obrigatórios apenas nos processos em que são tirados. Fora dos respetivos processos, têm a autoridade e a força persuasiva que lhes advêm do facto de serem decisões do Supremo Tribunal de Justiça, tiradas num julgamento ampliado de revista, isto é, feito pelo plenário das secções cíveis. Constituem, por isso, meros *precedentes judiciais qualificados*. Como salienta C. LOPES DO REGO (cfr. *A Uniformização da Jurisprudência no Novo Direito Processual Civil*, Lisboa, Lex, 1997, p. 19), o seu valor "persuasório" para *toda a comunidade jurídica* "radica na especial autoridade do órgão de que dimana – análogo ao que, entre nós, vem sendo até hoje representado, com resultados perfeitamente satisfatórios no plano prático, pelos acórdãos das secções reunidas do Supremo Tribunal de Justiça, previstos no nº 3 do artigo 728º do Código de Processo Civil".

É apenas também esta autoridade e força persuasiva de precedentes judiciais qualificados que, por força do que dispõe o nº 2 do artigo 17º do Decreto-Lei nº 329-A/95, passaram a ter os "assentos de pretérito", isto é, aqueles assentos que foram sendo tirados ao longo dos anos e que se mantinham em vigor no ordenamento jurídico, designadamente por não terem sido revogados, nem declarados inconstitucionais, com força obrigatória geral. Esta convolação dos "assentos de pretérito" para meros precedentes judiciais qualificados – lembra C. LOPES DO REGO – não implica a "irrelevância" da doutrina constante desses assentos, pois que o respeito por ela "será normalmente assegurado pela iniciativa das partes – que não deixarão seguramente de impugnar, por via de recurso, quaisquer decisões que se não conformem com a jurisprudência precedentemente uniformizada –, procurando articular e conciliar a previsibilidade do direito (expressa na uniformização da jurisprudência) com as exigências de uma interpretação atualista, que obste à indefinida cristalização das correntes jurisprudenciais" (cfr. ob. cit., p. 23 e 24).

Os "assentos" que, nos termos do nº 3 do citado artigo 17º do Decreto-Lei nº 329-A/95 viessem a ser tirados nos recursos para o pleno já interpostos, teriam, de igual modo,

E vale também para os acórdãos de fixação de jurisprudência, proferidos pelo pleno das secções criminais do Supremo Tribunal de Justiça,

apenas o valor de precedentes judiciais qualificados. Teriam – diz o nº3 do artigo 17º – "os efeitos das disposições legais citadas nos números anteriores" (isto é, os efeitos previstos nos anteriores artigos 732º-A e 732º-B e, atualmente, nos artigos 686º e 687º). Cfr., sobre isto, o Acórdão do Tribunal Constitucional nº 575/98.

[269] O ordenamento jurídico-constitucional brasileiro fornece-nos uma figura que revela alguma proximidade aos nossos antigos "assentos". Referimo-nos à "súmula vinculante". A mesma está contemplada no artigo 103º-A da Constituição Federal, introduzido pela Emenda Constitucional nº 45, de 8 de dezembro de 2004, e regulamentada pela Lei nº 11.417, de 19 de dezembro de 2006. É o seguinte o conteúdo daquele preceito constitucional: "O Supremo Tribunal Federal poderá, de ofício ou por provocação, mediante decisão de dois terços dos seus membros, após reiteradas decisões sobre matéria constitucional, aprovar súmula que, a partir de sua publicação na imprensa oficial, terá efeito vinculante em relação aos demais órgãos do Poder Judiciário e à administração pública direta e indireta, nas esferas federal, estadual e municipal, bem como proceder à sua revisão ou cancelamento, na forma estabelecida em lei. § 1º A súmula terá por objetivo a validade, a interpretação e a eficácia de normas determinadas, acerca das quais haja controvérsia atual entre órgãos judiciários ou entre esses e a administração pública que acarrete grave insegurança jurídica e relevante multiplicação de processos sobre questão idêntica. § 2º Sem prejuízo do que vier a ser estabelecido em lei, a aprovação, revisão ou cancelamento de súmula poderá ser provocada por aqueles que podem propor a ação direta de inconstitucionalidade. § 3º Do ato administrativo ou decisão judicial que contrariar a súmula aplicável ou que indevidamente a aplicar, caberá reclamação ao Supremo Tribunal Federal que, julgando-a procedente, anulará o ato administrativo ou cassará a decisão judicial reclamada, e determinará que outra seja proferida com ou sem a aplicação da súmula, conforme o caso".
As "súmulas vinculantes" surgiram no Brasil não tanto com o objetivo primeiro de alcançar a segurança jurídica, mas com o fim primordial de otimizar o trabalho dos tribunais. Além disso, enquanto os "assentos" eram "imutáveis", não podendo ser revogados ou alterados pelo Supremo Tribunal de Justiça, as "súmulas vinculantes" são revisíveis, em certos termos, pelo Supremo Tribunal Federal. Mas o caráter (ou força) vinculativo da súmula brasileira é muito mais expressivo do que o dos "assentos", uma vez que, sem embargo da sua mutabilidade, possuem uma *força de lei*, a tal ponto de determinarem as ações da própria administração pública direta e indireta (em todas as dimensões federativas). A norma constitucional criadora da "súmula vinculante" vem sendo, por isso, criticada por ter atribuído à mais alta instância judicial brasileira uma "anómala função legislativa", que implica mais do que uma "descentralização da função legislativa" uma verdadeira "perturbação" do exercício da mesma. Cfr. GILMAR FERREIRA MENDES/ PAULO GUSTAVO GONNET BRANCO, *Curso de Direito Constitucional*. 7ª ed, São Paulo, Saraiva, 2012, p. 1038.

dado que não constituem jurisprudência obrigatória para os tribunais judiciais[270]. Mas estão inequivocamente sujeitas a fiscalização de constitucionalidade as decisões dos tribunais que, perante uma lacuna jurídica e na falta de caso análogo, tiverem criado uma norma jurídica, no uso do poder previsto no artigo 10º, nº 3, do Código Civil ("a norma que o próprio intérprete criaria, se houvesse de legislar dentro do espírito do sistema")[271/272/273].

[270] De facto, tais acórdãos têm eficácia no processo em que o recurso foi interposto e nos processos cuja tramitação tiver sido suspensa nos termos do artigo 441º, nº 2, do Código de Processo Penal (cfr. o artigo 445º, nº 1, deste Código) e não constituem jurisprudência obrigatória para os tribunais judiciais, embora estes devam fundamentar as divergências relativas à jurisprudência fixada naqueles arestos (cfr. o nº 3 do artigo 445º do mesmo Código). Além disso, o Ministério Público recorre obrigatoriamente de quaisquer decisões proferidas contra jurisprudência fixada pelo Supremo Tribunal de Justiça, sendo o recurso sempre admissível (cfr. o nº 1 do artigo 446º do Código de Processo Penal).
[271] Exemplo típico de fiscalização pelo Tribunal Constitucional da conformidade com a Constituição de uma norma criada por um Acórdão do Supremo Tribunal de Justiça é o Acórdão do Tribunal Constitucional nº 264/98. Aí se salientou, *inter alia*, que aquele aresto, *ao formular a norma* sobre os poderes das Relações nos recursos penais, "não estava a *dizer o direito* aplicável ao caso concreto, antes estava, na verdade, a *criar esse direito*; não estava a decidir um litígio, antes a fixar os critérios [...] que lhe permitiriam vir a resolvê-lo num momento ulterior. Isto é, não estava a exercer uma função materialmente jurisdicional" – aspeto este, aliás, bem patente, porquanto ocorreu mesmo numa separação entre a instância criadora da norma (o Supremo Tribunal de Justiça) e a instância que a aplicou, pelo menos num primeiro momento (o Tribunal da Relação de Coimbra). No mesmo sentido, cfr. o Acórdão do Tribunal Constitucional nº 181/99, que segue e cita abundantemente a doutrina que emana do Acórdão nº 264/98.
[272] Se os dois exemplos mencionados na nota anterior não suscitam dúvidas, por estarmos inequivocamente perante normas jurídicas, uma vez que foram criadas, num primeiro momento, e aplicadas, num segundo momento, pelo próprio tribunal *a quo*, a questão é mais complexa nos casos em que o Tribunal Constitucional conhece de recursos de constitucionalidade, tendo por objeto "normas extraídas interpretativamente" pela decisão recorrida de preceitos legais. Como se realçou no Acórdão nº 79/2015, o Tribunal Constitucional vem admitindo, recentemente, o conhecimento de recursos destinados a apreciar "questões relativas a normas processuais penais substantivas, na vertente da sua conformidade com o princípio da legalidade penal, consagrado no artigo 29º, nºs 1 e 3, da Constituição, averiguando se a interpretação normativa posta a controlo ainda se contém num sentido possível das palavras da lei, constituindo, então, uma forma de interpretação declarativa que, como tal, não infringe o apontado princípio, ou, ao invés, se é patente que o critério de decisão aplicado foi obtido através de uma metodologia incompatível com o princípio da legalidade. Assim aconteceu nos Acórdãos nºs 603/2009,

186/2013, 342/2013 e, por último, no Acórdão n.º 587/2014. Perante questão normativa idêntica à aqui em apreço, afirma-se neste último aresto:
«[M]uito embora a opção por um modelo de controlo *normativo* tenha visível respaldo na Constituição, não resultando exclusivamente de uma solução legal nem tampouco de uma interpretação jurisprudencial, certo é que há que conjugar esta impostação com as demais regras e princípios constitucionais. Na verdade, se a Constituição consagra, no seu artigo 29.º, n.º 1, o princípio da legalidade criminal, extraindo-se do âmbito de proteção de tal normativo a proibição de aplicação analógica de normas incriminadoras, uma interpretação sistemática do texto constitucional aconselha a que esse momento hermenêutico se converta num "pedaço" de normatividade integrante do *objeto de controlo*. Daqui não resulta que o Tribunal Constitucional haja de escrutinar qualquer processo hermenêutico que, em matéria penal ou processo penal, venha a ser adotado a nível inconstitucional. O *iter* metodológico seguido pelo tribunal recorrido no apuramento do sentido normativo da norma permanece insindicável, não cabendo ao Tribunal Constitucional repassá-lo, mas apenas verificar se foram ultrapassados os limites constitucionais a que esse *iter* está sujeito em matéria penal, concretamente, a proibição da analogia *in malam partem*».

[273] No ordenamento jurídico-constitucional de Angola estão sujeitos a controlo de constitucionalidade não só as normas jurídicas públicas, mas também os atos administrativos e os atos jurisdicionais. Os atos políticos estão, no entanto, excluídos da fiscalização jurisdicional de constitucionalidade. Com efeito, o artigo 6.º, n.º 3, da Constituição angolana prescreve que "as leis, os tratados e os demais actos do Estado, dos órgãos do poder local e dos entes públicos em geral só são válidos se forem conformes à Constituição"; o artigo 180.º, n.º 2, alínea *a*), da mesma Lei Fundamental determina que compete ao Tribunal Constitucional "apreciar a constitucionalidade de quaisquer normas e demais actos do Estado"; e o artigo 227.º da mesma Lei Básica estabelece que "são passíveis de fiscalização da constitucionalidade todos os actos que consubstanciem violações de princípios e normas constitucionais, *nomeadamente*: *a*) os actos normativos; *b*) os tratados, convenções e acordos internacionais; *c*) a revisão constitucional; *d*) o referendo" (itálico nosso).
Por seu lado, o artigo 16.º, alínea *m*), da Lei Orgânica do Tribunal Constitucional estatui que ao Tribunal Constitucional compete, em geral, administrar a justiça em matéria jurídico-constitucional, nomeadamente, "após esgotamento dos recursos ordinários legalmente previstos, julgar, em última instância, os recursos de constitucionalidade que venham a ser interpostos de sentenças e de actos administrativos que violem princípios, direitos fundamentais, liberdades e garantias dos cidadãos estabelecidos na Constituição, nos termos das disposições conjugadas no n.º 3 do artigo 6.º, na alínea *a*) do n.º 2 do artigo 180.º e nos artigos 226.º e 227.º, todos da Constituição".
O *recurso extraordinário de inconstitucionalidade* das sentenças e atos administrativos é regulado nos artigos 49.º a 51.º da Lei do Processo Constitucional, preceituando o artigo 49.º deste diploma legal que podem ser objeto de *recurso extraordinário de inconstitucionalidade* para o Tribunal Constitucional "as sentenças dos demais tribunais que contenham fundamentos de direito e decisões que contrariem princípios, direitos, liberdades e garantias previstos na Constituição da República de Angola" [alínea *a*)] e "os actos definitivos e

Os *atos jurídico-privados*, mesmo que se reconduzam a verdadeiras normas, designadamente os negócios jurídicos, não estão submetidos a controlo de constitucionalidade. De igual modo, não podem ser objeto do referido controlo os estatutos das associações privadas[274],

executórios que contariam princípios, direitos, liberdades e garantias previstos na Constituição da República de Angola" [alínea *b*)]. O § único deste mesmo artigo esclarece que este recurso extraordinário de inconstitucionalidade "só pode ser interposto após prévio esgotamento nos tribunais comuns e demais tribunais dos recursos ordinários legalmente previstos".

Nos *recursos extraordinários de inconstitucionalidade* interpostos de acórdãos de outros tribunais, tem o Tribunal Constitucional de Angola afirmado que "não aprecia em nova instância a matéria de facto, os factos julgados e a prova produzida, limitando-se a apreciar em concreto se o Acórdão recorrido contém decisões e fundamentos de direito que violam princípios ou direitos fundamentais previstos e protegidos pela Lei Constitucionl" (cfr. o Acórdão do Tribunal Constitucional de Angola nº 106/2009, publicado em *"Jurisprudência do Tribunal Constitucional, Colectânea de Acórdãos 2008/2009 e Legislação Fundamental"*, Vol. I, Luanda, EDIJURIS, 2009, p. 521-531). Mas, no caso de provimento de recursos extraordinários de inconstitucionalidade contra sentenças judiciais, o Tribunal Constitucional de Angola "declara" inconstitucional a sentença ou o acórdão e, em consequência, conforme os casos, ou revoga a decisão judicial recorrida ou reintegra o recorrente no gozo do direito violado pela mesma decisão judicial (cfr., por exemplo, os Acódãos do Tribunal Constitucional de Angola nºs 121/2010, 124/2011 e 132/2011, publicados em *"Jurisprudência do Tribunal Constitucional, Colectânea de Acórdãos 2009/2011"*, Vol. II, Luanda, EDIJURIS, 2012, p. 259-266, 299-308 e 367-372, respetivamente. Na doutrina, cfr. ONOFRE DOS SANTOS, ob. cit., p. 178; JÓNATAS E. M. MACHADO/PAULO NOGUEIRA DA COSTA/ ESTEVES CARLOS HILÁRIO, *Direito Constitucional Angolano*, cit., p. 415-417, e JORGE BACELAR DE GOUVEIA, *Direito Constitucional de Angola*, cit., p. 611 e 612.

[274] Cite-se, como exemplo, o Acórdão do Tribunal Constitucional nº 472/89, no qual foi decidido não conhecer do pedido de declaração de inconstitucionalidade das normas constantes dos artigos 86º dos Estatutos da Federação Portuguesa de Futebol e 86º do Regulamento Disciplinar da mesma Federação sobre acesso à via judiciária dos desportistas federados e das demais entidades inscritas na Federação, com o fundamento de que tais normas não provêm de qualquer "poder normativo público". Diversamente, no Acórdão nº 730/95, o Tribunal Constitucional decidiu no sentido de ser competente para conhecer do pedido de declaração de inconstitucionalidade, com força obrigatória geral, da norma do artigo 106º do Regulamento Disciplinar da Federação Portuguesa de Futebol, por considerar que essa norma, após a publicação do Decreto-Lei nº 270/89, de 18 de agosto, da Lei nº 1/90, de 13 de janeiro, do Decreto-Lei nº 144/93, de 26 de abril, e do Despacho nº 56/95, da Presidência do Conselho de Ministros, publicado no *Diário da República*, II Série, nº 213, de 14 de setembro de 1995 (que concedeu o *"estatuto de utilidade pública desportiva"* à Federação Portuguesa de Futebol) traduz o exercício de um poder

sociedades[275] e cooperativas ou fundações reguladas pelo direito privado ou as normas regulamentares internas de sociedades comerciais[276]. É esta uma solução que se baseia na autonomia da ordem jurídico-privada perante o ordenamento constitucional. Estão, no entanto, sujeitas ao controlo de constitucionalidade as normas emanadas de sujeitos jurídico-privados, mas no exercício de poderes públicos (as normas emanadas de sociedades ou outras entidades por devolução de poderes de entidades públicas, como, por exemplo, os regulamentos emitidos por concessionários de obras ou de serviços públicos).

normativo público devolvido à Federação Portuguesa de Futebol por um ato de poder público que operou direta e iniludivelmente a devolução dessa competência normativa pública àquela entidade, tendo nele *"o seu último fundamento de validade e de eficácia"*. Entende, assim, o Tribunal Constitucional que é competente para proceder ao controlo da constitucionalidade de normas provindas de um poder normativo público – mas não de normas de natureza privada –, devendo considerar-se como revestindo tal qualidade as disposições que, no âmbito da atribuição de poderes, com certos fins de interesse público, a entidades privadas pelo Estado, representem o exercício desse poder público devolvido ou delegado.

[275] Veja-se, a título de exemplo, o Acórdão do Tribunal Constitucional nº 328/2008, que não conheceu do recurso de constitucionalidade, tendo por objeto a norma do artigo 30º dos Estatutos da Amoníaco Português, SARL, com o fundamento de que não se trata de uma norma para efeito da sua sujeição ao controlo de constitucionalidade que a Constituição comete ao Tribunal Constitucional. Nele se salientou que os preceitos dos estatutos de uma sociedade são, é certo, dotados de normatividade e estabelecem regras de conduta ou de comportamento para os particulares, constituindo normas heterónomas suscetíveis de vincular as pessoas por elas abrangidas, independentemente da sua vontade. Simplesmente, à semelhança do que o Tribunal Constitucional sublinhou no Acórdão nº 174/2007, eles não têm pretensão de "generalidade", não se integrado no sistema de direito objetivo, pois que não prosseguem os fins da Constituição, antes resultam da expressão da vontade privada, dentro da sua esfera própria de atuação, na prossecução de fins pessoais ou particulares.

[276] Assim, no seu Acórdão nº 1172/96, o Tribunal Constitucional decidiu que carece de competência para apreciar a constitucionalidade de normas regulamentares internas de uma sociedade comercial anónima regida pelo direito privado, que disciplinam a atribuição do prémio de assiduidade, a participação nos lucros da empresa e a atribuição da classificação de mérito. E, no seu Acórdão nº 156/88, considerou que não tinha competência para analisar a constitucionalidade das normas de um regulamento interno de uma empresa pública sobre a prevenção e combate do alcoolismo, porquanto as mesmas são normas provenientes da autonomia privada.

ÂMBITO, OBJETO E PADRÕES DE FISCALIZAÇÃO DA CONSTITUCIONALIDADE

Especialmente controversa tem sido, em Portugal, a sujeição, ou não, a controlo de constitucionalidade das normas das convenções coletivas de trabalho. Tal controvérsia teve expressão, numa primeira fase, em posições divergentes sobre este tema adotadas pelas (na altura, duas) Secções do Tribunal Constitucional. O *leading case* da tese negacionista da sujeição das normas das convenções coletivas de trabalho a fiscalização de constitucionalidade é o Acórdão da 2ª Secção do Tribunal Constitucional nº 172/93 (aresto este por nós subscrito e cuja doutrina continua a suscitar a nossa concordância).

Nele se começou por sublinhar, com um voto de vencido, que, seja qual for a conceção que se queira adotar sobre a natureza jurídica das convenções coletivas de trabalho (isto é, quer se propenda para uma conceção contratualista, jurisprivatística, quer para uma conceção jurispublicística, quer para uma conceção intermédia, quer para a de um *tertium genus*), uma coisa é certa: no nosso direito vigente, as convenções coletivas de trabalho não têm constitucionalmente fixado o regime da sua eficácia, já que a Constituição remete tal fixação para a lei ordinária (de facto, o artigo 56º, nº 4, da Constituição, tal como o artigo 57º, nº 4, na versão anterior à Revisão de 1989, determina que "a lei estabelece as regras respeitantes à legitimidade para a celebração das convenções colectivas de trabalho, bem como à eficácia das respectivas normas").

De seguida, vincou-se que a lei regulamenta a eficácia específica das convenções coletivas, impondo a sua obrigatoriedade unicamente quanto àqueles que devem considerar-se representados pelas entidades que as subscrevem, à luz dos princípios do direito do trabalho[277]. Assim

---

[277] Veja-se, a este propósito, o artigo 496º do vigente Código do Trabalho, que, relativamente ao âmbito pessoal da convenção coletiva de trabalho, prescreve o seguinte: "1 – A convenção coletiva obriga o empregador que a subscreve ou filiado em associação de empregadores celebrante, bem como os trabalhadores ao seu serviço que sejam membros de associação sindical celebrante. 2 – A convenção celebrada por união, federação ou confederação obriga os empregadores e os trabalhadores filiados, respetivamente, em associações de empregadores ou sindicatos representados por aquela organização quando celebre em nome próprio, nos termos dos respetivos estatutos, ou em conformidade com os mandatos a que se refere o nº 2 do artigo 491º. 3 – A convenção abrange trabalhadores e empregadores filiados em associações celebrantes no início do processo negocial, bem como os que nelas se filiem durante a vigência da mesma. 4 – Caso o trabalhador, o empregador ou a associação em que algum deles esteja inscrito se desfilie de entidade

sendo, as organizações profissionais que as celebram não têm poderes de autoridade, mas apenas poderes de representação, ou seja, de defesa dos direitos e dos interesses dos respetivos filiados (artigo 56º, nº 1, da Constituição), pelo que o clausulado que as convenções coletivas de trabalho incorporam não contém normas, entendidas como padrões de conduta emitidos por entidades investidas em poderes de autoridade.

Por fim, concluiu que, tendo em conta a jurisprudência reiterada e uniforme do Tribunal Constitucional de que escapam ao seu poder de cognição as nomas provenientes da autonomia privada, salvo quando decorrentes da atribuição de poderes ou funções públicas a entidades privadas, e não provindo as normas das convenções coletivas de trabalho de entidades investidas em poderes de autoridade e, muito menos, de poderes públicos, não estão as mesmas sujeitas à fiscalização concreta de constitucionalidade que incumbe ao Tribunal Constitucional exercer, nos termos do artigo 280º, nº 1, da Constituição.

A referida posição foi, porém, contraditada pelo Acórdão da 1ª Secção nº 214/94, o qual, com dois votos de vencido, considerou que as regras jurídicas constantes das convenções coletivas de trabalho devem ser tidas por "normas", para efeitos de controlo da respetiva constitucionalidade pelo Tribunal Constitucional, já que nelas concorrem todas as características assinaladas ao conceito funcional de norma que vem sendo delineado pelo Tribunal Constitucional, adiantando que tais regras, para além de serem gerais e abstratas e de poderem violar diretamente a Constituição, surgem como potencialmente heterónomas, já que, configurando-se embora para as partes outorgantes na convenção coletiva como resultado de um processo negocial de criação normativa, se impõem aos seus destinatários por força e nos termos da lei, independentemente da contribuição destes para a sua formação, impondo-se aos contratos individuais de trabalho que lhes estão subordinados como se fossem leis imperativas.

Intervindo, mais tarde, o Plenário do Tribunal Constitucional, por determinação do Presidente, nos termos do artigo 79º-A, nº 1, da Lei

---

celebrante, a convenção continua a aplicar-se até ao final do prazo de vigência que dela constar ou, não prevendo prazo de vigência, durante um ano ou, em qualquer caso, até à entrada em vigor de convenção que a reveja".

do Tribunal Constitucional ["O presidente pode, com a concordância do Tribunal, determinar que o julgamento se faça com a intervenção do plenário, quando o considerar necessário para evitar divergências jurisprudenciais ou quando tal se justifique em razão da natureza da questão a decidir (...)"], veio o mesmo, através do Acórdão nº 224/2005, ainda que com cinco votos de vencido dos treze que o compõem, reiterar o entendimento de que as convenções coletivas de trabalho, porque fundadas no exercício da autonomia privada, não contêm atos normativos sujeitos à fiscalização da constitucionalidade que incumbe ao Tribunal Constitucional exercer, esclarecendo que, para o conceito de norma relevante para efeitos do controlo de constitucionalidade, há uma diferença relevante, ou, pelo menos, não arbitrária e razoável, entre normas, como as resultantes de *portarias de extensão*, que são fruto do *imperium* estadual[278], e cláusulas, como as das convenções coletivas de trabalho, que se fundam no exercício da autonomia das partes.

Levada, de novo, a questão ao Plenário do Tribunal Constitucional, também com base no artigo 79º-A, nº 1, da Lei do Tribunal Constitucional, veio este, por meio do Acórdão nº 174/2008, ainda que com cinco votos de vencido, baseando-se na fundamentação constante do voto de vencido aposto ao Acórdão nº 172/93, a inverter a jurisprudência firmada no Acórdão nº 172/93 e seguida em muitos arestos posteriores, designadamente no Acórdão nº 224/2005. Nele se considerou que as disposições constantes das convenções coletivas de trabalho, apesar da sua origem contratual, constituem não só regras dotadas das características de generalidade e abstração, mas também verdadeiras normas, num conceito funcionalmente adequado ao sistema de fiscalização de constitucionalidade adotado, acrescentando que nelas se encontram os critérios adicionais que, na ótica da jurisprudência do Tribunal Constitucional, justificam a sua sujeição à fiscalização da constitucionalidade:

---

[278] Preceitua, de facto, o artigo 514º, nº 1, do vigente Código do Trabalho que "a convenção coletiva ou decisão arbitral em vigor pode ser aplicada, no todo ou em parte, por portaria de extensão a empregadores e a trabalhadores integrados no âmbito do setor de atividade e profissional definido naquele instrumento", determinando, por sua vez, o artigo 516º, nº 1, que "compete ao ministro responsável pela área laboral a emissão de portaria de extensão, salvo havendo oposição a esta por motivos de ordem económica, caso em que a competência é conjunta com a do ministro responsável pelo setor de atividade".

a heteronomia (intenção vinculativa não dependente da vontade dos seus destinatários) e o reconhecimento jurídico-político (imposição desse vínculo pelo ordenamento jurídico)[279].

16. Padrões de controlo
16.1. A Constituição

O *padrão* ou *parâmetro* de fiscalização da "constitucionalidade" é, desde logo, a própria Constituição. Assim, são inconstitucionais as normas jurídicas que violam as "regras" (normas-regras, ainda que programáticas) ou os "princípios" (normas-princípios), "expressos" ou apenas "implícitos", da Constituição. Os vícios de inconstitucionalidade originados pela desconformidade dos atos normativos com o parâmetro constitucional podem ser *vícios orgânicos, vícios formais, vícios procedimentais* e *vícios materiais*. Os primeiros relacionam-se com a *competência* do órgão de que emanou o ato normativo; os segundos incidem sobre o *ato normativo enquanto tal*, independentemente do seu conteúdo e tendo apenas em conta a forma da sua exteriorização; os terceiros (autonomizados pela doutrina mais recente, mas englobados nos vícios formais pela doutrina clássica) são os que dizem respeito ao procedimento de formação, juridicamente regulado, dos atos normativos; e os mencionados em quarto lugar respeitam ao conteúdo do ato, derivando do contraste existente entre os princípios incorporados no ato e as regras e os princípios da Constituição[280]/[281]. Tais vícios de inconstitucionalidade têm

---

[279] Defendendo a sujeição a controlo de constitucionalidade das normas das convenções coletivas de trabalho, cfr. LICÍNIO LOPES MARTINS, ob. cit., p. 616-627, bem como a bibliografia aí citada, e J. C. VIEIRA DE ANDRADE, *A Fiscalização de "Normas Privadas" pelo Tribunal Constitucional,* in "Revista de Legislação e de Jurisprudência", Ano 133º, nº 3921, p. 357-363.

[280] Cfr. J. J. GOMES CANOTILHO, *Direito Constitucional,* cit., p. 959 e 960.

[281] Saliente-se que estas quatro modalidades de vícios de inconstitucionalidade são controláveis pelo Tribunal Constitucional, como, aliás, por todos os tribunais, no exercício do poder-dever conferido pelo artigo 204º da Lei Fundamental. Todavia, tratando-se de normas anteriores à entrada em vigor da Constituição de 1976, o Tribunal Constitucional, de acordo com a sua jurisprudência reiterada e constante, só é competente para conhecer do vício da sua *inconstitucionalidade material*. A mesma limitação vale também para todos os casos de inconstitucionalidade superveniente, que só abrange as inconstitucionalidades materiais.

Como salientou o Tribunal Constitucional, no seu Acórdão nº 234/97, e reiterou no seu Acórdão nº 279/2004, "o sentido do artigo 290º, nº 2, da Constituição – que dispõe que *o direito ordinário anterior à entrada em vigor da Constituição mantém-se, desde que não seja contrário à Constituição ou aos princípios nela consignados* (cf. artigo 293º, nº 1, na redacção original) – é o de que todo o direito ordinário anterior, vigente à data da entrada em vigor da Constituição, se mantém, desde que o seu *conteúdo* não seja *materialmente incompatível* com as normas ou princípios da nova Constituição. E isso, independentemente da sua conformidade ou desconformidade com a ordem constitucional anterior e independentemente também da sua conformidade ou desconformidade com as novas normas constitucionais relativas à forma e à competência dos actos normativos. Estas últimas normas (as normas da Constituição de 1976 relativas à forma e à competência dos actos normativos) apenas se aplicam para futuro (isto é, aos actos normativos produzidos no período de vigência da Constituição de 1976): cf., neste sentido, o Acórdão nº 332/94 (*Diário da República*, II Série, de 30 de Agosto de 1994); cf. também J. J. GOMES CANOTILHO e VITAL MOREIRA (*Constituição da República Portuguesa Anotada*, 3ª ed., Coimbra, 1993, p. 1073)".

E, no seu Acórdão nº 446/91, sublinhou o mesmo Tribunal:

"Tal significa que as normas de direito ordinário anterior só deixam de vigorar, por serem inconstitucionais, desde que ocorra *inconstitucionalidade material*. É sempre irrelevante a eventual desconformidade formal ou orgânica relativamente à Constituição vigente (neste sentido, vejam-se os Acórdãos nºs 313/85, 201/86 e 261/86, in *Diário da República*, II Série, nº 85, de 12 de Abril de 1986, nº 195, de 26 de Agosto, e nº 274, de 27 de Novembro, ambos também de 1986):

O recebimento ou a rejeição desse direito infraconstitucional [pela Constituição de 1976, entenda-se] dependerá apenas de um juízo de conformidade ou compatibilidade material com a Constituição vigente, e não já de um juízo sobre a formação de tal direito à luz das novas normas de competência e forma e muito menos qualquer juízo sobre o seu conteúdo ou sobre a sua formação na perspectiva das antigas normas constitucionais (...).

As normas de direito ordinário anterior só não se mantêm desde que sejam *materialmente* contrárias às normas constitucionais e aos princípios gerais da CRP, sem atender, portanto, às normas constitucionais relativas à forma e competência dos actos normativos, pois estas normas devem entender-se aplicáveis apenas para o futuro; não tem, por isso, nenhum sentido averiguar-se se as normas do direito anterior satisfazem ou não os requisitos de forma e de competência que a CRP estabelece para normas daquela espécie (Acórdão nº 201/86, in *Diário da República*, cit., p. 7976).

Desde o Acórdão nº 40 da Comissão Constitucional (in *Apêndice* ao *Diário da República*, de 30 de Dezembro de 1977) firmou-se uma jurisprudência, confirmada pela do Tribunal Constitucional, de que o juízo sobre se o direito ordinário anterior se manteve em vigor, por ter sido ressalvado nos termos do artigo 290º, nº 2, da Constituição (ou do artigo 293º da versão resultante da primeira revisão constitucional ou nº 1 do mesmo artigo, na versão primitiva) ou se *caducou*, por ser supervenientemente inconstitucional, é, em última instância, da competência do órgão jurisdicional com funções específicas de administração da justiça em matérias de natureza jurídico-constitucional e não difere,

JUSTIÇA CONSTITUCIONAL

de ser reportados à Constituição de 1976 e não a Constituições anteriores já revogadas, dado que o Tribunal Constitucional não tem competência para conhecer da denominada *inconstitucionalidade pretérita*[282].

do ponto de vista qualitativo, do juízo formulado quanto à constitucionalidade material do direito ordinário pós-constitucional:
A questão de saber se uma determinada norma de direito anterior caducou ou não pressupõe assim um juízo de constitucionalidade idêntico ao juízo de constitucionalidade material em relação a normas posteriores à CRP; só que, no caso de direito anterior, o juízo de inconstitucionalidade significa que a norma não pode ser aplicada por ter *deixado de vigorar* a partir de 25 de Abril de 1976, enquanto, no caso do direito posterior, a norma inconstitucional não pode ser aplicada por ser *inválida* desde a origem (cfr. Gomes Canotilho e Vital Moreira, *Constituição da República Portuguesa Anotada*, 2º vol., 2ª ed., p. 575) (mesmo Acórdão nº 201/86, *ibidem*)".

[282] A inconstitucionalidade pretérita é definida por MIGUEL GALVÃO TELES como a "*desconformidade entre um acto ou uma norma e uma norma constitucional que já não se encontra em vigor, mas que desempenhou, em relação a tal acto ou a tal norma, função conformadora ou paramétrica*". Para mais desenvolvimentos, cfr. MIGUEL GALVÃO TELES, *Inconstitucionalidade Pretérita*, in "Estudos Jurídicos", Vol. I, Coimbra, Almedina, 2013, p. 67-147, em especial, p. 69-77.

Ora, "este tipo de inconstitucionalidade" não cabe no perímetro da competência do Tribunal Constitucional. Vai, aliás, neste sentido a jurisprudência firme do Tribunal Constitucional, de que constitui exemplo o Acórdão nº 446/91. Nele se afirma, em determinda passagem, que "[...] a jurisprudência deste Tribunal é firme no sentido de que a competência do Tribunal Constitucional, bem como o correspondente poder de cognição, se limita, em matéria de contencioso da constitucionalidade *à apreciação da conformidade das normas jurídicas com a actual Constituição da República Portuguesa (de 1976)*. As constituições anteriores cessaram a sua vigência, não podendo o Tribunal apreciar a constitucionalidade relativamente a normas constitucionais já revogadas (problemática da chamada *inconstitucionalidade pretérita*, para utilizar a terminologia de Miguel Galvão Teles, «Inconstitucionalidade Pretérita», in *Nos Dez Anos da Constituição*, ob. col., Lisboa, 1986, pp. 267 e segs.).
Como se salientou no Acórdão nº 319/89:
[...] Instituído no quadro desta lei fundamental [Constituição de 1976] pela revisão de que a mesma foi objecto em 1982, o que lhe cumpre [ao Tribunal Constitucional] é assegurar a observância dos princípios que definem o respectivo «sistema de poder» e traduzem as exigências jurídico-materiais básicas e os objectivos programáticos nela recolhidos, e não também velar por qualquer espécie de «constitucionalidade póstuma» das normas pré-constitucionais (nestes termos, cfr. Acórdão nº 261/86, publicado no *Diário da República*, II Série, de 27 de Novembro de 1986). Isto prescindindo já de saber se uma tal constitucionalidade «pretérita» ainda será «atendível», em certa medida e em certas circunstâncias, embora por outras instâncias de controlo [como o vem salientando Mi-

São exemplos, entre outros, de "princípios constitucionais expressos": o da dignidade da pessoa humana (artigo 1º), o do Estado de direito democrático [artigos 2º e 9º, alínea b)], o da universalidade de direitos (artigo 12º), o da igualdade (artigo 13º), o da não retroatividade das leis restritivas de direitos, liberdades e garantias (artigo 18º, nº 3) e das leis penais e fiscais (artigos 29º, nº 1, e 103º, nº 3), o da imparcialidade da Administração (artigo 266º, nº 2) e o da proporcionalidade (artigos 18º, nº 2, 266º, nº 2, e 272º, nº 2). No conjunto dos "princípios implícitos", contam-se, entre vários, o da proibição da retroatividade das leis, da proteção da confiança e da precisão ou da determinabilidade das leis [princípios densificadores do princípio do Estado de direito democrático[283], consagrado nos artigos 2º e 9º, alínea b), da Constituição][284].

guel Galvão Teles (...)] ou não [como este Tribunal tem entendido no tocante à aplicação dessas normas após a entrada em vigor da Constituição de 1976 (cfr., entre outros, os Acórdãos n.ᵒˢ 2/84, 20/84, 82/84, in *Acórdãos do Tribunal Constitucional*, 2º Vol. pp. 204 e 389, e 4º Vol., p. 244, respectivamente)] (in*Diário da República*, II Série, nº 146, de 28 de Junho de 1989, pp. 6389-6390)".

[283] Para uma síntese das *dimensões essenciais* do Estado de direito (este vive sob o império do direito, é um Estado de direitos fundamentais, observa o princípio da justa medida, garante o princípio da legalidade da Administração, responde pelos seus atos, garante a via judiciária e dá segurança e confiança às pessoas), cfr. J. J. GOMES CANOTILHO, *Estado de Direito*, Lisboa, Gradiva, 1999, p. 49-77.

[284] O artigo 204º da Constituição estabelece que "nos feitos submetidos a julgamento não podem os tribunais aplicar normas que infrinjam o disposto na Constituição ou os princípios nela consignados". Por seu lado, o artigo 277º, nº 1, da Lei Fundamental determina que "são inconstitucionais as normas que infrinjam o disposto na Constituição ou os princípios nela consignados". Por fim, o artigo 290º, nº 2, do mesmo Diploma Básico prescreve que "o direito ordinário anterior à entrada em vigor da Constituição mantém-se, desde que não seja contrário à Constituição ou aos princípios nela consignados".
Das expressões utilizadas nestes três preceitos resulta claramente que a Lei Fundamental considera inconstitucionais as normas de direito ordinário que violarem as normas da Constituição, isto é, as suas *regras* e os seus *princípios*. Entendemos, assim, na linha do que defendem R. DWORKIN, R. ALEXY, J. J. GOMES CANOTILHO e JORGE MIRANDA, que a estrutura das normas constitucionais é integrada por *regras* (*rules, regeln*) e *princípios* (*principles, Prinzipien*) – distinção esta que é mais rigorosa do que a separação feita pela teoria da metodologia jurídica tradicional entre *normas* e *princípios* (separação essa que nos aparece, ainda, por exemplo, nos artigos 51º, nºs 1 e 5, e 79º-C da Lei do Tribunal Constitucional). Com efeito, como salienta R. ALEXY, as *regras* e os *princípios* são duas espécies de normas, uma vez que ambos "dizem o que deve ser", podem ser formulados "com a ajuda das expressões deônticas básicas da imposição, da permissão e da proibição", sendo,

por isso, "a distinção entre regras e princípios também uma distinção entre duas espécies de normas" (cfr. ob. cit., p. 72. Cfr., no mesmo sentido, J. J. GOMES CANOTILHO, *Direito Constitucional*, cit., p. 1160, JORGE MIRANDA, *Manual de Direito Constitucional*, Tomo II, 7ª ed., cit., p. 277 e 278, e PAULO BONAVIDES, *Curso de Direito Constitucional*, 24ª ed., São Paulo, Malheiros, 2009, p. 288, o qual afirma que "(...) não há distinção entre princípios e normas, os princípios são dotados de normatividade (...), a distinção não é, como nos primórdios da doutrina, entre princípios e normas, mas entre regras e princípios, sendo as normas o género, e as regras e princípios a espécie").

São numerosos os critérios de distinção entre *regras* e *princípios* (para uma sinopse de alguns desses critérios, cfr. J. J. GOMES CANOTILHO, *Direito Constitucional*, cit., p. 1160-1162, e R. ALEXY, ob. cit., p. 73-75). O critério mais adequado parece ser, no entanto, o que procura uma *distinção qualitativa* entre as *regras* e os *princípios* constitucionais. Assim, seguindo de perto R. DWORKIN, R. ALEXY e J. J. GOMES CANOTILHO, poderemos apontar as seguintes diferenças qualitativas entre aqueles dois tipos de normas constitucionais. Em primeiro lugar, os *princípios* são normas *impositivas de otimização* (*Optimierungsgebote*), que se caracterizam pelo facto de poderem ser cumpridos em diferente grau e de a medida devida do seu cumprimento depender não só das possibilidades reais, mas também das jurídicas (cfr. R. ALEXY, ob. cit., p. 75 e 76, e J. J. GOMES CANOTILHO, *Direito Constitucional*, cit., p. 1161 e 1162). As *regras*, ao invés, são normas que estabelecem exigências (impõem, permitem ou proíbem) que são ou não cumpridas. Como realça R. DWORKIN, a diferença entre *princípios* e *regras* é uma distinção lógica. Ambos são "«standards» que apontam para decisões particulares respeitantes à obrigação jurídica em determinadas circunstâncias, mas diferem no caráter da diretiva que dão. As regras são aplicáveis de acordo com uma lógica de tudo ou nada (*applicable in an all-or-nothing fashion*). Se os factos que estipula uma regra estão dados, então ou a regra é válida, devendo, nesse caso a resposta que ela dá ser aceite, ou não o é, e então em tal caso ela não interessa nada para a decisão" (cfr. *Taking Rights Seriously*, cit., p. 24). De modo bastante próximo, R. ALEXY acentua que "as *regras* são normas que só podem ser cumpridas ou não. Se uma regra é válida, então deve fazer-se exatamente o que ela exige, nem mais nem menos. Por isso, as regras contêm *determinações* (*Festsetzungen*) no âmbito do fáctica e juridicamente possível" (cfr. ob. cit., p. 76).

Em segundo lugar, como sublinha J. J. GOMES CANOTILHO, a convivência dos princípios é *conflitual*, ao passo que a convivência de regras é *antinómica* (cfr. ob. e loc. cits.). Significa isto que as *colisões* entre *regras* e as *colisões* entre *princípios* são solucionadas de modo diferente. O conflito de regras só pode ser resolvido por uma das seguintes vias: introduzindo numa das regras uma cláusula de exceção que elimina o conflito; declarando inválida, pelo menos, uma das regras; através da aplicação de regras como "lex posterior derogat legi priori" e "lex specialis derogat legi generali"; ou, finalmente, com base na importância das regras em conflito. De qualquer modo, como salientam os Autores em que nos estamos a inspirar, a decisão sobre colisões entre regras é sempre uma decisão acerca da validade de uma delas (cfr. R. ALEXY, ob. cit., p. 77 e 78; R. DWORKIN, ob. cit., p. 26 e 27; e J. J. GOMES CANOTILHO, ob. e loc. cits.). Diversamente, a colisão entre

princípios só pode ser resolvida com base na *dimensão do peso ou da importância* (*the dimension of weight or importance; Dimension des Gewichts*) dos princípios conflituantes, o que significa que os bens ou valores que eles exprimem devem ser objeto de ponderação ou de harmonização (cfr. R. DWORKIN, ob. e loc. cits.; R. ALEXY, ob. cit., p. 78 e 79; e J. J. GOMES CANOTILHO, ob. cit., p. 1087 e 1088).
Em terceiro lugar, na medida em que os *princípios* determinam que algo deve ser realizado na maior medida possível, tendo em conta as possibilidades jurídicas e fácticas – determinação essa que, nas palavras de R. DWORKIN (cfr. ob. cit., p. 22), "é uma exigência da justiça, da equidade ou de qualquer outra dimensão da moralidade" (*a requeriment of justice or fairness or some other dimension of morality*) –, não contêm os mesmos *mandatos definitivos*, mas apenas *prima facie* (*keine definitiven, sondern nur prima facie-Gebote*). As razões que os princípios apresentam são também tão-só *razões prima facie* (*prima facie-Gründe*). Diferentemente, *as regras*, na medida em que exigem que se faça exatamente o que elas ordenam, contêm *mandatos definitivos* e, a menos que se tenha estabelecido uma exceção, apresentam *razões definitivas* (*definitive Gründe*). Cfr. R. ALEXY, ob. cit., p. 87-92.
A noção de *regras* e *princípios* que vem de ser apresentada [cfr., porém, numa perspetiva diferente da aqui considerada, A. CASTANHEIRA NEVES, que define *norma* como "a expressão de um dever-ser racional (ou com uma qualquer pretensão de objectiva racionalidade), referido a uma *veritas-ratio*", e *regra* como "uma directiva para a acção, qualquer tipo de acção, que nem se funda numa específica racionalidade ou a exprime (como a norma), nem é imposta por um poder (como o imperativo), mas traduz uma mera convencionalidade e na prescritibilidade dela resultante, esgota-se", sendo, por isso, "a expressão de um regulativo convencional, referido a um qualquer *consensus* de auto-determinação" – *Teoria do Direito*, Lições proferidas no Ano Letivo de 1998/1999, Coimbra, 1998, p. 76-88] permite-nos compreender a Constituição como um *sistema aberto de regras e princípios* (cfr. J. J.GOMES CANOTILHO, *Direito Constitucional*, cit., p. 1162-1164; e R. ALEXY, ob. cit., p. 117-125) e não como um *modelo ou sistema baseado exclusivamente em regras ou em princípios* (*das reine Regelmodell* ou *das reine Prinzipienmodell*). O modelo ou sistema *de regras e princípios* (*Das Regel/Prinzipien-Modell*) é aquele que dá o devido relevo não só às regras escritas da Constituição e, consequentemente, aos valores da previsibilidade e da segurança jurídica que lhe estão associados, mas também às valorizações e ponderações e às aberturas constitucionais trazidas pelos *princípios*.
Como sublinha J. J. GOMES CANOTILHO, "qualquer sistema jurídico carece de *regras* jurídicas: a constituição, por ex., deve fixar a maioridade para efeitos de determinação da capacidade eleitoral activa e passiva, sendo impensável fazer funcionar aqui uma exigência de optimização: um cidadão é ou não é maior aos 18 anos para efeito de direito de sufrágio; um cidadão «só pode ter direito à vida». Contudo, o sistema jurídico necessita de *princípios* (ou os valores que eles exprimem) como os da liberdade, igualdade, dignidade, democracia, Estado de direito; são exigências de optimização abertas a várias concordâncias, ponderações, compromissos e conflitos. Em virtude da sua «referência» a valores ou da sua relevância ou proximidade axiológica (da «justiça», da «ideia de direito», dos «fins de uma comunidade»), os princípios têm uma *função normogenética* e uma *função sistémica*:

são o fundamento das regras jurídicas e têm uma *idoneidade irradiante* que lhes permite «ligar» ou cimentar objectivamente todo o sistema constitucional. Compreende-se, assim, que as «regras» e os «princípios», para serem activamente operantes, necessitem de *procedimentos* e *processos* que lhes dêem operacionalidade prática (Alexy: *Regel/Prinzipien/ Prozedur-Modell des Rechtssystems*): o direito constitucional é um sistema aberto de normas e princípios que, através de processos judiciais, procedimentos legislativos e administrativos, iniciativas dos cidadãos, passa de uma *law in the books* para uma *law in action*, para uma *«living constitution»*" (cfr. *Direito Constitucional*, cit., p. 1162 e 1163).

Para concluir, é conveniente salientar que são inúmeras as decisões "principialistas" do Tribunal Constitucional, isto é, que se fundamentam no manejo de *princípios constitucionais*, sejam eles *expressos*, como os princípios da igualdade e da proporcionalidade, ou *implícitos* em outros princípios (como o "princípio da proteção da confiança", ínsito no princípio do Estado de direito democrático – cfr., sobre este ponto, *inter alia*, os Acórdãos nºs 287/90, 303/90, 339/90, 352/91 e 237/98), ou *implícitos* no texto da Constituição, designadamente em um ou em vários dos seus preceitos [cfr., à guisa de exemplo, o Acórdão nº 709/97, que, entre o mais, se pronunciou pela inconstitucionalidade da norma do nº 2 do artigo 11º do Decreto nº 190/VII, aprovado em 9 de outubro de 1997, pela Assembleia da República, subordinado ao título "Lei de Criação das Regiões Administrativas", com o fundamento de que a alteração de limites territoriais das regiões tem que, a mais que uma lei orgânica, comportar uma consulta direta, a realizar depois da feitura da lei orgânica que altere esses limites, por imposição do *princípio que emerge* dos artigos 255º e 256º da Constituição – consulta essa que, em regra, bastará que tenha uma dimensão local, mas nalguns casos (precisamente naqueles em que as alterações de limites consubstanciem uma verdadeira substituição do "modelo" de regionalização inicial ou anteriormente adotado por um outro, em termos de dever entender-se razoavelmente que importem, afinal, ao conjunto nacional), haverá de exigir-se que assuma um âmbito nacional. Cfr. a *Anotação* de J. J. GOMES CANOTILHO àquele aresto, in "Revista de Legislação e Jurisprudência", Ano 130º, nº 3882, p. 283-288].

Acresce que o Tribunal Constitucional tem-se defrontado com variadíssimas situações de *colisões* entre *princípios* constitucionais, procedendo, nesses casos, a uma *ponderação* ou *harmonização* dos bens ou interesses subjacentes aos princípios colidentes (veja-se, entre múltiplos exemplos que poderíamos dar, a *ponderação* feita no Acórdão nº 349/91 entre "a garantia de uma sobrevivência minimamente digna" do pensionista, traduzida na impenhorabilidade das prestações devidas pelas instituições de segurança social, consagrada na norma do artigo 45º, nº 1, da Lei nº 28/84, de 14 de agosto – garantia que se extrai do princípio da *dignidade da pessoa humana*, condensado no artigo 1º da Constituição –, e "a garantia constitucional do credor a ver satisfeito o seu crédito" – a qual vai implicada no artigo nº 62º, nº 1, da Constituição –, *ponderação* essa que levou aquele Tribunal a afirmar que a referida norma da Lei nº 28/84 não é inconstitucional, "quando, como ocorre no caso *sub judicio*, a pensão que o executado percebia, tendo em conta o seu montante e o período histórico em que ela estava a ser paga, deva ser entendida como cumprindo efectivamente a função inilidível de garantia de uma *sobrevivência minimamente digna* do

16.2. Os Tratados Internacionais, Convenções e Pactos Internacionais de caráter geral ou regional sobre os direitos humanos

Problemática é a questão de saber se os *Tratados Internacionais, Convenções ou Pactos Internacionais de caráter geral ou regional em matéria de direitos humanos* são também *padrão de controlo* da constitucionalidade de normas jurídicas. Interessa-nos sobretudo considerar aqui a "Declaração Universal dos Direitos do Homem", a "Convenção Europeia para a Protecção dos Direitos do Homem e das Liberdades Fundamentais" (daqui em diante, numa fórmula mais curta, "Convenção Europeia dos Direitos do Homem") e a "Carta dos Direitos Fundamentais da União Europeia".

No que respeita ao relevo constitucional das Convenções Internacionais que contenham normas relativas a direitos fundamentais, o artigo 16º, nº 1, da Constituição determina que "os direitos fundamentais consagrados na Constituição não excluem quaisquer outros constantes das leis e das regras aplicáveis de direito internacional". E o nº 2 do mesmo artigo estabelece que "os preceitos constitucionais e legais relativos aos direitos fundamentais devem ser interpretados e integrados de harmonia com a Declaração Universal dos Direitos do Homem". Consagra o nº 1 do artigo 16º o princípio da "cláusula aberta" ou da "lista aberta" dos direitos fundamentais[285]. Com base nesta disposição constitucional, fala-se de um "sentido material dos direitos fundamentais", traduzido no reconhecimento de que estes não são apenas os que as normas formalmente constitucionais enunciam, mas também os provenientes de outras fontes, na perspetiva mais ampla da Constituição material[286].

---

beneficiário", mas já o será, no entanto, no segmento ou dimensão daquela norma "em que se estende a aplicação do princípio da *impenhorabilidade total* às prestações devidas pelas instituições de segurança social, cujo montante *ultrapasse manifestamente* aquele mínimo entendido como necessário para garantia de uma sobrevivência digna do pensionista").

[285] Cfr. ANTÓNIO VITORINO, *Rapport de la Délégation Portugaise à la IXe Conférence des Cours Constitutionnelles Européennes*, in « Protection Constitutionnelle et Protection Internationale des Droits de l'Homme : Concurrence ou Complémentarité ?», Vol. I, Paris, 1993, p. 485, 486 e 505.

[286] Cfr. JORGE MIRANDA, *Manual de Direito Constitucional*, Tomo IV, 3ª ed., Coimbra, Coimbra Editora, 2000, p. 162, e *A Abertura Constitucional a Novos Direitos Fundamentais*, in "Estudos em Homenagem ao Professor Doutor Manuel Gomes da Silva", Coimbra, Coimbra Editora, 2001, p. 559.

Por sua vez, de acordo com o nº 2 do artigo 16º da Constituição, a Declaração Universal dos Direitos do Homem desempenha um papel condutor na interpretação e integração dos preceitos relativos aos direitos fundamentais[287]. O sentido do *princípio de interpretação e de integração* dos preceitos respeitantes aos direitos fundamentais em conformidade com a Declaração Universal dos Direitos do Homem não é isento de dúvidas. Segundo J. J. Gomes Canotilho/Vital Moreira, o alcance útil daquele princípio é o seguinte: no caso de polissemia ou plurissignificação de uma norma constitucional de direitos fundamentais, deve dar-se preferência àquele sentido que permita uma interpretação conforme à Declaração Universal; na "densificação" dos conceitos constitucionais relativamente indeterminados referentes a direitos fundamentais (por exemplo, dignidade da pessoa humana, direito de asilo, direito a existência digna) deve recorrer-se ao sentido desses conceitos na Declaração Universal, salvo se esse sentido for *contra constitutionem*; a Declaração Universal serve também de parâmetro de integração das normas constitucionais e legais relativas a direitos fundamentais, quer se trate de lacunas de previsão de certos direitos, quer de lacunas de regulamentação; a Declaração Universal não pode fundamentar restrições de direitos fundamentais não constitucionalmente admitidas[288].

Tendo em conta o valor que o artigo 16º, nº 2, da Constituição confere à Declaração Universal dos Direitos do Homem, deve entender-se que este documento jurídico internacional funciona como "parâmetro

---

Como sublinha este constitucionalista, o artigo 16º, nº 1, da Constituição, enquanto *cláusula aberta* ou de *não tipicidade* de direitos fundamentais, legitima a consideração como direitos fundamentais de todos os direitos, individuais ou institucionais, negativos ou positivos, materiais ou procedimentais, provenientes de leis ou de convenções internacionais (ou aditados pela jurisprudência constitucional), desde que, "pela sua finalidade ou pela sua *fundamentalidade*, pela conjugação com direitos fundamentais formais, pela natureza *análoga* à destes (cfr. ainda o art. 17º), ou pela sua decorrência imediata de princípios constitucionais, se situem a nível da Constituição material" (cfr. *A Abertura Constitucional a Novos Direitos Fundamentais*, cit., p. 568-571).

[287] Cfr. J. C. Vieira de Andrade, *Os Direitos Fundamentais na Constituição Portuguesa de 1976*, cit., p. 45 e 46, e António Vitorino, ob. cit., p. 505.

[288] Cfr. *Constituição da República Portuguesa Anotada*, Vol. I, cit., p. 367-369. Cfr. também J. C. Vieira de Andrade, *Os Direitos Fundamentais*, cit., p. 45 e 46.

exterior" de validade constitucional das normas legais sobre direitos fundamentais[289].

[289] No sentido de que a Declaração Universal dos Direitos do Homem constitui um *parâmetro direto* para a emissão de um juízo de "(in)constitucionalidade", cfr. o Acórdão do Tribunal Constitucional nº 222/90. Nele sublinhou o Tribunal Constitucional que a consideração do artigo 10º da Declaração Universal dos Direitos do Homem "como elemento relevante para se formular um juízo de in(constitucionalidade) (...) é indubitavelmente admissível, como logo resulta do artigo 16º, nº 2, da Constituição (sendo que a directiva interpretativa constante deste último bem poderá ter-se como directamente aplicável ao caso, visto estar-se perante matéria atinente ao direito fundamental do acesso à justiça)", tendo, por isso, analisado "se o artigo 10º da Declaração Universal dos Direitos do Homem «impõe» que dos artigos 211º e 20º da Constituição se retire o corolário apontado pela recorrente – com a consequente inconstitucionalidade da solução legal por ela questionada".

A doutrina portuguesa vem debatendo vivamente dois pontos específicos respeitantes ao valor jurídico-constitucional da Declaração Universal dos Direitos do Homem.

O primeiro relaciona-se com o enquadramento da Declaração Universal no âmbito da hierarquia das fontes normativas, tendo em conta a relevância constitucional que lhe é conferida pelo artigo 16º, nº 2, da Constituição.

Uma primeira posição considera que da alusão feita neste preceito constitucional não resulta qualquer efeito específico de constitucionalização. Aquela Declaração Universal *não assume a natureza de direito constitucional*, visto que a Constituição não efetua uma receção daquele documento enquanto tal, antes remete para ele como parâmetro exterior, numa perspetiva ampliativa e garantística do sistema de direitos fundamentais, não fazendo parte das normas formalmente constitucionais (cfr., neste sentido, J. J. GOMES CANOTILHO/VITAL MOREIRA, *Constituição da República Portuguesa Anotada*, Vol. I, cit., p. 367).

Uma segunda conceção, baseando-se na *fórmula constitucional* que determina a interpretação e a integração dos preceitos relativos aos direitos fundamentais "de harmonia" com a Declaração Universal, entende que a Constituição tem de harmonizar-se com este documento internacional, tendo, por isso, o mesmo um valor *supraconstitucional* (vai neste sentido a tese de A. RODRIGUES QUEIRÓ, ao considerar que o legislador constituinte deu primazia à Declaração, "pelo menos se e quando esta seja mais aberta, generosa e liberal que a nossa Constituição" – cfr. *Lições*, cit., p. 326; na mesma linha se situa a opinião de PAULO OTERO, que defende uma prevalência global da Declaração Universal sobre a Constituição, mas afirmando que tal se verifica mesmo que aquela seja menos favorável aos direitos fundamentais dos cidadãos – cfr. *Declaração Universal dos Direitos do Homem e Constituição: A Inconstitucionalidade de Normas Constitucionais?*, in "O Direito", 1990, III-IV, Julho-Dezembro, p. 610).

Uma terceira conceção equipara a força jurídica da Declaração Universal à das *normas formalmente constitucionais*, afirmando que o facto de a Constituição apelar para as funções interpretativa e integrativa daquele documento significa a receção do mesmo no conjunto do ordenamento constitucional português, passando a fazer parte dele (cfr., neste

Quanto às restantes convenções e pactos internacionais, de caráter geral ou regional, em matéria de direitos humanos (aqui se incluindo a Convenção Europeia dos Direitos do Homem e os seus Protocolos

sentido, JORGE MIRANDA, *Manual de Direito Constitucional*, Tomo II, 4ª ed., Coimbra, Coimbra Editora, 2000, p. 37-40).

E, por último, uma quarta posição que atribui à relevância constitucional da Declaração Universal dos Direitos do Homem "um cariz eminentemente funcional, na medida em que a respectiva incorporação não é feita em bloco ou por conjuntos normativos", antes é "substancialmente aferida pelo tipo de ajuda que pode dar ao texto constitucional em termos interpretativos e integrativos". Ainda de acordo com esta última conceção, aquele documento "não vale sempre o mesmo e em toda a sua extensão", apresenta-se, ao invés, "com uma relevância constitucional móvel e flexível, variando segundo os pontos de vista e as perspectivas de análise, se e na medida em que possa desempenhar essas peculiares funções hermenêuticas" (cfr., neste linha, JORGE BACELAR DE GOUVEIA, *A Declaração Universal dos Direitos do Homem e a Constituição Portuguesa*, in «Estudos de Direito Público», Vol. I, Lisboa, Principia, 2000, p. 72 e 73).

O segundo ponto reporta-se à questão de saber se, atentas as funções interpretativo--densificante e integrativo-complementadora exercidas pela Declaração Universal em relação aos preceitos constitucionais respeitantes aos direitos fundamentais (cfr. JORGE BACELAR DE GOUVEIA, *A Declaração Universal*, cit., p. 55-65), pode aquele documento internacional levar a um resultado menos favorável aos cidadãos no domínio da proteção dos direitos fundamentais ou se, pelo contrário, só é admissível o recurso àquela Declaração Universal para a obtenção de resultados mais favoráveis do que aqueles que, de outro modo, seriam alcançados. Se há quem defenda a possibilidade de o apelo à Declaração Universal, *ex vi* artigo 16º, nº 2, da Constituição, conduzir a uma interpretação menos favorável aos direitos fundamentais dos cidadãos do que a interpretação "endógena" da Constituição (é o caso de PAULO OTERO, ob. e loc. cits., e, de certo modo, a posição de JORGE BACELAR DE GOUVEIA, quando afirma que não se deve limitar, "de uma perspectiva teleológica, a acção interpretativa da Declaração Universal" e que esta "não tem de ser necessariamente concebida para favorecer os cidadãos" – cfr. ob. cit., p. 62), a maioria dos juspublicistas entende que o recurso à Declaração Universal, em consequência do disposto no artigo 16º, nº 2, da Constituição, serve para reforçar a consistência e alargar o âmbito dos direitos fundamentais, não para os diminuir ou restringir (assim, A. RODRIGUES QUEIRÓ, ob. e loc. cits.; JORGE MIRANDA, *Manual de Direito Constitucional*, Tomo II, 4ª ed., cit., p. 39 e 40; e J. J. GOMES CANOTILHO/VITAL MOREIRA, *Constituição da República Portuguesa Anotada*, Vol. I, cit., p. 368). Todavia, uma tal questão é, como sublinham J. J. GOMES CANOTILHO/VITAL MOREIRA (cfr. *Constituição da República Portuguesa Anotada*, Vol. I, cit., p. 367), "praticamente irrelevante, pois a Constituição não só consumiu a Declaração – sendo muitas das disposições constitucionais reprodução textual, ou quase textual, de disposições daquela – mas também inclui direitos não referidos na Declaração".

ÂMBITO, OBJETO E PADRÕES DE FISCALIZAÇÃO DA CONSTITUCIONALIDADE

Adicionais), dado que não são expressamente contemplados na Constituição, deve considerar-se que não têm valor constitucional e, por isso, não podem servir de parâmetro aferidor da constitucionalidade dos atos normativos internos, não obstante o nº 1 do artigo 16º da Constituição consagrar uma perspetiva aberta dos direitos fundamentais[290].

Daí que o Tribunal Constitucional não considere, por exemplo, a Convenção Europeia dos Direitos do Homem como integrando de forma *autónoma* e *direta* o "bloco de constitucionalidade" e, por isso, como critério de julgamento de constitucionalidade, embora lhe reconheça um importante papel de "fonte auxiliar" na interpretação, na clarificação e mesmo no desenvolvimento do conteúdo das normas constitucionais respeitantes aos direitos fundamentais[291/292].

No que tange à Carta dos Direitos Fundamentais da União Europeia, dotada de força jurídica vinculativa com o Tratado de Lisboa (2007),

---

[290] Sobre o valor infraconstitucional e supralegal da Convenção Europeia dos Direitos do Homem, cfr. R. MOURA RAMOS, *A Convenção Europeia dos Direitos do Homem (Sua Posição Face ao Ordenamento Jurídico Português)*, in "Da Comunidade Internacional e do Seu Direito (Estudos de Direito Internacional Público e Relações Internacionais)", Coimbra, Coimbra Editora, 1996, p. 55-61.

[291] Cfr. J. M. MOREIRA CARDOSO DA COSTA, *Le Tribunal Constitutionnel*, cit., p. 209, e ANTÓNIO VITORINO, ob. e loc. cits. Vários são os arestos do Tribunal Constitucional que se referem expressamente à Convenção Europeia dos Direitos do Homem e aos seus Protocolos Adicionais como "elemento coadjuvante da clarificação do sentido e alcance" das regras e princípios constitucionais e não "como padrão autónomo de um juízo de constitucionalidade" (cfr., *inter alia*, os Acórdãos nºs 124/90, 186/92, 322/93, 935/96 e 597/99). Além disso, é frequente o recurso à jurisprudência do Tribunal Europeu dos Direitos do Homem como apoio às soluções adotadas pelo Tribunal Constitucional português em matéria de direitos fundamentais, fenómeno que testemunha uma convergência entre aqueles Tribunais na proteção dos direitos fundamentais. Vejam-se, a título de exemplo, o citado Acórdão nº 935/96 e os Acórdãos nºs 222/90, 547/98, 345/99, 412/2000, 157/2001 e 225/2018.

[292] No mesmo sentido, refere o Acórdão do Tribunal Constitucional nº 101/2009 que "no âmbito do controlo da constitucionalidade das leis é de ter em conta, antes de mais, a Constituição da República Portuguesa, embora se não possa excluir totalmente a possível relevância constitucional dos instrumentos internacionais, na medida em que integrem normas que possam considerar-se como correspondendo a direito constitucionalizado ou que possam ser utilizadas como critério de interpretação de normas constitucionais".

que a tornou o verdadeiro *"bill of rights"* da União[293], não pode a mesma ser considerada como *parâmetro* de fiscalização da constitucionalidade pelo Tribunal Constitucional, nos casos em que controle violações dos direitos fundamentais imputáveis ao Estado Português *quando este aplique direito da União*[294], desde logo porque ela, enquanto parte integrante do *direito primário* da União Europeia, poderá constituir, nos termos muito restritos que referimos, *objeto* de controlo de constitucionalidade pelo Tribunal Constitucional.

Situação esta que, como sublinhámos anteriormente, dificilmente ocorrerá na prática, não só porque aquela Carta, como se realça no respetivo Preâmbulo, "reafirma, no respeito pelas atribuições e competências da União e na observância do princípio da subsidiariedade, os direitos que decorrem, nomeadamente, das tradições constitucionais e das obrigações internacionais comuns aos Estados-Membros, da Convenção Europeia para a Protecção dos Direitos do Homem e das Liberdades Fundamentais, das Cartas Sociais aprovadas pela União e pelo Conselho da Europa, bem como pela jurisprudência do Tribunal

---

[293] De facto, com a Carta dos Direitos Fundamentais, uma organização supranacional, como a União Europeia, dotou-se, pela primeira vez, de uma "Declaração de Direitos" que a vincula e que defende os seus cidadãos e residentes contra os seus próprios atos políticos, legislativos e administrativos, bem como contra os atos dos Estados-Membros quando apliquem direito da União. Cfr. VITAL MOREIRA, *Anotação Geral à Carta dos Direitos Fundamentais da União Europeia*, in "Tratado de Lisboa, Anotado e Comentado", coord. MANUEL LOPES PORTO/GONÇALO ANASTÁCIO, Coimbra, Almedina, 2012, p. 1395-1408.

[294] O *âmbito de aplicação* da Carta dos Direitos Fundamentais da União Europeia é definido no seu artigo 51º, cujo nº 1 estabelece que as suas disposições "têm por destinatários as instituições, órgãos e organismos da União, na observância do princípio da subsidiariedade, bem como os Estados-Membros, apenas quando apliquem direito da União", os quais "devem respeitar os direitos, observar os princípios e promover a sua aplicação, de acordo com as respectivas competências e observando os limites das competências conferidas à União pelos Tratados".

De sublinhar, também, o *nível de proteção* da Carta, determinando o seu artigo 53º que nenhuma das suas disposições "deve ser interpretada no sentido de restringir ou lesar os direitos do Homem e as liberdades fundamentais reconhecidos, nos respectivos âmbitos de aplicação, pelo direito da União, o direito internacional e as Convenções internacionais em que são partes a União ou todos os Estados-Membros, nomeadamente a Convenção Europeia para a Protecção dos Direitos do Homem e das Liberdades Fundamentais, bem como pelas Constituições dos Estados-Membros".

de Justiça da União Europeia e do Tribunal Europeu dos Direitos do Homem", como também porque os Estados-Membros e a União Europeia, incluindo os respetivos tribunais constitucionais ou similares, estão sujeitos ao "dever de cooperação leal" (artigo 4º, nº 3, do Tratado da União Europeia), o que levará a que o Tribunal Constitucional português não poderá afastar-se da interpretação que o Tribunal de Justiça da União Europeia fizer dos princípios e direitos plasmados na Carta.

Do que se pode falar aqui é, antes, de uma comunidade de princípios e de direitos, nos respetivos âmbitos de aplicação, entre a Carta dos Direitos Fundamentais da União Europeia e a Constituição portuguesa e de uma influência da jurisprudência do Tribunal de Justiça da União Europeia a propósito da interpretação dos princípios e dos direitos consagrados na Carta na jurisprudência do Tribunal Constitucional português, quando este, na sua atividade de controlo da constitucionalidade de normas jurídicas de fonte nacional, aplica as regras e princípios acolhidos na Constituição portuguesa[295/296].

---

[295] Vejam-se, por exemplo, os Acórdãos do Tribunal Constitucional nºs 591/2016, 86/2017, 266/2017 e 242/2018, que mobilizaram, entre outros fundamentos, a interpretação dada pelo Tribunal de Justiça da União Europeia ao artigo 47º, parágrafo terceiro, da Carta dos Direitos Fundamentais da União Europeia no Acórdão de 22 de dezembro de 2010, Processo C-279/09.

[296] Sendo a Carta dos Direitos Fundamentais da União Europeia parte integrante do *direito primário* da União Europeia, os atos ou omissões das autoridades da União que infrinjam a Carta, incluindo os atos legislativos e demais *direito derivado*, são inválidos e podem gerar responsabilidade pelos danos causados. Os mecanismos de proteção daquela Carta são vários.

Em primeiro lugar, o autocontrolo das autoridades europeias a montante das decisões, devendo a Comissão Europeia e o Parlamento Europeu verificar sistematicamente o respeito da Carta nas suas iniciativas.

Em segundo lugar, o heterocontrolo, quer através dos mecanismos não judiciais (queixa ao *Ombudsman Europeu* e escrutínio da Agência Europeia dos Direitos Fundamentais e outras agências da União Europcia), quer por meio dos instrumentos judiciais. Relativamente a estes, cabe aos tribunais da União fazer observar e cumprir a Carta, por intermédio dos mecanismos de anulação de normas ou atos concretos, bem como pela via dos mecanismos de responsabilidade civil, nos termos gerais. Qualquer pessoa singular ou coletiva interessada pode interpor recurso, mas, além disso, também existe a possibilidade de impugnação abstrata da validade de qualquer ato por violação dos Tratados ou da Carta (artigo 263º do TFUE).

16.3. As normas interpostas e os casos de inconstitucionalidade e de ilegalidade qualificada

Integram ainda o "bloco de constitucionalidade" e, por isso, funcionam como *padrão de controlo* de constitucionalidade as denominadas *normas interpostas*, isto é, normas que não têm valor constitucional, mas que servem como parâmetro aferidor da validade constitucional de outras normas jurídicas, por força ou em ligação com regras e princípios da Constituição.

São exemplos, entre nós, de "normas interpostas" as leis de autorização legislativa e as leis que aprovam as bases gerais dos regimes jurídicos, que servem de parâmetros de validade constitucional dos decretos-leis autorizados e dos decretos-leis que desenvolvam aquelas bases gerais (artigo 112º, nº 2, da Constituição).

De facto, os decretos-leis emitidos ao abrigo de uma lei de autorização legislativa que não respeitem o *objeto*, o *sentido*, a *extensão* e a *duração* da autorização são organicamente inconstitucionais (artigo 165º, nº 2, da Lei Fundamental), precisamente porque, ao desrespeitarem aqueles limites, rompem as balizas do exercício da competência legislativa

---

Acresce que existe igualmente a possibilidade de suscitar perante o Tribunal de Justiça da União Europeia a ilicitude de uma omissão das instituições europeias na tomada das medidas necessárias para fazer cumprir a Carta dos Direitos Fundamentais da União Europeia (artigo 265º do TFUE). Mas também os tribunais nacionais têm o dever de apreciar a conformidade dos atos internos dos Estados-Membros com a Carta, nas questões que envolvam aplicação do direito da União por parte das autoridades nacionais. No caso de surgirem questões relativas à interpretação do direito da União, incluindo a Carta dos Direitos Fundamentais, ou sobre a interpretação e validade dos seus atos, os tribunais nacionais devem, como já referimos, lançar mão do mecanismo da "questão prejudicial", previsto no artigo 267º do TFUE. No caso de falta de aplicação da Carta, ainda que por responsabilidade dos seus tribunais, os Estados-Membros ficam sujeitos à "acção de incumprimento" junto do Tribunal de Justiça, de harmonia com o estabelecido nos artigos 258º a 260º do TFUE.
Para mais desenvolvimentos sobre a Carta dos Direitos Fundamentais da União Europeia, cfr. VITAL MOREIRA, *Anotação Geral*, cit., p. 1395-1408, sobretudo p. 1404-1406; MARIA LUÍSA DUARTE, *União Europeia e Direitos Fundamentais – No Espaço da Internormatividade*, Lisboa, AAFDL, 2006, p. 127-162; JÓNATAS E. M. MACHADO, *Direito da União Europeia*, 2ª ed., Coimbra, Coimbra Editora, 2014, p. 281-295; e ANA GUERRA MARTINS, *Manual de Direito da União Europeia*, Coimbra, Almedina, 2012, p. 244-269.

do Governo demarcadas pela Constituição em relação a determinadas matérias[297].

O mesmo vale para os decretos-leis de desenvolvimento que *modifiquem, derroguem* ou *revoguem* algum ou alguns dos *princípios básicos* ou *fundamentais* constantes das leis que contenham as bases gerais dos regimes jurídicos, desde que isso implique um desrespeito do âmbito das leis de bases e daí resulte uma usurpação da competência legislativa da Assembleia da República. Com efeito, como é sabido, o artigo 165º, nº 1, alíneas *f), g)*, n), t), u) e z), da Constituição determinam que é da exclusiva competência da Assembleia da República, salvo autorização do Governo, legislar sobre as "bases do sistema da segurança social e do serviço nacional de saúde", as "bases do sistema de protecção da natureza, do equilíbrio ecológico e do património cultural", as "bases da política agrícola, incluindo a fixação dos limites máximos e mínimos das unidades de exploração agrícola", as "bases do regime e âmbito da função pública", as "bases gerais do estatuto das empresas públicas e das fundações públicas" e as "bases do ordenamento do território e do urbanismo".

O sentido destas normas constitucionais é o de que cabe na reserva daquele órgão de soberania a definição dos *princípios básicos* ou *fundamentais* daquelas matérias, dos seus *princípios reitores* ou *orientadores*, princípios que cabe ao Governo desenvolver ou concretizar em decretos-leis, nos termos do artigo 198º, nº 1, alínea c), da Lei Fundamental. Ora, como resulta da jurisprudência reiterada do Tribunal Constitucional, os decretos-leis de desenvolvimento que *modifiquem, derroguem* ou *revoguem* algum ou alguns daqueles *princípios básicos* ou *fundamentais* invadem o núcleo incomprimível da reserva da competência legislativa da Assembleia da República, sendo, por isso, organicamente inconstitucionais[298].

---

[297] De igual modo, no ordenamento jurídico-constitucional de Angola, encontramos a figura da *autorização legislativa*, a qual é conferida pela Assembleia Nacional ao Presidente da República, enquanto titular do poder executivo, na forma de *lei de autorização legislativa*, que deve definir o seu *objeto, sentido, extensão* e *duração*. São, por isso, inconstitucionais os decretos legislativos presidenciais que desrespeitem o objeto, sentido, extensão e duração da lei de autorização legislativa [artigos 120º, alínea h), 161º, alínea c), 166º, alínea e), 170º e 171º da Constituição da República de Angola].

[298] Nem sempre é fácil distinguir aqueles casos em que o "desrespeito" por parte de um decreto-lei de desenvolvimento dos *princípios fundamentais* ou *estruturais* de uma lei de

E a mesma doutrina é aplicável aos decretos legislativos regionais alicerçados em lei de autorização da Assembleia da República e aos decretos legislativos regionais de desenvolvimento para o âmbito regional dos princípios ou das bases gerais dos regimes jurídicos contidos em lei que a eles se circunscrevam, nos termos do artigo 227º, nºs 1, alíneas *b)* e *c)*, 2, 3, e 4, da Constituição[299].

Diferentes das que vêm de ser referidas são as *leis de hierarquia superior a outras leis*, que funcionam como *padrão* ou *parâmetro* de fiscalização jurisdicional da *legalidade* destas, como sucede com as *leis de valor reforçado* (que abrangem as leis orgânicas, as leis que carecem de aprovação por maioria de dois terços, bem como aquelas que, por força da Constituição, sejam pressuposto normativo necessário de outras leis ou que por outras devam ser respeitadas[300]) e os *estatutos das regiões autónomas* [artigos 112º, nºs 3 e 4, 280º, n.º 2, alíneas *a)*, *b)* e *c)*, e 281º, nº 1, alíneas *b)*, *c)* e *d)*, da Constituição].

A fiscalização da referida *ilegalidade* – que designamos como *ilegalidade qualificada*, para a distinguirmos do mero controlo da ilegalidade

bases origina uma *inconstitucionalidade orgânica* ou uma *ilegalidade (qualificada)*, que é um vício menos grave do que a inconstitucionalidade, e de que falaremos a seguir.

Entendemos que, por exemplo, quando o decreto-lei de desenvolvimento define *ex novo* um *princípio básico*, desrespeita o âmbito da lei de bases ou a ultrapassa, invade a reserva parlamentar e usurpa a competência legislativa do Parlamento, pelo que estamos perante uma *inconstitucionalidade orgânica*. Se, diversamente, o decreto-lei de desenvolvimento coenvolver um desrespeito pela normação editada pela Assembleia da República, traduzido na restrição não do âmbito da lei de bases, mas de um *princípio básico* que tal lei definiu, então, em tal caso, parece-nos mais correto falar em vício de *ilegalidade*.

[299] Cfr., sobre o problema das "normas interpostas", a nossa obra *Relatório Geral*, cit., p. 77 e 78.

[300] Exemplos típicos destas últimas são, por um lado, a Lei de Enquadramento Orçamental (constante, atualmente, da Lei nº 151/2015, de 11 de setembro, alterada pela Lei nº 2/2018, de 29 de janeiro, e pela Lei nº 37/2018, de 7 de agosto) em relação à lei do Orçamento, que estabelece o modo como esta é elaborada, organizada, votada e executada, anualmente [artigos 106º e 164º, alínea *r)*, da Constituição] e, por outro lado, a lei de criação de municípios em relação às leis concretas de criação de municípios, que tem um valor paramétrico relativamente a estas, vinculando o legislador no exercício desta competência quanto a aspetos como o dos requisitos de que depende tal criação, do procedimento a seguir na elaboração das leis que a venham a determinar e dos aspetos essenciais a disciplinar através do diploma legal de criação do município [artigos 164º, alínea n), e 249º da Constituição e o Acórdão do Tribunal Constitucional nº 134/2010].

das normas regulamentares (*ilegalidade simples*), que está cometido aos tribunais administrativos – é da competência do Tribunal Constitucional, tanto na modalidade de *fiscalização concreta*, como na da *fiscalização abstrata sucessiva*.

Assim, incluem-se na *fiscalização concreta da legalidade* os recursos para o Tribunal Constitucional das decisões dos tribunais: que recusem a aplicação de norma constante de ato legislativo com fundamento na sua ilegalidade por violação da lei com valor reforçado [alínea *a)* do n.º 2 do artigo 280.º da Constituição e alínea *c)* do n.º 1 do artigo 70.º da Lei do Tribunal Constitucional]; que recusem a aplicação de norma constante de diploma regional com fundamento na sua ilegalidade por violação do estatuto da região autónoma [alínea *b)* do n.º 2 do artigo 280.º da Constituição e alínea *d)* do n.º 1 do artigo 70.º da Lei do Tribunal Constitucional]; que recusem a aplicação de norma constante de diploma emanado de um órgão de soberania com fundamento na sua ilegalidade por violação do estatuto da região autónoma [alínea *c)* do n.º 2 do artigo 280.º da Constituição e alínea *e)* do n.º 1 do artigo 70.º da Lei do Tribunal Constitucional]; que apliquem norma cuja ilegalidade haja sido suscitada durante o processo com qualquer dos fundamentos referidos nas alíneas *a)*, *b)* e *c)* [alínea *d)* do n.º 2 do artigo 280.º da Constituição e alínea *f)* do n.º 1 do artigo 70.º da Lei do Tribunal Constitucional]; e que apliquem norma anteriormente julgada ilegal pelo próprio Tribunal Constitucional [artigo 280.º, n.º 5, da Constituição e alínea *g)* do n.º 1 do artigo 70.º da Lei do Tribunal Constitucional].

E integram-se na *fiscalização abstrata da legalidade* os casos em que o Tribunal Constitucional, a requerimento das entidades enumeradas no n.º 2 do artigo 281.º da Constituição, aprecia e declara, com força obrigatória geral, a ilegalidade de quaisquer normas constantes de ato legislativo com fundamento em violação de lei com valor reforçado [alínea *b)* do n.º 1 do artigo 281.º da Constituição], a ilegalidade de quaisquer normas constantes de diploma regional, com fundamento em violação do estatuto da região autónoma [alínea *c)* do n.º 1 do artigo 281.º da Constituição] e a ilegalidade de quaisquer normas constantes de diploma emanado dos órgãos de soberania com fundamento em violação dos direitos de uma região autónoma consagrados no respetivo estatuto [alínea *d)* do n.º 1 do artigo 281.º da Constituição] e, ainda, os casos em que o Tribunal Constitucional aprecia e declara, com força obrigatória geral, a ilegalidade de qualquer norma, desde que tenha sido por ele julgada ilegal em três casos concretos (artigo 281º, nº 3, da Constituição). A razão que está na base da atribuição ao Tribunal Constitucional da competência de fiscalização das referidas modalidades específicas de legalidade está ou na *garantia da conformidade* de quaisquer normas legislativas (e só destas) com as *leis de valor reforçado* [que são, nos termos do artigo 112º, nº 3, da Constituição, como sabemos, as leis orgânicas (artigo 166º, nº 2, da Lei Fundamental), as leis que carecem de aprovação por maioria de dois terços (artigo 168º, nº 6, da Constituição) e, bem assim, aquelas que, por força da Constituição (v. g., nº 1 do artigo 106º, nº 2 do artigo 112º, nº 1 do artigo 226º e nº 1 do artigo 293º, todos da Lei Fundamental), sejam pressuposto normativo necessário de outras leis (v. g., leis de autorização legislativa e leis de bases, quando não gerarem o vício de inconstitucionalidade, nos termos *supra* referidos, e leis de enquadramento) ou que por outras devam ser respeitadas (v. g., os estatutos político-administrativos das regiões autónomas)], impondo, assim, a observância da *hierarquia de validade* destas leis em relação a outras leis, ou *na garantia da autonomia político-administrativa das regiões autónomas e dos seus limites* [casos de controlo da *conformidade de quaisquer normas emitidas pelos órgãos de soberania*, independentemente da sua natureza (legislativa ou regulamentar) com os *estatutos das regiões autónomas*, e casos de controlo da *conformidade de quaisquer normas constantes de diplomas regionais,* independentemente da sua natureza (sejam decretos legislativos regionais, da competência das Assembleias Legislativas das regiões autónomas, sejam decretos regulamentares regionais, portarias ou despachos normativos, da competência dos governos regionais) com o *estatuto regional* respetivo][301/302].

---

[301] Cfr. J. J. GOMES CANOTILHO/VITAL MOREIRA, *Constituição da República Portuguesa Anotada*, Vol. II, cit., p. 950 e 951; e PAULO OTERO, *Direito Constitucional Português, Organização do Poder Político*, Vol. II, Coimbra, Almedina, 2010, p. 468-474.
[302] Sublinhe-se que, no caso de concorrerem na mesma norma jurídica os vícios da *inconstitucionalidade* e da *ilegalidade (qualificada)*, o vício da *inconstitucionalidade*, porque mais grave, consome o vício da *ilegalidade (qualificada)*, conhecendo o Tribunal Constitucional apenas do primeiro. Cfr., neste sentido, o Acórdão do Tribunal Constitucional nº 280/90, no qual se afirmou, em determinado passo, seguindo o Acórdão do Tribunal Constitu-

cional nº 268/88, que, não obstante a declaração de inconstitucionalidade e a declaração de ilegalidade, com força obrigatória geral, produzirem os mesmos efeitos (artigo 282º da Constituição), deve-se, em caso de arguição cumulativa dos dois vícios, conhecer em primeiro lugar da inconstitucionalidade, ficando mesmo prejudicado o conhecimento da ilegalidade, pelo menos em regra, quando se julgar procedente a inconstitucionalidade. Jurisprudência que tem sido seguida em arestos posteriores do Tribunal Constitucional, designadamente nos Acórdãos nºs 136/2016 e 157/2018, nos quais, citando aquele Acórdão nº 268/88, se referiu que, "concorrendo os dois vícios, a inconstitucionalidade, como vício mais grave (vício que põe afinal em xeque a própria Constituição, cuja superioridade hierárquica – Gomes Canotilho, Direito Constitucional, 4ª edição, página 601 – «relativamente às outras normas implica uma relação axiológica entre a constituição e essas normas, precisamente porque a sua primariedade postula uma maior força normativa»), por via de regra prejudicará o conhecimento da ilegalidade, vício menos grave".

Capítulo V
Momentos, Modalidades e Vias Processuais de Fiscalização da Constitucionalidade de Normas Jurídicas

17. Os momentos do controlo
A fiscalização da constitucionalidade de normas jurídicas, no que se refere aos *momentos* em que ela tem lugar, pode ser de carácter *preventivo, prévio* ou "*a priori*", se ocorrer antes do início da vigência das normas jurídicas, ou de carácter *sucessivo* ou "*a posteriori*", se se verificar após as normas terem passado a fazer parte do ordenamento jurídico. Este último pode ser um controlo *abstrato, direto, por via principal* ou *por via de ação*, quando tem lugar independentemente da aplicação da norma a um caso, ou um controlo *concreto* ou *incidental*, quando ocorre a propósito dessa aplicação.

18. As modalidades de controlo
18.1. O controlo abstrato preventivo
No que respeita às *modalidades de controlo*, surge-nos, em primeiro lugar, o *controlo abstrato preventivo ou prévio*.

São notas essenciais do *controlo abstrato prévio* ou *controlo abstrato preventivo*:

Deixando agora de lado a *fiscalização preventiva obrigatória da constitucionalidade* (e da legalidade) das propostas de referendo nacional, regional e local, já abordada noutra altura, podem ser objeto de fiscalização preventiva da constitucionalidade quaisquer normas constantes de tratado internacional que tenha sido enviado ao Presidente da República para ratificação ou decreto que lhe tenha sido enviado para promulgação como lei ou como decreto-lei e, ainda, de acordo internacional cujo decreto de aprovação lhe tenha sido remetido para assinatura, bem como quaisquer normas constantes de decreto legislativo regional[303] que tenha sido enviado aos Representantes da República nas Regiões Autónomas dos Açores e da Madeira para assinatura (artigo 278º, nºs 1 e 2, da Constituição);

A legitimidade para requerer a fiscalização preventiva pertence ao Presidente da República (quanto aos tratados internacionais que lhe sejam enviados para ratificação, aos decretos que lhe sejam remetidos para promulgação como lei ou decreto-lei e aos acordos internacionais cujo decreto lhe seja enviado para assinatura), aos Representantes da República nos Açores e na Madeira (quanto aos decretos legislativos regionais) e, para além do Presidente da República, ao Primeiro-Ministro e a um quinto dos deputados à Assembleia da República em efetividade de funções, tratando-se de decretos que tenham sido enviados ao Presidente da República para serem promulgados como lei orgânica (artigo 278º, nºs 1, 2 e 4, da Constituição);

A iniciativa do Presidente da República ou dos Representantes da República da fiscalização preventiva é um ato inteiramente livre no plano constitucional[304];

O prazo para requerer a fiscalização preventiva é de oito dias (um prazo constitucional e, por isso, não sujeito à disposição da lei, substantivo, ou não processual, cuja contagem se efetiva de maneira ininterrupta ou continuamente, como vincou o Tribunal Constitucional, entre outros, nos seus Acórdãos nºs 26/84, 278/89, 432/93, 58/95 e 415/2005),

---

[303] Antes da Revisão Constitucional de 2004, também os decretos regulamentares regionais de "lei geral da República" estavam sujeitos a fiscalização preventiva da constitucionalidade.

Tendo desaparecido a figura de "lei geral da República" com a Revisão de 2004, os decretos regulamentares regionais de "leis emanadas dos órgãos de soberania que não reservem para estes o respectivo poder regulamentar", da competência das Assembleias Legislativas das regiões autónomas [artigos 227º, nº 1, alínea *d*), e 232º, nº 1, da Constituição), que continuam a existir, deixaram de estar sujeitos a fiscalização preventiva da constitucionalidade da iniciativa do Representante da República na região autónoma.

[304] Cfr. MIGUEL GALVÃO TELES, *Liberdade de Iniciativa do Presidente da República Quanto ao Processo de Fiscalização Preventiva da Constitrucionalidade*, in "Escritos Jurídicos", Vol. I, Coimbra, Almedina, 2013, p. 149-158.

a contar da data da receção do diploma pelo Presidente da República ou pelo Representante da República ou da data da comunicação pelo Presidente da Assembleia da República ao Primeiro-Ministro e aos grupos parlamentares do envio ao Presidente da República do decreto para promulgação como lei orgânica (artigo 278º, nºs 3, 5 e 6, da Constituição);

Quanto à tramitação, a entidade requerente deve indicar as normas que pretende que o tribunal aprecie (objeto do pedido) e especificar as normas ou princípios constitucionais que considere violados, só podendo o Tribunal pronunciar-se sobre as normas constantes do objeto do pedido, embora possa fundamentar a pronúncia de inconstitucionalidade na violação de normas ou princípios constitucionais diversos daqueles cuja infração foi invocada (artigo 51º, nºs 1 e 5, da Lei do Tribunal Constitucional);

A competência pertence ao Plenário do Tribunal Constitucional (artigo 224º, nº 2, da Constituição);

No caso de o Tribunal Constitucional não se pronunciar pela inconstitucionalidade do diploma, deverá o Presidente da República promulgar ou o Representante da República assinar os decretos em causa, se não exercerem o direito de veto político, mas, no caso de o mesmo tribunal se pronunciar pela inconstitucionalidade de norma constante de qualquer decreto ou acordo internacional, deve o diploma ser obrigatoriamente vetado pelo Presidente da República ou pelo Representante da República, não podendo o decreto vetado por inconstitucionalidade ser promulgado ou assinado sem que o órgão que o tiver aprovado expurgue a norma tida por inconstitucional ou, quando for caso disso, o confirme por maioria de dois terços dos Deputados presentes, desde que superior à maioria absoluta dos deputados em efetividade de funções (artigos 279º, nºs 1 e 2, da Constituição e 51º a 61º da Lei do Tribunal Constitucional). A este último ponto voltaremos um pouco mais adiante[305/306].

---

[305] Referindo-nos aos ordenamentos jurídico-constitucionais dos dois países lusófonos que temos visitado ao longo da presente obra, e começando pelo ordenamento jurídico-constitucional brasileiro, importa recordar que a Constituição Brasileira não prevê a controlo jurisdicional preventivo da constitucionalidade de projetos de atos normativos do poder público, mas tão-só o contolo sucessivo, seja o concentrado-abstrato, seja o controlo difuso-concreto.

Todavia, o Supremo Tribunal Federal vem admitindo, de modo ativista, autoexpandindo a sua competência e agindo como um verdadeiro poder coconstituinte, a fiscalização jurisdicional preventiva de projetos de atos normativos em tramitação no Congresso Nacional, cujo processo pode ser desencadeado por qualquer parlamentar através do *mandado de segurança*, com o fundamento de que os deputados federais e os senadores têm o *direito líquido* e *certo* de só participarem num procedimento legislativo que obedeça às normas constitucionais que o disciplinam, isto é, aos artigos 59º a 69º da Constituição Brasileira. A jurisprudência do Supremo Tribunal Federal criou duas hipóteses em que se autoatribuiu a competência para fiscalizar a compatibilidade com a Constituição de atos normativos que ainda não completaram o seu ciclo formativo: a primeira, tendo por objeto uma *proposta de emenda constitucional*, com a finalidade de impedir que ela viole uma cláusula pétrea, constante do artigo 60º, § 4, da Constituição; a segunda, tendo por objeto uma *proposta de emenda* constitucional ou um *projeto legislativo*, com o fim de obstaculizar o desrespeito de preceitos do devido processo legislativo constitucional, condensados nos artigos 59º a 69º da Constituição brasileira.
Em ambas as situações, o Supremo Tribunal Federal fundamenta a sua competência para proceder à fiscalização preventiva no facto de se estar perante vícios formais já efetivamente concretizados durante o próprio decurso do procedimento de formação da norma jurídica, independentemente da sua posterior aprovação ou rejeição pelo Parlamento.
Quanto aos efeitos da decisão proferida em fiscalização preventiva, refira-se que, caso o Supremo Tribunal Federal declare a inconstitucionalidade de um *ato concreto* praticado pelo Presidente da Câmara dos Deputados ou do Senado ou de uma das suas Comissões, que tenha determinado o início ou o prosseguimento da tramitação legislativa, o mandado de segurança é julgado procedente e é decretada a nulidade daquele ato. Na hipótese de o ato inconstitucional ser determinante para a continuidade da tramitação legislativa, uma vez decretada a sua nulidade, o processo legislativo deverá ser encerrado. Cfr., para mais desenvolvimentos, por todos, HÉLIO PINHEIRO PINTO, *A Expansão do Supremo Tribunal Federal Através da Judicialização da Política e do Ativismo Judicial*, cit., p. 108-130, e ALEXANDRE DE MORAES, ob. cit., p. 216-219 e 265-267.
No que toca ao ordenamento jurídico-constitucional de Angola, a fiscalização preventiva da constitucionalidade por parte do Tribunal Constitucional pode ter como objeto qualquer norma constante de diploma legal que tenha sido submetido ao Presidente da República para promulgação (apenas de diplomas legais aprovados pela Assembleia Nacional, pois somente estes estão sujeitos a promulgação), de tratado internacional que lhe tenha sido submetido para ratificação ou de acordo internacional que lhe tenha sido remetido para assinatura. A legitimidade para requerer a fiscalização preventiva pertence ao Presidente da República e, ainda, a um décimo dos Deputados à Assembleia Nacional em efetividade de funções, no caso de fiscalização preventiva da constitucionalidade de qualquer norma constante de diploma legal que tenha sido submetido ao Presidente da República para promulgação.
A fiscalização preventiva da constitucionalidade deve ser requerida no prazo de vinte dias a contar da data da receção do diploma legal. Quanto aos efeitos da fiscalização preventiva

da constitucionalidade, são essencialmente quatro: não podem ser promulgados, assinados ou ratificados diplomas cuja apreciação preventiva da constitucionalidade tenha sido requerida ao Tribunal Constitucional, enquanto este não se pronunciar sobre tal pedido; se o Tribunal Constitucional se pronunciar pela inconstitucionalidade, deve o Presidente da República vetar o diploma legal, tratado, convenção ou acordo internacional e devolvê-lo ao órgão que o tiver aprovado; o diploma legal, tratado, convenção ou acordo internacional não pode ser promulgado, ratificado ou assinado, conforme os casos, sem que o órgão que o tiver aprovado expurgue a norma julgada inconstitucional; se o diploma legal, tratado, convenção ou acordo internacional vier a ser reformulado, podem o Presidente da República ou os Deputados que tiverem impugnado a constitucionalidade do mesmo requerer a apreciação preventiva da constitucionalidade de qualquer das suas normas [artigos 180º, nº 2, alínea b), 228º e 229º da Constituição, 16º, alínea b), e 17º da Lei Orgânica do Tribunal Constitucional e 16º a 25º da Lei de Processo no Tribunal Constitucional]. Refira-se, por fim, que, de harmonia com o que dispõem as alíneas a) e b) do nº 2 do artigo 20º da Lei do Processo Constitucional, "os projectos de lei submetidos a referendo e os projectos de alteração da Constituição da República de Angola" estão sujeitos a "fiscalização preventiva necessária". Veja-se, a este propósito, o Acórdão do Tribunal Constitucional de Angola nº 111/2010, no qual foi "declarado", em sede de fiscalização preventiva, suscitada e subscrita por cinquenta e dois Deputados da Assembleia Nacional, que a Constituição da República de Angola, aprovada, em 21 de outubro de 2010, pela Assembleia Nacional, estava conforme aos princípios e limites fixados nos artigos 158º, 159º e 160º da Lei Constitucional, com exceção dos números 1 e 4 do artigo 132º e da omissão verificada no artigo 109º, e devolveu a Constituição apreciada à Assembleia Nacional para que expurgasse as normas declaradas não conformes ao estatuído nas alíneas c) e d) do artigo 159º da Lei Constitucional.

Analisando o objeto e os limites da apreciação por parte do Tribunal Constitucional, afirmou-se naquele aresto que o mesmo, "em face da Lei Constitucional e da doutrina sobre a natureza do poder constituinte, não dispõe de competência para apreciar a decidir sobre o mérito ou demérito das opções e soluções políticas e político-constitucionais do legislador constituinte e soberano", mas somente pronunciar-se e deliberar "sobre a validade do procedimento constituinte e o respeito pelos limites materiais da nova Constituição acordados em 1991 no pacto de transacção da transição constitucional plasmados no artigo 159º da Lei Constitucional". Cfr. *Jurisprudência do Tribunal Constitucional, Colectânea de Acórdãos 2009-2011*, Vol. II, cit., p. 195-214, e, na doutrina, ONOFRE DOS SANTOS, ob. cit., p. 182-184 e 186-189.

[306] Como tivemos ensejo de salientar *supra* (cfr. notas 128 e 129), a única modalidade de controlo de constitucionalidade da competência do Conselho Constitucional francês era, até à Revisão Constitucional de 23 de julho de 2008, a fiscalização preventiva da constitucionalidade das leis, antes da sua promulgação, tendo a Revisão Constitucional de 29 de outubro de 1974 alargado a legitimidade para a requerer a sessenta Deputados ou sessenta Senadores (que vieram juntar-se ao Presidente da República, Primeiro-Ministro, Presidente da Assembleia Nacional e Presidente do Senado).

A fiscalização da constitucionalidade das leis, antes da sua promulgação, é, no ordenamento jurídico francês, em princípio, facultativa, mas, de harmonia com os artigos 61º, parágrafo primeiro, 11º e 46º da Constituição francesa, é obrigatória relativamente a alguns diplomas, sendo os mais importantes as propostas de lei referendária, as leis orgânicas e os regulamentos das Assembleias parlamentares. A submissão ao Conselho Constitucional, em fiscalização preventiva, daqueles diplomas suspende o prazo de promulgação e, no caso de declaração de inconstitucionalidade, não podem os mesmos ser promulgados, nem aplicados (artigos 61º, parágrafo quarto, e 62º, parágrafo primeiro, da Constituição francesa) [para mais desenvolvimentos sobre a fiscalização preventiva ou *a priori* da constitucionalidade pelo Conselho Constitucional francês, considerada, ainda, o contencioso constitucional *nobre*, cfr. JEAN GICQUEL/JEAN ÉRIC-GICQUEL, ob. cit., p. 769-776, e DOMINIQUE ROUSSEAU/PIERRE-YVES GAHDOUN/JULIEN BONNET, ob. cit., p. 111-167]. Depois da Revisão Constitucional de 23 de julho de 2008, aquele Tribunal passou também a ter competência no âmbito do controlo sucessivo ou *a posteriori*, através da denominada *"question prioritaire de constitutionnalité"*. A esta problemática voltaremos mais adiante (cfr. *infra*, nota 331).

No que respeita ao ordenamento constitucional espanhol, a fiscalização preventiva ou *a priori* da constitucionalidade está prevista quanto aos tratados internacionais e, desde a Lei Orgânica nº 12/2015, também quanto aos Estatutos de Autonomia e suas reformas. De facto, no que tange aos primeiros, nos termos do artigo 95º, nºs 1 e 2, da Constituição do País vizinho, o Governo ou qualquer das Câmaras pode requerer ao Tribunal Constitucional que declare se existe ou não contradição entre as disposições de um Tratado e a Constituição, de sorte que, na hipótese de o Tribunal Constitucional declarar essa contradição, deve ser reformada a Constituição para que o mesmo possa ser subscrito. E, de harmonia com o que preceitua o artigo 78º, nº 1, da Lei Orgânica do Tribunal Constitucional de Espanha, a pronúncia sobre a existência ou inexistência de contradição com a Constituição incide sobre as estipulações de um tratado internacional cujo texto já esteja definitivamente fixado, mas em relação ao qual ainda não se tenha prestado o consentimento do Estado. Registe-se que o controlo prévio não exclui a possibilidade de controlar *a posteriori* os tratados internacionais, seja mediante recurso de inconstitucionalidade, seja mediante uma questão de inconstitucionalidade.

Até à presente data, só duas vezes foi solicitada a consulta sobre a constitucionalidade de um tratado. A primeira foi a propósito do Tratado de Maastricht, tendo sido solicitada ao Tribunal Constitucional a consulta sobre a compatibilidade com a Constituição da norma que reconhecia o direito de sufrágio passivo nas eleições municipais a todos os cidadãos da União Europeia. Tal consulta esteve na génese da Declaração de 1 de julho de 1992, na qual o Tribunal concluiu que o preceito em causa só podia ser incorporado no ordenamento jurídico espanhol se previamente fosse modificada a Constituição, o que veio efectivamente a acontecer mediante a Reforma Constitucional de 27 de agosto de 1992. A segunda foi a propósito da compatibilidade com a Constituição Espanhola dos artigos I-6, II-111 y II-112 do Tratado pelo qual se estabelecia uma Constituição para a Europa, assinado em Roma em 29 de outubro de 2004, tendo o Tribunal Constitucional,

Por último, relativamente à fiscalização preventiva da constitucionalidade, importa remeter para o que escrevemos *supra* sobre a sujeição obrigatória a controlo preventivo da constitucionalidade (e da legalidade) das *propostas de referendo nacional, regional e local*.

18.2. O controlo abstrato sucessivo direto ou por via principal

Nas *modalidades de controlo*, aparece-nos, em segundo lugar, o *controlo abstrato sucessivo direto, por via principal* ou *por via de ação*.

São as seguintes as características fundamentais desta modalidade de fiscalização da constitucionalidade de normas jurídicas:

Incide sobre "quaisquer normas jurídicas" já em vigor [artigo 281º, nº 1, alínea *a*), da Constituição];

Apenas um número restrito de entidades indicado no artigo 281º, nº 2, alíneas *a*) a *g*), e nº 3, da Constituição tem legitimidade para requerer aquela fiscalização: [o Presidente da República; o Presidente da Assembleia da República; o Primeiro-Ministro; o Provedor de Justiça; o Procurador-Geral da República; um décimo dos Deputados à Assembleia da República; os Representantes da República, as Assembleias Legislativas das regiões autónomas, os presidentes destas assembleias, os presidentes dos Governos Regionais ou um décimo dos deputados à respetiva Assembleia Legislativa, "quando o pedido de declaração de inconstitucionalidade se fundar em violação dos direitos das regiões autónomas"; e os representantes do Ministério Público junto do Tribu-

---

através da Declaração de 13 de dezembro de 2004, concluído que não havia contradição entre aquelas normas e a Constituição espanhola, pelo que não existia qualquer obstáculo à prestação do consentimento do Estado espanhol ao referido Tratado
No tocante aos Estatutos de Autonomia e suas reformas, foi, como já se assinalou, a Lei Orgânica nº 12/2015 que reintroduziu o seu controlo prévio. Esta lei, que alterou a Lei Orgânica do Tribunal Constitucional espanhol, pretendeu evitar a tensão política e a insegurança jurídica que poderia gerar a aprovação de um Estatuto ou da sua reforma até à resolução de um hipotético recurso de inconstitucionalidade interposto contra o mesmo e o choque de legitimidades que se verificaria se a referida reforma for uma das que que devam realizar-se com aprovação por referendo na correspondente Comunidade Autónoma, tal como sucedeu com a impugnação do Estatuto de Autonomia da Catalunha, decidida pela Sentença do Tribunal Constitucional de espanha n.º 31/2010. Para mais desenvolvimentos, cfr. PABLO PÉREZ TREMPS, ob. cit., p. 88-95, e ROBERTO BLANCO VALDÉS, ob. cit., p. 308.

nal Constitucional ou qualquer dos juízes do Tribunal, nos processos em que este apreciar e declarar, com força obrigatória geral, a inconstitucionalidade de qualquer norma, desde que tenha sido por ele julgada inconstitucional em três casos concretos, em processos de fiscalização concreta][307/308];

---

[307] Resulta, assim, do exposto no texto que o nosso ordenamento jurídico-constitucional rejeita, no domínio do controlo abstrato sucessivo por via de ação da constitucionalidade de normas jurídicas, a *ação popular de inconstitucionalidade*, que nos aparece nos ordenamentos jurídicos de alguns países latino-americanos, nos termos da qual qualquer pessoa humana ou jurídica que se encontre no pleno gozo dos seus direitos pode solicitar ao Tribunal Constitucional (ou Tribunal similar) a apreciação e a declaração da inconstitucionalidade, com eficácia *erga omnes*, de qualquer norma jurídica (cfr., para mais desenvolvimentos, a nossa obra *Relatório Geral*, cit., p. 85).
No processo de revisão constitucional ocorrido em 1997, foram apresentados projetos com vista à ampliação do elenco de entidades com legitimidade para requerer a fiscalização abstrata sucessiva da constitucionalidade de normas jurídicas, tais como um determinado número de cidadãos eleitores [5.000, no projeto do Partido Socialista (PS), e 10.000, no projeto do Partido Comunista Português (PCP)], os grupos parlamentares (projeto do PCP) ou mesmo o "Bastonário da Ordem dos Advogados, mediante deliberação do Conselho Geral da Ordem" [projeto dos Deputados do Partido Social Democrata (PSD) Guilherme Silva, Correia de Jesus e Hugo Velosa, e projeto do Deputado do PCP João Corregedor da Fonseca]. Os projetos de revisão constitucional citados podem ser conferidos no *Diário da Assembleia da República*, II Série-A, nº 27, de 7 de março de 1996. Tais projetos não foram aprovados, pelo que a Constituição manteve-se inalterada neste ponto.
[308] Este processo de fiscalização da constitucionalidade tem como *pressuposto* a existência de três decisões do Tribunal Constitucional de julgamento de inconstitucionalidade de uma norma jurídica, sendo essas mesmas decisões que determinam o *objeto* do "processo de repetição do julgado", em termos de não poder ser declarada, com força obrigatória geral, a inconstitucionalidade de uma norma diferente da que foi julgada inconstitucional nos três casos concretos. Mas o mesmo enquadra-se no *controlo abstrato sucessivo* da constitucionalidade de normas jurídicas, não no *controlo concreto*. Daí que, como tem sublinhado o próprio Tribunal Constitucional, a reanálise a que ele procede da norma julgada anteriormente inconstitucional em três casos concretos se situe num *plano* diverso do controlo concreto da constitucionalidade, em termos de ser possível alcançar uma solução diversa da adotada nas decisões concretas (cfr., *inter alia*, os Acórdãos nºs 1/92 e 1146/96).
Assim, por exemplo, no Acórdão nº 641/2013, o Tribunal Constitucional decidiu não declarar inconstitucional a norma constante do nº 12 do artigo 26º do Código das Expropriações, aprovado pela Lei nº 168/99, de 18 de setembro, quando interpretada no sentido de ser indemnizável como solo apto para construção terreno integrado na Reserva Agrícola Nacional com aptidão edificativa segundo os elementos objetivos definidos no

nº 2 do artigo 25º do mesmo Código, não obstante o pedido se fundar em três acórdãos (os acórdãos nºs 417/2006, 118/2007 e 196/2011), que tinham julgado inconstitucional aquela norma jurídica na referida dimensão normativa.

Acresce que as três decisões, em três casos concretos, no sentido da inconstitucionalidade (ou da ilegalidade), que servem de *pressuposto* à declaração de inconstitucionalidade (ou de ilegalidade) de uma norma jurídica, com força obrigatória geral, tanto podem estar corporizadas em acórdãos, como em decisões sumárias, transitadas em julgado, proferidas pelo juiz relator, nos termos do artigo 78º-A, nº 1, da Lei do Tribunal Constitucional [cfr., a título exemplificativo, o Acórdão nº 217/2001, que declarou a inconstitucionalidade, com força obrigatória geral, da norma do artigo 201º, nº 1, alínea *d*), do Código de Justiça Militar, aprovado pelo Decreto-Lei nº 141/77, de 9 de Abril, enquanto qualifica como essencialmente militar o crime de furto de bens pertencentes a militares, praticado por outros militares, por violação dos artigos 213º e 215º, nº 1, da Constituição (versão de 1989), com base no julgamento de inconstitucionalidade da mesma norma constante dos Acórdãos nºs 48/99 e 49/99 e da Decisão Sumária nº 354/2000, de 20 de Dezembro]. Refira-se, por último, que a competência do Tribunal Constitucional para apreciar e declarar, com força obrigatória geral, a inconstitucionalidade (ou a ilegalidade, nos casos em que pode fazê-lo) de qualquer norma, desde que tenha sido por ele julgada inconstitucional (ou ilegal) em três casos concretos, vulgarmente denominada "processo de generalização" do julgamento de inconstitucionalidade (ou de ilegalidade) apresenta semelhanças com a designada "autoquestão de inconstitucionalidade" ou "questão interna de inconstitucionalidade" do ordenamento jurídico-constitucional espanhol, a qual abrange duas hipóteses. A primeira consiste na possibilidade de o Tribunal Constitucional espanhol conhecer de um recurso de amparo por violação de um direito fundamental, quando a causa da mesma for a aplicação de uma lei. Ainda que não seja possível a interposição direta de um recurso de amparo contra normas com valor de lei, quando a lesão de um direito fundamental por atos dos poderes públicos se basear no cumprimento de uma disposição legal, a Sala do Tribunal Constitucional, para além de conceder o amparo e reparar a lesão sofrida, levará ao Plenário a questão de inconstitucionalidade da norma, com o objetivo de impedir potenciais e sucessivas violações de direitos fundamentais, em consequência da sua aplicação em casos similares. Numa tal situação, o Plenário do Tribunal Constitucional poderá emitir uma sentença declarativa de inconstitucionalidade da norma legal em causa. A segunda está regulada em relação aos *conflitos de defesa da autonomia local*, processo que permite aos entes locais (municipais, provinciais e insulares) impugnar normas com força de lei do Estado ou das Comunidades Autónomas que sejam lesivas da *"autonomia local constitucionalmente garantida"* (artigo 75. bis. 1 da Lei Orgânica do Tribunal Constitucional de Espanha). Trata-se aqui de uma situação na qual, apreciada uma lesão da autonomia local imputável a uma norma com força de lei, a inconstitucionalidade desta deve ser declarada noutro processo, que é tramitado também como as questões de inconstitucionalidade. Em tal caso, a questão interna é suscitada pelo próprio Plenário do Tribunal Constitucional perante si próprio, salvo nos casos em que seja atribuído a uma Sala o trâmite de admissão (cfr., para mais desenvolvimentos, PABLO

O pedido pode ser feito a todo o tempo;

A competência cabe ao Plenário do Tribunal Constitucional;

A declaração de inconstitucionalidade tem força obrigatória geral, eliminando do ordenamento jurídico a norma declarada inconstitucional, em regra, desde a data da sua entrada em vigor, e determinando a repristinação das normas que ela, eventualmente, haja revogado;

As decisões que não declarem a inconstitucionalidade com força obrigatória geral não fazem caso julgado, podendo a mesma questão ser recolocada no futuro à consideração do Tribunal [artigos 224º, nº 2, 281º, nºs 1, alínea a), 2 e 3, e 282º, nº 1, da Constituição e artigos 51º a 56º, 62º a 66º e 82º da Lei do Tribunal Constitucional][309/310].

Pérez Tremps, ob. cit., p. 83-88, o nosso artigo *A Justiça Constitucional em Portugal e em Espanha*, cit., in "Revista da Legislação e de Jurisprudência", Ano 131º, nº 3891, p. 171, e a bibliografia aí citada, e Roberto Blanco Valdés, ob. cit., p. 301).

[309] Como salientámos anteriormente, existem várias espécies de controlo abstrato sucessivo concentrado de normas jurídicas por via de ação no ordenamento jurídico-constitucional do Brasil, a cargo do Supremo Tribunal Federal. São elas, em síntese, as seguintes: a *ação direta de inconstitucionalidade de lei ou de ato normativo federal ou estadual* e a *ação declaratória de constitucionalidade de lei ou ato normativo federal*, a requerimento do Presidente da República, da Mesa do Senado Federal, da Mesa da Câmara dos Deputados, da Mesa da Assembleia Legislativa ou da Câmara Legislativa do Distrito Federal, do Governador de Estado ou do Distrito Federal, do Procurador-Geral da República, do Conselho Federal da Ordem dos Advogados do Brasil, de partido político com representação no Congresso Nacional e de confederação sindical ou entidade de classe de âmbito nacional [artigos 102º, I, alínea a), e 103º, I a IX, da Constituição Federal]; *o pedido de medida cautelar das ações diretas de inconstitucionalidade* [artigo 102º, I, alínea p), da Constituição Federal]; a *arguição de descumprimento de preceito fundamental* [prevista no artigo 102º, § 1º, da Constituição Federal como um instrumento subsidiário de garantia da observância das regras e princípios constitucionais, que é utilizada quando os outros meios não se revelam adequados e que visa evitar ou reparar lesão a preceito fundamental resultante de ato do Poder Público (União, Estados, Distrito Federal e Municípios), incluídos os atos anteriores à promulgação da Constituição]; e a *ação direta de inconstitucionalidade interventiva*, que tem como finalidade a declaração da inconstitucionalidade formal ou material de lei ou ato normativo estadual (finalidade jurídica) e o decretamento de intervenção federal da União no Estado Federado ou no Distrito Federal (finalidade política), nos casos em que os Estados ou o Distrito Federal violem os chamados *princípios sensíveis*, quais sejam a forma republicana, o sistema representativo e o regime democrático, os direitos da pessoa humana, a autonomia municipal, a prestação de contas da administração pública, direta e indireta, e a aplicação do mínimo exigido da receita resultante de impostos estaduais,

compreendida a proveniente de transferências, na manutenção e desenvolvimento do ensino e nas ações e serviços públicos de saúde (artigo 34º, VII, da Constituição Federal). Quantos aos *efeitos da ação direta de inconstitucionalidade*, importa sublinhar que, declarada a inconstitucionalidade (*procedência da ação*) ou a constitucionalidade (*improcedência da ação*) da lei ou ato normativo federal ou estadual, a decisão tem, em regra, efeitos retroativos (efeitos *ex tunc*), gerais (*erga omnes*) e vinculantes (obrigatórios) em relação aos órgãos do Poder Judiciário e à Administração Pública federal, estadual e municipal. A ação declaratória de inconstitucionalidade tem, no ordenamento jurídico brasileiro, um *caráter dúplice*, como ressalta claramente do artigo 23º da Lei nº 9.868/99, ao estabelecer que, "efetuado o julgamento, proclamar-se-á a constitucionalidade ou a inconstitucionalidade da disposição ou da norma impugnada se num ou noutro sentido se tiverem manifestado pelo menos seis ministros, quer se trate de ação direta de inconstitucionalidade ou de ação declaratória de constitucionalidade".

Relativamente aos efeitos gerais (*erga omnes*) e retroativos (*ex tunc*), adiante-se que a declaração de inconstitucionalidade tem o condão de desfazer, desde a sua origem, o ato declarado inconstitucional, juntamente com todas as consequências dele derivadas, uma vez que os atos inconstitucionais são nulos e, portanto, desprovidos de qualquer eficácia jurídica, destruindo inclusive os atos pretéritos com base nela praticados (*efeitos ex tunc*). No tocante aos efeitos vinculantes (obrigatórios), a Lei nº 9.868/99 previu expressamente que a declaração de constitucionalidade ou de inconstitucionalidade, incluindo a interpretação conforme à Constituição e a declaração parcial de inconstitucionalidade sem redução de texto (dois temas a que voltaremos *infra*), têm efeitos vinculantes em relação aos órgãos do Poder Judiciário e à Administração Pública federal, estadual e municipal. A todos os juízes e tribunais fica afastado o controlo difuso de constitucionalidade, uma vez que estão vinculados não apenas à decisão do Supremo Tribunal Federal, tanto *no juízo de constitucionalidade, como no de inconstitucionalidade, em face do caráter dúplice do efeito da ação*, mas também à interpretação constitucional que foi dada à norma, nas hipóteses de *interpretação conforme à Constituição e de declaração parcial de inconstitucionalidade sem redução de texto*.

Em relação ao legislador, os efeitos vinculantes manifestam-se no impedimento da edição de novas normas com idêntico conteúdo aos das anteriormente declaradas inconstitucionais ou de normas que convalidem os efeitos da norma declarada inconstitucional ou que anulem os efeitos da decisão do Supremo Tribunal Federal. O próprio Supremo Tribunal Federal está vinculado aos efeitos da sua decisão abstrata de constitucionalidade, pois, uma vez declarada a constitucionalidade ou inconstitucionalidade da lei ou ato normativo, não tem a possibilidade de analisar novamente a mesma norma, sob a alegação da existência de novos argumentos que poderiam levar a uma decisão em sentido diferente. Ainda no que respeita à declaração de inconstitucionalidade, deve sublinhar-se que o artigo 27º da Lei nº 9.868/99 prevê a possibilidade de o Supremo Tribunal Federal modelar os seus efeitos (manipulação dos efeitos). Segundo este preceito, "ao declarar a inconstitucionalidade de lei ou ato normativo, e tendo em vista razões de segurança jurídica ou de excepcional interesse social, poderá o Supremo Tribunal Federal, por maioria de dois terços dos seus membros, restringir os efeitos daquela declaração ou decidir que ela só tenha eficácia a partir do seu trânsito em julgado ou de outro momento que venha a ser fixado". Por conseguinte, no que tange aos limites temporais da declaração de inconstitucionalidade, a situação é a seguinte no ordenamento jurídico brasileiro: a regra geral é a dos efeitos *ex tunc*; a primeira exceção é dos efeitos *ex nunc*, a partir do trânsito em julgado da decisão em sede de ação direta de inconstitucionalidade, desde que fixados por dois terços dos Ministros do Supremo Tribunal Federal (requisito formal) e esteja presente o requisito material, consistente na presença de razões de segurança jurídica ou de excecional interesse social; a segunda exceção é dos efeitos a partir de qualquer momento escolhido pelo Supremo Tribunal Federal, desde que verificados os mesmos requisitos, o formal e o material. Para mais desenvolvimentos, cfr. ALEXANDRE DE MORAES, ob. cit., p. 265-277.

No que tange aos *efeitos da ação declaratória de constitucionalidade* de lei ou ato normativo federal, saliente-se que as decisões proferidas pelo Supremo Tribunal Federal, sejam de procedência ou de improcedência, produzem efeitos *erga omnes*, efeitos *ex tunc* e são *vinculativas* para os demais órgãos do Poder Judiciário e do Poder Executivo. Assim, se o Supremo Tribunal Federal concluir que uma lei ou ato normativo federal é constitucional, faz uma declaração nesse sentido, julgando procedente a ação, com os efeitos mencionados. Se, ao invés, considerar improcedente a ação, declara a inconstitucionalidade da lei ou ato normativo, com os mesmos efeitos. Poderão, ainda, ocorrer duas outras possibilidades. A primeira verifica-se quando o Supremo Tribunal Federal julga parcialmente procedente a ação, significando, pois, que declara a norma constitucional em parte. Neste caso, a restante parte da norma é declarada inconstitucional, devendo ela ser retirada do ordenamento jurídico com efeitos *ex tunc*. A segunda é quando o Supremo Tribunal Federal, julgando procedente a ação, declara a constitucionalidade da norma, desde que interpretada de determinda maneira *(interpretação em conformidade com a Constituição)*. Nesta segunda hipótese, a interpretação conforme à Constituição feita pelo Supremo Tribunal Federal é vinculante para os demais órgãos judiciais e para as autoridades administrativas em geral. A Lei nº 9. 868/99 concede, no seu Capítulo IV, um tratamento idêntico às decisões do Supremo Tribunal Federal proferidas na ação direta de inconstitucionalidade e na ação declaratória de constitucionalidade, prevendo o mesmo caráter dúplice, os mesmos efeitos e idêntica possibilidade de delimitação dos efeitos. Tal como sucede na ação direta de inconstitucionalidade, declarada a constitucionalidade de uma lei ou ato normativo federal numa ação declaratória de constitucionalidade, não há possibilidade de nova análise da constitucionalidade da mesma lei ou ato normativo federal, nem em ação rescisória, nem em nova ação. Cfr. ALEXANDRE DE MORAES, ob. cit., p. 277 e 278.

Quanto aos efeitos da *arguição de descumprimento de preceito fundamental*, sublinhe-se que a decisão do Supremo Tribunal Federal tem eficácia *erga omnes* e produz efeitos *ex tunc* e *vinculativos* para os demais órgãos do poder público, havendo reclamação contra o descumprimento da decisão proferida pelo Supremo Tribunal Federal, na forma do seu Regimento Interno (artigos 10º, § 3º, e 13º da Lei nº 9 882/99). Julgada a ação, far-se-á comunicação às autoridades ou órgãos responsáveis pela prática dos atos questionados, fixando-se as condições e o modo de interpretação e aplicação do preceito fundamental (artigo 10º da Lei nº 9 882/99). Pelo que respeita aos efeitos temporais da decisão do Supremo Tribunal Federal, o artigo 11º da Lei nº 9 882/99 prevê também que, "ao declarar a inconstitucionalidade de lei ou ato normativo, no processo de arguição de descumprimento de preceito fundamental, e tendo em vista razões de segurança jurídica ou de excepcional interesse social, poderá o Supremo Tribunal Federal, por maioria de dois terços de seus membros, restringir os efeitos daquela declaração ou decidir que ela só tenha eficácia a partir de seu trânsito em julgado ou de outro momento que venha a ser fixado". Cfr. ALEXANDRE DE MORAES, ob. cit., p. 280.

Finalmente, no que diz respeito aos *efeitos da ação direta de inconstitucionalidade interventiva*, é de realçar que os mesmos estão relacionados com a dupla finalidade da ação, isto é, a declaração da inconstitucionalidade formal ou material de lei ou ato normativo estadual (finalidade jurídica) e o decretamento de intervenção federal da União no Estado Federado ou no Distrito Federal (finalidade política). Assim, juridicamente, com a declaração de inconstitucionalidade a lei ou ato normativo estadual são considerados nulos e são excluídos do ordenamento jurídico com efeitos *erga omnes* e *ex tunc*. Mas, para além destes efeitos jurídicos, a declaração de inconstitucionalidade gera efeitos políticos, traduzidos na possibilidade de intervenção federal num Estado-Membro ou no Distrito Federal. Deste modo, uma vez julgada procedente a ação interventiva, e após o trânsito em julgado da sentença, o Supremo Tribunal Federal dá conhecimento à autoridade interessada e requisita ao Presidente da República o decretamento da intervenção.

Entende-se que, nas hipóteses conpempladas no artigo 34º, VII, alíneas *a*) a *e*), de intervenção da União nos Estados ou no Distrito Federal, para assegurar a observância dos princípios constitucionais da forma republicana, sistema representativo e regime democrático, dos direitos da pessoa humana, da autonomia municipal, da prestação de contas da administração pública, direta e indireta, e da aplicação do mínimo exigido da receita resultante de impostos estaduais, compreendida a proveniente de transferências, na manutenção e desenvolvimento do ensino e nas ações e serviços públicos de saúde, somente a decisão de procedência do Supremo Tribunal Federal autoriza o decretamento da intervenção por parte do Presidente da República, mas esta intervenção é um ato vinculado, não dependente de uma apreciação quanto ao mérito do Presidente da República. Cfr. ENRIQUE RICARDO LEWANDOWSKI, *Pressupostos Materiais e Formais da Intervenção Federal no Brasil*, São Paulo, Revista dos Tribunais, 1994, p. 126, e ALEXANDRE DE MORAES, ob. cit., p. 279.

No que concerne ao ordenamento jurídico-constitucional de Angola, a fiscalização abstrata sucessiva por via de ação da competência do Tribunal Constitucional é disciplinada nos artigos 180º, nº 2, alínea *a*), e 230º e 231º da Constituição, bem como nos artigos 16º, alínea *a*), e 18º da Lei Orgânica do Tribunal Constitucional e nos artigos 16º a 19º e 26º a 30º da Lei do Processo Constitucional. São traços essenciais desta modalidade de fiscalização da constitucionalidade: pode ter como objeto qualquer norma que faça parte do ordenamento jurídico infraconstitucional; a competência pertence ao Plenário dos

Juízes do Tribunal Constitucional; apenas podem requerer a apreciação e a declaração de inconstitucionalidade com força obrigatória geral as entidades indicadas no artigo 230º, nº 2, da Constituição (o Presidente da República, um décimo dos deputados à Assembleia Nacional em efetividade de funções, os Grupos Parlamentares, o Procurador-Geral da República, o Provedor de Justiça e a Ordem de Advogados de Angola); a declaração de inconstitucionalidade com força obrigatória geral produz efeitos desde a entrada em vigor da norma declarada inconstitucional e determina a repristação da norma que ela haja revogado, mas, tratando-se de inconstitucionalidade por infração de norma constitucional posterior, a declaração só produz efeitos desde a entrada em vigor desta última; são ressalvados os casos julgados, salvo decisão em contrário do Tribunal Constitucional quando a norma respeitar a matéria penal, disciplinar ou de ilícito de mera ordenação social e for de conteúdo menos favorável ao arguido; e quando a segurança jurídica, razões de equidade ou interesse público de excecional relevo, que deve ser fundamentado, o exigirem, pode o Tribunal Constitucional fixar os efeitos da inconstitucionalidade com alcance mais restrito do que o indicado anteriormente. Cfr. ONOFRE DOS SANTOS, ob. cit., p. 182-184 e 186-189.

[310] A fiscalização abstrata sucessiva da constitucionalidade de normas jurídicas é também uma competência típica dos Tribunais Constitucionais de Itália, Alemanha e Espanha (não assim, em França, onde o Conselho Constitucional tem competência apenas no domínio da fiscalização abstrata preventiva da constitucionalidade e no âmbito da fiscalização concreta ou incidental, através da *"question prioritaire de constitutionnalité"*). Assim, o Tribunal Constitucional italiano tem competência para conhecer do denominado *procedimento por via de ação (ou principal)*, consistente no *recurso de inconstitucionalidade* apresentado diretamente pelo Estado, por meio do Conselho de Ministros, e pelas Regiões (e pelas Províncias autónomas de Trento e de Bolzano), através das Juntas Regionais, tendo por objeto as leis, respetivamente, das Regiões e do Estado (ou de outras Regiões). De facto, o artigo 127º da Constituição italiana, na redação da Lei Constitucional nº 3 de 2001, estabelece que "o Governo, quando considere que uma lei regional excede a competência da Região, pode colocar a questão da legitimidade constitucional perante o Tribunal Constitucional no prazo de sessenta dias contados da sua publicação. A Região, quando considere que uma lei ou um ato com força de lei do Estado ou de outra Região lesa a sua esfera de competência, pode colocar a questão da legitimidade constitucional perante o Tribunal Constitucional no prazo de sessenta dias a contar da publicação da lei ou do ato com força de lei". No que respeita ao parâmetro constitucional, o mesmo não é uniforme, nos dois casos, uma vez que o Estado pode impugnar a lei regional com fundamento na violação de qualquer norma da Constituição, ao passo que a Região apenas pode impugnar a lei ou o ato com força de lei do Estado com base na invocação da lesão das *próprias competências constitucionalmente reconhecidas*, tal como decidiu o Tribunal Constitucional na Sentença nº 274/2003.

No caso de o Tribunal Constitucional considerar a norma legal inconstitucional, declara "fundada" a questão da legitimidade constitucional e "ilegítima" a norma, pronunciando-se com uma *sentença de acolhimento*. Esta declara a ilegitimidade de uma lei, anulando-a e expulsando-a definitivamente do ordenamento, com efeitos *erga omnes*. Quanto à eficácia temporal, as *sentenças de acolhimento* têm, para além de evidentes efeitos para o futuro (*ex nunc*), também importantes, mas não absolutos, efeitos para o passado (*ex tunc*), de harmonia com o que determinam os artigos 130º da Constituição e 30º da Lei nº 87/1953. Todavia, se é verdade que os efeitos da *sentença de acolhimento* retroagem, também é verdade que eles encontram limite nas denominadas relações jurídicas exauridas. Cfr., para mais desenvolvimentos, ANTONIO RUGGERI/ANTONINO SPADARO, ob. *cit.*, p. 151-156 e 256-271, ELENA MALFATTI/SAULLE PANIZZA/ROBERTO ROMBOLI, ob. cit., p. 151-196, e AUGUSTO CERRI, ob. cit., p. 288-348.

Por seu lado, o Tribunal Constitucional Federal alemão tem competência, nos termos do artigo 93, 1, 2, da *Grundgesetz* e dos §§ 13, 6, e 76 e seguintes da *Bundesverfassungsgerichtsgesetz* para apreciar, em processo de fiscalização abstrata sucessiva (*abstrakte Normenkontrolle*), a compatibilidade com a Constituição das leis federais e estaduais, bem como a compatibilidade das leis estaduais com outras leis federais. Isso verifica-se quando existam diferenças de opinião ou dúvidas sobre a compatibilidade formal e material do Direito federal ou do Direito de um *Land* com a Lei Fundamental ou sobre a compatibilidade do Direito do *Land* com o restante Direito Federal. Têm legitimidade para apresentar o pedido de fiscalização apenas o Governo Federal, o Governo dos *Länder* ou um terço dos membros do *Bundestag*. O requerimento pode ser apresentado a todo tempo.

De acordo com o § 76, 1, da Lei do Tribunal Constitucional Federal, o pedido somente é possível quando a entidade com legitimidade para requerer a fiscalização considerar como nulo direito federal ou direito estadual, em virtude de incompatibilidade formal ou material com a Lei Fundamental ou com outro direito federal, ou considerar como válido direito federal ou direito estadual, após um tribunal, uma autoridade administrativa, um órgão da Federação ou de um Estado não o haverem aplicado por ser incompatível com a Lei Fundamental ou com outro direito federal. Este último pedido através do qual entidade com legitimidade para requerer a fiscalização considera uma lei válida e se dirige ao Tribunal Constitucional Federal para declarar isso mesmo, depois de outra autoridade estatal ter recusado a aplicação de uma lei por considerá-la inconstitucional ou incompatível com outra lei federal constitui o denominado *Normbestätigungsverfahren*. O Tribunal Constitucional Federal alemão tem também competência para apreciar se a delimitação de competências respeitantes aos poderes legislativos concorrentes foi respeitada (artigos 72, 2, e 74 da *Grundgesetz*). Neste caso, somente têm legitimidade para se dirigir ao Tribunal Constitucional Federal o Senado Federal, o Govero do *Land* ou o Parlamento do *Land*. Objeto deste controlo são apenas as leis federais formais (*förmliche Bundesgesetze*) e o pedido pode igualmente ser apresentado a todo o tempo. Em todos estes casos, se o pedido for infundado, a lei é declarada compatível com a Constituição (ou, sendo caso disso, com outra lei federal). Se o pedido for fundado, o Tribunal Constitucional Federal declara a lei incompatível com a Lei Fundamental e nula. Para mais desenvolvimentos, cfr. ULRICH BATTIS, *Der Verfassungsverstoß und seine Rechtsfolgen*, in «Handbuch des Staatsrechts», Dritte Auflage, Band XII, cit., p. 796 e 797, 811-815 e 817; CHRISTIAAN HILLGRUBER/CHRISTOPH GOOS, ob. cit., p. 207-237, ROLAND FLEURY,

18.3. O controlo abstrato por omissão

Inclui-se, em terceiro lugar, nas *modalidades de controlo* a fiscalização abstrata da *inconstitucionalidade por omissão*.

---

ob. cit., p. 21-33; e KONRAD HESSE, *El Tribunal Constitucional Federal en la Ley Fundamental de Bonn*, cit., p. 146 e 147.

Por fim, o Tribunal Constitucional de Espanha tem competência para conhecer, em fiscalização abstrata sucessiva, dos *recursos de inconstitucionalidade*, tendo por *objeto* os Estatutos de Autonomia e as outras leis orgânicas, as leis, disposições normativas e atos do Estado com força de lei, os tratados internacionais, os Regulamentos do Congresso dos Deputados, do Senado e das Cortes Gerais, as leis, atos e disposiçoes normativas com força de lei das Comunidades Autónomas e os Regulamentos das Assembleias Legislativas das Comunidades Autónomas. Verifica-se, assim, que o Tribunal Constitucional espanhol não tem competência para exercer o controlo concentrado da constitucionalidade das normas regulamentares, isto é, das disposições infralegais do Estado, das Comunidades Autónomas ou dos Municípios, sendo essa competência dos tribunais que integram o poder judicial.

Têm legitimidade para interpor o *recurso de inconstitucionalidade* o Presidente do Governo, o *Defensor del Pueblo* (correspondente ao nosso Provedor de Justiça), cinquenta deputados e cinquenta senadores. Os órgãos executivos e legislativos das Comunidades Autónomas têm também legitimidade para interpor *recurso de inconstitucionalidade* contra as leis, disposições e atos do Estado com força de lei que afetem o seu próprio âmbito de autonomia. O *recurso de inconstitucionalidade* deve ser interposto com caráter geral no *prazo de três meses* a partir da publicação oficial da lei, disposição ou ato com força de lei. A admissão do *recurso de inconstitucionalidade* não produz, regra geral, a suspensão automática dos preceitos legais impugnados, salvo nos casos em que o Presidente do Governo recorra de uma lei, disposição ou ato com força de lei de uma Comunidade Autónoma e solicite expressamente no pedido a suspensão da sua vigência e aplicação, hipótese na qual o Tribunal Constitucional tem de ratificar ou levantar a suspensão num prazo não superior a cinco meses. As sentenças proferidas no *recurso de inconstitucionalidade* têm valor de caso julgado, vinculam todos os poderes públicos e produzem efeitos gerais desde a data da sua publicação no Boletim Oficial do Estado (eficácia *ex nunc*). Importante é, ainda, referir que as *sentenças negativas de inconstitucionalidade proferidas nos recursos de inconstitucionalidade* (*sentencias desestimatorias*) têm efeito preclusivo, impedindo a recolocação posterior da questão de inconstitucionalidade pela mesma via, fundada na mesma infração de idêntico preceito constitucional [cfr. os artigos 161º, nºs 1, alínea *a*), e 2, e 162º, nº 1, alínea *a*), da Constituição de Espanha, e os artigos, 2º, nº 1, alínea *a*), 10º, nº 1, alíneas *a*) e *b*), 27º, nº 2, alíneas *a*) a *f*), 28º, 31º a 34º e 38º a 40º da Lei Orgânica do Tribunal Constitucional de Espanha]. Para mais desenvolvimentos, cfr. o nosso artigo *A Justiça Constitucional em Portugal e em Espanha*, cit., p. 169, 200, 201 e 203, bem como a bibliografia aí citada; PABLO PÉREZ TREMPS, ob. cit., p. 53-95; e ROBERTO BLANCO VALDÉS, ob. cit., p. 299-302.

Às notas marcantes da figura da "inconstitucionalidade por omissão" anteriormente apontadas importa acrescentar as seguintes: a competência para conhecer da inconstitucionalidade por omissão é do Plenário do Tribunal Constitucional; não há prazo para apresentação do pedido; e o Tribunal pode proferir *decisões positivas* (de verificação da inconstitucionalidade por omissão) ou *decisões negativas* (de não verificação da inconstitucionalidade por omissão). No primeiro caso, o Tribunal deve dar conhecimento da omissão ao órgão legislativo competente, mas a decisão de verificação da inconstitucionalidade por omissão não possui qualquer eficácia jurídica direta, não podendo aquele substituir-se ao legislador na criação do regime legal em falta (artigos 224º, nº 2, e 283º da Constituição e artigos 67º e 68º da Lei do Tribunal Constitucional)[311].

18.4. O controlo concreto ou incidental

Integra, por último, o conjunto das *modalidades de controlo* a fiscalização *concreta* ou *incidental* da constitucionalidade de normas jurídicas. A intervenção do Tribunal Constitucional, através das suas três Sec-

---

[311] No que respeita aos *efeitos da ação direta de inconstitucionalidade por omissão* no ordenamento jurídico-constitucional brasileiro, refira-se, na linha do que foi adiantado *supra*, nota 254, que, declarando o Supremo Tribunal Federal a inconstitucionalidade por omissão de medida para tornar efetiva norma constitucional, deverá *dar ciência* ao Poder ou órgão competente para adotar as providências necessárias. Tratando-se de órgão administrativo, a adoção das providências necessárias deve ser concretizada em trinta dias. A fixação deste prazo, previsto no artigo 103º, § 2º, da Constituição Federal, permite a futura responsabilização do poder público admistrativo, no caso de a omissão permanecer. Mas tratando-se de órgão legislativo, o Supremo Tribunal Federal *dá ciência* ao órgão legislativo para adotar as providências necessárias, sem fixar um prazo para esse efeito. A não fixação de um prazo pelo Supremo Tribunal Federal, como resulta do artigo 103º, § 2º, da Constituição Federal, para o legislador corrigir a inconstitucionalidade por omissão baseia-se na necessidade de ser respeitado o princípio da separação de poderes, que seria violado se o Poder Judiciário obrigasse o legislador a exercer o seu *munus* de legislar. Declarada, porém, a inconstitucionalidade por omissão pelo Supremo Tribunal Federal e dada ciência ao Poder Legislativo, é fixada judicialmente a ocorrência da omissão, com efeitos *ex tunc* e *erga omnes*, ficando aberta a possibilidade de responsabilização por perdas e danos do Poder Legislativo. Cfr. ALEXANDRE DE MORAES, ob. cit., p. 278 e 279. Quanto aos efeitos da verificação da existência de inconstitucionalidade por omissão pelo Tribunal Constitucional de Angola, permitimo-nos remeter para o que escrevemos *supra*, nota 254.

ções, no campo específico do controlo concreto da constitucionalidade, tem lugar por meio do "recurso de constitucionalidade" para aquele Tribunal das decisões dos tribunais que recusem a aplicação de qualquer norma com fundamento na sua inconstitucionalidade (decisões de desaplicação) – recurso que é *obrigatório* (devendo ser interposto pelo Ministério Público), quando a norma desaplicada constar de convenção internacional, ato legislativo ou decreto regulamentar –, bem como das decisões que apliquem norma cuja inconstitucionalidade haja sido suscitada "durante o processo" (decisões de aplicação) e ainda das decisões dos tribunais que apliquem norma anteriormente julgada inconstitucional pelo próprio Tribunal Constitucional [artigos 280º, nºs 1, alíneas *a)* e *b)*, 3, 4, 5 e 6, da Constituição e 69º a 85º da Lei do Tribunal Constitucional][312/313].

[312] O recurso também é obrigatório para o Ministério Público das decisões dos tribunais que apliquem norma já anteriormente julgada inconstitucional pelo Tribunal Constitucional, que apliquem norma já anteriormente julgada inconstitucional pela Comissão Constitucional, nos precisos termos em que seja requerida a sua apreciação ao Tribunal Constitucional, ou, ainda, nos casos previstos na alínea *i)* do nº 1 do artigo 70º da Lei do Tribunal Constitucional, ou seja, das decisões dos tribunais "que recusem a aplicação de norma constante de acto legislativo, com fundamento na sua contrariedade com uma convenção internacional, ou a apliquem em desconformidade com o anteriormente decidido sobre a questão pelo Tribunal Constitucional" (artigo 72º, nº 3, da Lei do Tribunal Constitucional).
Sublinhe-se, no entanto, que, de acordo com o nº 4 do artigo 72º da Lei do Tribunal Constitucional, o Ministério Público pode abster-se de interpor recurso de decisões conformes com a orientação que se encontre já estabelecida, a respeito da questão em causa, em jurisprudência constante do Tribunal Constitucional.
[313] Situações há, no entanto, em que o Plenário do Tribunal Constitucional intervém nos processos de fiscalização concreta de constitucionalidade (ou da legalidade qualificada). São as contempladas nos artigos 79º-A e 79º-D da Lei do Tribunal Constitucional, em cumprimento do estabelecido no artigo 224º, nº 3, da Constituição. A contemplada no artigo mencionado em primeiro lugar é aquela em que o Presidente determina, com a concordância do Tribunal, que o julgamento se faça com a intervenção do Plenário, "quando o considerar necessário para evitar divergências jurisprudenciais ou quando tal se justifique em razão da natureza da questão a decidir" (solução esta que vale também para o julgamento das reclamações dos despachos que indefiram a admissão do recurso para o Tribunal Constitucional).
Registe-se que o Tribunal Constitucional, no seu Acórdão nº 224/2005, entendeu, ainda que com votos de vencido, que a intervenção do Plenário, por decisão do Presidente, com

a concordância do Tribunal, não está limitada ao julgamento de questões de fundo, isto é, à questão da constitucionalidade ou da legalidade qualificada. Quanto à "natureza da questão a decidir", o significado desta expressão é o do particular relevo jurídico ou jurídico-político, da dificuldade ou do melindre da questão colocada ao Tribunal (cfr. JOSÉ MANUEL M. CARDOSO DA COSTA, *A Jurisdição Constitucional em Portugal*, cit., p. 62, nota 76).

A prevista no preceito indicado em segundo lugar diz respeito ao recurso para o Plenário do Tribunal Constitucional – que é obrigatório para o Ministério Público, quando intervier no processo como recorrente ou recorrido – das decisões das Secções que julgarem "a questão da inconstitucionalidade ou ilegalidade em sentido divergente do anteriormente adoptado quanto à mesma norma, por qualquer das suas secções" [sendo o mesmo também aplicável no caso de divergência jurisprudencial verificada no âmbito do recurso previsto na alínea *i)* do n.º 1 do artigo 70.º da Lei do Tribunal Constitucional]. Conforme se sublinhou no Acórdão do Tribunal Constitucional n.º 1/2015, o artigo 79.º-D, n.º 1, da Lei do Tribunal Constitucional condiciona a admissibilidade do recurso para o Plenário à existência de um conflito jurisprudencial quanto aos juízos de mérito formulados pelas Secções do Tribunal Constitucional acerca da questão da constitucionalidade ou inconstitucionalidade de uma mesma norma jurídica. Daqui resulta que, por opção clara do legislador, não é possível recorrer-se para o Plenário quando as Secções adotem entendimentos aparentemente divergentes quanto às normas que regulam determinado pressuposto processual do recurso de constitucionalidade (cfr. neste sentido, na linha de jurisprudência anterior, os Acórdãos do Tribunal Constitucional n.ºs. 303/2011 e 392/2011). E aquela norma da Lei do Tribunal Constitucional que estabelece tal restrição não merece qualquer juízo de censura constitucional, pois, como o Tribunal Constitucional tem afirmado frequentemente, o direito de acesso à justiça não comporta um irrestrito direito de recurso e muito menos um direito a recurso por oposição de julgados: é que o "princípio constitucional da plenitude das garantias de defesa do arguido, ainda que esteja em causa arguido condenado em pena privativa da liberdade, basta-se com a garantia de um segundo grau de jurisdição, e a mera oposição de julgados relativamente à mesma questão de direito não constitui motivo suficiente para impor ao legislador a previsão de um recurso extraordinário para a fixação de jurisprudência em todas as hipóteses possíveis, a nível de tribunais superiores, de oposição de decisões" (cfr. o Acórdão do Tribunal Constitucional n.º 36/2009).

Os artigos 79.º-A e 79-D da Lei do Tribunal Constitucional não impõem aos juízes a obrigação de seguirem, no futuro, em casos semelhantes, no âmbito das Secções, as soluções adotadas nos arestos tirados pelo Plenário do Tribunal Constitucional. Todavia, tendo em conta os objetivos que se pretendem atingir com a intervenção do Plenário nos processos de fiscalização concreta da constitucionalidade ou ilegalidade – a "prevenção" de divergências jurisprudenciais, a conveniência em fazer participar todos os juízes na decisão de questões de especial importância ou de grande complexidade e a necessidade de ultrapassar divergências entre decisões das Secções sobre questões de constitucionalidade ou de legalidade respeitantes à mesma norma jurídica –, natural é

A interposição do recurso para o Tribunal Constitucional está sujeita ao prazo de 10 dias e interrompe os prazos para a interposição de outros recursos que porventura caibam da decisão, os quais só podem ser interpostos depois de cessada a interrupção (artigo 74º, nº 1, da Lei do Tribunal Constitucional).

No caso do recurso de constitucionalidade da decisão judicial que tiver aplicado uma norma, não obstante a suscitação da sua inconstitucionalidade por uma das partes no processo, são *pressupostos específicos* desse recurso (pressupostos estes que têm sido, ao longo do tempo, objeto de um aturado apuramento na jurisprudência do Tribunal Constitucional): que a decisão judicial tenha aplicado (expressa ou implicitamente) a norma reputada inconstitucional; que o juízo sobre a constitucionalidade da norma tenha sido uma verdadeira *ratio decidendi* e não um mero *obiter dictum* da decisão recorrida[314]; que a questão de inconstitucionalidade haja sido suscitada "durante o processo",

que os juízes (incluindo os que emitiram votos discordantes) venham a adotar, no futuro, nos processos semelhantes de fiscalização concreta da constitucionalidade ou legalidade, a solução vertida nos acórdãos proferidos nos termos dos dois apontados artigos da Lei do Tribunal Constitucional. Tem sido esta, aliás, a prática seguida pelo Tribunal Constitucional [vejam-se, por exemplo, os Acórdãos nºs 238/93, 239/93, 240/93 e 241/93, que adotaram a solução constante do Acórdão nº 366/92, tirado pelo Plenário, ao abrigo do nº 6 do artigo 79º-D da Lei do Tribunal Constitucional, que confirmou o Acórdão nº 43/92, na parte em que julgou inconstitucional a norma do artigo 50º, nº 1, da Lei nº 109/88, de 26 de Setembro, por violação do disposto no artigo 13º, nº 2, da Constituição, com a indicação de que tal aresto do Plenário contém "o entendimento jurisprudencial que o Tribunal acolhe quanto à matéria objecto do recurso de constitucionalidade", bem como, entre outros, os Acórdãos do Tribunal Constitucional nºs 445/2011, 24/2012, 77/2012, 106/2012, 424/2016 e 151/2017, que referiram que a decisão a que neles se chegou foi obtida "por aplicação" do anteriormente decidido no Acórdão nº 401/2011].

[314] Deste pressuposto resulta, como tem sublinhado o Tribunal Constitucional, em jurisprudência uniforme e constante, que o recurso de constitucionalidade desempenha uma função instrumental, o que significa que "só pode admitir-se quando o eventual julgamento de inconstitucionalidade possa, de algum modo, projectar-se no caso concreto, alterando ou modificando a solução jurídica – ou parte dela – que se obteve para a questão que esteve na origem do recurso" ou, noutros termos, que só faz sentido dele conhecer "quando a decisão que o resolve se pode projectar com utilidade sobre uma causa", concluindo-se, assim, "que dele se não deva conhecer quando se não verifique qualquer efeito útil do mesmo sobre ela" (cfr., entre outros, os Acórdãos nºs 337/94, 283/97, 556/98 e 490/99).

entendida esta expressão em *sentido funcional* (e não puramente "formal"), isto é, em regra, antes de esgotado o poder jurisdicional sobre tal questão do tribunal *a quo*, e "de modo processualmente adequado perante o tribunal que proferiu a decisão recorrida, em termos de estar obrigado a dela conhecer" [artigos 70º, nº 1, alíneas *b)* e *c)*, e 72º, nº 2, da Lei do Tribunal Constitucional][315/316]; e que não seja admissível recurso ordinário da decisão judicial, por a lei o não prever ou por já haverem sido esgotados todos os que no caso cabiam, salvo os destinados a uniformização de jurisprudência (artigo 70º, nºs 3 a 6, da Lei do Tribunal Constitucional)[317/318].

[315] A norma do artigo 72º, nº 2, da Lei do Tribunal Constitucional veio, assim, clarificar, na senda da orientação constante de vários arestos do Tribunal Constitucional, entre os quais os Acórdãos nºs 36/91 e 177/91, que este pressuposto processual deixa de estar preenchido quando, suscitada embora a questão de inconstitucionalidade perante uma determinda instância, a mesma é abandonada em recurso ordinário entretanto interposto da decisão proferida por aquela.

[316] Significa isto que, em regra, a suscitação da questão de constitucionalidade já não é atempada no *requerimento de arguição de nulidade* da decisão final, nem no *requerimento de reforma* dessa decisão (a que se referem os artigos 615º a 617º do vigente Código de Processo Civil, correspondentes aos artigos 668º a 670º do Código de Processo Civil de 1961), salvo quando a questão de constitucionalidade se ligar a matéria em que o poder jurisdicional do tribunal *a quo* ainda subsiste, nem, muito menos, no *requerimento* de interposição de recurso para o Trribunal Constitucional. O Tribunal Constitucional tem, porém, dispensado, em certas situações excecionais, a observância deste pressuposto, quando o interessado não tenha tido *oportunidade processual* de suscitar a questão de constitucionalidade antes de proferida a decisão recorrida (v. g., os Acórdãos nºs 94/88, 391/89, 51/90, 294/99 e 1/2004) ou quando o recorrente se tenha visto confrontado com a *surpresa* da aplicação de todo imprevisível e insólito de certa norma, ou de uma certa interpretação da mesma, na decisão recorrida, em termos de não lhe poder ser exigível que a tivesse contestado antecipadamente (por exemplo, os Acórdãos nºs 188/93, 1124/96, 551/98, 87/2003 e 669/2005).

[317] Os nºs 3 a 6 do artigo 70º da Lei do Tribunal Constitucional clarificam, no seguimento de uma aturada jurisprudência do Tribunal Constitucional, o que deve considerar-se ou equiparar-se a "recurso ordinário" e, bem assim, o que deve entender-se por "esgotamento" dos recursos ordinários. Assim, o nº 3 determina que "são equiparadas a recursos ordinários as reclamações para os presidentes dos tribunais superiores, nos casos de não admissão ou de retenção do recurso, bem como as reclamações dos despachos dos juízes relatores para a conferência". De acordo com o nº 4, "entende-se que se acham esgotados todos os recursos ordinários, nos termos do nº 2, quando tenha havido renúncia, haja decorrido o respectivo prazo sem a sua interposição ou os recursos interpostos não possam

Têm legitimidade para interpor o recurso de constitucionalidade as pessoas que, de acordo com a lei reguladora do processo em que a decisão foi proferida, possam dela interpor recurso ordinário (ou seja, em via de máxima, a parte vencida) e que hajam suscitado a questão de inconstitucionalidade [artigo 72º, nºs 1, alínea b), e 2, da Lei do Tribunal Constitucional]. O recurso deve ser interposto para o Tribunal Constitucional por meio de requerimento no qual se indiquem os elementos referidos no artigo 75º-A da Lei do Tribunal Constitucional, cabendo ao tribunal que tiver proferido a decisão recorrida apreciar a admissão do respetivo recurso[319]. Mas do despacho que indefira o requerimento

ter seguimento por razões de ordem processual". Nos termos do nº 5, "não é admitido recurso para o Tribunal Constitucional de decisões sujeitas a recurso ordinário obrigatório, nos termos da respectiva lei processual". Finalmente, de harmonia com o nº 6, "se a decisão admitir recurso ordinário, mesmo que para uniformização de jurisprudência, a não interposição de recurso para o Tribunal Constitucional não faz precludir o direito de interpô-lo de ulterior decisão que confirme a primeira".

[318] Os pressupostos da "suscitação da questão da inconstitucionalidade durante o processo" e da "exaustão dos recursos ordinários" são perfeitamente compreensíveis. O primeiro é o reflexo da lógica processual, a qual impõe que, tratando-se de um "recurso", a questão da constitucionalidade deva, em princípio, ter sido colocada antes ao tribunal *a quo* (ao que acresce que possibilitar o recurso com base numa invocação da inconstitucionalidade *ex post factum*, isto é, depois de proferida a decisão, representaria abrir as portas à conversão do recurso para o Tribunal Constitucional num mero expediente processual dilatório). Mas compreende-se que, se tiver sido colocada a questão de constitucionalidade normativa ao tribunal *a quo*, este, incorrendo em *omissão de pronúncia*, não tiver dela conhecido, se deva considerar preenchido o pressuposto da "suscitação da questão da inconstitucionalidade durante o processo". O segundo aponta compreensivelmente para que o Tribunal Constitucional não deva intervir enquanto a questão da constitucionalidade ainda não tiver sido objeto da última palavra no plano dos tribunais comuns. Cfr. JOSÉ MANUEL M. CARDOSO DA COSTA, *A Jurisdição Constitucional*, cit., p. 78 e 79.

[319] Tais elementos variam conforme a alínea do nº 1 do artigo 70º da Lei do Tribunal Constitucional ao abrigo da qual o recurso é interposto, ou seja, conforme o *tipo* de recurso concreto de constitucionalidade. Em todos os requerimentos de interposição de recurso devem ser indicadas a alínea do nº 1 do artigo 70º ao abrigo da qual o recurso é interposto e a norma cuja inconstitucionalidade (ou ilegalidade) se pretende que o Tribunal aprecie. No caso de o recurso ser interposto ao abrigo das alíneas b) e f) do nº 1 do artigo 70º, isto é, no caso de recurso de decisões dos tribunais que apliquem norma cuja inconstitucionalidade ou cuja ilegalidade haja sido suscitada durante o processo, do requerimento deve ainda constar a indicação da norma ou princípio constitucional ou legal que se considera violado, bem como da peça processual em que o recorrente suscitou

de interposição do recurso ou retenha a sua subida cabe reclamação para o Tribunal Constitucional (artigos 75º-A, 76º e 77º da Lei do Tribunal Constitucional)[320].

A possibilidade de o Tribunal Constitucional rever as decisões sobre a admissibilidade dos recursos de constitucionalidade, nomeadamente através das decisões sobre as reclamações dos despachos do juiz *a quo* que indefiram o requerimento de interposição do recurso ou que retenham a sua subida, bem como a consideração pelo Tribunal Constitucional, a partir do Acórdão nº 340/2000, de que a violação do *caso julgado* das suas decisões constitui fundamento autónomo de recurso de constitucionalidade, independentemente da existência de outro fundamento, são uma expressão de que o Tribunal Constitucional possui a "competência da sua competência" (*Kompetenz-Kompetenz*)[321].

O reconhecimento aos cidadãos, no âmbito dos processos em que sejam parte, de um direito ao *recurso concreto, incidental* ou *difuso de constitucionalidade* para o Tribunal Constitucional – o qual, como realçámos

a questão da inconstitucionalidade ou ilegalidade. Nas hipóteses dos recursos previstos nas alíneas *g)* e *h)* do artigo 70º, no requerimento deve identificar-se também a decisão do Tribunal Constitucional ou da Comissão Constitucional que, com anterioridade, julgou inconstitucional ou ilegal a norma aplicada pela decisão recorrida. O referido anteriormente é aplicável, com as necessárias adaptações, ao recurso previsto na alínea *i)* do nº 1 do artigo 70º, ou seja, ao recurso das decisões dos tribunais que recusem a aplicação de norma constante de ato legislativo, com fundamento na sua contrariedade com uma convenção internacional, ou a apliquem em desconformidade com o anteriormente decidido sobre a questão pelo Tribunal Constitucional.

Se o requerimento de interposição do recurso não indicar algum dos elementos anteriormente referidos, o juiz deverá convidar o requerente a prestar essa indicação no prazo de 10 dias, devendo um tal convite ser feito pelo relator no Tribunal Constitucional, quando o juiz ou o relator que admitiu o recurso de constitucionalidade não tiver feito esse convite. Se o requerente não responder ao convite efetuado pelo relator no Tribunal Constitucional, o recurso é logo julgado deserto.

[320] Para mais desenvolvimentos, cfr. JOSÉ MANUEL M. CARDOSO DA COSTA, *A Jurisdição Constitucional*, cit., p. 72-84, bem como os artigos 69º a 85º da Lei do Tribunal Constitucional; INÊS DOMINGOS/M. MENÉRES PIMENTEL, *O Recurso de Constitucionalidade (Espécies e Respectivos Pressupostos)*, in "Estudos sobre a Jurisprudência do Tribunal Constitucional", cit., p. 435-437 e 442-451; e ANTÓNIO DE ARAÚJO/J. CASALTA NABAIS/ JOSÉ MANUEL VILALONGA, ob. cit., p. 389, 395, 405, 417 e 418.

[321] Cfr., sobre este tema, MIGUEL GALVÃO TELES, *A Competência da Competência do Tribunal Constitucional*, in "Escritos Jurídicos", Vol. I, Coimbra, Almedina, 2013, p. 159-181.

anteriormente, tem como objeto a *norma* (o critério heterónomo de decisão) aplicada pela decisão judicial recorrida ou uma sua dimensão normativa, considerada em si mesma (*on its face*), ou, mais restrivamente, na *interpretação* ou *sentido* com que ela foi tomada no caso concreto e aplicada na decisão recorrida (*as applied*), de que resulta, inevitavelmente, o esbatimento da fronteira entre "norma " e "decisão judicial" – constitui uma particularidade dos ordenamentos jurídico-constitucionais de Portugal e dos dois Países lusófonos a que temos feito abundantes referências, o Brasil e Angola[322].

Relativamente ao primeiro, saliente-se, na linha do que escrevemos *supra*, que a competência dos juízes e tribunais para procederem à fiscalização da constitucionalidade das normas, no âmbito do controlo difuso, depreende-se do artigo 102º, III, alíneas *a), b), c)* e *d), que atribui ao Supremo Tribunal Federal competência para julgar, mediante recurso extraordinário, as causas decididas em única ou última instância, quando a decisão recorrida contrariar dispositivo da Constituição, declarar a inconstitucionalidade de tratado ou lei federal ou julgar válida lei ou ato de governo local contestado em face da Constituição.*

Com base naquele preceito constitucional e na regulamentação constante dos artigos 948º a 950º do Código de Processo Civil Brasileiro (Lei nº 13.105, de 16 de março de 2015, alterada pela Lei nº 13.256, de 4

---

[322] Como é evidente, incluímos no conceito de "recurso de constitucionalidade" apenas o recurso para *reapreciação da questão da constitucionalidade de uma norma jurídica* decidida por um tribunal da jurisdição comum, excluindo do mesmo conceito os recursos, instituídos pelos ordenamentos jurídico-constitucionais alemão e espanhol, como *ultima ratio* para garantia dos direitos fundamentais, com vista à reapreciação pelo Tribunal Constitucional, depois de esgotadas as vias contenciosas comuns, de *qualquer ato estadual*, incluindo as decisões judiciais, alegadamente violador desses direitos, designados *Verfassungsbeschwerde* ou *queixa constitucional* e *recurso de amparo*, respetivamente. Para uma perspetiva diversa, abrangendo-os no mesmo conceito, cfr. JOSÉ MANUEL M. CARDOSO DA COSTA, *Justiça Constitucional e Jurisdição Comum (Cooperação ou Antagonismo?)*, in "Estudos em Homenagem ao Prof. Doutor José Joaquim Gomes Canotilho", Vol. II, Coimbra, Coimbra Editora, 2012, p. 193-212, em especial, p. 198 e 199.
E excluímos, igualmente, do mesmo conceito "o recurso extraordinário de inconstitucionalidade", interposto perante o Tribunal Constitucional de Angola, após o esgotamento dos recursos ordinários legalmente previstos, de sentenças e de atos administrativos que violem princípios, direitos fundamentais, liberdades e garantias dos cidadãos estabelecidos na Constituição.

de fevereiro de 2016), entende-se que todo ou qualquer juiz ou tribunal tem competência para analisar a constitucionalidade de uma norma que venha a ser suscitada *in concreto* e afastar a sua aplicação, com efeitos, em regra, *ex tunc*. Têm legitimidade para suscitar a questão da constitucionalidade qualquer das partes, o Ministério Público, quando seja parte, terceiros interessados no processo e o próprio juiz ou tribunal *ex officio*.

O *objeto* deste controlo incidental de constitucionalidade são quaisquer leis ou atos normativos, sejam eles da esfera federal, estadual ou municipal, incluindo as normas que tenham entrado em vigor antes da Constituição (não podendo estas últimas ser objeto de controlo concentrado, a não ser por meio da "arguição de descumprimento de preceito fundamental", o controlo incidental é o meio mais adequado para apreciar a constitucionalidade das mesmas). No ordenamento constitucional brasileiro, a inconstitucionalidade incidental de leis ou atos normativos do poder público só pode ser declarada pelo voto da maioria absoluta da totalidade dos membros do tribunal ou, sendo caso disso, "dos membros do respetivo órgão especial", como flui do artigo 97º da Constituição Federal. Trata-se de uma regra – *designada cláusula de reserva de plenário* – que vale para todos os tribunais coletivos, incluindo o Supremo Tribunal Federal, mas que não veda a possibilidade de o juiz singular ou "monocrático" declarar a inconstitucionalidade incidental de lei ou de ato normativo público.

No que respeita ao controlo difuso de constitucionalidade realizado pelo Supremo Tribunal Federal, pode o mesmo ter lugar tanto no âmbito das suas ações originárias, como no domínio da sua competência recursal ordinária e, mais comumente, no campo do recurso extraordinário.

São os seguintes os requisitos de admissibilidade do recurso para o Supremo Tribunal Federal: o prequestionamento da matéria constitucional, ou seja, para que o Supremo Tribunal Federal possa julgar o recurso extraordinário, é necessário que a referida matéria constitucional tenha sido arguida e sobre ela haja uma decisão no processo no âmbito do qual houve o recurso[323]; ofensa direta da Constituição, não podendo o vício de inconstitucionalidade advir de forma reflexa, sendo

---

[323] A Súmula nº 282 do Supremo Tribunal Federal refere *expressis verbis:* "É inadmissível o recurso extraordinário, quando não ventilada, na decisão recorrida, a questão federal

necessário que haja uma relação direta entre o objeto da fiscalização e a Constituição; necessidade de esgotamento das instâncias inferiores, não podendo, assim, haver supressão de nenhuma instância; e, por fim, a *repercussão geral* das questões discutidas no caso, no sentido de que elas não devem interessar apenas às partes, antes devem ultrapassar os *interesses subjetivos da causa* e ter repercussões para toda a ordem jurídica[324].

Declarada, *incidenter tantum*, a inconstitucionalidade da lei ou do ato normativo do poder público pelo Supremo Tribunal Federal, é eliminado, desde a sua origem, o ato normativo declarado inconstitucional, juntamente com todas as consequências dele derivadas, uma vez que os atos inconstitucionais são nulos e, portanto, desprovidos de qualquer eficácia jurídica. No entanto, os efeitos *ex tunc* (retroativos) somente são aplicados às partes e no processo em que houve a declaração incidental de inconstitucionalidade. Mas, diversamente do que sucede no ordenamento jurídico português, no qual o Tribunal Constitucional se limita a julgar ou não julgar inconstitucional a norma do caso, devendo o tribunal *a quo*, no caso de revogação da decisão recorrida, reformá-la em

suscitada. Caso a matéria tenha sido arguida, mas não tenha sido abordada na decisão, a parte poderá interpor embargos de declaração com o fim de obter o prequestionamento".

[324] Este requisito processual foi introduzido pela Emenda Constitucional nº 45/2004 e consta do artigo 102º, § 3º, da Constituição, cujo conteúdo é o seguinte: "No recurso extraordinário o recorrente deverá demonstrar a repercussão geral das questões constitucionais discutidas no caso, nos termos da lei, a fim de que o Tribunal examine a admissão do recurso, somente podendo recusá-lo pela manifestação de dois terços dos seus membros". No mesmo sentido, o artigo 1035º do Código de Processo Civil Brasileiro determina que "o Supremo Tribunal Federal, em decisão irrecorrível, não conhecerá do recurso extraordinário, quando a questão constitucional nele versada não oferecer repercussão geral, nos termos deste artigo". Segundo o § 1º deste artigo, para efeito de repercussão geral, será considerada a existência ou não de questões relevantes do ponto de vista económico, político, social ou jurídico que ultrapassem os interesses subjetivos do processo. De acordo com o § 2º do mesmo preceito, o recorrente deverá demonstrar a existência de repercussão geral para apreciação exclusiva pelo Supremo Tribunal Federal. E, de harmonia com o § 3º do mesmo artigo, haverá repercussão geral sempre que o recurso impugnar acórdão que "contrarie súmula ou jurisprudência dominante do Supremo Tribunal Federal" ou "tenha reconhecido a inconstitucionalidade de tratado ou de lei federal, nos termos do art. 97 da Constituição Federal". Estas disposições tiveram o fito de filtrar o número dos recursos que chegam ao Supremo Tribunal Federal, reforçando o seu papel de Tribunal Constitucional, mas enfraquecendo o seu carácter de Tribunal de Apelação.

conformidade com o decidido pelo Tribunal Constitucional, o Supremo Tribunal Federal, após analisar incidentalmente a questão de constitucionalidade em sede recursal, profere o seu próprio julgamento, substituindo a decisão recorrida, mantendo-a ou alterando-a.

É possível, no entanto, no ordenamento jurídico brasileiro, como referimos anteriormente, *ampliar* ou *abstratizar* os efeitos da declaração incidental de inconstitucionalidade pelo Supremo Tribunal Federal. De facto, o artigo 52º, X, da Constituição Federal brasileira estatui que compete privativamente ao Senado Federal "suspender a execução, no todo ou em parte, de lei declarada inconstitucional por decisão definitiva do Supremo Tribunal Federal". Este preceito constitucional, cuja origem se encontra na Constituição de 1934, prevê a possibilidade de o Supremo Tribunal Federal, nos casos de decisões definitivas nas quais declara a inconstitucionalidade de uma norma de maneira incidental, remeter ao Senado Federal uma comunicação dessa decisão, para que, no exercício da sua *competência discricionária*, suspenda, através de resolução, se assim o entender, a execução da lei, total ou parcialmente.

Por esta via, torna-se possível conferir eficácia geral às decisões adotadas em controlo difuso de constitucionalidade, transformando, portanto, os efeitos *inter partes* em *erga omnes*, embora efeitos *ex nunc*, ou seja, a partir da publicação da mencionada resolução senatorial. Constitui este um meio de evitar demandas repetidas em relação à constitucionalidade de uma mesma norma. Mas resulta claramente da letra e do espírito da mencionada norma constitucional que, caso o Senado opte por não suspender a lei, a mesma deverá continuar a produzir os seus efeitos, salvo relativamente às partes no processo difuso de constitucionalidade. Se o Senado Federal optar pela suspensão da execução da lei, ainda que parcialmente, deve fazê-lo por meio de resolução suspensiva irrevogável. É importante destacar que a Constituição não estipulou qualquer prazo para tal atuação do Senado Federal, que poderá agir quando achar conveniente, ou, como se referiu, poderá não agir, sem que haja qualquer tipo de sanção, uma vez que se trata de uma atividade discricionária[325/326].

---

[325] Cfr. *supra* nota 146. No sentido de que estamos perante uma competência discricionária, e não vinculada, do Senado Federal, cfr. ALEXANDRE DE MORAES, *Jurisdição*

JUSTIÇA CONSTITUCIONAL

No que concerne ao ordenamento constitucional de Angola, deixando de lado o *recurso extraordinário de inconstitucionalidade*, que tem, como vimos, uma natureza jurídica próxima do *recurso de amparo* ou da *queixa constitucional*, e limitando-nos, agora, ao *recurso ordinário de inconstitucionalidade*, o Tribunal Constitucional tem competência para apreciar, em recurso, as decisões dos demais tribunais que recusem a aplicação de qualquer norma com fundamento na sua inconstitucionalidade, as decisões dos demais tribunais que apliquem normas cuja constitucionalidade haja sido suscitada durante o processo, bem como as decisões dos demais tribunais que apliquem norma já anteriormente julgada inconstitucional pelo Tribunal Constitucional [artigos 180º, nº 2, alíneas *d*) e *e*), da Constituição de Angola, 16º, alíneas *d*) e *e*), da Lei Orgânica do Tribunal Constitucional e 36º a 48º da Lei do Processo Constitucional].

A natureza incidental e restrita à questão da inconstitucionalidade destas espécies de recurso de inconstitucionalidade, a legitimidade para a sua interposição, os requisitos a observar no requerimento de interposição do recurso e os efeitos da decisão do Tribunal Constitucional (a decisão faz caso julgado no processo quanto à questão da inconstitucionalidade suscitada e apenas no processo em que foi levantada) são aspetos que têm uma disciplina jurídica muito próxima do nosso recurso concreto de constitucionalidade, pelo que se torna desnecessário abordá-los neste lugar. Num ponto, no entanto, divergem os ordenamentos jurídico-constitucionais de Portugal e de Angola: enquanto em Portugal o Tribunal Constitucional pode, em processo de fiscalização abstrata sucessiva, declarar a inconstitucionalidade com força obrigatória geral de uma norma que ele tenha julgado inconstitucional em três casos concretos, em Angola, não está prevista qualquer conversão do processo de fiscalização concreta num processo de fiscalização abstrata, com vista à eliminação da norma do ordenamento jurídico, podendo,

Constitucional e Tribunais Constitucionais, cit., p. 247-249, e *Direito Constitucional*, 21ª ed., São Paulo, Atlas, 2007, p. 688-690.

[326] Cfr., sobre o tema do controlo judicial difuso de constitucionalidade no Supremo Tribunal Federal, ALEXANDRE DE MORAES, *Jurisdição Constitucional e Tribunais Constitucionais*, cit., p. 243-249, 280 e 281.

assim, uma norma continuar a ser julgada inconstitucional no futuro em vários e distintos processos pelo Tribunal Constitucional[327].

Em Espanha, em Itália e na Alemanha, os particulares não têm o direito de recorrer para o Tribunal Constitucional das decisões judiciais que apliquem uma norma jurídica cuja inconstitucionalidade tenham suscitado durante o processo. Nestes países, a intervenção do Tribunal Constitucional tem lugar através de uma "questão prejudicial de inconstitucionalidade", ou seja, por meio do reenvio da questão da constitucionalidade pelo tribunal da causa ao Tribunal Constitucional. A questão de inconstitucionalidade tanto pode ter origem numa iniciativa do juiz, como numa iniciativa da parte, mas quando a lei permite que a "questão de inconstitucionalidade" seja suscitada pelas partes no processo é o órgão judicial que decide levar, ou não, a questão ao Tribunal Constitucional, não tendo, por isso, as mesmas um direito que obrigue o tribunal a promovê-la. É o que sucede com a *"cuestión de inconstitucionalidad"* do ordenamento jurídico-constitucional espanhol[328], com a *"questione*

---

[327] Cfr. ONOFRE DOS SANTOS, ob. cit., p. 179-181.

[328] A "questão de inconstitucionalidade" só é admitida em relação a normas com valor de lei, mas tanto pode ter origem numa iniciativa do juiz, como numa iniciativa da parte (cfr. o artigo 163º da Constituição de Espanha e os artigos 35º a 37º da Lei Orgânica do Tribunal Constitucional do mesmo País). Embora o artigo 35º, nº 1, desta lei permita que a "questão de inconstitucionalidade" seja suscitada pelas partes no processo, é o órgão judicial que decide levar ou não a questão ao Tribunal Constitucional, não tendo, por isso, as mesmas um direito que obrigue o tribunal a promovê-la. Como sublinha J. PEREZ ROYO, a "questão de inconstitucionalidade" não é "um instrumento que está à disposição das partes, mas um instrumento à disposição do poder judicial na sua tarefa de administrar a justiça e do qual só deve fazer uso quando considere que não pode decidir sem a colaboração do Tribunal Constitucional" (cfr. *ob. cit.*, p. 655).
No mesmo sentido, salientam G. JIMENEZ-BLANCO/P. MAYOR MENENDEZ/L. OSORIO ITUNNENDI, citando a jurisprudência do Tribunal Constitucional espanhol, que a "questão de inconstitucionalidade" é um mecanismo de depuração objetiva do ordenamento jurídico, que tem como finalidade evitar que a aplicação judicial de uma norma com valor de lei dê origem a decisões judiciais contrárias à Constituição, por ser inconstitucional a norma aplicada, e preservar a sujeição à Constituição das disposições legais, não podendo, por isso, o órgão judicial ser obrigado pelas partes no processo a formular tal questão, já que nela o interesse jurídico protegido é independente do interesse das partes (cfr. *Comentario a la Constitucion. La Jurisprudencia del Tribunal Constitucional*, Madrid, Ramón Areces, 1993, p. 896-897).

De harmonia com o disposto no nº 2 do artigo 35º da Lei Orgânica do Tribunal Constitucional espanhol, o órgão judicial só poderá colocar a questão de inconstitucionalidade uma vez concluso o processo e dentro do prazo para proferir a sentença, devendo indicar a lei ou norma com força de lei cuja constitucionalidade se questiona, o preceito constitucional que se supõe infringido e especificar e justificar em que medida a decisão do processo depende da validade da norma em questão. Para mais desenvolvimentos, cfr. A. TORRES DEL MORAL, *ob. cit.*, p. 435-439; F. FERNANDEZ SEGADO, *ob. cit.*, p. 1092-1094 e 1097-1099; PABLO PÉREZ TREMPS, *ob. cit.*, p. 70-83; e J.-M. MARTINEZ PETEDA RODRIGUEZ [*et al.*], *cit.*, p. 578-582. São ainda *pressupostos* para o reenvio da "questão de inconstitucionalidade" e cuja verificação é controlada pelo Tribunal Constitucional: que o órgão jurisdicional não possa resolver por interpretação a contradição entre a norma aplicável ao caso e a Constituição; que a "questão de inconstitucionalidade" não seja "notoriamente infundada"; que a norma questionada seja necessariamente aplicável ao caso *sub judicio*; e, finalmente, que a resolução da causa dependa da questão da constitucionalidade da norma sindicada.

O reenvio da "questão de inconstitucionalidade" ao Tribunal Constitucional determina a suspensão provisória do processo judicial até que o Tribunal Constitucional se pronuncie sobre a sua admissão e, depois de admitida, até que resolva definitivamente a questão. A admissão da "questão de inconstitucionalidade" é publicada no *Boletim Oficial do Estado*, podendo intervir no processo constitucional, no prazo de quinze dias após a publicação, quem seja parte no processo judicial em cujo seio a mesma foi promovida. Além disso, o Tribunal remete traslado da questão ao Congresso dos Deputados, ao Senado, ao Fiscal Geral do Estado, ao Governo e, no caso de afetar uma lei ou disposição normativa com força de lei de uma Comunidade Autónoma, aos seus órgãos executivo e legislativo para que possam intervir no processo e formular alegações no prazo de quinze dias.

As sentenças do Tribunal Constitucional proferidas em todos os processos de fiscalização da constitucionalidade têm eficácia de caso julgado, vinculam todos os poderes públicos e produzem efeitos gerais desde a data da sua publicação no *Boletim Oficial do Estado* (artigo 38º, nº 1, da Lei Orgânica do Tribunal Constitucional espanhol). E, de acordo com o nº 3 do artigo 38º da mesma lei, as sentenças prolatadas nos processos realtivos a "questões de inconstitucionalidade" são imediatamente comunicadas pelo Tribunal Constitucional ao órgão judicial competente para a decisão do processo, que, por sua vez, notifica as partes, ficando o Juiz ou o Tribunal vinculado desde que tenha conhecimento da sentença constitucional e as partes desde que sejam notificadas.

Conclui-se, assim, que os ordenamentos juridico-constitucionais português e espanhol divergem, no domínio da *eficácia jurídica* das decisões proferidas no controlo concreto ou incidental de normas juridicas. No nosso país, essas decisões têm uma *eficácia limitada ao caso*, quer se trate de decisões que vão no sentido da inconstitucionalidade ou em sentido inverso. Diferentemente, no país vizinho, as sentenças de inconstitucionalidade proferidas em controlo concreto de normas com valor de lei ("questão de inconstitucionalidade") têm *eficácia obrigatória geral* (cfr. os artigos 164º, nº 1, da Constituição de Espanha e 38º da Lei Orgânica do Tribunal Constitucional e, na doutrina, A. CANO MATA, *Comentarios*

di legittimità costituzionale" do ordenamento jurídico italiano[329] e com o "*konkrete Normenkontrolle*" do ordenamento constitucional alemão[330].

a la Ley Orgánica del Tribunal Constitucional, Madrid, Editoriales de Derecho Reunidas, 1986, p. 204 e 205, F. FERNANDEZ SEGADO, ob. cit., p. 1099 e 1100, E. ÁLVAREZ CONDE, *Curso de Derecho Constitucional*, Vol. II, Madrid, Tecnos, 1993, p. 319, e PABLO PÉREZ TREMPS, *ob. cit.*, p. 70-83).

[329] No ordenamento jurídico italiano, o artigo 134º da Constituição limita-se a estabelecer, entre o mais, que o Tribunal Constitucional julga "*sulle controversie relative alla legittimità costituzionale delle leggi e degli atti, aventi forza di legge, dello Stato e delle Regioni*". A falta de tempo e as grandes divergências entre os defensores dos vários "modelos" de justiça constitucional levaram a Assembleia Constituinte a aprovar a norma do artigo 137º da Constituição, que remete para uma lei constitucional a determinação das condições, formas e termos de acesso ao Tribunal Constitucional, bem como as garantias de independência do Tribunal Constitucional, e para uma lei ordinária "as outras normas necessárias para a constituição e funcionamento do Tribunal Constitucional". Tais leis são a Lei Constitucional nº 1/1948 e a Lei nº 87/1953. Ora, entre as vias de acesso ao Tribunal Constitucional encontra-se o "*procedimento in via incidentale (o di eccezione)*", através da "*questione di legittimità costituzionale*".
Esta caracteriza-se pela faculdade de, no decurso de um processo perante uma autoridade judiciária, as partes ou o Ministério Público suscitarem uma questão de legitimidade constitucional mediante um pedido especial, indicando as disposições da lei ou do ato com força de lei do Estado ou de uma Região viciados de inconstitucionalidade, bem como as disposições da Constituição ou das leis constitucionais que consideram violadas. "A questão de legitimidade constitucional" também pode ser suscitada *ex officio* pela autoridade judiciária perante a qual decorre o processo, mediante "despacho" contendo os elementos anteriormente referidos. Mas é o juiz que aprecia e emite a "ordinanza" de remissão (ou reenvio) da "questão de constitucionalidade" para o Tribunal Constitucional. Mas, para isso, é necessário que se verifiquem três requisitos fundamentais: que o juiz, antes de emanar a ordem de remessa, analise e pondere se é possível fazer "uma interpretação adequada" ou conforme à Constituição; que a "questão de legitimidade constitucional" seja "relevante", com o sentido de que a mesma deve referir-se a uma norma que o juiz considere necessária e indispensável para a decisão do mérito da causa pendente perante si; e que essa mesma questão não seja "manifestamente infundada" ("*non manifesta infondatezza*"). Se estiverem satisfeitos estes requisitos, o juiz suspende o processo em curso e emite (e transmite) a decisão de remissão ao Tribunal Constitucional, dando, assim, vida ao juízo constitucional incidental. O juiz do tribunal *a quo* é, deste modo, um "filtro" que deixa subir ao Tribunal Constitucional somente as questões de constitucionalidade *sérias* e *não dilatórias*, exercendo as funções de "introdutor" do processo constitucional (ou de "porteiro", na expressão de P. CALAMANDREI).
O tribunal *a quo* determina a notificação da "*ordinanza di trasmissione*" ao Tribunal Constitucional às partes no processo e ao Ministério Público quando a sua intervenção for

obrigatória, bem como ao Presidente do Conselho de Ministros ou ao Presidente da Junta Regional, conforme esteja em causa uma lei ou um ato com força de lei do Estado ou da Região. A mesma é também comunicada aos Presidentes das duas Câmaras do Parlamento ou ao Presidente do Conselho Regional interessado (artigo 23º da Lei nº 87/1953). Logo que chegue ao Tribunal Constitucional a "ordinanza" com a qual o tribunal *a quo* promove o juízo de legitimidade constitucional, o Presidente do Tribunal Constitucional determina a sua publicação na "*Gazzetta Ufficiale*" e, quando seja caso disso, no Boletim Oficial da Região interessada. As partes no processo e, bem assim, o Presidente do Conselho de Ministros ou o Presidente da Junta Regional podem apresentar, no prazo de vinte dias após a comunicação da remessa ao Tribunal Constitucional da "questão de legitimidade constitucional", as suas alegações (artigo 25º da Lei nº 87/1953). A jurisprudência do Tribunal Constitucional italiano e a doutrina mais expressiva consideram que esta intervenção do Governo não traduz um interesse institucionalmente contraposto ao das partes no processo, antes constitui "um instrumento de expressão e de salvaguarda do *indirizzo político do Governo*".

O Tribunal Constitucional, quando proferir uma *sentença de acolhimento* de uma instância ou de um recurso relativo a uma "questão de legitimidade constitucional" de uma lei ou de um ato com força de lei, declara, "*nos limites da impugnação*", quais são as disposições legislativas ilegítimas (inconstitucionais). E declara também quais são as outras disposições legislativas cuja ilegitimidade (inconstitucionalidade) resulta como consequência da decisão adotada (artigo 27º da Lei nº 87/1953). A expressão "*nei limiti dell`impugnazione*" aponta para o "princípio da correspondência entre o requerido e o pronunciado" ou para o princípio de que o juiz "não deve ir além do requerido pelas partes" ("*ne eat iudex extra petita partium*"). Significa isto que o objeto do juízo do Tribunal Constitucional corresponde ao que foi individualizado na "*ordinanza di rinvio*" (*thema decidendum*), ou seja, àquilo que foi requerido (*petitum*) e ao motivo do requerido (*causa petendi*). Segundo alguma doutrina, os fundamentos do "princípio da correspondência entre o requerido e o pronunciado" são dois: limitar o ativismo judiciário e garantir o contraditório. Neste sentido, se explica a jurisprudência constitucional que exige na "*ordinanza di rimessione*" uma indicação rigorosa do *thema decidendum*, sem *petita* alternativos – e sem possibilidade para as partes de "ampliação" do *thema*, que pode, ao invés, ser "reduzido" pelo Tribunal Constitucional. Por sua vez, a locução de que o Tribunal Constitucional "*dichiara, altresì, quali sono le altre disposizioni legislative, la cui illegittimità deriva come consequenza della decisione adottata*" diz respeito à denominada "legitimidade consequencial", constante do citado artigo 27º da Lei nº 87/1953, cujas razões se encontram nas exigências práticas de economia processual e de certeza do direito e, sobretudo, na necessidade de eliminar do ordenamento jurídico o maior número possível de normas ilegítimas (inconstitucionais), para uma mais rápida e tempestiva tutela dos valores constitucionais.

A sentença por meio da qual o Tribunal Constitucional se pronuncia sobre a questão de ilegitimidade constitucional de uma lei ou de um ato com força de lei ou a "*ordinanza*" com a qual é declarada a "*manifesta infondatezza*" da exceção de inconstitucionalidade é comunicada à autoridade judiciária que promoveu a apreciação da questão de constitucionalidade (artigo 29º da Lei nº 87/1953). Por seu lado, de harmonia com o artigo 30º desta mesma lei, a sentença que declara a ilegitimidade constitucional de uma lei ou de um ato com força de lei do Estado ou de uma Região é transmitida, oficiosamente, ao Ministro da Justiça ou ao Presidente da Junta Regional, a fim de proceder imediatamente, e nunca depois do prazo máximo de dez dias, à publicação da parte dispositiva da decisão na mesma forma estabelecida para a publicação do ato declarado constitucionalmente ilegítimo. A sentença é, além disso, comunicada às Câmaras e aos Conselhos Regionais interessados, a fim de que, sempre que o considerem necessário, adotem os atos da sua competência. As normas declaradas inconstitucionais não podem ter aplicação a partir do dia seguinte ao da sua publicação (eficácia *ex nunc*). Para mais desenvolvimentos sobre o *"procedimento in via incidentale (o di eccezione)"*, da competência do Tribunal Constitucional italiano, cfr., por todos, ANTONIO RUGGERI/ANTONINO SPADARO, ob. cit., p. 201-255, ELENA MALFATTI/SAULLE PANIZZA/ROBERTO ROMBOLI, ob. cit., p. 85-150, e AUGUSTO CERRI, ob. cit., p. 131-288.

[330] O artigo 100, 1, da *Grundgesetz*, com a epígrafe *"konkrete Normenkontrolle"*, estabelece que, "quando um tribunal considerar uma lei, de cuja validade dependa a decisão, como inconstitucional, ele terá de suspender o processo e submeter a questão à decisão do tribunal estadual competente em assuntos constitucionais, quando se tratar de violação da constituição de um Estado, ou à decisão do Tribunal Constitucional Federal, quando se tratar da violação desta Lei Fundamental. Isto também é aplicável, quando se tratar da violação desta Lei Fundamental pela legislação estadual ou da incompatibilidade de uma lei estadual com uma lei federal". Por seu lado, os §§ 13, 11 e 80 a 82a da *Bundesverfassungsgerichtsgesetz* regulam o processo do controlo concreto de constitucionalidade das normas legais.

Todos os tribunais, nas questões que lhe sejam submetidas, têm de verificar se as normas legais aplicáveis ao caso *sub judicio* são conformes à *Grundgesetz*. Se concluírem que uma lei federal é inconstitucional (não bastando meras dúvidas quanto à questão da sua inconstitucionalidade), e a decisão que tiverem de adotar quanto ao mérito da causa depender da validade constitucional da lei, devem, então, suspender o processo e remeter a questão da constitucionalidade para apreciação pelo Tribunal Constitucional Federal (o mesmo vale também quando a legislação estadual violar a Lei Fundamental ou quando uma lei estadual for incompatível com uma lei federal). O Tribunal Constitucional Federal apenas tem competência para declarar se a norma é ou não inconstitucional, cabendo ao tribunal materialmente competente julgar em seguida o caso concreto. A razão do monopólio da competência pelo Tribunal Constitucional Federal para declarar a inconstitucionalidade de uma lei em sentido formal é, em primeira linha, evitar que cada tribunal se sobreponha à vontade do legislador democrático, recusando a aplicação das leis por este emitidas alegando a sua inconstitucionalidade. Os tribunais ordinários são, no entanto, competentes para controlar a constitucionalidade e recusar a aplicação, com fundamento na sua inconstitucionalidade ou na sua contrariedade com o Direito federal, de normas jurídicas não parlamentares (*nicht-parlamentarischer Rechtsnormen*), como sucede com as normas regulamentares. Uma vez que o controlo normativo concreto

No ordenamento constitucional francês, a fiscalização por via incidental ou de exceção da constitucionalidade de normas legais, da competência do Conselho Constitucional, por meio da *"question prioritaire de constitutionnalité"*, tem um recorte diferente do indicado anteriormente para os ordenamentos jurídicos de Espanha, Itália e Alemanha. De facto, no direito francês, são as partes num processo judicial que podem invocar que uma disposição legislativa viola os seus direitos e liberdades garantidos pela Constituição, não tendo o juiz o poder de suscitar *ex officio* uma "questão prévia de constitucionalidade", mas o juiz de fundo perante o qual é suscitada a referida "questão" (o juiz *a quo*) não tem competência para a deferir diretamente ao Conselho Constitucional, decidindo este apenas a reenvio do *Conseil d´État* ou da *Cour de Cassation*.

O figurino do direito francês não corresponde, assim, a uma "questão prejudicial de constitucionalidade", que é caracterizada por uma relação entre juiz do tribunal *a quo* e o juiz constitucional, dado que somente

do Tribunal Constitucional Federal está limitado às leis federais e às leis dos *Länder*, não é admissível uma questão concreta de inconstitucionalidade perante o Tribunal Constitucional Federal, tendo como objeto regulamentos administrativos.
O processo, denominado *reenvio judicial (Richtervorlage)*, começa com o "despacho" de um juiz que considera uma lei inconstitucional e que a decisão sobre o mérito da causa depende do juízo sobre a sua validade constitucional. As partes no processo não têm o direito de exigir que o tribunal reenvie a questão para o Tribunal Constitucional Federal. Todos os tribunais são competentes para reenviar a questão da constitucionalidade ao Tribunal Constitucional Federal. O tribunal competente para o reenvio tem de estar convencido (e deve indicar as razões de um tal convencimento) de que uma norma legal é inconstitucional e que a decisão sobre o mérito da causa depende do juízo sobre a validade constitucional da norma legal. O tribunal submete diretamente ao Tribunal Constitucional Federal a questão da constitucionalidade, isto é, sem passar por outras instâncias superiores. O processo original fica suspenso até à decisão do Tribunal Constitucional Federal.
Se o reenvio tiver sucesso, a norma legal é declarada desconforme com a Lei Fundamental e nula. No caso de o reenvio ser admitido e a norma legal for conforme à Lei Fundamental, o Tribunal Constitucional Federal profere uma decisão positiva de constitucionalidade. Cfr. Wolfgang Zeidler, *Relatório do Tribunal Constitucional Federal Alemão*, in "VII Conferência dos Tribunais Constitucionais Europeus – Justiça Constitucional e Espécies, Conteúdo e Efeitos das Decisões sobre a Constitucionalidade de Normas", 2ª Parte, Lisboa, Tribunal Constitucional, 1987, p. 53; Ulrich Battis, ob. cit., p. 811 e 812; Konrad Hesse, *El Tribunal Constitucional Federal en la Ley Fundamental de Bonn*, cit., p. 147-149; Christiaan Hillgruber/Christoph Goos, ob. cit., p. 238 -264; e Roland Fleury, ob. cit., p. 34 – 40.

as partes num processo judicial podem suscitar a *"question prioritaire de constitutionnalité"*[331].

[331] No seguimento do que deixamos registado anteriormente (cfr. a nota 129), importa acrescentar que a questão prioritária de constitucionalidade é suscitada pelas partes no quadro de um processo que decorre perante uma jurisdição *lato sensu*. O objeto da questão prioritária de constitucionalidade é constituído por "disposições legislativas", que abrangem, em primeiro lugar, a totalidade ou uma parte de uma lei (ato votado pelo Parlamento), ficando de fora as leis de soberania (leis constitucionais e referendárias), as leis orgânicas, que são objeto de um controlo obrigatório preventivo da sua constitucionalidade, antes da sua promulgação (artigo 61º, nº 1, da Constituição francesa), e as leis de transposição mecânica de diretivas comunitárias, as habilitações legislativas do poder executivo e as interpretações jurisprudenciais das disposições legislativas realizadas de maneira constante pelo *Conseil d'État* e pela *Cour de Cassation*.
A questão prioritária de constitucionalidade visa salvaguardar os direitos e as liberdades garantidos pela Constituição. Compete ao juiz do processo apreciar os pressupostos de admissibilidade da questão prioritária de constitucionalidade, a fim de desencorajar o espírito de chicana ou manobras dilatórias. Para este fim, ele decide sem demora, com base numa decisão fundamentada, sobre os requisitos de admissibilidade. Estes são os três seguintes, que devem ser satisfeitos cumulativamente: a disposição legislativa é aplicável ao litígio ou ao processo ou constitui o fundamento da acusação; ela não foi já declarada conforme à Constituição nos motivos e no dispositivo de uma decisão do Conselho Constitucional, salvo alterações das circunstâncias; e a questão não é desprovida de caráter sério.
No prazo de três meses a contar da receção da transmissão da questão prioritária de constitucionalidade pelo juiz *a quo*, o *Consel d'État* ou a *Cour de Cassation* pronuncia-se, numa decisão motivada, sobre a eventualidade do reenvio ao Conselho Constitucional. Para este fim, os critérios de admissibilidade são idênticos aos impostos ao juiz *a quo* no momento da transmissão da questão prioritária de constitucionalidade. Mas o terceiro requisito anteriormente mencionado apresenta-se um pouco diferente nesta fase, devendo a questão ser nova ou apresentar um caráter sério. O Conselho Constitucional conhece unicamente da decisão de reenvio, porque não é o juiz da instância que originou a questão prioritária de constitucionalidade. Ele aprecia a admissibilidade da questão, decidindo, sendo caso disso, não tomar conhecimento da mesma. O reenvio é, então, nesse caso, juridicamente infundado. O Conselho Constitucional decide no prazo de três meses com base numa decisão motivada, no termo de um processo particular, que comporta uma audiência, sendo, além disso, célere, contraditório e público.
A decisão do Conselho Constitucional está revestida da autoridade de *caso julgado* e impõe-se aos poderes públicos e a todas as autoridades administrativas e judiciais (artigo 62º, parágrafo terceiro, da Constituição francesa). Se o Conselho Constitucional declarar que a disposição legislativa contestada é conforme à Constituição, a mesma conserva o seu lugar na ordem jurídica interna. O tribunal da causa deve aplicá-la, a não ser que ele julgue a disposição legislativa incompatível com uma disposição de um tratado in-

19. O controlo da constitucionalidade e da legalidade das normas regulamentares

Apresentadas as modalidades de fiscalização jurisdicional da constitucionalidade das normas jurídicas, importa distinguir, no que às normas regulamentares dotadas de eficácia jurídica externa diz respeito, entre o controlo da sua *constitucionalidade* e da sua *legalidade qualificada* e o controlo da sua *legalidade simples*. Questão que assume grande importância, dado que se assiste, hodiernamente, a um *poliformismo regulamentar*, a uma *neofeudalização da atividade regulamentar* ou a uma *"galáxia" regulamentar*, devido à dispersão da titularidade do poder regulamentar por uma longa série de entidades e organizações, o que faz com que aquela fonte normativa ocupe um lugar preponderante em setores especiais do direito administrativo, designadamente no direito do ordenamento do território e do urbanismo, no direito do ambiente, no direito da segurança social, no direito fiscal e no direito da regulação pública[332].

Os regulamentos administrativos, cujo regime geral está condensado nos artigos 135º a 147º do Código do Procedimento Administrativo, aprovado pelo Decreto-Lei nº 4/2015, de 7 de janeiro, são perspetiva-

---

ternacional ou do direito da União Europeia. Se, ao invés, o Conselho Constitucional declarar que a disposição legislativa contestada é contrária à Constituição, a decisão do mesmo tem como efeito a *revogação* da disposição legislativa, a contar da publicação da decisão do Conselho Constitucional ou de uma data ulterior fixada por esta decisão (artigo 62º da Constituição francesa, na redação da Lei Constitucional de 23 de julho de 2008). O Conselho Constitucional pode, assim, *modelar* no tempo os efeitos da decisão (efeitos imediatos ou diferidos no tempo), a fim de evitar, segundo as palavras do próprio Conselho Constitucional, *consequências manifestamente excessivas*, do ponto de vista do interesse geral (v.g., salvaguarda da ordem pública, luta contra a fraude fiscal). O Conselho Constitucional pode, destarte, dialogar utilmente com o Parlamento, a fim de este corrigir a inconstitucionalidade. A *decisão revogatória* produz um efeito *erga omnes* e não apenas *inter partes*, como no sistema jurídico americano, mas diferentemente do ordenamento jurídico português. Cfr., para mais desenvolvimentos, JEAN GICQUEL/ JEAN-ÉRIC GICQUEL, ob. cit., p. 776-782, e DOMINIQUE ROUSSEAU/PIERRE-YVES GAHDOUN/JULIEN BONNET, ob. cit., p. 169-227.

[332] Cfr. PAULO OTERO, *Legalidade e Admnistração Pública – O Sentido da Vinculação Admnistrativa à Juridicidade*, Coimbra, Almedina, 2003, p. 628-637; e LICÍNIO LOPES MARINS/JORGE ALVES CORREIA, *Questões Práticas Sobre a Reforma do CPTA em Matéria de Impugnação de Normas Regulamentares: Como Transpor a Inconstitucionalidade do Art. 73º, nº 2?*, in "Cadernos de Justiça Administrativa", nº 114 (2015), p. 17.

dos, simultaneamente, como *fontes de direito* (e, nesta primeira dimensão, consubstanciam normas jurídicas e, enquanto tais, revestem a natureza de critérios de decisão e servem de padrão de conduta vinculativo dos particulares) e como uma *forma de atuação administrativa* (e, nesta segunda dimensão, representam um modo do *agere* da Administração e, como tal, uma das formas de prossecução dos fins públicos colocados a seu cargo)[333].

Ora, esta dupla qualidade dos regulamentos administrativos, como modo de produção de normas jurídicas públicas e como modo de atuação da Administração Pública, está na base da sujeição dos mesmos a um *controlo de constitucionalidade* (e de *legalidade qualificada*) e de *legalidade simples*. O controlo de constitucionalidade e de legalidade qualificada dos regulamentos obedece ao regime constante da Constituição e da Lei do Tribunal Constitucional, ao passo que o controlo da legalidade simples dos regulamentos segue o regime definido no Código de Processo nos Tribunais Administrativos (CPTA) e no Estatuto dos Tribunais Administrativos e Fiscais (ETAF), alterados significativamente pelo Decreto-Lei nº 214-G/2015, de 2 de outubro, alicerçado na

---

[333] Cfr., na doutrina nacional, AFONSO RODRIGUES QUEIRÓ, *Teoria dos Regulamentos*, in "Estudos de Direito Público", Vol. II, Tomo I, Coimbra, 2000, p. 213-262; MARCELLO CAETANO, *Manual de Direito Administrativo*, Vol. I, Coimbra, Almedina, 2005, p. 95-111; JOSÉ M. SÉRVULO CORREIA, *Noções de Direito Administrativo*, Vol. I, Lisboa, Danúbio, 1982, p. 95-114, e *Direito do Contencioso Administrativo I*, Lisboa, Lex, 2005, p. 603-605; JORGE MIRANDA, *Regulamento*, in "Polis-Enciclopédia Verbo da Sociedade e do Estado", Vol. V, Lisboa/São Paulo, Verbo, 1987, p. 266-278; J. C. VIEIRA DE ANDRADE, *Lições de Direito Administrativo*, cit., p. 139-147; D. FREITAS DO AMARAL, *Curso de Direito Administrativo*, Vol. II, 2ª ed., Coimbra, Almedina, 2012, p. 177-230; MARIA DA GLÓRIA F. P. DIAS GARCIA, *Da Justiça Administrativa em Portugal – Sua Origem e Evolução*, Lisboa, Universidade Católica, 1994, p. 634-648; MÁRIO AROSO DE ALMEIDA, *Os Regulamentos no Ordenamento Jurídico Português*, in "Estudos Comemorativos dos 10 Anos da Faculdade de Direito da Universidade Nova de Lisboa", Vol. I, Coord. DIOGO FREITAS DO AMARAL/CARLOS FERREIRA DE ALMEIDA/MARTA TAVARES DE ALMEIDA, Coimbra, Almedina, 2008, p. 503-527; ANA RAQUEL MONIZ, *A Recusa de Aplicação de Regulamentos pela Administração com Fundamento em Invalidade*, Coimbra, Almedina, 2012, p. 94-189, e *Estudos Sobre os Regulamentos Administrativos*, Coimbra, Almedina, 2013, p. 40-51; e RUI CHANCERELLE DE MACHETE, *Comentário ao Artigo 135º do Código do Procedimento Administrativo*, in FAUSTO DOS QUADROS (*et al.*), "Comentários à Revisão do Código do Procedimento Administrativo", Coimbra, Almedina, 2016, p. 269-272.

autorização legislativa concedida pela Lei nº 100/2015, de 19 de agosto, bem como no Código do Procedimento Administrativo (CPA), aprovado pelo Decreto-Lei nº 4/2015, de 7 de janeiro.

Estes *dois níveis* de controlo jurisdicional dos regulamentos – o controlo da constitucionalidade (a que associamos o controlo da legalidade qualificada) e o controlo da legalidade simples – têm regimes bem diferenciados, embora apareçam, por vezes, interligados.

Antes de abordarmos, em linhas gerais, estes *dois níveis* de controlo jurisdicional dos regulamentos, diga-se, preliminarmente, que o legislador procedeu, na revisão de 2015 do Código de Processo nos Tribunais Administrativos, à alteração de diversos aspetos do regime da impugnação jurisdicional da legalidade de normas regulamentares, acrescentando, ainda, por sua iniciativa, uma "velha" figura impugnatória ao texto da lei (a *impugnação indireta ou incidental*)[334]. Em geral, além dos meios processuais *principais* destinados a controlar a legalidade das normas (a título direto, os pedidos de *declaração com ou sem força obrigatória geral*) ou da omissão ilegal de normas (*declaração de ilegalidade por omissão*), o Código de Processo nos Tribunais Administrativos prevê um processo cautelar dirigido à *suspensão da eficácia das normas administrativas* (artigo 130º).

19.1. O controlo indireto ou incidental da constitucionalidade e da legalidade das normas administrativas

Começando pela impugnação indireta ou incidental da legalidade dos regulamentos, importa sublinhar que a mesma pode andar de mãos dadas com o controlo indireto ou incidental da sua constitucionalidade[335]. A partir da revisão de 2015, a *impugnação contenciosa indireta, incidental ou por via de exceção de normas administrativas* passou a estar expressamente consagrada no Código de Processo nos Tribunais Administrativos (artigo 73º, nº 3). De harmonia com este preceito, "quando os efeitos de uma norma não se produzam imediatamente, mas só através de um ato administrativo de aplicação, o lesado, o Ministério Público

---

[334] Cfr. LICÍNIO LOPES MARTINS/JORGE ALVES CORREIA, ob. cit., p. 17 e 18.
[335] Cfr. LICÍNIO LOPES MARTINS/JORGE ALVES CORREIA, ob. cit., p. 18-20, que seguimos aqui de perto.

ou qualquer das pessoas e entidades nos termos do nº 2 do artigo 9º podem suscitar a questão da ilegalidade da norma aplicada no âmbito do processo dirigido contra o ato de aplicação a título incidental, pedindo a desaplicação da norma"[336].

De acordo com o aludido preceito do Código do Processo nos Tribunais Administrativos, quando a norma regulamentar não seja imediatamente operativa, necessitando de um ato administrativo de aplicação, a sua ilegalidade pode ser invocada no processo de impugnação de um ato administrativo que a tenha aplicado, de forma a obter a anulação desse ato. Assim, a questão da ilegalidade da norma é suscitada a "título incidental" (invoca-se o *incidente da ilegalidade* da norma regulamentar) para sustentar a invalidade do ato concreto de aplicação, em processo dirigido contra esse ato. Tal como já acontecia na versão anterior do Código de Processo nos Tribunais Administrativos, qualquer disposição de um regulamento pode ser objeto de impugnação indireta ou incidental, mediante *exceção de ilegalidade* deduzida na "ação administrativa" interposta contra o ato administrativo que nele se fundamente.

A ilegalidade da norma regulamentar suscitada a "título incidental" de que estamos aqui a falar é a *ilegalidade simples ou stricto sensu* (por exemplo, ilegalidade por violação de lei, dos princípios gerais de direito administrativo e de normas de direito internacional ou de direito da União Europeia, bem como por violação de outros regulamentos que devam ser observados segundo a relação de prevalência estabelecida no artigo 138º Código do Procedimento Administrativo, conjugado com o nº 2 do artigo 143º do mesmo Código).

No caso de o tribunal administrativo considerar uma norma regulamentar ilegal, tem ele uma *Verwerfungskompetenz,* que se traduz no

---

[336] O artigo 9º, nº 2, do Código de Processo nos Tribunais Administrativos estabelece que, "independentemente de ter interesse pessoal na demanda, qualquer pessoa, bem como as associações e fundações defensoras dos interesses em causa, as autarquias locais e o Ministério Público têm legitimidade para propor e intervir, nos termos previstos na lei, em processos principais e cautelares destinados à defesa de valores e bens constitucionalmente protegidos, como a saúde pública, o ambiente, o urbanismo, o ordenamento do território, a qualidade de vida, o património cultural e os bens do Estado, das Regiões Autónomas e das autarquias locais, assim como para promover a execução das correspondentes decisões jurisdicionais".

poder-dever de recusar a sua aplicação ao caso concreto e, consequentemente, de anular ou declarar nulo o ato administrativo que nela se tinha baseado. Aliás, este *poder-dever de recusa de aplicação* nos casos concretos de um regulamento ou de alguma ou algumas das suas disposições não se circunscreve aos tribunais administrativos, antes abrange os tribunais judiciais. Sendo um *poder-dever*, não carece o mesmo de estar previsto na lei para ser utilizado pelo tribunal, tanto *ex officio*, como a requerimento das pessoas ou entidades com legitimidade para o efeito[337]. Nestes termos, a opção tomada na revisão de 2015 foi consagrar no texto da lei uma "velha" figura impugnatória[338] já bem conhecida e cientificamente

---

[337] Cfr. a nossa obra *Manual de Direito do Urbanismo*, Vol. I, 4ª ed., Coimbra, Almedina, 2008, p. 711 e 712.

[338] Na realidade, a revisão do Código de Processo nos Tribunais Administrativos acabou por acolher a crítica formulada por CARLOS BLANCO DE MORAIS, *Brevíssimas Notas sobre a Revisão do CPTA e do ETAF em Matéria de Contencioso Regulamentar*, in "Cadernos de Justiça Administrativa", nº 65 (2007), p. 4, que defendia que a impugnação incidental de regulamentos fosse explicitada na lei, com vista a dissipar dúvidas doutrinais sobre a sua efetiva consagração.
Ao contrário, entendemos que é desnecessária a consagração legal do *controlo incidental da inconstitucionalidade* e do *controlo incidental da ilegalidade* dos regulamentos. No primeiro caso, o *dever* de os tribunais administrativos recusarem, nos feitos submetidos a julgamento, a aplicação de todas as normas administrativas atentatórias do disposto na Constituição e dos princípios nela consignados resulta, clara e inequivocamente, do artigo 204º da Constituição (preceito reiterado no artigo 1º, nº 2, do Estatuto dos Tribunais Administrativos e Fiscais). No segundo caso, o *dever* de os tribunais administrativos não aplicarem, nos feitos submetidos a julgamento, normas inválidas, afastando aquelas que contrariem normas de grau superior, deriva do *princípio geral da hierarquia das normas* (cfr. AFONSO QUEIRÓ, *Teoria dos Regulamentos*, cit., p. 261, que funda a *impugnabilidade incidental* dos regulamentos administrativos no "princípio da hierarquia das normas").
A adoção de uma "posição de cautela" por parte do legislador do Código de Processo nos Tribunais Administrativos nesta matéria, ao consagrar expressamente a figura da "impugnação indireta ou incidental" das normas regulamentares, visou evitar o perigo de disfunções de regime processual. Por exemplo, cumpre aqui notar que o legislador definiu para o *controlo incidental da ilegalidade* de normas regulamentares pressupostos distintos relativamente aos pedidos impugnatórios subjacentes (*v.g.*, a legitimidade para a impugnação de ato administrativo ou para pedir a condenação à prática de ato administrativo devido, que contrasta com a legitimidade prevista no artigo 73º, nº 3, do Código de Processo nos Tribunais Administrativos).

tratada na doutrina portuguesa e há muito reconhecida e aplicada pela nossa jurisprudência[339].

A comprovação da ilegalidade do regulamento ou de alguma ou algumas das suas disposições conduz à sua desaplicação, mas só produz efeitos entre as "partes" do processo, levando, por isso, à anulação ou à declaração de nulidade do ato administrativo objeto da impugnação, e não à do regulamento, que permanece em vigor. Com efeito, uma vez que estamos perante uma questão de ilegalidade da norma aplicada no âmbito do processo dirigido contra o ato de aplicação a título incidental, o *prazo* a considerar – se estivermos perante um vício que gera a anulabilidade – é o previsto para a impugnação do ato administrativo (artigo 58º, nº 1, do Código de Processo nos Tribunais Administrativos) ou para a condenação à prática de ato devido (artigo 69º do mesmo Código) e não o estabelecido para a impugnação do regulamento ou de alguma ou algumas das suas normas.

Por outro lado, apesar de o artigo 73º, nº 3, daquele Código estabelecer, quanto à *legitimidade ativa*, que *o lesado, o Ministério Público ou qualquer das pessoas e entidades nos termos do nº 2 do artigo 9º* "podem suscitar a questão da ilegalidade da norma aplicada no âmbito do processo dirigido contra o ato de aplicação a título incidental, pedindo a desaplicação da norma", entendemos que faz sentido colocar a dúvida sobre se a impugnação jurisdicional do ato administrativo que aplica uma norma regulamentar tomada como ilegal não poderá ser deduzida por qualquer um dos *legitimados à impugnação de atos administrativos*, nos termos do artigo 55º Código de Processo nos Tribunais Administrativos, ou por qualquer um dos *legitimados para o pedido de condenação da Administração à prática de ato devido*, nos termos do artigo 68º do mesmo Código.

Com efeito, uma questão fundamental que pode, *hic et nunc*, colocar-se consiste em saber se a desaplicação de norma regulamentar a título incidental só vale para os processos administrativos que tenham por objeto a impugnação de atos administrativos, como, de resto, parece

---

[339] Veja-se, por exemplo, o Acórdão da 1ª Secção do Supremo Tribunal Administrativo de 2 de abril de 2008 (Processo nº 1418/03), que, além do mais, decidiu que o *poder-dever* de desaplicação da norma regulamentar ilegal existe também no âmbito do recurso hierárquico.

resultar da letra do nº 3 do artigo 73º do Código de Processo nos Tribunais Administrativos, ao referir-se a *"processo dirigido contra o ato de aplicação"* da norma, ou se tal faculdade não deverá ser também extensiva aos processos que tenham por objeto a condenação da Administração à prática de ato administrativo legalmente devido, designadamente nas situações de recusa expressa e direta da pretensão do interessado.

Razões práticas abonam a favor de uma *resposta afirmativa* a esta questão, considerando, desde logo, o âmbito cada vez mais vasto de relações jurídicas em que pode – ou deve – fazer-se uso daquele último meio processual. Aliás, numa interpretação não estritamente limitada à "lógica processual" que o Código de Processo nos Tribunais Administrativos estabelece para a impugnação de normas, talvez seja de ir mais longe na faculdade da invocação, a título incidental, da ilegalidade, em especial nos casos sujeitos a prazo de impugnação, à semelhança do que sucede com o regime estabelecido no artigo 38º daquele Código, para a relevância incidental da ilegalidade do ato administrativo[340].

O discurso antecedente dirigiu-se à impugnação jurisdicional *indireta* ou *incidental* da *legalidade* dos regulamentos. Mas, como já sabemos, as normas administrativas podem ser também incidentalmente desaplicadas no âmbito do processo de impugnação de um ato administrativo, quando esta impugnação se fundamente na *inconstitucionalidade* dessas normas, isto é, na violação pelas mesmas da Constituição e dos princípios nela consignados (nº 1 do artigo 277º da Constituição, conjugado com o nº 1 do artigo 143º do Código do Procedimento Administrativo). Uma tal recusa de aplicação da norma regulamentar, com fundamento na sua inconstitucionalidade, pode ter como base uma suscitação da questão da inconstitucionalidade pelas partes do processo ou ter origem numa iniciativa do juiz.

É, assim, permitido aos tribunais administrativos, num processo que não tenha por objeto, a título principal, a declaração da ilegalidade do

---

[340] Dispõe-se no artigo 38º, sob a epígrafe "ato administrativo inimpugnável", o seguinte: "1 – Nos casos em que a lei substantiva o admita, designadamente no domínio da responsabilidade civil da Administração por atos administrativos ilegais, o tribunal pode conhecer, a título incidental, da ilegalidade de um ato administrativo que já não possa ser impugnado. 2 – Sem prejuízo do disposto no número anterior, não pode ser obtido por outros meios processuais o efeito que resultaria da anulação do ato inimpugnável".

regulamento, mas uma outra pretensão, recusar a aplicação do regulamento inconstitucional (ou qualificadamente ilegal), com efeitos circunscritos ao processo de impugnação do ato administrativo que as tenha aplicado. Tratando-se de *vícios de inconstitucionalidade*, recorde-se que o juiz administrativo tem acesso direto à Constituição (segundo o artigo 204º da Lei Fundamental, "nos feitos submetidos a julgamento não podem os tribunais aplicar normas que infrinjam o disposto na Constituição ou os princípios nela consignados"), havendo *recurso* das suas decisões para o Tribunal Constitucional, restrito à *questão da inconstitucionalidade* [artigos 280º, nºs 1, alínea *a)*, 3 e 6, da Constituição, e 70º, nº 1, alínea *a)*, 71º, nº 1, e 72º, nºs 1 e 3, da Lei do Tribunal Constitucional]. Mas convém notar que, no caso de se tratar de uma decisão de recusa de aplicação de normas constantes de decreto regulamentar, há lugar, por força do nº 3 do artigo 280º da Constituição e do nº 3 do artigo 72º da Lei do Tribunal Constitucional, a *recurso obrigatório* para o Tribunal Constitucional, a interpor pelo Ministério Público.

19.2. O controlo abstrato por via principal da constitucionalidade e da legalidade das normas administrativas

A *impugnação jurisdicional direta* ou *por via principal* da legalidade de normas administrativas, designadamente de regulamentos, possui, entre nós, desde a Revisão Constitucional de 1997, consagração constitucional expressa, figurando no elenco das *garantias contenciosas ou jurisdicionais* dos particulares perante o poder normativo da Administração Pública[341]. Assim, o artigo 268º, nº 5, da Constituição garante aos cidadãos o *direito de impugnação jurisdicional direta de normas administrativas com eficácia externa*, quando sejam lesivas de direitos ou interesses legalmente protegidos dos particulares, no âmbito da garantia da respetiva proteção jurisdicional efetiva.

Consubstanciando a impugnação de normas administrativas externas um direito de natureza análoga aos direitos, liberdades e garantias, o legislador ordinário encarregou-se de transpor aquele entendimento para a lei processual, prevendo um conjunto de meios de *impugnação*

---

[341] Seguimos aqui também de perto o artigo de Licínio Lopes Martins/Jorge Alves Correia, cit., p. 20-23.

jurisdicional direta de normas administrativas, aplicáveis também aos regulamentos estaduais, em especial aos do Governo[342]. Com efeito, de harmonia com o que dispõe o artigo 72º, nº 1, do Código de Processo nos Tribunais Administrativos, pode pedir-se nestes processos, a *título principal*, a declaração de ilegalidade das normas emanadas ao abrigo de disposições de direito administrativo, por vícios próprios (*invalidade própria*) ou decorrentes da invalidade de atos praticados no âmbito do respetivo procedimento de aprovação (*invalidade derivada*).

No domínio da impugnação de normas administrativas, o Código de Processo nos Tribunais Administrativos estrutura, nos artigos 72º e seguintes, uma *dualidade de regimes* de impugnação das normas regulamentares, consoante o âmbito de eficácia da pronúncia que é pedida ao Tribunal. Assim, aquele Código prevê dois tipos de pronúncias judiciais: a *declaração de ilegalidade com força obrigatória geral* e a *declaração de ilegalidade com efeitos restritos ao caso concreto* (ou *declaração de ilegalidade sem força obrigatória geral*). Cada um desses regimes de impugnação jurisdicional direta ou a título principal de normas administrativas depende de pressupostos diferenciados, mas em qualquer dos pedidos a impugnação de normas administrativas a título principal pressupõe, desde 2015, a sua *imediata operatividade*.

Observe-se que, na versão anterior a 2015, não se exigia, no artigo 73º, nº 1, do Código de Processo nos Tribunais Administrativos, a operatividade imediata para o pedido de declaração de ilegalidade com força obrigatória geral, desde que a aplicação da norma tivesse sido recusada por qualquer tribunal em três casos concretos. Ademais, nos termos do nº 3 do artigo 73º do mesmo Código, na versão anterior a

---

[342] O conceito de *norma administrativa impugnável* deve ser entendido em sentido amplo, incluindo todas as disposições de direito administrativo com *caráter geral e abstrato*, que visem a produção de efeitos permanentes numa *relação intersubjetiva*. Cfr. J. C. VIEIRA DE ANDRADE, *A Justiça Administrativa*, 14ª ed., cit., p. 191-193; Mário AROSO DE ALMEIDA, *Manual de Processo Administrativo*, 2ª ed., Coimbra, Almedina, 2016, p. 107-112, e *Teoria Geral do Direito Administrativo – O Novo Regime do Código do Procedimento Administrativo*, 3ª ed., Coimbra, Almedina, 2016, p. 133-142; MÁRIO AROSO DE ALMEIDA/CARLOS ALBERTO FERNANDES CADILHA, *Comentário ao Código de Processo nos Tribunais Administrativos*, 2ª ed., Coimbra, Almedina, 2007, p. 432-453; e ANA RAQUEL MONIZ, *Estudos Sobre os Regulamentos Administrativos*, cit., p. 207-247, em especial, p. 208.

2015, o Ministério Público, oficiosamente ou a requerimento das entidades referidas no n.º 2 do artigo 9.º, podia pedir a declaração de ilegalidade com força obrigatória geral mesmo de normas administrativas não imediatamente operativas[343].

19.2.1. A declaração de inconstitucionalidade e de ilegalidade com força obrigatória geral das normas administrativas

O pedido de declaração de ilegalidade com força obrigatória geral consubstancia uma forma de *controlo principal e abstrato* de normas administrativas, destinado a erradicá-las do ordenamento jurídico, com fundamento na sua *ilegalidade simples*. Por efeito da reforma de 2015 do Código de Processo nos Tribunais Administrativos, a declaração de ilegalidade com força obrigatória geral das normas regulamentares não se orienta apenas por um imperativo de *reintegração ou restauração* da ordem jurídica, mas também se dirige precipuamente ao cumprimento da *tutela jurisdicional efetiva*. Nos termos do artigo 73.º, n.º 1, daquele Código, o pedido de declaração de ilegalidade com força obrigatória geral de *norma administrativa imediatamente operativa*, que implica a respetiva eliminação da ordem jurídica, com os efeitos retroativos e repristinatórios delimitados no artigo 76.º, pode ser formulado por quem seja diretamente prejudicado pela vigência da norma ou possa vir previsivelmente a sê-lo em momento próximo, pelo Ministério Público e por pessoas e entidades nos termos do n.º 2 do artigo 9.º, assim como pelos presidentes de órgãos colegiais, em relação a normas emitidas pelos respetivos órgãos.

---

[343] Sobre esse regime na versão do Código de Processo nos Tribunais Administrativos anterior a 2015, cfr. o nosso *Manual de Direito do Urbanismo*, Vol. I, cit., p. 711-728, e *A Impugnação Jurisdicional de Normas Administrativas*, in "Cadernos de Justiça Administratva", n.º 16 (1999), p. 16-27; J. C. VIEIRA DE ANDRADE, *A Justiça Administrativa*, 11ª ed., Coimbra, Almedina, 2011, p. 209-218; MÁRIO AROSO DE ALMEIDA, *Manual de Processo Administrativo*, Coimbra, Almedina, 2010, p. 105-112; MÁRIO ESTEVES DE OLIVEIRA/RODRIGO ESTEVES DE OLIVEIRA, *Código de Processo nos Tribunais Administrativos e Estatuto dos Tribunais Administrativos e Fiscais Anotados*, Vol. I, Coimbra, Almedina, 2004, p. 435-457; VASCO PEREIRA DA SILVA, *O Contencioso Administrativo no Divã da Psicanálise*, 2ª ed., Coimbra, Almedina, 2009, p. 411-430; e ANA RAQUEL MONIZ, *O Controlo Judicial do Exercício do Poder Regulamentar*, in "Boletim da Faculdade de Direito da Universidade de Coimbra", n.º 82 (2006), p. 415-484.

Assim, a *legitimidade* para este pedido de impugnação de normas pertence a qualquer pessoa que alegue ser *prejudicada* pela aplicação da norma ou que *possa previsivelmente vir a sê-lo* em momento próximo (particulares[344] e pessoas coletivas públicas em relação a interesses que lhes cumpra defender), bem como ao *Ministério Público* (em defesa da legalidade), aos *atores populares* (para defesa dos valores comunitários referidos no artigo 9º), assim como aos *presidentes dos órgãos colegiais* (em relação a normas emitidas pelos respetivos órgãos). Porém, o Ministério Público tem o *dever* de deduzir o pedido de declaração de ilegalidade com força obrigatória geral "quando tenha conhecimento de três decisões de desaplicação de uma norma com fundamento na sua ilegalidade" (artigo 73º, nº 4, do Código).

No que se refere aos *fundamentos* do pedido, este carateriza-se por constituir uma forma de controlo principal e abstrato de normas, destinado a erradicá-las do ordenamento jurídico, com fundamento na sua *ilegalidade simples*. Significa isto que não são invocáveis perante os tribunais administrativos "os fundamentos previstos no nº 1 do artigo 281º da Constituição da República Portuguesa" (*ex vi* artigo 72º, nº 2, do Código), ou seja, os *fundamentos de inconstitucionalidade* e de *ilegalidade qualificada*. Isto é assim, desde logo, porque, no ordenamento jurídico-constitucional português, compete exclusivamente ao Tribunal Constitucional declarar, com força obrigatória geral, a *inconstitucionalidade de "quaisquer normas"* e, portanto, também das normas ditadas pela Administração Pública, por se tratar de matéria constitucional-

---

[344] Por aqui se alcança uma eficaz proteção das posições jurídicas substantivas dos particulares e, nessa medida, podemos dizer que melhor se assegura o cumprimento do *princípio da tutela jurisdicional efetiva*. Na versão do Código de Processo nos Tribunais Administrativos anterior a 2015, a declaração com força obrigatória geral só podia ser pedida pelos particulares depois de "a norma ter sido desaplicada em três casos concretos", estando em causa normas mediatamente operativas.
A partir da revisão do Código de 2015, os particulares podem pedir *diretamente a declaração com força obrigatória geral de normas imediatamente operativas*. Neste contexto, o legislador conferiu legitimidade processual ativa não apenas a quem sofrer uma lesão decorrente dos efeitos produzidos na sua esfera jurídica pela norma regulamentar, mas também a quem, nos termos de um juízo de prognose a repetir pelo tribunal, sofra ou previsivelmente venha a sofrê-la em consequência da valoração da sua situação jurídica à luz dessa mesma norma em momento próximo.

mente reservada ao Tribunal Constitucional [artigo 281º, nº 1, alínea *a)*, da Constituição]³⁴⁵.

E uma tal declaração de inconstitucionalidade com força obrigatória geral também só pode ser requerida por um *conjunto de entidades indicadas taxativamente* no artigo 281º, nº 2, da Constituição³⁴⁶, inexistindo, entre nós, uma *ação popular de inconstitucionalidade,* no sentido de que os cidadãos não têm legitimidade para requerer ao Tribunal Constitucional a declaração de inconstitucionalidade, com força obrigatória geral, de normas jurídicas. Dizendo de outro modo, a restrição prevista no artigo 72º, nº 2, do Código de Processo nos Tribunais Administrativos é uma clara decorrência do alcance da *reserva da jurisdição constitucional,* em particular do acervo de *competências nucleares* do Tribunal Constitucional, tipificadas na Constituição, para declarar a inconstitucionalidade, com força obrigatória geral, de normas regulamentares.

O anteriormente exposto aplica-se à fiscalização abstrata pelo Tribunal Constitucional da "ilegalidade qualificada ou reforçada", que, no caso específico dos regulamentos, implica a existência de uma violação do estatuto da região autónoma por quaisquer normas constantes de regulamento regional, assim como de uma violação dos direitos de uma região autónoma consagrados no seu estatuto por quaisquer normas constantes de regulamento emanado pelo Governo [artigo 281º, nº 1, alíneas *c)* e *d)*, da Constituição]. A legitimidade para requerer ao Tribunal Constitucional a declaração da ilegalidade qualificada, com força obrigatória geral, de tais normas regulamentares pertence às entidades indicadas na alínea *g)* do nº 2 do artigo 281º da Constituição, ou seja, aos Representantes da República, às Assembleias Legislativas das regiões

---

³⁴⁵ Como vimos, a situação é diferente nos ordenamentos jurídico-constitucionais espanhol, italiano e alemão, porquanto nestes a competência dos tribunais constitucionais para declarar a inconstitucionalidade com força obrigatória geral tem como objeto apenas as normas legislativas ou equiparadas.

³⁴⁶ A estas entidades acrecem, como sabemos, qualquer dos juízes do Tribunal Constitucional ou o Representante do Ministério Público junto do Tribunal Constitucional, nos casos de pedidos de apreciação e de declaração, com força obrigatória geral, da inconstitucionalidade de qualquer norma, desde que tenha sido por ele julgada inconstitucional em três casos concretos, nos termos do artigo 282º, nº 3, da Constituição e do artigo 82º da Lei do Tribunal Constitucional.

autónomas, aos presidentes das Assembleias Legislativas das regiões autónomas, aos presidentes dos Governos Regionais ou a um décimo dos deputados à respetiva Assembleia Legislativa[347].

Prosseguindo na caracterização do pedido de declaração de ilegalidade (simples) com força obrigatória geral das normas regulamentares, seja por *vícios próprios*, seja por *vícios derivados* da invalidade de atos praticados no âmbito do respetivo procedimento de aprovação, cumpre notar que o juiz não está limitado pela *causa de pedir*, isto é, pode decidir com fundamento na ofensa de *princípios ou normas jurídicas* diversos daqueles cuja violação haja sido invocada (artigo 75º do Código de Processo nos Tribunais Administrativos). Quanto ao *prazo*, a declaração de ilegalidade (simples) de normas regulamentares com força obrigatória geral pode ser pedida a todo o tempo (pelo menos enquanto a norma estiver em vigor)[348], mas, na sequência da reforma trazida pela revisão daquele Código de 2015, foi consagrado o prazo de seis meses para a declaração de *ilegalidade formal ou procedimental* das normas regulamentares, desde que ela não configure uma inconstitucionalidade, nem se trate de ilegalidade por carência absoluta de forma legal ou de preterição

---

[347] A estas entidades acrecem, como sabemos, qualquer dos juízes do Tribunal Constitucional ou o Representante do Ministério Público junto do Tribunal Constitucional, nos casos de pedidos de apreciação e de declaração, com força obrigatória geral, da ilegalidade de qualquer norma, desde que tenha sido por ele julgada ilegal em três casos concretos, nos termos do artigo 282º, nº 3, da Constituição e do artigo 82º da Lei do Tribunal Constitucional.

[348] A esta regra opõe-se a exceção dos regulamentos emanados no âmbito de procedimentos relativos à formação de contratos de empreitada, concessão de obras públicas, concessão de serviços públicos, aquisição ou locação de bens móveis e aquisição de serviços, sujeitos ao processo urgente delineado para o *contencioso pré-contratual* e, nessa medida, impugnáveis, de acordo com o artigo 101º do Código de Processo nos Tribunais Administrativos, no prazo de *um mês*, contado, em regra, da notificação dos interessados.
O contencioso pré-contratual é o meio adequado para a impugnação direta de "documentos conformadores do procedimento", que incluem o *programa de concurso, o caderno de encargos ou qualquer outro documento conformador do procedimento pré-contratual*, designadamente com fundamento na ilegalidade das especificações técnicas, económicas ou financeiras deles constantes (artigo 103º, nº 1, daquele Código). Já os regulamentos que tenham por objeto conformar mais do que um procedimento de formação de contratos ("regulamentos-quadro") são impugnáveis pela via da ação administrativa nos termos gerais da impugnação de normas (*ex vi* artigo 103º, nº 4, do mesmo Código).

de consulta pública exigida por lei (artigo 74º, nº 2, daquele Código). Este acolheu uma solução anti-formalista, conquanto não se trate de vícios especialmente graves, a qual, aliás, surgiu em consonância com o regime já instituído no artigo 144º, nº 2, do Código do Procedimento Administrativo em matéria de regulamentos administrativos[349].

No que respeita aos *efeitos da declaração de ilegalidade*, é bem visível a inspiração do regime do artigo 76º do Código de Processo nos Tribunais Administrativos no artigo 282º da Constituição. Nos termos do artigo 76º, nº 1, daquele Código, a declaração com força obrigatória geral da ilegalidade determina a *eliminação* da norma considerada ilegal do ordenamento jurídico, produzindo essa declaração efeitos desde a data da entrada em vigor da norma (efeitos retroativos ou *ex tunc*). Aquela declaração determina, além disso, a *repristinação* das normas revogadas, salvo quando estas sejam ilegais ou tenham por outro motivo deixado de vigorar – artigo 76º, nº 5, do mesmo Código)[350].

O tribunal pode, no entanto, determinar que os efeitos da decisão se produzam apenas a partir da data do trânsito em julgado da sentença (efeitos *ex nunc*), quando razões de *segurança jurídica, de equidade ou de interesse público de excecional relevo*, devidamente fundamentadas, o justifiquem (artigo 76º, nº 2, do Código). Mas nos processos intentados por quem tenha sido diretamente prejudicado pela vigência de norma

---

[349] Preceitua o nº 2 do artigo 144º do Código do Procedimento Administrativo que os "regulamentos que enfermem de ilegalidade formal ou procedimental da qual não resulte a sua inconstitucionalidade só podem ser impugnados ou declarados oficiosamente inválidos pela Administração no prazo de seis meses, a contar da data da respetiva publicação, salvo nos casos de carência absoluta de forma legal ou de preterição de consulta pública exigida por lei".

Segundo Rui Chancerelle de Machete, passados que sejam os seis meses referidos nesta disposição legal e no artigo 74º, nº 2, do Código de Processo nos Tribunais Administrativos, os vícios dos regulamentos por eles atingidos ficam ainda sujeitos à possibilidade de uma apreciação incidental nos procedimentos de segundo grau, que tenham por objeto atos administrativos ou nas impugnações contenciosas que tenham igualmente por objeto atos administrativos. Cfr. *Comentário ao Artigo 144º do Código do Procedimento Administrativo*, in Fausto dos Quadros (*et al.*), "Comentários à Revisão do Código de Procedimento Administrativo", cit., p. 287-289.

[350] Sobre o problema de saber se está o tribunal vinculado a apreciar as normas a repristinar, cfr. Ana Raquel Moniz, *Estudos sobre os Regulamentos Administrativos*, cit., p. 223-225.

imediatamente operativa, a limitação dos efeitos não opera, na medida em que não é prejudicada a eliminação dos efeitos lesivos causados pela norma na esfera jurídica do autor (artigo 76º, nº 3, do mesmo Código). Em homenagem ao princípio da segurança jurídica, a retroatividade da declaração de ilegalidade da norma regulamentar não afeta os *casos julgados*, nem os *atos administrativos* que entretanto se tenham tornado *inimpugnáveis*[351], salvo decisão em contrário do tribunal, quando a norma respeite a matéria sancionatória e seja de conteúdo menos favorável ao particular (artigo 76º, nº 4, do Código). Significa isto que poderá não ser ressalvado o caso julgado ou o ato administrativo inimpugnável quando a norma declarada ilegal respeitar a matéria sancionatória e for de conteúdo menos favorável, ou seja, quando da sua declaração de ilegalidade resultar uma redução da sanção ou exclusão, isenção ou limitação da responsabilidade, aplicando-se, nesse caso, a norma repristinada mais favorável[352/353]. Mas, para que isso suceda, é necessária uma decisão nesse sentido do tribunal administrativo. Por último, no caso de *ilegalidade superveniente*, os efeitos invalidatórios do regulamento só se

---

[351] O facto de a eficácia *ex tunc* da sentença poupar, além dos casos julgados, os atos administrativos inimpugnáveis acaba por tolher aquela retroatividade e por transformar a ilegalidade simples numa "invalidade mista" ou "nulidade atípica". Para um olhar crítico da doutrina nesta matéria, cfr. PAULO OTERO, *A Impugnação de Normas no Anteprojeto de Código de Processo nos Tribunais Administrativos*, in "Cadernos de Justiça Administrativa", nº 22 (2000), p. 45-48, em especial, p. 47, e *Legalidade e Administração Pública*, cit., p. 1019-1021; ANA RAQUEL MONIZ, *Estudos sobre os Regulamentos Administrativos*, cit., p. 222-225; MÁRIO ESTEVES DE OLIVEIRA/RODRIGO ESTEVES DE OLIVEIRA, *Código de Processo nos Tribunais Administrativos*, cit., p. 439; e CARLA AMADO GOMES, *Dúvidas Não Metódicas Sobre o Novo Processo de Impugnação de Normas do CPTA*, in "Cadernos de Justiça Administrativa", nº 60 (2006), p. 3-17, em especial, p. 10-15.

[352] Cfr. a nossa obra *Manual de Direito do Urbanismo*, Vol. I, cit., p. 716, nota 416.

[353] O regime do Código de Processo nos Tribunais Administrativos encontra paralelo na declaração administrativa de invalidade de regulamentos disciplinada nos nºs 3 e 4 do artigo 144º do Código do Procedimento Administrativo, cujo conteúdo é o seguinte: "3 – A declaração administrativa de invalidade produz efeitos desde a data de emissão do regulamento e determina a repristinação das normas que ele haja revogado, salvo quando estas sejam ilegais ou tenham deixado por outro motivo de vigorar, devendo o órgão competente reconhecer o afastamento do efeito repristinatório, quando este se verifique. 4 – A retroatividade da declaração de invalidade não afeta os casos julgados nem os atos administrativos que se tenham tornado inimpugnáveis, salvo, neste último caso, quando se trate de atos desfavoráveis para os destinatários".

produzem a partir da entrada em vigor da norma legal violada (artigo 76º, nº 1, *in fine*, do Código)[354].

19.2.2. A declaração de inconstitucionalidade e de ilegalidade com efeitos restritos ao caso concreto das normas administrativas e a questão da inconstitucionalidade da norma do nº 2 do artigo 73º do Código de Processo nos Tribunais Administrativos

Na versão do Código de Processo nos Tribunais Administrativos anterior a 2015, a *declaração de ilegalidade com efeitos restritos ao caso concreto* constituía um mecanismo processual de enorme relevo prático, fundamental para a defesa das posições substantivas dos particulares, sobretudo em face dos condicionalismos colocados pelo legislador à declaração com força obrigatória geral a requerimento daqueles.

Atualmente, conforme dispõe o artigo 73º, nº 2, do vigente Código de Processo nos Tribunais Administrativos, quem seja diretamente prejudicado ou possa vir previsivelmente a sê-lo em momento próximo pela aplicação de norma imediatamente operativa pode obter a *desaplicação da norma*, pedindo a *declaração de ilegalidade sem força obrigatória geral ou com efeitos restritos ao seu caso*. Considerando que a questão da ilegalidade da norma não é suscitada a título incidental, mas a *título principal*, no sentido de que é dirigida contra a própria norma que é impugnada, a declaração de ilegalidade com efeitos restritos ao caso concreto consubstancia uma forma de controlo a *título principal* da validade de normas regulamentares. Esta afirmação deixa entrever que, ao nível dos fundamentos, esse controlo a *título principal* da validade de normas regulamentares apenas deveria incluir a apreciação da *ilegalidade simples*, tal como parecia resultar da anterior versão do artigo 73º, nº 2, do Código de Processo nos Tribunais Administrativos[355].

---

[354] Os efeitos da decisão retroagem, nos casos de *ilegalidade originária*, até ao momento da emissão da norma (artigo 76º, nº 1, do Código de Processo nos Tribunais Administrativos) e, nas hipóteses de *ilegalidade superveniente*, ao momento em que a norma se tornou ilegal.

[355] No regime anterior, as dúvidas adensavam-se em virtude da diversidade de parâmetros a que os regulamentos administrativos se encontram adstritos. Eco dessa discussão pode ser vista nas reflexões de MÁRIO AROSO DE ALMEIDA, *Manual de Processo Administrativo*, cit., p. 106, para quem a declaração de ilegalidade com efeitos restritos ao caso concreto (enquanto forma de controlo *principal e abstrato* da validade dos regulamentos)

Todavia, a partir da revisão de 2015 daquele Código, ficou expressamente consagrado que o pedido de declaração de ilegalidade com efeitos circunscritos ao caso concreto (e, embora o legislador não o refira expressamente, com efeitos *ex tunc* e, em geral, com alcance "repristinatório" e eficácia *inter partes*) só pode ser pedida por "quem seja diretamente prejudicado ou possa presumivelmente vir a sê-lo em momento próximo pela aplicação da norma imediatamente operativa"[356] e apenas é admissível quando se invoque "um dos fundamentos de ilegalidade previstos no nº 1 do artigo 281º da Constituição da República Portuguesa".

O que estará na base desta opção do legislador? Consubstanciando o artigo 73º, nº 2, do Código de Processo nos Tribunais Administrativos uma norma que visa a *ampliação* do âmbito da jurisdição administrativa, qual a vantagem em formular este pedido em termos *estritamente delimitados*, tendo em conta que as restrições estabelecidas à declaração de ilegalidade com força obrigatória geral (mormente, quanto ao pressuposto da desaplicação prévia de uma norma em três casos concretos) desapareceram? É sobre esta questão que iremos tecer algumas considerações.

São muitas as perplexidades geradas pela norma do nº 2 do artigo 73º do Código de Processo nos Tribunais Administrativos[357]. Em primeiro lugar, se a remissão do nº 2 do artigo 73º deste diploma para o nº 1 do artigo 281º da Constituição for entendida, numa interpretação literal, apenas para os "*fundamentos de ilegalidade*" previstos nas alíneas *b)*, *c)* e *d)* daquele número, tem de reconhecer-se a escassa utilidade do

---

"pode basear-se na eventual inconstitucionalidade da norma impugnada", pelo que a restrição prevista no nº 2 do artigo 72º só valeria para a declaração de ilegalidade com força obrigatória geral. Já mais recentemente, J. C. VIEIRA DE ANDRADE, *A Justiça Administrativa*, 14ª ed., Coimbra, Almedina, 2015, p. 97, nota 177, defende que, quando se invoque a violação direta de direitos fundamentais, "o nº 2 do artigo 72º do Código de Processo nos Tribunais Administrativos deve ser interpretado em conformidade com a Constituição, de modo a não excluir a desaplicação do regulamento lesivo, através da declaração de inconstitucionalidade com efeitos circunscritos ao caso, nos termos do nº 2 do artigo 73º do mesmo diploma".

[356] Na versão de 2002 atribuía-se legitimidade ativa ao lesado e a qualquer das entidades referidas no nº 2 do artigo 9º.

[357] Seguimos aqui também de perto o artigo de LICÍNIO LOPES MARTINS/JORGE ALVES CORREIA, cit., p. 23-26.

regime, pois a alínea *b)* tem por objeto a "ilegalidade de quaisquer normas constantes de acto legislativo com fundamento em violação de lei com valor reforçado", a alínea *c)* refere-se à "ilegalidade de quaisquer normas constantes de diploma regional, com fundamento em violação do estatuto da região autónoma" e, por sua vez, a alínea *d)* reporta-se à "ilegalidade de quaisquer normas constantes de diploma emanado dos órgãos de soberania com fundamento em violação dos direitos de uma região consagrados no seu estatuto".

Consequentemente, a utilidade prática da remissão parece residir sobretudo na alínea *a)* do nº 1 do mesmo artigo da Constituição (segundo o disposto no artigo 73º, nº 2, do referido Código, "que incorra em qualquer dos fundamentos de ilegalidade previstos no nº 1 do artigo 281º"). Tomando-se como base essa remissão, a "inconstitucionalidade de quaisquer normas" regulamentares passa a funcionar como causa *direta e autónoma* da respetiva invalidade, para efeitos de controlo pelos tribunais administrativos.

Ora, ainda que a sentença proferida tenha efeitos circunscritos ao caso concreto, o reconhecimento da Constituição como parâmetro violado pela norma regulamentar importará consequências não apenas no âmbito do regime processual, mas também ao nível da determinação da jurisdição competente. Significa isto que, se a invalidade das normas regulamentares tiver por fundamento (direto) a (sua) desconformidade com a Constituição, é forçoso concluir que esta desconformidade – *inconstitucionalidade* – vai ser apreciada pelo tribunal administrativo a título *principal* (porque o pedido tem como objeto direto a ilegalidade/ inconstitucionalidade da norma regulamentar), *exclusivo* (porque apenas os tribunais administrativos são competentes para declarar a ilegalidade da norma regulamentar) *e definitivo* (porque não está previsto qualquer recurso obrigatório para o Tribunal Constitucional da sentença que declarar a ilegalidade da norma regulamentar com efeitos circunscritos ao caso concreto).

Sendo assim, é legítimo entender que este alargamento do âmbito da jurisdição administrativa entra em conflito com a competência do Tribunal Constitucional, não apenas porque é este "o tribunal ao qual compete especificamente administrar a justiça em matérias de natureza jurídico-constitucional" (artigo 221º da Constituição), mas ainda por lhe caber sempre, por força da própria Lei Fundamental, a *última palavra* em matéria de controlo da inconstitucionalidade e da ilegalidade qualificada de normas jurídicas. E não apenas na fiscalização abstrata (artigos 281º e 282º da Constituição), mas também na fiscalização concreta (artigo 280º da Constituição) e no denominado "processo de generalização" ou de "repetição do julgado", previsto no nº 3 do artigo 281º da Lei Fundamental. Neste sentido, pode dizer-se que estamos diante de matérias atribuídas pela Constituição à jurisdição constitucional, isto é, de matérias que estão sob *reserva da jurisdição constitucional*.

É possível, no entanto, atalhar-se, em desabono do que vem de ser afirmado, que ficará, em princípio, excluída desta *reserva da jurisdição constitucional* a impugnação de regulamentos quando o fundamento da impugnação resida na "violação direta de direitos fundamentais", na medida em que, para esta hipótese, a Constituição assegura, no artigo 268º, nº 5, um direito dos cidadãos de impugnação direta de regulamentos lesivos dos seus direitos, para a qual não existe meio próprio na jurisdição constitucional e que terá, por isso, de ser garantido através dos tribunais administrativos[358]. Direito de impugnação jurisdicional direta de normas regulamentares que, tratando-se de direitos, liberdades e garantias pessoais, encontrará acolhimento também no artigo 20º, nº 5, da Constituição[359].

Poderá, então, dizer-se que, nesta específica dimensão, a norma do artigo 73º, nº 2, do Código de Processo nos Tribunais Administrativos não será inconstitucional. Todavia, como já se salientou, a remissão *in totum* para o artigo 281º da Constituição inclui todos os casos de inconstitucionalidade, mesmo que não esteja em causa a defesa de direitos fundamentais. Se assim fosse – isto é, se a intenção do legislador fosse (ou tivesse sido) a de instituir um meio processual impugnatório apenas para a defesa de direitos fundamentais –, a redação do artigo 73º, nº 2, daquele Código

---

[358] O nº 5 do artigo 268º da Constituição estabelece que os "cidadãos têm igualmente direito de impugnar as normas administrativas com eficácia externa lesivas dos seus direitos ou interesses legalmente protegidos".

[359] Estatui o nº 5 do artigo 20º da Constituição que "para defesa dos direitos, liberdades e garantias pessoais, a lei assegura aos cidadãos procedimentos judiciais caracterizados pela celeridade e prioridade, de modo a obter tutela efectiva e em tempo útil contra ameaças ou violações desses direitos".

teria necessariamente de ser diferente (poderia dizer-se, por exemplo, em termos simples: "pode haver lugar à impugnação de normas administrativas sempre que se revele um meio necessário para a tutela de direitos fundamentais"). Esta perspetiva poderia, inclusivamente, favorecer a *criação de um novo processo urgente (com base na autorização ou permissão do artigo 268º, nº 5, da Constituição)*. Mas, nesse caso, a remissão do artigo 73º, nº 2, do Código já não poderia ser feita para o artigo 281º da Constituição.

Em segundo lugar, é sabido que os *modos de garantia da Constituição* perante o exercício do poder normativo público são fixados na própria Constituição, o que permite apontar para um *princípio da tipicidade dos mecanismos de controlo da constitucionalidade de normas jurídicas*. Neste sentido, a haver alguma abertura para o regime processual previsto no nº 2 do artigo 73º do Código de Processo nos Tribunais Administrativos *teria que ser a Constituição a autorizá-lo*. Na verdade, se o juízo do tribunal administrativo se fundamentar na inconstitucionalidade da norma regulamentar, materialmente este juízo consubstancia uma *declaração de inconstitucionalidade, a título principal e definitivo*, dessa norma pelo juiz administrativo. Declaração – saliente-se – a título principal e não a mera desaplicação a título incidental, como é caraterístico do (nosso) *sistema difuso ou concreto de controlo de constitucionalidade de normas*. Sendo certo, como se sabe, que, no nosso modelo constitucional, *não podem os cidadãos recorrer diretamente aos tribunais administrativos* para suscitar, a título principal, a inconstitucionalidade de normas regulamentares, nem ao Tribunal Constitucional, inexistindo, entre nós, *uma ação popular de inconstitucionalidade*[360].

A isto acresce o facto de o Código de Processo nos Tribunais Administrativos não salvaguardar (pelo menos expressamente) as situações em que deve haver *recurso obrigatório* para o Tribunal Constitucional das decisões dos tribunais administrativos que declararem a ilegalidade,

---

[360] Pressuposto este que tem estado presente na nossa jurisprudência, designadamente no Acórdão da 2ª Secção do Supremo Tribunal Administrativo, de 21 de janeiro de 2009 (Proc. 0811/08), no qual se afirmou que, "muito embora os tribunais administrativos e fiscais possam não aplicar uma norma que considerem inconstitucional, tal só ocorre a título incidental e não a título principal, pois estes tribunais não têm competência para a fiscalização abstrata da constitucionalidade das normas".

com efeitos circunscritos ao caso concreto, de normas administrativas com fundamento na sua inconstitucionalidade. Pensamos que assim deverá ser, pelo menos, quando a norma regulamentar declarada ilegal constar de decreto regulamentar, situação em que deverá haver lugar a recurso obrigatório para aquele Tribunal, a interpor pelo Ministério Público (artigo 280º, nº 3, da Constituição e 72º, nº 3, da Lei do Tribunal Constitucional)

Eis, pois, as razões pelas quais entendemos que a norma do artigo 73º, nº 2, do Código de Processo nos Tribunais Administrativos é inconstitucional, na parte em que atribui competência aos tribunais administrativos para, *a título principal e definitivo*, declarar a inconstitucionalidade e ilegalidade qualificada de normas regulamentares, ainda que com efeitos restritos ao caso concreto[361/362].

---

[361] LICÍNIO LOPES MARTINS/JORGE ALVES CORREIA entendem também que a norma do nº 2 do artigo 73º do Código de Processo nos Tribunais Administrativos é inconstitucional. Estes Autores ensaiam, no entanto, no artigo que vimos citando, uma *interpretação da mesma em conformidade com a Constituição*, argumentando, em síntese, que "a declaração de ilegalidade, com efeitos restritos ao caso concreto, com fundamento na *inconstitucionalidade ou na ilegalidade reforçada* de normas regulamentares (para além da ilegalidade simples), será de admitir caso se salvaguarde ao Tribunal Constitucional a "última palavra" (isto é, a decisão definitiva ou a possibilidade de a obter) na apreciação da matéria de inconstitucionalidade e da ilegalidade qualificada da norma regulamentar. Ou seja, tendo o pedido de declaração de ilegalidade, com efeitos restritos ao caso concreto, os fundamentos previstos no nº 1 do artigo 281º da Constituição, haverá que articular uma sentença de provimento do tribunal administrativo com o *regime do recurso de constitucionalidade (ou de legalidade reforçada) para o Tribunal Constitucional*. Com efeito, a delineação das consequências jurídicas a atribuir aos vícios de *inconstitucionalidade (ou de ilegalidade reforçada)* de que padeçam as normas regulamentares há de efetuar-se mediante o apelo a uma interpretação conjugada ou sistemática com as normas constitucionais (*interpretação conforme à Constituição*) e com a Lei do Tribunal Constitucional. Em termos práticos, tal significa dizer que há lugar a recurso para o Tribunal Constitucional, nos termos e com efeitos previstos nos artigos 280º da Constituição e 69º e seguintes da Lei do Tribunal Constitucional, quando o tribunal administrativo profira uma sentença de declaração de ilegalidade com efeitos restritos ao caso concreto com fundamento na inconstitucionalidade ou ilegalidade reforçada de normas administrativas".
Uma tal intervenção do Tribunal Constitucional, em última instância – sublinham os mencionados Autores – "sempre estará a coberto do artigo 280º, nº 1, alínea *a*), da Constituição, não se violando, assim, o referido *princípio constitucional da tipicidade dos mecanismos de controlo da constitucionalidade de normas*. O que significa dizer que *o juiz administrativo*

nunca decide a questão de inconstitucionalidade a título principal com caráter definitivo, na medida em que é sempre possível interpor recurso dessa decisão para o Tribunal Constitucional, não se verificando, de tal modo, qualquer conflito de competências entre aquela jurisdição e este Tribunal". E tratando-se "de uma declaração de ilegalidade com fundamento na inconstitucionalidade da norma regulamentar que tem sempre por mediação judicativa *o caso concreto*, assim como sucede na desaplicação por via incidental", estando-se, por isso, "sempre em face de uma desaplicação da norma «a propósito de um caso concreto» (no «seu caso», como dispõe o n.º 2 do artigo 73º do Código de Processo nos Tribunais Administrativos, *in fine*)", deve considerar-se que se verifica o "pressuposto que constitui *condição sine qua non* de admissibilidade de recurso para o Tribunal Constitucional, seja a título facultativo (para as partes), seja *ex officio* pelo Ministério Público, nas situações já referidas". Tudo isto sem se ignorar "o facto de esta solução exigir uma compatibilização ao nível da metódica constitucional (*rectius*, do método jurídico-cognitivo mobilizado na fase de recurso), mas é precisamente o facto de se restringir os efeitos da sentença ao caso concreto e de se garantir a intervenção última do Tribunal Constitucional que nos permite qualificar o pedido que vimos analisando como uma forma de *controlo híbrido* de normas regulamentares no sistema jurídico português". Cfr. ob. cit., p. 26 e 27.

Não obstante os grandes méritos desta tentativa de salvamento da constitucionalidade da norma do n.º 2 do artigo 73º do Código de Processo nos Tribunais Administrativos, temos muita dificuldade em acompanhá-la, precisamente porque ela contraria o teor gramatical e a vontade do legislador, que assenta na consideração de que só integra a *reserva de jurisdição do Tribunal Constitucional* a declaração, com força obrigatória geral, da inconstitucionalidade ou da ilegalidade qualificada de normas regulamentares, cabendo a declaração de inconstitucionalidade ou de ilegalidade qualificada de normas regulamentares com efeitos restritos ao caso concreto na competência exclusiva e definitiva dos tribunais administrativos. Com efeito, como melhor veremos um pouco mais adiante, a interpretação conforme à Constituição tem os seus limites, justamente onde contradiga o teor literal e a vontade do legislador, não podendo o conteúdo da norma interpretada ser totalmente redefinido, nem ser ignorado, em pontos essenciais, o objetivo do legislador. No sentido de que aquela terá sido a vontade do legislador poderemos invocar a opinião de dois proeminentes membros da Comissão de Revisão do CPTA, Mário Aroso de Almeida e J. C. Vieira de Andrade. Segundo o primeiro, com a revisão de 2015 do CPTA, só há lugar à declaração de ilegalidade sem força obrigatória geral "nas situações em que, invocando o autor a existência de inconstitucionalidade da norma impugnada, está vedada aos tribunais administrativos a declaração de ilegalidade dessa norma com força obrigatória geral". Ainda segundo o mesmo administrativista, "só ao Tribunal Constitucional compete, com efeito, declarar, com força obrigatória geral, a inconstitucionalidade de quaisquer normas e, portanto, também das normas ditadas pela Administração", mas "a restrição prevista no artigo 72º, n.º 2, só vale para a declaração de ilegalidade com força obrigatória geral", pelo que a declaração de ilegalidade sem força obrigatória geral "pode, por isso, basear-se na eventual inconstitucionalidade da norma impugnada" (cfr. *Manual de Processo Administrativo*, 2ª ed., Coimbra, Almedina,

2016, p. 109). Na opinião do segundo, "a reserva constitucional de jurisdição do Tribunal Constitucional diz respeito apenas à declaração de inconstitucionalidade de normas com força obrigatória geral, como decorre do artigo 281º da Constituição" (cfr. *A Justiça Administrativa*, 16ª ed., Coimbra, Almedina, 2017, p. 214).

Os recursos das decisões de primeira instância dos tribunais administrativos proferidas no âmbito dos pedidos de declaração da ilegalidade com efeitos circunscritos ao caso concreto, com "qualquer dos fundamentos de ilegalidade previstos no nº 1 do artigo 281º da Constituição", serão sempre interpostos no âmbito da jurisdição administrativa (de harmonia com o disposto no artigo 34º do Código de Processo nos Tribunais Administrativos, os processos respeitantes a normas emitidas ou omitidas no exercício da função administrativa, incluindo os planos urbanísticos e de ordenamento do território, são de valor indeterminado, pelo que das decisões de mérito cabe sempre recurso de apelação e, quando proferidas por tribunal administrativo de círculo, recurso de revista para o Supremo Tribunal Administrativo, nos termos e condições previstos no artigo 151º daquele diploma), não estando previsto qualquer recurso para o Tribunal Constitucional, desde logo porque a decisão de declaração da ilegalidade da norma com efeitos circunscritos ao caso concreto não é, sob o ponto de vista da metódica jurídico-decisória, uma decisão de desaplicação da norma regulamentar, como sucede no controlo concreto ou incidental.

[362] A rematar o regime de impugnação de normas no contencioso administrativo, importa referir, ainda que esquematicamente, mais três pontos. O primeiro diz respeito à obrigatoriedade de o Ministério Público recorrer das decisões de primeira instância dos tribunais administrativos que declarem a ilegalidade com força obrigatória geral, e só destas, não das que declarem a ilegalidade com efeitos circunscritos ao caso concreto, recurso esse em *favor da legalidade do regulamento* (artigo 73º, nº 4, *in fine*, do Código de Processo nos Tribunais Adnministrativos).

O segundo refere-se ao *dever* de o Ministério Público deduzir o pedido de declaração de ilegalidade com força obrigatória geral "quando tenha conhecimento de três decisões de desaplicação de uma norma com fundamento na sua ilegalidade" (artigo 73º, nº 4, do Código de Processo nos Tribunais Administrativos), sejam elas dos tribunais administrativos ou de tribunais de outra ordem de jurisdição. Este *dever* apenas pode ter por pressuposto os casos de desaplicação por via incidental e – só – as desaplicações que não tenham por fundamento (direto) a inconstitucionalidade (ou a ilegalidade qualificada) da norma regulamentar. Quer dizer, um tal pedido apenas pode ter por fundamento a desaplicação em três casos concretos, por *ilegalidade simples*, da norma regulamentar. Isto deve ser assim, dado que, "quando o fundamento da declaração da ilegalidade de um regulamento, com efeitos restritos ao caso concreto, ou a desaplicação por via incidental seja a (sua) desconformidade (direta) com a Constituição (ou a ilegalidade qualificada), o Ministério Público deve observar a limitação expressamente estabelecida no nº 2 do artigo 72º do Código de Processo nos Tribunais Administrativos, a qual se impõe por força do citado nº 1 do artigo 281º da Constituição". Solução esta "que assegura uma *interpretação em conformidade com a Constituição* do nº 4 do artigo 73º do Código Processo nos Tribunais Administrativos, ao estabelecer, para o Ministério Público, o princípio da legalidade/

20. As decisões do Tribunal Constitucional e a responsabilidade civil extracontratual do Estado e demais entidades públicas

As decisões positivas de inconstitucionalidade e de ilegalidade qualificada, bem como as decisões de verificação de inconstitucionalidade por omissão de normas jurídicas, proferidas pelo Tribunal Constitucional, têm repercussões no domínio da responsabilidade civil extracontratual do Estado e demais entidades públicas. Vale a pena despender alguns minutos com uma referência breve a esta problemática.

O Regime da Responsabilidade Civil Extracontratual do Estado e Demais Entidades Públicas, aprovado pela Lei nº 67/2007, de 31 de dezembro, e alterado pontualmente pela Lei nº 31/2008, de 17 de julho, disciplina, como é sabido, *quatro tipos* de responsabilidade do Estado em sentido amplo, os quais não têm o mesmo fundamento constitucional, têm origem em factos distintos, assentam em diferentes pressupostos

---

oficialidade quanto ao pedido de declaração de ilegalidade com força obrigatória geral, quando tenha conhecimento de três decisões de desaplicação de uma norma com fundamento na sua ilegalidade". Em conformidade, "a secretaria *remete* ao representante do Ministério Público junto do tribunal certidão das sentenças que tenham desaplicado, com fundamento em ilegalidade, quaisquer normas emitidas ao abrigo de disposições de direito administrativo ou que tenham declarado a respetiva ilegalidade com força obrigatória geral" (artigo 73º, nº 5, daquele Código). Cfr. LICÍNIO LOPES MARTINS/ JORGE ALVES CORREIA, ob. cit., p. 27 e 28.

O terceiro tem a ver com o *controlo da ilegalidade por omissão de normas administrativas* e a *condenação à emissão das mesmas*. O artigo 77º do Código de Processo nos Tribunais Administrativos revisto preceitua que "o Ministério Público, as demais pessoas e entidades defensoras dos interesses referidos no nº 2 do artigo 9º, os presidentes de órgãos colegiais, em relação a normas omitidas pelos respetivos órgãos, e quem alegue um prejuízo diretamente resultante da situação de omissão podem pedir ao tribunal administrativo competente que aprecie e verifique a existência de situações de ilegalidade por omissão das normas cuja adoção, ao abrigo de disposições de direito administrativo, seja necessária para dar exequibilidade a atos legislativos carentes de regulamentação" (nº 1) e que, "quando verifique a existência de uma situação de ilegalidade por omissão, o tribunal condena a entidade competente à emissão do regulamento em falta, fixando prazo para que a omissão seja suprida" (nº 2). Na sequência da revisão de 2015 daquele Código, tornou-se claro que estamos perante uma sentença condenatória e não apenas face a uma mera recomendação ou comunicação, podendo o tribunal impor uma sanção pecuniária compulsória (artigo 95º, nº 4, do Código de Processo nos Tribunais Administrativos). Cfr. J. C. VIEIRA DE ANDRADE, *A Justiça Administrativa*, 14ª ed., cit., p. 198.

e obedecem a regimes jurídicos diversos[363]. Os *quatro* tipos enunciados são os seguintes: *a responsabilidade civil por danos decorrentes do exercício da*

---

[363] Cfr., sobre esta problemática, o nosso artigo *A Indemnização pelo Sacrifício: Contributo para o Esclarecimento do seu Sentido e Alcance*, in "Revista de Legislação e de Jurisprudência", Ano 140º, nº 3966, p. 143-161, e no "Boletim da Faculdade de Direito, STUDIA IVRIDICA 102 – AD HONOREM – 6, Estudos em Homenagem ao Prof. Doutor José Joaquim Gomes Canotilho", Vol. I, Coimbra, Coimbra Editora, 2012, p. 209-238, bem como a bibliografia aí citada.

No que respeita ao *fundamento constitucional* das apontadas quatro *categorias* de responsabilidade civil extracontratual do Estado e demais entidades públicas, podemos falar numa *base constitucional* comum a todas elas. Esse *alicerce constitucional* comum é o *princípio do Estado de direito democrático*, condensado nos artigos 2º e 9º, alínea *b*), da Constituição, do qual deriva um *direito geral dos cidadãos à reparação dos danos* provenientes de ações e omissões. Tem sido esta a orientação do Tribunal Constitucional, expressa em vários arestos, de que são exemplo os Acórdãos nºs 385/2005 e 444/2008. Sublinha-se, neste último, que, no princípio estruturante do Estado de direito democrático, consagrado no artigo 2º da Lei Fundamental, colhe-se "um direito geral à reparação dos danos, de que são expressão particular os direitos de indemnização previstos nos artigos 22º, 37º, nº 4, 60º, nº 1, e 62º, nº 2, da Constituição [...]. Constituindo missão do Estado de direito democrático a protecção dos cidadãos contra a prepotência, o arbítrio e a injustiça, não poderá o legislador ordinário deixar de assegurar o direito à reparação dos danos injustificados que alguém sofra em consequência da conduta de outrem. A tutela jurídica dos bens e interesses dos cidadãos reconhecidos pela ordem jurídica e que foram injustamente lesionados pela acção ou omissão de outrem, necessariamente assegurada por um Estado de direito, exige, nestes casos, a reparação dos danos sofridos, tendo o instituto da responsabilidade civil vindo a desempenhar nessa tarefa um papel primordial".

Mas se o *princípio do Estado de direito democrático* nos fornece a *base constitucional* comum a todas as apontadas espécies de responsabilidade civil extracontratual do Estado e demais entidades públicas – um tal princípio é mesmo a credencial constitucional de todas as modalidades de responsabilidade civil extracontratual e contratual do Estado e demais entes públicos e dos particulares, sejam reguladas pelo direito público ou pelo direito privado –, encontramos no texto constitucional regras e princípios específicos que constituem o suporte das diferentes modalidades de responsabilidade civil extracontratual do Estado e demais entidades públicas. Assim, é no artigo 22º da Constituição que, devido à sua formulação ampla, se encontra o *fundamento constitucional* da responsabilidade civil extracontratual por factos ilícitos e culposos praticados no exercício da função administrativa, da função legislativa e da função jurisdicional – norma essa que deve ser interpretada em conjugação com outros preceitos constitucionais atinentes à responsabilidade civil dos titulares dos órgãos, funcionários e agentes, como o artigo 271º (responsabilidade civil dos funcionários e agentes do Estado e das demais entidades públicas), o artigo 117º, nº 1 (responsabilidade civil dos titulares de cargos políticos pelas ações ou omissões que pratiquem no exercício das suas funções), e o artigo 216º, nº 2 (responsabilidade civil dos juízes).

Em contrapartida, a *indemnização pelo sacrifício*, porque assente numa atividade pública lícita, tem o seu fundamento não no artigo 22º da Constituição, mas antes no *princípio da igualdade dos cidadãos perante os encargos públicos*, que é uma expressão do princípio da igualdade, plasmado no artigo 13º, nº 1, da Lei Fundamental [a pessoa ou pessoas que suportam, por razões de interesse público, *encargos* ou *danos especiais (singulares) e anormais (graves)* contribuiriam em maior medida do que os restantes cidadãos para o interesse público, no caso de não ressarcimento daqueles danos ou encargos, pelo que haveria uma violação do "princípio da igualdade dos cidadãos perante os encargos públicos" se os danos ou encargos por eles suportados não fossem indemnizados]. Neste sentido vai a recente jurisprudência do Supremo Tribunal Administrativo (STA). Assim, o Acórdão de 17 de dezembro de 2008, Proc. nº 348/08, afirmou que "o princípio da igualdade dos cidadãos na repartição dos encargos públicos constitui o fundamento axiológico da responsabilidade civil extracontratual por facto lícito", a qual é, hoje, uma das dimensões da *indemnização pelo sacrifício*.

Não obstante a diversidade de *fundamento constitucional*, os *quatro tipos* de responsabilidade civil extracontratual do Estado e demais entidades públicas devem ser perspetivados como concretização de um *direito fundamental do cidadão à reparação dos danos* – direito fundamental este que não é um direito absoluto ou ilimitado, antes está submetido a "um espaço, maior ou menor, de liberdade de conformação legal" (Acórdãos do Tribunal Constitucional nºs 45/99, 5/2005, 13/2005 e 683/2006). O caráter não absoluto ou ilimitado daquele *direito fundamental à reparação dos danos* deriva do facto de se reconhecer ao legislador um certo espaço de discricionariedade na densificação dos respetivos pressupostos, de modo a evitar um alargamento excessivo das pretensões indemnizatórias dos cidadãos perante o Estado e demais entidades públicas.

Mas resulta, também, da possibilidade de o legislador, nos casos de intervenções ilegais dos poderes públicos nos direitos dos cidadãos, articular a *tutela primária* dos cidadãos, através de uma *ação administrativa*, destinada a eliminar os atos de autoridade indevidamente praticados e a condenar a Administração à prática de atos da mesma natureza ilegalmente omitidos, com todas as consequências nos planos legal e de facto – a qual, na grande maioria dos casos, será suficiente para assegurar a tutela efetiva dos direitos dos particulares, ou seja, permitirá colocá-los na situação em que se encontrariam, caso não houvesse sido cometida qualquer ilegalidade –, com a *tutela secundária*, a realizar mediante uma *ação administrativa*, dirigida à eliminação dos danos causados aos direitos dos cidadãos pelas referidas intervenções ilegais, quando a mesma não seja possível através dos meios de *tutela primária* (devendo notar-se que o caráter secundário da responsabilidade civil em relação à *tutela primária* é evidenciado no artigo 4º do Regime da Responsabilidade Civil Extracontratual do Estado e Demais Entidades Públicas, o qual prescreve que, "quando o comportamento culposo do lesado tenha concorrido para a produção ou agravamento dos danos causados, designadamente por não ter utilizado a via processual adequada à eliminação do acto jurídico lesivo, cabe ao tribunal determinar, com base na gravidade

função administrativa, a qual se desdobra em *responsabilidade por facto ilícito* e *responsabilidade pelo risco;* a *responsabilidade civil por danos decorrentes do exercício da função jurisdicional;* a *responsabilidade civil por danos decorrentes do exercício da função legislativa;* e a *indemnização pelo sacrifício.*

20.1. A responsabilidade civil extracontratual do Estado e Demais Entidades Públicas pelos danos decorrentes de ações e omissões legislativas ilícitas

Começando pela responsabilidade civil extracontratual do Estado e Demais Entidades Públicas pelos danos decorrentes do exercício da *função legislativa,* em que termos as decisões proferidas pelo Tribunal Constitucional têm influência na efetivação da responsabilidade civil extracontratual das entidades com competência legislativa, ou seja, o Estado e as Regiões Autónomas dos Açores e da Madeira?

Vejamos, em primeiro lugar, o que estabelece o artigo 15º do mencionado Regime da Responsabilidade Civil Extracontratual do Estado e Demais Entidades Públicas, com a epígrafe "responsabilidade no exercício da função político-legislativa". É o seguinte o conteúdo deste preceito legal: o Estado e as regiões autónomas são civilmente responsáveis pelos danos anormais causados aos direitos ou interesses legalmente protegidos dos cidadãos por atos que, no exercício da função político-legislativa, pratiquem, em desconformidade com a Constituição, o direito internacional, o direito comunitário ou ato legislativo de valor reforçado (nº 1); a decisão do tribunal que se pronuncie sobre a inconstitucionalidade ou ilegalidade de norma jurídica ou sobre a sua desconformidade com convenção internacional, para efeitos do número anterior, equivale, para os devidos efeitos legais, a decisão de recusa de aplicação ou a decisão de aplicação de norma cuja inconstitucionalidade, ilegalidade ou desconformidade com convenção internacional haja

---

das culpas de ambas as partes e nas consequências que delas tenham resultado, se a indemnização deve ser totalmente concedida, reduzida ou mesmo excluída"). Cfr., por todos, o nosso artigo *A Indemnização pelo Sacrifício: Contributo para o Esclarecimento do seu Sentido e Alcance,* in "Revista de Legislação e de Jurisprudência", Ano 140º, nº 3966, p. 144-147, e no "Boletim da Faculdade de Direito, STUDIA IVRIDICA 102 – AD HONOREM – 6, Estudos em Homenagem ao Prof. Doutor José Joaquim Gomes Canotilho", Vol. I, Coimbra, Coimbra Editora, 2012, p. 210-215.

sido suscitada durante o processo, consoante o caso (nº 2); o Estado e as regiões autónomas são também civilmente responsáveis pelos danos anormais que, para os direitos ou interesses legalmente protegidos dos cidadãos, resultem da omissão de providências legislativas necessárias para tornar exequíveis normas constitucionais (nº 3); a existência e a extensão da responsabilidade prevista nos números anteriores são determinadas atendendo às circunstâncias concretas de cada caso e, designadamente, ao grau de clareza e precisão da norma violada, ao tipo de inconstitucionalidade e ao facto de terem sido adotadas ou omitidas diligências suscetíveis de evitar a situação de ilicitude (nº 4); a constituição em responsabilidade fundada na omissão de providências legislativas necessárias para tornar exequíveis normas constitucionais depende da prévia verificação de inconstitucionalidade por omissão pelo Tribunal Constitucional (nº 5); quando os lesados forem em tal número que, por razões de interesse público de excecional relevo, se justifique a limitação do âmbito da obrigação de indemnizar, esta pode ser fixada equitativamente em montante inferior ao que corresponderia à reparação integral dos danos causados (nº 6).

O preceito cujo conteúdo foi reproduzido aponta, desde logo, para uma distinção entre responsabilidade civil por ação legislativa e responsabilidade civil por omissão legislativa. Relativamente à primeira, o nº 1 do artigo 15º do Regime da Responsabilidade Civil Extracontratual do Estado e Demais Entidades Públicas estabelece que as entidades detentoras de poderes legislativos (o Estado e as regiões autónomas) são civilmente responsáveis no caso de atuações ilegítimas (em desconformidade com a Constituição, o direito internacional, o direito da União Europeia ou ato legislativo de valor reforçado) e ilícitas (que causem danos anormais, isto é, danos que, como resulta definição do artigo 2º daquele Regime, "ultrapassando os custos próprios da vida em sociedade, mereçam, pela sua gravidade, a tutela do direito", aos direitos e interesses legalmente protegidos).

Resulta daquele preceito que, nos casos em que os particulares lesados por danos anormais causados por atos legislativos pretendam obter uma indemnização, a declaração ou o julgamento de inconstitucionalidade da norma legal pelo Tribunal Constitucional não é pressuposto processual da ação de indemnização, a propor no tribunal administrativo de círculo.

O mesmo se diga a propósito da declaração ou do julgamento de ilegalidade qualificada por parte do Tribunal Constitucional, no caso de violação por uma lei de um ato legislativo de valor reforçado, ou, ainda, no caso de julgamento da ilegalidade de uma norma constante de ato legislativo, com fundamento na sua contrariedade com uma convenção internacional, nos termos dos artigos 70º, nº 1, alínea i), 71º, nº 2, e 72º, nº 3, da Lei do Tribunal Constitucional.

Quanto aos pressupostos da ação de responsabilidade civil por ação legislativa, são eles os seguintes: a existência de um facto jurídico, traduzido na existência de uma norma legal; a ilicitude, em sentido objetivo, consistente na violação pela lei dos mencionados quatro parâmetros de validade ou de eficácia (a Constituição, as leis de valor reforçado, o direito internacional e o direito da União Europeia[364]), e, em sen-

---

[364] Deixaremos de fora das nossas preocupações a responsabilidade legislativa por violação do Direito da União Europeia, a qual é referida no nº 1 do artigo 15º do Regime de Responsabilidade Civil Extracontratual do Estado e Demais Entidades Públicas, mas à qual não se aplicam os nºs 2, 3 e 5 do mesmo preceito, precisamente porque a mesma não coloca problemas de articulação com o nosso sistema de fiscalização da constitucionalidade de normas legislativas.
Para a efetivação da responsabilidade civil do legislador por violação do Direito da União Europeia, não é necessária a prévia verificação da violação do Direito da União Europeia por parte das instâncias jurisdicionais europeias, sendo competentes os tribunais administrativos nacionais, que aplicam um regime próprio, em larga medida tributário da jurisprudência do Tribunal de Justiça da União Europeia, em especial os Acórdãos *Francovich* (Processos nºs C-6/90 e C-9/90), *Brasserie du pêcheur* (Processos nºs C-46/93 e C-48/93) e *Traghetti del Mediteraneo* (Processo nº C-173/2003). Esta jurisprudência, que é válida para a responsabilidade dos órgãos nacionais no exercício das funções legislativa, administrativa e judicial, estabeleceu os seguintes pressupostos de responsabilidade civil dos Estados: a violação do Direito da União Europeia deve ser suficientemente caracterizada; a norma violada deve ser uma norma de proteção, isto é, uma norma, de direito primário ou derivado da União Europeia, que tenha como objeto conferir pretensões individualizáveis e, por isso, garantir direitos e interesses específicos dos particulares e não visar exclusivamentetutelar o interesse geral; deve existir um dano patrimonial e ou moral; e deve existir um nexo direto de causalidade entre a conduta estatal violadora do Direito da União Europeia e o dano, de acordo com a teoria da causalidade adequada. Cfr. JÓNATAS E. M. MACHADO, *Dieito da União Europeia*, 2ª ed., Coimbra, Coimbra Editora, 2014, p. 502-519, e *A Responsabilidade dos Estados Membros da União Europeia por Atos e Omissões do Poder Judicial*, in "Revista de Legislação e de Jurisprudência", Ano 144º, nº 3991, p. 246-290, em especial, p. 252-255; e MARIA JOSÉ RANGEL DE MESQUITA,

tido subjetivo, espelhado na verificação de uma ofensa contra "direitos e interesses legalmente protegidos dos cidadãos"[365]; a anormalidade dos danos; o nexo de causalidade entre o facto (ilícito) e o dano (anormal); e a culpa do legislador, a qual não pode deixar de ser avaliada em "termos normativos e não em moldes subjetivos ou psicológicos"[366]ou "numa aceção objetivada e imbricada com o princípio da responsabilidade política"[367], mas que possibilita, como resulta do nº 4 do artigo 15º do Regime de Responsabilidade Civil, a redução da extensão ou mesmo a eliminação da própria existência da responsabilidade, nos casos de culpa leve do legislador (aquele preceito, que se aplica também à responsabilidade por omissão legislativa, refere que a existência e a extensão da responsabilidade "são determinadas atendendo às circunstâncias concretas de cada caso", devendo tomar-se em consideração, designadamente, "o grau de clareza da norma violada" , "o tipo de inconstitucionalidade", devendo ponderar-se que a inconstitucionalidade material coenvolve uma maior censurabilidade do legislador do que a inconstitucionalidade orgânica, formal ou procedimental, e "o facto de terem sido adoptadas ou omitidas diligências susceptíveis de evitar a situação de ilicitude")[368].

O Regime da Responsabilidade Civil Extracontratual do Estado e Demais Entidades Públicas e o Direito da União Europeia, Coimbra, Almedina, 2009, p. 27-65.

[365] Cfr. CARLOS A. FERNANDES CADILHA, *Regime da Responsabilidade Civil Extracontratual do Estado e Demais Entidades Públicas Anotado*, 2ª ed., Coimbra, Coimbra Editora, 2011, p. 307-309 e 328-331.

[366] Cfr. JORGE PEREIRA DA SILVA, *Comentário ao Artigo 15º (Responsabilidade Civil por Danos Decorrentes do Exercício da Função Político-Legislativa)*, in "Comentário ao Regime de Responsabilidade Civil Extracontratual do Estado e Demais Entidades Públicas", Lisboa, Universidade Católica Editora, 2013, p. 401.

[367] Cfr. JORGE MIRANDA, *Manual de Direito Constitucional*, Tomo IV, 5ª ed., Coimbra, Coimbra Editora, 2012, p. 395.

[368] Para maiores desenvolvimentos sobre os pressupostos da responsabilidade civil do Estado por danos decorrentes do exercício da função legislativa, cfr. CARLOS A. FERNANDES CADILHA, *Regime da Responsabilidade Civil*, cit., p. 328-353; J. C. VIEIRA DE ANDRADE, *A Responsabilidade Civil do Estado por Danos Decorrentes do Exercício da Função Legislativa*, in "Estudos em Homenagem a António Barbosa de Melo", Coimbra, Almedina, 2013, p. 447-469, em especial, p. 463-469; JORGE PEREIRA DA SILVA, *Comentário*, cit., p. 379-424, em especial, p. 387-410; e RUI MEDEIROS, *Ensaio Sobre a Responsabilidade Civil do Estado por Actos Legislativos*, Coimbra, Almedina, 1992, p. 165-216.

Referimos, anteriormente, que a existência de uma decisão do Tribunal Constitucional que tenha declarado ou julgado inconstitucional ou ilegal (ilegalidade qualificada) uma norma legal não constitui um pressuposto da ação de responsabilidade civil. Mas a existência de uma tal decisão é extremamente útil para o particular, uma vez que a mesma facilita sobremaneira o sucesso da ação, com vista à indemnização dos danos que não sejam eliminados pela própria declaração ou julgamento de inconstitucionalidade ou de ilegalidade qualificada, atenta, em regra, a destruição retroativa dos efeitos da lei declarada ou julgada inconstitucional ou qualificadamente ilegal. Com efeito, com a decisão do Tribunal Constitucional de declaração da inconstitucionalidade ou da ilegalidade qualificada com eficácia obrigatória geral de uma norma legal deve considerar-se *predefinido* ou *comprovado* o requisito de *ilicitude* e, porque a declaração vincula todos os tribunais e autoridades administrativas, pode, nessa medida, ser invocada pelo interessado numa ação de responsabilidade civil que tenha em vista o ressarcimento de prejuízos que tenham resultado do ilícito legislativo.

Mas também com uma decisão prévia de julgamento da inconstitucionalidade ou da ilegalidade qualificada de uma norma legal por violação de um ato legislativo de valor reforçado e de julgamento da ilegalidade de uma norma legal com fundamento na sua contrariedade com uma convenção internacional pode o interessado, se tiver sido parte no processo de fiscalização concreta ou incidental da constitucionalidade ou da ilegalidade da norma legal, beneficiar da *comprovação* ou *predefinição* da verificação de um dos pressupostos da responsabilidade civil, que é o da *ilicitude* (em sentido objetivo), para propor no tribunal administrativo de círculo uma ação de indemnização por danos resultantes do ilícito legislativo. E isto deve ser assim, não obstante a decisão do Tribunal Constitucional no domínio da fiscalização concreta ou incidental da constitucionalidade ou da legalidade de uma norma legal apenas fazer caso julgado no próprio processo em que foi proferida (artigo 80º, nº 1, da Lei do Tribunal Constitucional), já que seria manifestamente excessivo obrigar alguém que foi parte num processo onde conseguiu uma decisão definitiva do Tribunal Constitucional sobre a questão da inconstitucionalidade ou da ilegalidade da norma legal a percorrer o calvário do regresso àquele Tribunal para este "repetir" a mesma decisão de inconstitucionalidade ou de ilegalidade[369].

Não tendo a ação de responsabilidade civil o suporte numa decisão de declaração ou de julgamento de inconstitucionalidade ou de ilegalidade qualificada de uma norma legal ou, ainda, de contrariedade de uma norma legal com uma convenção internacional, proferida pelo Tribunal Constitucional, isto é, quando o particular lesado pedir uma indemnização fundada na desconformidade de uma norma legal com a Constituição, com uma lei de valor reforçado ou com uma convenção internacional, não declarada ou julgada pelo Tribunal Constitucional, cabe ao juiz da ação administrativa de responsabilidade civil julgar a alegada inconstitucionalidade, ilegalidade qualificada ou contrariedade com uma convenção internacional da norma legal, embora somente para efeitos de verificação do pressuposto da ilicitude e eventual concessão da indemnização[370].

Quando suceder uma situação destas, o nº 2 do artigo 15º do Regime da Responsabilidade Civil Extracontratual do Estado e Demais Entidades Públicas estatui que a decisão do tribunal administrativo que se pronuncie sobre a inconstitucionalidade ou ilegalidade de norma jurídica ou sobre a sua desconformidade com convenção internacional, para efeitos de responsabilidade civil do Estado e das regiões autónomas por atos da função legislativa, "equivale, para os devidos efeitos legais, a decisão de recusa de aplicação ou a decisão de aplicação de norma cuja inconstitucionalidade, ilegalidade ou desconformidade com convenção internacional haja sido suscitada durante o processo, consoante o caso".

Quer esta norma significar que, proposta no tribunal administrativo uma ação de responsabilidade civil do Estado ou da região autónoma por ato legislativo com fundamento na sua desconformidade com a Consti-

---

[369] Neste sentido, cfr. JORGE PEREIRA DA SILVA, *Comentário*, cit., p. 409. Em sentido diverso, cfr. CARLOS A. FERNANDES CADILHA, *Regime da Responsabilidade Civil*, cit., p. 335 e 336.

[370] Cfr. J. C. VIEIRA DE ANDRADE, *A Responsabilidade Civil do Estado*, p. 459 e 460. O Regime de Responsabilidade Civil Extracontratual do Estado e Demais Entidades Públicas permite, assim, que os lesados ataquem diretamente a conformidade constitucional, legal ou convencional da lei numa ação de responsabilidade do Estado, no contexto da *autonomia da ação de responsabilidade*. Cfr. JORGE PEREIRA DA SILVA, *Comentário*, cit., p. 408.

tuição, ato legislativo com valor reforçado ou convenção internacional, a decisão positiva ou negativa do juiz sobre a "ilicitude" da norma legal "é equivalente", para os devidos efeitos, a uma "recusa de aplicação" da norma legal, com base num daqueles fundamentos, ou a "uma aplicação" da mesma norma legal, não obstante a inconstitucionalidade, ilegalidade ou desconformidade com a convenção internacional suscitada durante o processo, respetivamente.

A intervenção do Tribunal Constitucional no domínio da responsabilidade do Estado ou das regiões autónomas por ilícito legislativo desempenha, assim, um papel determinante. Se o Tribunal Constitucional não julgar inconstitucional ou ilegal ou desconforme a uma convenção internacional a norma legal, o juiz da ação administrativa de responsabilidade civil terá de negar a indemnização solicitada. Se o juízo proferido pelo Tribunal Constitucional for no sentido de que a norma legal padece de um de tais vícios, então o tribunal da ação administrativa deve averiguar da verificação dos outros pressupostos da responsabilidade civil por ação legislativa e, no caso afirmativo, conceder a anelada indemnização.

A norma do nº 2 do artigo 15º do Regime de Responsabilidade Civil Extracontratual do Estado e Demais Entidades Públicas suscita muitas dúvidas e perplexidades. Há quem considere, desde logo, que a hipótese de julgamento de inconstitucionalidade contemplada naquela norma "não está prevista na Constituição, designadamente no artigo 204º, que apenas defere expressamente aos tribunais o poder de desaplicação de normas jurídicas inconstitucionais", tal como "não está prevista a hipótese de recurso dessas decisões, nem na Constituição, nem na Lei Orgânica do Tribunal Constitucional, que apenas regulam os casos em que haja «recusa de aplicação» de uma norma com fundamento em inconstitucionalidade (ou a sua aplicação, apesar de ter sido invocada no processo a inconstitucionalidade) – sendo certo que, nas acções de indemnização, o juiz não aplica, nem recusa a aplicação da norma, pois que esta não surge no processo com candidata positiva a regular a situação, mas como objecto de valoração judicial"[371].

---

[371] Cfr. J. C. VIEIRA DE ANDRADE, *A Responsabilidade Civil do Estado*, cit., p. 458 e 459.

Ou, ainda, quem entenda que a norma do nº 2 do artigo 15º daquele Regime criou um "novo recurso" para o Tribunal Constitucional, antes não previsto, o que deveria pressupor uma alteração à Lei do Tribunal Constitucional, mediante uma lei orgânica, o que não sucedeu no caso, enfermando, por isso, aquela norma de um vício de inconstitucionalidade formal e procedimental[372].

Não foi, porém, este o piso trilhado pelo Acórdão do Tribunal Constitucional nº 134/2010. Debruçando-se sobre a admissibilidade do recurso interposto pelo Ministério Público para o Tribunal Constitucional, ao abrigo da alínea *c)* do nº 1 do artigo 70º da Lei do Tribunal Constitucional, do Acórdão do Supremo Tribunal de Justiça que manteve a condenação do Estado a pagar ao Município de Santo Tirso a quantia de €4.942.718,00, na ação por este instaurada na sequência da criação do Município da Trofa pela Lei nº 83/98, de 14 de dezembro, com fundamento na recusa de aplicação das normas dos artigos 4º, nº 1, alínea *h)*, 11º, nº 1, 15º e 17º da Lei nº 48/99, de 16 de junho, e do artigo 4º, nº 1, da Lei nº 83/98, de 14 de dezembro, por violação da Lei nº 142/85, de 18 de novembro (Lei Quadro da Criação de Municípios), que qualificou como lei de valor reforçado, aquele Tribunal consignou, *inter alia*, o seguinte:
"Embora em ordem a diferentes resultados ou como passo necessário de diferentes modos de protecção jurídica através dos tribunais contra actos do legislador que violem a Constituição ou uma lei com valor reforçado, há uma substancial identidade problemática e de significado jurídico-político entre a recusa de aplicação de uma norma a título incidental no uso dos poderes de fiscalização judicial difusa e o reconhecimento da sua inconstitucionalidade ou ilegalidade como integrante de um dos elementos da causa de pedir da acção de indemnização. A tarefa cometida ao tribunal da causa é idêntica, exige a realização das mesmas operações e ponderações valorativas acerca do conteúdo, da forma, ou do procedimento adoptados pelo legislador face às vinculações decorrentes da Constituição, quer esse tribunal seja colocado perante uma questão incidental de inconstitucionalidade ou ilegalidade reforçada no âmbito de um qualquer litígio que devesse resolver por aplicação da norma questionada, quer seja chamado a estabelecer

---

[372] Cfr. JORGE PEREIRA DA SILVA, *Comentário*, cit., p. 409 e 410.

a ilicitude como pressuposto da acção de indemnização e, para tanto, a ajuizar da inconstitucionalidade ou ilegalidade integrante da causa de pedir. O tribunal extrai do juízo instrumental que faz, através desses mesmos passos de actividade judicante incidente sobre a conformidade de uma dada norma, constante de acto legislativo, com os parâmetros constitucionais ou legais a que devia observância, diferentes consequências decisórias – num caso vai à procura da norma que há-de regular o caso sujeito (artigos 204º e 282º, nº 1, da Constituição); no outro, passa à determinação dos efeitos lesivos e aos termos do seu ressarcimento –, mas isso é já actividade que se desenvolve num momento posterior (na lógica do processo decisório) à apreciação da inconstitucionalidade ou ilegalidade a que anteriormente procedeu.

Em qualquer das hipóteses, o juiz «dos restantes tribunais», quando responde positivamente à questão de inconstitucionalidade ou ilegalidade (ou a inversa, mas a situação que interessa é a decisão positiva) nega ao acto legislativo a sua idoneidade para produzir validamente os efeitos que o legislador democrático quis que ele produzisse, pelas mesmas razões jurídicas e mediante o mesmo processo ponderativo e de confronto paramétrico de que se serve quando é chamado a resolver o caso sujeito por aplicação da norma (artigo 204º da Constituição). E tem esse poder pela mesma razão fundamental: a supremacia normativa da Constituição e das leis a que esta atribua proeminência sobre os demais actos do poder normativo público e uma concepção do sistema de garantia da Constituição segundo o qual todos os tribunais são «juízes constitucionais». A questão sujeita a apreciação permanece invariável, com a especificidade conceptual e metodológica própria das questões de inconstitucionalidade ou ilegalidade, quando é fundamento de uma decisão (incidental) de recusa de aplicação ou pressuposto da imputação de responsabilidade. E a decisão que os tribunais sobre ela tomam tem o mesmo tipo de significação jurídico-política nas relações entre o poder legislativo democrático e o poder judicial na arquitectura constitucional do Estado numa e noutra hipótese.

Assim, todas as razões que, num sistema difuso de controlo da constitucionalidade, justificam a existência de um recurso das decisões dos (demais) tribunais para o Tribunal Constitucional – em certos casos, recurso obrigatório para o Ministério Público – estão presentes perante decisões de contencioso de responsabilidade fundado em ilícito legislativo.

Efectivamente, proferido um juízo de inconstitucionalidade ou ilegalidade sobre determinada norma, como elemento *sine qua non* do requisito de ilicitude da actuação do legislador geradora de responsabilidade, a não admissibilidade do recurso para o Tribunal Constitucional permitiria que decisões dos demais tribunais fundadas no tipo de ponderações que justificam as competências do Tribunal Constitucional como órgão ao qual a Constituição confere a competência para, em última instância, administrar a justiça em matérias de natureza jurídico-constitucional (artigo 221º da CRP) lhe fossem subtraídas, o que é contrário à teleologia da consagração do Tribunal Constitucional como órgão superior da justiça constitucional, como tribunal especificamente dedicado a ela. Com a consequência de, em matéria tão delicada e polémica no plano constitucional e jurídico-político como é o da responsabilidade por acto da função legislativa, se agravar o risco de subsistirem decisões desencontradas, por falta de intervenção do órgão jurisdicional a que a Constituição reservou a última palavra em tal domínio.

Assim, as competências traçadas no artigo 280º da Constituição e no artigo 70º da LTC não podem deixar de ser interpretadas em conformidade com a posição do Tribunal Constitucional na arquitectura do sistema constitucional e de abrangerem, por equivalerem em todos os aspectos relevantes a aplicação ou recusa de aplicação, as decisões dos demais tribunais que se pronunciem sobre a inconstitucionalidade ou ilegalidade de normas jurídicas para os efeitos do apuramento da responsabilidade civil do Estado por ilícito legislativo. O juízo dos demais tribunais sobre a «relação de desvalor» da norma alegadamente lesiva com a norma paramétrica deve ser sempre susceptível de controlo pelo órgão constitucional de fiscalização concentrada da conformidade de actos normativos à Constituição e a leis de valor reforçado (observadas, obviamente, as regras processuais e de legitimidade)".

E, em coerência com estas considerações, concluiu o Tribunal Constitucional, no mencionado aresto, que, "neste tipo de decisões, ao apreciarem a inconstitucionalidade ou ilegalidade dos actos legislativos alegadamente geradores de responsabilidade por ilícito legislativo, os tribunais ainda estão a aplicá-los (ou a desaplicá-los) como *ratio deci-*

dendi da decisão que concede ou nega a indemnização. Apreciam a sua (in)constitucionalidade ou (i)legalidade e é em função disso que decidem. Deste modo, uma vez que determinada norma constante de acto legislativo foi considerada violadora de lei de valor reforçado, fica preenchida a previsão do artigo 280º, nº 2, alínea a), da Constituição, e do artigo 70º, nº 1, alínea c), da Lei nº 28/82, de 15 de novembro, pelo que se tomará conhecimento do objecto do recurso."

É esta uma posição que suscita a nossa inteira concordância. Somos de opinião, tal como o aresto do Tribunal Constitucional cuja doutrina vem de ser resumida, que existe uma equivalência de natureza ou de substância entre a decisão judicial que não aplica uma norma com fundamento em inconstitucionalidade ou ilegalidade (ou a decisão judicial que a aplica, não obstante a questão de constitucionalidade ou de legalidade ter sido suscitada durante o processo) e a decisão judicial que condena o Estado ao pagamento de uma indemnização por prejuízos causados por atos legislativos ilícitos e que, neste sentido, a norma do artigo 15º, nº 2, do Regime da Responsabilidade Civil Extracontratual do Estado e Demais Entidades Públicas não é inovadora em relação ao nosso sistema de controlo da constitucionalidade e da legalidade de normas jurídicas gizado na Constituição e na Lei do Tribunal Constitucional, não padecendo, por isso, de qualquer vício de inconstitucionalidade[373].

---

[373] Vale a pena, porém, referir a *Declaração de Voto*, quanto à fundamentação *(concurring opinion)*, da Conselheira MARIA LÚCIA AMARAL, na qual manifestou reservas quanto à *identidade substancial* entre as mencionadas decisões do Tribunal Constitucional, afirmando o seguinte:
"Não me parece que o juízo sobre a «ilicitude» de uma lei, feita em acção de responsabilidade do Estado, possa ser tido simplesmente como um *continuum* dos recursos para o Tribunal desenhados, pelas razões que acabei de expor, no nº 1 do artigo 280º da CRP. No meu entender, ele é outra coisa, dado que se não traduz na composição de um litígio com fundamento em norma de cuja constitucionalidade se duvida. Nas situações do artigo 280º, o tema a decidir não é a censura do poder legislativo. Tal censura aparece, como bem se sabe, incrustada incidentalmente na questão principal, de direito infraconstitucional, que tem que ser decidida. Nas acções de responsabilidade por ilícito legislativo o *thema decidendum* é a censura do legislador. E uma censura ainda mais intensa do que aquela que é feita em sede de controlo puro de constitucionalidade, visto que se não destina apenas a *accertare* a invalidade de uma escolha do poder legislativo.

Passando, agora, à responsabilidade civil fundada em omissão legislativa inconstitucional, é de realçar que o n.º 3 daquele Regime de Responsabilidade Civil limita a responsabilidade do Estado e das regiões autónomas à "omissão de providências legislativas necessárias para tornar exequíveis normas constitucionais", não prevendo a responsabilidade por omissão de medidas legislativas necessárias à execução de leis reforçadas ou de normas de direito internacional, ao invés do que sucede na responsabilidade por ação legislativa. E também diferentemente do que se disse a propósito de responsabilidade civil por ação legislativa, o n.º 5 do artigo 15.º daquele Regime de Responsabilidade Civil exige uma prévia verificação de inconstitucionalidade por omissão pelo Tribunal Constitucional.

Resulta, assim, do n.º 5 do artigo 15.º do Regime de Responsabilidade Civil Extracontratual do Estado e Demais Entidades Públicas que as decisões do Tribunal Constitucional de verificação da inconstitucionalidade por omissão de medidas legislativas necessárias para tornar exequíveis normas constitucionais são um pressuposto da efetivação pelos tribunais administrativos [artigo 4.º, n.º 1, alínea *f*), do Estatuto dos Tribunais Administrativos e Fiscais] da responsabilidade civil do Estado e das regiões autónomas pelos danos anormais que, para os direitos ou interesses legalmente protegidos dos cidadãos, resultem da omissão de tais providências legislativas. Ora, não tendo os cidadãos que sofram um dano anormal nos seus direitos fundamentais em consequência da omissão inconstitucional de uma medida legislativa legitimidade para propor junto do Tribunal Constitucional um pedido de declaração de inconsti-

Partindo dessa invalidade, a acção de responsabilidade (por ilícito legislativo) destina-se a eventualmente repartir os custos da escolha legislativa censurável por toda a comunidade política, de modo a ressarcir o «prejudicado». O tema é, pois, a censura do legislador, e uma censura que, no seu significado constitucional e jurídico-político, ganha contornos de gravidade ou de intensidade que não são compartilhados pelos juízos de inconstitucionalidade de normas, formulados em processos de fiscalização concreta. É por tudo isto que a decisão de inconstitucionalidade que é tomada, pelo tribunal comum, em acção de responsabilidade, não *equivale*, a meu ver, àquela outra que é tomada pelo mesmo tribunal em processo de fiscalização concreta. Não estamos aqui perante coisas idênticas. Estamos perante algo (na acção de responsabilidade) que é um *plus* face ao já existente, e que, em última análise, se traduzirá em um novo modo de acesso directo dos particulares à justiça constitucional".

tucionalidade por omissão legislativa, possuindo-a apenas a lista estreita de entidades enumeradas no artigo 283º da Constituição (o Presidente da República, o Provedor de Justiça ou, com fundamento em violação de direitos das regiões autónomas, os presidentes das assembleias legislativas regionais), é quase nula a probabilidade de um particular lesado nos seus direitos fundamentais conseguir obter uma indemnização do Estado por omissão legislativa.

Neste contexto, vem a doutrina defendendo a inconstitucionalidade da norma do nº 5 do artigo 15º do Regime de Responsabilidade Civil Extracontratual do Estado e Demais Entidades Públicas, por violação do princípio da tutela jurisdicional efetiva, ínsito no direito de acesso aos tribunais, condensado no artigo 20º, nº 1, da Constituição, e da garantia da responsabilidade do Estado, plasmada no artigo 22º da Lei Fundamental[374]. E pensamos que com razão.

Com efeito, como vincou o Tribunal Constitucional, no seu Acórdão nº 238/97 – analisando a questão da inconstitucionalidade da interpretação dada pelo Acórdão do Supremo Tribunal de Justiça de 16 de maio de 1995 à norma constante do artigo 4º, nº 1, alínea b), do Estatuto dos Tribunais Administrativos e Fiscais, em termos de aos particulares ficar vedado o acesso aos tribunais judiciais (e administrativos) neles demandando o Estado para obterem o ressarcimento de danos consequentes a pretensas omissões ilícitas e culposas do "dever de legislar", já que, por força do disposto no nº 1 do artigo 283º da Constituição, a verificação da inconstitucionalidade por omissão, em tal circunstância, apenas incumbe ao Tribunal Constitucional -, é frontalmente violadora da garantia de uma proteção jurisdicional eficaz ou de uma tutela judicial efetiva a interpretação de uma norma jurídica no sentido de ser "posto em crise o direito a uma solução jurídica dos conflitos", ou, por outras palavras, "sempre que sejam postergados instrumentos da defesa dos direitos e interesses legítimos dos cidadãos e, nomeadamente, o direito de acção, que se materializa através de um processo".

---

[374] Neste sentido, cfr. J. C. VIEIRA DE ANDRADE, *A Responsabilidade Civil do Estado por Danos Decorrentes do Exercício da Função Legislativa*, cit., p. 447-469, em especial p. 461-463; e JORGE PEREIRA DA SILVA, *Comentário*, cit., p. 412-417.

Ora, concluiu aquele aresto do Tribunal Constitucional, é essa a situação evidenciada com a interpretação dada pelo acórdão recorrido à norma do artigo 4º, nº 1, alínea b), do Estatuto do Tribunais Administrativos e Fiscais (na versão anterior à reforma de 2002), "pois que, apontando-se, em sede de competência em razão da matéria, como pressuposto processual relativo aos tribunais, para a competência do Tribunal Constitucional, numa acção cível para efectivação da responsabilidade civil extracontratual do Estado, está a derrogar-se o direito de acção, a correspondência entre o direito de acção que vem assegurada no artigo 2º do Código de Processo Civil, sendo, pois, inconstitucional tal interpretação", por violação do artigo artigo 20º, nº 1, conjugado com os artigos 18º, nº 3, 205º, nº 1, e 213º, nº 1, todos da Constituição.

Para encerrar a problemática da responsabilidade civil por ação e omissão legislativas ilícitas, importa referir a norma do nº 6 do artigo 15º do Regime de Responsabilidade Civil Extracontratual do Estado e Demais Entidades Públicas, a qual consagra uma *limitação excecional da obrigação de indemnizar,* ao estatuir que, "quando os lesados forem em tal número que, por razões de interesse público de excepcional relevo, se justifique a limitação do âmbito da obrigação de indemnizar, esta pode ser fixada equitativamente em montante inferior ao que corresponderia à reparação integral dos danos causados". Tendo em conta o número potencialmente muito elevado de lesados com uma ação ou omissão legislativa ilícita (pense-se, por exemplo, numa lei fiscal retroativa), torna-se, muitas vezes, impraticável, à luz do princípio da sustentabilidade financeira do Estado, indemnizar a integralidade dos danos, de acordo com a regra geral constante do artigo 3º daquele Regime de Responsabilidade Civil[375].

[375] O artigo 3º do Regime de Responsabilidade Civil determina que "quem esteja obrigado a reparar um dano, segundo o disposto na presente lei, deve reconstituir a situação que existiria se não se tivesse verificado o evento que obriga à reparação" (nº 1); que "a indemnização é fixada em dinheiro quando a reconstituição natural não seja possível, não repare integralmente os danos ou seja excessivamente onerosa" (nº 2); e que "a responsabilidade prevista na presente lei compreende os danos patrimoniais e não patrimoniais, bem como os danos já produzidos e os danos futuros, nos termos gerais de direito" (nº 3). O transcrito nº 1 do artigo 3º estabelece, assim, que, na avaliação concreta do dano, deve operar-se de acordo com com a *teoria da diferença*: confronta-se a situação em que o lesado se encontra (situação real) com a situação em que se encontraria se a lesão não se tivesse verificado (situação hipotética), correspondendo a indemnização à diferença entre as

E, assim, com este objetivo, o legislador, que já circunscreve a responsabilidade aos *danos anormais* (nº 1 do artigo 15º) e já prevê a *redução da obrigação* de indemnizar nos casos de culpa leve do legislador (nº 4 do artigo 15º), consagra a possibilidade da fixação equitativa da indemnização em montante inferior à reparação integral dos danos causados, desde que se verifiquem dois requisitos, cuja verificação e ponderação, dado a sua índole de conceitos indeterminados, devem ser avaliados pelo juiz do processo: número elevado de lesados (que deve ser conjugado com o montante elevado da indemnização); e razões de interesse público de excecional relevo justificativas da limitação do âmbito da obrigação de indemnizar.

A norma do nº 6 do artigo 15º do Regime de Responsabilidade Civil Extracontratual do Estado e Demais Entidades Públicas apresenta notórias semelhanças com o nº 4 do artigo 282º da Constituição, relativo à delimitação dos efeitos da declaração de inconstitucionalidade ou de ilegalidade com força obrigatória geral pelo Tribunal Constitucional, "quando a segurança jurídica, razões de equidade ou interesse público de excepcional relevo, que deverá ser fundamentado, o exigirem". *Razões de interesse público de excecional relevo* podem, assim, estar na base tanto de

duas situações. Significa isto que estão aqui abrangidos quer o *dano emergente* (*damnum emergens*), quer o *lucro cessante* (*lucrum cessans*), isto é, tanto a perda ou diminuição de valores já existentes no património do lesado, como os benefícios que ele deixou de obter em consequência da lesão, ou seja, o acréscimo patrimonial frustrado.
Por sua vez, o nº 2 do mesmo preceito dá preferência à *reconstituição natural* ou à indemnização *in natura* em relação à indemnização em dinheiro, determinando que esta tem lugar apenas quando aquela não seja possível, quando não repare integralmente os danos ou seja excessivamente onerosa. Finalmente, o nº 3 do artigo de que estamos a falar manda computar na indemnização os *danos patrimoniais* e *não patrimoniais*, bem como os *danos já produzidos* e os *danos futuros*, consoante se tenham verificado ou não no momento que se considera, designadamente à data da fixação da indemnização. São, assim, abrangidos na indemnização os *lucros cessantes*, os *danos futuros previsíveis* e os danos *não patrimoniais ou morais* (quanto a estes, desde que, nos termos do artigo 496º, nº 1, do Código Civil, pela sua gravidade, mereçam a tutela do direito). Cfr., para mais desenvolvimentos, o nosso artigo *A Indemnização pelo Sacrifício: Contributo para o Esclarecimento do seu Sentido e Alcance*, in "Revista de Legislação e de Jurisprudência", Ano 140º, nº 3966, p. 154 e 155, e no "Boletim da Faculdade de Direito, STUDIA JURIDICA 102 – AD HONOREM – 6, Estudos em Homenagem ao Prof. Doutor José Joaquim Gomes Canotilho", Vol. I, Coimbra, Coimbra Editora, 2012, p. 226-228.

uma decisão do Tribunal Constitucional de delimitação dos efeitos da declaração de inconstitucionalidade ou de ilegalidade de uma norma jurídica, como de uma decisão do juiz da ação de responsabilidade por ação ou omissão ilícita do legislador de limitação do âmbito da obrigação de indemnizar, através da fixação da indemnização em montante inferior ao que corresponderia à reparação integral dos danos causados.

Assim sendo, suscita-se a questão de saber se, no caso de o Tribunal Constitucional delimitar os efeitos da inconstitucionalidade de uma norma legal, por *razões de interesse público de excecional relevo*, determinando que os efeitos da mesma operam *ex nunc* e não *ex tunc*, ainda se mantém a obrigação de o Estado indemnizar os danos anormais causados pela lei inconstitucional. Propendemos a entender que, nesse caso, tal obrigação não subsiste, precisamente porque os *efeitos da ilicitude* são "retroativamente apagados", a não ser que o próprio Tribunal Constitucional exclua dessa delimitação de efeitos as ações admistrativas de responsabilidade civil interpostas ou a interpor por ação legislativa ilícita.

A nossa posição vai nesta direção, sem prejuízo da consciência de que se devem evitar, neste como em outros domínios, as *transferências automáticas de regimes* e da consideração de que são diferentes as consequências da delimitação dos efeitos, por razões de interesse público de excecional relevo, da declaração de inconstitucionalidade com força obrigatória geral de uma norma legal na responsabilidade civil do legislador, que será a eliminação da obrigação de indemnizar, e as da aplicação da norma do n.º 6 do artigo 15.º do Regime de Responsabilidade Civil, que apenas autoriza, com base também em razões de interesse público de excecional relevo, a redução equitativa da indemnização[376].

20.2. A responsabilidade civil extracontratual do Estado e demais pessoas coletivas de direito público pelos danos decorrentes de regulamentos inconstitucionais

O que dissemos no ponto antecedente sobre a relação entre as decisões positivas de inconstitucionalidade ou de ilegalidade qualificada ou reforçada de normas legais e a responsabilidade civil por ação legislativa

---

[376] Levantando também a questão assinalada no texto, cfr. JORGE PEREIRA DA SILVA, *Comentário*, cit., p. 420 e 421.

ilícita vale, *mutatis mutandis*, para os casos de responsabilidade civil do Estado e demais pessoas coletivas de direito público pela emissão de normas regulamentares inconstitucionais.

Com efeito, o artigo 7º, nº 1, do Regime de Responsabilidade Civil Extracontratual do Estado e Demais Entidades Públicas estabelece que "o Estado e as demais pessoas colectivas de direito público são exclusivamente responsáveis pelos danos que resultem de acções ou omissões ilícitas, cometidas com culpa leve, pelos titulares dos seus órgãos, funcionários ou agentes, no exercício da função administrativa e por causa desse exercício". Nos termos dos nºs 1 e 2 do artigo 8º do mesmo diploma legal, o Estado e demais pessoas coletivas de direito público são responsáveis de forma solidária com os respetivos titulares de órgãos, funcionários e agentes no caso de *danos que resultem de ações ou omissões ilícitas*, "por eles cometidas com dolo ou com diligência e zelo manifestamente inferiores àqueles a que se encontravam obrigados em razão do cargo", desde que tais ações ou omissões tiverem sido por eles cometidas "no exercício das suas funções e por causa desse exercício". Por último, o artigo 9º, nº 1, daquele Regime de Responsabilidade Civil prescreve que "consideram-se ilícitas as acções ou omissões dos titulares de órgãos, funcionários e agentes que violem disposições ou princípios constitucionais, legais ou regulamentares ou infrinjam regras de ordem técnica ou deveres objetivos de cuidado e de que resulte a ofensa de direitos ou interesses legalmente protegidos"[377].

---

[377] Sobre o sentido e alcance destes preceitos e sobre os pressupostos da responsabilidade civil do Estado e Demais Entidades Públicas pelos danos decorrentes do exercício da função administrativa, cfr. J.C. Vieira de Andrade, *A Responsabilidade por Danos Decorrentes do Exercício da Função Administrativa na Nova Lei sobre Responsabilidade Civil Extracontratual do Estado e Demais Entidades Públicas*, in "Revista de Legislação e de Jurisprudência", Ano 137º, nº 3951, p. 360 e segs.; Marcelo Rebelo de Sousa/ A. Salgado de Matos, *Responsabilidade Civil Administrativa, Direito Administrativo Geral*, Tomo III, Lisboa, Dom Quixote, 2008; L. Cabral de Moncada, *Responsabilidade Civil Extra-Contratual do Estado, A Lei nº 67/2007, de 31 de Dezembro*, Lisboa, Abreu & Marques Vinhas, 2008; Carlos A. Fernandes Cadilha, *Regime da Responsabilidade Civil Extracontratual do Estado e Demais Entidades Públicas*, cit., p. 137-195; Raquel Carvalho, *Comentários aos Artigos 7º, nº 1, e 8º*, in "Comentário ao Regime de Responsabilidade Civil Extracontratual do Estado e Demais Entidades Públicas", Lisboa, Universidade Católica Editora, 2013, p. 166-180 e 225-239; Mário Aroso de Almeida, *Comentários aos Artigos 7º, nºs 3 e 4, e*

Ora, de modo semelhante, a existência de uma decisão do Tribunal Constitucional que tenha declarado ou julgado inconstitucional uma norma regulamentar não constitui um pressuposto da ação de responsabilidade civil contra o Estado ou outra pessoa coletiva de direito público. Mas a existência de uma tal decisão é extremamente útil para o particular, uma vez que a mesma facilita sobremaneira o sucesso da ação, com vista à indemnização dos danos que não sejam eliminados pela própria declaração ou julgamento de inconstitucionalidade, atenta, em regra, a destruição retroativa dos efeitos da norma regulamentar declarada ou julgada inconstitucional.

Com efeito, com a decisão do Tribunal Constitucional de declaração da inconstitucionalidade, com eficácia obrigatória geral, de uma norma regulamentar deve considerar-se *predefinido ou comprovado* o requisito de *ilicitude* e, porque a declaração vincula todos os tribunais e autoridades administrativas, pode, nessa medida, ser invocada pelo interessado numa ação de responsabilidade civil que tenha em vista o ressarcimento de prejuízos que tenham resultado do regulamento inconstitucional, *maxime*, se se tratar de regulamento imediatamente operativo.

Mas também com uma decisão prévia do Tribunal Constitucional de julgamento da inconstitucionalidade de uma norma regulamentar, por violação de regras ou princípios constitucionais[378], pode o interessado, se tiver sido parte no processo de fiscalização concreta ou incidental da constitucionalidade, beneficiar da *comprovação, predefinição* ou *certi-*

9º, in "Comentário ao Regime de Responsabilidade Civil Extracontratual do Estado e Demais Entidades Públicas", Lisboa, Universidade Católica Editora, 2013, p. 217-224 e 240-262; A. MENEZES CORDEIRO, *A Responsabilidade Civil do Estado*, in "Homenagem ao Professor Doutor Diogo Freitas do Amaral", Coimbra, Almedina, 2010, p. 883 e segs.; D. FREITAS DO AMARAL, *Curso de Direito Administrativo*, Vol. II, 2ª ed., Coimbra, Almedina, 2011, p. 671 e segs.; JOÃO CAUPERS, *Introdução ao Direito Administrativo*, 10ª ed., Lisboa, Âncora, 2009, p. 317 e segs.; PEDRO MACHETE, *A Responsabilidade da Administração por Facto Ilícito e as Novas Regras de Repartição do Ónus da Prova*, in "Cadernos de Justiça Administrativa", nº 69 (2008), p. 30 e segs.; e CARLA AMADO GOMES, *Três Textos sobre o Novo Regime da Responsabilidade Civil Extracontratual do Estado e Demais Entidades Públicas*, Lisboa, AAFDL, 2008.

[378] Sobre o problema, em geral, da vinculação do regulamento à Constituição, cfr., por todos, ANA RAQUEL MONIZ, *A Recusa de Aplicação de Regulamentos pela Administração com Fundamento em Invalidade*, cit., p. 417-453.

ficação da verificação de um dos pressupostos da responsabilidade civil, que é o da *ilicitude* (em sentido objetivo), para propor no tribunal administrativo de círculo uma ação de indemnização por danos resultantes do regulamento inconstitucional. E isto deve ser assim, não obstante a decisão do Tribunal Constitucional no domínio da fiscalização concreta ou incidental da constitucionalidade de uma norma regulamentar apenas fazer caso julgado no próprio processo em que foi proferida (artigo 80º, nº 1, da Lei do Tribunal Constitucional), já que seria manifestamente excessivo obrigar alguém que foi parte num processo onde conseguiu uma decisão definitiva do Tribunal Constitucional sobre a questão da inconstitucionalidade da norma regulamentar a percorrer o calvário do regresso àquele Tribunal para este "repetir" a mesma decisão de inconstitucionalidade.

Finalmente, de modo semelhante ao que referimos a propósito da responsabilidade por danos decorrentes de ações legislativas, não tendo a ação de responsabilidade civil o suporte numa decisão de declaração ou de julgamento de inconstitucionalidade de uma norma regulamentar, proferida pelo Tribunal Constitucional, isto é, quando o particular lesado pedir uma indemnização fundada na desconformidade de uma norma regulamentar com a Constituição, não declarada ou julgada pelo Tribunal Constitucional, cabe ao juiz da ação administrativa de responsabilidade civil julgar a alegada inconstitucionalidade, embora somente para efeitos de verificação do pressuposto da ilicitude e eventual concessão da indemnização.

Capítulo VI
Conteúdo, Vinculatividade e Eficácia Temporal das Decisões do Tribunal Constitucional

21. Conteúdo das decisões

Na abordagem da problemática do *conteúdo* das decisões, vamos referir apenas as decisões *diretas* sobre a questão da constitucionalidade de normas jurídicas proferidas pelo Tribunal Constitucional, as quais têm lugar no âmbito do "controlo concentrado", a cargo deste órgão jurisdicional, ficando, por isso, excluídas as decisões proferidas pela generalidade dos tribunais, no domínio do "controlo difuso" da constitucionalidade de normas jurídicas.

21.1. As decisões simples ou extremas

No que concerne ao *conteúdo* das decisões, há que salientar, em primeiro lugar, as *decisões simples* (sem requisitos, reservas ou condições) de *inconstitucionalidade* de normas jurídicas ("decisões de acolhimento") e as decisões de *sentido e alcance oposto* ("decisões de rejeição")[379]. São

---

[379] A distinção entre *"decisioni di accoglimento"* e *"decisioni di rigetto"* tem sido objeto de especial atenção na doutrina italiana, a propósito da *"questione di legittimità costituzionale"*. Na verdade, como sublinham ANTONIO RUGGERI/ANTONINO SPADARO, há uma diferença fundamental entre a pronúncia de acolhimento e a pronúncia de rejeição: no primeiro caso, o Tribunal Constitucional "pronuncia-se" sobre a *questão da constitucionalidade* e *sobre a lei*, enquanto no segundo caso apenas *sobre a questão*, sem exprimir um juízo específico sobre a norma legal.
São também diferentes as consequências no plano dos efeitos de cada um dos tipos de decisões. As decisões de acolhimento reconhecem o fundamento da questão de constitucionalidade e *declaram* também a inconstitucionalidade de uma lei, anulando-a e

decisões que se enquadram no modelo binário tradicional de inconstitucionalidade/constitucionalidade[380] da norma jurídica e que representam uma opção (objetiva e incondicional) entre duas alternativas: a de considerar e a de não considerar a norma jurídica inconstitucional, conforme ela viole ou não as regras e princípios constitucionais. Importa, no entanto, desenvolver um pouco mais estes dois tipos de decisões[381].

No que respeita às decisões no sentido da *inconstitucionalidade*, incorporam, antes de mais, uma "pronúncia", uma "declaração" ou um "julgamento" de inconstitucionalidade. O seu conteúdo varia, no entanto, conforme são proferidas em controlo abstrato preventivo, em controlo abstrato por via de ação ou em controlo concreto ou incidental.

No primeiro caso, o seu conteúdo traduz-se em impedir a entrada em vigor da norma; no segundo, ele consiste em determinar a eliminação da norma do ordenamento jurídico; no terceiro, o juízo do Tribunal Constitucional, quando for no sentido da inconstitucionalidade, conduz apenas à não aplicação da norma no caso concreto, não tendo eficácia geral ou *erga omnes* [o Tribunal Constitucional limita-se a "julgar a norma inconstitucional", confirmando a decisão do tribunal *a quo* (decisão de "não provimento do recurso") ou revogando-a (decisão de "provimento do recurso")].

No tocante às decisões de "inconstitucionalidade", cumpre adiantar que o seu conteúdo é delimitado pelo objeto do "pedido" (de acordo com o princípio *ne eat judex ultra vel extra petita partium*), no controlo abstrato, ou da "questão de constitucionalidade", no caso concreto. Por isso, naqueles casos em que haja sido questionada apenas uma parte do pre-

---

eliminando-a definitivamente do ordenamento jurídico, com efeitos *erga omnes*. As decisões de rejeição, ao invés, limitam-se a declarar a mera falta de fundamento da questão de constitucionalidade, abstendo-se de atestar a constitucionalidade da lei: nelas se afirma que a "questão" é infundada, mas sobre a lei *ut sic est* nada se diz. O significado da pronúncia do Tribunal Constitucional é, ainda, limitado à "questão" e, por isso, ao caso específico examinado, tendo efeitos apenas *inter partes*. Para mais desenvolvimentos, cfr. ob. cit., p. 151-156.

[380] A expressão é de J. J. GOMES CANOTILHO, *Direito Constitucional e Teoria da Constituição*, cit., p. 957. Cfr. também GILMAR FERREIRA MENDES, *Jurisdição Constitucional: O Controle Abstrato de Normas no Brasil e na Alemanha*, São Paulo, Saraiva, 2005, p. 340.

[381] Deixamos, agora, de lado as decisões de *verificação* e de *não verificação* da existência de *inconstitucionalidade por omissão* de normas jurídicas.

ceito (uma alínea ou um número), a respetiva decisão de inconstitucionalidade "parcial" corresponde ainda, afinal, a uma decisão "simples". O "princípio do pedido" estende-se, no entanto, apenas ao "objeto" da decisão (a norma questionada) e não aos fundamentos da inconstitucionalidade (normas ou princípios violados), como resulta expressamente dos artigos 51º, nº 5, e 79º-C da Lei do Tribunal Constitucional.

Relativamente às decisões de *sentido oposto ao da inconstitucionalidade*, importa referir que, na sua modalidade mais frequente e usual, elas assumem um caráter puramente "negativo", traduzindo-se ou numa "*não pronúncia de inconstitucionalidade*" (fórmula utilizada no controlo abstrato prévio), numa "*não declaração de inconstitucionalidade*" (expressão usada no controlo abstrato sucessivo por ação), numa "*não verificação da existência de inconstitucionalidade por omissão*" (locução relativa ao controlo abstrato por omissão) ou num "*não julgamento de inconstitucionalidade*" (fórmula respeitante ao controlo concreto ou incidental). Em qualquer das variantes, o que o Tribunal Constitucional português não faz é uma declaração "positiva" da "constitucionalidade" da norma questionada[382].

21.2. As decisões complexas ou intermédias

Apesar de grande parte das decisões do Tribunal Constitucional se reconduzir "formalmente" às duas alternativas *simples* que foram referidas, a verdade é que vem a jurisprudência constitucional desenvolvendo tipos ou modelos "*complexos*" ou "*intermédios*" de decisões, mesmo na ausência de textos legais que o consintam. Em todas elas, o Tribunal Constitucional considera que a questão de constitucionalidade que lhe é colocada é *complexa* e não pode ser resolvida de modo *simples*. De facto, no âmbito da jurisdição constitucional, existem inúmeras situações que não admitem uma solução com base no dualismo radical entre atos normativos inconstitucionais e não inconstitucionais ou entre nulos

---

[382] Não se passam as coisas assim, como referimos na nota 309, no ordenamento jurídico-constitucional brasileiro, porquanto aí, para além da existência de uma ação declaratória de constitucionalidade de lei ou ato normativo federal, que, no caso de procedência, tem como efeito a declaração positiva da sua constitucionalidade, se entende que a ação declaratória de inconstitucionalidade de lei ou ato normativo federal ou estadual é dotada de um caráter *ambivalente* ou *dúplice*, pelo que, no caso de improcedência, tem um significado de uma declaração positiva de constitucionalidade.

e válidos. Princípios como os da segurança jurídica, da razoabilidade, da proporcionalidade e da igualdade têm estimulado, e muitas vezes imposto, a adoção por parte dos Tribunais Constitucionais de soluções jurídicas originais e de novas técnicas decisórias que permitam, por um lado, assegurar a primazia da Constituição e, por outro lado, impedir que, no processo de garantia da Constituição, haja ofensa a outos ditames constitucionais.

Não obstante a falta de uniformidade terminológica nesta matéria[383] e da crítica que muitas vezes suscitam, as sentenças *complexas* ou *intermédias* são, em maior ou menor escala, uma realidade nos diferentes ordenamentos jurídico-constitucionais. Trata-se, ao fim e ao cabo, de "técnicas de decisão" que permitem, na maioria dos casos, evitar uma decisão de inconstitucionalidade ou condicionar os efeitos jurídicos da mesma, de modo a que a "desautorização do legislador" decorrente da decisão de inconstitucionalidade só tenha lugar quando ela, de todo em todo, não puder ser evitada. As sentenças complexas ou intermédias são, assim, em sentido lato, "decisões jurisdicionais que determinam a modelação do sentido ou dos efeitos da norma submetida a julgamento"[384].

São vários os tipos de *decisões complexas* ou *intermédias*, umas proferidas pelo Tribunal Constitucional português e outras por outros Tribunais Constitucionais. A elas nos vamos referir nas linhas subsequentes, assinalando aquelas que têm sido emitidas pelo nosso Tribunal Constitucional. Não deixaremos de registar algumas críticas a certos tipos de decisões complexas ou intermédias, que, na nossa opinião, são constitucionalmente ilegítimas, porque violadoras do princípio da *separação de poderes*. Setas críticas dirigidas sobretudo às "sentenças manipulativas", as quais implicam uma alteração do conteúdo da norma jurídica analisada *sub specie constitutionis*.

21.2.1. As decisões interpretativas

A primeira espécie de decisões "complexas" ou "intermédias" é constituída pelas *decisões interpretativas*, as quais conduzem frequentemente a

---

[383] Cfr. MARIA BENEDITA URBANO, *Sentenças Intermédias*, cit., p. 695 e 696, e RUI MEDEIROS, *A Decisão de Inconstitucionalidade*, cit., p. 457.
[384] Cfr. CARLOS BLANCO DE MORAIS, *Justiça Constitucional*, Vol. II, 2ª ed., Coimbra, Coimbra Editora, 2011, p. 261.

uma *interpretação conforme à Constituição (verfassungskonforme Auslegung)*. Esta consiste numa técnica de decisão, na qual os tribunais, *maxime* o Tribunal Constitucional, no caso de uma norma comportar vários sentidos, recusa aquele ou aqueles que conduziriam à sua inconstitucionalidade e opta pelo sentido que for compatível com a Constituição. De facto, no caso de polissemia de uma norma jurídica, não deve a mesma ser considerada inconstitucional enquanto puder ser interpretada de acordo com a Constituição. São, em geral, os princípios da supremacia da Constituição e da unidade da ordem jurídica, da presunção da constitucionalidade das normas jurídicas, da conservação dos atos normativos, da proporcionalidade e da segurança jurídica que estão na base daquela técnica de decisão[385].

Como sublinha G. ZAGREBELSKY, as sentenças interpretativas baseiam-se na circunstância de um texto legislativo se prestar a diversas interpretações e o Tribunal Constitucional poder basear-se numa ou noutra para acolher ou rejeitar a questão de constitucionalidade, com a consequência de a lei ser conforme à Constituição, *enquanto* interpretada de certo modo (*sentença interpretativa de rejeição*), ou desconforme com a Constituição, *enquanto* interpretada de outro modo (*sentença interpretativa de acolhimento*)[386].

---

[385] Cfr. CARLOS BLANCO DE MORAIS, *Justiça Constitucional*, Vol. II, cit., p. 380-385.
[386] Cfr. *La Giurisdizione Costituzionale*, in "Manuale di Diritto Pubblico", Vol. II, a cura di G. AMATO/A. BARBERA, cit., p. 491. Cfr., ainda, R. LLORENTE, ob. cit., p. 515-521, ELENA MALFATTI/SAULLE PANIZZA/ROBERTO ROMBOLI, ob. cit., p. 133- 135, e AUGUSTO CERRI, ob. cit., p. 235-238.
Segundo ANTONIO RUGGERI/ANTONINO SPADARO, aí onde o juiz *a quo* se afasta do *direito vivente*, isto é, da interpretação do direito substancialmente uniforme e difundida entre os juízes e entre os operadores jurídicos, o Tribunal Constitucional emite *decisões interpretativas de rejeição*, também designadas *corretivas*, através das quais fornece uma interpretação da lei "diversa", porque respeitosa do direito vivente e também "respeitosa" da Constituição. Tais *sentenças interpretativas de rejeição*, resultantes da interpretação conforme à Constituição, ou se limitam a refutar a interpretação do juiz *a quo*, porque não conforme à Constituição, convidando-o a encontrar uma compatível com a Constituição, ou propõem uma única interpretação conforme à Constituição, com presunção de efeito "vinculante" para o juiz *a quo* e "persuasivo" para os outros juízes e operadores jurídicos. Cfr. ob. cit., p. 156-167.

A interpretação conforme à Constituição tem, no entanto, os seus limites, justamente onde contradiga o teor literal e a vontade do legislador, não podendo o conteúdo da norma interpretada ser totalmente redefinido, nem ser ignorado, em pontos essenciais, o objetivo do legislador. Não se pode, de facto, através da interpretação conforme à Constituição, imputar ao legislador resultados não contidos na sua vontade[387]. Como vem sublinhando o Tribunal Constitucional, em jurisprudência reiterada e constante, a *interpretação em conformidade com a Constituição* tem os seus limites na "letra e na clara vontade do legislador", devendo "respeitar a economia da lei" e não podendo traduzir-se na "reconstrução" de uma norma que não esteja devidamente explícita no texto (Acórdãos nºs 254/92 e 162/95)[388/389].

---

[387] Cfr. ULRICH BATTIS, *Der Verfassungsvertoβ und seine Rechtsfolgen*, cit., p. 801 e 802, e WOLFGANG ZEIDLER, *Relatório do Tribunal Constitucional Alemão*, cit., p. 59-61.

[388] A este propósito, J. J. GOMES CANOTILHO refere que a interpretação conforme à Constituição "só permite a escolha entre dois ou mais sentidos possíveis da lei, mas nunca uma *revisão do seu conteúdo*" (cfr. *Direito Constitucional e Teoria da Constituição*, cit., p. 1310-1312). E, na mesma senda, VITAL MOREIRA salienta que "na chamada interpretação conforme à Constituição, o juiz não pode – só para não optar pela inconstitucionalidade – atribuir à norma um sentido que não possa ser reconduzível à vontade do legislador, pois de outro modo ele tornar-se-á o verdadeiro legislador. O sentido conforme à Constituição há-de ser *um dos sentidos possíveis da norma*, de acordo com os cânones de interpretação" [cfr. *Princípio da Maioria e Princípio da Constitucionalidade: Legitimidade e Limites da Justiça Constitucional*, in "Legitimidade e Legitimação da Justiça Constitucional (Colóquio no 10º Aniversário do Tribunal Constitucional)]", cit, p. 196.

[389] Problemática é a questão de saber se, nos casos de *interpretação em conformidade com a Constituição* de uma certa norma, feita pelo tribunal da causa, com o afastamento de outra possibilidade interpretativa, cabe recurso obrigatório para o Tribunal Constitucional, ao abrigo da alínea *a)* do nº 1 do artigo 280º da Constituição e da alínea *a)* do nº 1 do artigo 70º da Lei do Tribunal Constitucional, por se estar perante uma desaplicação implícita de uma norma, com fundamento na sua inconstitucionalidade.
Depois de uma fase inicial inconclusiva, na qual o Tribunal Constitucional proferiu acórdãos aparentemente divergentes, poderá dizer-se que na jurisprudência do Tribunal Constitucional se foi sedimentando a orientação de reconduzir aquela situação à da recusa de aplicação de uma norma, com admissão da interposição do correspondente recurso para o Tribunal Constitucional, sempre que se esteja perante uma clara rejeição de certa interpretação, mormente da interpretação literal ou "natural", com fundamento na sua inconstitucionalidade (cfr., entre outros, os Acórdãos nºs 41/95, 172/96 e 219/2002; veja--se, no entanto, o Acórdão nº 42/2013, no qual o Tribunal Constitucional considerou, num caso *sui generis*, que uma decisão de aplicação de uma norma em sentido conforme com a

O Tribunal Constitucional, nos vários tipos de fiscalização da constitucionalidade de normas jurídicas, profere, frequentes vezes, decisões de natureza interpretativa, baseando a sua prática jurisdicional, nos casos de fiscalização concreta da constitucionalidade, na norma do artigo 80º, nº 3, da Lei do Tribunal Constitucional, a qual dispõe que a "interpretação conforme" feita pelo Tribunal é obrigatória para os restantes tribunais intervenientes no processo em causa. Em tais situações, o Tribunal Constitucional, em vez de se limitar a acolher a interpretação dada pelo tribunal *a quo* à norma jurídica e a julgá-la inconstitucional, usa a faculdade de fazer uma interpretação conforme à Constituição da norma jurídica e "impõe" aos outros tribunais intervenientes no processo em causa essa interpretação[390/391/392].

Constituição não configurava uma *recusa* de aplicação de uma norma com fundamento na sua inconstitucionalidade *para o efeito de abrir a via do recurso de constitucionalidade*). Cfr., sobre esta questão, J. M. CARDOSO DA COSTA, *A Jurisdição Constitucional em Portugal*, cit., p. 73 e 74, nota 93.

[390] Podemos citar como exemplos de decisões interpretativas, nas quais o Tribunal Constitucional utilizou a faculdade constante do artigo 80º, nº 3, da Lei do Tribunal Constitucional, as constantes dos seguintes arestos: do anteriormente citado Acórdão nº 370/91; do Acórdão nº 245/97, que decidiu que a norma que se extrai do artigo 34º do Código de Processo Civil [conjugado com as alíneas *a*), *b*) e *c*) do nº 1 do artigo 32º do mesmo Código] "deve ser interpretada no sentido de que, nas causas em que não é obrigatória a constituição de advogado, salvo nos inventários, as partes (por si próprias ou por intermédio do solicitador que aí as represente) podem suscitar e discutir no processo todas as questões, sejam elas questões de facto ou de direito"; do Acórdão nº 362/2004, em que foi decidido "não julgar inconstitucional a norma do nº 2 do artigo 170º do Código de Processo Civil, interpretada no sentido de que a condenação em multa do advogado que não proceda à restituição do processo no termo do prazo pelo qual o mesmo lhe foi confiado para exame fora da secretaria do tribunal ter de ser precedida de notificação do visado para, no prazo de dois dias, justificar o seu procedimento"; e dos Acórdãos nºs 544/2014 e e 545/2014, que decidiram interpretar as normas do artigo 14º, nº 1, alíneas *a*) e *c*), da Lei da Liberdade Religiosa (Lei nº 16/2001, de 22 de junho, alterada por algumas leis posteriores) no sentido de que incluem também o trabalho prestado em regime de turnos, dizendo-se, no primeiro dos arestos citados, mas valendo idêntica doutrina para o segundo, que decorre "da ampla proteção constitucional da liberdade de religião que, no presente caso, o «regime de horário flexível» não deixe de incluir os horários por turnos, habilitando a compatibilização do horário de trabalho (e da sua compensação devida) com o exercício da liberdade religiosa do trabalhador, sendo essa interpretação – e não a interpretação restritiva seguida pelo Tribunal *a quo* quanto às alíneas *a*) e *c*) do nº 1 do artigo 14º da Lei da Liberdade Religiosa (a primeira interpretada no sentido de o

Quando utiliza a técnica da interpretação conforme à Constituição, o Tribunal Constitucional "não se pronuncia", "não declara" ou "não julga" inconstitucional uma norma numa certa interpretação, preci-

regime de flexibilidade de horário se reportar apenas a regimes de organização do tempo do trabalho em que estão delimitados períodos de presença obrigatória do trabalhador e a possibilidade de escolha por este, dentro de certas margens, das horas de entrada e de saída, e a segunda interpretada no sentido de a compensação do período de trabalho apenas se verificar em regime de flexibilidade de horário com aquele sentido) – a que se mostra adequada a fazer respeitar a nossa Constituição".

[391] De modo similar, no ordenamento jurídico de Angola, o artigo 47º, nº 3, da Lei Orgânica do Processo Constitucional determina que, "no caso de o juízo de constitucionalidade sobre a norma que a decisão recorrida tiver aplicado ou a que tiver recusado a aplicação se fundar em determinada interpretação da mesma norma, esta deve ser aplicada com tal interpretação, no processo em causa".

[392] É esta uma faculdade que, como alerta JOSÉ MANUEL M. CARDOSO DA COSTA, deve ser exercida pelo Tribunal Constitucional com "prudência", como, aliás, tem sucedido na prática, justamente para evitar algumas dificuldades de relacionamento da jurisdição constitucional com as jurisdições comuns, devendo "ponderar as alternativas de interpretação possíveis, o peso dos diferentes elementos interpretativos disponíveis (incluindo, claro está, o elemento sistemático-constitucional) e ter em conta, nomeadamente, critérios de «plausabilidade»". Cfr. *A Jurisdição Constitucional em Portugal*, cit., p. 90, nota 119. Sobre esta problemática, cfr., ainda, JORGE MIRANDA, *Manual de Direito Constitucional*, Tomo VI, 4ª ed., Coimbra, Coimbra Editora, 2013, p. 84-88, CARLOS BLANCO DE MORAIS, *A Justiça Constitucional*, VOL. II, cit., p. 915-944, e, questionando a conformidade constitucional da norma do artigo 80º, nº 3, da Lei do Tribunal Constitucional, J. J. GOMES CANOTILHO, *Direito Constitucional e Teoria da Constituição*, cit., p. 1313, e RUI MEDEIROS, *A Decisão de Inconstitucionalidade*, cit., p. 363-387.
Na ausência, no ordenamento jurídico-constitucional italiano, de uma norma semelhante à do nosso artigo 80º, nº 3, da Lei do Tribunal Constitucional, discute-se a eficácia das *decisões interpretativas de rejeição* em relação aos restantes juízes, vale dizer o grau de vinculatividade para estes da interpretação sugerida pelo Tribunal Constitucional, com o escopo de evitar que as mesmas sejam, de facto, *inutiliter datae*. A maioria da doutrina defende um balanceamento entre o reconhecimento de uma qualquer eficácia às *sentenças interpretativas de rejeição* e a liberdade de interpretação dos juízes, em termos de os juízes que decidam não partilhar a interpretação sugerida pelo Tribunal Constitucional assumirem a obrigação de remeter novamente a questão de constitucionalidade ao Tribunal Constitucional. Por esta via, o Tribunal Constitucional fica em condições de "duplicar" a primeira *sentença interpretativa de rejeição* com uma sentença que declara a inconstitucionalidade da lei (é este o mecanismo denominado "dupla pronúncia"). Sobre os contornos desta discussão, cfr. ELENA MALFATTI/SAULLE PANIZZA/ROBERTO ROMBOLI, ob. cit., p. 134 e 135.

samente a que for adequada ao texto constitucional (de notar, porém, que, por vezes, o mesmo Tribunal opta, nos processos de fiscalização abstrata sucessiva, por uma "declaração de inconstitucionalidade parcial", em vez de uma interpretação conforme à Constituição, "por razões de ordem pragmática" e não por "motivações de ordem técnica", uma vez que só as declarações de inconstitucionalidade dispõem de força obrigatória geral)[393/394].

[393] Todavia, nos ordenamentos jurídico-constitucionais em que a interpretação conforme à Constituição tem efeitos vinculativos, como sucede no direito brasileiro, é praticamente indiferente a opção entre uma ou outra técnica decisória. Assim, no Brasil, o Supremo Tribunal Federal ora equipara a declaração parcial de inconstitucionalidade sem redução de texto à interpretação conforme à Constituição, ora atribui às duas autonomia como técnicas de decisão. Cfr. GILMAR FEREIRA MENDES, *Sistema Brasileiro de Controle de Constitucionalidade*, in "Tratado de Direito Constitucional", org. GILMAR FEREIRA MENDES, 2ª ed., São Paulo, Saraiva, 2012, Vol. I, p. 418.
Também no direito alemão, se o Tribunal Constitucional Federal concluir, nos processos de controlo de normas, pela sua conformidade com a Lei Fundamental, declara expressamente a compatibilidade do preceito legal com a Constituição, ainda que se trate de interpretação conforme à Constituição. Mesmo num processo de "queixa constitucional" poderá uma lei ser expressamente declarada conforme à Lei Fundamental na fórmula decisória, embora, frequentemente, tal declaração apareça apenas como fundamento de uma decisão que recusa provimento a uma "queixa constitucional". Cfr. WOLFGANG ZEIDLER, *Relatório do Tribunal Constitucional Alemão*, in «VII Conferência dos Tribunais Constitucionais Europeus – Justiça Constitucional e Espécies, Conteúdo e Efeitos das Decisões sobre a Constitucionalidade de Normas», 2ª Parte, Lisboa, Tribunal Constitucional, 1987, p. 57.
[394] O Conselho Constitucional francês abandonou, de igual modo, já há vários anos, a alternativa "declaração de constitucionalidade/declaração de inconstitucionalidade", inventando a declaração de constitucionalidade "sob reserva". Admitindo que a lei que é submetida à sua apreciação poderia ser declarada inconstitucional, o Conselho declara-a, no entanto, conforme ao texto constitucional, "sob reserva" de que seja respeitada a interpretação que enuncia no corpo da decisão e que reitera, por vezes, na parte dispositiva da mesma.
As reservas de interpretação podem revestir diferentes formas. Podem, em primeiro lugar, *neutralizar*, isto é, privar de efeitos jurídicos as disposições legislativas impugnadas, ou excluir, de entre as interpretações possíveis da lei, as que a tornariam incompatível com a Constituição (*decisões interpretativas neutralizantes*). Podem, em segundo lugar, *acrescentar* à lei as disposições necessárias para torná-la conforme à Constituição (*decisões interpretativas construtivas*). As reservas de interpretação podem, em terceiro lugar, *definir* e *precisar*, para as autoridades incumbidas da sua aplicação, as modalidades de aplicação da lei necessárias à sua constitucionalidade (*decisões interpretativas diretivas*).

Estas decisões interpretativas "sob reserva" têm provocado a viva contestação de vários autores, que veem nelas uma manifestação do "governo dos juízes". No entanto, outros autores compreendem um tal *"modus agendi"* do Conselho Constitucional, considerando aqueles tipos de decisões como "um meio de reforçar a autoridade da lei, controlando a sua constitucionalidade no momento da sua aplicação e minorando, desse modo, as insuficiências do controlo *a priori*", ou como "uma técnica de pacificação da vida política" [simultaneamente, uma "técnica de regulação das alternâncias políticas" e uma "técnica de «aligeiramento» («*délestage*») das decisões politicamente complexas"]. Cfr., para mais desenvolvimentos, D. ROUSSEAU, *Le Droit du Contentieux Constitutionnel*, cit., p. 151-156, e T. DI MANNO, *Le Juge Constitutionnel et la Technique des Décisions «Interprétatives» en France et en Italie*, Paris, Economica, 1997, p. 335-359 e 366-374.

De modo semelhante, o Tribunal Constitucional português profere, variadas vezes, decisões que "não declaram a inconstitucionalidade" ou que "não julgam inconstitucional" uma norma, as quais têm implícita a ideia de que um tal juízo é emitido "sob reserva" ou "sob condição" de que seja respeitada a interpretação por ele enunciada na fundamentação e na própria decisão. Assim sucedeu, por exemplo, com os Acórdãos nºs 329/99 e 517/99, que analisaram a questão da constitucionalidade nas normas do Decreto-Lei nº 351/93, de 7 de outubro (alterado pelo Decreto-Lei nº 61/95, de 7 de abril), que estabelecia o regime de "caducidade" de licenças e aprovações urbanísticas incompatíveis com as disposições de um superveniente plano regional de ordenamento do território – plano este elaborado e aprovado ao abrigo do Decreto-Lei nº 176-A/88, de 18 de maio, e cujo regime jurídico era disciplinado por este diploma legal.

No primeiro dos mencionados acórdãos, foi analisada, em processo de fiscalização concreta, a questão da constitucionalidade das normas constantes do artigo 1º, nºs 1, 2 e 3, do Decreto-Lei nº 351/93, de 7 de outubro, tendo o Tribunal Constitucional concluído que as mesmas não são inconstitucionais, "no entendimento de que elas se hão-de ter por integradas pelo artigo 9º do Decreto-Lei nº 48051, de 27 de novembro de 1967, por forma a impor-se ao Estado o dever de indemnizar, nos termos deste último diploma legal, os particulares que, por aplicação daquelas normas, vejam «caducar» as licenças que antes obtiveram validamente". E, no segundo dos citados arestos, o mesmo Tribunal apreciou, em processo de fiscalização abstrata sucessiva, a questão da constitucionalidade das normas constantes dos vários artigos do mencionado Decreto-Lei nº 351/93, tendo também aí decidido não declarar a inconstitucionalidade daquelas normas, no entendimento acima assinalado.

Os Acórdãos nºs 329/99 e 517/99 assumiram a ideia de que a declaração da incompatibilidade de licenças e aprovações urbanísticas com as regras constantes de um plano regional de ordenamento do território, numa situação em que aqueles atos de gestão urbanística foram emitidos anteriormente à data da entrada em vigor do plano regional de ordenamento do território que é utilizado como padrão do juízo de compatibilidade, tendo tal declaração como consequência a cessação dos efeitos das referidas licenças ou aprovações, constitui uma *expropriação de sacrifício* ou uma *expropriação em sentido substancial* de "*direitos urbanísticos*" conferidos por atos administrativos válidos e, por isso, deve

21.2.2. As decisões de inconstitucionalidade parcial

Um segundo tipo de "decisões intermédias" geralmente reconhecido é o das *decisões de inconstitucionalidade parcial*, isto é, aquelas em que apenas se declara ou julga inconstitucional uma parte do preceito questionado no pedido.

A *inconstitucionalidade parcial* pode ser "horizontal" ou "quantitativa", quando abrange uma parte correspondente a uma "das disposições" do preceito ou mesmo só um período ou frase do respetivo texto (operando por cisão ou supressão desse período ou frase), ou "qualitativa", "ideal" ou "vertical", quando abarca unicamente uma certa dimensão ou segmento do seu conteúdo dispositivo.

Esta última é, sem dúvida, a mais frequente e a mais importante. Também designada "decisão de inconstitucionalidade parcial sem redução de texto", ela encontra a sua razão de ser no facto, já por nós abordado, da não coincidência entre "texto" (ou "preceito") e "norma" e da possibilidade de se extrair mais do que uma "norma" de um mesmo "texto". A mesma implica, por isso, sem ablação formal do texto de uma disposição, a eliminação pelo Tribunal Constitucional de um dos significados normativos que dela emanam, salvaguardando a potencial validade de outro ou de outros sentidos normativos[395].

As decisões de inconstitucionalidade parcial – designadas pela doutrina italiana *"sentenze di accoglimento parziale"*[396] – são frequentes na jurisprudência do Tribunal Constitucional português e do Supremo Tribunal Federal brasileiro. Assim, na jurisprudência constitucional portuguesa, são abundantes os exemplos de declarações e de julgamentos de inconstitucionalidade de normas "enquanto", "na parte em que", "na medida

---

ser acompanhada de indemnização, por exigência dos princípios da justa indemnização, da igualdade e da proporcionalidade, condensados nos artigos 62º, nº 2, 13º e 266º, nº 2, da Constituição.

[395] Cfr. CARLOS BLANCO DE MORAIS, *Justiça Constitucional*, Vol. II, cit., p. 402 e 403.

[396] Cfr. G. ZAGREBELSKY, *La Giurisdizione Costituzionale*, cit., p. 491 e 492, e *La Giustizia Costituzionale*, cit., p. 150-155; A. PIZZORUSSO, *Mannuale di Istituzioni di Diritto Pubblico*, Napoli, Jovene, 1997, p. 486; F. TERESI, ob. cit., p. 86; e ELENA MALFATTI/SAULLE PANIZZA/ROBERTO ROMBOLI, ob. cit., p. 136. AUGUSTO CERRI (cfr. ob. cit., p. 258) salienta que as *"decisões de acolhimento parcial"* do Tribunal Constitucional italiano fundam-se numa *ratio* de economia, que faz parte, de resto, dos princípios gerais de direito (*utile per inutile non viciatur*).

em que" ou "no segmento em que" incorporam um certo conteúdo de sentido ou uma certa dimensão aplicativa[397].

Manifestação de uma *decisão de inconstitucionalidade parcial* é também aquela em que o Tribunal Constitucional português declara ou julga inconstitucional uma norma *num determinado âmbito temporal* (inconstitucionalidade "parcial" *ratione temporis*), como sucedeu no caso da "lei de actualização das propinas no ensino universitário", no qual aquele órgão jurisdicional declarou a inconstitucionalidade da norma do artigo 6º, nº 1, da Lei nº 20/92, de 14 de agosto, "na parte em que, conjugado com o artigo 16º, nº 2, da mesma lei, permite que, para *os anos lectivos de 1993-1994, 1994-1995 e seguintes,* a percentagem para a determinação do montante das propinas seja fixada acima de 25%" (Acórdão nº 148/94)[398].

---

[397] Podemos citar, como exemplos, os Acórdãos do Tribunal Constitucional nºs 810/93 e 232/2004. No primeiro, o Tribunal Constitucional declarou a inconstitucionalidade, com força obrigatória geral, da norma do artigo 2º do Código Civil, "na parte em que atribui aos tribunais competência para fixar doutrina com força obrigatória geral, por violação do disposto no artigo 115º, nº 5, da Constituição" (a que corresponde o artigo 112º, nº 5, na versão da atual da Constituição).
No segundo, o mesmo Tribunal declarou, entre o mais, a inconstitucionalidade, com força obrigatória geral, de várias normas respeitantes à expulsão de estrangeiros [concretamente, das normas do artigo 101º, nº 1, alíneas *a)*, *b)* e *c)*, e nº 2, e do artigo 125º, nº 2, do Decreto-Lei nº 244/98, de 8 de agosto, na sua versão originária, da norma do artigo 68º, nº 1, alíneas *a)*, *b)* e *c)*, do Decreto-Lei nº 59/93, de 3 de março, e da norma do artigo 34º, nº 1, do Decreto-Lei nº 15/93, de 22 de janeiro], "enquanto aplicáveis a cidadãos estrangeiros que tenham a seu cargo filhos menores de nacionalidade portuguesa residentes em território nacional", em razão da impossibilidade de se promover a separação entre pais e filhos", nos termos das disposições conjugadas dos artigos 33º, nº 1, e 36º, nº 6, da Constituição.

[398] De certo modo, o Acórdão do Tribunal Constitucional nº 574/2014 também tem subjacente uma declaração de inconstitucionalidade parcial *ratione temporis*, embora tal não resulte da decisão, mas tão-só da fundamentação. De facto, como se disse, aquele aresto não se pronunciou pela inconstitucionalidade das normas conjugadas dos artigos 2º e 4º, nº 1, do Decreto nº 264/XII da Assembleia da República, que estabelecem reduções remuneratórias para os trabalhadores que auferem por verbas públicas, iguais às que vigoraram até 2013, com uma reversão de 20% no ano de 2015, mas pronunciou-se pela inconstitucionalidade das normas conjugadas dos artigos 2º e 4º, nº 2 e 3, do mesmo Decreto, respeitantes ao modo e ao período de recuperação da redução salarial. Para tanto, o Tribunal Constitucional considerou que, no ano de 2015, o cumprimento das obrigações internacionais do Estado, sobretudo no contexto da União Europeia, resultantes, em particular, do Pacto de Estabilidade e Crescimento e do Tratado de Estabilidade,

Por seu lado, no ordenamento jurídico-constitucional brasileiro, estando a "declaração de inconstitucionalidade parcial sem redução de texto" expressamente contemplada no parágrafo único do artigo 28º da Lei nº 9. 868/99, de 10 de novembro[399], o Supremo Tribunal Federal tem recorrido múltiplas vezes a esta técnica decisória, como sucedeu na Ação Direta de Inconstitucionalidade 3324-DF[400], cujo objeto era a questão da inconstitucionalidade da norma do artigo 1º da Lei Federal nº 9. 536/97, a qual dispõe sobre a transferência obrigatória de alunos entre instituições de ensino, na qual aquele Tribunal entendeu ser incompatível com a Constituição qualquer interpretação que prescindisse da natureza jurídica do estabelecimento educacional (público ou privado), e na Ação Direta de Inconstitucionalidade 4426-CE[401], na qual o mesmo Tribunal, analisando a questão da inconstitucionalidade da Lei nº 14. 506/20098 do Estado do Ceará, que dispunha sobre a fixação de limites de despesa com a folha de pagamento dos servidores estaduais, afastou a possibilidade de os dispositivos legais incidirem sobre

---

Coordenação e Governação da União Económica e Monetária (Tratado Orçamental), de modo a evitar o procedimento contra Portugal por défice excessivo, pesa ainda, de forma muito relevante, sobre as opções orçamentais, pelo que, nas circunstâncias atuais e perante a indeterminação do quadro normativo, não é possível encontrar elementos suficientemente claros para suportar um juízo de inadmissibilidade constitucional, à luz do *princípio da proteção da confiança*, de medidas de redução remuneratória.
Mas, por outro lado, entendeu, mesmo desconhecendo o quadro orçamental dos anos de 2016 a 2018 e a situação económica e financeira do País que lhe está subjacente, que a medida da diferenciação subjacente à fórmula adotada nos nº 2 e 3 do artigo 4º, possibilitando a subsistência, por mais três anos, de uma redução remuneratória que pode ser igual a 80% daquela que vem vigorando desde 2011, ultrapassa os limites do sacrifício adicional exigível aos trabalhadores pagos por verbas públicas, nada havendo de comparável que afete outros tipos de rendimentos, não sendo possível, nesta medida, deixar de considerar que ofende o *princípio da igualdade*.

[399] É o seguinte o conteúdo daquele preceito legal: "A declaração de constitucionalidade ou de inconstitucionalidade, inclusive a interpretação conforme a Constituição e a declaração parcial de inconstitucionalidade sem redução de texto, têm eficácia contra todos e efeito vinculante em relação aos órgãos do Poder Judiciário e à Administração Pública federal, estadual e municipal".
[400] STF, ADI 3324, Relator Ministro Marco Aurélio, DJ de 05/08/2005.
[401] STF, ADI 4426, Relator Ministro Dias Toffoli, DJ de 18/05/2011.

o poder judiciário, pois este detém autonomia financeiro-orçamental e não havia participado na elaboração da lei.

No tocante ao ordenamento jurídico-constitucional alemão, se o Tribunal Constitucional Federal concluir que uma lei é inconstitucional, "declara essa lei nula" (§ 78 da *Bundesverfassungsgerichstsgesetz*)[402]. Mas também ele utiliza, frequentemente, a declaração de inconstitucionalidade parcial de normas jurídicas, declarando raramente a "nulidade total" de uma lei ou de outra norma jurídica, antes declarando a sua *nulidade parcial* (*Teilnichtigkeit*)[403]. Daí que o Tribunal Constitucional Federal tenha concluído, por exemplo, que "apenas uma parte, linguisticamente separável, de um preceito é inconstitucional: por exemplo, um de vários pressupostos alternativos de determinada ação estadual, ou uma das várias conclusões que resultam da conjugação de vários preceitos" e tenha admitido "a nulidade parcial de um pressuposto não expressamente mencionado em qualquer lugar pela lei, ou em geral de uma parte do seu âmbito de aplicação"[404].

A *declaração de inconstitucionalidade parcial qualitativa, ideal ou vertical* tem ligações muito estreitas com a *interpretação em conformidade com a Constituição*. Ambas se inserem no conceito de "decisões interpretativas" e pressupõem as duas a não aplicação do sentido inconstitucional de uma norma jurídica e a salvaguarda da sua parte constitucionalmente saudável. Mas uma é o inverso da outra, sendo "duas faces da mesma moeda". Na verdade, enquanto a interpretação em conformidade com a Constituição encerra uma *decisão de rejeição*, prevalecendo o *sentido não inconstitucional* de uma norma jurídica, a declaração de inconstitucionalidade parcial qualitativa contém uma *decisão de acolhimento*, prevalecendo a declaração da inconstitucionalidade de uma norma, enquanto interpretada em determinado sentido[405].

A proximidade das duas técnicas decisórias e as dificuldades em diferenciá-las levam a que, muitas vezes, a opção por uma ou por outra por parte do Tribunal Constitucional seja motivada, como dissemos ante-

---

[402] Cfr. ULRICH BATTIS, *Der Verfassungsverstoß un seine Rechtsfolgen*, cit., p. 796 e 797, e ROLAND FLEURY, ob. cit., p. 26 e 27.
[403] Cfr. CHRISTIAAN HILLGRUBER/CHRISTOPH GOOS, ob. cit., p. 223.
[404] Cfr. WOLFGANG ZEIDLER, *Relatório do Tribunal Constitucional Alemão*, cit., p. 58 e 59.
[405] Cfr. CARLOS BLANCO DE MORAIS, *Justiça Constitucional*, Vol. II, cit., p. 376-378.

riormente, pelo menos na fiscalização abstrata sucessiva da constitucionalidade, mais em "razões de ordem pragmática" do que em "razões de ordem técnica ou jurídica", uma vez que, no nosso sistema de justiça constitucional, só as declarações de inconstitucionalidade dispõem de força obrigatória geral[406].

21.2.3. As decisões integrativas ou aditivas

Um terceiro tipo de "decisões intermédias" utilizado pelo nosso Tribunal Constitucional é o das *decisões integrativas* ou *aditivas*. Traduzem-se elas num imediato ("autoaplicável") alargamento ou "adição" do regime contido no preceito declarado ou julgado inconstitucional por efeito da inconstitucionalização de um preceito "na parte em que" estabelece uma "exceção" ou uma "condição" ou "não contempla" certa situação.

Os exemplos mais claros de *decisões aditivas* são as proferidas em nome do *princípio da igualdade* (e, por esta razão, são designadas por alguns autores, "sentenças parificatórias"), quando o legislador (por exemplo, em matéria de segurança social) estabelece determinado tratamento a favor de uma certa categoria de cidadãos, omitindo outra que se encontra em idêntica situação. Em tais casos, a lei não é inconstitucional por aquilo que prevê, mas por aquilo que não prevê. O Tribunal Constitucional declara ou julga, então, a inconstitucionalidade da norma, na parte em que não prevê ou omite aquilo que devia prever e, desse modo, amplia ou estende o regime contido na norma[407].

---

[406] No sentido de que o Tribunal Constitucional deve dar sempre preferência à declaração de inconstitucionalidade parcial qualitativa, pois a ele incumbe afastar o sentido da lei considerado incompatível com a Constituição e não apurar o conteúdo único em conformidade com esta, cfr. RUI MEDEIROS, *A Decisão de Inconstitucionalidade*, cit., p. 399 e 400 e 403-406.

[407] Vejam-se, a título de exemplo, os Acórdãos do Tribunal Constitucional nºs 181/87 e 449/87, que julgaram inconstitucional a norma da alínea *b)* do nº 1 da Base XIX da Lei nº 2127, de 3 de agosto de 1965, na parte em que atribuía ao viúvo, no caso de falecimento do outro cônjuge em acidente de trabalho, havendo casado antes do acidente, uma pensão anual de 30% da retribuição-base da vítima, quando estivesse afetado de doença física ou mental que lhe reduzisse sensivelmente a capacidade de trabalho, ou se fosse de idade superior a 65 anos à data da morte da mulher, por violação do princípio da igualdade, com o fundamento de que, estabelecendo quanto ao viúvo pressupostos mais gravosos

do que os estatuídos na alínea *a*) do nº 1 da mesma base quanto à viúva, representava uma discriminação e um arbítrio legislativos injustificados em razão do sexo. De salientar que, no segundo dos arestos mencionados, o Tribunal Constitucional consignou que, "quando ocorre uma violação do princípio da igualdade, emergente do facto de se reconhecer a uma categoria de cidadãos o direito a prestações ou a «benefícios» que não são reconhecidos a outra categoria deles (ou do facto de serem-no àqueles em medida maior do que a estes), a uma tal violação tanto pode obviar-se, numa perspectiva puramente *lógica* ou *fáctica*, através do afastamento ou eliminação da regulamentação mais desfavorável como da mais favorável (ou até de ambas, e da sua substituição por outra)". Todavia – acrescentou-se no mesmo acórdão –, "num quadro constitucional, como é o português, marcado por uma particularmente acentuada componente ou dimensão social, por um lado, e em sintonia, por outro lado, com o sentido da evolução sócio-cultural prevalecente no domínio em que se inscreve a matéria em causa, não parece que, ao nível da justiça constitucional, a desigualdade em apreço possa resolver-se, de um ponto de vista *normativo* (e já não puramente fáctico), senão pela prevalência da regulamentação mais favorável". Cfr. também o Acórdão do Tribunal Constitucional nº 191/88, que declarou inconstitucional, com força obrigatória geral, a mencionada norma da alínea *b*) do nº 1 da Base XIX da Lei nº 2127, na dimensão assinalada.

Outros exemplos de decisões *integrativas* ou *aditivas* constam dos Acórdãos nºs 143/85, 103/87, 12/88 e 423/2001. No primeiro dos arestos mencionados, o Tribunal Constitucional declarou, com força obrigatória geral, a inconstitucionalidade da norma constante da alínea *i*) do artigo 69º do Estatuto da Ordem dos Advogados, aprovado pelo Decreto-Lei nº 84/84, de 16 de março, na parte em que considerava incompatível com o exercício da advocacia a função docente de disciplinas que não sejam de direito. Ao declarar, no Acórdão nº 143/85, a inconstitucionalidade da norma apenas no segmento em que criava uma incompatibilidade com o exercício da advocacia para a função docente de disciplinas que não sejam de direito, o Tribunal Constitucional *ampliou* a compatibilidade entre o exercício da profissão de advogado e o desempenho de funções docentes, que passou a abranger quaisquer disciplinas, para além das jurídicas.

No segundo dos acórdãos citados o Tribunal Constitucional declarou, entre o mais, com força obrigatória geral, a inconstitucionalidade da norma do artigo 69º, nº 2, da Lei nº 29/82, de 11 de dezembro, na parte em que, remetendo para o nº 2 do artigo 33º da mesma lei, excluía o direito de os agentes militarizados da Polícia de Segurança Pública apresentarem queixas ao Provedor de Justiça, quando tais queixas não tivessem por objeto a violação dos seus direitos, liberdades e garantias ou prejuízo que os afetasse. Dessa decisão resultou um *alargamento* normativo da possibilidade de apresentação de queixas ao Provedor de Justiça pelos agentes da Polícia de Segurança Pública.

No terceiro dos arestos referidos, o Tribunal Constitucional declarou, com força obrigatória geral, a inconstitucionalidade das normas do artigo 2º do Decreto-Lei nº 459/79, de 23 de novembro, na redação que lhe tinha sido dada pelo artigo único do Decreto-Lei nº 231/80, de 16 de julho, e do nº 1, alínea *b*), parte final, do Despacho Normativo nº 180/81, de 21 de julho, na medida em que determinavam que certas pensões por acidentes de

As decisões de tipo "aditivo", cuja análise crítica será apresentada um pouco mais adiante, são muito frequentes na jurisprudência do Tribunal Constitucional italiano, sendo consideradas pela doutrina italiana como "um dos mais complexos e significativos tipos de pronúncias constitucionais"[408].

As sentenças aditivas – que não são, em teoria, admissíveis em matéria penal, por causa do princípio constitucional da legalidade penal (princípio *"nullum crimen sine lege anteriore"*)[409] – têm vindo a ser classi-

---

trabalho fossem atualizadas de harmonia com certas disposições legais, conforme tivessem sido fixadas antes ou depois de certa data. Tal declaração de inconstitucionalidade abrangeu a disposição menos favorável aplicável aos beneficiários antes da data limite, pelo que o Acórdão nº 12/88 teve como efeito prático o *aumento* de certas pensões. Cfr., sobre este ponto, A. RIBEIRO MENDES, *Relatório de Portugal*, cit., p. 752 e 753.

Finalmente, no quarto acórdão, o Tribunal Constitucional declarou, com força obrigatória geral, a inconstitucionalidade da norma constante do artigo 1º, nº 1, do Decreto-Lei nº 43/76, de 20 de janeiro, na medida em que reservava a cidadãos portugueses, excluindo cidadãos estrangeiros residentes, o gozo dos direitos a que se referiam os artigos 4º, 5º, 9º, 10º, 11º, 12º, 13º, 14º (salvo no que se refere à preferência no provimento em funções públicas que não tenham caráter predominantemente técnico), 15º e 16º do mesmo diploma, por violação do princípio constante do artigo 15º, nº 1, da Constituição, bem como da norma constante do artigo 1º do Decreto-Lei nº 319/84, de 1 de outubro, na medida em que reservava a cidadãos portugueses, excluindo cidadãos estrangeiros residentes, o gozo dos direitos nele previstos (salvo no que se referia à preferência no provimento em funções públicas que não tenham caráter predominantemente técnico resultante da remissão para o artigo 14º do Decreto-Lei nº 43/76), por violação do princípio constante do artigo 15º, nº 1, da Constituição, assim estendendo aos cidadãos estrangeiros residentes em Portugal "que, como elementos pertencentes a corporações de segurança e similares ou como civis, colaborando em operações militares de apoio às Forças Armadas nos antigos territórios do ultramar, adquiriram uma diminuição da capacidade geral de ganho em resultado de acidente ocorrido nas condições definidas nos artigos 1º e 2º do Decreto-Lei nº 43/76, de 20 de janeiro", os direitos reservados aos cidadãos portugueses por aquelas normas declaradas inconstitucionais, entre os quais o direito à perceção de uma pensão de invalidez.

[408] Cfr. ANTONIO RUGGERI/ANTONINO SPADARO, ob. cit., p. 170. Cfr. também ELENA MALFATTI/SAULLE PANIZZA/ROBERTO ROMBOLI, ob. cit., p. 136, e AUGUSTO CERRI, ob. cit., p. 259-265.

[409] É a posição adotada, em jurisprudência reiterada e constante, pelo Tribunal Constitucional italiano (cfr. AUGUSTO CERRI, ob. cit., p. 262, e ELENA MALFATTI/SAULLE PANIZZA/ROBERTO ROMBOLI, ob. cit., p. 137). Cfr., entre nós, neste sentido, JORGE MIRANDA, *Manual de Direito Constitucional*, Tomo VI, cit., p. 97. Diferentemente, CARLOS

ficadas pela doutrina italiana, com base na jurisprudência do Tribunal Constitucional, em duas categorias: "sentenças aditivas de garantia ou de prestação" e "sentenças aditivas de princípio ou declarativas".

As primeiras têm lugar quando a solução normativa proposta pelo Tribunal Constitucional italiano "é logicamente forçada e está mesmo implícita no contexto normativo" e, ainda, quando ela "é unívoca e constitucionalmente forçada", podendo falar-se, em tais casos, de sentenças *"de rimas forçadas"* (*"a rime obbligata"*), que abrangem normalmente direitos subjetivos *garantidos* constitucionalmente.

As segundas são proferidas quando – a fim de que a lei se conserve constitucionalmente legítima – é necessário introduzir uma norma que *falta*, tal como sucede em todas as sentenças aditivas, mas em relação às quais não pode dizer-se, diversamente do que acontece com as da primeira categoria, "de rimas forçadas", sendo, antes, possível uma pluralidade de soluções normativas diferentes, que devem ser confiadas à discricionariedade do legislador. Se o Tribunal Constitucional escolhesse "uma" de entre a normas possíveis (idóneas para sanar o vício de ilegitimidade constitucional), acabaria obviamente por invadir o espaço criativo do Parlamento ou hermenêutico dos juízes. Em tais casos, o Tribunal Constitucional utiliza uma técnica decisória nova, baseada na distinção nomológica entre "princípios" e "regras" (a "decisão aditiva de princípio"), com a qual não introduz no ordenamento jurídico uma concreta "regra" positiva, violando a competência do Parlamento, antes indica apenas um "princípio" geral sobre a futura produção legislativa[410].

Também o Supremo Tribunal Federal brasileiro vem proferindo sentenças aditivas, não apenas no controlo concentrado de constitucionalidade, mas também nos remédios constitucionais individuais[411].

BLANCO DE MORAIS restringe a admissibilidade das sentenças aditivas às hipóteses de incriminação de pessoas em relação a factos passados, à ampliação do objeto da norma incriminadora ou ao acréscimo de pressupostos difusos ou indeterminados de incriminação. Cfr. *Justiça Constitucional*, Vol. II, cit., p. 465.
[410] Cfr. ANTONIO RUGGERI/ANTONINO SPADARO, ob. cit., p. 170-177; e ELENA MALFATTI/SAULLE PANIZZA/ROBERTO ROMBOLI, ob. cit., p. 143-145.
[411] Cfr. GILMAR FERREIRA MENDES, *Sistema Brasileiro de Controle de Constitucionalidade*, cit., p. 421.

Vale a pena citar três exemplos. O primeiro é a Ação Direta de Inconstitucionalidade nº 2652[412], na qual o Supremo Tribunal Federal analisou a compatibilidade com a Constituição do artigo 14º, parágrafo único, do Código de Processo Civil, que ressalva da imposição de multa "os advogados que se sujeitam exclusivamente aos estatutos da OAB", tendo, entre o mais, declarado "que a ressalva contida na parte inicial desse artigo alcança todos os advogados, com esse título atuando em juízo, independentemente de estarem sujeitos também a outros regimes jurídicos".

O segundo é a Ação de Descumprimento de Preceito Fundamental nº 54, na qual o Supremo Tribunal Federal interpretou os artigos 124º, 126º e 128º, incisos I e II, todos do Código Penal – preceitos que tipificam o aborto como crime, admitindo como não punível o "aborto necessário", praticado por médico, se não houver outro meio de salvar a vida da gestante, bem como o aborto no caso de gravidez resultante de estupro, desde que precedido de consentimento da gestante ou, quando incapaz, do seu representante legal – e decidiu que a interrupção da gravidez de feto anencéfalo não constitui conduta tipificada como crime.

E o terceiro é constituído por três Mandados de Injunção, em cujas três decisões, o Supremo Tribunal Federal, reconhecendo a mora do legislador em editar uma lei reguladora do direito à greve dos servidores públicos, determinou a aplicação das Leis nºs 7. 701/1988 e 7. 783/1989, que disciplinam o direito à greve dos trabalhadores em geral[413].

21.2.4. As decisões de mera declaração de inconstitucionalidade

Se as três "técnicas" de decisão acabadas de referir são utilizadas na jurisprudência do Tribunal Constitucional português, já o mesmo não se pode dizer, pelo menos com total segurança, a propósito de outros tipos de decisões", como sucede com as "*decisões de mera declaração de inconstitucionalidade*", também designadas "*decisões de reconhecimento de inconstitucionalidade sem pronúncia de inconstitucionalidade*", "*decisões de*

---

[412] STF, ADI 2652, Relator Maurício Corrêa, DJ de 14/11/2003.
[413] STF, MI 712-PA, Relator Ministro Eros Grau, MI 670-DF, Relator Ministro Maurício Corrêa, Relator para Acórdão Ministro Gilmar Mendes, e MI 712-DF, Relator Ministro Gilmar Mendes, todos julgados em 25/10/2007 e publicados no DJ de 06/11/ 2007.

declaração de incompatibilidade sem nulidade" e "*decisões de simples verificação da inconstitucionalidade*".

Trata-se de decisões que têm sido, sobretudo, adotadas pelo Tribunal Constitucional Federal alemão, nas quais ele declara a inconstitucionalidade da lei (*declaração de desconformidade*), mas não liga a essa declaração a da correspondente "nulidade", quando uma declaração de "nulidade" de prescrições legais ainda seria menos constitucional do que a manutenção em vigor de uma lei considerada em si mesma inconstitucional ou quando são várias as possibilidades que se oferecem ao legislador para eliminar a inconstitucionalidade[414]. Ao declarar a mera inconstitucionalidade da lei, o Tribunal Constitucional Federal alemão dá a possibilidade ao legislador de corrigir a lei ou colmatar as suas lacunas.

Nas *decisões de mera declaração de inconstitucionalidade (bloβe Feststellung der Verfassungswidrigkeit, Unvereinbarerklärung)* – cuja admissibilidade foi expressamente admitida pelo legislador, no § 31, alínea 2, frases 2, 3, da Lei do Tribunal Constitucional Federal alemão –, faz este, por vezes, a advertência de que uma determinada situação inconstitucional não será mais aceitável no futuro, concretamente após o decurso de um lapso temporal determinado por aquele Tribunal. Quando uma norma é declarada incompatível com a Constituição, sem a declaração da correspondente "nulidade", vem sendo entendido que, a partir do momento da decisão do Tribunal Constitucional, ela deixa de poder ser aplicada, na medida decorrente da "fórmula decisória", tendo, eventualmente, os tribunais de suspender os processos pendentes e aguardar que o legislador elabore nova regulamentação. Para evitar situações de incerteza, o Tribunal Constitucional alemão tem-se pronunciado, cada vez mais frequentemente, nas suas decisões, sobre os efeitos jurídicos

---

[414] Cfr. JOSÉ MANUEL M. CARDOSO DA COSTA, *Rapport Général*, loc. cit.; WOLFGANG ZEIDLER, *Relatório*, cit., p. 69-72; e R. LLORENTE, ob. cit., p. 521 e 522.
No nosso ordenamento jurídico-constitucional, não se pode considerar como uma "decisão de mera declaração de inconstitucionalidade" o "mero reconhecimento da existência ou da inexistência da omissão legislativa", uma vez que, neste caso, não há qualquer declaração de inconstitucionalidade de uma norma. Cfr., sobre este ponto, o nosso *Relatório Geral*, cit., p. 93.

que devem vigorar no período intermédio até à emissão do novo regime legal[415].

As *decisões de mera declaração de inconstitucionalidade*, cuja finalidade principal é dar uma oportunidade e tempo ao legislador para corrigir a inconstitucionalidade, evitando uma situação indesejável de vácuo jurídico, assemelha-se, embora sob vestes diferentes, à conhecida solução positivada no ordenamento jurídico-constitucional austríaco (e adotada por outos ordenamentos jurídicos) de diferimento dos efeitos da declaração de inconstitucionalidade. No modelo austríaco, em regra, a declaração de incompatibilidade da norma com a Constituição proferida pelo Tribunal Constitucional somente produz efeitos *ex nunc*. Mas a Constituição Federal Austríaca autoriza o Tribunal Constitucional a prever para a entrada em vigor da "anulação" da lei um prazo, que não pode ultrapassar 18 meses (artigo 140º, nºs 5 e 7, da Constituição). Ademais, gozando de uma "imunidade" durante aquele período, a lei julgada inconstitucional continua a aplicar-se e não pode ser objeto de uma nova ação perante o Tribunal Constitucional até à sua revogação.

O ordenamento jurídico-constitucional brasileiro contempla também expressamente a possibilidade de o Supremo Tribunal Federal fixar uma data a partir da qual serão produzidos os efeitos sancionatórios da declaração de inconstitucionalidade. Essa possibilidade está plasmada no artigo 27º da Lei 9. 868/99, de 10 de novembro de 1999, relativa ao "processo e julgamento da ação direta de inconstitucionalidade e da ação declaratória de constitucionalidade perante o Supremo Tribunal", nos termos do qual, "ao declarar a inconstitucionalidade de lei ou ato normativo, e tendo em vista razões de segurança jurídica ou de excepcional interesse social, poderá o Supremo Tribunal Federal, por maioria de dois terços de seus membros, restringir os efeitos daquela declaração ou decidir que ela só tenha eficácia a partir de seu trânsito em julgado ou de outro momento que venha a ser fixado". Com base nesta faculdade, o Supremo Tribunal Federal já declarou a inconstitucionalidade

---

[415] Cfr. WOLFGANG ZEIDLER, *Relatório*, cit., p. 73 e 74.; ULRICH BATTIS, *Der Verfassungsverstoß un seine Rechtsfolgen*, cit., p. 798 e 799; e CHRISTIAAN HILLGRUBER/ CHRISTOPH GOOS, ob. cit., p. 224-226.

de leis sem pronúncia de nulidade, através da modelação dos efeitos da inconstitucionalidade, com estipulação de data futura[416/417].

Relativamente ao ordenamento jurídico-constitucional português, a doutrina divide-se profundamente quanto à admissibilidade deste tipo de decisões[418]. Todavia, o Tribunal Constitucional já declarou a

---

[416] Cfr. as Ações Diretas de Inconstitucionalidade 2. 240, DJ de 03/08/2007, 3. 316, DJ de 29/06/2007, 3. 489, DJ de 03/08/2007, 3. 689, DJ de 29/06/2007, todas relatadas pelo Ministro Eros Grau, e a Ação Direta de Inconstitucionalidade 3. 430, DJ de 23/10/2009, Relator Ricardo Lewandowski.

[417] Há, no entanto, quem entenda, ao invés, que o Supremo Tribunal Federal não poderá estipular como termo inicial para a produção dos efeitos da decisão uma data posterior à publicação da mesma no *Diário Oficial*, uma vez que a norma inconstitucional não mais pertence ao ordenamento jurídico, não podendo permanecer produzindo efeitos (proibição da limitação de efeitos *in futuro*). E quem considere, ainda, que, na manipulação dos efeitos temporais da declaração de inconstitucionalidade, não poderá o Supremo Tribunal Federal afastar ou limitar a sua aplicação *ex tunc* em relação às decisões penais condenatórias transitadas em julgado, com base em lei inconstitucional. Cfr., neste sentido, ALEXANDRE DE MORAES, *Jurisdição Constitucional e Tribunais Constitucionais*, cit., p. 274-277.

[418] Assim, J. J. GOMES CANOTILHO sublinha que "não há cobertura constitucional para as *sentenças de mera declaração de inconstitucionalidade*, se com este tipo de sentenças se quiser configurar a hipótese de efeitos ainda mais restritos do que os da anulabilidade com eficácia *ex nunc*" e, bem assim, que "a não atribuição dos efeitos da nulidade *ipso jure* não pode implicar a sobrevivência e aplicação da norma considerada inconstitucional, nem os «perigos» das lacunas legislativas se podem sobrepor aos perigos da erosão do princípio da constitucionalidade dos actos normativos" (cfr. *Direito Constitucional*, cit., p. 1018). Por sua vez, MARCELO REBELO DE SOUSA realça que "o horizonte temporal máximo admissível corresponde à repescagem de efeitos do acto nulo desde a sua prática até ao momento da publicação oficial da declaração de inconstitucionalidade e, no caso vertente, também de nulidade", que "não parece tolerável admitir que a atipicidade da nulidade possa levar a que o acto nulo produza efeitos mesmo depois da publicação oficial da correspondente declaração jurisdicional, o que quereria dizer que essa declaração nem sequer efeitos «ex nunc» produziria" e, bem assim, que "o horizonte temporal mínimo é o que resulta do regime típico da nulidade, ou seja a imediatividade pura e simples da paralisia dos efeitos do acto nulo" (cfr. *O Valor Jurídico do Acto Inconstitucional*, cit., p. 261). Na mesma linha, JORGE MIRANDA acentua que "não pode o Tribunal Constitucional diferir para o futuro a produção de efeitos – porque tal brigaria com o próprio princípio da constitucionalidade" (cfr. *Manual de Direito Constitucional*, Tomo VI, 4ª ed., cit., p. 358). Em idêntico sentido, JOSÉ MANUEL M. CARDOSO DA COSTA, depois de referir que o Tribunal Constitucional tem feito uso da faculdade de delimitar os efeitos *ex tunc* da declaração de inconstitucionalidade com força obrigatória geral, salienta que não vai,

inconstitucionalidade com força obrigatória geral de normas jurídicas, consentindo que elas continuassem provisoriamente em vigor, através da delimitação de efeitos *in futuro*. Por outras palavras, o Tribunal já proferiu, embora sob diferente roupagem jurídica, *meras declarações de inconstitucionalidade* ou *declarações de inconstitucionalidade sem pronúncia de nulidade* de normas jurídicas, de modo a dar oportunidade e tempo ao legislador para corrigir a inconstitucionalidade.

Fê-lo, desde logo, no Acórdão nº 532/2000, no qual o Tribunal Constitucional declarou, entre o mais, a ilegalidade da norma do artigo 6º

"todavia ao ponto de consentir (e determinar) que continue provisoriamente em vigor (v. g., até à sua alteração legislativa) a norma inconstitucional", acrescentando que "a doutrina dominante, de resto, entende que isto não seria constitucionalmente admissível, e que o Tribunal mais não pode do que atribuir à declaração de inconstitucionalidade mera eficácia *ex nunc*" (cfr. *A Jurisdição Constitucional*, cit., p. 96 e 97).

E de modo similar, CARLOS BLANCO DE MORAIS defende que a possibilidade de procrastinação dos efeitos da declaração de inconstitucionalidade ou ilegalidade para o futuro não se encontra consagrada, expressa ou implicitamente, no nosso ordenamento constitucional, diversamente do que sucede na Áustria e no Brasil (cfr. *Justiça Constitucional*, Vol. II, cit., p. 359-369).

Em sentido inverso, RUI MEDEIROS entende que, quando a única forma de assegurar as finalidades visadas pelo nº 4 do artigo 282.º da Constituição passe pela limitação de efeitos *in futuro* da declaração de inconstitucionalidade de uma norma jurídica e pela consequente continuação da produção de efeitos pela norma inconstitucional após a publicação da correspondente declaração, pode o Tribunal Constitucional optar por uma tal solução (cfr. A *Decisão de Inconstitucionalidade*, cit., p. 724-731).

De igual modo, JOAQUIM DE SOUSA RIBEIRO defende que "há, nos traços caracterizadores do sistema português de controlo de constitucionalidade, elementos bastantes para que se admita uma direta restrição *in futuro* da eficácia da declaração de inconstitucionalidade", adiantando que "uma decisão de restrição de efeitos da declaração de inconstitucionalidade, que leve a que a situação jurídica criada pela norma inconstitucional subsista temporariamente para lá da publicação dessa declaração, não é impedida pelo teor literal das normas constitucionais que especificamente regem os efeitos da declaração de inconstitucionalidade, casa-se funcionalmente com o modelo constitucionalmente elegido de ajustamento flexível, com ponderação do contexto concreto de cada decisão e das implicações consequenciais desta – sendo a que mais plenamente realiza a sua racionalidade sistémica –, não se choca com nenhum princípio obstativo, e pode, ainda que excecionalmente, fundar-se em razões que não seriam satisfatoriamente atendidas por uma restrição com menor alcance". Cfr. *O Diferimento da Eficácia no Tempo da Declaração de Inconstitucionalidade, in* "Revista de Legislação e de Jurisprudência", Ano 145º, nº 3998, p. 266-295, em especial, p. 291 e 292.

do Decreto Legislativo Regional nº 4-A/2000/M, de 9 de fevereiro, por violação do artigo 80º da Lei nº 87-B/98, de 31 de dezembro, em conjugação com o princípio que se extrai do artigo 15º, nºs 1 e 2, da Lei nº 6/91, de 20 de fevereiro, mas, considerando a incerteza jurídica que terá existido no momento da aprovação do Orçamento da Região Autónoma da Madeira para 2000, ressalvou os efeitos da ilegalidade, nos termos do nº 4 do artigo 282º da Constituição, por razões de equidade e de segurança jurídica, "de forma a salvaguardar os empréstimos já contraídos, bem como os necessários para assegurar compromissos já assumidos". Permitiu, assim, o Tribunal Constitucional uma certa aplicabilidade da norma para além da publicação da decisão de declaração da ilegalidade com força obrigatória geral.

Mas o exemplo mais impressivo é o Acórdão do Tribunal Constitucional nº 353/2012. Nele o nosso órgão supremo da justiça constitucional declarou a inconstitucionalidade, com força obrigatória geral, por violação do princípio da igualdade, consagrado no artigo 13º da Constituição da República Portuguesa, das normas constantes dos artigos 21º e 25º da Lei nº 64-B/2011, de 30 de dezembro (Lei do Orçamento do Estado para 2012), mas determinou, ao abrigo do disposto no artigo 282º, nº 4, da Constituição, que os efeitos dessa declaração de inconstitucionalidade não se aplicassem à suspensão do pagamento dos subsídios de férias e de Natal, ou quaisquer prestações correspondentes aos 13º e, ou, 14º meses, relativos ao ano de 2012. Ou seja, o Tribunal Constitucional declarou aquelas normas da Lei do Orçamento do Estado para o ano de 2012 inconstitucionais, mas não se limitou a ressalvar os efeitos por elas produzidos até à data da prolação da decisão ou até à data da publicação no *Diário da República* do aresto, antes permitiu que as normas continuassem em vigor para além da declaração de inconstitucionalidade, por intermédio da delimitação de efeitos *in futuro*.

Fê-lo, porque, encontrando-se a execução orçamental de 2012 já em curso avançado, reconheceu que as consequências da declaração de inconstitucionalidade, sem mais, poderiam determinar, inevitavelmente, o incumprimento do compromisso assumido pelo Estado Português nos Memorandos de Entendimento de redução do défice público a curto prazo, "pondo em perigo a manutenção do financiamento acordado e a consequente solvabilidade do Estado" e, ainda, porque considerou que "o montante da poupança líquida da despesa pública que se obtém com a medida de suspensão do pagamento dos subsídios de férias e de Natal ou prestações equivalentes a quem aufere por verbas públicas assume uma dimensão relevante nas contas públicas e no esforço financeiro para se atingir a meta traçada, pelo que dificilmente seria possível, no período que resta até ao final do ano, projetar e executar medidas alternativas que produzissem efeitos ainda em 2012, de modo a poder alcançar-se a meta orçamental fixada".

Teremos oportunidade de voltar *infra* à problemática da *limitação temporal* dos efeitos da declaração de inconstitucionalidade (ou de ilegalidade) com força obrigatória geral pelo Tribunal Constitucional, isto é, ao tema, designado pela doutrina italiana, das decisões "manipulativas no tempo" do Tribunal Constitucional[419]. Embora a doutrina enquadre a *limitação temporal* dos efeitos da inconstitucionalidade ou da ilegalidade, nos termos do artigo 282º, nº 4, da Constituição, nas "decisões intermédias", dado que, ao proceder desse modo, está o Tribunal Constitucional a "modelar" os efeitos das suas decisões, deixaremos a abordagem da mesma para um ponto autónomo do presente capítulo.

Por agora, acrescentamos tão-só que propendemos a entender, não obstante reconhecermos a importância do instituto da limitação de efeitos *pro futuro* da declaração de inconstitucionalidade ou de ilegalidade – na medida em que permite ao legislador corrigir a inconstitucionalidade, impedindo a criação de situações de vácuos jurídicos, altamente prejudiciais, sobretudo no caso de leis fiscais –, que a letra e o espírito das normas conjugadas dos nºs 1 e 4 do artigo 282º da Constituição não autorizam o Tribunal Constitucional a fazer uma limitação dos efeitos da declaração de inconstitucionalidade *para além* da data da publicação do acórdão no *Diário da República*.

Aquela norma constitucional não parece, por isso, admitir a possibilidade de uma limitação *pro futuro*, mas apenas *pro praeterito*, dos efeitos da declaração de inconstitucionalidade, pelo que, sem uma alteração do texto constitucional, não vemos como seja possível ao Tribunal Constitucional lançar mão daquela faculdade. De qualquer modo, o nosso Tribunal Constitucional tem sido muitíssimo cauteloso e só utilizou a limitação de efeitos *in futuro* em situações de todo excepcionalíssimas.

---

[419] Cfr. ANTONIO RUGGERI/ANTONINO SPADARO, ob.cit., p. 181-190.

21.2.5. Decisões apelativas

As *decisões apelativas* (*Appellentcheidungen*) são uma criação do Tribunal Constitucional Federal alemão. Através delas, o Tribunal considera que uma lei ou uma situação jurídica "ainda" não é inconstitucional, sendo, portanto, ainda aceitável, mas liga a essa declaração um "apelo" ao legislador para modificar essa situação, fixando-lhe, por vezes, um prazo para o efeito[420]. Estas decisões caracterizam-se pelo facto de o Tribunal Constitucional Federal alemão considerar, no momento da decisão, ou que a norma apreciada ainda é constitucional ou que ainda não é a altura certa para declarar a sua inconstitucionalidade, mas entende que, em ambos os casos, o desenvolvimento da norma levará à sua inconstitucionalidade e, por isso, apela ao legislador para que tome as medidas legislativas que evitem essa ameaçadora viragem para a inconstitucionalidade[421].

Estamos no domínio das chamadas "inconstitucionalidades deslizantes", características daquelas situações em que é possível dizer que a norma está no trilho que a leva à inconstitucionalidade e, por conseguinte, antever a futura inadequação da mesma aos ditames constitucionais, mas não se pode afirmar, naquela altura, que a norma é desconforme à Constituição, existindo uma espécie de "constitucionalidade provisória".

O Tribunal Constitucional Federal alemão oferece-nos abundantes exemplos de "decisões apelativas"[422]. Um desses exemplos refere-se ao regime legal do seguro de pensões, que atribuía às viúvas, após a morte do marido, uma pensão de viuvez em qualquer circunstância, enquanto o viúvo apenas a recebia no caso de a mulher, antes de morrer, haver

---

[420] Cfr. José Manuel M. Cardoso da Costa, *Rapport Général*, in "VII Conferência dos Tribunais Constitucionais Europeus – Justiça Constitucional e Espécies, Conteúdo e Efeitos das Decisões sobre a Constitucionalidade de Normas», 1ª Parte, Lisboa, Tribunal Constitucional, 1987, p. 140 e 141; Wolfgang Zeidler, *Relatório do Tribunal Constitucional Alemão* para a referida Conferência, 2ª Parte, na mesma publicação, p. 62-69; E. Benda/E. Klein, ob. cit., p. 495-497; e Ulrich Battis, *Der Verfassungsverstoß und seine Rechtsfolgen*, cit., p. 799-801.

[421] Cfr. E. Benda/E. Klein, ob. cit., p. 496; e Christiaan Hillgruber/Christoph Goos, ob. cit., p. 226-228.

[422] Vários exemplos podem ser colhidos em Wolfgang Zeidler, *Relatório*, cit., p. 62-69.

suportado permanentemente o sustento da família. Em 1963, o Tribunal Constitucional Federal entendeu não haver nenhuma violação do princípio da igualdade de tratamento do homem e da mulher, porque as mulheres casadas – se é que trabalhavam profissionalmente – ganhavam muito menos do que os maridos e, por isso, dependiam muito mais da pensão de viuvez do que os maridos sobrevivos. O número reduzido de exceções, constituindo casos atípicos, podia ser desconsiderado[423].

Todavia, em 1975, o mesmo Tribunal deparou-se com uma situação diferente tanto do ponto de vista jurídico, como factual. No direito da família já não estavam definidas por lei as funções dos cônjuges, sendo deixadas ao critério do casal. Além disso, a percentagem das mulheres que trabalhavam profissionalmente aumentara para 30%, com tendência para crescer. O Tribunal Constitucional Federal, mesmo em face destas novas realidades, considerou ainda compatíveis com o princípio da igualdade as diferenciações legais em matéria de seguro de pensões. Mas entendeu que devia ser concedido ao legislador tempo suficiente para reagir às novas situações e disciplinar de novo esta matéria e apelou ao legislador para fazê-lo dentro do período legislativo que sucederia ao imediato[424]. Apelo que foi atendido pelo legislador, introduzindo uma reforma de grande vulto.

Este apelo ao legislador é uma característica das *decisões apelativas*, mas não constitui uma característica exclusiva destas, dado que, como vimos, a advertência ao legislador também se encontra muitas vezes nas *decisões de mera declaração de inconstitucionalidade*.

No que respeita à eficácia das *decisões apelativas*, o entendimento é o de que "as puras decisões apelativas não têm efeitos jurídicos imediatos"[425], não sendo o apelo obrigatório para o legislador, mas, antes, "um *obiter dictum*, que o legislador pode tomar em conta ou não"[426]. Todavia, con-

---

[423] Cfr. *Bundesverfassungsgerichtsentscheidungen (BVerfGE)*, 54, 11.
[424] Cfr. *Bundesverfassungsgerichtsentscheidungen (BVerfGE)*, 39, 69.
[425] Cfr. WOLFGANG ZEIDLER, *Relatório*, cit., p. 73.
[426] Cfr. E. BENDA/E. KLEIN, ob. cit., p. 496. Segundo J. J. GOMES CANOTILHO, "*nas decisões apelativas*, o Tribunal considera que uma lei ou uma situação jurídica ainda não é inconstitucional, mas faz um apelo ao legislador no sentido de «melhorar ou alterar a lei no sentido de evitar o trânsito para a inconstitucionalidade» (Acórdão do Tribunal Constitucional nº 154/86)", e "o apelo judicial não é, em rigor, obrigatório para o legislador, mas

têm as mesmas a advertência de que uma determinada situação inconstitucional não será mais aceitável no futuro – eventualmente após o decurso de um período de tempo definido precisamente pelo Tribunal Constitucional Federal –, pelo que não se pode dizer que, sob o ponto de vista factual, o apelo não produz efeitos[427].

No direito italiano, encontram-se, de igual modo, "decisões apelativas". De facto, por vezes, o Tribunal Constitucional italiano considera que a lacuna normativa que pode criar a sentença é mais grave do que a própria vigência da disciplina inconstitucional (*horror vacui*), pelo que, embora reconhecendo, implícita ou explicitamente, na motivação a ilegitimidade constitucional, adia a anulação da lei com uma decisão de rejeição, esperando a intervenção do legislador, à qual o Tribunal expressamente apela. Integram-se naquela categoria as "*sentenze auspicio*" e as "*sentenze-monito*".

Nas primeiras, o Tribunal Constitucional italiano, embora denunciando a inadequação da norma impugnada em relação aos preceitos constitucionais, limita-se a manifestar o desejo de uma revisão legislativa, não relevando na mesma norma aspetos de inconstitucionalidade[428].

ANTONIO RUGGERI/ANTONINO SPADARO designam-nas também "*sentenze indirizzo*" ou "*monitore di riggeto*", adiantando que as mesmas contêm "avisos" ao legislador e dividem-se em decisões de mero "*auspicio di revisione legislativa*", de caráter não vinculante, e pronúncias de "*constitucionalidade provisória*" (ou de "*inconstitucionalidade latente*"), com

---

constitui um «aviso» ou «admoestação» dirigida a este, indicador de que o Tribunal, no futuro, poderá não tolerar a inconstitucionalidade" (cfr. *Direito Constitucional*, cit., p. 1018). E, na opinião de JORGE MIRANDA, estas sentenças incorporam dois juízos: "de não inconstitucionalidade, ou de não inconstitucionalidade actual" e "de necessidade de nova normação, ou de inconstitucionalidade no futuro". Mas não deixa de chamar a atenção para a circunstância de que "só o primeiro é juridicamente eficaz, porquanto nem sequer o decurso do prazo acarreta o automático reconhecimento de inconstitucionalidade, não há uma declaração de inconstitucionalidade a termo ou sob condição suspensiva" (cfr. *Manual de Direito Constitucional*, Tomo VI, 4ª ed., cit., p. 91).
[427] Cfr. WOLFGANG ZEIDLER, ob. e loc. cits., e E. BENDA/E. KLEIN, ob. e loc. cits..
[428] Na perspetiva da doutrina italiana, as "*sentenze auspicio*" são pronúncias "*optativas*", que não são seguidas de qualquer sancionamento no caso de um eventual inadimplemento pelo legislador, que permanece livre de intervir ou não sobre a matéria. Cfr. F. TERESI, ob. cit., p. 88.

"aviso" (ao menos para o Tribunal Constitucional) vinculante, nas quais este reconhece a constitucionalidade apenas *temporária* da disciplina e *ordena* ao legislador a modificação num prazo breve da disciplina normativa[429].

Nas segundas, o Tribunal Constitucional italiano procura exercer uma influência sobre a atividade parlamentar, definindo princípios e dando indicações, respeitantes à legitimidade constitucional e ao mérito de uma lei em elaboração[430].

As *decisões apelativas* não são admissíveis no ordenamento jurídico-constitucional português, desde logo porque, nos casos em que o Tribunal Constitucional não declare ou não julgue inconstitucional uma norma jurídica, não pode "estipular" um prazo para o legislador modificar ou alterar a lei, nem, muito menos, dar "indicações" vinculativas ao legislador para essa alteração, de modo a evitar o "deslizamento" da norma para a inconstitucionalidade[431]. Estamos em crer que isso consubstanciaria uma violação do princípio da *separação de poderes*.

---

[429] Cfr. ob. cit., p. 186. Cfr. também Augusto Cerri, ob. cit., p. 266-273.

[430] G. Zagrebelsky, *La Giurisdizione Costituzionale*, cit., p. 493 e 494, e F. Teresi, ob. cit., p. 88. Segundo o primeiro destes autores, a *função monitora*, embora tenha sido usada para afirmar princípios que vêm suscitando o mais amplo consenso, é muito problemática, não só porque interfere diretamente com a atividade político-parlamentar, mas ainda porque transforma o caráter da jurisdição constitucional italiana, deixando de ser concreta e sucessiva, para passar a ser consultiva, abstrata e preventiva.

[431] Neste sentido, J. J. Gomes Canotilho salienta que "também falta suporte normativo constitucional para as *sentenças de apelo*, se com estas sentenças se pretender a continuação da validade de uma norma, já considerada inconstitucional, até à futura intervenção legislativa" (cfr. *Direito Constitucional*, cit., p. 1018).
Comungando de idêntica opinião, Jorge Miranda, depois de realçar que "a decisão apelativa não se confunde com a decisão de provimento proferida em fiscalização da inconstitucionalidade por omissão (a qual obriga o legislador ou torna patente a obrigação de legislar, mesmo se desprovida de sanção)", consigna que, "em Portugal, não parece que possa haver decisões apelativas" (cfr. *Manual de Direito Constitucional*, Tomo VI, 4ª ed., cit., p. 91 e 92). E, com semelhante posição, Carlos Blanco de Morais escreve que, no ordenamento português, "tão pouco existe margem de manobra a *apelos ao legislador dotados de vinculatividade*, dado que o instituto repristinatório se destina a suprir, no imediato, um vazio normativo, podendo esta situação prosseguir indefinidamente sem que o legislador intervenha" (cfr. *Justiça Constitucional*, Tomo II, cit., p. 327).

Mas é seguramente admissível, e até desejável, no contexto de um *constitucionalismo cooperativo* e de *cooperação leal* entre órgãos de soberania, que defendemos, a orientação da *fundamentação* das decisões do Tribunal Constitucional de *pronúncia ou de declaração de inconstitucionalidade*, ainda que no escrupuloso respeito pelo princípio da liberdade de conformação do legislador ou da sua discricionariedade legislativa, no sentido de se poderem extrair da mesma "pistas" ou "orientações" quanto a uma posterior disciplina jurídica da matéria conforme à Constituição. Foi isso o que fez o Tribunal Constitucional, por exemplo, no seu Acórdão nº 862/2013, em cuja *fundamentação* incluiu "elementos" auxiliadores do legislador na aprovação, em termos constitucionalmente irrepreensíveis, de uma "reforma estrutural do sistema de pensões"[432].

Diversamente, no ordenamento jurídico-constitucional brasileiro, o Supremo Tribunal Federal tem proferido sentenças nas quais considera normas jurídicas "ainda constitucionais". Costumam ser apontados dois

---

[432] Vale a pena transcrever o seguinte trecho do aresto mencionado no texto: "Por tudo o exposto, é de concluir que a violação das expectativas em causa – especialmente relevantes, atento o facto de assentarem em pensões já em pagamento, e atento ainda o universo de pessoas abrangidas –, só se justificaria eventualmente no contexto de uma reforma estrutural que integrasse de forma abrangente a ponderação de vários fatores. Só semelhante reforma poderia, eventualmente, justificar uma alteração nos montantes das pensões a pagamento, por ser acompanhada por outras medidas que procedessem a reequilíbrios noutros domínios. Uma medida que pudesse intervir de forma a reduzir o montante de pensões a pagamento teria de ser uma medida tal que encontrasse um forte apoio numa solução sistémica, estrutural, destinada efetivamente a atingir os três desideratos acima explanados: sustentabilidade do sistema público de pensões, igualdade proporcional e solidariedade entre gerações.

Com efeito, o questionamento dos direitos à pensão já constituídos na ótica da sustentabilidade do sistema público de pensões *no seu todo* e da justiça intergeracional não se opõe à redução das pensões. Tais interesses públicos poderão justificar uma revisão dos valores de pensões já atribuídas, visto que se conexionam com a alteração de circunstâncias – demográficas, económicas e financeiras – que transcendem as diferenças de regime entre os dois sistemas públicos de pensões existentes. Mas, também por isso, os critérios de revisão a observar terão de efetivamente visar recolocar num plano de igualdade todos os beneficiários dos dois sistemas, só desse modo se assegurando o respeito pela justiça intrageracional. Nessas circunstâncias, será o sistema e seus valores, designadamente a garantia da sua sustentabilidade e a sua equidade interna, a conferir sentido aos sacrifícios impostos aos respetivos beneficiários, desse modo justificando-os e legitimando-os à luz do princípio da tutela da confiança".

exemplos. O primeiro consta do *Habeas Corpus* 70.514, no qual foi apreciado o artigo 1º, § 5º, da Lei nº 1.060/50, que concedia prazo em dobro para a Defensoria Pública interpor recursos, tendo o Supremo Tribunal Federal entendido que essa norma não era incompatível com a Constituição, ao menos até que a sua organização nos Estados pudesse chegar ao mesmo nível da possuída pelo Ministério Público[433]. O segundo encontra-se no Recurso Extraordinário 135.328, no qual o Supremo Tribunal Federal considerou, atendendo à realidade da Defensoria Pública no Brasil e à ausência de instalação completa em todos os Estados da Federação, que, não obstante o artigo 134º da Constituição atribuir àquela instituição a defesa dos necessitados, subsistiria temporariamente o artigo 68º do Código de Processo Penal, que confere legitimidade ao Ministério Público para atuar na reparação *ex delito*, quando o titular do direito não possuir condições financeiras[434].

21.2.6. Decisões construtivas e substitutivas

Quanto às *"decisões construtivas"*, são aquelas em que o Tribunal, sob a forma de uma decisão de inconstitucionalidade, enuncia também uma série de princípios que uma nova lei com o mesmo objeto deve conter para se conformar com a Constituição[435].

Por seu lado, as *"decisões substitutivas"* implicam a substituição do regime contido no preceito declarado ou julgado inconstitucional, em

---

[433] Cfr. STF, HC 70.514, Relator Ministro Sydney Sanches, julgado em 23/03/1994, DJ de 27/06/1997.

[434] Cfr. STF, RE 135.328, Relator Ministro Marco Aurélio, julgado em 29/06/1994, DJ de 20/04/2001.

[435] No conjunto das decisões do Tribunal Constitucional espanhol, encontram-se algumas "decisões construtivas", como, por exemplo, a Sentença nº 53/1985, relativa ao recurso prévio de inconstitucionalidade do projeto de lei orgânica despenalizadora da interrupção voluntária da gravidez. Cfr. o nosso *Relatório Geral*, cit., p. 93, e o *Relatório do Tribunal Constitucional de Espanha para a I Conferência da Justiça Constitucional da Ibero-América, Portugal e Espanha*, in "I Conferência da Justiça Constitucional da Ibero-América, Portugal e Espanha", cit., p. 526 e 527.

Situação diferente de uma "decisão construtiva", e cuja admissibilidade constitucional não é contestada no nosso País, é aquela em que dos "fundamentos" de uma decisão de inconstitucionalidade se retiram indicações quanto a uma futura regulamentação da matéria conforme à Constituição. Cfr., sobre isto, o nosso *Relatório Geral*, loc. cit..

consequência da inconstitucionalização de um preceito "na parte em que" ou "na medida em que" estabelece um certo regime "antes que" um outro[436].

Utilizadas, com alguma frequência, pelo Tribunal Constitucional italiano, as "sentenças substitutivas" apenas podem ser prolatadas, tal como as "aditivas de prestação", quando a solução oferecida pelo Tribunal Constitucional se apresentar, de acordo com o seu critério, como a única possível e ser, por isso, uma solução *"a rima obligata"* (*"de rima forçada"*), ou, na nossa terminologia, uma solução *constitucionalmente obrigatória*. Com este tipo de decisões o Tribunal Constitucional declara a inconstitucionalidade de uma lei com a fórmula *"na parte em que diz/prevê x, em vez de y"*. Podem ser de três espécies: *substitutivas* de "regras", *substitutivas* de "princípios" e *substitutivas* de "procedimentos". A estrutura das "decisões substitutivas" é singularmente complexa: por um lado, a lei é inconstitucional por aquilo que "diz" (componente *ablatória da sentença*); por outro lado, é inconstitucional por aquilo que "não diz" (componente *aditiva da sentença*)[437].

Nestes termos, as "decisões substitutivas" declaram a inconstitucionalidade de uma norma "na parte ou nos limites em que contém uma prescrição em vez de outra" ou proferem uma decisão que implica "a «substituição» da disciplina jurídica contida no preceito julgado inconstitucional"[438]. As mesmas determinam a incompatibilidade com a Constituição de uma determinada disposição normativa e acrescentam simultaneamente o critério que deveria ter sido utilizado pela norma jurídica para ser conforme à Constituição.

Cotejando-as com as "decisões aditivas", dir-se-á que nestas há a inserção de um elemento extensor do preceito original, alargando, sem alterar, o espírito do segmento normativo incompatível com a Constituição, ao passo que nas "decisões substitutivas" há uma modificação

---

[436] Cfr. G. ZAGREBELSKY, *La Giurisdizione Costituzionale*, cit., p. 491 e 492, e *La Giustizia Costituzionale*, cit., p. 157 e 158; L. ARCIDIACONO/A. CARULLO/G. RIZZA, ob. cit., p. 513 e 514; A. PIZZORUSSO, ob. cit., p. 498; e F. TERESI, ob. cit., p. 87.

[437] Cfr. ANTONIO RUGGERI/ANTONINO SPADARO, ob. cit., p. 177; ELENA MALFATTI/ SAULLE PANIZZA/ROBERTO ROMBOLI, ob. cit., p. 136 e 137; e AUGUSTO CERRI, ob. cit., p. 265 e 266.

[438] Cfr. J. J. GOMES CANOTILHO, *Direito Constitucional*, cit., p. 1019.

do pensamento legislativo, com a adição de um " novo preceito portador de um pensamento jurídico alternativo"[439].

As "sentenças substitutivas" não parecem ser admissíveis no nosso ordenamento constitucional, pois elas, ao implicarem uma modificação da norma legal, através da criação de uma norma inovadora, violam o princípio democrático e o princípio da separação de poderes.

21.2.7. Crítica das decisões "manipulativas"

Importa realçar que é sobretudo com referência às decisões *aditivas* e *substitutivas* – designadas, ao lado de outras, pela doutrina italiana como *"sentenças manipulativas"* – que se coloca a candente questão da legitimidade das decisões do Tribunal Constitucional que não se limitam à eliminação ou à conservação das normas jurídicas, antes as transformam, adequam, modificam e integram. Na verdade, poderemos interrogar-nos, expressando-nos como R. DWORKIN, se, ao proferir este tipo de decisões, os tribunais constitucionais "descobrem" o direito que anunciam ou se "o inventam" e se "inventar" o direito é uma *habilidade* ou uma *tirania*[440].

Especialmente crítico deste tipo de "decisões" do Tribunal Constitucional italiano é G. ZAGREBELSKY. Segundo este juspublicista italiano, as *"sentenças manipulativas"*, de origem puramente pretoriana, colocam angustiosos problemas, no *plano judiciário* e no *plano legislativo*. Quanto ao primeiro, questiona-se a eficácia daquelas sentenças – as quais, normalmente, deixam intactos os textos legislativos e operam somente a nível da sua interpretação – e pergunta-se se elas não interferem com a liberdade interpretativa que pertence às autoridades judiciárias, em especial aos tribunais. Quanto ao segundo, o problema surge quando se toma consciência de que, através das *"sentenças manipulativas"*, o Tribunal modifica o ordenamento jurídico, em alguns casos por meio da criação de normas completamente inovadoras.

Ora, isto coloca um problema de respeito da esfera de competência do legislador, particularmente agudo em todos os casos em que a Constituição prevê uma reserva de lei parlamentar na disciplina de determi-

---

[439] Cfr. CARLOS BLANCO DE MORAIS, *Justiça Constitucional*, Tomo II, cit., p. 447- 449.
[440] Cfr. *Law's Empire*, cit., p. 5.

nadas matérias. E as dificuldades são ainda maiores naqueles casos em que as *"sentenças manipulativas" ampliam os encargos financeiros* do Estado, estendendo o campo da despesa pública, como sucede com as que são adotadas para colmatar as lacunas lesivas do princípio da igualdade[441].

De um modo geral, são apontadas às "sentenças manipulativas" ("aditivas" e "substitutivas") duas críticas genéricas e várias críticas específicas. No grupo das primeiras, contam-se a violação do *princípio da separação de poderes,* na medida em que através delas os tribunais constitucionais exercem funções reservadas pela Constituição aos órgãos legislativos, e a *ausência de legitimidade popular* por parte dos juízes constitucionais no exercício de uma atividade que implica uma produção normativa.

No campo das críticas específicas, incluem-se as seguintes: a insegurança jurídica derivada das incertezas que rodeiam os efeitos daquelas sentenças; as consequências nefastas das mesmas sentenças sobre as finanças públicas, na medida em que, frequentes vezes, ampliam, em nome do princípio da igualdade, o âmbito dos beneficiários de uma determinada prestação; a subversão do princípio da preferência pelo legislador na concretização e atualização do texto constitucional e o

---

[441] Cfr. *La Giurisdizione Costituzionale,* cit., p. 492 e 493. Também R. LLORENTE é particularmente crítico das "sentenças manipulativas", dizendo que elas violentam "ao máximo o sistema de divisão de poderes, que é o próprio fundamento de toda a arquitetura constitucional". Cfr. ob. cit., p. 522 e 523.
As sentenças "aditivas" e "substitutivas" são, de igual modo, contestadas por L. ARCIDIACONO/A. CARULLO/G. RIZZA, ao afirmarem que, através delas, o Tribunal Constitucional italiano parece assumir um papel, que não pode ser o seu, de *legislador positivo* (cfr. ob. cit., p. 513-515). Cfr., no mesmo sentido, A. PIZZORUSSO, ob. cit., p. 489, e F. TERESI, ob. cit., p. 87.
G. ZAGREBELSKY sublinha que o Tribunal Constitucional italiano desenvolveu nos anos mais recentes um novo tipo de "decisões", com a finalidade de encontrar um ponto de equilíbrio com o legislador. Trata-se das *"sentenze additive di principio",* através das quais, como nas sentenças aditivas, é declarada a inconstitucionalidade de uma norma, na parte em que não prevê qualquer coisa que, ao invés, devia prever, mas o Tribunal, em vez de integrar a lei com a norma "que falta", limita-se a indicar o princípio no qual o legislador deverá inspirar a sua ação, princípio que, dentro de certos limites, pode ser já aplicado diretamente pelos juízes. Nota característica daquele novo tipo de sentenças é a de reclamar uma colaboração, no âmbito das respetivas competências, entre o Tribunal Constitucional, o Parlamento e os juízes. Cfr. ob. cit., p. 493.

esvaziamento do sentido útil do processo de fiscalização da inconstitucionalidade por omissão; o favorecimento da desresponsabilização do legislador ordinário, na medida em que as referidas sentenças são, em geral, justificadas pela inércia e imobilismo daquele; a criação por aquelas sentenças de um direito de tipo legislativo, porque inovador, que não é suscetível de controlo, sabendo-se que as normas criadas pelos tribunais constitucionais também podem infringir a Constituição; o perigo da "politização da justiça", na medida em que as apontadas sentenças podem implicar a introdução nos processos de controlo da constitucionalidade de juízos de oportunidade e de valoração política; e a potenciação pelas mencionadas sentenças da petrificação das normas constitucionais, eliminando os espaços interpretativos consentidos pela sua natureza aberta e prejudicando, desse modo, a interpretação atualizadora e evolutiva das mesmas[442].

Em contrapartida, pode argumentar-se, em abono das "sentenças aditivas e substitutivas", que a Constituição deve ser concretizada, de forma a que as lacunas e omissões sejam integradas para garantir a efetividade dos direitos fundamentais. Nesta linha, os tribunais constitucionais disporiam de uma competência de *auto-integração* do ordenamento jurídico[443]. E, inclusive, defender-se que o preenchimento de vazios e lacunas das normas jurídicas seria uma consequência necessária do sistema de fiscalização da constitucionalidade gizado na Constituição.

De qualquer modo, as "decisões intermédias", em geral, dos tribunais constitucionais são uma realidade inegável no âmbito do Estado social, do pós-positivismo e da nova hermenêutica, com a redefinição do sentido dos valores, regras e princípios constitucionais e a insuficiência da doutrina tradicional do regime puro e simples da nulidade das normas feridas de inconstitucionalidade. Devemos preocupar-nos, por isso, mais do que discutir a admissibilidade das mesmas, em refletir sobre os seus limites ou fronteiras.

---

[442] Cfr., por todos, MARIA BENEDITA DIAS URBANO, *Sentenças Intermédias: Para Além de Kelsen Mas Ainda Aquém de Uma Nova Teoria da Separação de Poderes*, cit., p. 709-715.
[443] Cfr. ANTONIO RUGGERI/ANTONINO SPADARO, ob. cit., p. 179.

22. Vinculatividade das decisões

A *vinculatividade das decisões* do Tribunal Constitucional depende, por um lado, da "natureza processual" e da "estrutura" das decisões e, por outro lado, do seu "conteúdo".

22.1. A vinculatividade das decisões proferidas em controlo "concentrado"

Quanto às decisões "diretas" sobre a constitucionalidade de normas jurídicas, proferidas em controlo "concentrado" – as únicas que aqui importa considerar –, há que distinguir consoante elas são proferidas no âmbito do controlo abstrato sucessivo por ação, do controlo abstrato por omissão, do controlo concreto ou incidental ou do controlo abstrato prévio e, bem assim, consoante são no sentido da inconstitucionalidade ou em sentido inverso.

As decisões de inconstitucionalidade proferidas pelo Tribunal Constitucional, em controlo abstrato por via de ação, produzem *eficácia obrigatória geral* (*"erga omnes"*), pois que incorporam uma "declaração" formal de inconstitucionalidade. As decisões positivas de inconstitucionalidade fazem "caso julgado material" e a norma inconstitucionalizada é eliminada do ordenamento jurídico. Já as decisões de não declaração de inconstitucionalidade, emitidas em fiscalização abstrata sucessiva, porque não incorporam qualquer "declaração" formal de constitucionalidade ou não inconstitucionalidade, não surtem "eficácia obrigatória geral", nem produzem um efeito preclusivo de uma posterior fiscalização da norma jurídica[444].

No que toca às decisões proferidas no controlo concreto ou incidental, têm as mesmas uma *eficácia limitada ao caso,* quer se trate de decisões que vão no sentido da inconstitucionalidade ou em sentido inverso[445].

---

[444] Recorde-se que, conforme referimos *supra*, notas 309 e 382, o mesmo não se passa no ordenamento jurídico-constitucional brasileiro.

[445] Diferentemente se passam as coisas no ordenamento jurídico-constitucional espanhol, onde as sentenças de inconstitucionalidade proferidas em controlo concreto de normas com valor de lei ("questão de inconstitucionalidade") *têm eficácia obrigatória geral* (cfr. a nossa obra *A Justiça Constitucional em Portugal e em Espanha*, cit., in "Revista de Legislação e de Jurisprudência», ano 131.º, nº 3892, p. 204, e a legislação e a bibliografia aí citadas; ROBERTO BLANCO VALDÉS, ob. cit., p. 308 e 309; e PABLO PÉREZ TREMPS, ob. cit., p. 63-66).

No que respeita à fiscalização abstrata preventiva, deve assinalar-se que as decisões em que *se não conclui pela inconstitucionalidade* não produzem qualquer efeito preclusivo de uma ulterior apreciação da constitucionalidade da norma. Já quanto às *decisões de inconstitucionalidade*, se pode aí falar-se de uma "eficácia geral", deverá notar-se, todavia, que o seu efeito específico e imediato se dirige ao órgão competente para promulgar ou assinar o diploma em causa, obrigando-o a vetá-lo[446/447/448].

---

[446] Tanto o Presidente da República, como os Representantes da República dispõem de dois *direitos de veto* em relação aos decretos que lhes são enviados, respetivamente, para promulgação e assinatura: o *veto político*, baseado em motivos políticos, e o *veto por inconstitucionalidade*, alicerçado em fundamentos de inconstitucionalidade. Estes dois *tipos de veto* apresentam características bem distintas, que é conveniente aqui esclarecer. Em primeiro lugar, o *veto político* é, por natureza, *facultativo*, já que depende do juízo que o Presidente da República ou os Representantes da República fizerem sobre a oportunidade política ou o conteúdo dos decretos (artigos 136.º, nºs 1 e 4, e 233.º, nºs 2 e 4, da Constituição). O *veto por inconstitucionalidade*, na sequência da pronúncia do Tribunal Constitucional pela inconstitucionalidade de norma constante de qualquer decreto, tratado ou acordo internacional, é, ao invés, *obrigatório* (artigo 279.º, nºs 1 e 4, da Lei Fundamental).
 Em segundo lugar, o *veto por inconstitucionalidade* só pode ter lugar se tiver sido submetida ao Tribunal Constitucional a fiscalização preventiva da constitucionalidade de qualquer norma do decreto e aquele se pronunciar positivamente pela sua inconstitucionalidade. Está vedado, por isso, ao Presidente da República e aos Representantes da República *vetar politicamente* um decreto, invocando motivos de inconstitucionalidade, quando não tiverem requerido ao Tribunal Constitucional a fiscalização preventiva da constitucionalidade, ou, quando tendo-o feito, aquele não se pronunciar pela inconstitucionalidade de qualquer norma constante do mesmo. É, pois, inquestionável que o Presidente da República ou os Representantes da República, quando optarem pelo *veto político*, na sequência de uma não pronúncia do Tribunal Constitucional no sentido da inconstitucionalidade, ou sem que tenha havido qualquer pronúncia do mesmo Tribunal, por não ter sido requerida a sua intervenção, só podem invocar motivos de ordem política e não motivos de inconstitucionalidade, sob pena de atentarem contra a Constituição e deturparem toda a lógica do controlo preventivo da constitucionalidade (cfr., neste sentido, por todos, PAULA M. D. BRITO, *A Fiscalização Preventiva da Constitucionalidade de Leis e Decretos-Leis na Constituição de 1976*, Tese Mest., polic., Coimbra, 1997, p. 129-134).
 O regime constitucional do *veto político* comporta, ainda, mais alguns aspetos importantes que vale a pena deixar registados neste local. Um tal regime distingue-se conforme o *veto político* tenha como *objeto*, por um lado, decretos da Assembleia da República e decretos do Governo e, por outro lado, decretos das Assembleias Legislativas das regiões autónomas e decretos dos governos regionais.

São essencialmente três os domínios em que se verifica essa diferenciação de regimes: a *fundamentação* do veto político; o *prazo* para o exercício do veto político ou para a promulgação (ou assinatura pelo Representante da República); e a *possibilidade de confirmação* do diploma vetado politicamente. No que respeita ao primeiro ponto, no caso de *veto político* pelo Presidente da República de qualquer decreto da Assembleia da República para ser promulgado como lei, deve o mesmo ser devolvido a este órgão de soberania, para efeitos de reapreciação, acompanhado de uma mensagem com a *fundamentação do veto* (artigo 136.º, nº 1, da Constituição). Diversamente, tratando-se de decreto do Governo, o Presidente da República não é obrigado a devolver o diploma ao Governo, nem é obrigado a fundamentar o seu veto, bastando a *comunicação por escrito ao Governo do sentido do veto* (artigo 136.º, nº 4, da Constituição). Regime similar foi estabelecido pela Constituição quanto à *fundamentação* do exercício do direito de *veto político* pelos Representantes da República relativamente aos decretos das Assembleias Legislativas das regiões autónomas e aos decretos dos governos regionais (artigo 233.º, nºs 2 e 4, da Constituição).

Pelo que toca ao *prazo* para o exercício do direito de veto político ou para a promulgação, dispõe o Presidente da República de vinte dias, contados da receção do decreto da Assembleia da República ou da publicação da decisão do Tribunal Constitucional que não se pronuncie pela inconstitucionalidade de norma dele constante, para optar entre o exercício do veto político e a promulgação (havendo um *dever* de promulgação, no caso de não utilização do direito de veto, impedindo o texto constitucional o "veto de bolso" ou o "veto tácito" de diplomas) – artigo 136º, nº 1, da Lei Fundamental. Tratando-se de decreto do Governo, o referido *prazo* é alargado para quarenta dias (artigo 136.º, nº 4, da Constituição). Os prazos para os Representantes da República assinarem ou exercerem o direito de veto político são de quinze dias ou de vinte dias, conforme se esteja perante decretos das Assembleias Legislativas das regiões autónomas ou dos governos regionais (artigo 233.º, nºs 2 e 4, da Lei Fundamental).

No que concerne ao terceiro aspeto, no caso de decretos da Assembleia da República vetados politicamente pelo Presidente da República, pode aquela *confirmar o voto* por maioria absoluta dos Deputados em efetividade de funções (ou por maioria de dois terços dos Deputados presentes, desde que superior à maioria absoluta dos deputados em efetividade de funções, nas hipóteses previstas no artigo 136º, nº 3, da Constituição, isto é, nas hipóteses de confirmação de decretos que revistam a forma de lei orgânica, bem como dos que respeitem às matérias das relações externas, dos limites entre o setor público, o setor privado e o setor cooperativo e social de propriedade dos meios de produção e da regulamentação dos atos eleitorais previstos na Constituição, que não revista a forma de lei orgânica), tendo o Presidente o *dever* de promulgar o diploma no prazo de oito dias, a contar da sua receção (artigo 136º, nº 2, da Lei Fundamental). Tratando-se, porém, de decretos do Governo, não assiste a este órgão de soberania o poder de confirmar o diploma vetado politicamente, pelo que, em relação a ele, o veto político do Presidente é um veto absoluto, isto é, intransponível (podendo, no entanto, o Governo converter o decreto em proposta de lei a apresentar à Assembleia da República, com vista a tornear o veto que sobre ele incidiu).

Esta diferença de regimes alicerça-se na circunstância de a Assembleia da República, contrariamente ao Governo, ter uma legitimidade democrática direta e, sobretudo, no facto de ter o primado da competência legislativa, pelo que a Constituição, em face de uma colisão entre a opinião político-legislativa da Assembleia da República e a do Presidente da República (órgão de soberania que participa no exercício da função legislativa, mas não é um órgão legislativo), dá prevalência à vontade do Parlamento. Este cenário é reproduzido, nos domínios das relações entre os Representantes da República e os órgãos de governo próprios das Regiões Autónomas dos Açores e da Madeira, uma vez que as Assembleias Legislativas das regiões autónomas podem *confirmar o voto* de um decreto vetado politicamente pelo Representante da República por maioria absoluta dos seus membros em efetividade de funções, recaindo, em tal caso, sobre aquele *dever* de assinar o diploma no prazo de oito dias, a contar da sua receção (artigo 233º, nº 3, da Constituição). De idêntica faculdade já não gozam, porém, os governos regionais em relação aos decretos por si aprovados e que tenham sido *vetados politicamente* pelo Representante da República (embora possam converter o decreto em proposta a apresentar às Assembleias Legislativas das regiões autónomas) – artigo 233. º, nº 4, da Lei Fundamental.

O Tribunal Constitucional teve oportunidade de analisar *várias questões* respeitantes ao controlo preventivo da constitucionalidade de diplomas que, num primeiro momento, foram objeto de *veto político*. São essas questões que vamos referir, em termos sucintos.

Uma delas é a de saber se um decreto da Assembleia da República ou de uma Assembleia Legislativa da região autónoma que tenha sido confirmado em segunda votação após veto político do Presidente da República ou do Representante da República pode ser, ou não, submetido, quando enviado de novo para promulgação ou assinatura, a fiscalização preventiva da constitucionalidade. A resposta a este quesito foi dada nos Acórdãos nºs 58/85 e 320/89. No primeiro, aquele Tribunal assinalou que, quando, após o exercício do direito de veto político pelo Representante da República, a Assembleia Legislativa da região autónoma confirmar, na íntegra, o diploma vetado, apenas com meras alterações acessórias que não tocam o seu conteúdo normativo, porque não se pode falar, nesse caso, na existência de dois procedimentos legislativos, nem de dois diplomas diferentes, já não pode o Representante da República desencadear o mecanismo da fiscalização preventiva, devendo, antes, assiná-lo em conformidade com o disposto no artigo 235º, nº 4, da Constituição (a que corresponde, atualmente, o artigo 233º, nº 3, da Lei Fundamental). E se a mesma entidade apresentar, naquela situação, um pedido de fiscalização preventiva da constitucionalidade, há-de considerar-se tal pedido extemporâneo, por ultrapassar o prazo referido no artigo 278º, nº 3, da Constituição. Na mesma linha, o aresto mencionado em segundo lugar acentuou que um diploma da Assembleia da República que tenha sido confirmado em segunda votação após veto político presidencial não pode ser submetido, quando enviado de novo para promulgação, a fiscalização preventiva da constitucionalidade, exceto se, aquando da confirmação, tiver sofrido *alteração* ou se o motivo de inconstitucionalidade invocado tiver *ocorrido supervenientemente* ao veto.

Outra consiste em esclarecer se o Tribunal Constitucional é competente, ou não, para apreciar, em fiscalização preventiva, se a Assembleia da República confirmou o decreto vetado pela maioria constitucionalmente exigida (e o mesmo se diga a propósito da confirmação pelas Assembleias Legislativas das regiões autónomas de decretos vetados politicamente pelos Representantes da República). No citado Acórdão nº 320/89, decidiu aquele Tribunal que, dando-se por assente que as normas de um decreto vetado só podem ser validamente confirmadas pela maioria qualificada constitucionalmente exigida, disso dependendo a validade da sua aprovação, então, no caso de não se ter verificado uma tal maioria, a inconstitucionalidade existe logo no decreto da Assembleia, e não no ato de promulgação, podendo, por isso, tal inconstitucionalidade ser analisada pelo Tribunal Constitucional.

A terceira questão tem a ver com o seguinte: a figura da "reformulação" é admissível também no quadro da reapreciação de decretos vetados ao abrigo do artigo 136.º da Constituição? O Tribunal Constitucional, no Acórdão nº 320/89, não teve dúvidas em afirmar que, embora a Constituição só preveja a possibilidade de a Assembleia da República reformular diplomas vetados quando o veto se funda em inconstitucionalidade, deve estender-se *por analogia* esse regime aos casos de veto político, já que "não existe nenhuma justificação para encerrar a Assembleia da República (ou a maioria parlamentar) no dilema de confirmar o decreto pela maioria constitucionalmente exigida ou vê-lo rejeitado, se a não conseguir reunir" (cfr. também o Acórdão do Tribunal Constitucional nº 13/95). Aquele órgão jurisdicional teve, no entanto, a preocupação de esclarecer que, "não havendo confirmação do decreto nos exactos termos em que ele foi vetado, com a maioria qualificada constitucionalmente exigida, tratar-se-á sempre de um *novo decreto*, facultando ao Presidente da República um novo veto político, além da fiscalização preventiva da constitucionalidade" (idêntica doutrina vale para os decretos das Assembleias Legislativas das regiões autónomas que tenham reformulado decretos vetados politicamente pelo Representante da República).

A última questão cifra-se nisto: a reformulação do decreto vetado exige uma confirmação prévia do mesmo com as maiorias qualificadas exigidas nos nºs 2 e 3 do artigo 136.º da Constituição? O Tribunal Constitucional entendeu que não, uma vez que "a interpretação mais razoável do texto constitucional é a de permitir a reformulação do decreto vetado, sem necessidade de o confirmar previamente (com as maiorias qualificadas constitucionalmente exigidas), confirmação que, de resto, seria irrelevante, em caso de posterior aprovação de alterações, dado que, com estas, deixa necessariamente de haver promulgação nos termos do nº 2 do artigo 139º" (na versão atual, nº 2 do artigo 136º da Constituição) – cfr. os citados Acórdãos nºs 320/89 e 13/95. Esta doutrina não poderá deixar de valer também para a reformulação pelas Assembleias Legislativas das regiões autónomas dos decretos vetados politicamente pelo Representante da República, não se exigindo, por isso, uma confirmação prévia dos mesmos pela maioria qualificada prevista no artigo 233.º, nº 3, da Lei Fundamental.

Sobre toda esta problemática, cfr., na doutrina, por todos, JORGE MIRANDA, *Manual de Direito Constitucional*, Tomo VI, 4ª ed., Coimbra, Coimbra Editora, 2013, p. 316-324, e J. J. GOMES CANOTILHO/VITAL MOREIRA, *Constituição da República Portuguesa Anotada*, Vol. II, cit., p. 929-935.

447 Também no ordenamento jurídico-constitucional de Angola, dispõe o Presidente da República de dois tipos de *veto* de leis da Assembleia Nacional: o *veto político* e o *veto por inconstitucionalidade*. O primeiro, de caráter facultativo, ocorre quando o Presidente da República, antes do decurso do prazo de 30 dias após a receção do diploma para efeitos de promulgação, solicita, "de forma fundamentada, à Assembleia Nacional, uma nova apreciação do diploma ou de algumas das suas normas" (artigo 124º, nº 2, da Constituição). Todavia, se, depois da reapreciação, a maioria de dois terços dos Deputados se pronunciar no sentido da aprovação do diploma, o Presidente da República deve promulgar o diploma no prazo de 15 dias a contar da sua receção (artigo 124º, nº 3, da Constituição). O segundo, de caráter obrigatório, surge quando o Tribunal Constitucional, em fiscalização preventiva, a requerimento do Presidente da República ou de um décimo dos Deputados à Assembleia Nacional em efetividade de funções, "declarar a inconstitucionalidade de norma constante de qualquer diploma legal, tratado, convenção ou acordo internacional", caso em que "deve o mesmo ser vetado pelo Presidente da República e devolvido ao órgão que o tiver aprovado", para expurgo da norma ou normas consideradas inconstitucionais (artigos 228º e 229º da Constituição).

448 A fiscalização preventiva de referendos nacionais, regionais e locais está sujeita a um regime específico [artigos 223º, alínea *f*), 115º, 134º, alínea *c*), 164º, alínea *b*), 167º, 232º, nº 2, 240º e 256º da Constituição e artigos 11º e 105º da Lei do Tribunal Constitucional, Lei Orgânica nº 15-A/98, de 3 de abril, alterada pelas Leis Orgânicas nºs 4/2005, de 8 de setembro, 3/2010, 15 de dezembro, 1/2011, de 30 de novembro, 1/2016, de 1 de agosto, e 3/2017, de 18 de julho, e, ainda, pela Lei nº 72-A/2015, de 23 de julho, que aprova o regime jurídico do referendo de âmbito nacional, Lei Orgânica nº 4/2000, de 24 de agosto, com as alterações introduzidas pelas Leis Orgânicas nºs 3/2010, de 15 de dezembro, 1/2011, de 30 de novembro, e 3/2018, de 17 de agosto, que aprova o regime jurídico do referendo local, e Lei Orgânica nº 2/2015, de 12 de fevereiro, que aprova o regime jurídico do referendo regional na Região Autónoma dos Açores], o qual se caracteriza pelas seguintes notas: abrange tanto a constitucionalidade, como a legalidade; é obrigatória, sem depender de opção do órgão de iniciativa (o Presidente da República, quanto aos referendos nacionais e regionais, e o presidente do órgão deliberativo, no caso de referendos locais); dispensa a fundamentação do pedido, embora possa ser solicitada a apreciação de quaisquer questões pertinentes; e não inclui contraditório, por não se prever a audição do autor da proposta de referendo. O controlo de constitucionalidade e de legalidade do referendo é o mais amplo possível e abrange todos os vícios de fundo, de competência e de forma que o possam inquinar, a validade substantiva do ato que vier a ser emitido como decorrência obrigatória do referendo e, bem assim, a apreciação dos requisitos relativos "ao respetivo universo eleitoral" [artigo 223º, nº 2, alínea f), in fine, da Constituição].

Se o Tribunal Constitucional tiver por verificada a constitucionalidade e a legalidade da proposta de referendo nacional ou regional, o Presidente da República decide se convoca ou não o referendo no prazo de 20 dias (artigo 136º, nº 1, por analogia, e artigo 34º da Lei nº 15-A/98, de 3 de abril). Se, ao invés, tiver por não verificada a constitucionalidade ou a legalidade da proposta de referendo, o Presidente da República não pode promover a convocação do referendo e devolve a proposta ao órgão que a tiver formulado (artigo

Há que recordar, no entanto, que o Parlamento pode, por maioria de dois terços dos Deputados presentes, desde que superior à maioria absoluta dos Deputados em efetividade de funções (artigo 279º, nº 2, da Constituição), ultrapassar a pronúncia de inconstitucionalidade do Tribunal Constitucional, quando relativa a normas por ele aprovadas, embora isso não impeça uma posterior declaração de inconstitucionalidade, em sede de fiscalização abstrata sucessiva, ou um ulterior julgamento de inconstitucionalidade, pela via da fiscalização concreta. Mas, no caso de *confirmação* qualificada sem alterações pela Assembleia da República do decreto vetado obrigatoriamente por inconstitucionalidade, o Presidente da República não fica obrigado, antes tem a faculdade de promulgar o decreto confirmado[449/450].

28º, nº 1, da Lei nº 15º-A/98, de 3 de abril). A Assembleia da República ou o Governo podem reapreciar e reformular a sua proposta, expurgando-a da inconstitucionalidade ou da ilegalidade, e, no prazo de oito dias após a publicação da proposta de referendo que tiver sido reformulada, o Presidente da República submete-a ao Tribunal Constitucional para nova apreciação preventiva da constitucionalidade e da legalidade, incluindo a apreciação dos requisitos relativos ao respetivo universo eleitoral (nºs 2 e 3 do artigo 28º da Lei nº 15-A/98). Não é possível, no entanto, a confirmação pela Assembleia da República da proposta de referendo cuja constitucionalidade e legalidade não tenha sido verificada pelo Tribunal Constitucional. Cfr., para mais desenvolvimentos, MARIA BENEDITA DIAS URBANO, O *Referendo*, cit., p. 230-236; e JORGE MIRANDA, *Manual de Direito Constitucional*, Tomo VI, 4ª ed., cit., p. 324-327.

[449] De harmonia com o disposto no artigo 279.º, nº 1, da Constituição, "se o Tribunal Constitucional se pronunciar pela inconstitucionalidade de norma constante de qualquer decreto ou acordo internacional, deverá o diploma ser vetado pelo Presidente da República ou pelo Representante da República, conforme os casos, e devolvido ao órgão que o tiver aprovado". O nº 2 do mesmo preceito determina que, em tal caso, "o decreto não poderá ser promulgado ou assinado sem que o órgão que o tiver aprovado expurgue a norma julgada inconstitucional ou, quando for caso disso, o confirme por maioria de dois terços dos Deputados presentes, desde que superior à maioria absoluta dos Deputados em efectividade de funções". O nº 3 do mesmo artigo estatui que, "se o diploma vier a ser reformulado, poderá o Presidente da República ou o Representante da República, conforme os casos, requerer a apreciação preventiva da constitucionalidade de qualquer das suas normas". E, por último, o nº 4 do mesmo preceito estabelece que, "se o Tribunal Constitucional se pronunciar pela inconstitucionalidade de norma constante de tratado, este só poderá ser ratificado se a Assembleia da República o vier a aprovar por maioria de dois terços dos Deputados presentes, desde que superior à maioria absoluta dos Deputados em efectividade de funções". Os preceitos constitucionais acabados de transcrever carecem de alguns esclarecimentos, que não podem ser aqui omitidos. Tais esclarecimentos incidem sobre os seguintes

aspetos: o que deve entender-se por *expurgo* e saber se todo e qualquer *expurgo* equivale à *alteração* ou à *reformulação* do diploma; qual o efeito, em matéria de promulgação, da *confirmação* qualificada sem alterações pela Assembleia da República do decreto vetado obrigatoriamente por inconstitucionalidade (assunto já indiciado no texto); saber se é admissível, ou não, a *confirmação* pelas Assembleias Legislativas das regiões autónomas dos diplomas vetados pelos Representantes da República, na sequência de uma pronúncia de inconstitucionalidade pelo Tribunal Constitucional, em sede de fiscalização preventiva; e esclarecer se a *reformulação* do decreto vetado por inconstitucionalidade pode ser feita, ou não, sem necessidade de o confirmar previamente com a maioria qualificada exigida pelo nº 2 do artigo 279º da Constituição. São esses esclarecimentos que vamos apresentar, nas linhas subsequentes, embora, necessariamente, em termos breves.

Segundo o Acórdão do Tribunal Constitucional nº 334/94, "a primeira parte do nº 2 do artigo 279.º proíbe, fora das hipóteses de confirmação referidas na segunda parte, a promulgação do decreto que continha norma julgada inconstitucional pelo Tribunal Constitucional, sem que o órgão que o tiver aprovado expurgue essa norma. Tal proibição implica, portanto, quando não houver confirmação qualificada pela Assembleia da República nos termos da segunda parte, a proibição de nova aprovação sem expurgar a norma julgada inconstitucional, o que equivale ao comando condicional de expurgar tal norma, se o órgão competente (aqui a Assembleia da República, noutros casos o Governo) decidir aprovar de novo o decreto. Por conseguinte, a Assembleia da República, quando lhe é devolvido um decreto que enviou para promulgação como lei, por conter uma ou mais normas julgadas inconstitucionais pelo Tribunal Constitucional, só pode, de acordo com a Constituição, fazer uma de três coisas: ou não volta a aprovar o decreto; ou o confirma qualificadamente sem alterações; ou expurga essas normas, podendo fazê--lo pura e simplesmente ou com alterações". Ainda segundo o mesmo aresto, "o que é certamente relevante é se as alterações aprovadas expurgam ou não a norma ou normas julgadas inconstitucionais. Se o não fizerem, a Assembleia não cumpriu a obrigação que lhe foi condicionalmente imposta pelo Tribunal Constitucional e o Presidente está obrigado a não promulgar o decreto. Com efeito, tais obrigações são elementos constitutivos da própria eficácia da pronúncia pela inconstitucionalidade na fiscalização preventiva. A decisão do Tribunal nestes casos não tem, ao contrário do que acontece com a declaração de inconstitucionalidade na fiscalização sucessiva, força obrigatória geral, não afecta a configuração da ordem jurídica, porque não incide sobre normas jurídicas, mas sobre apenas decretadas, mas não promulgadas, normas de decretos que não são leis nem decretos-leis, apenas elementos do processo da sua formação. Tem apenas um efeito vinculativo dos órgãos intervenientes na criação das normas julgadas inconstitucionais pelo Tribunal. O Presidente da República fica obrigado a não promulgar sem expurgo ou sem confirmação qualificada e com o poder, mas não a obrigação, de promulgar depois desta última. A Assembleia da República fica obrigada a não confirmar sem maioria qualificada e fica obrigada a expurgar se aprovar com alterações. Como se trata de obrigação ligada ao exercício deste último poder, caberá designá-la especificamente como um ónus".

A obrigação de *expurgo* da norma julgada inconstitucional que incide sobre a Assembleia da República, sobre o Governo ou sobre as Assembleias Legislativas das regiões autónomas, conforme as situações, consiste, assim, na eliminação ou na correção da inconstitucionalidade detetada pelo Tribunal Constitucional no decreto, tratado ou acordo internacional. Mas todo e qualquer *expurgo* equivale a uma *reformulação* (ou *alteração*) do diploma, isto é, sempre que há *expurgo* existe *reformulação*, passando o diploma a ser *diferente*, em termos de o Presidente da República ou o Representante da República, conforme os casos, poder requerer novamente a apreciação preventiva da constitucionalidade de qualquer das suas normas, como resulta do n.º 3 do artigo 279º da Constituição? J. J. GOMES CANOTILHO/VITAL MOREIRA defendem que o decreto confirmado pela Assembleia da República não poderá ser submetido a novo controlo preventivo da constitucionalidade, mas já não é assim na hipótese de expurgo ou reformulação de normas, pois, neste caso, o Presidente da República ou o Representante da República pode requerer *nova apreciação preventiva*, e isto não só das normas reformuladas, mas também das normas que permaneceram inalteradas ("qualquer das suas normas") – cfr. *Constituição da República Portuguesa Anotada*, Vol. II, 4ª ed., Coimbra, Coimbra Editora, 2010, p. 932 e 933. No mesmo sentido, PAULA M. D. BRITO (cfr. ob. cit., p. 146) acentua que "bem pode acontecer que a simples expurgação do diploma tenha alterado profundamente o conteúdo deste, desmembrando-o e adulterando o seu sentido", pelo que, "nesse caso em que o diploma veio a ser prejudicado com a simples expurgação, é possível que daí tenham resultado (ou se tenham avolumado) vícios de inconstitucionalidade", não fazendo sentido impedir a fiscalização preventiva da constitucionalidade do diploma. Em sentido contrário, porém, JORGE MIRANDA afirma que, se a norma é expurgada, "o Presidente da República tem que promulgar", já que se encontra "numa situação idêntica àquela em que estaria se o Tribunal se tivesse pronunciado no sentido da não inconstitucionalidade", tendo, portanto, o Presidente da República que a promulgar, "salvo o exercício do veto político no prazo de vinte ou quarenta dias subsequente à recepção do diploma com a norma expurgada" (cfr. *A Intervenção do Presidente da República e do Tribunal Constitucional*, in "A Feitura das Leis", Vol. II, Lisboa, INA, 1996, p. 286).
Pela nossa parte, entendemos que as soluções devem ser diferenciadas consoante a *intensidade* ou a *profundidade* do *expurgo*. Situações há nas quais o *expurgo* implica uma *alteração* do *conteúdo* ou do *sentido* do diploma e outras ainda em que só é possível expurgar a *norma* ou *normas* julgadas inconstitucionais, através de alterações em vários *artigos*. Em tais casos, não poderá deixar de entender-se que esse *novo diploma* pode ser submetido a uma nova fiscalização preventiva da constitucionalidade. Mas são configuráveis hipóteses nas quais o cumprimento da obrigação do expurgo é simples, traduzindo-se este numa mera *supressão* de um número, de uma alínea ou de artigo considerado inconstitucional pelo Tribunal Constitucional, em termos de o diploma no qual foi feito o expurgo não ser *substancialmente* diferente do primeiro, pelo que admitir, em tais casos, uma nova fiscalização preventiva da constitucionalidade seria "fiscalizar duplamente o mesmo diploma". Adiante-se, neste sentido, o disposto no artigo 162º, nº 2, do Regimento da Assembleia da República, que, referindo-se à "reapreciação de decreto objeto de veto

por inconstitucionalidade", prevê três comportamentos distintos que aquele órgão de soberania pode adotar: o *expurgo* da norma ou normas, a *reformulação* do decreto ou a *confirmação* do mesmo (textualmente: "a votação pode versar sobre o expurgo da norma ou normas por cuja inconstitucionalidade o Tribunal Constitucional se tenha pronunciado, sobre a reformulação do decreto ou sobre a sua confirmação").

No caso de a Assembleia da República ou as Assembleias Legislativas das regiões autónomas reformularem o diploma, introduzindo alterações, pode o Presidente da República ou o Representante da República, conforme os casos, requerer a apreciação preventiva da constitucionalidade da norma ou normas que pretendam substituir a norma julgada inconstitucional, e de quaisquer outras, podendo, então, suscitar a questão do cumprimento da obrigação de expurgar. E, numa situação destas, como sublinhou o Tribunal Constitucional, no citado Acórdão nº 334/94, mais do que fazer um mero confronto do teor dos artigos em causa, deve aquele órgão jurisdicional proceder a uma confrontação de regimes que tenha em conta o contexto global em que se inserem os conteúdos normativos questionados, com vista a apurar se as detetadas inconstitucionalidades se mostram efetivamente expurgadas, e sendo lícito, para tal efeito, mesmo em sede de fiscalização preventiva, adotar uma interpretação normativa conforme à Constituição.

O segundo ponto problemático atrás mencionado tem a ver com as *consequências* resultantes da *confirmação* qualificada sem alterações pela Assembleia da República do decreto vetado obrigatoriamente por inconstitucionalidade. Quanto a ele, a jurisprudência do Tribunal Constitucional e a doutrina convergem no sentido de o Presidente da República (ou o Representante da República, admitindo-se a possibilidade de ultrapassagem, por banda das Assembleias Legislativas das regiões autónomas, do veto por inconstitucionalidade dos Representantes da República, incidente sobre decretos legislativos regionais, conforme se verá um pouco mais à frente) não ficar obrigado, antes ter a faculdade de promulgar (ou assinar, tratando-se de Representante da República) o decreto confirmado [cfr. os mencionados Acórdãos do Tribunal Constitucional nºs 320/89 e 334/94, bem como os Acórdãos nºs 183/89 e 151/93. Cfr., na doutrina, por todos, JORGE MIRANDA, *Manual de Direito Constitucional*, Tomo VI, 4ª ed., cit., p. 319-322, *A Actividade do Tribunal Constitucional em 1993*, in «O Direito», Ano 127º, 1995, I-II (Janeiro-Junho), p. 211, e *Actos e Funções do Presidente da República*, in «Estudos sobre a Constituição», Vol I, Lisboa, Petrony, 1977, p. 265; J. J. GOMES CANOTILHO/VITAL MOREIRA, *Constituição da República Portuguesa Anotada*, Vol. II, cit., p. 930 e 931; MARCELO REBELO DE SOUSA, *O Sistema de Governo Português Antes e Depois da Revisão Constitucional*, 3ª ed., Lisboa, Cognitio, 1984, p. 44 e 45, nota 1; JOSÉ MANUEL M. CARDOSO DA COSTA, *A Jurisdição Constitucional em Portugal*, cit., p. 86 e 87, nota 114; L. NUNES DE ALMEIDA, *Relatório de Portugal*, in «VII Conferência dos Tribunais Constitucionais Europeus», 3ª Parte, cit., p. 132; CARLOS BLANCO DE MORAIS, *Justiça Constitucional*, Tomo II, cit., p. 85-88; e PAULA M. DIAS BRITO, ob. cit., p. 158-161].

Verifica-se, assim, uma diferença (bem compreensível) de regimes no que respeita à promulgação de decretos confirmados pela Assembleia da República, na sequência de *veto suspensivo* por discordância política e de *veto translativo* por inconstitucionalidade. No primeiro caso, o Presidente da República *não poderá* recusar a promulgação; no segundo, a promulgação é apenas uma *faculdade* e não uma obrigação do Presidente da República, ficando este, em definitivo, com o poder de arbitrar o "conflito aberto entre o Parlamento e o Tribunal Constitucional pela reaprovação de normas por este julgadas preventivamente inconstitucionais".

Quanto ao terceiro problema acima indicado – o de saber se as Assembleias Legislativas das regiões autónomas têm a faculdade de *confirmar*, por maioria qualificada, os decretos vetados por inconstitucionalidade pelos Representantes da República –, o mencionado Acórdão do Tribunal Constitucional nº 183/89 deixou-o em aberto, afirmando, no entanto, que, mesmo a ser admitida a ultrapassagem pelas assembleias legislativas regionais do veto por inconstitucionalidade dos Representantes da República incidente sobre decretos legislativos regionais, sempre se terá de reconhecer que, nessa circunstância, os Representantes da República, à luz do disposto no artigo 279º, nº 2, da Constituição, poderão, mas não necessariamente deverão assiná-los. E em consonância com esta doutrina, declarou, com força obrigatória geral, a inconstitucionalidade da norma do nº 4 do artigo 35º do Estatuto Político-Administrativo da Região Autónoma dos Açores, segundo o texto resultante da revisão da Lei nº 39/80, de 5 de agosto, pela Lei nº 9/87, de 26 de março (na parte em que tornava obrigatória para o Representante da República a assinatura dos decretos da Assembleia Regional que – apesar de haverem sido objeto, relativamente a qualquer norma, de juízo de inconstitucionalidade do Tribunal Constitucional – viessem a ser confirmados por maioria de dois terços dos deputados em efetividade de funções), e da norma do nº 5 do mesmo artigo, que permitia que o Presidente da Assembleia Regional se substituísse ao Representante da República na assinatura de certos diplomas que este se recusasse ou tardasse a assinar.

Mais tarde, porém, o mesmo Tribunal, no citado Acórdão nº 151/93 (seguindo, aliás, as peugadas do Parecer da Comissão Constitucional nº 21/80, in «Pareceres da Comissão Constitucional», 13º Vol., Lisboa, Imprensa Nacional, 1982, p. 17 e segs.), decidiu que, "apesar de a solução se configurar aberrante no que respeita à interdependência de poderes entre órgãos de soberania e órgãos próprios das regiões autónomas", deveria considerar-se constitucionalmente admissível a confirmação pelas Assembleias Legislativas das regiões autónomas, por maioria qualificada de dois terços dos deputados presentes, dos diplomas vetados pelos Representantes da República, na sequência de uma pronúncia de inconstitucionalidade pelo Tribunal Constitucional, em sede de fiscalização preventiva. Segundo o referido aresto – que subscrevemos, quando exercíamos as funções de Juiz do Tribunal Constitucional –, "a tal conclusão parece se dever necessariamente chegar face não apenas à *vontade conjectural*, mas à própria *vontade expressa do legislador constituinte*, que, *in casu*, corresponde, aliás, ao teor literal do preceito interpretando".

A solução a que chegou o Tribunal Constitucional não suscita, no entanto, o aplauso de vários autores – e disso nos dão conta os textos dos Acórdãos nºs 183/89 e 151/93. Assim, J. J. GOMES CANOTILHO/VITAL MOREIRA, depois de afirmarem que o Governo não pode efetuar qualquer confirmação de um decreto vetado por inconstitucionalidade, opinam que, no caso das Assembleias Legislativas das regiões autónomas, pode argumentar-se, em sentido negativo, que, "se já é dificilmente compreensível que a Assembleia da República, que é um órgão de soberania e que por definição representa todos os cidadãos portugueses, possa tornar ineficaz uma decisão do Tribunal Constitucional, sendo este também um órgão de soberania, já isso se torna problemático quando se trata de uma Assembleia Legislativa regional, que não é um órgão de soberania" (cfr. *Constituição da República Portuguesa Anotada*, Vol. II, cit., p. 931). Por sua vez, JOSÉ MANUEL M. CARDOSO DA COSTA salienta que "é extremamente duvidoso que a faculdade mencionada coubesse, além de à Assembleia da República (que, aliás, até agora nunca tentou utilizá-la) às Assembleias Legislativas das regiões autónomas". A solução mais correta, do ponto de vista jurídico-constitucional, é a negativa, "pois que, se uma tal faculdade já é em si mesma passível de sérias reservas, constituiria uma anomalia, e até um absurdo, levá-la ao ponto de permitir a um mero órgão regional opor-se às decisões de um órgão de soberania" (cfr. *A Jurisdição Constitucional em Portugal*, cit., p. 86, nota 113).

Também L. NUNES DE ALMEIDA, depois de referir que, "sendo claro que o Governo não dispõe deste poder de confirmação" e que "nem por isso se deixam de suscitar dúvidas no tocante a saber se tal poder é exclusivo da Assembleia da República ou se, pelo contrário, dele gozam igualmente as assembleias das regiões autónomas", realça que, "se o teor literal e a história do preceito podem inculcar uma resposta positiva à última questão, a verdade é que não deixaria de ser estranho que o Ministro da República, ao assinar o diploma, pudesse arbitrar em benefício da assembleia regional um conflito entre esta última, que não é órgão de soberania, e o Tribunal Constitucional, que não só é órgão de soberania, como é o órgão de soberania competente para proceder à fiscalização da constitucionalidade" (cfr. *Relatório de Portugal*, in «VII Conferência dos Tribunais Constitucionais Europeus», cit., 3ª Parte, p. 132). E, por último, CARLOS BLANCO DE MORAIS, depois de considerar que a subsistência do poder de confirmação de diplomas da Assembleia da República na sequência de aposição do veto por inconstitucionalidade é "uma manifestação de esquizofrenia do Estado de direito democrático", defende que "menos sentido fará ainda o entendimento que decorre, inexplicavelmente, da jurisprudência do próprio Tribunal Constitucional (Ac. nº 151/93, de 26-3) e, segundo o qual, a faculdade de confirmação legislativa compete, igualmente, às Assembleias Legislativas das regiões autónomas" (cfr. *Justiça Constitucional*, Tomo II, cit., p. 91-98).

Em contrapartida, JORGE MIRANDA entende que também as Assembleias Legislativas das regiões uutónomas podem confirmar decretos vetados por inconstitucionalidade, em virtude da sua qualidade, tal como a Assembleia da República, de assembleias eleitas por sufrágio universal e direto, e por "assimilação e identidade de poderes" em relação àquele órgão de soberania. Escreve, com efeito, a propósito, aquele constitucionalista: "Se a Assembleia da República ou a Assembleia Legislativa regional confirmar o diploma por maioria de dois terços dos Deputados presentes, desde que superior à maioria absoluta dos Deputados em efetividade de funções, o Presidente da República ou o Representante da República *poderá* promulgá-lo ou assiná-lo (art. 279.º, nº 2, 2ª parte). E se a Assembleia da República aprovar o tratado por maioria de dois terços dos Deputados

Finalmente, no caso da fiscalização *de inconstitucionalidade por omissão*, as decisões do Tribunal Constitucional têm um conteúdo ou um

presentes, desde que superior à maioria absoluta de Deputados em efetividade de funções, o Presidente da República *poderá* ratificá-lo (art. 279º, nº 4)". Ainda de acordo com o mesmo Autor, "a faculdade de promulgação ou de assinatura afigura-se uma solução de equilíbrio: de equilíbrio entre o órgão legislativo representativo e o órgão de fiscalização da constitucionalidade, com *arbitragem* pelo Presidente da República, também ele órgão representativo, ou pelo órgão que faz as suas vezes, o Representante da República. E é uma solução harmónica com um *Estado de Direito democrático*, como se declara o Estado português (preâmbulo e art. 2. º). [...] Enquanto que no veto político, em caso de confirmação, há um dever de promulgação ou de assinatura – porque o órgão legislativo deve prevalecer sobre o órgão de veto – na fiscalização preventiva há apenas uma faculdade – porque nem o órgão legislativo deve prevalecer sobre o juízo de inconstitucionalidade, nem o Tribunal Constitucional sobre a assembleia política representativa; e assim o inicial poder de veto translativo desemboca ou convola-se em verdadeiro poder de *sanção* legislativa" [cfr. *Manual de Direito Constitucional*, Tomo VI, 4ª ed., cit., p. 319-322. Cfr. também a *Anotação ao Acórdão do Tribunal Constitucional nº 183/89*, in «O Direito», Ano 121. º (1989), II (abril-junho), p. 380-385, em especial, p. 380 e 381, e *A Actividade do Tribunal Constitucional em 1993*, cit., p. 210-212].
O último problema assinalado, relativo à eventual necessidade de a Assembleia da República ou as Assembleias Legislativas das regiões autónomas confirmarem previamente, por maioria de dois terços dos deputados presentes, desde que superior à maioria absoluta dos deputados em efetividade de funções, o decreto que se pretende reformular, deve ter uma solução idêntica à avançada na nota anterior quanto à reformulação do decreto vetado por motivos políticos, a qual consta dos mencionados Acórdãos do Tribunal Constitucional nºs 320/89 e 13/95. Por conseguinte, o decreto vetado por inconstitucionalidade pelo Presidente da República ou pelo Representante da República, após pronúncia de inconstitucionalidade pelo Tribunal Constitucional, pode ser reformulado, sem necessidade de a Assembleia da República ou as Assembleias Legislativas das regiões autónomas o confirmarem previamente com a maioria qualificada referida no artigo 279º, nº 2, da Lei Fundamental, precisamente porque o decreto passa a ser tido como novo, podendo qualquer das suas normas ser novamente submetida a fiscalização preventiva da constitucionalidade ou o decreto ser vetado politicamente (cfr., sobre este ponto, por todos, PAULA M. D. BRITO, ob. cit., p. 150-152).

[450] As decisões do Tribunal Constitucional proferidas em sede de fiscalização preventiva tendo por objeto normas de decretos destinados a ser ratificados como tratados internacionais têm um regime particular (artigo 279º, nº 4, da Constituição). Assim, no caso de decisão de não inconstitucionalidade de norma inserida em tratado internacional, o Presidente da República não fica obrigado a ratificar o tratado, uma vez que a ratificação, ao contrário da promulgação ou da assinatura, é um poder próprio e livre, sendo, no direito português, tal como, em geral, no direito comparado, uma faculdade

alcance meramente *verificativo* (artigo 282º, nº 2, da Constituição). Não contêm, de modo algum, pois isso repugnaria ao *princípio da separação de poderes*, qualquer "condenação" do legislador à emissão de normas legislativas em falta, sendo, neste sentido, desprovidas de efeito vinculativo. Não deixam, de qualquer modo, de levar implícito um *convite* ao legislador para emitir as medidas legislativas inconstitucionalmente omitidas, apresentando-se, por isso, como uma forma especial de *decisão apelativa (Appelentscheidung)*[451/452].

22.2. A força de caso julgado

No tocante à *força de caso julgado (res judicata)*, um ponto deve ter-se como firme: o de que as decisões do Tribunal Constitucional adquirem, em

---

do Presidente da República, enquanto titular do *jus raepresentationis omnimodae* do Estado nas relações internacionais.

E, na hipótese de decisão de inconstitucionalidade de norma constante de tratado internacional, proferida pelo Tribunal Constitucional em fiscalização preventiva, a Constituição não admite, nem poderia admitir, o "expurgo" da norma considerada inconstitucional ou a modificação das normas de um tratado (pois, mesmo que ele pudesse ser renegociado, já estaríamos perante um novo tratado). Em tal situação, resta à Assembleia da República uma das seguintes possibilidades: ou formula reservas ao tratado (nas hipóteses em que o tratado admita reservas e estas resolvam o problema da inconstitucionalidade); ou aprova-o de novo por maioria de dois terços dos Deputados presentes, desde que superior à maioria absoluta dos Deputados em efetividade de funções (artigo 279º, nº 4, da Constituição), ficando, nesse caso, o Presidente da República autorizado a ratificá-lo (mas não obrigado a fazê-lo). Cfr. JORGE MIRANDA, *Manual de Direito Constitucional*, Tomo VI, 4.ª ed., cit., p. 315, 316 e 319, e J. J. GOMES CANOTILHO/VITAL MOREIRA, *Constituição da República Portuguesa Anotada*, Vol. II, cit., p. 933.

[451] Cfr., sobre este tema, JOSÉ MANUEL M. CARDOSO DA COSTA, *A Jurisdição Constitucional em Portugal*, cit., p. 96 e 97.

[452] Discurso semelhante pode ser feito em relação ao ordenamento jurídico-constitucional de Angola, porquanto o artigo 232º, nº 2, da Constituição estabelece que, "verificada a existência de inconstitucionalidade por omissão, o Tribunal Constitucional dá conhecimento desse facto ao órgão legislativo competente, para supressão da lacuna". Todavia, o artigo 35º da Lei de Processo Constitucional vai mais longe, ao preceituar que, "verificada e declarada a inconstitucionalidade por omissão, o Tribunal Constitucional dá conhecimento desse facto ao órgão ou órgãos competentes, indicando-lhes um prazo razoável para supressão da lacuna ou inacção". Este preceito legal, na parte em que permite ao Tribunal Constitucional "indicar um prazo razoável para a supressão da lacuna", parece-nos inconstitucional, por violação do *princípio da separação de poderes*.

geral, força de *caso julgado formal*, ou uma eficácia equivalente, sendo, por isso, decisões finais, não passíveis de recurso, e que precludem a possibilidade de a questão por elas resolvida vir a ser reposta, de qualquer forma, no mesmo processo.

Já pelo que respeita à força de *caso julgado material*, na fiscalização abstrata preventiva, na hipótese de não haver pronúncia no sentido da inconstitucionalidade, a respetiva decisão não surte efeitos de *caso julgado material*, podendo no futuro o Tribunal Constitucional vir a declarar ou julgar a norma inconstitucional, em fiscalização abstrata sucessiva ou em fiscalização concreta, respetivamente. De igual modo, a decisão de não acolhimento (de não declaração de inconstitucionalidade com força obrigatória geral), em fiscalização abstrata sucessiva, não produz *caso julgado material*, podendo, no futuro, ser requerida de novo a declaração de inconstitucionalidade, com força obrigatória geral, quanto à mesma norma. Mas as decisões positivas de inconstitucionalidade na fiscalização abstrata sucessiva já produzem efeitos de *caso julgado material*, sendo a declaração de inconstitucionalidade, com força obrigatória geral, aplicada nos processos pendentes, em fiscalização concreta.

Também, na fiscalização concreta, a decisão do Tribunal constitui *caso julgado material* no (correspondente) processo, quanto à questão de inconstitucionalidade (ou de ilegalidade) suscitada, nos termos do artigo 80º, nº 1, da Lei do Tribunal Constitucional. Quer isto significar que essa força de *caso julgado* opera não apenas quanto à decisão recorrida, mas ainda quanto a posteriores decisões que no mesmo processo venham eventualmente a ser proferidas e em que haja oportunidade de suscitar de novo a questão de constitucionalidade já decidida (v.g., na hipótese de subsequente interposição de um recurso ordinário)[453].

---

[453] Cfr. JOSÉ MANUEL M. CARDOSO DA COSTA, *A Jurisdição Constitucional*, cit., p. 88-90. Uma questão importante, e com a qual o Tribunal Constitucional já se debateu, é a de saber se este tem competência para controlar e assegurar o cumprimento e a execução das suas decisões pelos restantes tribunais, em especial pelos tribunais supremos. Ou, noutros termos, saber em que medida cabe *novo recurso* para o Tribunal Constitucional da decisão do tribunal *a quo* que não tenha cumprido ou tenha cumprido de modo imperfeito ou incompleto o acórdão do Tribunal Constitucional que tenha revogado a decisão recorrida e ordenado a reformulação da sua decisão em conformidade com o juízo por ele formulado sobre a questão de constitucionalidade.

Esclareça-se, no entanto, que a força de *caso julgado material* abrange apenas a "fórmula decisória" e não também os fundamentos da decisão, embora estes possam ser utilizados para definir o sentido daquela[454].

22.3. A obrigatoriedade das decisões

O artigo 2º da Lei do Tribunal Constitucional estabelece que "as decisões do Tribunal Constitucional são obrigatórias para todas as entidades públicas e privadas e prevalecem sobre as dos restantes tribunais e de quaisquer outras autoridades". Esta formulação legal parece atribuir uma peculiar *força obrigatória geral* a todas as decisões do Tribunal Constitucional, para além do específico efeito ou eficácia (*"erga omnes", caso julgado, efeito preclusivo*) que deva reconhecer-se a cada espécie ou categoria delas em particular.

Saber qual é o sentido exato desse outro tipo de eficácia das decisões do Tribunal Constitucional não é tarefa fácil. A expressão "obrigatórias para todas as entidades públicas e privadas" parece significar um efeito geral exterior vinculativo da sentença de rejeição de inconstitucionalidade (uma espécie de *força de precedente* deste tipo de decisões). Efetivamente, as sentenças de não acolhimento (ou de rejeição de inconstitucionalidade) não têm efeitos inovadores no ordenamento jurídico, mas, apesar disso, não deixam de conter "doutrina constitu-

---

O Tribunal Constitucional começou por admitir a sua competência para conhecer dos (novos) recursos de constitucionalidade para si interpostos, se, nessas decisões sequentes ou reformuladas, se verificarem, *autonomamente*, os pressupostos dos recursos de constitucionalidade previstos no artigo 70º, nº 1, da Lei do Tribunal Constitucional (cfr., para uma síntese dessa jurisprudência, o Acórdão do Tribunal Constitucional nº 910/96). Todavia, a partir do Acórdão nº 532/99, mas, sobretudo, a partir do Acórdão nº 340/2000, o Tribunal Constitucional firmou a jurisprudência no sentido de que é admissível interpor recurso para si com fundamento direto na *violação de caso julgado*. Alicerçou-se, para tanto, no disposto no artigo 80º, nº 1, da Lei do Tribunal Constitucional, no princípio do conhecimento oficioso da violação do caso julgado (artigo 578º do vigente Código de Processo Civil, a que correspondia o artigo 495º do Código de Processo Civil de 1961) e, bem assim, na obrigatoriedade e precedência das suas decisões, dentro do respetivo âmbito, sobre as de quaisquer outros tribunais (artigo 2º da Lei do Tribunal Constitucional), combinada com a circunstância de lhe caber, e só a ele, a determinação do âmbito da "questão de constitucionalidade". Cfr., sobre este tema, JOSÉ MANUEL M. CARDOSO DA COSTA, *A Jurisdição Constitucional*, cit., p. 88 e 89, nota 118.

[454] Neste sentido, cfr. RUI MEDEIROS, *A Decisão de Inconstitucionalidade*, cit., p. 810-819.

cional" – sobretudo se se tratar de sentenças interpretativas de rejeição – que há-de ser tomada em consideração tanto pelo legislador, como por outros operadores jurídicos, na medida em que definam um determinado entendimento "constitucionalmente adequado" da matéria regulada pela norma impugnada – entendimento esse que é proveniente de um órgão constitucional especialmente qualificado e dotado de uma particular legitimidade -, e cuja "constitucionalidade" é indiretamente declarada ao rejeitar-se a ação empreendida contra a mesma[455].

22.4. A vinculação do Tribunal Constitucional às suas próprias decisões

Por último, no que toca à *vinculação do Tribunal Constitucional às suas próprias decisões*, importa referir que, salvo nas declarações de inconstitucionalidade com eficácia *"erga omnes"*, o Tribunal Constitucional não fica juridicamente vinculado às suas próprias decisões[456]. Fora daqueles casos, não está o Tribunal Constitucional obrigado a seguir, no futuro, a orientação uma vez por ele estabelecida, antes tem a liberdade de "reconsiderar" a doutrina firmada em decisões anteriores, à luz de uma alteração das circunstâncias (sociais, económicas e técnicas), de uma evolução do direito ordinário, de uma evolução da consciência ético-jurídica ou, simplesmente, de uma reconsideração argumentativa. Mas a verdade é que qualquer modificação da jurisprudência do Tribunal Constitucional é feita com especial contenção e particular cautela, sendo objeto de aturada ponderação no interior daquele órgão jurisdicional

---

[455] Sublinhe-se que as considerações expostas no texto são transponíveis para as decisões do Tribunal Constitucional de Angola, porquanto o artigo 6º da Lei Orgânica do Tribunal Constitucional determina que "as decisões do Tribunal Constitucional são de natureza obrigatória para todas as entidades públicas ou privadas e prevalecem sobre as dos restantes tribunais e de quaisquer autoridades, incluindo do Tribunal Supremo".

[456] Nas declarações de inconstitucionalidade, com força obrigatória geral, de normas jurídicas, fica o Tribunal Constitucional juridicamente vinculado às suas próprias decisões, devendo aplicar, nos processos de fiscalização concreta subsequentes, a declaração de inconstitucionalidade. Mas, em sede de fiscalização concreta, o Tribunal Constitucional tem competência para *interpretar autenticamente* as suas declarações de inconstitucionalidade, com força obrigatória geral (cfr., sobre este assunto, os Acórdãos do Tribunal Constitucional nºs 186/91 e 318/93).

as posições que signifiquem um rompimento com os "precedentes" ou uma alteração da sua "coerência decisória".

A *"auctoritas"* do Tribunal Constitucional, adquirida no passado e a conservar e a aprofundar no futuro, depende de uma jurisprudência equilibrada e fundamentada e ao mesmo tempo segura e continuada. Compreende-se, por isso, que só perante circunstâncias muito particulares o Tribunal Constitucional admita afastar-se dos princípios jurídicos definidos na sua própria jurisprudência. Todavia, se essas circunstâncias particulares se verificarem, não só pode, como deve fazê-lo, pois "as decisões do Tribunal Constitucional não podem ter a pretensão de valer para a eternidade, mas pelo contrário têm de ser sempre acessíveis a uma revivificação cuidadosa e eventualmente a uma correção bem fundamentada"[457].

23. Eficácia temporal das decisões

A questão da *eficácia temporal* das decisões do Tribunal Constitucional que importa aqui considerar reporta-se tão-só às decisões de declaração da inconstitucionalidade com eficácia cassatória da norma, isto é, às decisões de inconstitucionalidade proferidas em controlo abstrato sucessivo dotadas de eficácia *erga omnes*. O que se pretende aqui saber é qual o *momento* a partir do qual a declaração de inconstitucionalidade opera a cessação da vigência da norma e quais os efeitos que acarreta relativamente às situações criadas e aos atos jurídicos *(maxime,* aos atos administrativos e decisões judiciais) praticados ao abrigo da norma declarada inconstitucional.

Como já tivemos ensejo de referir, estamos face a uma problemática que tem respostas diferentes nos dois grandes modelos de justiça constitucional: o modelo *kelseniano* ou *austríaco* e o modelo da *judicial review* ou *norte-americano*. De acordo com o primeiro modelo, enquanto um Tribunal Constitucional não tiver declarado inconstitucional uma lei, ela é válida e vinculante para os juízes e os outros aplicadores do direito. Segundo as premissas teórico-jurídicas de H. KELSEN, as "leis inconstitucionais" devem ser consideradas como "leis constitucionais" até serem eliminadas do ordenamento jurídico por um órgão

---

[457] Cfr. WOLFGANG ZEIDLER, *Relatório do Tribunal Constitucional Alemão*, cit., p. 77-79.

jurisdicional especial e através de um "processo de cassação de normas" específico[458]. Assim, a decisão de inconstitucionalidade, de harmonia com o modelo austríaco, seria constitutiva e reconheceria a *anulabilidade* do ato normativo, com efeitos *erga omnes*, com início apenas a partir da prolação da decisão, ou seja, teria eficácia *ex nunc*. No sistema austríaco tradicional, o Tribunal Constitucional não declara propriamente uma nulidade, mas anula, cassa uma lei, que, até a publicação da decisão de inconstitucionalidade, era válida ou eficaz. É a decisão judicial que desconstitui a validade da norma jurídica, preservando-se os efeitos decorrentes da aplicação da norma até então (eficácia *ex nunc*).

No modelo norte-americano (*judicial review*), a lógica apresenta-se diversa e o efeito típico é a declaração de nulidade e não apenas de anulabilidade do ato normativo. Isto porque a lei "desde a sua entrada em vigor é contrária à Constituição, motivo pelo qual a eficácia invalidante se deveria tornar extensiva a todos os actos praticados à sombra da lei constitucional – daí o seu efeito *ex tunc*"[459]. Nota-se, assim, a presença de um efeito declaratório, uma vez que a nulidade é preexistente, e as decisões judiciais limitam-se a declarar a nulidade absoluta da norma, que ocorre desde a sua origem. Noutros termos, a lei inconstitucional, porque contrária a uma norma superior, é considerada absolutamente nula (*"null and void"*), pelo que o juiz, que exerce o poder de controlo, não anula, mas, meramente, *declara uma (preexistente) nulidade* da lei inconstitucional.

As palavras antecedentes permitem-nos enquadrar melhor as soluções consagradas no nosso ordenamento jurídico-constitucional sobre a eficácia temporal das decisões do Tribunal Constitucional que declaram a inconstitucionalidade, com força obrigatória geral, de normas jurídicas, bem como sobre a "modelação" ou, como outros preferem dizer, a "manipulação" dos seus efeitos temporais.

23.1. O princípio da eficácia *"ex tunc"*
A questão fundamental aqui a versar é a de saber se a declaração de inconstitucionalidade opera com eficácia ex *tunc* (reportando os seus

---

[458] Cfr. J. J. GOMES CANOTILHO, *Direito Constitucional e Teoria da Constituição*, cit., p. 905.
[459] Cfr. J. J. GOMES CANOTILHO, *Direito Constitucional e Teoria da Constituição*, cit., p. 904.

efeitos à data da entrada em vigor da norma ou, tratando-se de norma pré-constitucional, à data da entrada em vigor da Constituição) ou mera eficácia ex *nunc* (operando somente a partir da decisão ou da publicação da mesma). No primeiro caso, a decisão de inconstitucionalidade produz um efeito de *invalidação* da norma; no segundo, um efeito puramente *revogatório*.

Ora, no nosso País, a Constituição (artigo 282º, nºs 1 e 2) determina que as decisões de declaração de inconstitucionalidade, proferidas em fiscalização abstrata sucessiva, produzem efeitos desde o início da vigência da norma inconstitucionalizada, no caso de se estar perante uma inconstitucionalidade *originária*, ou, tratando-se de uma inconstitucionalidade *superveniente* (que abrange, como referimos *supra*[460], somente inconstitucionalidades materiais, e não inconstitucionais orgânicas ou formais), a partir da entrada em vigor da norma constitucional infringida (eficácia *ex tunc*)[461].

---

[460] Cfr. a nota 281 e os Acórdãos do Tribunal Constitucional nºs 29/83, 313/85, 201/86, 261/86, 468/89, 330/90, 352/92, 597/99, 556/2000 e 110/2002.

[461] É devido à eficácia *ex tunc* da declaração de inconstitucionalidade com força obrigatória geral que o Tribunal Constitucional entende que a *revogação de uma norma* (ou a *caducidade* da mesma) não obsta, só por si, à sua eventual declaração de inconstitucionalidade, com força obrigatória geral. Isto porque, enquanto a revogação tem, em princípio, uma eficácia *prospetiva* (*ex nunc*), a declaração de inconstitucionalidade de uma norma tem, por via de regra, uma eficácia *retroativa* (*ex tunc*) [cfr. o artigo 282º, nº 1, da Constituição]. Daí que, neste último caso, possa haver interesse na eliminação dos efeitos produzidos *medio tempore*, isto é, no período da vigência da norma sindicada (cfr. o Acórdão nº 238/88). A jurisprudência constante e uniforme do Tribunal Constitucional vai, de facto, no sentido de "que haverá interesse na emissão de tal declaração, justamente toda a vez que ela for indispensável para eliminar efeitos produzidos pelo normativo questionado, durante o tempo em que vigorou", e essa indispensabilidade for evidente, por se tratar da eliminação de efeitos produzidos constitucionalmente relevantes (cfr., entre muitos outros, os Acórdãos nºs 17/83, 103/87, 238/88, 73/90, 135/90, 465/91 e 187/2003). Todavia, ainda segundo orientação firme daquele Tribunal, não existe, porém, *interesse jurídico relevante* no conhecimento de um pedido de declaração de inconstitucionalidade, com força obrigatória geral, de uma norma entretanto revogada, naqueles casos em que não se vislumbre qualquer alcance prático em tal declaração, devido à circunstância de o Tribunal, no caso de eventualmente proferir uma declaração de inconstitucionalidade, não poder deixar de, com base em *razões de segurança jurídica, equidade ou de interesse público de excecional relevo*, limitar os efeitos da inconstitucionalidade, nos termos do nº 4 do artigo 282º da Constituição, de modo a deixar incólumes os efeitos produzidos pela norma antes da sua

De realçar que a primeira parte do artigo 282.º, nº 3, da Constituição estabelece, como limite a essa eficácia *ex tunc*, a ressalva dos "casos julgados". O fundamento desta solução não se encontra apenas no respeito pela autoridade própria dos tribunais e pelo princípio da separação de poderes, liga-se também a uma exigência de segurança jurídica[462]. Como vem sublinhando o Tribunal Constitucional, em jurisprudência uniforme e constante, não só "decorre da Constituição a exigência de que as decisões judiciais sejam, em princípio, aptas a constituir caso julgado", como "o caso julgado é um valor constitucionalmente tutelado", encontrando o mesmo fundamento "no princípio da segurança jurídica inerente ao Estado de Direito (artigo 2º da Constituição), na especial força vinculativa das decisões dos tribunais (actual nº 2 do artigo 205º) e no princípio da separação de poderes (artigos 2º e 111º, nº 1), bem como no nº 3 do artigo 282º da Constituição"[463].

Constata-se, assim, que a primeira parte do nº 3 do artigo 282º da Constituição excepciona desse efeito retroativo os *casos julgados*. "Colocado entre dois campos de interesses opostos – de um lado a consideração do interesse da certeza e segurança jurídicas, a demandar o respeito pelo caso julgado, com a sua natureza definitiva, e do outro o interesse do respeito pela «legalidade» constitucional, a solicitar a reconstituição da ordem jurídica constitucional mediante o afastamento da norma que a violava e de todos os efeitos jurídicos produzidos à sua sombra –, o legislador constitucional sobrepôs o primeiro ao segundo, pondo como limite ao efeito *ex tunc* da inconstitucionalidade a existência de

revogação. Em tais situações, "em que é visível *a priori* que o Tribunal Constitucional iria, ele próprio, esvaziar de qualquer sentido útil a declaração de inconstitucionalidade que viesse eventualmente a proferir, bem se justifica que conclua, desde logo, pela inutilidade superveniente de uma decisão de mérito", em sede de fiscalização abstrata da constitucionalidade, tendo em conta que o *recurso concreto de constitucionalidade* constituirá um meio suficiente e adequado para resolver eventuais litígios ainda pendentes (cfr., *inter alia*, os Acórdãos do Tribunal Constitucional nºs 804/93, 1147/96, 413/2000 e 531/2000).
[462] Cfr. JORGE MIRANDA/RUI MEDEIROS, *Constituição Portuguesa Anotada*, Tomo III, Coimbra, Coimbra Editora, 2007, p. 834. MARCELO REBELO DE SOUSA considera o *respeito do caso julgado* como "a primeira das características relevantes no plano da atipicidade da nulidade do ato inconstitucional, justificadas pelo interesse público da certeza e da segurança jurídicas" (cfr. *O Valor jurídico do Acto Inconstitucional*, cit., p. 259 e 260).
[463] Cfr., entre muitos outros, o Acórdão do Tribunal Constitucional nº 86/2004.

caso julgado formado relativamente a situação em que tenha ocorrido a aplicação da norma declarada inconstitucional"[464]. Com esta solução, não está o legislador constitucional a optar "entre privilegiar a *plenitude da Constituição* ou, ao invés, *a certeza do direito declarado judicialmente*, porquanto a *certeza do direito declarado judicialmente* (ainda que inconstitucional...) é, ela própria, uma das formas de que se reveste a certeza constitucional", pelo que se pode afirmar que, "num Estado de Direito, que protege a confiança e tutela a segurança jurídica, a ressalva dos casos julgados constitui ainda uma forma de assegurar a primazia da ordem constitucional"[465].

Mas o nº 3 do artigo 282º da Constituição não consagra uma regra de inderrogabilidade absoluta do caso julgado. Segundo o texto constitucional, são ressalvados os casos julgados, salvo decisão em contrário do Tribunal Constitucional, quando a norma respeitar a matéria penal, disciplinar ou de ilícito de mera ordenação social e for de conteúdo menos favorável ao arguido. Quer isto significar que, por decisão fundamentada do Tribunal Constitucional, podem não ser ressalvados os "casos julgados", quando a norma declarada inconstitucional respeitar a matéria penal ou a ilícitos disciplinares ou de mera ordenação social e for de conteúdo menos favorável ao arguido, ou seja, quando da declaração de inconstitucionalidade resultar uma redução da sanção ou exclusão, isenção ou limitação da responsabilidade penal, disciplinar ou contraordenacional, aplicando-se, nesse caso, a norma repristinada mais favorável.

Como sublinhou o Tribunal Constitucional, no seu Acórdão nº 232/2004, a "opção do legislador constitucional, de respeito pelos casos julgados, não se acha feita de modo também absoluto ou excludente de qualquer outra solução. No segundo segmento do referido nº 3 do artº 282º da CRP, o legislador constitucional admite uma outra preferência: aqui a Constituição permite o afastamento do caso julgado formado sobre a aplicação da norma declarada inconstitucional, quando esta «respeitar a matéria penal, disciplinar ou de ilícito de mera ordenação social

---

[464] Cfr. o Acórdão do Tribunal Constitucional nº 232/2004.
[465] Cfr. JORGE MIRANDA/RUI MEDEIROS, *Constituição Portuguesa Anotada*, Tomo III, cit., p. 834.

e for de conteúdo menos favorável ao arguido». Ou seja, estabelece uma excepção à excepção do respeito pelo caso julgado. Como, porém, se vê do preceito, essa quebra do respeito pelo caso julgado formado sobre a aplicação da lei declarada inconstitucional não opera *ope juris*: antes, o legislador constitucional cometeu-a à ponderação do Tribunal Constitucional (cfr., entre outros, J.J. Gomes Canotilho e Vital Moreira, *Constituição da República Portuguesa Anotada*, 3ª edição revista, p. 1041; Marcelo Rebelo de Sousa, *O valor jurídico do acto inconstitucional*, Lisboa, 1988, pp. 258 e ss.). O afastamento do princípio do respeito pelo caso julgado, aqui previsto, funda-se em razões de justiça, igualdade e equidade que são especialmente sensíveis nos domínios contemplados – o penal, disciplinar e contraordenacional. Por outro lado, a atribuição, pela Constituição, ao Tribunal Constitucional do poder de afastar o princípio do respeito pelos casos julgados explica-se pelo facto de tal solução envolver sempre a formulação de um concreto juízo de ponderação, com referência à concreta norma jurídica em causa, daquelas razões de justiça, ao qual não poderão ser alheios os princípios da adequação e proporcionalidade.

Pode, pois, concluir-se, destes preceitos, que a Constituição assumiu que, sempre que está em causa norma respeitante a matéria penal, disciplinar ou de ilícito de mera ordenação social, pode o princípio do respeito pelo caso julgado ser afastado por decisão do Tribunal Constitucional para obviar à consolidação de situações de aplicação da lei declarada inconstitucional que seja de conteúdo menos favorável relativamente à norma que passará a reger a mesma situação. Ora, esta norma tanto poderá ser uma norma que a declarada inconstitucional haja revogado como uma dimensão normativa do mesmo preceito, mas expurgado este da dimensão considerada inconstitucional"[466].

---

[466] Vale a pena referir mais alguns aspetos do Acórdão do Tribunal Constitucional nº 232/2004, por ser um exemplo marcante de uma decisão do Tribunal Constitucional que quebrou o respeito pelo caso julgado formado com base na aplicação da norma declarada inconstitucional.
Em primeiro lugar, neste aresto, o Tribunal Constitucional reconheceu um interesse jurídico relevante, com conteúdo prático apreciável, sob o ponto de vista da adequação e da proporcionalidade, no conhecimento do pedido de declaração de inconstitucionalidade, com força obrigatória geral, de um conjunto de normas jurídicas já revogadas ou alteradas, desde logo, porque entendeu que se aplicava no caso a exceção contemplada na segunda parte do nº 3 do artigo 282º da Constituição.

Em segundo lugar, o Tribunal Constitucional enfatizou, ainda, o seguinte, a propósito do interesse no conhecimento do pedido: "Nesta perspectiva, torna-se possível tomar em consideração as normas por aplicação das quais os casos julgados se poderão ter formado, mesmo que revogadas: basta que esteja em causa uma dimensão normativa não inconstitucional, ou dito de outro modo, uma dimensão de certo preceito normativo expurgado já da inconstitucionalidade, que em si seja mais favorável do que esse mesmo preceito ainda não expurgado da inconstitucionalidade ou, então, lei revogada mais favorável ao arguido.

A ser assim, para que o Tribunal possa ajuizar do interesse no conhecimento do pedido, impõe-se-lhe que antecipe, embora a título hipotético, o juízo de inconstitucionalidade relativo às normas já revogadas. Ora, partindo do pressuposto de que as normas que se encontram revogadas cuja constitucionalidade se questiona são inconstitucionais na dimensão «em que permitem a expulsão de cidadãos estrangeiros que tenham a seu cargo filhos menores de nacionalidade portuguesa» residentes em território nacional, é de considerar haver interesse no conhecimento do pedido, porquanto, o Tribunal Constitucional pode permitir a «revisão» dos casos julgados, eventualmente com limitações, possibilitando a aplicação da dimensão normativa não julgada inconstitucional, uma vez que, desse modo, ficará regulada a situação do arguido em novos termos pela aplicação da dimensão normativa mais favorável, ou seja, pela aplicação dessas normas com o sentido de não permitirem a expulsão de cidadãos estrangeiros que tenham a seu cargo filhos menores de nacionalidade portuguesa residentes em território nacional".

Em terceiro lugar, o Tribunal Constitucional decidiu, naquele aresto, entre o mais, declarar a inconstitucionalidade, com força obrigatória geral, por violação das disposições conjugadas dos artigos 33º, nº 1, e 36º, nº 6, da Constituição, das normas do artigo 101º, nº 1, alíneas *a)*, *b)* e *c)*, e nº 2, e do artigo 125º, nº 2, do Decreto-Lei nº 244/98, de 8 de agosto, na sua versão originária, da norma do artigo 68º, nº 1, alíneas *a)*, *b)* e *c)*, do Decreto-Lei nº 59/93, de 3 de março, e da norma do artigo 34º, nº 1, do Decreto-Lei nº 15/93, de 22 de janeiro, "enquanto aplicáveis a cidadãos estrangeiros que tenham a seu cargo filhos menores de nacionalidade portuguesa residentes em território nacional", e fixar os efeitos da inconstitucionalidade das referidas normas de modo que não fiquem ressalvados os casos julgados relativamente a penas acessórias de expulsão ainda não executadas aquando da publicação da decisão.

Justificou o Tribunal Constitucional a "revisão" dos casos julgados, ainda que não em termos ilimitados, do seguinte modo: "Entende o Tribunal que se justifica o uso do poder conferido na segunda parte deste nº 3. É que, em boa verdade, existem razões de justiça, igualdade e equidade que militam no sentido de que os menores de nacionalidade portuguesa residentes em território nacional vivam num ambiente familiar consolidado pela presença dos progenitores ainda que estes sejam cidadãos estrangeiros. Tais razões justificam assim que a declaração de inconstitucionalidade não ressalve os casos julgados em que tenham sido aplicadas penas de expulsão ainda não executadas – desde que no momento da execução da pena acessória se mantenham as condições que determinaram o julgamento de inconstitucionalidade. Mas entende, também, o Tribunal que a possibi-

Em alguns casos, o Tribunal Constitucional equiparou aos "casos julgados judiciais" os "casos decididos" ou "resolvidos" de natureza administrativa, isto é, os atos administrativos definitivamente consolidados. Outras vezes, o Tribunal Constitucional foi mais cauteloso na referida equiparação, não deixando, no entanto, nesses casos, de resguardar da declaração de inconstitucionalidade os atos administrativos que constituem caso resolvido ou decidido, isto é, aqueles que têm os seus efeitos consolidados no ordenamento jurídico[467].

23.2. A faculdade de delimitação de efeitos

O Tribunal Constitucional tem a *faculdade de delimitar* a eficácia temporal das suas declarações de inconstitucionalidade. De facto, nos termos do nº 4 do artigo 282.º da Constituição, aquele Tribunal pode limitar os efeitos da declaração de inconstitucionalidade, com força obrigatória geral, "quando a segurança jurídica, razões de equidade ou interesse público de excepcional relevo, que deverá ser fundamentado, o exigirem". Essa limitação consiste, no comum dos casos, em conceder eficácia a partir da publicação do acórdão do Tribunal Constitucional no *Diário da República* ou, por vezes, a partir da data[468] do mesmo acórdão (eficácia ex *nunc*)[469].

---

lidade de «revisão» do caso julgado não pode ser concedida ilimitadamente, porquanto, uma vez consumada a expulsão, é o interesse público da certeza e da segurança jurídicas, justificativo da consagração do caso julgado, que se sobrepõe".

[467] Exemplo desta atuação prudente e cautelosa do Tribunal Constitucional é o Acórdão nº 1147/96, onde, a dado passo, se afirmou que os atos administrativos que constituem *caso resolvido* ou *decidido* "poderiam mesmo ser equiparados aos *casos julgados*, sendo, assim, ressalvados da eventual declaração de inconstitucionalidade, com força obrigatória geral, por efeito do estatuído no artigo 282.º, nº 3, da Lei Fundamental. Suscitando-se, porém, dúvidas a propósito de uma tal equiparação, não poderia deixar o Tribunal de limitar, por razões de segurança jurídica, os efeitos da eventual declaração de inconstitucionalidade, de modo a deixar intocados os actos administrativos praticados ao abrigo das normas objecto do presente processo não impugnados contenciosamente ou que já não sejam susceptíveis de impugnação contenciosa (cfr., sobre este ponto, o citado Acórdão nº 804/93)". Sobre os contornos da problemática da aplicação da primeira parte do nº 3 do artigo 282º da Constituição às *situações consolidadas*, cfr., por todos, Jorge Miranda/ Rui Medeiros, *Constituição Portuguesa Anotada*, Tomo III, cit., p. 842-845.

[468] Veja-se, por exemplo, o que sucedeu no Acórdão nº 413/2014, no qual o Tribunal Constitucional, entre o mais, declarou a inconstitucionalidade, com força obrigatória

23.3. O efeito repristinatório

Uma questão específica, que interessa sublinhar, é a consagração na Constituição portuguesa, com o intuito de evitar um vazio jurídico, da regra de que a declaração de inconstitucionalidade com eficácia *"erga omnes"* acarreta a *repristinação* da norma ou regime revogados pela norma ou normas declaradas inconstitucionais (artigo 282º, nº 1, *in fine*, da

geral, por violação do princípio da igualdade, consagrado no artigo 13º da Constituição, das normas do artigo 33º da Lei nº 83-C/2013, de 31 de dezembro (Lei do Orçamento do Estado para 2014), mas determinou que a mesma declaração da inconstitucionalidade *só produzisse efeitos a partir da data da decisão*, o que motivou um pedido de aclaração, que veio a ser decidido pelo Acórdão nº 468/2014.
Neste aresto, o Tribunal Constitucional, depois de referir que o acórdão, na parte a que se refere o pedido, não contém qualquer obscuridade ou ambiguidade que deva ser suprida, não deixou de sublinhar, entre o mais, "que o efeito geral normal da declaração de inconstitucionalidade é o efeito *ex tunc*, implicando que a declaração de inconstitucionalidade produza efeitos desde a entrada em vigor da norma declarada inconstitucional (artigo 282º, nº 1)", que "a atribuição de efeitos *ex nunc* a partir da data da decisão é uma das possibilidades abertas pelo nº 4 do artigo 282º, que permite, no condicionalismo aí previsto, a fixação de efeitos com «um alcance mais restrito». O alcance mais restrito significa que a sentença declarativa de inconstitucionalidade não tem efeitos retroativos reportados à entrada em vigor da norma declarada inconstitucional, como resultaria do nº 1 do citado artigo 282º, mas produz efeitos a partir de um momento ulterior, que poderá ser a data da declaração da inconstitucionalidade ou da publicação do acórdão" e, bem assim, que, "no caso, o Tribunal optou por limitar efeitos por referência à data da decisão de inconstitucionalidade e, portanto, à própria data da prolação do acórdão. Datando o acórdão de 30 de maio de 2014, os efeitos da declaração de inconstitucionalidade produzem-se a partir do dia imediato, por aplicação de um princípio geral de direito – que se entendeu não ser necessário explicitar – segundo o qual no cômputo do termo não se conta o dia em que ocorre o evento a partir do qual ele deve iniciar-se (cfr. artigo 279º, alínea *b*), do Código Civil)". Cfr., sobre este assunto, e, em geral, sobre a admissibilidade do incidente da *aclaração* em processos de fiscalização abstrata sucessiva da constitucionalidade, JOSÉ MANUEL M. CARDOSO DA COSTA, *Anotação ao Acórdão do TC nº 468/2014, de 18 de junho de 2014, Fiscalização Abstracta da Constitucionalidade e Aclaração de Decisões Judiciais*, in "Revista de Legislação e de Jurisprudência", Ano 144º, nº 3988, p. 59-65.
[469] Como salienta MARCELO REBELO DE SOUSA, o artigo 282º, nº 4, da Constituição permite ao Tribunal Constitucional determinar que "o acto nulo produz efeitos como se válido fosse durante esse período temporal que não é abrangido pela eficácia da declaração de inconstitucionalidade", acrescentando que a "segunda característica da atipicidade da nulidade do acto inconstitucional é a relativa *à respecagem de efeitos jurídicos prototípicos ou primários do acto inconstitucional respeitantes ao passado, deste modo mitigando a característica da imediatividade*" (cfr. *O Valor Jurídico do Acto Inconstitucional*, cit., p. 261).

Constituição). É este um efeito direto da declaração da inconstitucionalidade (ou da ilegalidade), pois, sendo a norma inválida desde a sua origem, inválida é também a revogação de normas anteriores que ela tenha efetuado. Evidentemente, não se verifica qualquer repristinação de normas se a norma declarada inconstitucional não tiver revogado qualquer norma anterior ou quando a norma anterior tiver caducado. O mesmo sucede quando se trate de inconstitucionalidade (ou ilegalidade) superveniente, uma vez que, em tal caso, a norma ainda não era inconstitucional (ou ilegal) quando revogou as normas anteriores[470/471].

A nossa Constituição apenas prevê expressamente a repristinação como consequência da declaração de inconstitucionalidade com força obrigatória geral, guardando silêncio sobre a questão de saber se o mesmo efeito se verifica no âmbito da fiscalização concreta de constitucionalidade. Pensamos, no entanto, que a solução da repristinação como consequência das decisões positivas de inconstitucionalidade na fiscalização concreta parece ser a mais lógica, uma vez que evita vazios jurídicos e implica recorrer a uma solução criada pelo legislador ou, sendo caso disso, pelo titular do poder regulamentar, e não pelo órgão judicial na sua tarefa de integração das lacunas jurídicas. Acresce que o Tribunal Constitucional afirmou, nos seus Acórdãos nºs 490/89 e 175/90, que, "muito embora a Constituição apenas preveja expressamente a repristinação como consequência da declaração de inconstitucionalidade com força obrigatória geral, não se encontra qualquer razão para diferente resultado no domínio da fiscalização concreta de constitucionalidade". E, nos seus Acórdãos nºs 137/2003 e 483/2007, con-

---

[470] Cfr. J. J. Gomes Canotilho/Vital Moreira, *Constituição da República Portuguesa Anotada*, Vol. II, cit., p. 975 e 976.

[471] A Constituição do Brasil de 1988 não contém qualquer previsão sobre o efeito repristinatório das normas revogadas pelas leis declaradas inconstitucionais. Existe apenas, a nível infraconstitucional, a Lei nº 9 868, de 10 de novembro de 1999, cujo artigo 11º, parágrafo 2º, determina que a concessão da medida cautelar numa ação direta de inconstitucionalidade torna aplicável a legislação anterior acaso existente, salvo expressa manifestação em sentido contrário. Todavia, o Supremo Tribunal Federal vem entendendo que a decisão que declara, em sede de fiscalização abstrata, a inconstitucionalidade de determinado diploma normativo tem o condão de provocar a repristinação dos atos estatais anteriores que foram revogados pela lei proclamada inconstitucional (cfr. as ADI nºs 2 867-7 e 3 148-1, Relator Celso de Mello).

signou que," tal como tem sido entendido por este Tribunal, o eventual juízo de inconstitucionalidade tem por consequência a repristinação das normas anteriores, nos termos do disposto no nº 1 do artigo 282º da Constituição – o qual, embora referido aos efeitos da declaração de inconstitucionalidade, não deixa de ser aplicável aos processos de fiscalização concreta da constitucionalidade, como no caso presente".

Mas ao Tribunal Constitucional é reconhecida a faculdade de reduzir ou limitar, em certos casos, esse efeito repristinatório da declaração de inconstitucionalidade com força obrigatória geral. Na verdade, sendo a regra geral a da repristinação das normas revogadas pela norma ou normas declaradas inconstitucionais, pode o Tribunal Constitucional, ao abrigo do nº 4 do artigo 282º da Constituição, afastar, total ou parcialmente, essa repristinação. Assim, pode o Tribunal Constitucional, pura e simplesmente, recusar a repristinação de toda e qualquer norma revogada pela norma declarada inconstitucional, reduzir a repristinação, mediante a repristinação parcial da norma ou normas revogadas, e introduzir limites temporais na repristinação, quer diferindo o início da sua eficácia para depois da cessação dos efeitos ressalvados da inconstitucionalidade, quer fazendo cessar essa eficácia antes ou no momento da declaração de inconstitucionalidade. Questão é que essas restrições à repristinação das normas revogadas pela norma declarada inconstitucional se baseiem na verificação de ponderosas razões de segurança jurídica, de equidade ou interesse público de excecional relevo e constem da declaração de inconstitucionalidade[472].

O Tribunal Constitucional português vem também restringindo os efeitos da repristinação em matéria penal, para impedir a aplicação das normas repristinadas, se forem mais desfavoráveis para o arguido, durante o período de vigência das normas declaradas inconstitucionais. De facto, o Tribunal Constitucional vem entendendo que o artigo 29º, nº 4, da Constituição, que determina que "ninguém pode sofrer pena ou medida de segurança mais graves do que as previstas no momento da correspondente conduta ou da verificação dos respectivos pressupostos, aplicando-se retroactivamente as leis penais de conteúdo mais favorável ao arguido", estabelece "um limite inultrapassável à repristinação", em

---

[472] Cfr. MARCELO REBELO DE SOUSA, *O Valor Jurídico do Acto Inconstitucional*, cit., p. 263.

termos de "o tribunal que desaplicar uma norma de direito penal, por inconstitucionalidade, deve ter sempre em consideração aquele referido limite constitucional quando proceder à repristinação das normas anteriores, pois estas só podem ser chamadas à colação na medida em que não infringirem aquele limite".

Dizendo as coisas de outro modo, o Tribunal Constitucional considera que "o princípio constitucional contido no artigo 29º, nº 4, da Constituição, por aplicação directa, não consente que, na sequência da inconstitucionalização da lei vigente no momento da prática do facto criminoso e consequente repristinação da norma anterior, possam ser impostas ao agente do facto pena ou medida de segurança mais graves do que as previstas aquando da correspondente conduta ou da verificação dos respectivos pressupostos" e, bem assim, que, "na eventualidade de ser imposto ao réu um regime sancionatório mais gravoso do que o vigente no momento da comissão do facto delituoso, verificar-se-ia inconstitucionalidade na *aplicação* da norma menos favorável por violação do princípio contido no artigo 29º, nº 4, da Constituição"[473/474].

---

[473] Cfr., por exemplo, os Acórdãos do Tribunal Constitucional nºs 56/84, 490/89, 175/90 e 12/91. Este entendimento do Tribunal Constitucional pode ser confrontado com um outro, consistente na consideração de que, em nome do princípio da unidade da Constituição, deve fazer-se uma interpretação do artigo 282º da Constituição, quanto aos efeitos repristinatórios da declaração de inconstitucionalidade, da qual não resultem inutilizadas garantias fundamentais, como as do artigo 29º da Lei Fundamental (pois, de contrário, seriam os cidadãos a pagar os erros, as inadvertências ou os abusos da função legislativa), e, por isso, defender-se que a repristinação das leis penais nunca se poderá fazer por forma a tornar puníveis factos que deixaram, entretanto, de ser considerados delituosos – por ter sobrevindo legislação despenalizadora –, ou que, havendo sido praticados depois desta legislação, o não chegaram sequer a ser, ou por forma a conduzir à aplicação de um regime jurídico-penal menos favorável. E, nesta linha, para obviar a tais resultados, reputados indesejáveis, deverá entender-se que, em tais casos, a repristinação apenas opera *ex nunc*, já que "de facto — ao menos em matéria penal incriminadora — nada, no texto constitucional, impõe que a repristinação, que a declaração de inconstitucionalidade implica, se faça «*ex tunc*», não sendo essa "uma consequência necessária a extrair da circunstância de os efeitos da declaração se retrotraírem ao momento da entrada em vigor da norma assim eliminada do ordenamento jurídico" (cfr. as Declarações de Voto dos Conselheiro Messias Bento e José Manuel M. Cardoso da Costa no citado Acórdão nº 56/84, bem como a Declaração de Voto do Conselheiro Vítor Nunes de Almeida no mencionado Acórdão nº 175/90).

23.4. Limitação dos efeitos "in futuro"

Vimos que, no nosso ordenamento jurídico-constitucional, apesar de vigorar a regra geral da eficácia *ex tunc* das declarações de inconstitucionalidade (ou de ilegalidade), pode o Tribunal Constitucional, no uso da faculdade de delimitação temporal dos efeitos das decisões declarativas de inconstitucionalidade (ou da ilegalidade), conferir-lhes apenas

---

O princípio da não retroatividade da lei penal *in pejus* e o princípio da retroatividade da lei penal *in melius* (no tocante a factos praticados na vigência da lei repristinada), quando compaginados com o disposto no artigo 282º, nº 1, da Constituição, impõem, assim, que o efeito repristinatório previsto neste preceito só possa operar *ex nunc*. Tudo isto implica, de harmonia com esta tese, defender que, "embora inconstitucionalizada, *sendo mais favorável*, deve considerar-se aplicável a legislação em contacto com os factos puníveis, uma vez que a punição nunca poderá ser mais grave do que a prevista e em vigor no momento da prática do crime ou contra-ordenação" ou entender que a limitação dos efeitos de uma declaração de inconstitucionalidade "há-de conduzir à aplicação de regime punitivo declarado inconstitucional, quando tido por mais favorável pelo tribunal para tanto competente, e não à aplicação do regime repristinado por semelhante declaração, embora com «redução» do seu alcance punitivo" (cfr. a Declaração de Voto do Conselheiro Vítor Nunes de Almeida no mencionado Acórdão nº 175/90, bem como a Declaração de Voto do Conselheiro José Manuel M. Cardoso da Costa no citado Acórdão nº 12/91). Sobre esta problemática, cfr. AMÉRICO A. TAIPA DE CARVALHO, *Sucessão de Leis Penais*, 3ª ed., Coimbra, Coimbra Editora, 2008, p. 275-344; JORGE MIRANDA, *Os Princípios Constitucionais da Legalidade e da Aplicação da Lei Mais Favorável em Matéria Criminal*, in "O Direito", Ano 121º, 1989, IV, p. 685-699, e *Manual de Direito Constitucional*, Tomo VI, 4ª ed., cit., p. 345-351; e RUI PEREIRA, *A Relevância da Lei Penal Inconstitucional de Conteúdo Mais Favorável ao Arguido*, in "Revista Portuguesa de Ciência Criminal", Ano I, 1991, p. 55-76.

[474] Questão conexa com a referida no texto é a de saber se o Tribunal Constitucional tem competência para conhecer *ex officio* da inconstitucionalidade de normas repristinadas – questão essa que se coloca sobretudo no domínio da fiscalização abstrata sucessiva. A resposta, quanto a nós, deve ser, em princípio, negativa, em homenagem à vinculação do Tribunal Constitucional ao *princípio do pedido*. Diferente é a situação em que no pedido de fiscalização abstrata sucessiva da constitucionalidade de normas jurídicas é solicitada, a título subsidiário e cumulativo, a declaração da inconstitucionalidade, com força obrigatória geral, da norma ou normas revogadas por aquela cuja declaração de inconstitucionalidade é pedida, a título principal, com o objetivo de evitar a sua repristinação. Numa situação destas, o Tribunal Constitucional não poderá deixar de apreciar a constitucionalidade dessas normas. Uma abordagem desta problemática pode ver-se no anteriormente citado Acórdão do Tribunal Constitucional nº 452/95. Cfr., sobre este problema, por todos, J. J. GOMES CANOTILHO/VITAL MOREIRA, *Constituição da República Portuguesa Anotada*, Vol. II, cit., p. 976, e RUI MEDEIROS, *A Decisão de Inconstitucionalidade*, cit., p. 667-673.

eficácia ex *nunc*, ou seja, efeitos a partir da data da decisão ou da data da sua publicação no *Diário da República*. Em tais situações, poderá dizer-se que as correspondentes decisões apenas surtem efeito *para o futuro*. Mas não se prevê, no nosso ordenamento jurídico, a possibilidade de o Tribunal Constitucional *fixar um prazo* para a cessação da vigência da norma declarada inconstitucional.

Uma tal possibilidade – que não seria uma solução inédita em direito comparado, uma vez que, como referimos, está expressamente contemplada nos ordenamentos jurídicos da Áustria, da França e do Brasil (e, ainda, entre outros, da Bélgica, da Croácia e da Turquia), e é frequentemente utilizada na jurisprudência do Tribunal Constitucional Federal alemão e do Tribunal Constitucional italiano[475] – poderia justificar-se,

---

[475] O Tribunal Constitucional italiano "manipula" os *efeitos temporais* das suas decisões, proferindo "decisões manipulativas para o passado" (*pro praeterito*) e "decisões manipulativas para o futuro" (*pro futuro*). Quanto às primeiras, a existência das mesmas encontra a sua razão de ser na conveniência em contrair e, por isso, limitar os efeitos retroativos das sentenças de acolhimento, evitando uma desaplicação generalizada por força do artigo 30º, III, da Lei nº 87/1953, a fim de favorecer uma transição entre o velho e o novo regime que respeite as situações subjetivas. A *summa divisio* das pronúncias de inconstitucionalidade *pro praeterito* é entre "decisões de inconstitucionalidade superveniente" e "decisões de inconstitucionalidade diferida". No caso das primeiras, os efeitos caducatórios atingem não todo o arco temporal de vigência da lei, mas somente um segmento terminal do mesmo. É o que sucede com a inconstitucionalidade "superveniente em sentido estrito ou clássico", quando surge um novo parâmetro, como, por exemplo, uma revisão da Constituição ou uma nova norma interposta (v. g., uma nova "legge-cornice", que substitui a precedente), bem como com a "inconstitucionalidade superveniente em sentido lato", que ocorre não quando há um novo parâmetro, mas quando o vício da lei é determinado num momento posterior à entrada em vigor da própria lei, em razão de uma ponderação entre valores constitucionais.
Quanto às sentenças de "inconstitucionalidade diferida", tal como acontece na inconstitucionalidade superveniente, o Tribunal Constitucional "prolonga" no tempo os efeitos da declaração de inconstitucionalidade porque o vício da lei é determinado "*in un momento successivo*" à sua entrada em vigor. Todavia, enquanto no primeiro caso o Tribunal faz decorrer os efeitos caducatórios a partir do momento em que o vício é determinado, neste, ao invés, o Tribunal Constitucional, por um lado, individualiza o momento preciso em que se verifica o *vulnus* constitucional e, por outro lado, mas, com um (aparentemente) inexplicável salto lógico, fixa "*in avanti*" o *dies a quo* dos efeitos caducatórios (normalmente, utilizando a fórmula "a partir do momento em que").
Relativamente ao segundo grande grupo de decisões *manipulativas* no tempo, as decisões manipulativas "para o futuro", elas surgem quando é conveniente "prolongar" no tempo

em determinadas situações, designadamente quando fossem declaradas inconstitucionais, com força obrigatória geral, normas fiscais, que definem a incidência e ou a taxa de um determinado imposto criado *ex novo*.

A *fixação de um prazo* para a cessação da vigência das normas declaradas inconstitucionais permitiria ao legislador aprovar novas normas, evitando qualquer hiato na arrecadação das receitas correspondentes ao imposto em causa, em consequência de um "vazio legislativo" – solução esta que não é atingível com a simples ressalva dos efeitos produzidos pelas normas declaradas inconstitucionais, desde a data da sua entrada em vigor até à data do acórdão ou até à data da publicação do mesmo no *Diário da República*, e que seria bem mais razoável do que a utilização, de modo pouco transparente, do instrumento de retardação da publicação do acórdão, a fim de dar tempo ao legislador para a criação de uma nova disciplina jurídica[476/477].

---

os efeitos caducatórios das decisões de acolhimento. Nestes casos, uma vez que a lacuna normativa que pode criar a sentença é mais grave do que a própria vigência da disciplina inconstitucional (o denominado *horror vacui*), o Tribunal Constitucional, embora reconhecendo de modo implícito ou explícito na motivação a inconstitucionalidade, adia a anulação com uma decisão de rejeição, esperando a intervenção do legislador para a qual expressamente apela. Outras vezes, o Tribunal Constitucional italiano emite sentenças de *"accoglimento datato"*, fixando um termo *post quem* para os efeitos da declaração de inconstitucionalidade. A *summa divisio* das decisões manipulativas *pro futuro* é, como já tivemos ocasião de referir, entre sentenças *"indirizzo"*, *"auspici"* ou *"monitore di rigetto"* e sentenças de *"incostituzionalità accertata, ma non dichiarata"* ou ainda sentenças de *"accoglimento datato"*. Cfr., para mais desenvolvimentos, ANTONIO RUGGERI/ANTONINO SPADARO, ob. cit., p. 184-189; ELENA MALFATTI/SAULLE PANIZZA/ROBERTO ROMBOLI, ob. cit., p. 138 -142; e AUGUSTO CERRI, ob. cit., p. 266-274.

[476] Veja-se o que sucedeu com o Acórdão do Tribunal Constitucional nº 866/96, que, entre o mais, declarou a inconstitucionalidade, com força obrigatória geral, das normas dos artigos 71º a 76º do Decreto-Lei nº 251/92, de 12 de novembro, 63º, nºs 3 a 6, do Decreto-Lei nº 311/87, de 10 de agosto, 65º, nºs 3, 4, 6 e 7, do Decreto-Lei nº 274-A/88, de 3 de agosto, e 56º, nºs 3, 4, 6 e 7, do Decreto Regulamentar Regional nº 18/92/M, de 30 de julho, na parte em que, em processo especial, impunham a integração nas zonas de caça associativas e turísticas de terrenos relativamente aos quais os respetivos interessados não tivessem produzido uma efetiva declaração de vontade no sentido dessa integração. Apesar de, por razões de segurança jurídica, ter restringido os efeitos da inconstitucionalidade relativamente às zonas de caça associativa por forma a que os terrenos "apenas dela fiquem excluídos a partir da publicação do presente acórdão" e, no respeitante às zonas de caça turística, "tais terrenos se mantenham nelas integrados até ao termo do

Como referimos *supra*, apesar de a nossa Constituição não prever a limitação *in futuro* dos efeitos da declaração de inconstitucionalidade com força obrigatória geral de normas jurídicas, o Tribunal Constitucional admitiu, nos Acórdãos nºs 532/2000 e 353/2012, uma limitação dos efeitos da declaração de inconstitucionalidade *para além* da data da publicação da decisão do Tribunal Constitucional no *Diário da República*[478/479].

prazo da respectiva concessão", restrição que foi fixada "sem prejuízo das impugnações contenciosas pendentes ou ainda susceptíveis de ser apresentadas", um tal acórdão, prolatado em 4 de julho de 1996, só veio a ser publicado no *Diário da República*, I Série-A, de 18 de dezembro de 1996.

[477] Cfr., sobre este ponto, JOSÉ MANUEL M. CARDOSO DA COSTA, *Rapport Général*, cit., 1ª Parte, p. 149.

Na ótica de RUI MEDEIROS, quando a única forma de assegurar as finalidades visadas pelo nº 4 do artigo 282º da Constituição passe pela limitação de efeitos *in futuro* da declaração de inconstitucionalidade de uma norma jurídica e pela consequente continuação da produção de efeitos pela norma inconstitucional após a publicação da correspondente declaração, pode o Tribunal Constitucional optar por uma tal solução, dando justamente como exemplos, entre outros, os casos de declaração de inconstitucionalidade de normas jurídicas que impliquem um acréscimo substancial de despesas ou uma grande redução de receitas (cfr. *A Decisão de Inconstitucionalidade*, cit., p. 724-731). Na mesma linha, JOAQUIM DE SOUSA RIBEIRO considera que a possibilidade de limitação *in futuro* dos efeitos da declaração de inconstitucionalidade se baseia na *potestas* conferida ao juiz constitucional pelo nº 4 do artigo 282º da Constituição e está submetida aos pressupostos condicionantes nele estabelecidos, traduzindo a mesma "uma ponderação inclusiva de todos os elementos de valoração relevantes, em que a própria modelação temporal de efeitos é instrumento de uma conformação adequada e equilibrada da solução dada à questão de constitucionalidade" (cfr. *O Diferimento da Eficácia no Tempo da Declaração de Inconstitucionalidade*, cit., p. 266-295, em especial, p. 292 e 295).

Estamos, no entanto, convencidos, como referimos *supra*, que a letra e o espírito das normas conjugadas dos nºs 1 e 4 do artigo 282º da Constituição não autorizam o Tribunal Constitucional a fazer uma limitação dos efeitos da declaração de inconstitucionalidade *para além* da data da publicação do acórdão no *Diário da República*. Elas não abrangem, por isso, a possibilidade de uma limitação *in futuro*, mas apenas *in praeterito*, dos efeitos da declaração de inconstitucionalidade, pelo que, sem uma alteração do texto constitucional, não vemos como seja possível ao Tribunal Constitucional, a não ser extrapolando as suas próprias competências, com infração ao princípio da separação de poderes, lançar mão da faculdade acima referida.

[478] Relativamente à problemática da *eficácia temporal* das decisões do Tribunal Constitucional no ordenamento jurídico-constitucional de Angola, importa referir que as considerações avançadas em relação ao nosso ordenamento jurídico-constitucional são

transplantáveis para o ordenamento jurídico-constitucional de Angola, dadas as fortes semelhanças entre o artigo 282º da Constituição portuguesa e o artigo 231º da Constituição de Angola.
De facto, este artigo estabelece o seguinte: "1. A declaração de inconstitucionalidade com força obrigatória geral produz efeitos desde a entrada em vigor da norma declarada inconstitucional e determina a repristinação da norma que haja revogado. 2. Tratando-se, porém, de inconstitucionalidade por infracção de norma constitucional posterior, a declaração só produz efeitos desde a entrada em vigor desta última. 3. Ficam ressalvados os casos julgados, salvo decisão em contrário do Tribunal Constitucional quando a norma respeitar a matéria penal, disciplinar ou de ilícito de mera ordenação social e for de conteúdo menos favorável ao arguido. 4. Quando a segurança jurídica, razões de equidade ou interesse público de excepcional relevo, que deve ser fundamentado, o exigirem, pode o Tribunal Constitucional fixar os efeitos da inconstitucionalidade ou da ilegalidade com alcance mais restrito do que o previsto nos nºs 1 e 2 do presente artigo". Este preceito constitucional foi regulamentado pelo artigo 30º da Lei do Processo Constitucional, cujo nº 1 determina expressamente, e em termos inovatórios em relação ao ordenamento jurídico português, que "a norma declarada inconstitucional em processo de fiscalização abstracta sucessiva é nula".

[479] No tocante ao ordenamento jurídico-constitucional brasileiro e relativamente ao problema da *eficácia temporal* das decisões do Supremo Tribunal Federal, são várias as notas que achamos oportuno salientar.
Em primeiro lugar, a eficácia temporal *ex tunc*, referida expressamente na nossa Constituição como regra geral, também é adotada no direito brasileiro, com a diferença de que, no Brasil, "o princípio da nulidade está implícito no Texto Fundamental" e decorre do próprio sistema abstrato de controlo de constitucionalidade, disciplinado nas anteriormente citadas Leis nºs 9.868/99 e 9.882/99.
Em segundo lugar, a Constituição Federal não prevê expressamente a repristinação das normas revogadas pela norma declarada inconstitucional, embora o Supremo Tribunal Federal venha reconhecendo o efeito repristinatório nos seus julgados, como consequência lógica da declaração de inconstitucionalidade. O efeito repristinatório está expressamente consagrado no artigo 11º, § 2º, da Lei nº 9.868/99, quanto à concessão da medida cautelar, mas esta regra tem vindo a ser aplicada às decisões de mérito nas ações de controlo abstrato.
Em terceiro lugar, inexiste no ordenamento jurídico-constitucional brasileiro a ressalva expressa do "caso julgado" ("coisa julgada"), em caso de ulterior declaração de inconstitucionalidade pelo Supremo Tribunal Federal da norma em que se fundou a decisão judicial. Mas discute-se, no direito brasileiro, o instituto processual da "coisa julgada inconstitucional", isto é, a possibilidade de flexibilização, relativização ou desconstituição do caso julgado, na hipótese de a decisão judicial transitada em julgado ofender normas superiores, incluindo princípios constitucionais, e após decorrido o prazo decadencial de 2 (dois) anos contados do trânsito em julgado da última decisão proferida no processo para a propositura da ação rescisória (artigo 975º do Código de Processo Civil Brasileiro).

Em quarto lugar, apesar de a declaração de inconstitucionalidade ter eficácia *ex tunc*, uma vez que o vício declarado importa a nulidade da norma desde a sua origem, também está consagrada no ordenamento jurídico brasileiro a possibilidade de *modelação dos efeitos temporais*, nos termos do artigo 27º da Lei nº 9.868/99, tendo em vista *razões de segurança jurídica ou de excecional interesse social*. Com efeito, de harmonia com esta disposição legal, "ao declarar a inconstitucionalidade de lei ou ato normativo, e tendo em vista razões de segurança jurídica ou de excepcional interesse social, poderá o Supremo Tribunal Federal, por maioria de dois terços de seus membros, restringir os efeitos daquela declaração ou decidir que ela só tenha eficácia a partir de seu trânsito em julgado ou de outro momento que venha a ser fixado". *Prima facie*, poderá considerar-se que a nossa Constituição é mais "tolerante" e flexível no tocante à possibilidade de restrição dos efeitos *ex tunc*, já que prevê um conceito aberto (*razões de equidade*) como elemento legitimador da referida restrição, o qual não se encontra na Constituição Federal do Brasil. Todavia, tal perceção não se revela de todo verdadeira, ao atentar-se na possibilidade, no direito brasileiro, de a decisão declaratória de inconstitucionalidade não só deixar de ter aplicação retroativa (efeitos *ex tunc*), como de ser definido um momento futuro, para além daquele em que foi declarada a inconstitucionalidade, a partir do qual a norma declarada inconstitucional passará a não mais ser aplicada.

Em quinto lugar, a "modelação dos efeitos temporais" pelo Supremo Tribunal Federal é exercida não apenas no domínio do controlo abstrato sucessivo de normas jurídicas, mas também em sede de controlo concreto de constitucionalidade, em decorrência do fenómeno, denominado, como tivemos ensejo de referir, *"abstratização"* do controlo difuso de constitucionalidade.

Em sexto lugar, tal como sucede na generalidade dos países, incluindo o nosso, uma das áreas do direito em que é bastante comum a discussão acerca da "modelação de efeitos" é o direito tributário. Isso porque estão em causa receitas públicas oriundas da arrecadação de tributos, por vezes durante um considerável espaço temporal, e os efeitos *ex tunc* da declaração de inconstitucionalidade da norma que os instituiu ou os majorou poderiam acarretar um irreparável "prejuízo" financeiro para o Estado, e, consequentemente, para a coletividade como um todo. Indiscutivelmente, no âmbito tributário, o impacto causado pela declaração de inconstitucionalidade de uma norma que institui ou majora o tributo é maior para o poder público, uma vez que atinge o mais importante instrumento de atuação económico-financeira do Estado, que são os impostos e as taxas.

Em sétimo lugar, a limitação de efeitos *pro futuro* aparece-nos também na jurisprudência do Supremo Tribunal Federal. Um exemplo encontra-se no julgamento da Ação Direta de Inconstitucionalidade (ADI) nº 1842/RJ, em 06/3/2013, em que aquele Tribunal declarou a inconstitucionalidade de algumas normas da Lei Complementar nº 87/1997 e da Lei nº 2.869/1997, ambas do Estado do Rio de Janeiro, que instituíam a Região Metropolitana do Rio de Janeiro e a Microrregião dos Lagos e transferiam a titularidade do poder concedente para prestação de serviços públicos de interesse metropolitano para o Estado do Rio de Janeiro. O Supremo Tribunal Federal aplicou a modelação de efeitos, *com efeitos futuros*, determinando a vigência excecional das normas impugnadas pelo prazo de 24 meses, a contar da data da conclusão do julgamento, período no qual o legislador estadual deveria reapreciar o tema, constituindo um modelo de prestação de saneamento básico nas áreas da região metropolitana, dirigido por órgão colegial com participação dos municípios envolvidos e do Estado do Rio de Janeiro, sem que houvesse concentração de poder decisório em favor de qualquer ente federativo. Reconheceu aquele Tribunal a presença de um excecional interesse social para a aplicação do artigo 27º da Lei nº 9.868/1999, consubstanciado na necessidade de continuidade da prestação do serviço de saneamento básico à população. Outro exemplo, que merece ser citado, em razão do extenso trabalho de modelação de efeitos realizado pelo Supremo Tribunal Federal, refere-se ao julgamento da ADI nº 4876, ocorrido em 26/3/2014, em que foi declarada a inconstitucionalidade da norma constante do artigo 7º da Lei Complementar nº 100/2007, do Estado de Minas Gerais, que tornava titulares de cargos efetivos servidores que ingressaram na Administração Pública sem concurso público, em flagrante ofensa ao artigo 37º, II, da Constituição Federal, bem como ao artigo 19º do Ato das Disposições Constitucionais Transitórias (ADCT). A modelação de efeitos da declaração de inconstitucionalidade, com base no artigo 27º da Lei nº 9.868/99, foi realizada nos seguintes termos: *a)* em relação aos cargos para os quais inexistia concurso público em andamento ou com prazo de validade em curso, foram dados efeitos prospetivos à decisão, de modo a somente produzir efeitos a partir de doze meses, contados da data da publicação da ata de julgamento, tempo hábil para a realização de concurso público, a nomeação e a posse de novos servidores, evitando-se, assim, prejuízos à prestação de serviços públicos essenciais à população; *b)* quanto aos cargos para os quais existia concurso em andamento ou dentro do prazo de validade, foi determinada a incidência imediata dos efeitos da declaração de inconstitucionalidade (*ex nunc*). Também foram ressalvados dos efeitos da decisão os servidores já aposentados e aqueles que, até a data de publicação da ata do julgamento, tivessem preenchido os requisitos para a aposentação (direito adquirido), bem como os servidores nomeados em virtude de aprovação em concurso público exclusivamente para o cargo para o qual foram aprovados. Cfr., sobre esta problemática, por todos ALEXANDRE DE MORAES, ob. cit., p. 265-277.

Capítulo VII
O Tribunal Constitucional Como Órgão Essencial da Regulação Política

A exposição feita até este momento permite concluir que o Tribunal Constitucional ocupa, no nosso ordenamento jurídico-constitucional, um lugar central no conjunto dos poderes do Estado.

De facto, a instituição pela Constituição de um Tribunal Constitucional com um amplo leque de competências em vários tipos de processos e com a relevante missão de ser o intérprete supremo da Lei Fundamental faz daquele órgão jurisdicional um garante do "funcionamento constitucional do Estado", que o mesmo é dizer, do "correto e regular desenvolvimento do processo político"[480].

Neste contexto, compreende-se que o mesmo profira decisões que podem ter efeitos políticos de grande alcance[481]. Isso verifica-se, sobretudo, no domínio da fiscalização preventiva da constitucionalidade de normas constantes de tratados internacionais submetidos ao Presidente da República para ratificação, de normas de decretos que ao mesmo sejam enviados para serem promulgados como leis ou decretos-leis ou de normas de acordos internacionais cujo decreto seja remetido ao Presidente da República para assinatura, onde as decisões do Tribunal Constitucional, chamado a intervir durante o procedimento legislativo e num período, por vezes, de aceso debate político, assumem uma inevitável "carga" política[482].

---

[480] Cfr. José Manuel M. Cardoso da Costa, *A Jurisdição Constitucional*, cit., p. 98.
[481] Cfr. Wolfgang Zeidler, *Relatório do Tribunal Constitucional Alemão*, cit., p. 79.
[482] Os "efeitos" políticos das decisões do Tribunal Constitucional são bem vincados, entre nós, por J. J. Gomes Canotilho e José Manuel M. Cardoso da Costa.

É, neste sentido, que o Tribunal Constitucional é mesmo considerado como um "órgão essencial da regulação política e do jogo democrático", obrigando as maiorias que se sucedem a colocar de lado as políticas extremistas, a limitar as suas ambições partidárias e a enquadrar as suas reformas legislativas no âmbito da ordem constitucional existente[483], como "órgão jurisdicional dotado de força política", que exerce uma função de "controlo substancialmente político conduzido de forma jurisdicional"[484], ou, ainda, como um "órgão de *conformação política*", que assume "uma dimensão normativo-constitutiva do compromisso pluralístico plasmado na Constituição".[485]

Pertence ao primeiro a seguinte afirmação: "O Tribunal Constitucional é um autêntico órgão judicial que, em virtude de ter de discutir questões jurídico-constitucionais de claro sentido político, profere decisões com grande incidência política. Isto é, porém, diferente da caracterização do Tribunal Constitucional como instituição quase «autónoma» relativamente à Constituição ou da sua legitimação como «legislador constituinte»" (cfr. *Para uma Teoria Pluralística da Jurisdição Constitucional no Estado Constitucional Democrático Português*, in "Revista do Ministério Público", Ano 9, nºs 33-34, janeiro-junho, 1988, p. 16). E, noutro texto, constata o seguinte: "Basta analisar alguns *leading cases* do nosso Tribunal para se verificar que, sob o manto diáfano da dogmática e da metódica constitucionais, se escreveram páginas de *alta política constitucional*, chegando aqui e ali a reinventar-se politicamente a própria Constituição. E não pode deixar de ser assim. As questões decididas em algumas sentenças tinham um *cuore* político – eram problemas de políticas públicas -, não podendo deixar de transportar dimensões de politicidade típicas da aplicação de normas constitutivas do estatuto jurídico do político" (cfr. *Tribunal Constitucional, Jurisprudências e Políticas Públicas*, in "Anuário Português de Direito Constitucional", Vol. III, 2003, p. 77).
Por seu lado, o segundo sublinha o seguinte: "Compreende-se, pois, que também em Portugal as decisões do Tribunal Constitucional se revistam frequentemente de grande melindre e impacto político (sobretudo se proferidas em sede de controlo preventivo de normas). O facto – em suma – é que, chamado a exercer, pela via do controlo da constitucionalidade e legalidade das normas jurídicas, uma função simplesmente «negativa» de garantia da correcção constitucional do processo político, não deixa por isso o Tribunal Constitucional de se converter também num dos seus protagonistas. Ao fim e ao cabo também ele contribui, ao seu nível e ao seu modo, para a formação da «vontade política» do Estado e participa na direcção superior deste" (cfr. *A Jurisdição Constitucional*, cit., p. 103).
[483] Cfr. D. ROUSSEAU, *Droit du Contentieux Constitutionnel*, cit., p. 77.
[484] Cfr. ELENA MALFATTI/SAULLE PANIZZA/ROBERTO ROMBOLI, ob. cit., p. 324.
[485] Cfr. J. J. GOMES CANOTILHO, *Direito Constitucional e Teoria da Constituição*, cit., p. 681 e 682.

São vários os aspetos que confirmam esta importante posição do Tribunal Constitucional como *órgão constitucional essencial de regulação e equilíbrio políticos*.

24. O Tribunal Constitucional, os partidos políticos, as eleições e os referendos

A referida posição do Tribunal Constitucional deriva, em primeiro lugar, da circunstância de o mesmo ter, como vimos, significativas competências no domínio dos *partidos políticos*, das *eleições* e dos *referendos* (nacionais, regionais e locais), desempenhando, por essa via, um papel importante ao nível da *expressão da vontade política* dos cidadãos e, consequentemente, do fortalecimento do regime democrático[486].

Os partidos políticos são, como é sabido, instrumentos essenciais da formação e da expressão da vontade popular, bem como da organização do poder político, funcionando como *mediadores* necessários da representação política da comunidade. Isto deveu-se à histórica "substituição dos mecanismos liberais de representação política pela exigência da mediação partidária", em termos de se ter assistido à consagração do "Estado de Partidos" e ao "fenómeno da constitucionalização dos partidos políticos"[487]. É, nesta linha, que o artigo 10º, nº 2, da Constituição estabelece que "os partidos políticos concorrem para a organização

---

[486] Para uma abordagem de direito comparado sobre a importância dos tribunais constitucionais na regulação do processo democrático, com referências ao direito de voto, às eleições, a outras modalidades de votações populares (iniciativas populares e referendos), ao financiamento da vida política e aos partidos políticos, cfr. MICHEL FROMONT, ob. cit., p. 353-365.

[487] Para uma análise destas e de outras questões relativas aos partidos políticos, como, por exemplo, a da "natureza jurídica do partido político", a dos "fins e funções dos partidos políticos", a das relações existentes entre "sistemas de partidos, sistemas eleitorais e sistemas de governo" e a do "sistema de partidos, do sistema eleitoral e do sistema de governo na vigência da Constituição de 1976", que inclui uma crítica ao monopólio dos partidos políticos na apresentação de candidaturas a todos os órgãos de representação política (entretanto rompido no que tange à apresentação de candidaturas aos órgãos das autarquias locais) e ao papel excessivo dos partidos políticos na génese jurídico--constitucional do sistema eleitoral e no traçado jurídico do sistema de governo, cfr. MARCELO REBELO DE SOUSA, *Os Partidos Políticos no Direito Constitucional Português*, Braga, Livraria Cruz, 1983, p. 43-60, 64-75, 80-92, 93-120, 121-131 e 617-660.

e para a expressão da vontade popular, no respeito pelos princípios da independência nacional, da unidade do Estado e da democracia política".

Por estas razões, os partidos políticos não podiam constituir um espaço totalmente imune à intervenção do Tribunal Constitucional. O grau de intervenção do Tribunal Constitucional não se limita, contudo, a um mínimo – como sucede em alguns países –, traduzido no controlo da constitucionalidade das normas jurídicas que têm os partidos políticos como objeto, antes se estende quase a um máximo, consistente na concentração naquele órgão jurisdicional de todas as questões àqueles respeitantes.

O Tribunal Constitucional possui, como se referiu, as seguintes competências em relação aos partidos políticos: aceitar a inscrição de partidos políticos em registo próprio existente no Tribunal; apreciar a legalidade das denominações, siglas e símbolos dos partidos políticos e das coligações e frentes de partidos, ainda que constituídas apenas para fins eleitorais, bem como apreciar a sua identidade ou semelhança com as de outros partidos, coligações ou frentes; proceder às anotações referentes a partidos políticos, coligações ou frentes de partidos exigidas por lei; julgar as ações de impugnação de eleições e de deliberações de órgãos de partidos políticos que, nos termos da lei, sejam recorríveis; apreciar a regularidade e a legalidade das contas dos partidos políticos, nelas incluindo as dos grupos parlamentares, de Deputado único representante de um partido e de Deputados não inscritos em grupo parlamentar ou de Deputados independentes na Assembleia da República e nas Assembleias Legislativas das regiões autónomas, e das campanhas eleitorais, nos termos da lei, e aplicar as respetivas sanções; ordenar a extinção de partidos e de coligações de partidos nos termos da lei; e declarar que uma organização partidária perfilha a ideologia fascista e decretar a respetiva extinção.

A extensão particular das funções do Tribunal Constitucional relativamente aos partidos políticos está intimamente ligada à relevância destes na Constituição e no sistema político português (artigo 114º)[488],

---

[488] Este preceito constitucional, com a epígrafe "partidos políticos e direito de oposição", determina o seguinte: "1. Os partidos políticos participam nos órgãos baseados

bem como ao estabelecimento de um conjunto de princípios fundamentais tendo por objeto as associações e partidos políticos, com especial destaque para o direito de constituir ou participar em associações e partidos políticos, para a proibição de inscrição simultânea em mais de um partido político e para a proibição da privação do exercício de qualquer direito a quem esteja ou deixe de estar inscrito em algum partido legalmente constituído, para o impedimento do uso pelos partidos políticos de expressões diretamente relacionados com quaisquer religiões ou igrejas, bem como de emblemas confundíveis com símbolos nacionais ou religiosos, para a proibição da constituição de partidos políticos que, pela sua designação ou pelos seus objetivos programáticos, tenham índole ou âmbito regional e para a observância pelos partidos políticos dos princípios da transparência, da organização e da gestão democráticas e da participação de todos os seus membros (artigo 51º, nºs 1 a 5, da Lei Fundamental).

No que toca às *eleições*, o Tribunal Constitucional funciona, como tivemos ensejo de salientar, como Tribunal Supremo em matéria eleitoral, cabendo-lhe, em geral, julgar em última instância a regularidade e a validade dos atos do processo eleitoral, relativos ao Presidente da República, ao Parlamento Europeu, à Assembleia da República, às Assembleias Legislativas das regiões autónomas e aos órgãos do poder local. Tudo isto em concretização do artigo 113º, nº 7, da Constituição, que preceitua que "o julgamento da regularidade e da validade dos actos de processo eleitoral compete aos tribunais", do artigo 223º, nº 2, alínea c), também da Constituição, que estatui que compete ao Tribunal Constitucional "julgar em última instância a regularidade e a validade dos actos de processo eleitoral, nos termos da lei", do artigo 8º da Lei do Tribunal Constitucional, que elenca as competências do Tribunal

---

no sufrágio universal e directo, de acordo com a sua representatividade eleitoral. 2. É reconhecido às minorias o direito de oposição democrática, nos termos da Constituição e da lei. 3. Os partidos políticos representados na Assembleia da República e que não façam parte do Governo gozam, designadamente, do direito de serem informados regular e directamente pelo Governo sobre o andamento dos principais assuntos de interesse público, de igual direito gozando os partidos políticos representados nas Assembleias Legislativas das regiões autónomas e em quaisquer outras assembleias designadas por eleição directa relativamente aos correspondentes executivos de que não façam parte".

Constitucional relativas a processos eleitorais, e das várias leis eleitorais respeitantes aos diferentes órgãos eletivos, que, na ausência, cada vez mais notada, de um *Código Eleitoral*, contêm as normas de direito eleitoral atinentes a cada um dos órgãos políticos, cujos titulares são escolhidos mediante sufrágio direto, secreto e periódico dos cidadãos (artigo 113º, nº 1, da Lei Fundamental).

Finalmente, no que concerne aos *referendos* (nacionais, regionais e locais), cabe ao Tribunal Constitucional, como foi acentuado, a *fiscalização preventiva obrigatória da constitucionalidade e da legalidade* das propostas de referendo nacional, regional e local, nela se incluindo a apreciação dos requisitos relativos ao respetivo universo eleitoral. Uma tal competência abrange, em cada caso, todos os aspetos, de caráter substantivo e processual, relativos à conformidade do referendo com a Constituição e a lei, sendo certo que o juízo não negativo do Tribunal Constitucional sobre tais aspetos é condição necessária da realização dos mesmos. A competência do Tribunal Constitucional abrange, ainda, o contencioso da votação e do apuramento, em tudo semelhante ao cometido ao Tribunal Constitucional em matéria eleitoral, sendo também junto deste Tribunal que se constitui e funciona a assembleia de apuramento geral dos resultados dos referendos nacionais.

25. O Tribunal Constitucional e o princípio da separação horizontal e vertical de poderes

A consideração do Tribunal Constitucional como um órgão constitucional essencial de regulação do processo político resulta, em segundo lugar, do facto de ele exercer uma função de garantia dos equilíbrios constitucionais entre os diferentes poderes do Estado. Trata-se de uma função que é comum a todos os Tribunais Constitucionais, embora sejam diferentes, como vimos, os instrumentos jurídicos de que cada um pode lançar mão para a consecução de um tal objetivo. No nosso País, a proteção dos equilíbrios constitucionais entre os diferentes poderes do Estado tem lugar, como se vincou, exclusivamente, através do mecanismo do controlo da constitucionalidade e, em certos casos, da legalidade de normas jurídicas – o que não significa que o Tribunal Constitucional português não exerça, por aquela via, um papel de relevo de garante da observância dos equilíbrios de poderes entre órgãos de soberania, que o mesmo é dizer de garante do respeito do princípio da *separação horizontal de poderes*.

Ao resolver as divergências ou conflitos entre entidades e órgãos políticos acerca do âmbito dos respetivos poderes e atribuições, o Tribunal Constitucional assume-se como garante da observância do princípio da "separação de poderes", que é, como se sabe, um princípio organizatório estruturante dos regimes democráticos[489]. A essencialidade do "princípio da separação de poderes" nos Estados Democráticos conduz a que a garantia da sua observância seja cometida, em última instância, aos Tribunais Constitucionais, mas também estes, como tivemos ocasião de realçar, têm a sua competência limitada por este mesmo princípio, devendo observá-lo rigorosamente no exercício das suas funções e evitar o seu desrespeito, como sucede com as correntes denominadas do *neoconstitucionalismo* ou do *ativismo judiciário*[490].

Em praticamente todos os ordenamentos jurídico-constitucionais, é cometido aos Tribunais Constitucionais também o importante papel de garante da repartição de atribuições entre o Estado e os restantes entes públicos territoriais, sejam Estados Federados, regiões ou comunidades autónomas ou autarquias locais. A amplitude dos poderes dos Tribunais Constitucionais varia, no entanto, conforme a *estrutura organizatória* de cada um dos Estados e, bem assim, de acordo com os *instrumentos processuais* gizados para a resolução de conflitos de atribuições entre o Estado e os restantes entes públicos territoriais[491].

---

[489] Para uma abordagem de direito comparado sobre a importância dos tribunais constitucionais na garantia da observância do princípio da separação horizontal de poderes, cfr. MICHEL FROMONT, ob. cit., p. 372-380. Para uma panorâmica da missão do Conselho Constitucional francês como garante da observância do princípio da separação horizontal de poderes, cfr. DOMINIQUE ROUSSEAU/PIERRE-YVES GAHDOUN/JULIEN BONNET, ob. cit., p. 499-563.

[490] Cfr., sobre este tema, MARIA BENEDITA URBANO, *Curso de Direito Constitucional*, cit., 2ª ed., p. 131-159.

[491] Sobre este tema e para uma abordagem de direito comparado sobre a importância dos tribunais constitucionais na garantia da observância do princípio da separação vertical de poderes, cfr. MICHEL FROMONT, ob. cit., p. 365-372. Sobre o papel do Conselho Constitucional francês no controlo da observância do princípio da separação vertical de poderes, cfr. DOMINIQUE ROUSSEAU/PIERRE-YVES GAHDOUN/JULIEN BONNET, ob. cit., p. 563-579.

No que respeita a estes últimos, em Portugal, é no âmbito do controlo da *constitucionalidade* e, nos casos, na altura referidos, da *legalidade* de normas jurídicas que o Tribunal Constitucional resolve os conflitos de atribuições entre o Estado, as regiões autónomas e o poder local (autarquias locais).

A atribuição ao Tribunal Constitucional de uma função de garantia da repartição de atribuições entre o Estado, as regiões autónomas e as autarquias locais transforma aquele órgão jurisdicional no guardião de um princípio fundamental da estrutura organizatória do Estado – o princípio do reconhecimento das autonomias regionais e locais –, cabendo-lhe a missão de evitar que o fiel da balança dos poderes públicos se incline demasiadamente para o "Centro" (Estado) ou na direção da "Periferia" (regiões autónomas e autarquias locais), impedindo, desse modo, o "desequilíbrio" do sistema político. Compete-lhe, noutros termos, garantir a observância do princípio da *separação vertical de poderes*, consagrado no artigo 6º, nº 1, da Constituição, nos termos do qual "o Estado é unitário e respeita na sua organização e funcionamento o regime autonómico insular e os princípios da subsidiariedade, da autonomia das autarquias locais e da descentralização democrática da administração pública"[492]. Também por aqui se vê o lugar cimeiro ocupado pelo Tribunal Constitucional no conjunto dos poderes do Estado.

---

[492] Como é sabido, a administração autónoma territorial está corporizada nas *autarquias locais* e nas *regiões autónomas* dos Açores e da Madeira – embora estas não sejam assimiláveis àquela, na medida em que são uma expressão da autonomia política e administrativa e estão dotadas de órgãos de governo próprios, para além de comportarem no seu âmbito territorial duas espécies de autarquias locais, as freguesias e os municípios. Caraterizadas como pessoas coletivas de população e território, as autarquias locais são definidas pela Constituição como "pessoas coletivas territoriais dotadas de órgãos representativos que visam a prossecução de interesses próprios das populações respetivas" (artigo 235º, nº 2). A Constituição prevê, desde a sua versão originária, a existência no continente português de três autarquias locais: as freguesias, os municípios e as regiões administrativas (artigo 236º, nº 1). Mas, passados mais de quarenta anos sobre a data da Constituição (1976), continua a inexistir em Portugal continental aquela autarquia local intermédia entre o município e o Estado.
Nos termos dos artigos 6º, n.º1, e 237º, nº 1, da Constituição, as *atribuições* das autarquias locais são definidas de harmonia com os princípios da *descentralização administrativa* (ou seja, mediante a transferência de um núcleo substancial de tarefas do Estado para as autarquias locais, tendo por finalidade reforçar a sua atuação, aprofundar a participação dos

cidadãos na vida pública, promover a eficiência e a eficácia da gestão pública e assegurar os direitos dos particulares) e da *subsidiariedade* (isto é, com base no reconhecimento de que as funções administrativas devem ser exercidas pelo nível da administração melhor colocado para os prosseguir com racionalidade, eficácia e proximidade dos cidadãos). Para o exercício das suas *atribuições*, dispõem as várias espécies de autarquias locais de *órgãos* que expressam a vontade destes entes públicos e estão dotados de um acervo de *competências*, o mesmo é dizer de um naipe de *poderes funcionais*.

Mas estas competências não são algo de estático, antes devem ser objeto de um contínuo *reforço e aprofundamento*. Aprofundamento que é necessário promover em Portugal, pois este é um dos Estados mais centralizados da União Europeia. De facto, no nosso País, de acordo com os dados do Eurostat e da OCDE, o peso da administração local no total da administração pública era, em 2011, em média 10 pontos percentuais inferior à média da União Europeia. Cfr., sobre esta problemática, os nossos artigos *A Regionalização em Portugal Continental: Regionalização sem Regiões Administrativas?*, in "Revista de Legislação e de Jurisprudência", Ano 144º, nº 3988, p. 3-13; *Le Portugal, Une Régionalisation Sans Régions Administratives?*, in "Revue Française d'Administration Publique", nº 156, 2015, p. 959-972, em especial, p. 970-972; *Os Memorandos de Entendimento entre Portugal, o Fundo Monetário Internacional, a Comissão Europeia e o Banco Central Europeu e a Reforma do Poder Local*, in "As Reformas do Sector Público (Perspectiva Ibérica no Contexto Pós-Crise)", coord. J. C. VIEIRA DE ANDRADE/SUZANA TAVARES DA SILVA, Coimbra, Instituto Jurídico da Faculdade de Direito da Universidade de Coimbra, 2015, p. 13-36; e *Administração Pública*, in "Alguns Conceitos de Direito Administrativo", 2ª ed., Coimbra, Almedina, 2001, p. 13-17.

No sentido do reforço da descentralização administrativa, veja-se a Lei nº 50/2018, de 16 de agosto (lei-quadro da transferência de competências para as autarquias locais e para as entidades intermunicipais), que se limita a criar um "guarda-chuva" geral da descentralização, como resulta do seu artigo 4º, nº 1, que determina que "a transferência das novas competências, a identificação da respetiva natureza e a forma de afetação dos respetivos recursos são concretizados através de diplomas legais de âmbito setorial relativos às diversas áreas a descentralizar da administração direta e indireta do Estado, os quais estabelecem disposições transitórias adequadas à gestão do procedimento de transferência em causa". Alguns diplomas legais (aguardando-se ainda a publicação de outros) já concretizaram a transferência de competências em relação a várias matérias para os órgãos das entidades intermunicipais e para os órgãos dos municípios, tais como: Decreto-Lei nº 97/2018, de 27 de novembro (gestão das praias marítimas, fluviais e lacustres integradas no domínio público hídrico do Estado); Decreto-Lei nº 98/2018, de 27 de novembro (autorização de exploração das modalidades afins de jogos de fortuna ou azar e outras formas de jogo, nomeadamente rifas, tômbolas, sorteios, concursos publicitários, concursos de conhecimentos e passatempos); Decreto-Lei nº 99/2018, de 28 de novembro (promoção turística interna sub-regional, em articulação com as entidades regionais de turismo); Decreto-Lei nº 100/2018, de 28 de novembro (vias de comunicação); Decreto-Lei nº 101/2018, de 29 de novembro (justiça); Decreto-Lei

Constata-se, assim, que o Tribunal Constitucional, ao resolver as divergências entre entidades e órgãos políticos acerca do âmbito dos respetivos poderes e atribuições e ao exercer a função de garante da repartição de atribuições entre o Estado, as regiões autónomas e as autarquias locais, desempenha um lugar cimeiro no conjunto dos poderes do Estado e um papel fundamental na pacificação dos conflitos políticos e territoriais.

26. O Tribunal Constitucional e o Presidente da República

O Presidente da República é, no nosso ordenamento jurídico-constitucional, o representante da República Portuguesa, o garante da independência nacional, da unidade do Estado e do regular funcionamento das instituições democráticas e é, por inerência, o Comandante Supremo das Forças Armadas (artigo 120º da Constituição). Diversamente do que sucede com a figura de Chefe de Estado, é um órgão de soberania previsto e regulado na Constituição, situado numa relação de paridade com outros órgãos constitucionais de soberania, ainda que colocado, em primeiro lugar, pela Constituição no elenco daqueles órgãos, em termos de constituir, nas palavras do Acórdão do Tribunal Constitucional nº 364/91, uma "magistratura com o suporte institucional mais elevado"[493]. Segundo GOMES CANOTILHO/VITAL MOREIRA, "não é desprovida de significado jurídico-constitucional a designação escolhida pela Consti-

---

nº 102/2018, de 29 de novembro (projetos financiados por fundos europeus e programas de captação de investimento); Decreto-Lei nº 103/2018, de 29 de novembro (apoio às equipas de intervenção permanente das associações de bombeiros voluntários e rede dos quartéis de bombeiros voluntários e programas de apoio às corporações de bombeiros voluntários); Decreto-Lei nº 104/2018, de 29 de novembro (instalação e gestão de Lojas de Cidadão e de Espaços Cidadão, instituição e gestão dos Gabinetes de Apoio aos Emigrantes e instituição e gestão dos Centros Locais de Apoio e Integração de Migrantes); Decreto-Lei nº 105/2018, de 29 de novembro (habitação); Decreto-Lei nº 106/2018, de 29 de novembro (gestão do património imobiliário público sem utilização); e Decreto-Lei nº 107/2018, de 29 de novembro (estacionamento público).

[493] Sobre os possíveis critérios de diferenciação entre Presidente da República e Chefe de Estado (o critério da posição jurídico-constitucional do órgão, o critério da natureza do conceito e o critério da adequação do conceito aferida à forma institucional), cfr. PAULA VEIGA, *O Que faz Um Presidente da República Um Presidente Republicano? Paradigmas*, Coimbra, Imprensa da Universidade, 2014, p. 212-217.

tuição: *Presidente da República* e não «Chefe de Estado» (como na Constituição de 1933). Primeiro, ela traduz, positivamente, a recuperação do ideário republicano quanto ao nome deste órgão de soberania e, negativamente, representa a ruptura com as tradições monárquica e corporativo-autoritária, que utilizaram preferencialmente a expressão «chefe de Estado»; depois, ela implica a rejeição de uma identificação e encarnação pessoal do Estado e aponta para a derivação democrática, temporalmente limitada, da legitimidade do órgão de soberania [...] Presidente da República como expressão da legitimidade democrático-republicana"[494]. Em suma, expressando-nos com PAULA VEIGA, o sentido do Presidente da República na conceção republicana é o de que ele não exerce qualquer poder pessoal, não está fora ou acima da ordem constitucional e configura-se como um órgão do Estado, que exerce um conjunto de *poderes jurídicos*, classificados como *competências*, inscritos *na* e regulados *pela* Constituição, para assegurar um funcionamento republicano do Estado – o princípio da separação e interdependência dos órgãos do Estado. Deste sentido resultam, fundamentalmente, o *princípio da paridade* entre o Presidente e os outros órgãos constitucionais de soberania e o *princípio da reserva constitucional* na delimitação do estatuto constitucional deste órgão de soberania[495].

Apesar de os atos do Presidente da República, seja no exercício da sua competência quanto a outros órgãos (artigo 133º da Constituição), seja no exercício da sua competência para a prática de atos próprios (artigo 134º da Constituição) ou nas relações internacionais (artigo 135º da Lei Fundamental), não estarem sujeitos a controlo da constitucionalidade pelo Tribunal Constitucional, dado que são, como sublinhámos, quanto à sua natureza, *atos políticos*, não deixam de ser relevantes as relações entre o Tribunal Constitucional e o órgão de soberania Presidente da República.

Tais relações estão espelhadas, por um lado, na competência do Presidente da República para requerer ao Tribunal Constitucional a apreciação preventiva da constitucionalidade de qualquer norma constante de tratado internacional que lhe tenha sido submetido para ratificação,

---

[494] Cfr. *Constituição da República Portuguesa Anotada*, Vol. II, cit., p. 138.
[495] Cfr. PAULA VEIGA, ob. cit., p. 222-235.

de decreto que lhe tenha sido enviado para promulgação como lei ou como decreto-lei ou de acordo internacional cujo decreto de aprovação lhe tenha sido remetido para assinatura (artigo 278º, nºs 1 e 4, da Constituição), para requerer a declaração de inconstitucionalidade ou de ilegalidade, com força obrigatória geral, de normas jurídicas [artigo 281º, nº 2, alínea *a*), da Lei Fundamental], para requerer a apreciação e a verificação da inconstitucionalidade por omissão (artigo 283º da Constituição) e, bem assim, para submeter a fiscalização preventiva obrigatória da constitucionalidade e da legalidade as propostas de referendo que lhe tenham sido submetidas pela Assembleia da República, pelo Governo e pelas Assembleias Legislativas das regiões autónomas (artigos 115º, nº 8, e 232º, nº 2, da Constituição).

E, por outro lado, no cometimento ao Tribunal Constitucional de um conjunto de competências relativas ao mandato do Presidente da República [artigo 223º, nº 2, alíneas *a*) e *b*), da Constituição e os artigos 7º e 86º a 91º da Lei do Tribunal Constitucional], as quais se traduzem, como vimos, em verificar a morte do Presidente da República, declarar a sua incapacidade física permanente, verificar o impedimento temporário para o exercício das suas funções (e, naturalmente, a cessação de tal impedimento) ou verificar a perda do cargo de Presidente da República, nos casos previstos nos artigos 129º, nº 3, da Constituição (casos de ausência do território nacional sem o assentimento da Assembleia da República ou da sua Comissão Permanente, se aquela não estiver em funcionamento) e 130º, nº 3, da mesma Lei Básica (situações de condenação pelo Supremo Tribunal de Justiça por crimes praticados no exercício das suas funções).

A reserva ao Tribunal Constitucional pela nossa Constituição deste naipe significativo de competências relativamente ao mandato do representante máximo do Estado Português, que acrescem às competências no domínio do processo e do ato eleitoral para Presidente da República [artigos 124º e 223º, nº 2, alíneas *c*) e *d*), da Constituição], é bem elucidativo da importância daquele órgão jurisdicional como garante do correto e regular desenvolvimento do processo político.

27. O Tribunal Constitucional e o poder legislativo

No conjunto das normas jurídicas objeto de controlo de constitucionalidade ocupam um lugar de destaque as leis – embora, como sabemos, no nosso ordenamento jurídico-constitucional, também as normas regulamentares provenientes da Administração Pública estejam sujeitas a fiscalização da constitucionalidade pelo Tribunal Constitucional. Assim sendo, é em relação ao *poder legislativo*, exercido, entre nós, pela Assembleia da República, pelo Governo e pelas Assembleias Legislativas das regiões autónomas, que mais intensamente se fazem sentir os efeitos da ação do Tribunal Constitucional.

Como sublinhámos mais acima, é fundamentalmente no domínio das relações entre os órgãos da justiça constitucional e o poder legislativo que se coloca o problema da *tensão* entre a legitimidade (jurídico-constitucionalmente fundada) do poder de controlo da constitucionalidade das leis dos Tribunais Constitucionais e a liberdade constitutiva do legislador, também ela constitucionalmente garantida e democraticamente legitimada – tensão essa que se exprime privilegiadamente no domínio do *conteúdo* das decisões dos órgãos da justiça constitucional e, de modo particular, no âmbito da admissibilidade e, sobretudo, dos limites das *decisões intermédias,* oportunamente analisadas[496].

Recapitulando o que dissemos sobre o tema das "interferências" do Tribunal Constitucional no "poder legislativo", recordar-se-á, sinteticamente, que a entidade que exerce o controlo da constitucionalidade das normas emanadas do poder legislativo pode intervir *ex ante,* funcionando como *inibidor legislativo*, prevenindo a entrada em vigor de normas inconstitucionais, através do mecanismo da *fiscalização preventiva*; pode intervir também *ex post,* funcionando como *legislador negativo,* ao

---

[496] Há quem fale de um *verdadeiro conflito* entre a legitimidade da justiça constitucional e a legitimidade da maioria legiferante, a qual se manifesta sobretudo no campo da *fiscalização abstrata sucessiva*, tendo em consideração, designadamente, os poderes do Tribunal Constitucional de declaração, com força obrigatória geral, da inconstitucionalidade da norma legal ou mesmo só de um segmento ideal da mesma norma – conflito esse que deve ser resolvido através de uma aplicação equilibrada do princípio da separação de poderes (na qual vai necessariamente implicada uma ideia de *autocontenção* do juiz). Cfr. J. C. VIEIRA DE ANDRADE, *Legitimidade da Justiça Constitucional e Princípio da Maioria*, in "Legitimidade e Legitimação da Justiça Constitucional", cit., p. 75-84.

declarar a inconstitucionalidade de uma norma legal vigente, pela via da *fiscalização abstrata sucessiva*; e pode, ainda, *julgar*, em última instância, a inconstitucionalidade de uma norma legal, *impedindo a sua aplicação* ao caso concreto, por meio da *fiscalização concreta* ou *incidental*.

No desempenho da missão de fiscalização da constitucionalidade das leis, nunca o Tribunal Constitucional se pode substituir ao legislador ou mesmo indicar vinculativamente o modo de corrigir a inconstitucionalidade. Uma tal proibição aplica-se inclusive aos casos em que o Tribunal Constitucional tem competência para verificar a existência da inconstitucionalidade por omissão. Não é, com efeito, tarefa do Tribunal Constitucional proceder a valorações políticas fundamentais que a Constituição reserva ao poder legislativo ou substituir as decisões do legislador por outras. Neste contexto, o conceito de "*judicial self restraint*" assinala uma virtude que deve ser observada pelo Tribunal Constitucional[497].

Todavia, entendemos que o Tribunal Constitucional não só pode, como até é desejável que o faça, na linha de um salutar *cooperativismo constitucional* entre órgãos de soberania, enunciar, na fundamentação dos seus arestos, algumas pistas ou orientações, sem quebra do respeito pela liberdade de conformação do legislador, com vista a auxiliar os órgãos legislativos na busca de soluções compatíveis com a Constituição. Por outras palavras, a jurisprudência do Tribunal Constitucional não pode deixar de incluir também, pelo menos nos casos difíceis (*hard cases*), uma bússola orientadora do legislador na correção das inconstitucionalidades.

A tarefa de controlo da constitucionalidade das leis, nas três modalidades assinaladas, cometida ao Tribunal Constitucional não pode deixar de implicar o reconhecimento a este órgão jurisdicional de um lugar de destaque perante o poder legislativo. Também por esta via lhe cabe a relevante tarefa de garante do "funcionamento constitucional do Estado".

28. O Tribunal Constitucional e os tribunais em geral

Um último ponto que queremos abordar é o das relações entre o Tribunal Constitucional e os *tribunais em geral*, quer os tribunais internos

---

[497] Cfr. WOLFGANG ZEIDLER, *Relatório do Tribunal Constitucional Alemão*, cit., p. 80-82.

da jurisdição comum, quer os tribunais supranacionais que exercem as suas funções no espaço de *interconstitucionalidade* em que nos inserimos, isto é, o Tribunal Europeu dos Direitos do Homem e o Tribunal de Justiça da União Europeia.

28.1. O Tribunal Constitucional e os tribunais internos da jurisdição comum

Relativamente aos tribunais internos da jurisdição comum, detém igualmente o Tribunal Constitucional uma posição cimeira.

Como foi acentuado anteriormente, no nosso sistema jurídico-constitucional, todos os tribunais, seja qual for a ordem em que se integram, são órgãos da justiça constitucional, incumbindo-lhes "assegurar a defesa dos direitos e interesses legalmente protegidos" e sendo-lhes vedado, nos feitos submetidos ao seu julgamento, "aplicar normas que infrinjam o disposto na Constituição ou os princípios nela consignados" (artigos 202º, nº 2, e 204º da Lei Fundamental). Eles têm acesso direto à Constituição, devendo recusar a aplicação das normas que reputem inconstitucionais. Não tem, assim, aplicação, entre nós, a fórmula "aos juízes a lei, ao Tribunal Constitucional a Constituição".

Das decisões proferidas pelos tribunais em geral cabe recurso para o Tribunal Constitucional, sempre que recusem a aplicação de uma norma jurídica, com fundamento na sua inconstitucionalidade, apliquem uma norma, não obstante a suscitação da sua inconstitucionalidade por uma das partes, "durante o processo", ou apliquem uma norma jurídica anteriormente julgada inconstitucional pela Comissão Constitucional ou pelo Tribunal Constitucional. E no caso de o Tribunal Constitucional conceder provimento ao recurso, ainda que só parcialmente, revogando, consequentemente, a decisão recorrida, quanto à questão da inconstitucionalidade, tem o tribunal *a quo* a estrita obrigação de reformar ou mandar reformar a decisão recorrida em conformidade com o julgamento em matéria de inconstitucionalidade, projetando esse julgamento sobre o sentido decisório da causa principal[498].

---

[498] Cfr. A. MONTEIRO DINIZ, *A Fiscalização Concreta da Constitucionalidade Como Forma de Dinamização do Direito Constitucional (O Sistema Vigente e o Ir e Vir Dialéctico Entre o*

As decisões de provimento dos recursos de constitucionalidade proferidas pelo Tribunal Constitucional são, assim, vinculativas para os tribunais de onde provieram os autos. O mesmo se diga para as decisões do Tribunal Constitucional que declarem, com força obrigatória geral, a inconstitucionalidade de normas jurídicas.

Mas o mesmo já não se pode afirmar quanto às outras decisões do Tribunal Constitucional, as quais não obrigam os outros tribunais, em termos de estes lhes deverem acatamento. Todavia, o normal é que essas decisões, considerando a densidade e o rigor da sua fundamentação, venham a lograr o acolhimento dos tribunais em geral, podendo afirmar-se que "as decisões do Tribunal Constitucional, mesmo quando não dotadas de força vinculativa, têm vindo a funcionar como instrumento privilegiado nas decisões dos outros tribunais, quando chamados a julgar casos paralelos ou afins"[499].

Dado que o Tribunal Constitucional, no domínio da fiscalização concreta da constitucionalidade – a qual vem representando, como dissemos, cerca de 90% da atividade daquele Tribunal[500] –, tem a sua competência restringida à questão de inconstitucionalidade (artigos 280º, nº 6, da Constituição e 71º, nº 1, da Lei do Tribunal Constitucional), são inevitáveis as interferências – e, por vezes, alguns conflitos – entre o âmbito da competência e da atividade jurisprudencial do Tribunal Constitucional e dos tribunais da jurisdição comum. Embora sem o sustentáculo de uma análise exaustiva da jurisprudência constitucional, em termos estatístico-quantitativos e qualitativos, podemos afirmar que têm sido, no entanto, muito raros os casos de "colisões" ou de "conflitos" entre o Tribunal Constitucional e os restantes tribunais (sobretudo os supremos tribunais das diferentes ordens de tribunais), dando estes, nos processos de fiscalização concreta da constitucionalidade de normas jurídicas, cabal cumprimento ao juízo formulado pelo

---

Tribunal Constitucional e os Outros Tribunais), in "Legitimidade e Legitimação da Justiça Constitucional", cit., p. 203 e 204.
[499] Cfr. A. MONTEIRO DINIZ, ob. cit., p. 205 e 206.
[500] No ano de 2015, segundo o Relatório de Atividades do Tribunal Constitucional, publicado na respetiva página oficial, a referida percentagem ainda foi mais elevada, porquanto das 1510 decisões proferidas, durante aquele ano, 1445 disseram respeito a processos de fiscalização concreta da constitucionalidade de normas jurídicas.

Tribunal Constitucional e reformulando as suas decisões em conformidade com o mesmo[501].

Papel decisivo na relação franca e leal colaboração que vêm sendo construídas entre o Tribunal Constitucional e os restantes tribunais tem desempenhado a postura do nosso órgão supremo da justiça constitucional – no cumprimento, aliás, dos preceitos constitucionais e legais – de cingir o seu julgamento à questão de constitucionalidade e de evitar que no seu juízo vá implicada qualquer censura ao tribunal *a quo* em domínios estranhos àquela matéria, tais como as questões respeitantes à forma do processo, à verificação e apreciação dos factos, bem como à interpretação e aplicação de normas do direito ordinário que não levantem problemas em termos jurídico-constitucionais ou problemas constitucionalmente relevantes[502].

---

[501] Adiante-se, no entanto, que o cumprimento das decisões do Tribunal Constitucional pelos outros tribunais não levanta problemas de maior no que toca às decisões de mais fácil concretização, isto é, às chamadas decisões de conteúdo *simples* ou *típico*. Outrotanto, não se poderá dizer a respeito das decisões de conteúdo *complexo* ou *atípico* (decisões *intermédias*), como sucede, nomeadamente, com as decisões interpretativas de provimento ou de rejeição da questão de constitucionalidade, nas quais o juiz *a quo* é confrontado, múltiplas vezes, com situações revestidas de alguma complexidade. Cfr., sobre este ponto, A. MONTEIRO DINIZ, ob. cit., p. 207 e 208. Para uma análise do modo como os tribunais têm executado as decisões do Tribunal Constitucional, tendo por base um estudo de vários casos concretos, cfr. A. ROCHA MARQUES, *O Tribunal Constitucional e os Outros Tribunais: A Execução das Decisões do Tribunal Constitucional*, in «Estudos sobre a Jurisprudência do Tribunal Constitucional», cit., p. 471-492.

Nos termos do mencionado Acórdão n.º 318/93, o Tribunal Constitucional não tem competência para "controlar" o modo como o tribunal recorrido "executou" a decisão do Tribunal Constitucional, uma vez que, implicando essa "execução" a valoração de provas e de factos, traduz ela a interpretação e aplicação do direito ordinário, sendo, por isso, *de per si*, insindicável pelo Tribunal Constitucional. Ainda segundo o mesmo aresto, o Tribunal Constitucional só poderá intervir, não como instância de supervisão da "execução" das suas decisões, mas como instância de recurso, se a segunda decisão do outro tribunal couber *autonomamente* na previsão das várias alíneas do n.º 1 do artigo 70.º da Lei do Tribunal Constitucional.

Mais recentemente, vem, porém, como já tivemos ensejo de sublinhar, o Tribunal Constitucional acentuando que a *violação do caso julgado* formado pelo julgamento da questão de constitucionalidade pelo Tribunal Constitucional constitui um *pressuposto autónomo* de recurso para o Tribunal Constitucional, de *conhecimento oficioso* (cfr., neste sentido, entre outros, os Acórdãos do Tribunal Constitucional n.ᵒˢ 532/99 e 340/2000).

[502] Cfr. WOLFGANG ZEIDLER, *Relatório do Tribunal Constitucional Alemão*, cit., p. 82.

Em suma, pode falar-se, entre nós, de um modelo de *cooperação dialética* da justiça constitucional e da jurisdição comum na realização da tarefa de assegurar o influxo das normas e dos princípios constitucionais na ordem jurídica ordinária, traduzindo-os e aplicando-os na prática jurídica e contenciosa correntes e, bem assim, de um "diálogo", com o inevitável risco de "divergências", entre o Tribunal Constitrucional e as diferentes instâncias jurisdicionais.

Cooperação dialética que pode ser surpreendida nas seguintes considerações gerais: o desempenho pela justiça constitucional, no seu modo de controlo normativo concreto, de uma função mediadora, de considerável extensão e de indiscutível relevo, entre a Constituição e a ordem jurídica ordinária; a não ocorrência, por via de regra, de atritos ou conflitos entre o Tribunal Constitucional e os tribunais comuns a respeito dos respetivos âmbitos de jurisdição e de competência; a impossibilidade de formulação, quanto aos juízos de mérito sobre as questões de constitucionalidade, de uma afirmação inequívoca sobre a convergência ou divergência entre os tribunais da jurisdição comum e o Tribunal Constitucional, não obstante a tendência para o Tribunal Constitucional acompanhar um antecedente juízo de não inconstitucionalidade dos tribunais comuns e para confirmar os juízos de inconstitucionalidade proferidos pelos mesmos tribunais; e a observância, em geral, pelos tribunais da jurisdição comum das decisões do Tribunal Constitucional sobre a conformidade constitucional, ou não, das normas jurídicas aplicadas ou desaplicadas nos casos concretos[503].

28.2. O Tribunal Constitucional e os tribunais supranacionais

Diferentes são as questões colocadas pelo "relacionamento" do Tribunal Constitucional com os tribunais supranacionais que desenvolvem a sua competência no *espaço da interconstitucionalidade* em que nos integramos, seja o Tribunal Europeu dos Direitos do Homem, seja o Tribunal de Justiça da União Europeia.

Em relação aos dois se pode afirmar que não fazem parte das suas funções a garantia, a interpretação e a concretização da Constituição

---

[503] Cfr. JOSÉ MANUEL M. CARDOSO DA COSTA, *Justiça Constitucional e Jurisdição Comum (Cooperação ou Antagonismo?)*, cit., p. 200, 205, 206 e 207-212.

portuguesa, mas da ordem jurídica que lhes foi confiada, ou seja, a Convenção para a Proteção dos Direitos do Homem e Liberdades Fundamentais, abreviadamente, Convenção Europeia dos Direitos do Homem[504], no que toca ao Tribunal Europeu dos Direitos do Homem, e o direito primário e derivado da União Europeia (estando incluído no primeiro a Carta dos Direitos Fundamentais), no que respeita ao Tribunal de Justiça da União Europeia.

Depois de termos analisado, muito sumariamente, o *valor jurídico* da Convenção Europeia dos Direitos do Homem e dos seus Protocolos Adicionais no direito interno português e de nos termos debruçado sobre a questão de saber se aquele documento pode, ou não, ser considerado como um *padrão autónomo* de um juízo de constitucionalidade de normas legais, importa deixar registadas três ideias muito breves sobre o "relacionamento" do Tribunal Constitucional com o Tribunal Europeu dos Direitos do Homem.

A primeira para afirmar que o Tribunal Constitucional profere decisões sobre matérias (justamente, as dos direitos fundamentais) que podem ser também objeto de apreciação pelo Tribunal Europeu dos Direitos do Homem, uma vez que a fonte (a Convenção Europeia dos Direitos do Homem) em que este Tribunal alicerça a sua competência

---

[504] A referida Convenção enquadra-se no movimento de dotar a Europa de uma carta comum de direitos e liberdades que condense os valores políticos e culturais das democracias da Europa (cfr. IRENEU CABRAL BARRETO, *A Convenção Europeia dos Direitos do Homem, Anotada*, 3ª ed., Coimbra, Coimbra Editora, 2005, p. 26-55). A mesma entrou em vigor em 3 de setembro de 1953, tendo sido objeto de 11 Protocolos, uns acrescentando-lhe novos direitos (Protocolos nºs 1, 4, 6 e 7), e outros, introduzindo modificações na competência, estrutura e funcionamento dos seus órgãos de controlo (Protocolos nºs 2, 3, 5, 9, 10 e 11). No conjunto destes últimos, reveste-se de particular importância o Protocolo nº 11, que introduziu uma profunda modificação na estrutura de controlo da Convenção, pondo termo à dualidade de órgãos – a Comissão e o Tribunal – e concentrando no Tribunal Europeu dos Direitos do Homem a missão de proteção dos direitos fundamentais, condensados naquele Documento Internacional.
A Convenção Europeia dos Direitos do Homem vigora no direito interno português, tendo a sua aprovação, para ratificação, ocorrido com a Lei nº 65/78, de 13 de outubro, tendo entrado em vigor em Portugal em 9 de novembro do mesmo ano (Aviso publicado no *Diário da República*, de 2 de janeiro de 1979). A Lei nº 12/87, de 7 de abril, procedeu à eliminação da maioria das reservas feitas em 1978 à Convenção e ao seu Protocolo Adicional nº 1.

vigora na ordem jurídica interna do nosso País. Com efeito, de harmonia com o artigo 34º da Convenção Europeia, os cidadãos portugueses têm um direito de apresentação de queixa ao Tribunal Europeu dos Direitos do Homem, depois de esgotadas as vias de recurso internas (artigo 35º), sempre que se considerem vítimas de uma violação dos direitos humanos, tal como são garantidos por aquela Convenção, pelo Estado Português – o qual se submeteu à jurisdição daquele Tribunal, ao ratificar a mencionada Convenção e os seus Protocolos.

O Tribunal Europeu dos Direitos do Homem pode declarar a existência de uma violação dos direitos humanos e proferir uma sentença vinculativa para o Estado português – tal como para todos os Estados-Membros do Conselho da Europa –, a qual, nos termos do artigo 41º da Convenção, atribuirá ao cidadão lesado uma reparação razoável, se necessário, e se o direito interno do Estado português não permitir senão imperfeitamente obviar às consequências de uma tal violação[505].

Constituído por um acervo muito elevado de arestos, a jurisprudência do Tribunal de Estrasburgo "tem enriquecido e vivificado a Convenção, dando plena eficácia aos direitos proclamados por ela. Esta jurisprudência dinâmica, que visa o «desenvolvimento» dos direitos do homem a que se refere o Preâmbulo da Convenção, contribui progressivamente para uma harmonização dos direitos nacionais à volta da Convenção – tal como é interpretada e aplicada pelo Tribunal – e para a formação de um direito comum aos Estados europeus, o direito da Convenção Europeia dos direitos do homem"[506].

A jurisprudência do Tribunal Europeu dos Direitos do Homem tem incidido sobre vários direitos fundamentais, tais como o direito à integridade da pessoa (direito à vida e interdição da tortura), o direito à liberdade e à segurança, o direito a um processo equitativo, o direito ao respeito da vida privada e familiar, a liberdade de pensamento, de consciência e de religião, a liberdade de expressão, a liberdade de reunião e de associação, o direito a eleições livres e o direito de propriedade"[507].

---

[505] Para mais desenvolvimentos, cfr. IRENEU CABRAL BARRETO, ob. cit., p. 285-331.
[506] Cfr. FRÉDÉRIC SUDRE (et al.), Les Grands Arrêts de la Cour Européenne des Droits de l'Homme, Paris, PUF, 2003, p. 1.
[507] Para mais desenvolvimentos, cfr. FRÉDÉRIC SUDRE (et al.), ob. cit., p. 83 e segs..

Mais recentemente, têm sido apresentadas no Tribunal Europeu dos Direitos do Homem queixas tendo por objeto matérias novas, como, por exemplo, a violação do direito à vida nos hospitais públicos, o tratamento desumano e degradante nas prisões, a prisão preventiva excessiva e a discriminação fundada no género e na orientação sexual.

A segunda para vincar que são muito raros os casos em que o Tribunal Constitucional e o Tribunal Europeu dos Direitos do Homem "divergiram", num caso concreto, a propósito do sentido e alcance de um direito fundamental[508].

[508] Um desses raríssimos casos diz respeito ao Acórdão do Tribunal Constitucional nº 113/97. Neste aresto, o Tribunal Constitucional, decidindo o recurso para si interposto do Acórdão do Tribunal da Relação de Lisboa de 29 de novembro de 1995, que condenou o Diretor do Jornal *Público*, Vicente Jorge Silva, pelo crime de difamação, na modalidade de dolo eventual, praticado contra o Diretor do Jornal *O Dia*, Silva Resende, negou provimento ao mesmo e, consequentemente, confirmou a decisão recorrida no que respeita à questão de constitucionalidade.

Debruçando-se sobre a questão de constitucionalidade que lhe foi submetida, referiu o Tribunal Constitucional, em dado trecho do acórdão, o seguinte: "Tem-se, destarte, por adquirida a possibilidade de admissão de limites à «liberdade de expressão» e, obviamente, à sua forma de veiculação «qualificada» – que é a «liberdade de imprensa» –, sendo que as razões que a tanto conduzem são, *mutatis mutandis*, transponíveis se o enfoque for projectado para o «direito de participação na vida política» exercitado através daquelas «liberdades». Não se olvida que, como porventura se deixou já aflorado, nas situações em que estão em causa figuras públicas e candidatos ou titulares de cargos políticos, é possível que, mesmo antes de um raciocínio que conduza à tentativa de harmonização dos direitos «em conflito» (respeitados que sejam o princípio da proporcionalidade e a não diminuição do conteúdo e alcance essenciais do direito que possa vir a prevalecer), se tenha de concluir que um desses direitos - *in casu*, o denominado direito à honra – tenha uma esfera de protecção algo diminuída à partida. E, assim, aquilo que, não estando em causa essas situações, levaria a que, na optimização equilibrada dos dois direitos, se considerasse dever determinada palavra, expressão, imagem ou juízo sofrerem uma censura jurídico-penal, já não sucederia de modo exactamente igual naqueloutras situações como a descrita. Para estas últimas, o juízo de censura haveria de balizar-se em malhas «mais apertadas», só devendo efectivar-se nos casos em que, na realidade, não o sendo, estivesse já, com um tal posicionamento, a afastar-se o conteúdo essencial do direito ao bom nome e reputação. Simplesmente, no vertente caso, terá este Tribunal de aceitar o juízo valorativo-fáctico levado a cabo pelo acórdão recorrido que, inquestionavelmente, concluiu que as expressões utilizadas pelo recorrente traduziram um insulto pessoal, excedendo o direito de informar e de formar a opinião pública, o debate político ou a opinião sobre as ideias do assistente, ora recorrido, vindo a lesar a sua imagem pessoal, denegrindo-a, e a constituir uma ofensa à sua integridade moral".

Inconformado, o mencionado Jornalista apresentou uma queixa ao Tribunal Europeu dos Direitos do Homem contra o Estado Português, alegando que a sua condenação tinha atentado contra ao se direito à liberdade de expressão, plasmado no artigo 10º da Convenção Europeia dos Direitos do Homem, cujo conteúdo é o seguinte: "1. Qualquer pessoa tem direito à liberdade de expressão. Este direito compreende a liberdade de opinião e a liberdade de receber ou de transmitir informações ou ideias sem que possa haver ingerência de quaisquer autoridades públicas e sem considerações de fronteiras. O presente artigo não impede que os Estados submetam as empresas de radiodifusão, de cinematografia ou de televisão a um regime de autorização prévia. 2. O exercício desta liberdades, porquanto implica deveres e responsabilidades, pode ser submetido a certas formalidades, condições, restrições ou sanções, previstas pela lei, que constituam providências necessárias, numa sociedade democrática, para a segurança nacional, a integridade territorial ou a segurança pública, a defesa da ordem e a prevenção do crime, a protecção da saúde ou da moral, a protecção da honra ou dos direitos de outrem, para impedir a divulgação de informações confidenciais, ou para garantir a autoridade e a imparcialidade do poder judicial".

Por Acórdão de 28 de setembro de 2000, o Tribunal Europeu dos Direitos do Homem sublinhou que "a liberdade de expressão constitui um dos fundamentos essenciais de uma sociedade democrática e uma das condições primordiais do seu progresso e do desenvolvimento de cada cidadão", que "ela vale não somente para as «informações» ou «ideias» acolhidas favoravelmente ou consideradas como inofensivas ou indiferentes, mas também para aquelas que ferem, chocam ou causem inquietação", porque "assim o exigem o pluralismo, a tolerância e o espírito de abertura, sem os quais não há «sociedade democrática»" e, bem assim, que "estes princípios revestem particular importância para a imprensa". Nele reafirmou a sua jurisprudência constante do Acórdão *Oberschlick c. Áustria, de 1 de Julho de 1997,* nos termos da qual o exercício daquela liberdade "não deve ultrapassar os limites fixados em vista, nomeadamente, da «proteção da reputação de outrem»", mas tais limites "são mais amplos em relação ao homem político, atuando na sua qualidade de personagem pública, do que relativamente a um simples particular", pelo que os imperativos de proteção da sua reputação, mesmo fora do quadro da sua vida privada, "devem ser ponderados com os interesses da livre discussão das questões políticas, devendo as exceções à liberdade de expressão ter uma interpretação estrita".

Segundo o Tribunal Europeu dos Direitos do Homem, a condenação do mencionado Jornalista "não representava assim um meio razoavelmente proporcionado à prossecução do fim legítimo visado, tendo em conta o interesse da sociedade democrática em assegurar e manter a liberdade de imprensa". E, nesta linha, decidiu que houve violação do artigo 10º da Convenção e condenou, nos termos do artigo 41º da mesma Convenção, o Estado Português a pagar ao Diretor do Jornal *Público* as despesas judiciais e a indemnização a que tinha sido condenado pelo Tribunal da Relação de Lisboa.

Cfr., sobre este assunto, Francisco Teixeira da Mota, *A Liberdade de Expressão em Tribunal*, Lisboa, Fundação Francisco Manuel dos Santos, 2013, p. 46-51. Para uma abordagem da problemática das restrições à "liberdade de expressão" com base na proteção do "direito fundamental ao bom nome e reputação", condensado no artigo 26º, nº 1, da

E a terceira para acentuar, na linha do anteriormente sublinhado, que o Tribunal Constitucional português vem recorrendo, com alguma frequência, às decisões do Tribunal Europeu dos Direitos do Homem, encontrando nelas apoio para a sua jurisprudência, assistindo-se, por isso, cada vez mais, não a uma relação de "concorrência", mas de "convergência" e de "complementaridade" entre as jurisprudências do Tribunal Europeu dos Direitos do Homem e do Tribunal Constitucional português em matéria de proteção dos direitos fundamentais dos cidadãos.

Por fim, no que concerne ao "relacionamento" entre o Tribunal Constitucional e o Tribunal de Justiça da União Europeia, tivemos oportunidade de referir, em páginas anteriores, algumas ideias sobre o complexo problema de saber em que termos as normas de direito da União Europeia (primário e derivado) estão sujeitas a fiscalização da constitucionalidade e com que amplitude é que esse controlo pode ser feito pelo Tribunal Constitucional.

E a conclusão a que chegámos foi a de que, devido à existência, entre nós, de normas constitucionais específicas, bem como ao valor ou ao interesse da unidade de aplicação do direito da União Europeia, o controlo de constitucionalidade pelo Tribunal Constitucional português (como, de resto, por outro qualquer tribunal congénere dos Estados Membros da União) do direito (primário ou derivado) da União Europeia deve restringir-se à averiguação da compatibilidade do mesmo com os princípios informadores e estruturantes fundamentais do Estado de direito democrático plasmados na Constituição portuguesa.

Ao Tribunal Constitucional caberá, pois, desempenhar, em relação ao direito da União Europeia, conforme resulta da parte final do artigo 8º, nº 4, da Constituição, uma missão de garante do "núcleo essencial", "núcleo duro", "núcleo infungível" ou "núcleo identitário" da Constituição portuguesa[509].

Constituição e, bem assim, sobre o problema dos contornos deste direito quando estejam em causa "titulares de cargos políticos e figuras públicas", cfr. JÓNATAS E. M. MACHADO, *Liberdade de Expressão, Dimensões Constitucionais da Esfera Pública no Sistema Social*, Boletim da Faculdade de Direito, STUDIA JURIDICA 65, Universidade de Coimbra, Coimbra, Coimbra Editora, 2002, p. 759-764 e 803-821.

[509] De modo similar, o Tribunal Constitucional Federal alemão, como "guardião da Constituição", limita-se, segundo a sua jurisprudência, a fiscalizar se o direito da União

Mas, ao exercer esta tarefa, não deverá o Tribunal Constitucional avançar para a emissão de um eventual juízo de desconformidade "constitucional" de normas do ordenamento jurídico da União Europeia, sem antes submeter a questão da "interpretação" e mesmo, eventualmente, da "validade" delas ao Tribunal de Justiça da União Europeia, utilizando para tanto o mecanismo do "reenvio prejudicial" – um instrumento que fomenta o diálogo entre o intérprete máximo do ordenamento jurídico da União Europeia (o Tribunal de Justiça) e o intérprete máximo do ordenamento jurídico-constitucional dos Estados-Membros (os Tribunais Constitucionais ou similares), com o objetivo de garantir a correta aplicação e a interpretação uniforme do direito da União no conjunto dos Estados-Membros[510]. Só depois de percorrido este caminho, e na hipótese, muito improvável, de através dele se não chegar a um resultado satisfatório, é que aquele primeiro Tribunal deverá exercer, como *ultima ratio*, o seu irrenunciável poder de controlo, para impor, no

Europeia viola *o núcleo duro intangível da identidade constitucional da Lei Fundamental ("den unantastbaren Kerngehalt der Verfassungsidentität des Grundgesetzes")*, segundo o artigo 23º, alínea 1, combinado com o artigo 79º, alínea 3, da GG (o denominado *controlo de identidade – Identitätskontrolle*) e, bem assim, a averiguar se os atos jurídicos dos órgãos da União Europeia se contêm dentro dos limites dos poderes que lhe foram atribuídos, pois, se tal não suceder, eles não estão abrangidos pela lei de transferência de direitos de soberania (*Hoheitsrechte*) a que se refere o artigo 23º, alínea 1, frase 2, da GG (o designado *controlo ultra vires – Ultra-vires-Kontrolle*).
Para lá destes limites, não está o direito primário e derivado da União Europeia sujeito a fiscalização de constitucionalidade pelo Tribunal Constitucional alemão. Com efeito, entende-se que o âmbito de competência do Tribunal Constitucional Federal, enquanto órgão estatal e constitucional, está circunscrito aos atos legislativos provenientes dos órgãos soberanos em face da Lei Fundamental alemã, pelo que as normas do direito primário e derivado da União Europeia não podem ser objeto de controlo abstrato e concreto de constitucionalidade. Para mais desenvolvimentos sobre estes tópicos, cfr. CHRISTIAAN HILLGRUBER/CHRISTOPH GOOS, ob. cit., p. 378-389.

[510] Assim tem procedido o Tribunal Constitucional italiano, que tem vindo a admitir o *reenvio prejudicial* para o Tribunal de Justiça sobre a interpretação do direito da União Europeia, nos termos do artigo 257º do Tratado sobre o Funcionamento da União Europeia, nos processos de fiscalização da constitucionalidade, tanto em via principal como em via incidental, pois outra atitude "comportaria uma inaceitável lesão do interesse geral da aplicação uniforme do direito da união europeia, tal como interpretado pelo Tribunal de Justiça". Cfr. ELENA MALFATTI/SAULLE PANIZZA/ROBERTO ROMBOLI, ob. cit., p. 376-378.

âmbito da ordem jurídica portuguesa, a primazia desse radical básico de princípios fundamentais.

Seja como for – sendo este o ponto que nos interessa, agora, realçar na problemática do "relacionamento" entre o Tribunal Constitucional e o Tribunal de Justiça da União Europeia -, nunca o primeiro foi chamado a apreciar a compatibilidade com a Constituição de qualquer norma do direito da União Europeia, primário ou derivado, e muito dificilmente algum dia será chamado a fazê-lo, porquanto existe uma grande permeabilidade da nossa Constituição material aos princípios axiológicos do direito da União Europeia, condensados no artigo 2º do Tratado da União Europeia, o qual determina que a União Europeia "funda-se nos valores do respeito pela dignidade humana, da liberdade, da democracia, da igualdade, do Estado de direito e do respeito pelos direitos do Homem, incluindo os direitos das pessoas pertencentes a minorias" e proclama que "estes valores são comuns aos Estados-Membros, numa sociedade caracterizada pelo pluralismo, a não discriminação, a tolerância, a justiça, a solidariedade e a igualdade entre homens e mulheres".

Refira-se, por último, que, tendo Portugal aderido à Comunidade Económica Europeia numa data (1 de janeiro de 1986) em que já tinha sido inscrita na matriz institutiva das Comunidades Europeias a tutela dos direitos fundamentais e num período em que o Tribunal de Justiça já se afirmava como o garante da proteção dos mesmos na ordem jurídica comunitária, nunca se colocou ao Tribunal Constitucional português, diferentemente do que se passou com o Tribunal Constitucional Federal alemão e com o Tribunal Constitucional italiano[511], a questão da sua competência para controlar as normas de "direito derivado" das Comunidades Europeias com os direitos fundamentais inscritos na Constituição portuguesa[512].

Nunca existiu, assim, nem se projeta que algum dia venha a existir, qualquer situação de potencial "conflito" entre o Tribunal Constitucional português e o Tribunal de Justiça da União Europeia. Pelo contrário,

---

[511] Sobre o tema das relações entre o Tribunal Constitucional italiano e o Tribunal de Justiça da União Europeia, cfr. ELENA MALFATTI/SAULLE PANIZZA/ROBERTO ROMBOLI, ob. cit., p. 367-372.
[512] Sobre este tema, cfr. o nosso artigo *Direitos Fundamentais e a Sua Protecção Jurisdicional Efectiva*, cit., p. 90-94.

o que se tem verificado é que o Tribunal Constitucional português vem recorrendo, também, a decisões do Tribunal de Justiça da União Europeia, encontrando nelas apoio para a sua jurisprudência, em matéria de proteção dos direitos fundamentais[513]. E a razão fundamental para

[513] Assim sucedeu, por exemplo, com o Acórdão do Tribunal Constitucional nº 591/2016, no qual foi julgada "inconstitucional, por violação do artigo 20º, nº 1, da Constituição, a norma do artigo 7º, nº 3, da Lei nº 34/2004, de 29 de julho, na redação dada pela Lei nº 47/2007, de 28 de agosto, na parte em que recusa proteção jurídica a pessoas coletivas com fins lucrativos, sem consideração pela concreta situação económica das mesmas", com os Acórdãos do mesmo Tribunal nºs. 86/2017 e 266/2017, que, também em processo de fiscalização concreta de constitucionalidade, decidiram no mesmo sentido e, bem assim, com o Acórdão nº 242/2018, que, em processo de fiscalização abstrata sucessiva, declarou a inconstitucionalidade, com força obrigatória geral, da mesma norma. Estes arestos mobilizaram, entre outros fundamentos, a interpretação dada pelo Tribunal de Justiça da União Europeia ao artigo 47º, parágrafo terceiro, da Carta dos Direitos Fundamentais da União Europeia no Acórdão de 22 de dezembro de 2010, Processo C-279/09, cujo conteúdo é o seguinte: "É concedida assistência judiciária a quem não disponha de recursos suficientes, na medida em que essa assistência seja necessária para garantir a efectividade do acesso à justiça".
Debruçando-se sobre a *questão prejudicial* colocada por um tribunal de recurso alemão (*Kammergericht*), "tendo por objeto a interpretação do princípio da proteção jurisdicional efetiva, como consagrado no artigo 47º da Carta, com vista a verificar se, no contexto de uma ação de indemnização intentada contra o Estado ao abrigo do direito da União, essa disposição se opõe a que uma legislação nacional sujeite o exercício da ação judicial ao pagamento de um preparo e preveja que não deve ser concedido apoio judiciário a uma pessoa coletiva, numa situação em que esta última não tem a possibilidade de pagar esse preparo", aquele Acórdão do Tribunal de Justiça da União Europeia consignou, em determinado trecho, o seguinte:
"O princípio da proteção jurisdicional efetiva, como consagrado no artigo 47º da Carta, deve ser interpretado no sentido de que não está excluído que possa ser invocado por pessoas coletivas e que o apoio concedido em aplicação deste princípio pode abranger, designadamente, a dispensa de pagamento antecipado dos encargos judiciais e/ou a assistência de um advogado. Incumbe ao órgão jurisdicional nacional verificar se os requisitos de concessão do apoio judiciário constituem uma limitação do direito de acesso aos tribunais suscetível de prejudicar a essência desse direito, se têm um objetivo legítimo e se existe uma relação razoável de proporcionalidade entre os meios utilizados e o objetivo prosseguido. No âmbito dessa apreciação, o órgão jurisdicional nacional pode tomar em consideração o objeto do litígio, as hipóteses razoáveis de sucesso do requerente, a gravidade do que está em causa para este, a complexidade do direito e do processo aplicáveis, bem como a capacidade de o requerente defender efetivamente a sua causa. Para apreciar a proporcionalidade, o órgão jurisdicional nacional pode também

esta conclusão é a existência de um *ius comune* em matéria de direitos fundamentais, *ius comune* construído sobre três bases: a Constituição da República Portuguesa, a Convenção Europeia dos Direitos do Homem e o Direito da União Europeia, incluindo a Carta dos Direitos Fundamentais da União Europeia.

ter em conta a importância dos encargos judiciais que deve ser paga antecipadamente e o carácter insuperável, ou não, do obstáculo que estes eventualmente representam para efeitos do acesso à justiça. No que respeita mais concretamente às pessoas coletivas, o órgão jurisdicional nacional pode tomar em consideração a situação destas. Assim, pode tomar em conta, designadamente, a forma e o fim lucrativo ou não da pessoa coletiva em causa, bem como a capacidade financeira dos seus sócios ou acionistas e a possibilidade de estes obterem as quantias necessárias para a propositura da ação". Cfr., sobre este tema, João Carlos Loureiro, *Anotação ao Acórdão do Tribunal Constitucional nº 591/2016, de 9 de Novembro (Pessoas Coletivas Com Fins Lucrativos e Apoio Judiciário)*, in "Revista de Legislação e de Jurisprudência", Ano 147º, nº 4008, p. 155-182.

BIBLIOGRAFIA

ABRANTES, J. João – *Contrato de Trabalho e Direitos Fundamentais*, Coimbra, Coimbra Editora, 2005.

ACÓRDÃO do Segundo Senado do Tribunal Constitucional Federal Alemão de 30 de junho de 2009, em http://www.bverfg.de/e/es20090630_2bve000208.html, acesso em 26 de dezembro de 2015.

ACOSTA SÁNCHEZ, José – *Formación de la Constitución y Jurisdicción Constitucional (Fundamentos de la Democracia Constitucional)*, Madrid, Tecnos, 1998.

ALEXANDRINO, José de Melo – *O Novo Constitucionalismo Angolano*, e-book, Lisboa, Instituto de Ciências Jurídico-Políticas da Faculdade de Direito da Universidade de Lisboa, 2013.

ALEXANDRINO, José de Melo – *Jurisprudência da Crise. Das Questões Prévias às Perplexidades*, in "O Tribunal Constitucional e a Crise, Ensaios Críticos", org. GONÇALO DE ALMEIDA RIBEIRO/LUÍS PEREIRA COUTINHO, Coimbra, Almedina, 2014.

— *Sim ou Não ao Recurso de Amparo?*, in "Julgar", nº 11, 2010.

ALEXY, Robert – *Theorie der Grundrechte*, 2. Aufl., Frankfurt am Main, Suhrkamp, 1994.

— *Direitos Constitucionais e Fiscalização da Constitucionalidade*, in "Boletim da Faculdade de Direito", Vol. LXXXVIII, Tomo II, Coimbra, 2012.

ALLAN, T. R. S. – *Constitutional Justice, A Liberal Theory of The Rule of Law*, Oxford, Oxford University Press, 2001.

ALLARD, Julie / GARAPON, Antoine – *Os Juízes na Mundialização. A Nova Revolução do Direito*, Lisboa, Instituto Piaget, 2005.

ALMEIDA, Francisco Ferreira de – *Direito Internacional Público*, 2ª ed., Coimbra, Almedina, 2003.

ALMEIDA, Luís Nunes de – *Da Politização à Independência (Algumas Reflexões sobre a Composição do Tribunal Constitucional)*, in «Legitimidade e Legitimação da Justiça Constitucional (Colóquio no 10º Aniversário do Tribunal Constitucional)», Coimbra, Coimbra Editora, 1995.

— Relatório *de Portugal*, in «VII Conferência dos Tribunais Constitucionais Europeus – Justiça Constitucional e Espécies, Conteúdo e Efeitos das Decisões sobre a Constitucionalidade de Normas», 3ª Parte, Lisboa, Tribunal Constitucional, 1987.

— / MIRANDA, Jorge / MENDES, Armindo Ribeiro – *Révision de la Constitution et Justice Constitutionnelle*, in «Annuaire International de Justice Constitutionnelle», X (1994), Paris, Economica, 1995.

ALMEIDA, Mário Aroso de – *Os Regulamentos no Ordenamento Jurídico Português*, in "Estudos Comemorativos dos 10 Anos da Faculdade de Direito da Universidade Nova de Lisboa", Vol. I, Coord. DIOGO FREITAS DO AMARAL/CARLOS FERREIRA DE ALMEIDA/MARTA TAVARES DE ALMEIDA, Coimbra, Almedina, 2008.
— *Teoria Geral do Direito Administrativo – O Novo Regime do Código do Procedimento Administrativo*, 3ª ed., Coimbra, Almedina, 2016.
— *Manual de Processo Administrativo*, Coimbra, Almedina, 2010.
— *Manual de Processo Administrativo*, 2ª ed., Coimbra, Almedina, 2016.
— *Comentários aos Artigos 7º, nºs 3 e 4, e 9º*, in "Comentário ao Regime de Responsabilidade Civil Extracontratual do Estado e Demais Entidades Públicas", Lisboa, Universidade Católica Editora, 2013.
— / CADILHA, Carlos Alberto Fernandes – *Comentário ao Código de Processo nos Tribunais Administrativos*, 2ª ed., Coimbra, Almedina, 2007.
ÁLVAREZ CONDE, Enrique – *Curso de Derecho Constitucional*, Vol. II, Madrid, Tecnos, 1993.
AMARAL, Diogo Freitas do – *Curso de Direito Administrativo*, vol. II, Coimbra, 2011.
AMARAL, Maria Lúcia – *Queixas Constitucionais e Recursos de Constitucionalidade (Uma Lição de Direito Público Comparado)*, in "Estudos Comemorativos dos 10 Anos da Faculdade de Direito da Universidade Nova de Lisboa, Vol. I, Coord. DIOGO FREITAS DO AMARAL/CARLOS FERREIRA DE ALMEIDA/MARTA TAVARES DE ALMEIDA, Coimbra, Almedina, 2008.
— *Competências Complementares do Tribunal Constitucional Português*, in "Estudos em Homenagem ao Prof. Doutor José Joaquim Gomes Canotilho", Vol. II, Coimbra, Coimbra Editora, 2012.
ANDRADE, José Carlos Vieira de – *Os Direitos Fundamentais na Constituição Portuguesa de 1976*, 4ª ed., Coimbra, Almedina, 2012.
— *Lições de Direito Administrativo*, 5ª ed., Coimbra, Imprensa da Universidade de Coimbra, 2017.
— *A Fiscalização de "Normas Privadas" pelo Tribunal Constitucional*, in "Revista de Legislação e de Jurisprudência", Ano 133º, nº 3920, 2001.
— *Legitimidade da Justiça Constitucional e Princípio da Maioria*, in «Legitimidade e Legitimação da Justiça Constitucional (Colóquio no 10º Aniversário do Tribunal Constitucional)», Coimbra, Coimbra Editora, 1995.
— *A Justiça Administrativa, Lições*, 11ª ed., Coimbra, Almedina, 2011.
— *A Justiça Administrativa, Lições*, 13ª ed., Coimbra, Almedina, 2014.
— *A Justiça Administrativa, Lições*, Coimbra, 14ª ed., Coimbra, Almedina, 2015.
— *A Justiça Administrativa*, 16ª ed., Coimbra, Almedina, 2017.
— *A Responsabilidade Civil do Estado por Danos Decorrentes do Exercício da Função Legislativa*, in "Estudos em Homenagem a António Barbosa de Melo", Coimbra, Almedina, 2013.
— *Lições de Direito Administrativo*, 4ª ed., Coimbra, Imprensa da Universidade de Coimbra, 2015.
ANTUNES, Luís Miguel Pais / VILAÇA, José Luís da Cruz / PIÇARRA, Nuno – *Droit Constitutionnel et Droit Communautaire. Le Cas Portugais*, in «Rivista di Diritto Europeo», Ano XXXI (1991), Nº 2.
ARAÚJO, António de – *Relações entre o Direito Internacional e o Direito Interno – Limitação dos Efeitos do Juízo de Constitucionalidade (A Norma do Artigo 277º, nº 2, da CRP)*, in

«Estudos de Jurisprudência do Tribunal Constitucional», Lisboa, Aequitas/Diário de Notícias, 1993.

— / NABAIS, José Casalta / VILALONGA, José Manuel – *Relatório de Portugal para a II Conferencia de la Justicia Constitucional de Iberoamérica, Portugal y España*, in «Anuario Iberoamericano de Justicia Constitucional», Madrid, Centro de Estudios Políticos y Constitucionales, 1998.

— / TORRES, Mário / REMÉDIO, Alberto Esteves / MARQUES, António Rocha / PIMENTEL, Margarida Menéres – *Guia de Jurisprudência do Tribunal Constitucional (1983-1999)*, Coimbra, Coimbra Editora, Vol. I, 2000, e Vol. II, 2001.

ARCIDIACONO, Luigi / CARULLO, Antonio / RIZZA, Giovanni – *Istituzioni di Diritto Pubblico*, 2ª ed., Bologna, Monduzzi, 1997.

BADURA, Peter – *Verfassunsänderung, Verfassungswandel, Verfassungsgewohnheitsrecht*, in "INSENSEE/KIRCHHOF (Hg.), Handbuch des Staatsrechts, Dritte Auflage, Band XII, Normativität un Schutz der Verfassung", Heidelberg/München, C. F. Müller, 2014.

BARAK, Ahron – *Hermeneutics and Constitutional Interpretation*, in «Constitutionalism, Identity, Difference and Legitimacy (Theoretical Perspectives)», ed. M. Rosenfeld, Durham/London, Duke University Press, 1994.

BARBERA, Augusto / FUSARO, Carlo – *Corso di Diritto Pubblico*, 3ª ed., Bologna, Il Mulino, 2001.

BAPTISTA, Eduardo Correia – *Natureza Jurídica dos Memorandos com o FMI e com a União Europeia*, in "Revista da Ordem dos Advogados", 71 (2011).

BARRETO, Ireneu Cabral – *A Convenção Europeia dos Direitos do Homem, Anotada*, 2 ed., Coimbra, Coimbra Editora, 1999.

BARROSO, Luís Roberto – *O Direito Constitucional e a Efetividade das suas Normas (Limites e Possibilidades da Constituição Brasileira)*, 4ª ed., Rio de Janeiro/São Paulo, Renovar, 2000.

— *Judicialização, Ativismo Judicial e Legitimidade Democrática*, in "Revista de Direito do Estado", Rio de Janeiro, nº 13, janeiro/março de 2009.

BATTIS, Ulrich, *Der Verfassungsverstoß und seine Rechtsfolgen*, in "INSENSEE/KIRCHHOF (Hg.), Handbuch des Staatsrechts, Dritte Auflage, Band XII, Normativität un Schutz der Verfassung", Heidelberg/München, C. F. Müller, 2014.

BENDA, Ernst / KLEIN, Eckart – *Lehrbuch des Verfassungsprozessrechts*, Heidelberg, Müller, 1991.

BILBAO UBILLOS, Juan María – *La Eficacia a Terceros de los Derechos Fundamentales en el Ordenamiento Español*, in "Direitos Fundamentais e Direito Privado: Uma Perspectiva de Direito Comparado", org. ANTÓNIO PINTO MONTEIRO/JÖRG NEUER/INGO SARLET, Coimbra, Almedina, 2007.

BLANCO VALDÉS, Roberto – *Il Tribunale Costituzionale Spagnolo: Disegno Giuridico e Pratica Politica*, in "Diritti Fondamentali e Giustizia Costituzionale, Esperienze Europee e Nord-Americana", a cura di SILVIO GAMBINO, Milano, Giuffrè, 2012.

BÖCKENFÖRDE, Ernst-Wolfgang – *Die Methoden der Verfassungsinterpretation – Bestandsaufnahme und Kritik*, in «Neue Juristische Wochenschrift», 46 (1976).

— *Staat, Nation, Europa: Studien zur Staatslehre, Verfassungstheorie und Rechtsphilosophie*, 2. Aufl., Frankfurt am Main, Suhrkamp, 2000.

BOTELHO, Catarina Santos – *Haja uma Nova Jurisdição Constitucional – Pela Introdução de um Mecanismo de Acesso Directo dos*

Particulares ao Tribunal Constitucional, in "Revista da Ordem dos Advogados, Ano 70, Vol. I-IV, 2011.
— / CARVALHO, Raquel / VAZ, Manuel Afonso / FOLHADELA, Inês / RIBEIRO, Ana Teresa – *Direito Constitucional, O Sistema Constitucional Português*, Coimbra, Coimbra Editora, 2012.

BON, Pierre – *La Legitimité du Conseil Constitutionnel Français*, in «Legitimidade e Legitimação da Justiça Constitucional (Colóquio no 10º Aniversário do Tribunal Constitucional)», Coimbra, Coimbra Editora, 1995.

BONAVIDES, Paulo – *Curso de Direito Constitucional*, 24ª ed., São Paulo, Malheiros, 2009.

BRANCO, Paulo Gustavo Gonnet / MENDES, Gilmar Ferreira – *Curso de Direito Constitucional*. 7ª ed, São Paulo, Saraiva, 2012.

BRITO, José de Sousa e – *Jurisdição Constitucional e Principio Democrático*, in «Legitimidade e Legitimação da Justiça Constitucional (Colóquio no 10º Aniversário do Tribunal Constitucional)», Coimbra, Coimbra Editora, 1995.

— *Razão Democrática e Direito*, in «Ética e o Futuro da Democracia», Lisboa, Colibri, 1998.

BRITO, Maria Helena, *Relações entre a Ordem Jurídica Comunitária e a Ordem Jurídica Nacional: Desenvolvimentos Recentes em Direito Português*, in "Estudos em Homenagem ao Conselheiro José Manuel Cardoso da Costa", Tribunal Constitucional, Lisboa, Coimbra Editora, 2003.

BRITO, Mário de – *Competência Legislativa das Regiões Autónomas*, in «Scientia Juridica», Tomo XLIII (1994), nºs 247-249.

BRITO, Miguel Nogueira de – *Medida e Intensidade do Controlo da Igualdade na Jurisprudência da Crise do Tribunal Constitucional* in "O Tribunal Constitucional e a Crise, Ensaios Críticos", org. GONÇALO DE ALMEIDA RIBEIRO/LUÍS PEREIRA COUTINHO, Coimbra, Almedina, 2014.

BRITO, Paula Maria Dias – *A Fiscalização Preventiva da Constitucionalidade de Leis e Decretos-Leis na Constituição de 1976*, Tese de Mest., polic., Coimbra, 1997.

BRONZE, Fernando José Pinto – *A Interpretação Jurídica e as Fontes do Direito (Nótula Proporcionada pelos 50 Anos do Código Civil)*, in "Revista de Legislação e de Jurisprudência", Ano 146º, nº 4002.

CAETANO, Marcello – *Manual de Direito Administrativo*, Vol. I, Coimbra, 2001.

CADILHA, Carlos Alberto Fernandes – *Regime da Responsabilidade Civil Extracontratual do Estado e Demais Entidades Públicas Anotado*, 2ª ed., Coimbra, Coimbra Editora, 2011.

— / ALMEIDA, Mário Aroso de – *Comentário ao Código de Processo nos Tribunais Administrativos*, 2ª ed., Coimbra, Almedina, 2007.

CADOUX, Charles – *Droit Constitutionnel et Institutions Politiques*, 4ª ed., Paris, Cujas, 1995.

CANARIS, Claus-Wilhelm – *Direitos Fundamentais e Direito Privado*, trad. de INGO WOLFGANG STARLET/PAULO MOTA PINTO, Coimbra, Almedina, 2003.

CANOTILHO, José Joaquim Gomes — *Constituição Dirigente e Vinculação do Legislador: Contributo para a Compreensão das Normas Constitucionais Programáticas*, Coimbra, Coimbra Editora, 1982.

— *Constituição e Défice Procedimental*, in "Estudos sobre Direitos Fundamentais", Coimbra, Coimbra Editora, 2004.

— *"Brancosos" e Interconstitucionalidade – Itinerários dos Discursos sobre a Historicidade Constitucional*, 2ª ed., Coimbra, Almedina, 2008.

— *Direito Constitucional e Teoria da Constituição*, 7ª ed., Coimbra, Almedina, 2003.

— *Estudos sobre Direitos Fundamentais*, 2ª ed., Coimbra, Coimbra Editora, 2008.

— *As Palavras e os Homens – Reflexões sobre a Declaração Conjunta Luso-Chinesa e a Institucionalização do Recurso de Amparo de Direitos e Liberdades na Ordem Jurídica de Macau*, in "Boletim da Faculdade de Direito da Universidade de Coimbra", Vol. LXX (1994).

— *Tópicos de um Curso de Mestrado sobre Direitos Fundamentais, Procedimento, Processo e Organização*, in «Boletim da Faculdade de Direito da Universidade de Coimbra», Vol. 66 (1990).

— *Estado de Direito*, Lisboa, Gradiva, 1999.

— *Anotação ao Acórdão do Tribunal Constitucional nº 195/94*, in «Revista de Legislação e de Jurisprudência», Ano 127º, nº 3845.

— *Anotação ao Acórdão do Tribunal Constitucional nº 1/97*, in «Revista de Legislação e Jurisprudência», Ano 130º, nºs 3875 e 3876.

— *Anotação ao Acórdão do Tribunal Constitucional nº 709/97*, in «Revista de Legislação e de Jurisprudência», Ano 130º, nº 3882.

— *Para uma Teoria Pluralística da Jurisdição Constitucional no Estado Constitucional Democrático Português*, in "Revista do Ministério Público", Ano 9, nºs 33-34, janeiro-junho, 1988.

— *Tribunal Constitucional, Jurisprudências e Políticas Públicas*, in "Anuário Português de Direito Constitucional", Vol. III, 2003.

— *Para Uma Revisão da Dogmática da Jusfundamentalidade*, in "Estudos em Homenagem a António Barbosa de Melo", Coimbra, Almedina, 2013.

— / MOREIRA, Vital – *Fundamentos da Constituição*, Coimbra, Coimbra Editora, 1991.

— / MOREIRA, Vital – *Constituição da República Portuguesa Anotada*, Vol. I, 4ª ed., Coimbra, Coimbra Editora, 2007.

— / MOREIRA, Vital – *Constituição da República Portuguesa Anotada*, Vol. II, 4ª ed., Coimbra, Coimbra Editora, 2010.

CARAZO LIÉBANA, Maria José - *La Garanzia dei Diritti Fondamentali nella Costituzione Spagnola del 1978: Amparo Costituzionale e Amparo Giurisdizionale*, in "Diritti Fondamentali e Giustizia Costituzionale, Esperienza Europee e Nord-Americana", a cura di SILVIO GAMBINO, Milano, Giuffrè, 2012.

CARDINAL, Paulo – *O Amparo de Direitos Fundamentais no Direito Comparado e no Ordenamento Jurídico de Macau*, in "Revista Jurídica de Macau", nº 1 (1996).

— *O Instituto do Recurso de Amparo de Direitos Fundamentais e a Juslusofonia – Os Casos de Macau e Cabo Verde*, in "Estudos de Direitos Fundamentais no Contexto da JusMacau – Entre a Autonomia e a Continuidade", Macau, Fundação Rui Cunha, 2015.

CARETTI, Paolo / SIERVO, Ugo de – *Istituzioni di Diritto Pubblico*, 3ª ed., Torino, Giappichelli, 1996.

CARULLO, Luigi / ARCIDIACONO, Luigi / RIZZA, Giovanni – *Istituzioni di Diritto Pubblico*, 2ª ed., Bologna, Monduzzi, 1997.

CARVALHO, Américo A. Taipa de – *Sucessão de Leis Penais*, 3ª ed., Coimbra, Coimbra Editora, 2008.

CARVALHO, Raquel – *Comentários aos Artigos 7º, nº 1, e 8º*, in "Comentário ao Regime de Responsabilidade Civil Extracontratual do Estado e Demais Entidades Públicas", Lisboa, Universidade Católica Editora, 2013.

— / VAZ, Manuel Afonso / BOTELHO, Catarina Santos / FOLHADELA, Inês / RIBEIRO, Ana Teresa – *Direito Constitucional, O Sistema Constitucional Português*, Coimbra, Coimbra Editora, 2012.

CATSIAPIS, Jean / GUCHET, Yves – *Droit Constitutionnel*, Paris, Ellipses, 1996.

CAUPERS, JOÃO – *Introdução ao Direito Administrativo*, 10ª ed., Lisboa, Âncora, 2009.
CERRI, Augusto – *Corso di Giustizia Costituzionale Plurale*, Milano, Giuffrè, 2012.
CERVATI, Angelo Antonio – *La Revisione Costituzionale*, in «Garanzie Costituzionali e Diritti Fondamentali», a cura di L. LANFRANCHI, Roma, Istituto della Enciclopedia Italiana, 1997.
COELHO, Pereira / OLIVEIRA, Guilherme de – *Curso de Direito da Família*, Vol. I, 2ª ed., Coimbra, Coimbra Editora, 2001.
CORDEIRO, A. Menezes – *A Responsabilidade Civil do Estado*, in "Homenagem ao Professor Doutor Diogo Freitas do Amaral", Coimbra, Almedina, 2010.
CORREIA, Fernando Alves – *A Justiça Constitucional em Portugal e em Espanha. Encontros e Divergências*, in «Revista de Legislação e de Jurisprudência», Ano 131º, nºs 3891, 3892 e 3893.
— *A Fiscalização da Constitucionalidade das Normas do Ordenamento Jurídico de Macau à Luz da Recente Jurisprudência do Tribunal Constitucional*, in «Boletim da Faculdade de Direito da Universidade de Coimbra», Vol. 73 (1997).
— *Relatório Geral*, in «I Conferência da Justiça Constitucional da Ibero-América, Portugal e Espanha (Os Órgãos de Fiscalização da Constitucionalidade: Funções, Competências, Organização e Papel no Sistema Constitucional Perante os Demais Poderes do Estado)», Lisboa, Tribunal Constitucional, 1997.
— *Estudos de Direito do Urbanismo*, Coimbra, Almedina, 1997.
— *Manual de Direito do Urbanismo*, Vol. I, 4ª ed., Coimbra, Almedina, 2008.
— *A Impugnação Jurisdicional de Normas Administrativas*, in "Cadernos de Justiça Administrativa", nº 16 (1999).
— *A Indemnização pelo Sacrifício: Contributo para o Esclarecimento do seu Sentido e Alcance*, in "Revista de Legislação e de Jurisprudência", Ano 140º, nº 3966, e in "Boletim da Faculdade de Direito, STUDIA JURIDICA 102 – AD HONOREM – 6, Estudos em Homenagem ao Prof. Doutor José Joaquim Gomes Canotilho", Vol. I, Coimbra, Coimbra Editora, 2012.
— *A Regionalização em Portugal Continental: Regionalização sem Regiões Administrativas?*, in "Revista de Legislação e de Jurisprudência", Ano 144º, nº 3988.
— *Le Portugal, Une Régionalisation Sans Régions Administratives?*, in "Revue Française d'Administration Publique", nº 156, 2015.
— *Os Memorandos de Entendimento entre Portugal, o Fundo Monetário Internacional, a Comissão Europeia e o Banco Central Europeu e a Reforma do Poder Local*, in "As Reformas do Sector Público (Perspectiva Ibérica no Contexto Pós-Crise)", coord. J. C. VIEIRA DE ANDRADE/SUZANA TAVARES DA SILVA, Coimbra, Instituto Jurídico da Faculdade de Direito da Universidade de Coimbra, 2015.
— *Administração Pública*, in "Alguns Conceitos de Direito Administrativo", 2ª ed., Coimbra, Almedina, 2001.
— *Acto Administrativo*, in "Alguns Conceitos de Direito Administrativo", 2ª ed., Coimbra, Almedina, 2001.
— *Direitos Fundamentais e a Sua Protecção Jurisdicional Efectiva*, in "Boletim da Faculdade de Direito da Universidade de Coimbra", nº 79, 2003.
— *A Concretização dos Direitos Sociais pelo Tribunal Constitucional*, in "Revista de Legislação e Jurisprudência", Ano 137º, nº 3951, e in "Revista da Faculdade de Direito da Universidade do Porto", Ano VII – 2010.
— *Constituição Administrativa*, in "Olhar o Constitucionalismo Português nos 40 Anos da Constituição de 1976", Instituto

Jurídico, Faculdade de Direito da Universidade de Coimbra, Coimbra, 2017.
— *Texto e Contexto da Constituição Portuguesa de 1976*, in "Nos 40 Anos da Constituição", org. JORGE MIRANDA, Lisboa, AAFDL, 2017.
— *Direitos Fundamentais e Relações Jurídicas Privadas: Sinopse Doutrinária e Jurisprudencial*, in "Estudos em Homenagem ao Professor Doutor António Cândido de Oliveira", Coimbra, Almedina, 2017.
CORREIA, Jorge Alves / MARTINS, Licínio Lopes – *Questões Práticas Sobre a Reforma do CPTA em Matéria de Impugnação de Normas Regulamentares: Como Transpor a Inconstitucionalidade do Art. 73º, nº 2?*, in "Cadernos de Justiça Administrativa", nº 114 (2015).
CORREIA, José M. Sérvulo – *Noções de Direito Administrativo*, Vol. I, Lisboa, Danúbio, 1982.
— *Direito do Contencioso Administrativo I*, Lisboa, Lex, 2005.
COSTA, José Manuel M. Cardoso da – *Algumas Reflexões em Torno da Justiça Constitucional*, in "Boletim da Faculdade de Direito, STUDIA JURIDICA 41, Colloquia – 3", Coimbra, Coimbra Editora, 1998.
— *Constituição e Justiça Constitucional*, in "Boletim da Faculdade de Direito, STUDIA JURIDICA 92, AD HONOREM – 3, Estudos em Homenagem ao Prof. Doutor António Castanheira Neves", Vol. III, Coimbra, Coimbra Editora, 2008.
— *Protection des Droits Fondamentaux et Garantie de la Séparation des Pouvoirs dans la Juridiction Constitutionnelle Portugaise*, in «Mélanges PATRICE GÉLARD (Droit Constitutionnel)», Paris, Montchestien, 1999.
— *Sobre a «Constitucionalização» do Direito Privado (Breve Reflexão)*, in "Estudos em Homenagem a António Barbosa de Melo", Coimbra, Almedina, 2013.
— *A Jurisdição Constitucional em Portugal*, 3ª ed., Coimbra, Almedina, 2007.
— *Le Tribunal Constitutionnel Portugais et les Juridictions Européennes*, in «Protection des Droits de l'Homme: la Perspective Européenne», Mélanges à la Mémoire de Rolv Ryssdal, Köln/Berlin/Bonn/München, Carl Heymanns, 2000.
— *O Tribunal Constitucional Português e o Tribunal de Justiça das Comunidades Europeias*, in «AB UNO AD OMNES – 75 Anos da Coimbra Editora 1920-1995», Coimbra, Coimbra Editora, 1998.
— *Rapport Général*, in «VII Conferência dos Tribunais Constitucionais Europeus – Justiça Constitucional e Espécies, Conteúdo e Efeitos das Decisões sobre a Constitucionalidade de Normas», 1ª Parte, Lisboa, Tribunal Constitucional, 1987.
— *Anotação ao Acórdão do TC nº 468/2014, de 18 de junho de 2014, Fiscalização Abstracta da Constitucionalidade e Aclaração de Decisões Judiciais*, in "Revista de Legislação e de Jurisprudência", Ano 144º, nº 3988.
— *Justiça Constitucional e Jurisdição Comum (Cooperação ou Antagonismo?)*, in "Estudos em Homenagem ao Prof. Doutor José Joaquim Gomes Canotilho", Vol. II, Coimbra, Coimbra Editora, 2012.
COSTA, Paulo Nogueira da / MACHADO, Jónatas E. M. / ESTEVES, Carlos Hilário – *Direito Constitucional Angolano*, 3ª ed., Coimbra, Coimbra Editora, 2014.
COUTINHO, Francisco Pereira – *Os Juízes Portugueses e o Reenvio Prejudicial*, in "20 Anos de Jurisprudência da União sobre Casos Portugueses – O que Fica do Diálogo entre os Juízes Portugueses e o Tribunal de Justiça da União Europeia", Coord. MARIA LUÍSA DUARTE/LUÍS FERNANDES/FRANCISCO PEREIRA COUTINHO, Lisboa, Instituto Diplomático – Ministério dos Negócios Estrangeiros, 2011.

CRUZ VILLALÓN, Pedro – *Sobre el Amparo*, in "Revista Española de Derecho Constitucional", ano 14, nº 41 (1994).
— *Legitimidade da Justiça Constitucional e Princípio da Maioria*, in «Legitimidade e Legitimação da Justiça Constitucional (Colóquio no 10º Aniversário do Tribunal Constitucional)», Coimbra, Coimbra Editora, 1995.
CUOCOLO, Fausto – *Istituzioni di Diritto Pubblico*, 9ª ed., Milano, Giuffrè, 1996.
CORWIN'S, Edward S. – *The Constitution and What It Means Today*, 14ª ed., rev. por HAROLD W. CHASE / CRAIG R. DUCAT, Princeton, Princeton University Press, 1978.
D'AMICO, Marilisa – *Riflessioni sul Ruolo della Motivazione nella Corte Suprema Statunitense*, in «La Motivazione delle Decisioni della Corte Costituzionale», a cura di A. RUGGERI, Torino, Giappichelli, 1994.
DELPEREE, Francis / RASSON, Anne / VERDUSSEN, Marc – *Révision de la Constitution et Justice Constitutionnelle*, in «Annuaire International de Justice Constitutionnelle», X (1994), Paris, Economica, 1995.
DINIZ, Antero Alves Monteiro – *A Fiscalização Concreta da Constitucionalidade Como Forma de Dinamização do Direito Constitucional (O Sistema Vigente e o Ir e Vir Dialéctico Entre o Tribunal Constitucional e os Outros Tribunais)*, in «Legitimidade e Legitimação da Justiça Constitucional (Colóquio no 10º Aniversário do Tribunal Constitucional)», Coimbra, Coimbra Editora, 1995.
DOMINGOS, Inês / PIMENTEL, Margarida Menéres – *O Recurso de Constitucionalidade (Espécies e Respectivos Pressupostos)*, in «Estudos sobre a Jurisprudência do Tribunal Constitucional», Lisboa, Aequitas/Diário de Notícias, 1993.

DONCEL LUENGO, Juan Antonio – *El Recurso de Amparo ante el Tribunal Constitucional, Medio Subsidiario de Protección de los Derechos Fundamentales*, polic., Centro de Estudios Constitucionales, Madrid, 1996.
DORD, Olivier B. – *Contrôle de Constitutionnalité et Droit Communautaire Dérivé; de la Nécessité d`un Dialogue entre les Juridictions Suprêmes de l`Union Européenne*, in « Les Cahiers du Conseil Constitutionnel », nº 4, 1998.
DUARTE, Maria Luísa – *União Europeia – Estática e Dinâmica da Ordem Jurídica Eurocomunitária*, Coimbra, Almedina, 2011.
— *O Tratado de Lisboa e o Teste da "Identidade Constitucional" dos Estados-Membros – Uma Leitura Prospectiva da Decisão do Tribunal Constitucional Alemão de 30 de Junho de 2009*, in "Estudos em Homenagem ao Prof. Doutor Sérvulo Correia", Coimbra, Coimbra Editora, 2010.
— *União Europeia e Direitos Fundamentais*, Lisboa, AAFDL, 2006.
DWORKIN, Ronald – *Taking Rights Seriously*, Cambridge/Massachusetts, Harward University Press, 1977.
— *A Matter of Principle*, Oxford, Oxford University Press, 1996.
— *Law's Empire*, Oxford, Hart Publishing, 1998.
EYNG, Carlos Henrique – *Mutação Constitucional (Estudos Sobre a Reforma Informal da Constituição)*, Tese Mest., polic., Coimbra, 2018.
ESTEVES, Maria da Assunção – *Legitimação da Justiça Constitucional e Princípio Maioritário*, in «Legitimidade e Legitimação da Justiça Constitucional (Colóquio no 10º Aniversário do Tribunal Constitucional)», Coimbra, Coimbra Editora, 1995.
FAVOREU, Louis – *La Constitutionnalisation du Droit*, in «L'Unité du Droit», Paris, Economica, 1996.

— Les *Cours Constitutionnelles*, 3ª ed., Paris, PUF, Que sais-je?, 1996.

— La *Légitimité de la Justice Constitutionnelle et la Composition des Juridictions Constitutionnelles*, in «Legitimidade e Legitimação da Justiça Constitucional (Colóquio no 10º Aniversário do Tribunal Constitucional)», Coimbra, Coimbra Editora, 1995.

FERNÁNDEZ RODRÍGUES, José Júlio – *La Inconstitucionalidad por Omisión en Portugal*, in «Revista de Direito e de Estudos Sociais», Ano XXXVII, 2ª Série (1995), nºs 1, 2 e 3.

— *La Inconstitucionalidad por Omisión (Teoria General, Derecho Comparado, El Caso Español)*, Madrid, Civitas, 1998.

FERNÁNDEZ SEGADO, Francisco – *El Sistema Constitucional Español*, Madrid, Dykinson, 1992.

— *La Justicia Constitucional: Una Visión de Derecho Comparado, Tomo III, La Justicia Constitucional en América Latina e en España*, Madrid, Dykinson-Constitucional, 2009.

FILHO, Manoel Gonçalves Ferreira – *O Paradoxo da Justiça Constitucional*, in "Revista da Faculdade de Direito da Universidade de Lisboa", Vol. LI, nºs 1 e 2, 2010.

FLEURY, Roland – *Verfassungsprozessrecht*, 10ª ed., München, Vahlen, 2015.

FOLHADELA, Inês / RIBEIRO, Ana Teresa / CARVALHO, Raquel / VAZ, Manuel Afonso / BOTELHO, Catarina Santos – *Direito Constitucional, O Sistema Constitucional Português*, Coimbra, Coimbra Editora, 2012.

FRANÇA, Miguel / TENREIRO, Mário Paulo – *Anotação ao artigo 290º do Tratado de Funcionamento da União Europeia*, in "Tratado de Lisboa Anotado e Comentado", coord. MANUEL PORTO/GONÇALO ANASTÁCIO, Coimbra, Coimbra Editora, 2012.

FRANKFURTER, Felix / LANDIS, James M. – *The Supreme Court Under the Judiciary Act of 1925*, in "Harvard Law Review", vol. XLII, nº 1, november, 1928.

FROMONT, Michel, *Justice Constitutionnelle Comparée*, Paris, Dalloz, 2013.

FUSARO, Carlo / BARBERA, Augusto – *Corso di Diritto Pubblico*, 3ª ed., Bologna, Il Mulino, 2001.

GAÏA, Patrick [*et al*.] – *Droit Constitutionnel*, 2ª ed., coord. L. FAVOREU, Paris, Dalloz, 1999.

GARAPON, Antoine / ALLARD, Julie – *Os Juízes na Mundialização. A Nova Revolução do Direito*, Lisboa, Instituto Piaget, 2005.

GARCIA, Maria da Glória F. P. Dias – *Da Justiça Administrativa em Portugal – Sua Origem e Evolução*, Lisboa, Universidade Católica, 1994.

GICQUEL, Jean / GICQUEL, Jean – Éric – *Droit Constitutionnel et Institutions Politiques*, 29ª ed., Paris, LGDJ, 2015.

GOMES, Carla Amado – *Dúvidas Não Metódicas Sobre o Novo Processo de Impugnação de Normas do CPTA*, in "Cadernos de Justiça Administrativa", nº 60 (2006).

— *Três Textos sobre o Novo Regime da Responsabilidade Civil Extracontratual do Estado e Demais Entidades Públicas*, Lisboa, AAFDL, 2008.

GORJÃO-HENRIQUES, Miguel – *Anotação aos artigos 288º e 289º do Tratado de Funcionamento da União Europeia*, in "Tratado de Lisboa Anotado e Comentado", coord. MANUEL PORTO/GONÇALO ANASTÁCIO, Coimbra, Coimbra Editora, 2012.

GOUVEIA, Jorge Bacelar de – *A Declaração Universal dos Direitos do Homem e a Constituição Portuguesa*, in «Estudos de Direito Público», Vol. I, Lisboa, Principia, 2000.

— *Manual de Direito Constitucional*, Vol. I, 6ª ed., Coimbra, Almedina, 2016.

— *Direito Constitucional de Angola*, Lisboa, Instituto de Direito de Língua Portuguesa, 2014.

GUCHET, Yves / CATSIAPIS, Jean – *Droit Constitutionnel*, Paris, Ellipses, 1996.

HÄBERLE, Peter – *Hermenêutica Constitucional: A Sociedade Aberta dos Intérpretes da Constituição – Contribuição para a Interpretação Pluralista e Procedimental da Constituição*, trad. port., Porto Alegre, 2002.

HESSE, Konrad – *Grundzüge des Verfassungsrechts der Bundesrepublik Deutschland*, 16. Aufl., Heidelberg, Müller, 1988.

— *Grundzüge des Verfassungsrechts der Bundesrepublik Deutschland*, 20. Aufl., Heidelberg, Müller, 1999.

— *Bedeutung der Grundrechte*, in BENDA / MAIHOFER / VOGEL / HESSE / HEYDE, *Handbuch des Verfassungsrechts der Bundesrepublik Deutschland*, 2. Aufl., Berlin/New Iork, W. de Gruyter, 1994.

— *Verfassung und Verfassungsrecht*, in BENDA / MAIHOFER / VOGEL / HESSE / HEYDE, *Handbuch des Verfassungsrechts der Bundesrepublik Deutschland*, 2. Aufl., Berlin/New Iork, W. de Gruyter, 1994.

— *El Tribunal Constitucional Federal en la Ley Fundamental*, in «Anuario Iberoamericano de Justicia Constitucional», nº 9 (2005).

HILÁRIO, Esteves Carlos / MACHADO, Jónatas E. M. / COSTA, Paulo Nogueira da – *Direito Constitucional Angolano*, 3ª ed., Coimbra, Coimbra Editora, 2014.

HILLGRUBER, Christian – *Verfassungsinterpretation*, in "Verfassungstheorie", Herausg. von OTTO DEPENHEUER und CHRISTOPH GRABENWARTER, Tübingen, Mohr Siebeck, 2010.

HILLGRUBER, Christian/GOOS, Christoph – *Verfassungsprozessrecht*, 4ª ed., Heidelberg, Müller, 2015.

JIMENEZ-BLANCO, G. / MAYOR MENENDEZ, P. / OSORIO ITUNNENDI, L. – *Comentario a la Constitucion. La Jurisprudencia del Tribunal Constitucional*, Madrid, Ramón Areces, 1993.

JÚNIOR, Dirley da Cunha – *Curso de Direito Constitucional*, 3ª ed., Salvador, Jus Podium, 2009,

— *Controle de Constitucionalidade: Teoria e Prática*, 3ª ed., Salvador, Juspodivm, 2008.

JURISPRUDÊNCIA *do Tribunal Constitucional, Colectânea de Acórdãos 2008/2009 e Legislação Fundamental*, Vol. I, Luanda, EDIJURIS, 2009.

JURISPRUDÊNCIA *do Tribunal Constitucional, Colectânea de Acórdãos 2009/2011*, Vol. II, Luanda, EDIJURIS, 2012.

KELSEN, Hans — *Teoria Pura do Direito*, trad. J. BAPTISTA MACHADO, 2ª ed., Vol. II, Coimbra, Arménio Amado, 1962.

— *La Garantie Juridictionnelle de la Constitution (La Justice Constitutionnelle)*, in "Revue du Droit Public et de la Science Politique en France et à l'Étranger", Tomo XLV, nº 2, Ano XXXV, 1928.

— *Quién Debe Ser el Defensor de la Constitución?*, in "La Polémica Schmitt/Kelsen Sobre la Justicia Constitucional: El Defensor de la Constitución Versus Quién Debe Ser el Defensor de la Constitución?", Madrid, Tecnos, 2009.

KLABBERS, Jan / PETERS, Anne / ULFSTEIN, Geir – *The Constitutionalization of International Law*, Oxford University Press, 2010.

KLEIN, Eckart / BENDA, Ernst – *Lehrbuch des Verfassungsprozessrechts*, Heidelberg, Müller, 1991.

KMIEC, Keenan D. – *The Origin and Current Meanings of "Judicial Activism"*, in "California Law Review", Vol. 92, out./2004, nº 5.

KREUTER – KIRCHOF, Charlotte – *Verfassungsgerichtsbarkeit im Dienst der Verfassung*, in "INSENSEE/KIRCHHOF

(Hg.), Handbuch des Staatsrechts, Dritte Auflage, Band XII, Normativität un Schutz der Verfassung", Heidelberg/ München, C. F. Müller, 2014.

LANDIS, James M. / FRANKFURTER, Felix – *The Supreme Court Under the Judiciary Act of 1925*, in "Harvard Law Review", Vol. XLII, n. º 1, november, 1928.

LEWANDOWSKI, Enrique Ricardo – *Pressupostos Materiais e Formais da Intervenção Federal no Brasil*, São Paulo, Revista dos Tribunais, 1994.

LINARES QUINTANA, Segundo V. – *Tratado de Interpretación Constitucional*, Buenos Aires, Abeledo-Perrot, 1998.

LOEWENSTEIN, Karl – *Teoría de la Constitución*, 2ª ed., trad. esp., Barcelona, Ariel, 1976.

LENZA, Pedro – *Direito Constitucional Esquematizado*, 16ª ed., São Paulo, Saraiva, 2012.

LOMBARDI, Giorgio – *Estudio Preliminar, La Querella Schmitt/Kelsen: Consideraciones Sobre lo Vivo y lo Muerto en la Gran Polémica Sobre la Justicia Constitucional del Siglo XX, in* "La Polémica Schmitt/ Kelsen Sobre la Justicia Constitucional: El Defensor de la Constitución Versus Quién Debe Ser el Defensor de la Constitución?", Madrid, Tecnos, 2009.

LOUREIRO, João Carlos – *Adeus Estado Social?, A Segurança Social Entre o Crocodilo da Economia e a Medusa da Ideologia dos "Direitos Adquiridos"*, Coimbra, Wolters Kluver/Coimbra Editora, 2010.

— *Cortes, Pensões e Jurisprudência em Tempos de Crise: Entre o Transitório e o Permanente* in "O Tribunal Constitucional e a Crise, Ensaios Críticos", org. GONÇALO DE ALMEIDA RIBEIRO/LUÍS PEREIRA COUTINHO, Coimbra, Almedina, 2014.

— *Anotação ao Acórdão do Tribunal Constitucional nº 591/2016, de 9 de Novembro (Pessoas Coletivas Com Fins Lucrativos e Apoio Judiciário)*, in "Revista de Legislação e de Jurisprudência", Ano 147º, nº 4008.

LUCAS VERDÚ, Pablo – *Politica y Justicia Constitucionales. Consideraciones sobre la Naturaleza y Funciones del Tribunal Constitucional*, in «El Tribunal Constitucional», Vol. II, Madrid, Instituto de Estudios Fiscales, 1981.

LUCIANI, Massimo – *Giurisdizione e Legittimazione nello Stato Costituzionale di Diritto (Ovvero: Di Un Aspetto Spesso Dimenticato del Rapporto fra Giurisdizione e Democrazia)*, in «Politica del Diritto», Ano XXIX, Nº 3 (1998).

LUTHER, Jörg – *La Motivazione delle Sentenze Costituzionali in Germania*, in «La Motivazione delle Decisioni della Corte Costituzionale», a cura di A. RUGGERI, Torino, Giapichelli, 1994.

MACHADO, Jónatas E. M. – *Direito da União Europeia*, 2ª ed., Coimbra, Coimbra Editora, 2014.

— *A Responsabilidade dos Estados Membros da União Europeia por Atos e Omissões do Poder Judicial*, in "Revista de Legislação e de Jurisprudência", Ano 144º, nº 3991.

— *Liberdade de Expressão, Dimensões Constitucionais da Esfera Pública no Sistema Social*, Boletim da Faculdade de Direito, STUDIA JURIDICA 65, Universidade de Coimbra, Coimbra, Coimbra Editora, 2002.

— / COSTA, Paulo Nogueira da /ESTEVES, Carlos Hilário – *Direito Constitucional Angolano*, 3ª ed., Coimbra, Coimbra Editora, 2014.

MACHETE, Pedro – *A Responsabilidade da Administração por Facto Ilícito e as Novas Regras de Repartição do Ónus da Prova*, in "Cadernos de Justiça Administrativa", nº 69 (2008).

MACHETE, Rui Chancerelle de – *Comentários aos Artigos 135º e 144º do Código do Procedimento Administrativo*, in FAUSTO

DE QUADROS (*et al.*), "Comentários à Revisão do Código do Procedimento Administrativo", Coimbra, Almedina, 2016.

MALFATTI, Elena/PANIZZA, Saulle/ROMBOU, Roberto – *Giustizia Costituzionale*, 5ª ed., Torino, Giappichelli, 2016.

MANNO, Thierry di – *Le Juge Constitutionnel et la Tehcnique des Décisions «Interprétatives» en France et en Italie*, Paris, Economica, 1997.

MARQUES, António Rocha – *O Tribunal Constitucional e os Outros Tribunais: A Execução das Decisões do Tribunal Constitucional*, in «Estudos sobre a Jurisprudência do Tribunal Constitucional», Lisboa, Aequitas/Diário de Notícias, 1993.

— / TORRES, Mário / REMÉDIO, Alberto Esteves / PIMENTEL, Margarida Menéres / ARAÚJO, António de – *Guia de Jurisprudência do Tribunal Constitucional (1983-1999)*, Coimbra, Coimbra Editora, Vol. I, 2000, e Vol. II, 2001.

MARTINES, Temistocle – *Diritto Costituzionale*, 9ª ed., Milano, Giuffrè, 1997.

MARTINS, Ana Guerra – *Manual de Direito da União Europeia*, Coimbra, Almedina, 2012.

MARTINS, Licínio Lopes – *O Conceito de Norma na Jurisprudência do Tribunal Constitucional*, in «Boletim da Faculdade de Direito da Universidade de Coimbra», Vol. 75 (1999).

— / CORREIA, Jorge Alves – *Questões Práticas Sobre a Reforma do CPTA em Matéria de Impugnação de Normas Regulamentares: Como Transpor a Inconstitucionalidade do Art. 73º, nº 2?*, in "Cadernos de Justiça Administrativa", nº 114 (2015).

MARTINS, Margarida Salema d`Oliveira – *Anotação ao artigo 291º do Tratado de Funcionamento da União Europeia*, in "Tratado de Lisboa Anotado e Comentado", coord. MANUEL PORTO/GONÇALO ANASTÁCIO, Coimbra, Coimbra Editora, 2012.

MATA, A. Cano – *Comentarios a la Ley Orgánica del Tribunal Constitucional*, Madrid, Editoriales de Derecho Reunidas, 1986.

MAYOR MENENDEZ, P. / JIMENEZ-BLANCO, G. / OSORIO ITUNNENDI, L. – *Comentario a la Constitucion. La Jurisprudencia del Tribunal Constitucional*, Madrid, Ramón Areces, 1993.

MEDEIROS, Rui – *A Decisão de Inconstitucionalidade (Os Autores, o Conteúdo e os Efeitos da Decisão de Inconstitucionalidade da Lei)*, Lisboa, Universidade Católica, 1999.

— *A Jurisprudência Constitucional Portuguesa Sobre a Crise: Entre a Ilusão de um Problema Conjuntural e a Tentação de um Novo Dirigismo Constitucional*, in "O Tribunal Constitucional e a Crise, Ensaios Críticos", org. GONÇALO DE ALMEIDA RIBEIRO/LUÍS PEREIRA COUTINHO, Coimbra, Almedina, 2014.

— / MIRANDA, Jorge – *Constituição Portuguesa Anotada*, Tomo III, Coimbra, Coimbra Editora, 2007.

MEIRELLES, Hely Lopes – *Mandado de Segurança*, 31ª ed. São Paulo, Malheiros, 2008.

MENDES, Armindo Ribeiro – *Relatório de Portugal*, in «I Conferência da Justiça Constitucional da Ibero-América, Portugal e Espanha (Os Órgãos de Fiscalização da Constitucionalidade: Funções, Competências, Organização e Papel no Sistema Constitucional Perante os Demais Poderes do Estado)», Lisboa, Tribunal Constitucional, 1997.

— / MIRANDA, Jorge / ALMEIDA, Luís Nunes de – *Révision de la Constitution et Justice Constitutionnelle*, in «Annuaire International de Justice Constitutionnelle», X (1994), Paris, Economica, 1995.

MENDES, Gilmar Ferreira – *Jurisdição Constitucional: O Controle Abstrato de Normas no*

Brasil e na Alemanha, São Paulo, Saraiva, 2005.
— *Direitos Fundamentais e Controle de Constitucionalidade: Estudos de Direito Constitucional*, 4ª ed., São Paulo, Saraiva, 2012.
— *Sistema Brasileiro de Controle de Constitucionalidade*, in "Tratado de Direito Constitucional", org. GILMAR FEREIRA MENDES, 2ª ed., São Paulo, Saraiva, 2012, Vol. I.
— / BRANCO, Paulo Gustavo Gonnet – *Curso de Direito Constitucional*. 7ª ed, São Paulo, Saraiva, 2012.
MESQUITA, Maria José Rangel de – *O Regime da Responsabilidade Civil Extracontratual do Estado e Demais Entidades Públicas e o Direito da União Europeia*, Coimbra, Almedina, 2009.
METZER, Gillian E. – *Ordinary Law as Constitutional Common Law*, in "Columbia Law Review", nº 110, 2010.
MIRANDA, Jorge – *Manual de Direito Constitucional*, Tomo I, 6ª ed., Coimbra, Coimbra Editora, 1997.
— *Manual de Direito Constitucional*, Tomo V, 2ª ed., Coimbra, Coimbra Editora, 2000.
— *Manual de Direito Constitucional, Inconstitucionalidade e Garantia da Constituição*, Tomo VI, 4ª ed., Coimbra, Coimbra Editora, 2013.
— *Manual de Direito Constitucional, Constituição*, Tomo II, 7ª ed., Coimbra, Coimbra Editora, 2013.
— *Manual de Direito Constitucional*, Tomo IV, Direitos Fundamentais, 3ª ed., Coimbra, Coimbra Editora, 2000.
— *Manual de Direito Constitucional*, Tomo IV, 5ª ed., Coimbra, Coimbra Editora, 2012.
— *Manual de Direito Constitucional*, Tomo VI, 4ª ed., Coimbra, Coimbra Editora, 2013.
— *Revisão Constitucional*, in "Dicionário Jurídico da Administração Pública", 2º Suplemento, Lisboa, 2001.

— *Estado Social, Crise Económica e Jurisdição Constutucional*, in "Revista da Faculdade de Direito da Universidade de Lisboa", Vol. LIII, nºs 1 e 2 (2012).
— *O Constitucionalismo Liberal Luso-Brasileiro*, Lisboa, Comissão Nacional para as Comemorações dos Descobrimentos Portugueses, 2001.
— *Ideias para uma Revisão Constitucional em 1996*, Lisboa, Cosmos, 1996.
— Nos *Dez Anos de Funcionamento do Tribunal Constitucional*, in «Legitimidade e Legitimação da Justiça Constitucional (Colóquio no 10º Aniversário do Tribunal Constitucional)», Coimbra, Coimbra Editora, 1995.
— *A Abertura Constitucional a Novos Direitos Fundamentais*, in «Estudos em Homenagem ao Prof. Doutor Manuel Gomes da Silva», Coimbra, Coimbra Editora, 2001.
— *A Intervenção do Presidente da República e do Tribunal Constitucional*, in "A Feitura das Leis", Vol. II, Lisboa, INA, 1996
— *A Actividade do Tribunal Constitucional em 1993*, in «O Direito», Ano 127º (1995), I-II (Janeiro-Junho).
— *Actos e Funções do Presidente da República*, in «Estudos sobre a Constituição», Vol. I, Lisboa, Petrony, 1977.
— *Anotação ao Acórdão do Tribunal Constitucional nº 183/89*, in «O Direito», Ano 121º (1989), II (Abril-Junho).
— *Revisão Constitucional*, in «Dicionário Jurídico da Administração Pública», 2º Suplemento, Lisboa, 2001.
— *Regulamento*, in "Polis-Enciclopédia Verbo da Sociedade e do Estado", Vol. V, Lisboa/São Paulo, Verbo, 1987.
— Os *Princípios Constitucionais da Legalidade e da Aplicação da Lei Mais Favorável em Matéria Criminal*, in "O Direito", 1984, IV.
— *Da Revolução à Constituição, Memórias da Assembleia Constituinte*, Lisboa, Principia, 2015.

— *Curso de Direito Constitucional (Estado e Constitucionalismo, Constituição, Direitos Fundamentais)*, Vol. I, Lisboa, Universidade Católica Editora, 2016.
— *Fiscalização da Constitucionalidade*, Coimbra, Almedina, 2017.
— / ALMEIDA, Luís Nunes de / MENDES, Armindo Ribeiro – *Révision de la Constitution et Justice Constitutionnelle*, in «Annuaire International de Justice Constitutionnelle», X (1994), Paris, Economica, 1995.
— / MEDEIROS, Rui – *Constituição Portuguesa Anotada*, Tomo III, Coimbra, Coimbra Editora, 2007.
MONCADA, L. Cabral de – *Responsabilidade Civil Extra-Contratual do Estado, A Lei nº 67/2007, de 31 de Dezembro*, Lisboa, Abreu & Marques Vinhas, 2008.
MONIZ, Ana Raquel – *O Administrative Constitutionalism: Resgatar a Constituição para a Administração Pública*, in "Boletim da Faculdade de Direito, STUDIA IURIDICA 105, AD HONOREM – 6, Estudos em Homenagem ao Prof. Doutor José Joaquim Gomes Canotilho", Vol. IV, Coimbra, Coimbra Editora, 2012.
— *A Recusa de Aplicação de Regulamentos pela Administração com Fundamento em Invalidade*, Coimbra, Almedina, 2012.
— *Estudos sobre os Regulamentos Administrativos*, Coimbra, Almedina, 2013.
— *O Controlo Judicial do Exercício do Poder Regulamentar*, in "Boletim da Faculdade de Direito da Universidade de Coimbra", nº 82 (2006).
— *Os Direitos Fundamentais e a Sua Circunstância, Crise e Vinculação Axiológica Entre o Estado, a Sociedade e a Comunidade Global*, Coimbra, Imprensa da Universidade, 2017.
MONTEIRO, António Pinto / PINTO, Paulo Mota – *Teoria Geral do Direito Civil*, 4ª ed., Coimbra, Coimbra Editora, 2005.

MORAES, Alexandre de – *Direito Constitucional*, 21ª ed., São Paulo, Atlas, 2007.
— *Jurisdição Constitucional e Tribunais Constitucionais*, 3ª ed., São Paulo, Atlas, 2013.
MORAIS, Carlos Blanco de – *Curso de Direito Constitucional, Teoria da Constituição em Tempo de Crise do Estado Social*, Tomo II, Vol. 2, Coimbra, Coimbra Editora, 2014.
— *Justiça Constitucional*, Tomo II, 2ª ed., Coimbra, Coimbra Editora, 2011.
— *Brevíssimas Notas sobre a Revisão do CPTA e do ETAF em Matéria de Contencioso Regulamentar*, in "Cadernos de Justiça Administrativa", nº 65 (2007).
— *A Sindicabilidade do Direito da União Europeia pelo Tribunal Constitucional Português*, in "Estudos em Homenagem ao Prof. Doutor Sérvulo Correia", Coimbra, Coimbra Editora, 2010.
MOREIRA, Vital – *Carta dos Direitos Fundamentais da União Europeia*, in "Tratado de Lisboa, Anotado e Comentado", coord. MANUEL PORTO / GONÇALO ANASTÁCIO, Coimbra, Almedina, 2012.
— *Constituição e Direito Administrativo (A «Constituição Administrativa Portuguesa»)*, in «AB UNO AD OMNES – 75 Anos da Coimbra Editora 1920-1995», Coimbra, Coimbra Editora, 1998.
— *Princípio da Maioria e Princípio da Constitucionalidade: Legitimidade e Limites da Justiça Constitucional*, in «Legitimidade e Legitimação da Justiça Constitucional (Colóquio no 10º Aniversário do Tribunal Constitucional)», Coimbra, Coimbra Editora, 1995.
— *A Sindicabilidade do Direito da União Europeia pelo Tribunal Constitucional Português*, in "Estudos em Homenagem ao Prof. Doutor Sérvulo Correia", Coimbra, Coimbra Editora, 2010.
— *Anotação Geral à Carta dos Direitos Fundamentais da União Europeia*, in "Tratado de Lisboa, Anotado e Comentado", coord.

MANUEL PORTO/GONÇALO ANASTÁCIO, Coimbra, Almedina, 2012.
— / CANOTILHO, José Joaquim Gomes – *Constituição da República Portuguesa Anotada*, Vol. II, 4ª ed., Coimbra, Coimbra Editora, 2010.
— / CANOTILHO, José Joaquim Gomes – *Constituição da República Portuguesa Anotada*, Vol. I, 4ª ed., Coimbra, Coimbra Editora, 2007.
— / CANOTILHO, José Joaquim Gomes – *Fundamentos da Constituição*, Coimbra, Coimbra Editora, 1991.
MOTA, Francisco Teixeira da – *A Liberdade de Expressão em Tribunal*, Lisboa, Fundação Francisco Manuel dos Santos, 2013.
NABAIS, José Casalta / ARAÚJO, António de / VILALONGA, José Manuel – *Relatório de Portugal para a II Conferencia de la Justicia Constitucional de Iberoamérica, Portugal y España*, in «Anuario Iberoamericano de Justicia Constitucional», Madrid, Centro de Estudios Políticos y Constitucionales, 1998.
NARANJO DE LA CRUZ, Rafael – *Los Limites de los Derechos Fundamentales en las Relaciones entre Particulares: La Buena Fe*, Madrid, Centro de Estudios Constitucionales, 2000.
NETO, José Mário – *Direitos Fundamentais e Sua Aplicação às Relações Privadas*, Tese Mest., polic., Coimbra, 2014.
NEVES, António Castanheira – *Entre o «Legislador», a «Sociedade» e o «Juiz» ou entre «Sistema», «Função» e «Problema» – Os Modelos Actualmente Alternativos da Realização Jurisdicional do Direito*, in «Boletim da Faculdade de Direito da Universidade de Coimbra», Vol. 74 (1998).
— *O Actual Problema Metodológico da Interpretação Jurídica- I*, Coimbra, Coimbra Editora, 2003.
— *Teoria do Direito*, Lições Proferidas no Ano Lectivo de 1998/1999, Coimbra, 1998.

— *O Direito Interrogado pelo Tempo Presente na Perspectiva do Futuro*, in "Boletim da Faculdade de Direito da Universidade de Coimbra", Vol. 83 (2007).
NEVES, Marcelo – *Transconstitucionalismo*, São Paulo, Martins Fontes, 2013.
— *Transconstitucionalismo: Breves Considerações com Especial Referência à Experiência Latino-Americana*, in "Boletim da Faculdade de Direito, STUDIA JURIDICA 104, Estudos em Homenagem ao Prof. Doutor José Joaquim Gomes Canotilho", Vol. III, Universidade de Coimbra, Coimbra, Coimbra Editora, 2012.
NOVAIS, Jorge Reis – *As Restrições aos Direitos Fundamentais Não Expressamente Autorizadas pela Constituição*, 2ª ed., Coimbra, Wolters Kluwer/Coimbra Editora, 2010.
— *Em Defesa do Recurso de Amparo Constitucional (Ou uma Avaliação Crítica do Sistema Português da Fiscalização Concreta da Constitucionalidade)*, in "Themis", VI (10), 2005.
— *Direitos Sociais – Teoria Jurídica dos Direitos Sociais Enquanto Direitos Fundamentais*, Coimbra, Wolters Kluwer/Coimbra Editora, 2010.
— *Em Defesa do Tribunal Constitucional. Resposta aos Críticos*, Coimbra, Almedina, 2014.
NOVELINO, Marcelo – *Manual de Direito Constitucional*, 9ª ed. revista e atualizada, São Paulo, Método, 2014.
NOWAK, J. E. / ROTUNDA, R. D. – *American Constitutional Law*, 5ª ed., St Paul, West Publishing Co, 1995.
OLIVEIRA, Mário Esteves de / OLIVEIRA, Rodrigo Esteves de – *Código de Processo nos Tribunais Administrativos e Estatuto dos Tribunais Administrativos e Fiscais Anotados*, Vol. I, Coimbra, Almedina, 2004.
OSORIO ITUNNENDI, L. / MAYOR MENENDEZ, P. / JIMENEZ-BLANCO, G.

— *Comentario a la Constitucion. La Jurisprudencia del Tribunal Constitucional*, Madrid, Ramón Areces, 1993.

OTERO, Paulo – *Instituições Políticas e Constitucionais*, Vol. I, Coimbra, Almedina, 2009.

— *Direito Constitucional Português, Identidade Constitucional*, Vol. I, Coimbra, Almedina, 2014.

— *Direito Constitucional Português, Organização do Poder Político*, Vol. II, Coimbra, Almedina, 2010.

— *Declaração Universal dos Direitos do Homem e Constituição: A Inconstitucionalidade de Normas Constitucionais?*, in «O Direito», 1990, III-IV, Julho-Dezembro.

— *Legalidade e Admnistração Pública*, Coimbra, Almedina, 2003.

— *A impugnação de normas no Anteprojeto de Código de Processo nos Tribunais Administrativos*, in "Cadernos de Justiça Administrativa", nº 22 (2000).

PALADIN, Livio – *Diritto Costituzionale*, 3ª ed., Padova, Cedam, 1998.

PASSOS, Anderson Santos dos – *Controle de Constitucionalidade, Soberania e Diálogo: Um Breve Estudo Sobre a "Weak-Form Judicial Review" no Canadá, na Nova Zelândia e no Reino Unido*, polic., Coimbra, 2015.

PASTOR, Wanda – *Essai sur le Motivation des Décisions de Justice (Pour une Lecture Simplifiée des Décisions des Cours Constitutionnelles)*, in «Annuaire International de Justice Constitutionnelle», XV (1999), Paris, Economica, 2000.

PEREIRA, André Gonçalves / QUADROS, Fausto de – *Manual de Direito Internacional Público*, 3ª ed., Coimbra, Almedina, 1993.

PEREIRA, Rui – *A Relevância da Lei Penal Inconstitucional de Conteúdo Mais Favorável ao Arguido*, in "Revista Portuguesa de Ciência Criminal", nº 1 (1991).

PÉREZ ROYO, Javier – *Curso de Derecho Constitucional*, 5ª ed., Madrid/Barcelona, Pons, 1998.

PÉREZ TREMPS, Pablo – *Sistema de Justicia Constitucional*, 2ª ed., Pamplona, Civitas/Thomson Reuters, 2016.

PERLINGERI, Pietro – *Perfis de Direito Civil, Introdução ao Direito Civil Constitucional*, trad., Rio de Janeiro, Renovar, 2007.

PERNTHALER, Peter – *Allgemeine Staatslehre und Verfassungslehre*, 2. Aufl., Wien/New York, Springer, 1996.

PIÇARRA, Nuno / VILAÇA, José Luís da Cruz / ANTUNES, Luís Miguel Pais – *Droit Constitutionnel et Droit Communautaire. Le Cas Portugais*, in «Rivista di Diritto Europeo», Ano XXXI (1991), Nº 2.

PIMENTEL, Margarida Menéres / TORRES, Mário / REMÉDIO, Alberto Esteves / MARQUES, António Rocha / ARAÚJO, António de – *Guia de Jurisprudência do Tribunal Constitucional (1983-1999)*, Coimbra, Coimbra Editora, Vol. I, 2000, e Vol. II, 2001.

— / DOMINGOS, Inês – *O Recurso de Constitucionalidade (Espécies e Respectivos Pressupostos)*, in «Estudos sobre a Jurisprudência do Tribunal Constitucional», Lisboa, Aequitas/Diário De Notícias, 1993.

PINTO, Hélio Pinheiro – *A Expansão do Supremo Tribunal Federal Através da Judicialização da Política e do Ativismo Judicial: Da Aplicação da Constituição à Asunção de Poderes Constituintes*, Tese de Mestr., polic., Coimbra, 2015.

PINTO, Paulo Mota – *A Proteção da Confiança na "Jurisprudência da Crise"*, in "O Tribunal Constitucional e a Crise, Ensaios Críticos", org. GONÇALO DE ALMEIDA RIBEIRO/LUÍS PEREIRA COUTINHO, Coimbra, Almedina, 2014.

— *A Influência dos Direitos Fundamentais Sobre o Direito Privado Português*, in "Direitos

Fundamentais e Direito Privado: Uma Perspectiva de Direito Comparado", org. ANTÓNIO PINTO MONTEIRO/JÖRG NEUER/INGO SARLET, Coimbra, Almedina, 2007.
— *Direitos de Personalidade e Direitos Fundamentais, Estudos*, Coimbra, Gestlegal, 2018.
— / MONTEIRO, António Pinto – *Teoria Geral do Direito Civil*, 4ª ed., Coimbra, Coimbra Editora, 2005.
PIRES, Francisco Lucas – *Legitimidade da Justiça Constitucional e Princípio da Maioria*, in «Legitimidade e Legitimação da Justiça Constitucional (Colóquio no 10º Aniversário do Tribunal Constitucional)», Coimbra, Coimbra Editora, 1995.
— *Introdução ao Direito Constitucional Europeu (Seu Sentido, Problemas e Limites)*, Coimbra, Almedina, 1997.
PIZZORUSSO, Alessandro – *Mannuale di Istituzioni di Diritto Pubblico*, Napoli, Jovene, 1997.
PRÁ, Carlos Gustavo Rodrigues del – *Amicus Curiae. Instrumento de Participação Democrática e Aperfeiçoamento da Prestação Jurisdicional*, Curitiba, Juruá, 2007.
QUADROS, Fausto de – *Direito das Comunidades Europeias e Direito Internacional Público (Contributo para o Estudo da Natureza Jurídica do Direito Comunitário Europeu)*, Coimbra, Almedina, 1991
— / PEREIRA, André Gonçalves – *Manual de Direito Internacional Público*, 3ª ed., Coimbra, Almedina, 1993.
QUEIRÓ, Afonso Rodrigues – *Lições de Direito Administrativo*, Vol. I, Coimbra, 1976.
— *A Função Administrativa*, Separata da Revista de Direito e de Estudos Sociais, Ano XXIV, nºs 1, 2 e 3.
— *Teoria dos Regulamentos*, in "Estudos de Direito Público", vol. II, Tomo I, Coimbra, 2000.

QUEIROZ, Cristina – *Interpretação Constitucional e Poder Judicial – Sobre a Epistemologia da Construção Constitucional*, Coimbra, Coimbra Editora, 2000.
RANGEL, Paulo Castro – *Uma Teoria da Interconstitucionalidade (Pluralismo e Constituição no Pensamento de Francisco Lucas Pires)*, in "Themis", nº 2, Ano I, 2000.
RAMOS, Rui Moura – *O Tribunal de Justiça e o Acesso dos Particulares à Jurisdição da União Após as Alterações Decorrentes do Tratado de Lisboa*, in "Revista de Legislação e de Jurisprudência", Ano 145º, nº 3996.
— *A Convenção Europeia dos Direitos do Homem (Sua Posição Face ao Ordenamento Jurídico Português)*, in «Da Comunidade Internacional e do Seu Direito (Estudos de Direito Internacional Público e Relações Internacionais)», Coimbra, Coimbra Editora, 1996.
— *A Carta dos Direitos Fundamentais da União Europeia e a Protecção dos Direitos Fundamentais*, in "Estudos em Homenagem ao Prof. Doutor Rogério Soares, Boletim da Faculdade de Direito, STUDIA JURIDICA. 61. Ad Honorem – 1", Coimbra, Coimbra Editora, 2001.
— *O Tratado Que Estabelece Uma Constituição para a Europa e a Posição dos Tribunais Constitucionais dos Estados-Membros no Sistema Jurídico e Jurisdicional da União Europeia*, in "Estudos em Homenagem ao Conselheiro José Manuel Cardoso da Costa", Vol. II, Coimbra, Coimbra Editora, 2005.
RASSON, Anne / DELPEREE, Francis / VERDUSSEN, Marc – *Révision de la Constitution et Justice Constitutionnelle*, in « Annuaire International de Justice Constitutionnelle », X (1994), Paris, Economica, 1995.
RAWLS, John – *Uma Teoria da Justiça*, trad. port., Lisboa, Presença, 1993.
— *Liberalismo Político*, trad. port., Lisboa, Presença, 1997.

— *The Law of Peoples: With the Idea of Public Reason Revisited*, Harvard University Press, 2002.

REGO, Carlos Lopes do – *A Uniformização da Jurisprudência no Novo Direito Processual Civil*, Lisboa, Lex, 1997.

REIS, Palhares Moreira – *A Súmula Vinculante do Supremo Tribunal Federal*, Brasília, Consulex, 2009.

REMÉDIO, Alberto Esteves / TORRES, Mário / MARQUES, António Rocha / PIMENTEL, Margarida Menéres / ARAÚJO, António de – *Guia de Jurisprudência do Tribunal Constitucional (1983-1999)*, Coimbra, Coimbra Editora, Vol. I, 2000, e Vol. II, 2001.

RIBEIRO, Ana Teresa / CARVALHO, Raquel / VAZ, Manuel Afonso / BOTELHO, Catarina SANTOS / FOLHADELA, Inês – *Direito Constitucional, O Sistema Constitucional Português*, Coimbra, Coimbra Editora, 2012.

RIBEIRO, Joaquim de Sousa – *Constitucionalização do Direito Civil*, in "Boletim da Faculdade de Direito da Universidade de Coimbra", Vol. LXXIV, 1998.

— *O Diferimento da Eficácia no Tempo da Declaração de Inconstitucionalidade*, in "Revista de Legislação e de Jurisprudência", Ano 145º, nº 3998.

— *A Justiça Constitucional em Sociedade Democrática*, in "Julgar", nº 34, 2018.

RIZZA, Giovanni / ARCIDIACONO, Luigi / CARULLO, Antonio – *Istituzioni di Diritto Pubblico*, 2ª ed., Bologna, Monduzzi, 1997.

ROBLOT-TRIZIER, Agnès – *La Question Prioritaire de Constitutionnalité Devant les Juridictions Ordinaires: Entre Méfiance et Prudence*, in «L`Actualité Juridique-Droit Administratif», nº 2/2010.

ROUSSEAU, Dominique – *Droit du Contentieux Constitutionnel*, 5ª ed., Paris, 1999.

— *La Justice Constitutionnelle en Europe*, 2ª ed., Paris, Montchestien, 1992.

— /GAHDOUN, Pierre-Yves/BONNET, Julien, *Droit du Contentieux Constitutionnel*, 11ª ed., Paris, LGDJ, 2016.

ROZEK, Jochen – *Verfassungsrevision*, in "INSENSEE/KIRCHHOF (Hg.), Handbuch des Staatsrechts, Dritte Auflage, Band XII, Normativität un Schutz der Verfassung", Heidelberg/München, C. F. Müller, 2014.

RUBIO LLORENTE, Francisco – *La Forma del Poder (Estudios sobre la Constitución)*, Madrid, Centro de Estudios Constitucionales, 1993.

RUGGERI, Antonio / SPADARO, Antonino – *Lineamenti di Giustzia Costituzionale*, 5ª ed., Torino, Giappichelli, 2014.

SANTOS, Ednan Galvão – *A Salvaguarda Jurisdicional da Eficácia Horizontal e Vertical dos Direitos Humanos e Fundamentais à Luz do Transconstitucionalismo, Paradigma, Método e Teoria*, Tese de Mest., polic., Coimbra, 2018.

SANTOS, Onofre dos – *Direito Constitucional*, in "Direito de Angola", Faculdade de Direito da Universidade Agostinho Neto, Luanda, 2014.

SARLET, Ingo Wolfgang – *A Influência dos Direitos Fundamentais no Direito Privado: O Caso Brasileiro*, in "Direitos Fundamentais e Direito Privado: Uma Perspectiva de Direito Comparado", org. ANTÓNIO PINTO MONTEIRO/JÖRG NEUER/ INGO SARLET, Coimbra, Almedina, 2007.

SCHILD, Wolfgang – *Das Problem eines Hüters der Verfassung, Philosophische Anmerkungen zur einem juristischen Topos*, in «Hüter der Verfassung oder Lenker der Politik? – Das Bundesverfassungsgericht im Widerstreit», herausg. B. GUGGENBERGER / T. WÜRTENBERGER, Baden-Baden, Nomos, 1998.

SCHIRMER, Mário Henrique Gebran – *Entre Hermes e Salomão: Heterorreferência* e Decisão Jurídica – Os Limites dos Julgamentos Político e Económico nos Tribunais Constitucionais, Tese Mest., polic., Coimbra, 2016.

SCHLIESKY, Utz – Die wehrhafte Demokratie des Grundgesetzes, in "INSENSEE/KIRCHHOF (Hg.), Handbuch des Staatsrechts, Dritte Auflage, Band XII, Normativität un Schutz der Verfassung", Heidelberg/München, C. F. Müller, 2014.

SCHMITT, Carl – Teoría de la Constitución, trad. esp., Madrid, Alianza, 1983.

— El Defensor de la Constitución, in "La Polémica Schmitt/Kelsen Sobre la Justicia Constitucional: El Defensor de la Constitución Versus Quién Debe Ser el Defensor de la Constitución?", Madrid, Tecnos, 2009.

SIERVO, Ugo de / CARETTI, Paolo – Istituzioni di Diritto Pubblico, 3ª ed., Torino, Giappicheli, 1996.

SILVA, João Nuno Calvão da – Agências de Regulação da União Europeia, Coimbra, GESTLEGAL, 2017.

SILVA, Jorge Pereira da – Comentário ao Artigo 15º (Responsabilidade Civil por Danos Decorrentes do Exercício da Função Político-Legislativa), in "Comentário ao Regime de Responsabilidade Civil Extracontratual do Estado e Demais Entidades Públicas", Lisboa, Universidade Católica Editora, 2013.

SILVA, José Afonso da – Curso de Direito Constitucional Positivo, 9ª ed., São Paulo, Malheiros, 1992.

SILVA, Suzana Tavares da – Direitos Fundamentais na Arena Global, 2ª ed., Coimbra, Imprensa da Universidade, 2014.

SILVA, Vasco Pereira da – O Contencioso Administrativo no Divã da Psicanálise, 2ª ed., Coimbra, Almedina, 2009.

SIMON, Helmut – Verfassungsgerichtsbarkeit, in "BENDA / MAIHOFER / VOGEL / HESSE / HEYDE, Handbuch des Verfassungsrechts der Bundesrepublik Deutschland", 2. Aufl., Berlin/New York, W. de Gruyter, 1994.

SOARES, Rogério E. – Constituição, in "Dicionário Jurídico da Administração Pública", Vol. II, Coimbra, Coimbra Editora, 1972.

— O Conceito Ocidental de Constituição, in "Revista de Legislação e de Jurisprudência", Ano 119º, nº 3744.

— Direito Público e Sociedade Técnica, Coimbra, Atlântida, 1969.

SOMBRA, Thiago Luís Santos – Eficácia dos Direitos Fundamentais nas Relações Jurídico-Privadas: A Identificação do Contrato como Ponto de Encontro dos Direitos Fundamentais, Porto Alegre, Sérgio António Fabris Ed., 2004.

SOUSA, Marcelo Rebelo de – Legitimação da Justiça Constitucional e Composição dos Tribunais Constitucionais, in «Legitimidade e Legitimação da Justiça Constitucional (Colóquio no 10º Aniversário do Tribunal Constitucional)», Coimbra, Coimbra Editora, 1995.

— Orgânica Judicial, Responsabilidade dos Juízes e Tribunal Constitucional, Lisboa, Associação Académica da Faculdade de Direito de Lisboa, 1992.

— O Sistema de Governo Português antes e depois da Revisão Constitucional, 3ª ed., Lisboa, Cognitio, 1984.

— O Valor Jurídico do Acto Inconstitucional, I, Lisboa, Gráfica Portuguesa, 1988.

— Os Partidos Políticos no Direito Constitucional Português, Braga, Livraria Cruz, 1983.

STARCK, Christian – La Légitimité de la Justice Constitutionnelle et le Principe Démocratique de Majorité, in «Legitimidade e Legitimação da Justiça Constitucional (Colóquio no 10º Aniversário do Tribunal Constitucional)», Coimbra, Coimbra Editora, 1995.

— *Maximen der Verfassunfsauslegung*, in "INSENSEE/KIRCHHOF (Hg.), Handbuch des Staatsrechts, Dritte Auflage, Band XII, Normativität un Schutz der Verfassung", Heidelberg/München, C. F. Müller, 2014.

SUDRE, Frédéric (*et al.*) – *Les Grands Arrêts de la Cour Européenne des Droits de l´Homme*, Paris, PUF, 2003.

SUSTEIN, Cass Robert – *Beyond Marbury: The Executive´s Power to Say What the Law Is*, in "The Yale Law Journal", Vol. 115, 2006.

TARUFFO, Michele – *Note sulla Garanzia Costituzionale della Motivazione*, in "Boletim da Faculdade de Direito da Universidade de Coimbra", Vol. 55 (1979).

TELES, Miguel Galvão – *A Competência da Competência do Tribunal Constitucional*, in "Escritos Jurídicos", Vol. I, Coimbra, Almedina, 2013.

— *A Segunda Plataforma de Acordo Constitucional Entre o Movimento das Forças Armadas e os Partidos Políticos*, in "Escritos Jurídicos", Vol. I, Coimbra, Almedina, 2013.

— *Liberdade de Iniciativa do Presidente da República Quanto ao Processo de Fiscalização Preventiva da Constitrucionalidade*, in "Escritos Jurídicos", Vol. I, Coimbra, Almedina, 2013.

— *Constituições dos Estados e Eficácia Interna do Direito da União e das Comunidades Europeias – Em Particular Sobre o Artigo 8º, Nº 4, da Constituição Portuguesa*, in "Estudos Jurídicos", Vol. I, Coimbra, Almedina, 2013.

— *Inconstitucionalidade Pretérita*, in "Estudos Jurídicos", Vol. I, Coimbra, Almedina, 2013.

TENREIRO, Mário Paulo / FRANÇA, Miguel – *Anotação ao artigo 290º do Tratado de Funcionamento da União Europeia*, in "Tratado de Lisboa Anotado e Comentado", coord. MANUEL PORTO/GONÇALO ANASTÁCIO, Coimbra, Coimbra Editora, 2012.

TERESI, Francesco – *Lezioni sulle Garanzie Costituzionali*, Padova, Cedam, 1999.

TRIBE, Laurence H. – *American Constitutional Law*, 2ª ed., Mineola, The Foundation Press, 1978.

TOURET, Denis – *Droit Public Constitutionnel*, Paris, Litec, 1998.

TORRES, Mário / REMÉDIO, Alberto Esteves / MARQUES, António Rocha / PIMENTEL, Margarida Menéres / ARAÚJO, António de – *Guia de Jurisprudência do Tribunal Constitucional (1983-1999)*, Coimbra, Coimbra Editora, Vol. I, 2000, e Vol. II, 2001.

TORRES DEL MORAL, Antonio – *Principios de Derecho Constitucional Español*, Vol. II, 3ª ed., Madrid, Servicio de Publicaciones de la Facultad de Derecho, 1992.

TUSHNET, Mark – *Weak Courts, Strong Rights: Judicial Review and Social Welfare Rights in Comparative Constitutional Law*, Pinceton, NJ, Princeton University Press, 2008.

URBANO, Maria Benedita – *Curso de Justiça Constitucional, Evolução Histórica e Modelos de Controlo da Constitucionalidade*, 2ª ed., Coimbra, Almedina, 2016.

— *Sentenças Intermédias: Para Além de Kelsen Mas Ainda Aquém de uma Nova Teoria da Separação dos Poderes*, in "Boletim da Faculdade de Direito, STUDIA IURIDICA 105, AD HONOREM – 6, Estudos em Homenagem ao Prof. Doutor José Joaquim Gomes Canotilho", Vol. II, Coimbra, Coimbra Editora, 2012.

— *A Jurisprudência da Crise no Divã do Diagnóstico: Bipolaridade?*, in "O Tribunal Constitucional e a Crise, Ensaios Críticos", org. GONÇALO DE ALMEIDA RIBEIRO/LUÍS PEREIRA COUTINHO, Coimbra, Almedina, 2014.

— *O Referendo. Perfil Histórico-Evolutivo do Instituto. Configuração Jurídica do Referendo em Portugal*, Boletim da Faculdade de Direito, STUDIA JURIDICA 30, Universidade de Coimbra, Coimbra, Coimbra Editora, 1998.

VALE, André Rufino do – *Eficácia dos Direitos Fundamentais nas Relações Privadas*, Porto Alegre, Sérgio António Fabris Ed., 2004.

VALE, Luís António M. Meneses do – *Breves Apontamentos Sobre o Direito Constitucional da República da Turquia, Contributo para uma Recompreensão Inter e Transcultural da Jusconstitucionalidade Contemporânea?*, in "Boletim da Faculdade de Direito da Universidade de Coimbra", Vol. LXXXVIII, Tomo II (2013).

VAZ, Manuel Afonso – *Teoria da Constituição, O que é a Constituição, Hoje?*, Coimbra, Coimbra Editora, 2012.

— *A Suave Força Normativa da Realidade Constitucional*, in "Estudos em Homenagem a António Barbosa de Melo", Coimbra, Almedina, 2013.

— / CARVALHO, Raquel / BOTELHO, Catarina Santos / FOLHADELA, Inês / RIBEIRO, Ana Teresa – *Direito Constitucional, O Sistema Constitucional Português*, Coimbra, Coimbra Editora, 2012.

VERDUSSEN, Marc– *La Justice Constitutionnelle en Europe Centrale*, Bruxelles/Paris, Bruylant/L. G. D. J., 1997.

— / DELPEREE, Francis / RASSON, Anne – *Révision de la Constitution et Justice Constitutionnelle*, in «Annuaire International de Justice Constitutionnelle», X (1994), Paris, Economica, 1995.

— *Justice Constitutionnelle*, Bruxelles, Larcier, 2012.

VEIGA, Paula – *O Que faz Um Presidente da República Um Presidente Republicano? Paradigmas*, Coimbra, Imprensa da Universidade, 2014.

VERPEAUX, Michel – *Le Conseil Constitutionnel Juge de la Question Prioritaire de Constitutionnalité*, in «L`Actualité Juridique- Droit Administratif», nº 2/2010.

VIGNUDELLI, Aljs – *Diritto Costituzionale*, Torino, Giappichelli, 1997.

VILAÇA, José Luís da Cruz / ANTUNES, Luís Miguel Pais / PIÇARRA, Nuno – *Droit Constitutionnel et Droit Communautaire. Le Cas Portugais*, in «Rivista di Diritto Europeo», Ano XXXI (1991), Nº 2.

VILALONGA, José Manuel / ARAÚJO, António de / NABAIS, José Casalta – *Relatório de Portugal para a II Conferencia de la Justicia Constitucional de Iberoamérica, Portugal y España*, in «Anuario Iberoamericano de Justicia Constitucional», Madrid, Centro de Estudios Políticos y Constitucionales, 1998.

VITORINO, António – *Rapport de la Délégation Portugaise à la IXe Conférence des Cours Constitutionnelles Européennes*, in «Protection Constitutionnelle et Protection Internationale des Droits de l'Homme: Concurrence ou Complementarité?», Vol. I, Paris, 1993.

ZAGREBELSKY, Gustavo – *La Giurisdizione Costituzionale*, in «Manuale di Diritto Pubblico», Vol. II, a cura di G. Amato / A. Barbera, 5ª ed., Bologna, Il Mulino, 1997.

— *La Giustizia Costituzionale*, Bologna, Il Mulino, 1977.

ZEIDLER, Wolfgang – *Relatório do Tribunal Constitucional Alemão*, in «VII Conferência dos Tribunais Constitucionais Europeus – Justiça Constitucional e Espécies, Conteúdo e Efeitos das Decisões sobre a Constitucionalidade de Normas», 2ª Parte, Lisboa, Tribunal Constitucional, 1987.

JURISPRUDÊNCIA
Acórdãos do Tribunal Constitucional (por ordem cronológica)

Anos	Acórdãos nºs
1983	9/83
	17/83
	29/83
1984	26/84
	27/84
	39/84
	47/84
	56/84
	62/84
	88/84
1985	26/85
	42/85
	55/85
	58/85
	143/85
	198/85
	225/85
	230/85
	240/85
	253/85
	313/85
1986	150/86
	201/86
	261/86
	326/86
1987	60/87
	103/87
	181/87
	190/87
	203/87
	405/87
	449/87
1988	12/88
	94/88
	99/88
	107/88
	156/88
	168/88
	238/88
	268/88
1989	182/89
	183/89
	276/89
	278/89
	320/89
	330/89
	391/89
	468/89
	472/89
	490/89

1990 36/90
51/90
73/90
124/90
135/90
163/90
175/90
182/90
186/90
187/90
188/90
222/90
280/90
287/90
303/90
330/90
339/90

1991 12/91
36/91
63/91
64/91
177/91
186/91
232/91
238/91
242/91
349/91
352/91
359/91
360/91
364/91
370/91
373/91
444/91
446/91
465/91

1992 1/92
43/92
92/92
101/92
146/92
186/92

254/92
255/92
328/92
352/92
366/92
368/92

1993 151/93
172/93
188/93
238/93
239/93
240/93
241/93
318/93
322/93
411/93
432/93
804/93
810/93

1994 17/94
148/94
195/94
214/94
235/94
302/94
310/94
332/94
334/94
337/94
479/94
498/94
553/94

1995 13/95
41/95
57/95
58/95
162/95
452/95
474/95
638/95
730/95
731/95

JURISPRUDÊNCIA

1996	148/96		490/99
	172/96		517/99
	743/96		532/99
	866/96		597/99
	910/96		630/99
	935/96		631/99
	976/96		
	980/96	**2000**	93/2000
	1124/96		340/2000
	1146/96		412/2000
	1147/96		413/2000
	1172/96		531/2000
	1203/96		532/2000
			556/2000
1997	1/97		582/2000
	113/97		
	234/97	**2001**	93/2001
	238/97		157/2001
	245/97		164/2001
	283/97		217/2001
	709/97		423/2001
	711/97		424/2001
1998	24/98	**2002**	62/2002
	186/98		110/2002
	237/98		177/2002
	264/98		219/2002
	288/98		412/2002
	326/98		473/2002
	547/98		474/2002
	551/98		509/2002
	556/98		
	575/98	**2003**	87/2003
	621/98		137/2003
			185/2003
1999	45/99		187/2003
	48/99		232/2003
	49/99		530/2003
	180/99		
	181/99	**2004**	1/2004
	294/99		86/2004
	318/99		232/2004
	329/99		279/2004
	345/99		362/2004

453

486/2004
544/2004
545/2004
590/2004

2005 5/2005
11/2005
13/2005
224/2005
385/2005
415/2005
669/2005

2006 23/2006
130/2006
270/2006
417/2006
488/2006
530/2006
617/2006
683/2006

2007 51/2007
118/2007
174/2007
483/2007

2008 174/2008
328/2008
444/2008

2009 101/2009
306/2009
603/2009

2010 19/2010
121/2010
134/2010
399/2010
405/2010

2011 196/2011
303/2011
392/2011

396/2011
401/2011
445/2011

2012 24/2012
77/2012
106/2012
353/2012

2013 42/2013
186/2013
187/2013
342/2013
602/2013
641/2013
862/2013

2014 413/2014
468/2014
572/2014
574/2014
544/2014
575/2014
587/2014
801/2014

2015 1/2015
79/2015

2016 136/2016
424/2016
591/2016

2017 86/2017
151/2017
266/2017

2018 157/2018
225/2018
242/2018
328/2018

ÍNDICE

NOTA PRÉVIA À 2ª EDIÇÃO   7
NOTA PRÉVIA   9

CAPÍTULO I - INTRODUÇÃO   13
1. Conceito e pressupostos da justiça constitucional   21
2. Sentido e valor da justiça constitucional   28

CAPÍTULO II - ORIGENS, ANTECEDENTES HISTÓRICOS, JURÍDICOS E POLÍTICOS E LEGITIMIDADE DA JUSTIÇA CONSTITUCIONAL   109
3. A supremacia normativa da Constituição e a necessidade da criação de mecanismos de garantia de observância das suas disposições   109
4. As conceções de HANS KELSEN e de CARL SCHMITT sobre "quem deve ser o guardião da Constituição"   114
5. O problema da legitimidade da justiça constitucional   119
6. Os dois grandes modelos de garantia contenciosa da Constituição e a natureza mista do sistema português de justiça constitucional   133
7. A criação de uma verdadeira e própria jurisdição constitucional em Portugal   141
8. Órgãos da justiça constitucional: o Tribunal Constitucional e a generalidade dos tribunais   144

CAPÍTULO III - CARACTERIZAÇÃO DO TRIBUNAL CONSTITUCIONAL   149
9. Composição, modo de designação e requisitos de designação dos juízes   149
10. Estatuto dos juízes do Tribunal Constitucional   156
11. Funcionamento do Tribunal Constitucional   162
12. Natureza do Tribunal Constitucional   169
13. Competências do Tribunal Constitucional   171
14. Regime administrativo e financeiro do Tribunal Constitucional   186

CAPÍTULO IV - ÂMBITO, OBJETO E PADRÕES DE FISCALIZAÇÃO DA CONSTITUCIONALIDADE   189
15. Âmbito e objeto do controlo de constitucionalidade   189
     15.1. Atos normativos objeto de controlo: leis e outros atos normativos do poder público   189

15.2. Noção de norma para o efeito de controlo da constitucionalidade   191
15.3. Norma e preceito normativo   193
15.4. Direito internacional e direito da União Europeia   195
15.5. Omissões legislativas   209
15.6. Propostas de referendo nacional, regional e local   212
15.7. Exclusão dos atos políticos, dos atos administrativos, das decisões jurisdicionais e dos atos jurídico-privados   215
16. Padrões de controlo   228
   16.1. A Constituição   228
   16.2. Os Tratados Internacionais, Convenções e Pactos Internacionais de caráter geral ou regional sobre os direitos do humanos   235
   16.3. As normas interpostas e os casos de inconstitucionalidade e de ilegalidade qualificada   242

CAPÍTULO V – MOMENTOS, MODALIDADES E VIAS PROCESSUAIS DE FISCALIZAÇÃO DA CONSTITUCIONALIDADE DE NORMAS JURÍDICAS   249
17. Os momentos do controlo   249
18. Os modos do controlo   249
   18.1. O controlo abstrato preventivo   249
   18.2. O controlo abstrato sucessivo direto ou por via principal   255
   18.3. O controlo abstrato por omissão   264
   18.4. O controlo concreto ou incidental   265
19. O controlo da constitucionalidade e da legalidade das normas regulamentares   284
   19.1. O controlo indireto ou incidental da constitucionalidade e da legalidade das normas administrativas   286
   19.2. O controlo abstrato por via principal da constitucionalidade e da legalidade das normas administrativas   291
      19.2.1. A declaração de inconstitucionalidade e de ilegalidade com força obrigatória geral das normas administrativas   293
      19.2.2. A declaração de inconstitucionalidade e de ilegalidade com efeitos restritos ao caso concreto das normas administrativas e a questão da inconstitucionalidade da norma do nº 2 do artigo 73º do Código de Processo nos Tribunais Administrativos   299
20. As decisões do Tribunal Constitucional e a responsabilidade civil extracontratual do Estado e demais entidades públicas   307
   20.1. A responsabilidade civil extracontratual do Estado e Demais Entidades Públicas pelos danos decorrentes de ações e omissões legislativas ilícitas   310

20.2. A responsabilidade civil extracontratual do Estado e demais pessoas coletivas de direito público pelos danos decorrentes de regulamentos inconstitucionais 325

CAPÍTULO VI – CONTEÚDO, VINCULATIVIDADE E EFICÁCIA TEMPORAL DAS DECISÕES DO TRIBUNAL CONSTITUCIONAL 329
21. Conteúdo das decisões 329
   21.1. As decisões simples ou extremas 329
   21.2. As decisões complexas ou intermédias 331
      21.2.1. As decisões interpretativas 332
      21.2.2. As decisões de inconstitucionalidade parcial 339
      21.2.3. As decisões integrativas ou aditivas 343
      21.2.4. As decisões de mera declaração de inconstitucionalidade 347
      21.2.5. Decisões apelativas 354
      21.2.6. Decisões construtivas e substitutivas 359
      21.2.7. Crítica das decisões "manipulativas" 361
22. Vinculatividade das decisões 364
   22.1. A vinculatividade das decisões proferidas em controlo "concentrado" ... 364
   22.2. A força de caso julgado 377
   22.3. A obrigatoriedade das decisões 379
   22.4. A vinculação do Tribunal Constitucional às suas próprias decisões ... 380
23. Eficácia temporal das decisões 381
   23.1. O princípio da eficácia "ex tunc" 382
   23.2. A faculdade de delimitação de efeitos 388
   23.3. O efeito repristinatório 389
   23.4. Limitação dos efeitos "in futuro" 393

CAPÍTULO VII – O TRIBUNAL CONSTITUCIONAL COMO ÓRGÃO ESSENCIAL DA REGULAÇÃO POLÍTICA 401
24. O Tribunal Constitucional, os partidos políticos, as eleições e os referendos ... 403
25. O Tribunal Constitucional e o princípio da separação horizontal e vertical de poderes 406
26. O Tribunal Constitucional e o Presidente da República 410
27. O Tribunal Constitucional e o poder legislativo 413
28. O Tribunal Constitucional e os tribunais em geral 414
   28.1. O Tribunal Constitucional e os tribunais internos da jurisdição comum ... 415
   28.2. O Tribunal Constitucional e os tribunais supranacionais 418

BIBLIOGRAFIA 429
JURISPRUDÊNCIA 451